EUROPÄISCHE BIBLIOTHEK
10

Herausgegeben von Henning Ritter

Isaiah Berlin   Wider das Geläufige

Isaiah Berlin
WIDER DAS GELÄUFIGE

Aufsätze zur Ideengeschichte

Aus dem Englischen von Johannes Fritsche

Herausgegeben von Henry Hardy
Mit einer Einführung von Roger Hausheer

Europäische Verlagsanstalt

Titel der Originalausgabe:
Against the Current
(London: The Hogarth Press, 1980)

CIP-Kurztitelaufnahme der Deutschen Bibliothek

Berlin, Isaiah:
Wider das Geläufige : Aufsätze zur Ideengeschichte / Isaiah Berlin.
Aus d. Engl. von Johannes Fritsche. Hrsg. von Henry Hardy.
Mit e. Einf. von Roger Hausheer. –
Frankfurt am Main: Europäische Verlagsanstalt, 1982.
(Europäische Bibliothek ; 10)
Einheitssacht.: Against the current ‹dt.›
ISBN 3-434-00712-1
NE: GT

INHALT

Der Aufsatz »Alexander Herzen und seine Erinnerungen« wurde von Dagmar Rappenecker und Ingo Wedemeyer übersetzt. Diese Übersetzung ist zuerst erschienen als Einleitung zu: Alexander Herzen, *Die gescheiterte Revolution. Denkwürdigkeiten aus dem 19. Jahrhundert.* Ausgewählt und herausgegeben von Hans Magnus Enzensberger (edition suhrkamp 842). © der deutschen Übersetzung: Suhrkamp Verlag, Frankfurt am Main 1977. Wir danken dem Suhrkamp Verlag für die freundliche Genehmigung des Nachdrucks dieser Übersetzung.

VORBEMERKUNG

Zu den in diesem Band gesammelten ideengeschichtlichen Aufsätzen habe ich meinerseits nichts hinzuzufügen, aber es wäre ein schweres Versäumnis, wenn ich diese Gelegenheit nicht nutzen würde, um Roger Hausheer für seine einfühlsame und erhellende Darstellung meiner Ansichten zu den in diesen Aufsätzen behandelten Fragen zu danken. Kein Autor könnte sich einen verständnisvolleren, gewissenhafteren, kultivierteren Kritiker wünschen. Ich möchte diesem vielversprechenden jungen Forscher meinen aufrichtigen Dank sagen.

September 1978   ISAIAH BERLIN

ZUR EINFÜHRUNG

Zwei Übertreibungen: Ausschluß der Vernunft. – Nur die Vernunft gelten
lassen.

Blaise Pascal

Ein Mann mit klaren Vorstellungen unterliegt einem schweren Irrtum,
wenn er meint, all das existiere nicht, was er verworren wahrnimmt. Er
muß vielmehr, wann immer er auf so etwas stößt, den Nebel zerstreuen
und den Umriß der Form fixieren, die sich undeutlich abzeichnet.

J. S. Mill

Heute geht es um das Wesen des Menschen selbst, die Vorstellung, die
wir von seinen Grenzen und Möglichkeiten als Mensch haben. Denn Geschichte ist damit noch nicht gemacht, daß man die Grenzen und Bedeutungen »menschlicher Natur« erforscht.

C. Wright Mills

I

Isaiah Berlins Aufsätze zur Ideengeschichte sind nicht in einer bestimmten Perspektive geschrieben. Es ist nicht ihre Absicht, unmittelbar eine bestimmte historische oder politische Theorie, Lehre oder Ideologie zu erläutern oder zu unterstützen (oder auch anzugreifen und zu untergraben). Sie reichen von so völlig verschiedenen Gestalten wie Marx, Disraeli und Sorel zu auf den ersten
Blick weit auseinanderliegenden Gegenständen wie Nationalismus und Erkenntnistheorie. Es sind Erkundungen, ganz undog-
matisch, und sie stellen eher vorsichtige, aber oft zutiefst beunruhigende Fragen, als daß sie für sich in Anspruch nähmen, eine Antwort auf sie geben zu können; vor allem aber zeichnet sie eine völlig unabhängige, vorurteilslose und dabei höchst leidenschaftliche
Suche nach der Wahrheit aus. Vielleicht weniger als jeder andere
Denker glaubt Berlin sich im Besitz einer einfachen Wahrheit, in

11

deren Licht die Welt zu interpretieren und zu verändern wäre. Trotzdem sind seine Aufsätze weder aus allen vier Himmelsrichtungen herbeigewehte Blätter noch Gelegenheitsarbeiten, die keinen Bezug zueinander hätten und nur im Kontext ihrer ursprünglichen Veröffentlichung von Bedeutung wären. Denn weil sie von einem zentralen Bild des Menschen mit seinen Vermögen und ihrer Umgestaltung in der Geschichte ausgehen – einer Sicht, die weit verzweigt und komplex ist und unmöglich auf einen abschließenden Nenner gebracht werden kann –, sind sie auf vielen verborgenen und unerwarteten Ebenen zwanglos und natürlich miteinander verbunden. Immer wieder stellt und beleuchtet Berlin anhand lebendiger und konkreter Beispiele aus der Geschichte bedeutende Probleme, die er abstrakter in seinen philosophischen Aufsätzen behandelt hat, Probleme, die nicht nur im Zentrum seiner lebenslangen Beschäftigung mit Ideen stehen, sondern von der Sache her äußerst interessant und wichtig sind und heute unsere ganze Aufmerksamkeit auf sich ziehen.

Mit seinen Aufsätzen steuert Berlin in mindestens zweierlei Hinsicht mutig gegen den Strom. Viele von ihnen befassen sich mit Gestalten von hoher Originalität, die von ihren Zeitgenossen ebenso wie von Forschern späterer Generationen entweder weitgehend ignoriert oder sonstwie mit hochmütiger Verachtung abgetan worden sind. So ist es nicht das kleinste Verdienst Berlins, einige Denker dem Vergessen und der Vernachlässigung zu entreißen und ihnen historische Gerechtigkeit widerfahren zu lassen, die nicht zuletzt deshalb ignoriert, entstellt oder mißverstanden wurden, weil sie es gewagt hatten, den herrschenden geistigen Orthodoxien ihrer Zeit zu widersprechen. Seine Aufsätze über Vico, Heß und Sorel, um nur drei Beispiele zu nennen, wären allein schon darum denkwürdig, aber sie sind vor allem deshalb so neuartig und anregend, weil sie uns einen Eindruck davon vermitteln, wie zukunftsträchtige neue Ideen allmählich entstehen und wie sich seit der Mitte des achtzehnten Jahrhunderts manche der wichtigsten Grundbegriffe der Moderne herausgebildet haben. Denn in seiner Untersuchung der Ideen von Philosophen, Denkern und Männern mit visionärer Kraft wie Vico, Hamann und Herder, Herzen und Sorel zeigt Berlin ein einzigartig scharfes Gespür für die tieferen Antriebe und Bewegungen, für die dunklen, unruhigen, unter der verbindlichen Oberfläche des rationalistischen Denkens eines Jahrhunderts heraufziehenden Gewitter, als eine kleine, aber nicht selten leidenschaftliche Opposition, die von den Zeitgenossen überhört, mißverstanden oder belächelt wurde, in einer oft fragmentarischen und kaum artikulierten Weise neue Ideen über den Menschen und seine Natur vorbrachte, die sich später zu einer weltverändernden Bewegung ausweiten sollten. Aus den Lehren dieser Denker beziehen die vielen und mannigfaltigen Protestbewegungen gegen die monolithischen Orthodoxien unserer Tage direkt oder indirekt ihre stärksten Impulse. Wenn sich auch Berlin der unguten Exzesse nur zu bewußt ist, zu denen die Ansichten einiger dieser antinomistischen Denker – vor allem vielleicht Hamann, Herder und Sorel – beitragen können und in der Tat beigetragen haben, so darf man doch die durchdringenden und schmerzlichen Einsichten, die sie uns bieten, nicht einfach übergehen. Bei jedem Schritt unserer kollektiven Entwicklung müssen wir, scheint Berlin sagen zu wollen, innehalten, um aufmerksam auf die Stimmen zu hören, die in qualvoller Dissonanz ertönen oder heftiger Kritik ausgesetzt sind, gleichgültig ob sie wohlüberlegt sind oder stürmisch hervorbrechen. Wir ignorieren sie auf eigene Gefahr, denn sie können uns durchaus für uns selbst Lebenswichtiges sagen und damit auf eine weitere und großzügigere (und vielleicht wahrere) Auffassung dessen, was die Menschen sind und sein können, aufmerksam machen.

Viele dieser Aufsätze behandeln deshalb verzweifelt mit einer Vision ringende Menschen, einer Vision, die so neu und vielschichtig war, daß sie selbst sie nicht ganz verstehen und formulieren konnten. Sie suchen und tasten sich instinktiv vor und sind sich dessen, was sie tun, suchen und ausdrücken wollen, nicht völlig bewußt. Das führt zu der Überlegung, daß es viele Ebenen intentionalen Handels gibt und daß einige der Einsichten eines Menschen mit eigenständiger geistiger Perspektive in allen ihren Implikationen und Folgen weder ihm selbst noch seinen Zeitgenossen ganz durchsichtig werden. Denn wenn er in gewisser Weise Aufzeichnungen dessen hinterlassen hat, was er dachte oder fühlte, wird die ganze Bedeutung und Wirkung dessen, wonach er suchte, seine eigentlichen, sich herausarbeitenden und erst noch aufzuklärenden Zielsetzungen, sich vielleicht erst Jahrhunderte nach seinem Tod erweisen, wenn ein verfeinertes Vokabular und angemessene Methoden für die Problemkonstellation entstanden sind, die er mit als erster berührt hat. Das klassische und überzeugendste Beispiel dafür ist Vico, aber in gewissem Maße gilt dies sicherlich auch für die meisten großen Schriftsteller und Denker, deren reiches und anregendes Vorstellungsvermögen der Einsicht, Wahrnehmung und dem Verständnis neue und bleibende Tore geöffnet hat.

II

Im Zentrum aller Schriften Berlins steht ein Kreis ewiger philosophischer Probleme. Das Wesen des Selbst, des Willens, der Freiheit, Identität, Persönlichkeit und Würde des Menschen; Art und Ausmaß ihres Mißbrauchs, ihrer Verletzung, Beleidigung und des Überschreitens der ihnen eigenen Grenzen (wie immer diese aussehen); die mutmaßlichen oder tatsächlichen Folgen, wenn man es unterläßt, sie in dem zu verstehen, was sie sind, oder versucht, sie in eine Konformität mit begrifflichen Systemen oder Modellen zu zwingen, die ihre wesentliche Beschaffenheit nur zu sehr leugnen; die Unterscheidung zwischen der »inneren«, menschlichen Natur im Gegensatz zur »äußeren«, physikalischen Natur und der für ihre Erforschung geeigneten Grundbegriffe und Methoden – all diese Probleme werden angeschnitten, und ihr Verständnis wird durch die Aufsätze in diesem Band erweitert und vertieft. Ebenso wird das brennende Problem des philosophischen Monismus, die Lehre, daß die ganze Wirklichkeit und alle Zweige unseres Wissens von ihr ein rationales, harmonisches Ganzes bilden und daß es eine schließliche Einheit oder Harmonie zwischen den menschlichen Zielen gibt, unter vielen Gesichtspunkten durch eine genaue Prüfung der zentralen Lehren einiger der Denker diskutiert und kritisiert, die das Äußerste getan haben, um sie zu untergraben. Berlins Beschäftigung mit der Entstehung des Pluralismus sowohl auf dem Gebiet ethischer, politischer und ästhetischer Werte als auch auf dem der menschlichen Erkenntnis, die im Zentrum seiner Schriften zur politischen Theorie, zur Geschichtsphilosophie und, in geringerem, aber keineswegs unerheblichem Maße, zur Erkenntnistheorie steht, ist in der Auswahl und Behandlung einzelner Denker oder Denkströmungen in seinen Aufsätzen zur Ideengeschichte offenkundig. Seine wichtigen Ausgrabungen auf diesem Gebiet haben geholfen, verfallene Denkmäler und Fragmente, merkwürdige Gebilde geistiger Gestaltung ans Tages-

14

licht zu bringen, die manchmal die schattenhaften Umrisse einer Phänomenologie des europäischen Bewußtseins seit der Mitte des achtzehnten Jahrhunderts anzudeuten scheinen – besonders die Entstehung neuer Typen umwälzender Einsicht und allgemeiner Einstellungen mit ihren zugehörigen Begriffen und Kategorien, die sich in bestimmten Zeiten und Ländern bei gewissen Denkern oder Gruppen von Denkern ankündigen und die deshalb auf einige der Fragen Licht werfen, die Berlin am tiefsten beunruhigen, nicht eben als akademischen Philosophen oder professionellen Gelehrten, sondern als Menschen.

III

Die Ideengeschichte ist ein vergleichsweise junges Forschungsgebiet. Sie verlangt noch immer nach Anerkennung in einer ihr weitgehend feindlich gesonnenen Welt, obwohl es ermutigende Anzeichen für einen allmählichen Sinneswandel, sogar in der englischsprachigen Welt, gibt. Das Bewußtsein nimmt zu, daß die Erforschung dessen, was die Menschen gedacht und gefühlt, und der grundlegenden Vorstellungen, in denen sie sich selbst gesehen und ihre Bestrebungen gefaßt haben, aufschlußreicher für das Studium des Menschen ist als die etablierten Wissenschaften der Soziologie, der Politik und der Psychologie mit ihrem System einer hochspezialisierten Terminologie und ihren empirischen und quantifizierenden Methoden. Insofern sie nämlich dazu neigen, die Menschen als Individuen wie als Gruppen als einen an sich geeigneten Gegenstand der generalisierenden empirischen Wissenschaften zu betrachten und für ein bloß passives, ausdrucksloses Material zu halten, das von seelenlosen Kräften geprägt wird und statistischen oder kausalen Gesetzen gehorcht, laufen diese Wissenschaften Gefahr, das auszublenden oder zumindest herunterzuspielen, was für die Menschen von zentraler Bedeutung ist, nämlich eben durch ihr inneres Leben definiert zu sein, durch ihr Erfülltsein von Zwecken und Idealen, von einer Vorstellung oder einem noch so verschwommenen oder verborgenen Begriff von dem, was sie sind, woher sie gekommen sind und wonach sie streben. Gerade ein inneres Leben in diesem Sinne unterscheidet sie von den Tieren und den anderen Naturgegenständen. Weil die

Ideengeschichte (unter anderem) versucht, das Entstehen und die Entwicklung einiger der Grundbegriffe einer Zivilisation oder einer Kultur durch lange Perioden geistigen Wandels hindurch zu verfolgen und das Bild zu rekonstruieren, das die Menschen einer bestimmten Zeit und einer bestimmten Kultur von sich und ihren Handlungen haben, stellt sie an den Ideenhistoriker vermutlich vielfältigere Anforderungen als beinahe jede andere Disziplin, zumindest aber ganz besondere und schwer zu erfüllende. Das scharfe logische Vermögen begrifflicher Analyse, das für die Kritik von Ideen notwendig ist, der Reichtum verarbeiteten Wissens, eine äußerst einfühlsame rekonstruierende Einbildungskraft, die der eines schöpferischen Künstlers gleichkommt, nämlich das Vermögen, sich in Lebensformen, die von der eigenen gänzlich verschieden sind, »hineinzuversetzen« und sie »von innen heraus« zu verstehen, sowie die fast magische Begabung intuitiver Vorahnung – alle diese Fähigkeiten, über die der Ideenhistoriker im Idealfall verfügen muß, kommen selten in einem Individuum zusammen. Das erklärt sicherlich zum Teil, warum es nie mehr als nur eine Handvoll wirklicher Ideenhistoriker gegeben hat und warum die Ideengeschichte selbst noch immer um allgemeine Anerkennung als reguläre Disziplin zu kämpfen hat.

Doch die großen Schwierigkeiten, die sich der Bearbeitung dieses Gebietes entgegenstellen, und die dadurch bedingte Seltenheit niveauvoller Arbeiten erklären allein noch nicht ihre relative Vernachlässigung. Vielleicht gibt es tiefere und weniger offenkundige Gründe für den problematischen Status der Ideengeschichte. Gräbt sie nicht durch eine Unterhöhlung der Fundamente einiger unserer tiefsten Annahmen Dinge aus, die lange und bequemerweise vergessen waren oder die für fester, unveränderlicher und endgültiger gehalten werden, als sie es tatsächlich sind? Oder nimmt sie nicht schmerzliche Fragen über Krisen unserer kollektiven Entwicklung wieder auf, Fragen, die zum Teil heute eine neue und beunruhigende Bedeutung bekommen haben? Das granitene Fundament mancher unserer vertrautesten und liebsten Überzeugungen kann sich vor unseren Augen in Treibsand auflösen. Jedenfalls stellen viele von Berlins Aufsätzen ausdrücklich oder unausdrücklich eine Reihe der ältesten und für völlig gesichert gehaltenen Annahmen der Menschen zumindest der westlichen Welt in Frage. Obwohl die Analogie keineswegs vollkommen ist, vermag die Ideengeschichte auf ihrem höchsten Niveau für eine Kultur das zu leisten, was die Psychoanalyse für ein Individuum beansprucht: die Ursprünge und das Wesen zwar nicht der Motivation und der verborgenen Quellen unseres Handelns, aber der oft unausdrücklichen, tief verankerten formgebenden Ideen, Begriffe und Kategorien zu analysieren und freizulegen – einige von ihnen sind provisorischer und für den geschichtlichen Wandel offener, als es vor dem Ende des achtzehnten Jahrhunderts möglich schien –, durch die wir den größten Teil unserer Erfahrung ordnen und interpretieren, vor allem in den spezifisch menschlichen Gebieten der Moral, der Ästhetik und des politischen Handelns. Damit erweitern wir unser Wissen über uns selbst und schärfen den Sinn für den Spielraum unserer schöpferischen Freiheit.

Berlin hat sein ganzes Leben dem Studium der Philosophie und der Erforschung, Kritik und Darstellung der allgemeinen Ideen gewidmet. Wenn man den besonderen Stellenwert, den die Ideengeschichte für ihn hat, und die Einzigartigkeit seines Beitrags zu ihr ermessen will, muß man etwas von dem philosophischen Hintergrund wissen, aus dem seine Interessen hervorgegangen sind. Berlin selbst hat wiederholt die scharfsichtige Einsicht ausgesprochen, daß zumindest in der abendländischen Tradition von Platon bis heute die überwältigende Mehrheit der systematischen Denker aller Schulen, ob Rationalisten, Idealisten, Phänomenalisten, Positivisten oder Empiristen, trotz aller gewichtigen Unterschiede zwischen ihnen, von einer unbestrittenen Grundvoraussetzung ausgegangen sind, daß nämlich die Wirklichkeit in ihrem Wesen ein rationales Ganzes ist, in dem alle Dinge letztlich zusammenstimmen, selbst wenn die bloßen Erscheinungen das Gegenteil nahelegen. Sie nehmen an, daß es eine Gesamtheit (zumindest prinzipiell) entdeckbarer Wahrheiten gibt, die alle denkbaren theoretischen und praktischen Fragen betreffen; daß es nur eine angemessene Methode oder einen Verbund von Methoden gibt und geben kann, um zu diesen Wahrheiten zu gelangen; und daß diese Wahrheiten ebenso wie die Methoden ihrer Entdeckung allgemeingültig sind. In der Regel wird folgendermaßen vorgegangen: Zuerst wird eine privilegierte Klasse unzweifelhafter Entitäten oder unkorrigierbarer Sätze identifiziert, denen man einen exklusiven logischen oder ontologischen Status zuschreibt, und dann legt man die Methoden, sie zu entdecken, fest. Schließlich weist man mit einer Befriedigung, die tiefe psychologische Wurzeln in einem Instinkt für Ordnung ebenso wie für Destruktion hat, alles als »nicht wirklich«, verworren oder gelegentlich als sinnlos ab, was nicht in den Typ der Entitäten oder Sätze transformiert werden kann, den man zum unerschütterlichen Vorbild erkoren hat. Descartes mit seiner Lehre von den klaren und deutlichen Vorstellungen oder Leibniz mit seinem Begriff der *mathesis universalis*, jüngere Positivisten mit ihren Basis- und Protokollsätzen, Phänomenologen und Sinnesdaten-Theoretiker mit ihren Sinnes-*qualia* belegen alle diese reduktionistische Strömung. Denker dieses Typs sind dafür anfällig, auf der Basis ihrer Lehren theoretisch und praktisch eine radikale Umgestaltung der Wirklichkeit vornehmen zu wollen, indem sie vieles, was auf den ersten Blick bedeutungsvoll oder wichtig erscheint, ihrem philosophischen Scheiterhaufen überantworten. Oft genug sind auf diese Weise Dinge von unschätzbarem Wert in den Flammen verbrannt, und der Rest ist in vielem entsetzlich verstümmelt oder verwirrt worden.

Auf diesem Hintergrund muß man sowohl Berlins Haltung gegenüber einer der einflußreichsten philosophischen Strömungen seiner Zeit sehen, die sich mit dem Neopositivismus von Russell und seinen Schülern verbunden hat, als auch seine eindringende Beschäftigung mit den Geisteswissenschaften und vor allem mit der Ideengeschichte. In einer Reihe von Aufsätzen – »Logical Translation«, »Verification«, »Empirical Propositions and Hypotetical Statements«[1] –, die er geschrieben hat, als er noch auf dem Gebiet der allgemeinen Philosophie lehrte und arbeitete, hat sich Berlin mit dem Logischen Positivismus durch eine Kritik bestimmter zentraler Annahmen, auf denen er beruht, auseinandergesetzt. Diese Aufsätze stellen eine Art Abschied dar von einer bestimmten Weise zu philosophieren, enthalten aber gleichzeitig den Keim eines verborgenen Manifests. Berlins wacher Sinn für die unreduzierbar große Mannigfaltigkeit der Erfahrungsweisen und der Aussageformen, die unmöglich in andere übersetzt und in ihnen ausgedrückt werden können, und für die Unmöglichkeit, alle Gehalte des Universums mittels einer grundlegenden Entität oder eines ursprünglichen »Stoffes« zu analysieren, findet hier auf dem Gebiet der Logik und der Erkenntnistheorie freien Ausdruck. Die Dinge sind, was sie sind, und wir tun gut daran, nicht hinwegzuanalysieren, wodurch sie in einzigartiger Weise sie selbst werden.

---

1 Wiederabgedruckt in *Concepts and Categories,* London 1978, New York 1979.

18

Was die genannten Aufsätze so faszinierend und wichtig macht, ist zweierlei: Sie kritisieren diese philosophische Richtung ganz von innen, aus ihr selbst heraus und enthüllen zugleich tief verwurzelte Haltungen und Überzeugungen Berlins, so daß sie sowohl auf sein starkes Interesse an der Ideengeschichte als auch auf seine Auffassung von der Rolle der Philosophie hinweisen und unser Verständnis dieser beiden Fragen vertiefen können. Obwohl diese Aufsätze eine fundamentale Kritik an einer der Hauptströmungen der modernen Philosophie und einen radikalen Bruch mit ihr darstellen, sind sie vor allem Ausdruck der tiefen und nicht zum Schweigen zu bringenden Befürchtungen eines wohlwollenden Insiders, der die Ziele und Methoden der geistigen Bewegung, die er kritisiert, völlig – vielleicht zu vollständig – erfaßt hat, aber sie nicht akzeptieren kann, mag er es auch wenden, wie er will. Es ist in der Tat verführerisch, eine Analogie zwischen Berlins Reaktion auf die Philosophie von Hume, Russell, Ayer, auf die des frühen Wittgenstein, Carnaps, des Wiener Kreises und der Hauptströmungen des Neopositivismus mit ihren reduktionistischen Methoden des Glättens und Einebnens und der Widerlegung Descartes' und des Rationalismus seiner Zeit bei Vico oder der Haltung von Visionären und Denkern wie Hamann und Herder gegenüber den Lehren der französischen Aufklärung zu sehen. Denn auch sie waren Denker, die die Ziele und Methoden ihrer Gegner vollkommen verstanden, und Berlin hat sich ihnen später zugewandt und ihnen ein tiefes und einfühlsames Verständnis entgegengebracht. Gleichwohl ist er völlig frei von ihrer sektiererischen Heftigkeit, ihren gelegentlich alarmierend obskurantistischen Tendenzen und weit davon entfernt, den Hauptverdiensten der Gegner gegenüber blind zu sein. Er erkennt die große Leistung des Logischen Positivismus an, den Boden von vielem metaphysischen Unsinn gereinigt zu haben, und zollt in seinen Schriften immer wieder dem großen Triumph der Naturwissenschaften durchaus Tribut, die er für ein äußerst erfolgreiches Unternehmen des menschlichen Geistes in der Neuzeit hält, und ebenso oft wiederholt er die Überzeugung, daß alle Phänomene, die, ohne ihrer eigentlichen Natur Gewalt anzutun und ohne sie zu leugnen, durch die quantitativen Methoden der empirischen Wissenschaften angemessen behandelt werden können, unter den Schirm kausaler oder statistischer Gesetze gebracht werden sollten.

Die Unangemessenheit eines einfachen, reduktionistischen Begriffsrahmens wird mit aller Schärfe in dem weiten, gestaltlosen und lebendigen Gebiet deutlich, das die geistige, moralische, ästhetische und politische Erfahrung umfaßt. Hier ist die Verwendung reduktionistischer Begriffe ganz besonders irreführend und oft ungerecht. In dieser Hinsicht kann man Berlins ganzes philosophisches Œuvre als einen ständigen – manchmal offenen, manchmal verdeckten, aber immer scharfsinnigen, einfallsreichen und entschiedenen – Kampf gegen die leichtfertige Anwendung unangemessener Modelle und Kategorien auf dem Gebiet der Humanwissenschaften bezeichnen. Man sollte sich niemals durch die verzerrende Brille der Theorie dem gegenüber blind machen, was man als unmittelbare Wahrheit über sich selbst weiß. Viele seiner Aufsätze enthalten feinfühlige und subtile Untersuchungen des Einflusses beispielsweise unserer immer exakter und differenzierter werdenden Kenntnis der natürlichen, äußeren Welt auf die innere, moralische und geistige Welt der menschlichen Erfahrung. In dieser Hinsicht stehen die Überlegungen zu Vicos Erkenntnistheorie, die Aufsätze über Hamann, Herder und Sorel und der Aufsatz über den Nationalismus in logischem Zusammenhang mit einigen der Hauptpunkte von »Historical Inevitability«[2]. Denn immer wieder warnt Berlin vor zwei tödlichen Gefahren. Die eine ist die, sich allumfassenden Systemen zu verschreiben, die zwar neue und echte Einsichten anbieten, gleichwohl aber einseitig und zu vereinfachend sind und nicht genügend Tatsachen Gerechtigkeit widerfahren lassen können, da sie ihre ganze oder ihre meiste Aufmerksamkeit den Tatsachen zuwenden, die sie ans Licht gebracht haben, und alles übrige aus deren Perspektive sehen. Die andere Gefahr ist, Methoden und Verfahrensweisen aus einer Disziplin, in der sie sich als besonders erfolgreich erwiesen haben, auf eine andere zu übertragen, in der sie nicht heimisch sind und in der ihre Anwendung die Tatsachen verwirrt oder sogar zerstört.

In Berlins Aufsatz über seinen Freund John Austin[3] findet sich

---

2 Wiederabgedruckt in *Four Essays on Liberty*, London und New York 1969. [Eine deutsche Übersetzung ist als abschließender Band der vierbändigen Sammlung von Aufsätzen Isaiah Berlins vorgesehen.]
3 »Austin and the Early Beginnings of Oxford Philosophy«, wiederabgedruckt in *Personal Impressions* (London 1980). [Die deutsche Übersetzung erscheint als nächster Band der vorliegenden Sammlung von Aufsätzen Isaiah Berlins.]

eine Passage, die vielleicht wie keine andere blitzartig Berlin selbst zeigt. Zunächst entwirft er ein Bild von der Originalität und Kraft des Austinschen Geistes, von seiner Kühnheit und philosophischen Fruchtbarkeit, von seiner erstaunlichen Fähigkeit, Probleme in kleine Schritte zu zerlegen, und fährt dann fort, daß Austin seine Zuneigung und Achtung ganz besonders wegen der beiläufigen Bemerkung finde:»Alle *reden* über den Determinismus und *sagen,* daß sie an ihn glauben. Aber ich habe noch nie in meinem Leben einen Deterministen getroffen, ich meine jemanden, der tatsächlich daran glaubt, so wie Sie und ich glauben, daß die Menschen sterblich sind.« Über ihren Studien grübelnde Philosophen oder Naturwissenschaftler, die in ihren Laboratorien Experimente durchführen, könnten vielleicht behaupten, daß sie in der Theorie deterministisch verführen, doch ihr moralisches Verhalten und ihr praktisches Leben, ihre Worte und Urteile strafen ihr ausdrückliches Bekenntnis Lügen.

Für Berlin kann die Philosophie kein apriorisches Wissen über das Wesen des Menschen oder über das Universum liefern. Auch kann sie uns durch logische Transformation kein sicheres und unkorrigierbares empirisches Wissen bieten. Während also Ayer auf dem Weg des Logischen Positivismus blieb und dessen zentrale Lehrstücke stützte, entwickelte und verfeinerte und während Austin sich, wie der späte Wittgenstein, einer dichten und detaillierten Analyse der Begriffe der Alltagssprache widmete, wurde Berlin bei seiner Suche nach Antworten auf einige der wichtigsten Fragen der Philosophie immer mehr zu einer konkreten historischen Untersuchung der geistigen Hauptströmungen der abendländischen Kultur seit dem achtzehnten Jahrhundert getrieben. Das führte ihn dazu, die Vorstellung zu untersuchen und zu vertiefen, daß ein großer Teil des Denkens und der Erfahrung einer Epoche von dem organisiert wird, was Collingwood »Konstellationen absoluter Voraussetzungen« genannt hat.

IV

Worin besteht für Berlin die Rolle der Philosophie im einzelnen? Er hat sich diese Frage in einer Reihe wichtiger und tiefschürfender Aufsätze beantwortet.»The Purpose of Philosophy«,»Does Political Theory Still Exist?« und »The Concept of Scientific History«[4] zeigen zusammengenommen (neben vielem anderen) seine Auffassung von der eindeutigen und entscheidenden Rolle der Philosophie in jeder geistigen Tätigkeit, vor allem aber von der Aufgabe der Ideengeschichte als eines Typs philosophischer Arbeit, die wirkliche Erkenntnis oder Selbsterkenntnis zu leisten vermag, die gänzlich *sui generis* ist, erhellend und befreiend, und nur durch eine systematische Untersuchung der geistigen Geschichte der Menschen erworben werden kann, durch eine Untersuchung von Kulturen, Zivilisationen, geistigen und politischen Bewegungen und ähnlichem. Berlin unterscheidet eine Klasse von Fragen, die in dem Sinne spezifisch philosophische sind, daß es keine allgemein akzeptierte, vorgefertigte Methode oder einen Verbund von Methoden gibt, mit denen sie sich beantworten lassen. Sie können sich sehr voneinander unterscheiden, einige als Fragen über Tatsachen oder über Werte auftreten, andere die Methoden der Forschung und die von ihnen verwendeten Wörter und Symbole untersuchen, aber ihnen allen ist gemeinsam, daß sie in ihrer Struktur keine »deutlichen Hinweise auf die Technik ihrer Lösungen enthalten«. Dadurch, daß diese Fragen durch eine systematische Anwendung spezialisierter Fachkenntnisse und ihrer Verfahren nicht beantwortet werden können, müssen sie von den beiden anderen (sich in gewissem Ausmaß überschneidenden) Klassen von Fragen unterschieden werden, den empirischen Fragen im gewöhnlichen Sinne und im Sinne der Naturwissenschaften einerseits und den formalen Fragen der Mathematik, der Logik und der anderen deduktiven Disziplinen andererseits. Für Berlin ist die Geschichte des Denkens weitgehend die Geschichte dessen, wie Probleme der einen oder anderen dieser beiden Klassen zugeordnet werden. Aber während eine Konstellation zusammenhängender Fragen nach der anderen sich vom ursprünglichen Gebäude der Philosophie gelöst hat, um eine unabhängige, entwickelte empirische oder formale Disziplin zu werden, hat sich die Zahl der irreduziblen, unbeantwortbaren philosophischen Fragen – und hierin unterscheidet sich Berlin sehr genau von all den Philosophen, vielleicht ihrer Mehrheit, die diese Fragen durch ein scharfes philosophisches Ätzmittel zum Verschwinden bringen wollen – nicht verringert, noch haben sie an Gewicht verloren.

---

4 Wiederabgedruckt in *Concepts and Categories* (siehe Anmerkung 1).

Den Charakter einiger dieser Fragen kann man sich klarer machen, wenn man sich an die grundlegende Unterscheidung erinnert, die Kant getroffen hat, die Unterscheidung zwischen der Materie der Erfahrung und den Begriffen und Kategorien, mit denen wir sie organisieren und interpretieren. Für Kant sind, wie Berlin betont, die fundamentalen Kategorien, durch die wir die äußere Welt wahrnehmen, allgemein und unveränderlich und allen vernünftigen, empfindungsfähigen Wesen gemeinsam. Wenn sie einmal entdeckt und angemessen analysiert sind, können gewisse grundlegende Wahrheiten über die Menschen für alle Zeiten festgestellt werden. Dem entscheidenden Schritt, den Kant getan hatte, haben eine Reihe von Denkern, die sich mehr mit historischen und ästhetischen Fragen als mit Erkenntnistheorie und Logik befaßten, eine revolutionäre Wendung gegeben. Sie haben etwas begriffen und fruchtbar gemacht, dem Kant kaum ernsthafte systematische Aufmerksamkeit geschenkt hatte, daß nämlich zwar einige der grundlegenden Kategorien und »Brillen«, durch die wir die Welt sehen, tatsächlich unwandelbar sind, daß aber andere sich von Zeitalter zu Zeitalter und von Kultur zu Kultur, manchmal ganz radikal, verändern. Der grundlegende empirische Gehalt dessen, was eine Kultur sieht und hört, denkt und fühlt, kann sich, wenn überhaupt, kaum ändern, aber einige der Modelle, in deren Begriffen er wahrgenommen und organisiert wird – die Brillen, durch die wir ihn sehen –, können sich wandeln. Viele dieser grundlegenden Kategorien und Modelle sind so alt wie die Menschheit selbst, während andere unbeständiger und wechselhafter sind, so daß die Erforschung ihres Auftretens einen historischen Aspekt erhält. Die Untersuchung und kritische Diskussion solcher Modelle ist von größter Wichtigkeit, denn diese Frage betrifft nichts Geringeres als den ganzen Rahmen unserer Erfahrung selbst. Viele dieser Modelle widersprechen einander, und manche erweisen sich als überholt, weil es ihnen nicht gelingt, einer hinreichenden Zahl von Facetten unserer Erfahrung Rechnung zu tragen, und sie werden dann durch andere ersetzt, die zwar geeigneter sein können, oft aber auch einige der Tore verschließen, die das von ihnen ersetzte Modell eröffnet hatte. Die Zulänglichkeit unserer fundamentalen Voraussetzungen – wieviel von unserer Erfahrung sie einschließen, wieviel sie ausschließen, wieviel erhellt und wieviel verdunkelt wird – sollte ein zentrales Interesse sowohl für den Philosophen als auch für den Ideenhistoriker sein.

Die Ideengeschichte ist deshalb ein vergleichsweise spätes und hoch verfeinertes Produkt einer entwickelten Zivilisation. Frühestens ist sie in der zweiten Hälfte des achtzehnten Jahrhunderts entstanden, als nahe Verwandte des Historismus, des Pluralismus und Relativismus und der verschiedenen historisch begründeten vergleichenden Disziplinen: der Anthropologie, Philologie, Sprachwissenschaft, Etymologie, Ästhetik, Rechtswissenschaft, Soziologie und Ethnologie. Ihre Hauptleistung liegt in einer weitgefaßten Anwendung der alten Aufforderung »Erkenne dich selbst« auf das kollektive geschichtliche Ganze, die Zivilisation oder Kultur, in die das individuelle Selbst eingebettet und dessen Produkt es in nicht geringem Maße ist. Sie will uns vor allem sagen, wer und was wir sind, durch welche Stufen und oft gewundenen Pfade wir geworden sind, was wir sind. Sie unterstreicht den Zusammenhang zwischen Ideen und Gefühlen, zwischen Denken und Handeln, zwischen Philosophie, Politik, Kunst und Literatur, anstatt sie künstlich zu trennen, wie dies gewöhnlich in den spezialisierteren Zweigen der Humanwissenschaft geschieht. Ihr zentraler Gegenstand sind die alles durchdringenden und beherrschenden gestaltgebenden Begriffe und Kategorien, die einer Kultur oder einem Zeitalter eigentümlich sind – oder selbst einer literarischen Schule, einer politischen Bewegung, einem genialen Künstler oder einem zukunftsweisenden Denker, insofern sie als erste bestimmte Probleme gestellt und Ideen vorgebracht haben, die in die allgemeine Einstellung der nachfolgenden Generationen eingegangen sind. Denn Berlin befaßt sich nicht nur mit den großen Denkern. Die Ideengeschichte ist nicht die Geschichte der Abfolge großer Philosophen, in der ein System von Ideen oder Theorien gleichsam durch Jungfernzeugung ein anderes hervorbringt. Vielmehr ist er an dem Entstehen von Ideen, an den unterschiedlichsten geistigen Typen interessiert, an verschiedenartigen, selbständigen, exzentrischen und oft abweichenden Persönlichkeiten, die sich außerhalb des Hauptstromes ihrer Zeit bewegen und in Opposition zu den orthodoxen Dogmen und übernommenen Voraussetzungen stehen, die sie umzustürzen helfen.

Die Ideengeschichte als ein Zweig der Philosophie und als eine relativ junge Quelle wirklichen Wissens und echter Aufklärung kann uns Einsicht geben in die Ursprünge der grundlegenden begrifflichen Muster, in deren Horizont wir uns selbst verstehen und unsere Identität als Menschen erfassen, sowie in die buchstäblich weltverändernden Verschiebungen zwischen ihnen. Gerade weil diese zugrundeliegenden, allgegenwärtigen Voraussetzungen höchst allgemein sind und uns als Mittel dienen, um einen sehr großen Teil unserer Erfahrung – den menschlichen Teil – zu ordnen, sind sie gewöhnlich verschüttet und unerforscht geblieben. Der Ideenhistoriker muß versuchen, sie freizulegen, sie zum Gegenstand der Reflexion und der systematischen Untersuchung zu machen, wodurch er sie so beleuchtet, daß sie offen kritisiert und bewertet werden können. Wenn man unsere Werte und Ideale so analysiert und untersucht, ihre Ursprünge und ihre Entwicklung angemessen verfolgt und beschreibt, werden sich viele von ihnen als das erweisen, was sie sind: nicht zeitlose, objektive, unerschütterliche und selbstverständliche Wahrheiten, die sich aus dem ewigen und unwandelbaren Wesen des Menschen herleiten, sondern späte und zerbrechliche Produkte eines langen, ungeordneten, oft schmerzhaften und tragischen, aber letztlich erkennbaren historischen Prozesses oder kulturellen Wandels. Die Kriterien, die man in einer solchen kritischen Diskussion verwendet, bedürfen ihrerseits einer genauen Prüfung. Welche dies für Berlin sind, werde ich später beantworten.

In dieser Hinsicht ist Berlins ganzes Œuvre eine lange und anhaltende Widerlegung der Ansicht von Philosophie, Wahrheit und Untersuchungsmethoden der wirklichen Vermögen und Bedingungen der Menschen, die zumindest die abendländische Tradition seit mehr als zweitausend Jahren beherrscht; eine Ansicht, deren Unzulänglichkeiten ihm schon früh aufgegangen sind und die er fortgesetzt mit Findigkeit und Energie unter den mannigfaltigsten Aspekten und mit einer Fülle konkreter historischer Details aufgedeckt hat, womit er zugleich unter vielen überraschenden Gesichtspunkten einige der drückendsten Probleme unserer Gegenwart beleuchtet.

V

Vielleicht der tiefste und weitreichendste, heute immer noch äußerst wirksame Wandel in den allgemeinen Ideen seit der Reformation ist die Revolte gegen die herrschenden rationalistischen und wissenschaftlichen Traditionen des Westens, die sich zuerst in einer Reihe antinomistischer Denker im zweiten Drittel des achtzehnten Jahrhunderts zunächst in Italien und dann mit geballter Kraft in der deutschsprachigen Welt geäußert hat. Diese buchstäblich weltverändernde Strömung, aus der sich so viele moderne Bewegungen des Denkens und Empfindens herleiten, besonders die europäische Romantik, der Nationalismus, Relativismus, Pluralismus und die vielen Strömungen des Voluntarismus, deren jüngster Ausdruck der Existentialismus ist, hat Berlin in nicht wenigen seiner besten und erhellendsten Aufsätze behandelt. In dem Aufsatz »Die Gegenaufklärung« untersucht er die Hauptideen einiger dieser Denker. Im Falle Vicos, dessen zeitliche und räumliche Isoliertheit von dieser Gruppe von Denkern seine einsame Antizipation der meisten ihrer zentralen Lehren um so erstaunlicher macht, sind die Hauptgegner einerseits Descartes mit seiner Lehre von den klaren und deutlichen Ideen, seiner Verachtung für historische und humanwissenschaftliche Forschung allgemein und mit seinen Versuchen der Mathematisierung aller Wissensgebiete; andererseits die Theoretiker des Naturgesetzes mit ihrer Grundannahme einer festgelegten, allgemeinen menschlichen Natur, die überall und jederzeit dieselbe ist. Hamann, Herder und die vielen späteren, direkt oder indirekt von ihren radikalen Neuerungen beeinflußten Denker hingegen sahen den heimtückischen Feind in den fanatischeren und dogmatischeren *philosophes* der französischen Aufklärung, deren zentrale Lehren sie für tödliche Verwirrungen der Wahrheit hielten, die eher verdeckten als enthüllten. Trotz aller ihrer Unterschiede fußten die Denker der französischen Aufklärung auf einem gemeinsamen Bestand fundamentaler Voraussetzungen, die sich nahezu unverändert durchhielten: daß die menschliche Natur immer und überall dieselbe ist, daß man die allgemeinen menschlichen Ziele, die wahren Zwecke und wirksamen Mittel zumindest prinzipiell entdecken kann und daß man für die Moral, die Politik, die Ökonomie und das Gebiet menschlicher Beziehungen überhaupt Methoden ausfindig machen und anwenden muß, die denen der Newtonischen Wissenschaft gleichen, die sich als so erfolgreich erwiesen hatte, die Gleichförmigkeiten der unbeseelten Natur ans Licht zu bringen – wodurch Laster, Neid und das, was Helvétius »interessierten Irrtum« nannte, ausgerottet würden. Alle diese rationalistischen Denker teilten den Glauben, daß im Prinzip durch bestimmte Methoden ein einziges, kohärentes, vereinheitlichtes Wissensgebäude, das sowohl empirische als auch moralische Fragen einschließe, errichtet werden könne. Sie suchten allumfassende Schemata, allgemein vereinheitlichende Rahmen, mit denen sich alles Seiende als systematisch – logisch oder kausal – miteinander verbunden aufweisen ließ, großräumige Strukturen, in denen kein Spalt für spontane, unerwartete Entwicklungen offenbleiben und in denen alles Geschehen zumindest prinzipiell mit Hilfe unwandelbarer, allgemeiner Gesetze erklärbar sein sollte. In diesem stolzen und leuchtenden Gedanken erkennt Berlin den Grundpfeiler der rationalen und wissenschaftlichen Systeme des westlichen Denkens, die einige der in diesem Band behandelten Denker unterminiert und ins Wanken gebracht haben.

Wie Berlin mit Bedacht hervorhebt, hat es gegenüber dieser zentralen Annahme auf seiten der bis in die Antike zurückreichenden skeptischen und relativistischen Tradition durchaus Vorbehalte gegeben. In der Neuzeit hatten Denker von Bodin bis Montesquieu durch die Betonung der reichen Vielfalt von Gebräuchen, *mores*, Institutionen, allgemeinen Einstellungen und Überzeugungen diesem Stützpfeiler eine Reihe gelinderer Stöße versetzt, aber keinem war es gelungen, das Gebäude selbst zum Einsturz zu bringen. In dieser Hinsicht ist Berlins Interpretation von Montesquieu besonders aufschlußreich. Er bestreitet nicht, daß dieser große französische Denker völlig zu Recht als einer der wahren Väter der Französischen Aufklärung gilt. Trotz seines Gebrauchs metaphysischer Begriffe, wie des Naturgesetzes und eines natürlichen Zwecks, ist sein Ansatz im Grunde empirisch und naturalistisch. Vor allem vertraute er den unmittelbaren Zeugnissen der Beobachtung. Seine zentralen Lehren wurden von der liberalen Theorie und Praxis des neunzehnten Jahrhunderts aufgenommen; was einst neu und verblüffend gewesen war, wurde zum Gemeinplatz, und spätere Sozialphilosophen und Theoretiker des Politischen blickten auf Montesquieu als auf einen geachteten Vorläufer zurück, der ihnen nichts Neues mehr zu sagen hatte. Aber Berlin, mit der gesammelten Erfahrung der ersten Hälfte des zwanzigsten Jahrhunderts im Rücken, hat einen freien Blick für die skeptische Note, die sich durch Montesquieus ganzes Werk zieht, den mangelnden Enthusiasmus für alle umfassenden und vereinfachenden Pläne großangelegten Wandels, der viele seiner optimistischeren Zeitgenossen mit ihrer starreren, simpleren, rationalistischeren Sichtweise beunruhigte und irritierte. Denn obwohl Montesquieu selbst vorgab, eine neue Wissenschaft im Geiste Descartes' begründet zu haben, wußte er tief im Innern, daß die Beschaffenheit seines Materials gegenüber solchen Methoden resistent war, und seine Praxis straft seine Bekundungen Lügen. Im Gegensatz zu so vielen seiner Zeitgenossen konnte er sich nie dazu verstehen, konkrete, spezifische Details als bloßes Material für die Illustration allgemeiner Regeln oder Gesetze zu betrachten. Er respektiert und genießt sogar die irreduzible Einzigartigkeit und Besonderheit um ihrer selbst willen und hat tiefes Mißtrauen gegenüber dem Begriff des Menschen im allgemeinen. Für Montesquieu hat jeder Gesellschaftstyp einen »inneren« Geist oder ein dynamisches Prinzip, das alle seine höchst verschiedenen Verzweigungen prägt. Die Staatsmänner und Gesetzgeber müssen diesen inneren Geist, diese organisierende Kraft verstehen und in Übereinstimmung mit ihr herrschen und Gesetze erlassen. Verschiedene Gesellschaften haben verschiedene Bedürfnisse und verfolgen verschiedene Zwecke. Was für eine Gesellschaft in einer bestimmten Situation und in einem bestimmten Entwicklungsstand gut ist, ist nicht notwendig für andere Gesellschaften unter anderen Bedingungen gleichermaßen gut. Deshalb gibt es und kann es keine allgemein verbindlichen und endgültigen Lösungen der menschlichen Probleme geben und keine höchsten rationalen Maßstäbe oder Kriterien, um zwischen verschiedenen menschlichen Zielen zu entscheiden. In dieser Haltung liegt etwas für den Kanon der Aufklärung sehr Subversives, und Montesquieus Mißtrauen gegenüber schnellen, simplen und durchgreifenden Lösungen, mit denen die rationalistischen Philosophen im Lichte universalistischer Theorien bei der Hand waren, rückt ihn in größere Nähe zu Vico und Herder als zu Voltaire und der Enzyklopädie. Allerdings steht damit, wie Berlin deutlich herausarbeitet, im Zentrum seines sozialphilosophischen und politischen Denkens ein Widerspruch: Obwohl er viel eher ein Pluralist als ein Monist war und nicht von einem bestimmten herrschenden Prinzip besessen und obwohl er mit seinem unausschöpflichen Sinn für die Mannigfaltigkeit der Lebens- und Gesellschaftsformen in seiner Zeit sicher einzig dasteht, glaubte er trotzdem, daß bei aller Verschiedenheit der Mittel und der abgeleiteten Zwecke der Menschen ihre letzten, fundamentalen Ziele – Befriedigung ihrer grundlegenden materiellen Bedürfnisse, Sicherheit, Gerechtigkeit, Friede und ähnliches – identisch sind. Berlin weist damit auf eine unversöhnliche Spannung in Montesquieus Denken hin zwischen der Annahme, daß jede Gesellschaft ihr eigentümliche Gebräuche, moralische Einstellungen und Lebensweisen habe, einerseits und dem Glauben an die Gerechtigkeit als einen allgemeinen, ewigen Maßstab und der Leidenschaft für Legalität andererseits. Berlin bietet dafür eine überzeugende Erklärung an, daß nämlich beide Haltungen aus einer starken Furcht vor Despotismus und Willkür entspringen. Jedenfalls bleibt dieser Widerspruch unaufgelöst, und Montesquieus Denken stellt für Berlin eine deutliche Abweichung von den Idealen der Aufklärung, wenn auch keinen dramatischen Bruch mit ihr dar.

Das Provokante der pluralistischen Begriffe verfolgt Berlin darüber hinaus in dem kenntnisreichen und klugen Aufsatz über Machiavelli. Hier ist seine These, daß Machiavelli nicht aufgrund seiner angeblichen Amoralität und seines Satanismus für gut vier Jahrhunderte heftige Meinungsverschiedenheiten unter den Gelehrten und gebildeten Menschen hervorgerufen und das christliche und liberale Bewußtsein zutiefst beunruhigt hat, sondern weil er wohl der erste war, der – zumindest implizit – Zweifel an der Gültigkeit einer jeden monistischen Konstruktion als solcher geweckt hat, indem er ein anderes Moralsystem als das damals und noch heute herrschende vorschlug. Für Berlin ist Machiavelli im Gegensatz zu den meisten Interpretationen kein bloßer politischer Technologe, der nur an funktionierenden Mitteln interessiert, letzten Zielen gegenüber aber gleichgültig ist, und auch ist er kein distanzierter, objektiver Wissenschaftler der Politik, der nur beobachtet und ganz neutral die Praktiken der Menschen beschreibt. Weit davon entfernt, die Politik von der Ethik zu trennen, wie Croce und andere angenommen haben, hat Machiavelli vielmehr jenseits der offiziellen, christlichen Ethik seiner Zeit (und damit jenseits ihr verwandter moralischer Anschauungsweisen wie der stoischen, Kantischen oder sogar der utilitaristischen), die im wesentlichen auf das Individuum konzentriert ist, eine ältere Tradition der Ethik im Auge, die Ethik der griechischen Polis oder des republikanischen Rom – eine wesentlich kollektive Gemeinschaftsethik, nach der ein menschliches Wesen zu sein und Werte und Zwecke zu haben identisch damit ist, Mitglied einer Gemeinschaft zu sein. Aus dieser Perspektive sind die höchsten Ziele des Lebens eines Individuums von dem kollektiven Leben der Polis nicht zu trennen. Menschen können nur im Dienst einer starken, vereinten und erfolgreichen Gemeinschaft moralisch gesund sein

und ein erfülltes, produktives öffentliches Leben führen. Machiavelli weist deshalb die christliche Ethik keineswegs zugunsten
einer immoralischen Wissenschaft der Mittel zurück, sondern im
Namen eines Reiches von Zwecken, die im Grunde viel eher soziale und kollektive als individuelle und persönliche sind. Was für ihn
vor allem zählt, ist die Wohlfahrt und der Ruhm der *patria*. Seine
Position impliziert, daß es zwei gleichermaßen höchste und einander ausschließende ethische Systeme gibt, zwischen denen die
Menschen eine kompromißlose Wahl treffen müssen. Diese Zu-
mutung, daß es einen Konflikt zwischen letzten Werten ohne die
Möglichkeit einer rationalen Entscheidung zwischen ihnen gibt,
und die sich daraus ergebende Folgerung, daß nicht nur ein einziger Weg zur menschlichen, individuellen oder kollektiven, Erfüllung führt, hat sich als zutiefst verstörend erwiesen. Sie beinhaltet,
daß die Notwendigkeit der Wahl zwischen höchsten und einander
ausschließenden Werten keineswegs eine seltene und ungewöhnliche Erfahrung im menschlichen Leben ist, sondern vielmehr ein
wesentliches Element der *conditio humana* selbst darstellt. Den
Menschen dies, wenn auch undeutlich, bewußt gemacht zu haben
ist eine der bedeutendsten Leistungen Machiavellis – er war, wie
Berlin sagt, wider Willen ein »Wegbereiter des Pluralismus«.

VI

Der früheste ungehemmte Angriff auf die allgemeinen, rationalistischen Systeme kam von Vico, Hamann und Herder. In seinem
Buch *Vico and Herder* hat Berlin die wichtigsten schöpferischen
Ideen zweier dieser Denker untersucht. Einige Aufsätze des vorliegenden Bandes bilden dazu einen Kommentar und eine Erweiterung. Vico, ein vor seiner Zeit geborener Denker von qualvollem
Genie, hat sein ganzes Leben damit gerungen, eine Handvoll revolutionärer Ideen über den Menschen, über die Geschichte und die
Gesellschaft auszudrücken. Die Bedeutung seiner Lehren trat erst
in den Jahrhunderten nach seinem Tod zutage, und manche der
wichtigsten kommen, wie Berlin zeigt, eigentlich erst heute zum
Tragen. Vico war vermutlich überhaupt der erste, der ausdrücklich festgestellt hat, daß es keine allgemeine, unwandelbare
menschliche Natur gibt. Die alte Doktrin, daß die Menschen nur

30

das wahrhaft erkennen, was sie selbst hervorgebracht haben, hat
er neu belebt und ihr zugleich eine revolutionäre Wendung gegeben, indem er sie auf die Geschichte anwandte. Wir verstehen historische Prozesse, die überall den Stempel des menschlichen Willens, der menschlichen Ideale und Ziele tragen, in gewisser Weise
gleichsam von »innen«, durch eine Art einfühlenden Verstehens,
wie wir die »unvernünftigen«, »äußeren« Vorgänge in der Natur
nicht verstehen können, da wir sie nicht selbst gemacht haben.
Vielleicht im Anschluß an dunkle Einsichten französischer Rechtsgelehrter und Universalhistoriker ist Vico eigentlich der Schöpfer
des Begriffs der Kultur, deren Äußerungen alle ein unterscheiden-
des Gepräge und ein gemeinsames Gestaltungsmuster zeigen, und
er hat die damit eng verbundene Vorstellung entwickelt, daß sich
eine Kultur durch eine nachvollziehbare Abfolge von Entwick-
lungsphasen ausbildet, die nicht durch eine mechanische Kausalität, sondern als Ausdruck der kontinuierlich sich entfaltenden
zweckhaften Tätigkeiten der Menschen miteinander verknüpft
sind, in denen er in erster Linie Formen des Selbstausdrucks sah,
die eine Gesamtsicht der Welt mitteilen. Und er schuf – vielleicht
die anregendste seiner Ideen – den Begriff eines neuen Typs von
Wissen, die rekonstruierende Einbildungskraft oder *fantasia*, das
Wissen, das wir von anderen Menschen aus anderen Zeiten und
Gebieten erlangen, indem wir uns in ihre allgemeinen Einstellungen versetzen, darein, wie sie sich selbst und ihre Ziele sehen – ein
Wissen, das weder gänzlich empirisch noch a priori deduzierbar
ist.

In »Vico und das Ideal der Aufklärung« entfaltet Berlin einige Implikationen der Ansichten Vicos für die utopische Vorstellung (die
in der einen oder anderen Gestalt eine überragende Rolle im politischen Denken des Abendlandes gespielt hat) von einer idealen,
statischen und rationalen Gesellschaft, in der alle menschlichen
Werte und alle denkbaren Wege zur menschlichen Erfüllung nicht
bloß ohne wechselseitige Einschränkungen, sondern in einem Zustand gegenseitiger Verstärkung Seite an Seite lebendig sein werden. Für Vico sind die Einstellungen, Tätigkeiten und Ziele der
Menschen notwendig die eines besonderen Stadiums der sozialen
und kulturellen Entwicklung. Jedes Stadium innerhalb dessen,
was er *storia ideale eterna* nennt, ist mit den vorhergehenden und
den folgenden in einem unwandelbaren, zyklischen Entwick-
lungsschema verbunden. Da die früheren Stadien des schöpferi-

schen historischen Prozesses wesentlicher Bestandteil unserer eigenen Ursprünge sind, können wir die Vergangenheit durch die Entdeckung ihrer Wirkungsmöglichkeiten in unserem eigenen Geist wiedererschaffen und verstehen. Aber im Gegensatz zu metaphysischen Idealisten wie beispielsweise Hegel, der glaubte, daß nichts von Bedeutung in dem Übergang von einer kulturellen Phase zur nächsten verloren gehe, und im Gegensatz zu den rationalistischen Denkern, die annehmen, daß alle Werte per definitionem ohne Reibungen in das vervollständigte Puzzle der endgültigen, vollkommenen Lösung aller menschlichen Probleme passen, enthält Vicos Lehre eine weniger optimistische Perspektive. Soziale Entwicklung und kultureller Wandel bringen ebenso wie Gewinne auch vollständige Verluste mit sich. Einige Formen wertvoller Erfahrung können für immer verschwinden, als einzigartiger, integraler Bestandteil einer versunkenen Welt, die sie hervorgebracht hat, und nicht ersetzbar durch ähnliche, gleichwertige Formen. Inspirierte Sänger, deren denkwürdigstes Beispiel für Vico Homer ist, mit ihrer ganzen ursprünglichen Stärke und dichten Einbildungskraft, können prinzipiell nicht demselben Stadium der kulturellen Entwicklung entspringen wie die kritischen Philosophen mit ihrer intellektuellen Analyse und ihren blutleeren Abstraktionen. Deshalb ist für Vico der Begriff der Vollkommenheit, der Begriff einer Ordnung, in der alle wahren menschlichen Werte gänzlich verwirklicht sein werden, nicht aus bloß empirischen Gründen – Unwissenheit, menschlicher Schwäche oder Mangel an technischen Mitteln – ausgeschlossen, sondern weil er a priori als Begriff widerspruchsvoll ist.

In den beiden anderen Aufsätzen über Vico wird Berlins`Interesse am Pluralismus auf dem Gebiet des Wissens besonders deutlich. Sie behandeln Vicos zukunftsträchtige Unterscheidung zwischen zwei gänzlich verschiedenen Typen des menschlichen Wissens, die von grundsätzlich verschiedenen Voraussetzungen ausgehen und zu zutiefst unterschiedlichen Ergebnissen führen. Für Vico besteht kein kontinuierlicher Zusammenhang zwischen dem ganzen Gebiet der »äußeren«, nichtmenschlichen, Natur und der »inneren«, menschlichen Welt der Moralität, der Kunst und der Sprache, der Ausdrucksformen, des Denkens und Empfindens. Entsprechend diesen beiden verschiedenen Bezirken gibt es zwei voneinander unabhängige Forschungsmethoden. Die eine nennt Vico *scienza* oder Wissenschaft *per caussas*, das einzig vollkommene Wissen, dessen wir fähig sind, nämlich die Erkenntnis der Produkte menschlicher Schöpfung – Mathematik, Musik, Dichtung, Recht. Eben weil sie Artefakte des menschlichen Geistes sind, können sie gänzlich erkannt werden. Das andere ist die *coscienza*, das Wissen, das sich auf die äußere Welt bezieht, das ein Beobachter von »draußen« in Form von kausalen Gleichförmigkeiten und Gleichzeitigkeiten erlangt und das für immer eine Zone undurchdringlicher Opakheit haben wird, da es uns nur sagen kann, wie die Dinge sind und was sich ereignet, aber niemals, warum, aus welchem erkennbaren Grund oder worum willen sie so sind. Vicos große schöpferische Leistung liegt darin, die *scienza* auf die menschliche Geschichte angewandt zu haben, die Geschichte, die die Menschen selbst »machen«, und in seiner Begründung eines »anthropologischen Historismus«, der eine systematische Wissenschaft des Geistes erfordert, die mit der Geschichte der Entwicklung des Geistes und seines Wachstums identisch wäre. Dem kann man nur durch eine Erforschung der sich wandelnden Symbole nachgehen, in denen der Geist sich selbst ausdrückt, der Worte, Denkmäler und Kunstwerke, des Rechts, der Gebräuche und dergleichen. Erinnerung und Einbildungskraft und die möglichen Neigungen des eigenen Geistes (von denen die meisten unaktiviert bleiben) stellen die grundlegenden Werkzeuge dieses Typs von Verstehen bereit, auf denen letztlich alle Humanwissenschaften beruhen. Wir wissen direkt, was es heißt, Furcht zu empfinden, Liebe oder Haß, was es heißt, zu einer Familie oder einer Nation zu gehören, einen Gesichtsausdruck, die Lage eines Menschen oder einen Scherz zu verstehen, Gefallen an einem Kunstwerk zu finden, was es heißt, sich Ideale zu bilden und in ihrem Licht zu leben und darüber hinaus eine unausschöpfliche (und sich entwickelnde) Vielfalt anderer Arten von unmittelbarer »innerer« Erfahrung zu besitzen.

Dieser Typ »unmittelbaren« Wissens ist weder induktiv noch deduktiv, noch hypothetisch-deduktiv. Es ist ein Wissen sui generis und kann nur in seinen eigenen Begriffen beschrieben und analysiert werden. Kein cartesianisches, Newtonisches oder diesen ähnliches System, das Dinge und Ereignisse von »außen« durch kausale Ordnungen korreliert, kann es hervorbringen, und man kann es auch nicht in sie übersetzen. Man weiß aus eigener Erfahrung, daß uns eine vertraute Tätigkeit oder eine uns liebe Seite unseres Lebens, die wir bis jetzt von innen als Form menschlicher Ziele und

Bestrebungen gesehen haben, entfremdet werden können, indem sie gewissermaßen »objektiviert« werden. Sie erscheinen uns plötzlich als fremd und äußerlich, als kausales Resultat von Kräften jenseits unserer Kontrolle, von soziologischen, biologischen oder physikalischen Kräften. Ebenso kann umgekehrt eine Tätigkeit, ein Kunstwerk oder ein Mensch, ein Regelsystem oder eine Institution vertrauter Teil unserer selbst werden, weil wir ihn in einem Prozeß phantasievollen Durchdringens von »innen« im Lichte menschlicher Ziele und Werte sehen. Das ist die schwer definierbare und schwankende Grenze, an der die Erklärung auf menschliche Ideale und Intentionen hin mit der kausalen Erklärung in Form von »unvernünftigen«, nicht-menschlichen Ordnungen der physikalischen Natur in Berührung (und Konflikt) kommt. Sie war in der Vergangenheit Schauplatz von Auseinandersetzungen und wird es in der Zukunft vermutlich in noch höherem Maße sein. Kaum ein Autor hat mehr als Isaiah Berlin dafür getan, unser Bewußtsein für ihre entscheidende Bedeutung zu schärfen.

Die Art Wissen, die Vico entdeckt hat, war der Keim der Lehren der »Einfühlung« und des »Verstehens«, die später von Herder und nach ihm von den großen deutschen Historisten Troeltsch, Dilthey, Meinecke und Max Weber entwickelt wurden, und ist für die Erkenntnistheorie und die Philosophie des Geistes, zwei Hauptthemen im Denken des neunzehnten Jahrhunderts, bedeutsam geworden. Der Aufsatz »Die Trennung der Natur- und Geisteswissenschaften« befaßt sich mit einem der wichtigsten Aspekte dieser Themen. Ein wesentlicher Bestandteil des optimistischen Glaubens an einen beständigen, allgemeinen Fortschritt ist die Vorstellung, daß alle Forschungsmethoden, alle Weisen des Wissens und Verstehens, systematisch miteinander verbunden sind; daß die Voraussetzungen und Methoden aller Formen geistiger Untersuchung letztlich aus einer kleinen Anzahl von Prinzipien von höchstmöglichem Abstraktionsgrad abgeleitet werden können; und daß die ganze Sphäre menschlichen Wissens aus einem Guß wächst, da jedes ihrer Segmente mit jedem anderen verschränkt ist und es erweitert. Aber wenn Vicos Unterscheidung zwischen »innerem« und »äußerem« Wissen stichhaltig ist und wenn die Wirklichkeit, wie seine zentralen Lehren behaupten, keine einheitliche, zeitlose und unwandelbare Struktur hat, von der eine logisch vollkommene Sprache eine unmittelbare, nicht durch den »äußerlichen« Einfluß von Zeit und Raum verformte Kopie geben könnte – ein Modell, an dem gemessen sich alle natürlichen Sprachen als mehr oder weniger unangemessene Annäherungen erweisen ließen; wenn darüber hinaus die Sprachformen und die Mythen, die Poesie und Religion der sogenannten Primitiven nicht, wie Voltaire und die Enzyklopädisten bezeichnenderweise angenommen hatten, die erste, kindlich stammelnde Annäherung an Wahrheiten sind, die klarer und vollständiger von den späteren, rationalen Denkern formuliert werden, sondern vielmehr der einzigartige Ausdruck ihrer Gesamtsicht des Lebens, die Verkörperung ihrer Antworten auf die Probleme, die ihre eigene, ihnen eigentümliche Welt ihnen stellte – eine Antwort, die nicht weniger authentisch ist als die späterer, aufgeklärterer Zeiten auf ihre eigenen Probleme und letztlich mit ihnen völlig unvergleichbar –, dann folgt, daß alles Wissen nicht von einer einzigen, einheitlichen Art ist, nicht ein großer, organischer Körper, der trotz periodischer Rückfälle in die Barbarei in nicht-umkehrbarer Entwicklung beständig von Zeitalter zu Zeitalter wächst und sich schrittweise auf einen unüberbietbaren Zustand letzter Vollkommenheit hin bewegt. Die unüberbrückbare Kluft zwischen den Natur- und den Humanwissenschaften[5] und der Riß im Ideal beständigen Fortschritts auf allen Gebieten des menschlichen Wissens hat in der Tat sehr weitreichende Konsequenzen.

In dem Aufsatz über die Quellen des deutschen Antirationalismus untersucht Berlin die Vorstellung des vielleicht radikalsten antinomistischen Denkers in diesem Band, J. G. Hamann. Als junger Mann war Hamann, als Schützling der führenden Köpfe der Berliner Aufklärung, Mendelssohn und Nicolai, ein erfolgreicher Schriftsteller und Apostel der Aufklärung. Aber nach einer tiefgreifenden geistigen Krise kehrte er zum pietistischen Glauben seiner Jugend zurück und ging daran, die Ideale und Werte im Zentrum der rationalistischen Tradition anzugreifen, wobei er sie geradezu ins Gegenteil umkehrte. Er verkörpert den kompromißlosesten Gegenschlag der menschlichen Würde und der Ideale der Wärme, Liebe und Spontaneität gegen die geisttötenden Abstraktionen der Systematisierer und »schrecklichen Vereinfacher« im Frankreich des achtzehnten Jahrhunderts. In diesem außerordentlichen

---

5 So jedenfalls erschien es Vico, aber vielleicht ist diese Kluft gar nicht so unüberbrückbar, denn wenn Kuhns Darstellung der naturwissenschaftlichen Entwicklung richtig ist, dann folgt auch sie einem Vicoschen Muster.

Kampf nahmen er und sein Waffenbruder Jacobi zwei zentrale Lehrstücke des nüchternen Empiristen David Hume in Dienst (eines davon in einer sehr modifizierten Form). In der Geschichte des modernen Denkens gibt es kaum ein paradoxeres Kapitel. Die Lehre, daß die Naturwissenschaften, die empirischen Wissenschaften, den einzigen Weg zum Wissen bieten; daß alle Aussagen mit dem Anspruch auf Wahrheit prinzipiell von jedem vernünftigen Lebewesen öffentlich überprüft werden können müssen; daß es keine anderen – transzendenten oder nicht-rationalen – Quellen wirklichen Wissens gibt und geben kann – diese Grundannahmen der französischen Aufklärung riefen seit der Mitte des achtzehnten Jahrhunderts wachsenden Widerstand sogar in Frankreich selbst hervor. Die Reaktion gegen den trockenen Rationalismus, Materialismus und ethischen Naturalismus äußerte sich zuerst in der Literatur und auch in den Umgangsformen in einer Welle von Gefühlsbetontheit und Empfindsamkeit. Diderot räumte dem Gefühl eine weitläufige und wichtige Stelle im menschlichen Leben ein, und Rousseau vor allem befreite Gefühl und natürliche Leidenschaft. Außerhalb Frankreichs hatten von Muralt, Bodmer und Breitinger in der Schweiz und Lowth, Blackwell und die Wartons in England jeder auf seine Weise gegen den ausdörrenden Geist eines exzessiven Rationalismus aufbegehrt. Doch diese Revolte blieb weitgehend auf das Gebiet der Literatur, der Umgangsformen und der Kunst begrenzt, so daß die Fundamente der wichtigsten Dogmen der Aufklärung davon unberührt blieben. Den wirklich machtvollen und vernichtenden Angriff, der diese Hauptannahmen ein für allemal erschütterte, führte eine Gruppe dunkler, gepeinigter und zutiefst beunruhigender Geister aus den abgelegenen Winkeln der deutschsprachigen Welt. Die Geschichte der weitreichenden Konsequenzen und Auswirkungen dessen, was Berlin diesen ebenso unheilvollen wie befreienden »deutschen Gegenschlag gegen die kulturelle Vorherrschaft Frankreichs in der westlichen Welt« nennt, ist weitgehend die Geschichte des modernen Denkens.

Sowohl von seinem Temperament als auch von seinen Überzeugungen her war Hamann ein Feind aller perfekten, allumfassenden Systeme. Er glaubte, daß die abstrakten Netze der allgemeinen Gesetze uns zwar durchaus (wie Werkzeuge oder Waffen) helfen können, gewisse Gebiete der Wirklichkeit zu beherrschen und auszubeuten, daß sie aber unser Empfindungsvermögen für die lebendige Frische unmittelbarer Erfahrung abstumpfen und uns gegenüber den einzigartigen, bizarren, unvorhersehbaren und oft wild chaotischen Einzelheiten unseres Lebens blind machen müssen. Wissenschaftliche Theorien haben bestenfalls instrumentellen Wert, denn sie können uns kein unangreifbares Wissen liefern. Wirkliches Wissen wird uns von den Sinnen gegeben und von der spontanen Einbildungskraft, dem Instinkt und der Selbsterkenntnis. Direkte Wahrnehmung, das unmittelbare, unstreitige Empfindungsvermögen für die Realität nennt Hamann »Glaube«. Diese Lehre vom Glauben schrieb er Hume zu, denn er nahm zu Recht wahr, daß Humes Erkenntnistheorie auf einem ursprünglichen Vertrauen in die Wirklichkeit beruht, das durch keine apriorische Demonstration unterstützt werden kann. Doch er veränderte diese Lehre in einer Weise, die Hume sicherlich erschreckt hätte, indem er sie ebenso auf nichtempirische Gebiete anwandte. Ohne das fundamentale menschliche Vermögen des Glaubens können die Menschen weder denken noch handeln, noch auf eine äußere Welt, die Geschichte und die Existenz anderer Menschen oder Gottes vertrauen. Das Vermögen des Glaubens kann genauso wenig wie die Evidenz der Dinge durch den Verstand widerlegt werden. Obwohl es sich gelegentlich irren kann, wird es nicht durch ein kompliziertes Beweisgebäude abgestützt. Vor allem haben ihm die künstlichen, utilitaristischen Apparate der Wissenschaftler nichts zu sagen, die weder die innere Natur des Menschen noch die Gottes ausdrücken. Kein Mensch kann das von dem Rationalisten Spinoza geknüpfte Gespinst der leblosen Kategorien lieben und seine innerste Natur in ihm ausgedrückt sehen, ebensowenig in dem entgeistigten Spiel von Ursache und Wirkung in den unermeßlichen materialistischen Maschinen eines Holbach oder Helvétius. Nur Dichter, Liebende und Frömmigkeit können in die Gegenstände ihrer leidenschaftlichen Verehrung eindringen und ein volles Verständnis von ihnen erlangen. Die Daten unmittelbarer Kenntnis sind konkret und einzigartig. Jeder Versuch, sie in künstliche Schemata zu »reorganisieren«, verformt und verarmt sie. Hamanns Ansichten über die Beziehung zwischen Denken, Erfahrung und Sprache klingen fast unheimlich modern. Wenn er erklärt: »Bey mir ist nicht so wohl die Frage: was ist Vernunft? sondern vielmehr: was ist Sprache? und hier vermuthe ich den Grund aller Paralogismen und Antinomien, die man jener zur Last legt«, und wenn er behauptet, daß alle Dinge durch die Sprache gemacht seien, nimmt er die Lehren Austins und des späten Wittgenstein vorweg. Und wenn er im Zusammenhang mit künstlichen Begriffssystemen bemerkt, daß unsere Geschöpfe die Natur gnadenlos verstümmelten, und daran die eher ironisch als ernst gemeinte Frage anschließt, ob es überhaupt einfache natürliche Punkte gebe, auf die alles zurückgeführt werden könne, oder ob alles aus mathematischen Linien bestehe, dann bringt er eine Kritik vor, die eine bemerkenswerte Ähnlichkeit mit dem hat, was von den Philosophen der Alltagssprache heutzutage gegen den Neopositivismus Russells und seiner Schüler eingewandt wird. Für Hamann sind die Worte der Alltagssprache Träger menschlicher Bedeutungen und verformen als solche die unmittelbare Wahrnehmung nicht in demselben Ausmaß wie abstrakte Formeln, allgemeine Sätze, Regeln und Gesetze. Sie sind entweder eine Form des Ausdrucks, der Verständigung zwischen unsterblichen Seelen oder sie sind künstliche, erdrückende Instrumente der klassifizierenden Wissenschaften. Zu großer Enthusiasmus für Systeme idealisierter Fiktionen auf Kosten der unmittelbaren und durch die normale Sprache vermittelten Anschauung werde früher oder später zur Bildung gewaltiger bürokratischer Maschinen führen. Die Menschen werden es dazu kommen lassen, sich als bloße mechanische Objekte der Verwaltung behandeln zu lassen, entleert von jedem inneren Leben und Sinn, bloße äußerliche Hülsen und Schalen. Darin gehört Hamann zu den frühesten und hellsichtigsten derer, die dunkel ahnten, was Weber später das »Gehäuse der Hörigkeit« genannt hat und was die Anhänger der Frankfurter Schule als »verwaltete Welt« beklagen – die Welt, einschließlich der Menschen und der Natur, als ein mechanisches System, das von den Teams rationaler Experten für utilitaristische Zwecke gehandhabt wird.

Berlin sieht in Herder den Schöpfer dreier bedeutender Ideen, die nicht nur zu seiner Zeit ganz neu waren, sondern noch heute äußerst lebendig sind. Alle drei brechen mit der zentralen westlichen Tradition seit der Antike und sind völlig unvereinbar mit den grundlegenden – moralischen, historischen und ästhetischen – Lehren der Aufklärung. Es sind der Populismus – die Überzeugung, daß sich die Menschen nur dann vollständig verwirklichen können, wenn sie zu einer identifizierbaren Gruppe oder Kultur mit Wurzeln in Tradition, Brauchtum und gemeinsamer geschichtlicher Erinnerung gehören; das Ausdrucksdenken – die

Vorstellung, daß alle Werke der Menschen in erster Linie sprechende Stimmen seien, Formen des Ausdrucks oder der Verständigung, die eine Gesamtsicht oder Vision des Lebens vermitteln; und schließlich der Pluralismus – die Anerkennung einer potentiell unendlichen Vielfalt von Kulturen und Wertsystemen, die alle gleichermaßen letzte und miteinander unvergleichbar sind – wodurch der Glaube an einen allgemeingültigen, idealen Weg zur menschlichen Erfüllung, der mit unterschiedlichem Erfolg von allen Menschen überall und jederzeit verfolgt wird, als logisch widersprüchlich erwiesen wird.

Mit dem Blick auf die moderne Welt erkennt Berlin, wie lebendig die Gestaltungskraft dieser Ideen ist und daß ihre Bedeutung vermutlich noch wachsen wird. Sie können alle den ganzen Menschen ergreifen, Kopf und Herz, und ihre Konsequenzen sind ihrer Anziehungskraft vermutlich ebenbürtig. Das tiefe, von allen Menschen empfundene Bedürfnis nach Wurzeln und Selbstausdruck bedarf in einem Zeitalter der Zerrissenheit und des Nationalismus keiner Betonung. Der Aufsatz über den Nationalismus behandelt einige dieser grundsätzlichen Themen. Das Gefühl des Erstickens, der Austrocknung des Geistes, das so viele junge Menschen in den technologischen Gesellschaften des Westens haben, rührt zumindest teilweise von der Unfähigkeit her, das Bedürfnis nach individuellem oder kollektivem Selbstausdruck zu befriedigen, auf das als eines der tiefsten und beständigsten menschlichen Bedürfnisse Herder als erster aufmerksam gemacht hat. Von den Hippies und den Blumenkindern bis zu Heidegger, Habermas und der Frankfurter Schule ist das grundlegende Anliegen dasselbe, und sie alle könnten sich auf Herder berufen. Auch der Aufsatz über Sorel berührt einige dieser brennenden Probleme. Außerdem bleibt in einem Zeitalter enger, dogmatischer Ideologien, die absolute Gefolgschaft verlangen, der Gedanke unvermindert aktuell, daß das Leben viele Ziele hat, daß sie sich wandeln und alle gleichrangig sind, so daß sie leicht in tödlichen Konflikt miteinander geraten können. Viele spätere Denker, und vielleicht keiner mehr als Herzen, haben diesen Gedanken aufgegriffen und entwickelt. In einem gewissen Sinne hat er tatsächlich sein ganzes Leben auf diesen Gedanken gebaut und durch ihn gelitten und gelebt. Nichts hätte diese beiden Denker mehr erschreckt als der Anblick einer kraftstrotzenden Klasse von Menschen (gleich welcher Gesellschaftsschicht) mit niedrigen Zwecken und Bedürfnissen und gleichermaßen schlichten Vorstellungen von den Zielen des Lebens, einer Klasse, die groß an Zahl, hochorganisiert und im Besitz der Macht ihre armselige Einstellung einer vielfarbigen, fruchtbaren, zerbrechlichen und schöpferischen Gruppe von Menschen aufzwingt.

VII

Eine dieser drei zukunftsweisenden Ideen Herders steht im Mittelpunkt von Berlins Aufsätzen über Moses Heß und über Marx und Disraeli und beleuchtet seine kritischen Betrachtungen über den Nationalismus, nämlich die Vorstellung, daß der Wunsch, zu einer identifizierbaren Gemeinschaft zu gehören, deren jede ihre eigene, einzigartige Sprache, ihre eigenen Traditionen, historischen Erinnerungen und Einstellungen und einen eigenen Stil hat, eines der fundamentalsten Bedürfnisse der Menschen ist, nicht weniger fundamental als das Bedürfnis nach Nahrung, Schutz, Fortpflanzung, Sicherheit und Verständigung. Nur wenn ein Mensch wirklich, auf natürliche Weise und unreflektiert, zu einer solchen Gemeinschaft gehört, kann er in den lebendigen Strom eintreten und ein erfülltes, schöpferisches und spontanes Leben führen, in der Welt heimisch, mit sich selbst und seinen Mitmenschen eins sein und einen anerkannten Status genießen innerhalb einer solchen natürlichen Einheit oder Gruppe, die ihrerseits in der Welt ohne Einschränkung anerkannt wird. Nur dadurch kann er eine Lebensansicht finden, ein Bild von sich selbst und seiner Stellung in einer Gemeinschaft, in der konkrete, unmittelbare und spontane menschliche Beziehungen entstehen können, nicht entstellt durch neurotische Selbstzweifel über die eigene wahre Identität und frei von den lähmenden Verletzungen, die die wirkliche oder eingebildete Überlegenheit anderer zufügt.

Eine Unterdrückung des Bedürfnisses, zu einer solchen Gemeinschaft zu gehören, hat die unterschiedlichsten störenden Folgen, und Berlin wendet sich in diesen beiden Aufsätzen einer einfühlsamen Untersuchung der wichtigsten von ihnen zu. Für ihn sind die gerade erst befreiten Juden des späten achtzehnten und des neunzehnten Jahrhunderts ein paradigmatischer Fall. Als sie, wie viele von ihnen es taten, aus der engen, vertrauten, eingekapselten Welt des Ghetto in die weite, freie, erregende, aber fremde und gefährliche nichtjüdische Welt entflohen, wurde ihre Identität plötzlich in Frage gestellt. Wer waren sie? Einige von ihnen – die Gewandteren und Unbeschwerteren – warfen ihre Vergangenheit ohne sichtliche Mühe ab und gingen unauffällig in ihrer neuen Umgebung auf; andere – deren Selbstgefühl, verbunden mit dem leidenschaftlichen Wunsch, es in der Welt zu etwas zu bringen und in ihr etwas zu sein, es nicht erlaubte, ihre Herkunft zu vergessen – waren zu dieser geschickten Selbstverwandlung nicht fähig. Beunruhigt und öfter noch gequält und verletzt dadurch, daß sie nicht ohne weiteres als zugehörig zu der Welt akzeptiert wurden, in die sie eintreten wollten, kamen sie auf verschiedene, mehr oder weniger bewußte, Lösungen ihres Problems der Identität.

Diese Lösungen für die Suche nach Status, Anerkennung, Zugehörigkeit liefen meist auf eine von zwei Möglichkeiten hinaus, nämlich entweder auf die bewußte Forderung nach Statusgleichheit (oder manchmal Überlegenheit) der Mitglieder einer bis dahin unterdrückten Gruppe, Nationalität oder Gemeinschaft oder auf die Selbstidentifikation mit einer anderen Gruppe oder Bewegung, die nicht mit den Mängeln oder Schwächen ihrer eigenen ursprünglichen Lebensbedingungen behaftet war. Die erste dieser beiden Strategien beinhaltet ein völliges, anmaßendes und oft aggressives Bestehen auf der eigenen früheren Identität, während die zweite verlangt, daß man eine neue Persönlichkeit, neue Werte und Gewohnheiten annimmt, die mit der niedrigen Stellung, die die Eigenliebe verletzt hatte, keinerlei Berührungspunkte hat. Diejenigen, die diesen zweiten Weg einschlugen,»neigen dazu«, wie Berlin sagt,»ein übertriebenes Ressentiment oder Verachtung gegenüber der herrschenden Mehrheit zu entwickeln oder im Gegenteil übermäßige Bewunderung und sogar Verehrung für sie, manchmal auch eine Mischung aus beidem, was sowohl zu ungewöhnlichen Einsichten als auch – aus überreizter Sensibilität – zu neurotischer Verzerrung der Tatsachen führen kann.«

Berlins These ist, daß die beiden gebieterischen und schöpferischen Charaktere Marx und Disraeli mit ihrem leidenschaftlichen Wunsch, die Gesellschaft ihrer Zeit zu beherrschen, zu führen oder zu verändern, zur zweiten Gruppe gehören, während der milde und aufrichtige, weniger für Selbsttäuschung oder phantastische Konstruktionen anfällige, aber mit einem unmittelbaren Wahrnehmungsvermögen begabte Heß den ersten Weg einschlug.

Disraeli, ein Außenseiter in der englischen Gesellschaft, strebte vor allem nach Macht und Anerkennung. Seine glühende Phantasie versetzte die englische Aristokratie ins Reich der Mythologie, er machte sich zu ihrem Anführer, wobei er seinen eigenen Anspruch auf Adel auf das Alter seiner Rasse gründete, das er in seinen Schriften ständig betonte, und sah seine Aufgabe darin, die Aristokratie in eine Koalition mit den ausgebeuteten Massen gegen den Erzfeind aller wahren Würde zu führen, gegen die ungehobelte, utilitaristische und materialistische Mittelklasse. Er verachtete Gleichheit und Mittelmäßigkeit und glaubte, daß Einbildungskraft, Intuition und die traditionellen Werte allen Formen wissenschaftlicher Kalkulation, Vernunft und Analyse überlegen seien. Der Mythos, den er sich auf diese Weise geschaffen hatte, war so mächtig, daß Disraeli in seinem Banne seine heterogenen Anhänger zu vereinen und das englische politische Denken und Handeln »für viele, verhängnisvolle Jahrzehnte« zu beeinflussen vermochte. Aber sein Akt umfassender psychologischer Selbstverwandlung, in dem viele seiner Biographen ein Stück zynisch geschmeidiger Taschenspielerei gesehen haben, hätte gar nicht über die vielen Uneinigkeiten triumphieren und Überzeugungskraft gewinnen können, wenn er nicht völlig aufrichtig gewesen wäre. Berlin ist der Ansicht, daß sich Disraeli tatsächlich für gleichrangig mit den Herzögen und Baronets hielt, die er gegen die Fabrikanten aus Manchester und die Benthamisten führte. Er war selbst von seinen Fiktionen weitgehend gefangen. Indem Berlin den geheimen Impuls im Herzen der Vision Disraelis erfaßt, die Suche nach einer Rolle, nach einer Identität, die ihn instand setzen werde, in der Welt seinen Platz zu finden und jemand zu sein, zeigt er ein tieferes, stimmigeres und sehr viel einfühlsameres und überzeugenderes Verständnis für Disraeli als die meisten seiner Biographen. Indem er zu den tiefsten Wurzeln der Existenz eines Menschen vordringt, zu seinem Selbstgefühl, seinem Gefühl dafür, wer er ist, woher er kommt und wohin er gehört, hat Berlin dazu beigetragen, einen bizarren und rätselhaften Fall verstehbar zu machen. Mehr noch, er hat ihn verallgemeinert, um fruchtbare Einsichten in einige der dringlichsten Probleme zu eröffnen, die Sozialpsychologen, Pädagogen, Soziologen und Politiker beschäftigen. Denn Berlin sieht in Disraeli einen frühen, äußerst aufschlußreichen und deutlichen und deshalb beispielhaften Fall einer später immer allgemeiner werdenden Entwicklung, einen »entfremdeten« Menschen, der aus seinem Le-

42

benselement völlig herausgerissen wird, ein Opfer der durch die wissenschaftliche Revolution und den zentralisierenden Industrialismus erzeugten sozialen Desintegration und Auflösung der traditionellen Bande, dessen Leben eine lange, oft bittere und erfolglose Identitätssuche ist.

Im Gegensatz zu Disraeli gibt es bei Marx kaum Hinweise auf seine jüdische Herkunft, und er legt die Vermutung nahe, sie in einem hohen Maße verdrängt zu haben. Tatsächlich gibt es in seinen Schriften Belege für einen starken antisemitischen Zug. Berlins These ist, daß Marx nicht zuletzt wegen seiner eigenen, nicht offen eingestandenen und ihm vielleicht nicht einmal ganz bewußten Verlegenheit gegenüber seinen Ursprüngen und trotz der Tiefe und Originalität seiner grundlegenden Einsichten keine befriedigende Interpretation des Nationalismus liefern konnte, sondern seine Bedeutung als eine unabhängige Kraft systematisch unterschätzte. In dieser Hinsicht hat auch Marx, wie Disraeli, versucht, sich mit einer sozialen Gruppe zu identifizieren, zu der er seiner Herkunft nach nicht gehörte. Er entschied sich für die universale Klasse der ausgebeuteten Proletarier, die von dem Stigma, mit dem er selbst gezeichnet war, völlig frei waren. Das Proletariat, von dem er spricht und zu dem er doch so wenig unmittelbaren Kontakt hatte, ist ebensosehr eine Fiktion, eine abstrakte Kategorie oder ein imaginäres Ideal wie Disraelis Aristokratie. Seine Proletarier sind, wie Berlin sagt, nicht die wirklichen Arbeiter in den Bergwerken und Fabriken, nicht die Menschen aus Fleisch und Blut, die ihrer Nation Untertanenpflicht schulden und mit tausend Banden in Traditionen und lokalen Heimatgefühlen verankert sind. Er hat sie vielmehr zum Träger der verletzten Gefühle der Menschheit überhaupt, und manchmal seiner eigenen, gemacht. Daher die Anziehungskraft, die Marxens Schriften so häufig auf Menschen ausüben, die sich in einer ähnlichen Situation befinden wie er, auf die Intellektuellen, deren Empörung über die Grausamkeit und Ungerechtigkeit ihrer Welt mit einem Gefühl für verletzte Würde und einer verzweifelten Suche nach Identität einhergeht. Wie Berlin selbst deutlich betont, werden die Lehren von Marx keineswegs schon dadurch widerlegt, daß zumindest einige von ihnen teilweise einer Antwort auf tiefe psychologische Bedürfnisse entsprungen sein dürften, aber dies vermag zur Erklärung dessen beizutragen, warum Theorien, die sich auf anderen Gebieten als unzureichend erwiesen haben, den zunächst an sie gestellten Ansprüchen nicht gerecht werden konnten. Lehren und Leben beider, von Marx wie von Disraeli, waren die von Menschen, die ihre Ursprünge verleugneten und sich selbst deshalb in dem, was sie waren, nicht akzeptieren konnten. Viele ihrer Ideen entstanden nicht in erster Linie als Werkzeuge objektiver Analyse und Beschreibung, sondern als tröstliche Mythen, um Unterdrückte und Beleidigte, nicht zuletzt die Autoren der Lehren selbst, zu ermutigen.

Wenn sich Berlin von diesen beiden herrischen, mythenbildenden Gestalten mit ihrer Begabung, verbunden mit einer selbstzugefügten Blindheit, zu ursprünglichen Einsichten vorzustoßen, Moses Heß zuwendet, verläßt er die grelle, dramatische, hochtendenziöse Welt neurotischer Verwirrung zugunsten eines im ganzen ruhigeren und entspannteren Elements, in dem die Dinge vielleicht weniger tief und heftig, aber mit größerem Sinn für Ausgewogenheit und Proportion gesehen werden.

Marxistische Kritiker sehen in Heß einen kleineren Vorläufer von Marx, dessen Bedeutung völlig von der seines Meisters in den Schatten gestellt wird. In seinem Aufsatz untermauert Berlin den Anspruch, Heß ernst zu nehmen als einen selbständigen Sozialphilosophen mit einer prophetischen Gabe, die seinen revolutionären Zeitgenossen Marx und Engels überlegen ist. Moses Heß, der Vater des deutschen Kommunismus, wie Berlin ihn nennt, ist eines der denkwürdigsten Beispiele für den Sieg unmittelbarer moralischer Einsicht und unmittelbarer, gelebter Erfahrung über Prinzipien und Dogmen. Ein moralisch feinfühliger und aufrichtiger, über das Schauspiel von Ausbeutung und Ungerechtigkeit empörter Mann, war er zunächst von abstrakten Programmen für eine universelle menschliche Vervollkommnung angezogen, gelangte aber schließlich zu der Überzeugung, daß es für einen Menschen nicht nur unmöglich, sondern sogar in keiner Weise wünschenswert sei, im Namen rationalistischer, allgemeiner Prinzipien, die vom Konkreten und Einzigartigen keine Notiz nehmen, seine wahre Identität zu tilgen und zu leugnen, die nun einmal an die historischen Erinnerungen, Gebräuche, an die Sprache und die Traditionen seines Volkes geknüpft ist. Moses Heß umgibt eine schlichte Offenheit und Menschlichkeit, eine nahezu kindliche Frische der Wahrnehmung und Freiheit von begrifflichen Zwängen, die in so eindrucksvollem Kontrast zu der manchmal fast neurotischen Besessenheit von dogmatischen Abstraktionen steht, die die eher bedrückenden Seiten der geistigen Physiognomie von Marx prägt. Es ist, als fühlten Marx und Disraeli sich ständig getrieben, die Wirklichkeit mit ihrem eigenen, schöpferischen Willen in Einklang zu bringen und sie zu entstellen, während Heß damit zufrieden ist, die Dinge so zu sehen, wie sie sind. In einer erhellenden Nebenbemerkung fragt sich Berlin, ob Marxens Leben und Einstellung entscheidend anders hätten aussehen können, wenn er als Kind ähnlich wie Moses Heß durch seinen Großvater, einen frommen Juden, religiös erzogen worden wäre, anstatt sich die rationalistischen Dogmen Voltaires und der französischen Aufklärung einzuverleiben. Im Gegensatz zu Marx hat der spätere Heß die Bedeutung des Nationalismus als einer grundlegenden, unabhängigen Kraft nicht unterschätzt. Er hat deswegen schließlich auch den Kosmopolitismus abgelehnt, weil er die natürlichen Unterschiede zwischen Menschengruppen unterdrücke, und er glaubte, wie Herder, daß solche Differenzierung der Menschheit in selbständige Rassen und Nationen keineswegs ein beklagenswerter Irrtum sei, der um jeden Preis eliminiert werden müsse, sondern im Gegenteil eine nie versiegende Quelle schöpferischer Vielfalt. Mit derselben Entschlossenheit verwarf Moses Heß Hegels Unterscheidung zwischen beherrschenden, »historischen«, Nationen einerseits und versunkenen, passiven Völkern andererseits, die die ersteren aufgrund ihrer »Überlegenheit« mit vollem Recht erobern und verschlucken können. Von einer äußerst abstrakten, schematischen Sicht der Geschichte als eines Prozesses, der notwendig zu einer neuen, vernünftigen und harmonischen Weltordnung führt, in der die humanen, kommunistischen Prinzipien die Habsucht und das Privateigentum ausgelöscht haben werden – ein Prozeß, in dem die Juden als eine identifizierbare Gruppe verschwinden werden, nachdem sie ihre historische Mission als das ethische Volk erfüllt haben –, gelangte Heß durch seinen unbestechlichen Sinn für die Wirklichkeit, seine unmittelbare, »ungefilterte« Wahrnehmung der Tatsachen zu der eigentlich Herderschen Ansicht, daß die Juden nicht bloß von religiösen Banden zusammengehalten werden, sondern eine eigene Nation sind, wie jede andere auch, und daß sie einen eigenen Staat brauchen, um zu einer stabilen Identität im vollen Sinne zu kommen. So ist er einer der Begründer des Zionismus geworden.

Sein ganzes Leben lang war er davon überzeugt, daß Gleichheit und Gerechtigkeit um ihrer selbst willen erstrebenswert seien, und sein Sozialismus beruhte auf wesentlich moralischen Prämissen: Diese Güter können nur durch die bewußte, zielstrebige Tätigkeit von Menschen gewonnen werden, die von ihrem inneren Wert überzeugt sind. In seiner Sicht waren gewisse allgemeinste menschliche Werte ewig und universell gültig: der freie Ausdruck natürlichen menschlichen Empfindens und menschlicher Zuneigung, soziale Gerechtigkeit, Freiheit des Einzelnen und die Zugehörigkeit zu und Identifikation mit einer historisch gewachsenen Gemeinschaft. Wenn die Menschen in vernünftiger Erörterung davon überzeugt werden könnten, daß dem so ist, würden sie ihre Handlungsweise ändern. Es war dieser »utopische Sozialismus«, den Marx und Engels verspotteten. Für sie wie für andere, die im Banne des Hegelschen Historismus standen, folgte der geschichtliche Prozeß unwandelbaren und objektiv erkennbaren Gesetzmäßigkeiten: Ein Mensch, dessen Augen dafür geöffnet sind, wird sich mit dem »historischen« Wert oder der Gruppe, die auf einer gegebenen Stufe zu triumphieren bestimmt ist, identifizieren und sie unterstützen; anders zu handeln und gegen die unwandelbare Natur der Dinge zu kämpfen galt als irrational und hieß nur, daß man die eigene, unvermeidliche Vernichtung heraufbeschwor. Heß weigerte sich, der beruhigenden Lehre zu vertrauen, daß das Universum selbst auf der Seite der Werte kämpfe, die er hochhielt. Er glaubte nicht an die Unvermeidbarkeit des Klassenkampfs, der umwälzenden Revolution, an die Diktatur des Proletariats oder die gewaltsame Enteignung der Besitzenden. Und obwohl, wie Berlin betont, ganze Nationen in ihrer Lebensweise durch die Revolution, der Marx und Engels ihr Leben widmeten, verändert wurden, wurden durch die gewaltsame Expropriation der besitzenden Klassen und durch die Errichtung der Diktatur des Proletariats oder seiner Repräsentanten, der Kommunistischen Partei, nicht automatisch soziale Gerechtigkeit, individuelle Freiheit, ökonomische Gleichheit und soziale Harmonie gesichert. Wo immer man diesen Idealen am nächsten kam, war es meist das Werk von Menschen, die bewußt diese Ziele verfolgten, die ihnen in sich selbst wertvoll erschienen und deren Verwirklichung allein von ihrer eigenen, entschiedenen Anstrengung abhing und nicht von den unerbittlichen, seelenlosen Kräften der Geschichte. Auch konnte sich Heß nicht zu dem Glauben verstehen, daß die zentralen Werte des Sozialismus notwendig manchen der heiligsten Werte der Tradition widersprechen müssen, der Liebe zur heimatlichen Umgebung, einem tiefen Gefühl für die individuelle und kollektive Vergangenheit, den nationalen Erinnerungen und Symbolen und ähnlichem. Wie Isaiah Berlin zeigt, bewahrte Moses Heß sich eine unbefangene Anschauungsweise und war außerstande,»seiner Natur Gewalt anzutun«. Er war durch seine moralische Einsicht, die von persönlicher Eitelkeit oder Dogma unbefleckt blieb, dagegen gefeit. In diesem Aufsatz gibt Berlin eine äußerst einfühlsame Interpretation eines Mannes, der im Namen abstrakter Theorien und rationalistischer Pläne der Vervollkommnung sein tiefstes Gefühl seiner selbst und seine Identität unterdrückt und verleugnet, bis die Wahrheit allmählich für die künstlichen Fesseln, die sie niederhalten, zu mächtig wird und in ihrer ganzen Kraft mit einem überwältigenden Gefühl der Befreiung hervorbricht.

VIII

Die zentralen Themen menschlicher Würde und Identität und der Suche nach dem Gefühl, in einer vertrauten Welt heimisch zu sein, kehren in dem eindringlichen Aufsatz über den Nationalismus wieder. Hier erörtert Berlin dessen typische Erscheinungsformen und wichtigsten Quellen und rührt an eine der rätselhaftesten Besonderheiten des politischen Denkens und seiner Voraussagen im neunzehnten Jahrhundert, daß nämlich niemand die Rolle richtig einzuschätzen vermochte, die der Nationalismus bei der Herausbildung der modernen Welt spielen sollte.

Als zusammenhängende Lehre scheint der Nationalismus zum ersten Mal im letzten Drittel des achtzehnten Jahrhunderts in Herders Schriften aufzutauchen. Für Herder und die von ihm beeinflußten Denker war der Erzfeind der französische Universalismus und Materialismus. Isaiah Berlin sieht in Herders Denken zum einen eine umfassende Ablehnung der Lehre, daß allgemeine Gesetze entdeckt werden können, die sowohl die Theorie als auch die Praxis beherrschen, und zum anderen eine deutsche Reaktion auf die herablassende, gönnerhafte Haltung des kulturell und politisch dominierenden Frankreich. Diese natürliche Reaktion aus verletztem Stolz ist ein früher und typischer Fall eines Phänomens, das im neunzehnten Jahrhundert zunehmend allgemein werden sollte und heutzutage mit Konsequenzen, deren ganzer Umfang und Wesen noch immer mühsam enthüllt werden muß, zu einer weltweiten Bewegung angewachsen ist. Gegenstand von Verachtung, amüsierter Herablassung oder gönnerhafter Toleranz zu werden gehört zu den, wie Berlin meint, traumatischsten Erfahrungen, die Individuen oder Gesellschaften erleiden können. Die übertriebene und manchmal pathologische Antwort derer, die in ihrer Würde verletzt sind, besteht darin, ihre eigenen – wirklichen oder eingebildeten – Tugenden gegen die ihrer Peiniger auszuspielen. Ohne auf eine lange Tradition militärischer, ökonomischer und politischer Herrschaft zurückblicken oder eine Reihe großer Leistungen in Kunst, Literatur oder Wissenschaft vorweisen zu können, entdeckten die Deutschen in sich eine überlegene moralische und geistige Tiefe, eine erhabene und selbstlose Liebe zur Wahrheit und zum inneren Leben des Geistes, die sie dem hedonistischen, weltlichen, oberflächlichen und moralisch entleerten Frankreich gegenüberstellten. Im Vergleich zu dessen Glätte und Dekadenz empfanden sie sich selbst als jugendlich, kräftig und unerprobt, als die wahren Träger der Zukunft. Dieser stark messianische Ton kam zuerst bei den Deutschen, dann bei den Slawen auf und gehört heute zum rhetorischen Repertoire der entkolonisierten und sich erhebenden Nationen. Aber die großen Sozialphilosophen und politischen Denker des neunzehnten Jahrhunderts haben diese Entwicklung nicht vorausgesehen. Das gilt besonders für Marx und Engels, in deren Augen der Nationalismus, wie auch die Religion, bloß eine Waffe der reaktionären Bourgeoisie gegen die ausgebeuteten Massen war. Er könne den Niedergang des Kapitalismus nicht überleben und werde für immer verschwinden, wenn die Revolution erst einmal die Diktatur des Proletariats auf den Schild gehoben habe. Wie Berlin deutlich macht, entsprang, besonders in Deutschland, die systematische Unfähigkeit der marxistischen Theoretiker, die wahre Natur des Faschismus und Nationalsozialismus zu verstehen, die sie als die letzten Todeszuckungen des Kapitalismus interpretierten, einem ideologisch verzerrten Blick auf die Tatsachen, und viele haben dafür mit ihrem Leben bezahlen müssen. Warum ein Denker von so großer Originalität, Tiefe und Kraft wie Marx einem Faktor, der später die Welt umwälzte, eine ungenügende Aufmerksamkeit schenken konnte, versucht Berlin an dieser Stelle nicht zu beantworten. Aber die Antwort auf diese Frage ist im Aufsatz über Marx und Disraeli enthalten.

Das grundlegende Problem der menschlichen Würde wird darüber hinaus in dem Aufsatz über Sorel ausgeleuchtet. Trotz der offensichtlichen Irrwege, die Sorel unter seinen verschiedenen politischen Fahneneiden einschlug, sind seine Grundgedanken und die sie bestimmende Sicht des Menschen noch heute von entscheidender Bedeutung. Wie Isaiah Berlin ihn interpretiert, wirkt Sorel tatsächlich moderner und spricht uns unmittelbarer an als viele seiner berühmteren, soliden und nüchternen Zeitgenossen. Er war kein systematischer Denker mit einer von festen und endgültigen Grundsätzen getragenen politischen Lehre. Systeme waren ihm verhaßt, und er verurteilte sie, wo immer er auf sie stieß. Gleichwohl sind seine Ideen nicht nur wegen ihrer inneren Kraft wertvoll, sondern weil heutzutage zu einem weltweiten Einstellungssyndrom geworden ist, was damals auf kleine Gruppen von Intellektuellen beschränkt war.

Sorel wies standhaft zwei der Grundlehren der westlichen sozialen und politischen Theorie zurück, nämlich die griechische Lehre von der Erlösung durch Wissen und die jüdisch-christliche Lehre von der Geschichte als Theodizee. Für Sorel ist die Naturwissenschaft keine Ontologie, sie kann uns nicht das eigentliche Wesen und die Struktur der Welt erklären. Vielmehr ist sie ein Instrument oder eine Waffe, die der Mensch in seinem unaufhörlichen Kampf gegen die feindlichen Naturmächte entwickelt hat. Deshalb kann sie die großen Fragen des menschlichen Lebens – ob metaphysische, moralische oder politische – nicht lösen, denn sie liegen außerhalb ihres Horizontes. Es ist sogar eines der größten modernen Übel, die Menschen und ihre geistigen und materiellen Bedürfnisse als Objekte zu behandeln, die durch die Wissenschaft erschöpfend analysiert werden können. Dann werden die Menschen von wissenschaftlichen Experten und rationalen Bürokraten auf funktionierende Teilchen einer Maschine reduziert und ihres wahren menschlichen Wesens als freier, schöpferisch Handelnder beraubt. Sorels Sicht der Wissenschaften und ihrer verfehlten Anwendungen auf das Leben der Menschen erinnert stark an die dunkleren Vorahnungen Hamanns, obwohl er im Gegensatz zu diesem deutschen Antinomisten die Wissenschaft für einen Sieg des menschlichen Geistes und der menschlichen Anstrengung hält und für ein unerläßliches Werkzeug in dem Kampf, der blinden Natur zu widerstehen. Aber die Wissenschaft muß als das gesehen werden, was sie ist, und darf ihre eigentümlichen Grenzen nicht überschreiten. Sie enthält nicht selbst den Schlüssel zur menschlichen Vervollkommnung und Erfüllung. Die Identifikation wissenschaftlichen und technischen Fortschritts mit geistigem und moralischem Fortschritt ist nur ein Zeichen geistiger Blindheit.

Ebenso stand Sorel dem Glauben skeptisch gegenüber, daß die Geschichte trotz des in ihr herrschenden Chaos und ihrer abrupten Umschwünge auf der Oberfläche sich in unentrinnbaren Schritten auf eine allgemein ersehnte Vollendung hin bewege. Wie Heß glaubte er an absolute und frei gewählte moralische Werte, Ziele, die man wegen ihres eigenen, inneren Wertes erstrebt, und wie Heß lehnte Sorel den Glauben ab, daß die Geschichte die Ziele vorschreibe, die von einem vernünftigen Menschen in einem gegebenen Stadium verfolgt werden müßten, und ihre schließliche Einlösung garantiere. Nichts kann die heiligen Werte der Menschen sichern außer deren eigene, beharrliche Anstrengung. Die beiden absoluten Werte, an denen Sorel äußerst konsequent festhielt, waren Moralität und Wissenschaft in dem eben beschriebenen Sinn.

Indem Isaiah Berlin ins Herz der Schriften Sorels vordringt und ihre *idée maîtresse* erfaßt, kann er zeigen, daß dieser rätselhafte und verwirrende Schriftsteller nicht bloß verstehbar, sondern höchst originell und bedeutend ist. Denn im Zentrum von Sorels Ansichten steht der Glaube, daß der Mensch zuallererst ein aktives und schöpferisches Wesen ist. Abweichend von der klassischen Tradition sieht Sorel die Menschen als Strebende, nicht in erster Linie nach Glück, Frieden, Seelenheil, Sicherheit oder Wissen, sondern nach schöpferischer Arbeit. Die freie Ausübung des Willens, die Einprägung eines innerlich ergriffenen Bildes in das äußere, widerstrebende natürliche Material, individuelle wie kollektive Selbstverwirklichung und Selbstausdruck durch freie, spontane, schöpferische Arbeit – das sind die Ziele des Lebens, die der innersten Natur des Menschen am ehesten entsprechen. Diese Ansicht geht natürlich mit einem Haß auf den Hedonismus und die materialistischen Werte überhaupt einher. Äußerst scharfsichtig und eindringlich benutzt Berlin diese Einsicht nicht nur, um Sorel und seine verwirrenden politischen Wendungen verständlich zu machen, sondern auch, um auf eine Wahrheit über die menschliche Natur hinzuweisen, die von berühmten und einflußreichen Moralphilosophen und politischen Denkern im Westen weitgehend vernachlässigt worden ist, die aber schließlich die weltweite Unruhe der letzten Jahre erklären und einsichtig machen kann.

Denn mit dem Blick auf die moderne Welt entdeckt Berlin im Zentrum der höchst verschiedenen Bewegungen, von den nationalistischen Strömungen in der Dritten Welt bis zu der radikalen Unruhe unter den enttäuschten Jugendlichen in den industriellen Technokratien, so etwas wie die frühen Regungen einer Reaktion, die zu einer weltweiten Bewegung werden kann. Es ist die Reaktion eines unreduzierbaren Kerns der freien, schöpferischen und spontanen menschlichen Natur, eines elementaren Sinns für Identität, Würde und Wert im Gegensatz zu allem, was die Menschen von oben herab behandelt, erniedrigt und sie ihres Selbst zu berauben droht. In neuartigen, aber durchsichtigen Erscheinungsformen ist das nur ein moderner Ausdruck des großen Kampfes, der von Hamann und Herder gegen die Hauptwerte des Glaubens an liberalen Rationalismus, Kosmopolitismus, an Wissenschaft, Fortschritt und rationale Organisation im achtzehnten und neunzehnten Jahrhundert eröffnet, im neunzehnten Jahrhundert von den großen, beunruhigenden Rebellen, von Fourier, Proudhon, Stirner, Kierkegaard, Carlyle, Nietzsche, Tolstoi und Sorel, getragen wurde und der im zwanzigsten Jahrhundert von Existentialisten, Anarchisten und Irrationalisten weitergeführt wird. Bei all ihren Unterschieden sind diese Denker, Gruppen und Bewegungen im Grunde ihres Herzens Brüder. Sie kämpfen im Namen einer unmittelbaren, inneren Erkenntnis der eigenen und freien Kausalität und im Namen eines unreduzierbaren Sinns für spezifische und konkrete Identität. Rationale und wohlwollende Kolonialherren und technokratische Spezialisten und Experten mit möglicherweise noch so altruistischen und achtbaren Absichten können diese fundamentale menschliche Sehnsucht unmöglich respektieren und verstehen, und oft genug ignorieren, vernichten und rotten sie sie gerade deshalb aus, weil sie die Menschen von vornherein als heteronome Objekte ansehen, die verwaltet, reglementiert und kontrolliert werden müssen, und nicht als freie und unvorhersehbar sich selbst verwandelnde Subjekte. Rebellion gegen Reglementierung äußert sich als Wunsch, in der Welt etwas zu sein und zu tun, sein eigener Herr zu sein, frei von äußeren Einmischungen – ein unabhängiges individuelles oder kollektives Selbst, das nicht von anderen beherrscht oder organisiert wird. Dieser lange und heftige Kampf, der mindestens bis in die Mitte des achtzehnten Jahrhunderts zurückreicht, ist heute lebendiger denn je.

Aus einem überraschenden Blickwinkel werden manche dieser

Themen in dem Aufsatz über Verdi beleuchtet. Indem er die zuerst von Schiller getroffene Unterscheidung zwischen dem naiven und dem sentimentalischen Künstler auf Verdi anwendet, fördert Isaiah Berlin etwas für Verdi Wesentliches zutage, das leicht übersehen wird. Der »naive« Künstler ist ganz und ungeteilt mit sich selbst und seiner Welt eins: er reflektiert nicht auf sich selbst, und seine Kunst ist ein natürlicher und unverformter Ausdruck dessen, was er unmittelbar sieht und fühlt, ganz um seiner selbst willen und nicht als Bestätigung irgendeines höheren Zwecks. Der »sentimentalische« Künstler hingegen ist aus dem ursprünglichen Zustand der Einheit und Harmonie herausgefallen, den er – oft mit einer verzweifelten Not – durch seine Werke wiederherstellen will. Aber er verfolgt ein Ideal, das in jedem endlichen Medium eigentlich unerreichbar ist. In Verdi sieht Berlin den letzten großen »naiven« Künstler von Rang, zumindest in der Musik. Er ist ein denkwürdiges und sehr lebendiges Beispiel für das Herdersche Ideal des »Dazugehörens«, das Isaiah Berlin in seinen Schriften nicht losläßt. Verdi spricht in seinen Werken unmittelbar und ohne Selbstreflexion, durch ursprüngliche menschliche Leidenschaften und durch Gefühle zu allen Menschen als Menschen. Er ist als Künstler völlig frei von Neurose, Selbstzweifel und Dekadenz. Seine Werke sind kein Symptom von Reaktion oder Rebellion, und er kommt auch nicht mit einem Manifest, einem Programm oder einer Ideologie bewaffnet daher, oder vielmehr, wenn er eine hat, dann ist es, wie Berlin sagt, »die einer ungeheuren Vielzahl von Menschen über weite Strecken der Geschichte, und das ist in der Tat eine der wesentlichen Bedeutungen des Wortes ›Humanismus‹«. Das sind aufschlußreiche Worte. Sie erinnern uns daran, daß Berlin an dekadenten Schriftstellern wenig interessiert ist, daß ihn Dichter wie Dostojewski, Kafka oder Beckett von seiner Natur her nicht anziehen. Diejenigen, die marginale Geistesverfassungen, hochgestochene, exotische oder »abnorme« Erfahrungsweisen beschreiben oder Stimmungen, die sich allzu weit vom harten und zeitlosen Kern der grundlegenden menschlichen Leidenschaften und Empfindungen, Beziehungen und Bedürfnisse entfernen, sind für ihn nicht von allererstem Interesse. Ein Denker wie Hamann etwa mag den meisten als seltsamer, exzentrischer Visionär vorkommen, und Sorel mag rätselhaft, unbeständig, ohne Gleichgewicht wirken, aber es ist nichts Krankes oder Dekadentes an ihnen. Im Gegenteil, sie verfolgen ein Ideal der Ganzheit, der schöpferischen Stärke und abgerundeten Humanität. Isaiah Berlin befaßt sich in erster Linie mit Schriftstellern und Denkern, die ein Lebenszentrum für die Menschen zum Ausdruck bringen oder suchen, ein Ideal der geschlossenen Fülle des Lebens in seiner ganzen Mannigfaltigkeit, ja es gibt Augenblicke, in denen man im Hintergrund vieler dieser Aufsätze eine untröstliche Stimme zu hören glaubt, die über den nicht wiedergutzumachenden Verlust der »Normalität« klagt, den Verlust des »Naturzustandes«, in dem sich die Menschen unbeschwert und zu Hause fühlen, umgeben von vertrauten und gewohnten Dingen, weder in der eigenen Brust noch mit anderen oder der Natur entzweit.

IX

Mit Herzen kommen wir zu einem Denker, der den radikalen Pluralismus am ehesten vorweggenommen hat, den Berlin selbst so beredt und überzeugend in dem stetigen Strom seiner Artikel, Aufsätze und Bücher entwickelt. An der Universität von Moskau stand der junge Herzen wesentlich unter dem Einfluß Hegels, doch er blieb nicht lange orthodoxer Hegelianer, sondern bildete dessen Lehren in eine ihm selbst durchaus eigentümliche Gestalt um. Im Ergebnis führte das vor allem zu einer tiefen Skepsis gegenüber der Tragfähigkeit jeder einfachen Doktrin oder jedes in sich stimmigen und abgerundeten Begriffssystems, das das Leben erklären und für die allgemeinen menschlichen Probleme Lösungen anbieten sollte. Wie Sorel scheint Herzen unmittelbar zu uns über unsere eigene Situation zu sprechen, und sein differenziertes Gespür für die Wirklichkeit und die entscheidenden moralischen und politischen Probleme der damaligen Zeit gibt seinen Äußerungen eine präzise Schärfe, Frische und Dauerhaftigkeit, die sie von der Mehrheit der professionellen Sozialphilosophen des neunzehnten Jahrhunderts mit ihrer Neigung zu universalen und aus höchst abstrakten Prinzipien rational abgeleiteten Lösungen abhebt.

Herzens Fähigkeiten der Beobachtung, Analyse und Interpretation ließen sich von der Sucht nach zurechtgemachten und ausgetrockneten Systemen mit ihren exakten Klassifikationen nicht beeindrucken. Berlin weist auf eine merkwürdige Verbindung von Idealismus und Skeptizismus bei Herzen hin. Einerseits konnte er nur zu gut verstehen, wodurch Menschen zu fanatischen Revolutionären werden können, andererseits zeigte er ein geradezu hellseherisches Bewußtsein der schrecklichen Konsequenzen dieser Lehren. Während er die Willkür, Grausamkeit und Ungerechtigkeit des Systems, das sie überwinden wollten, verabscheute, sah er, daß die Welt, die sie stattdessen aus verzweifeltem Verlangen nach Rache und Vergeltung ins Leben rufen wollten, ihre eigenen schrecklichen Exzesse hervorbringen würde. Vor allem fürchtete er um das Schicksal der Freiheit des Einzelnen und verteidigte die Ansprüche des Privatlebens und der Kunst, der menschlichen Anständigkeit und Würde gegen die fanatisch egalitären Doktrinen der neuen Befreier. Er fürchtete, daß die Individuen von Mehrheiten und im Namen leerer Abstraktionen dressiert, überwältigt und unterdrückt würden. Voller Skepsis stand er den allumfassenden historischen Systemen gegenüber mit ihrem Anspruch, eine ideale Zukunft garantieren zu können, deren Verwirklichung das Leid und die Opfer der gegenwärtigen Generationen rechtfertige. Wie Stirner glaubte er, daß kein einziger Mensch auf dem Altar der Abstraktionen geopfert werden dürfe, weder im Namen des Fortschritts noch der Gerechtigkeit, der Humanität, des Staates, der Nation, gar der Geschichte selbst oder irgendeiner anderen fiktiven metaphysischen Entität. Vor allem war er ein gepeinigter Rationalist, der sich nicht zu dem Glauben an die Existenz einer festgelegten menschlichen Natur durchringen konnte, die invarianten Gesetzen gehorcht. Im Mittelpunkt seiner Ansichten steht die Überzeugung, daß die ewigen und grundlegenden menschlichen Probleme überhaupt nicht lösbar sind, daß die Menschen nur in der Situation, in der sie sich finden, ihr Bestes tun können, ohne apriorische Garantie des schließlichen Erfolgs; daß die Menschen durch die Anstrengungen, die sie für die Lösung der Probleme ihrer Zeit oder ihrer Kultur aufbieten, selbst verändert werden und damit neue Menschen und neue Probleme schaffen, so daß die zukünftigen Probleme und Bedürfnisse der Menschen prinzipiell nicht voraussagbar, geschweige denn schon im vorhinein lösbar sind; schließlich, daß zur Definition des Wesens des Menschen unauflösliche Begriffe wie freier Wille, Entscheidungskraft, Zweck, Anstrengung und Kampf gehören, die alle das Tor zu neuen und unvorhersehbaren Wegen menschlicher Erfüllung aufstoßen.

Für Herzen ist die Qual der Entscheidung unvermeidbar. In einem Universum, das kein rationaler Kosmos, sondern chaotisch und für überraschenden Wandel offen ist, kann es keine absoluten Werte und allgemeingültigen Ideale geben. Die Wahl zwischen Werten ist unbedingt, das heißt, man kann sie nicht durch empirische Erklärungen einholen, wie sie von den generalisierenden Naturwissenschaften mithilfe induktiven Wissens von den objektiven Gesetzmäßigkeiten der menschlichen Bedürfnisse und Werte angeboten werden. Auch läßt diese Wahl sich nicht deduktiv im Lichte apriorischen, intuitiven oder theologischen Wissens von der wahren Natur des Menschen und seiner Zwecke rechtfertigen, denn beides würde sie ihrer inneren Bedeutung berauben. Sie ist schlicht und einfach eine Entscheidung. Ein bestimmter Mensch entscheidet sich aus seinen eigenen Gründen, die ihm eigentümlich sind und für die er am Ende verantwortlich ist. Herzens Position ist zunehmend attraktiver geworden, besonders für eine Generation, die allen Versuchen gegenüber, endgültige Lösungen für die Probleme der Menschen finden zu wollen, skeptisch geworden ist. Isaiah Berlin hat diese Position klug und überzeugend verteidigt und entfaltet und stellt sie als eine der gesündesten, erwachsenen und reifen Philosophien unserer Zeit vor.

Aber führt das nicht zu ethischem Relativismus und Subjektivismus? Löst die Art von radikalem Pluralismus, die Herzen predigt und Berlin verteidigt, nicht den alten Begriff der moralischen Einheit der Menschengattung auf? Führt nicht das Fehlen eines Grundbestands übergreifender, allgemeingültiger und objektiver Maßstäbe zu einer bloßen Anarchie der Werte? Kann dann nicht jedes beliebige und jedes vorstellbare Handeln und Verhalten ungehindert zu einem moralischen Zweck erhoben werden? Wenn überhaupt, welche Sicherungen kann diese Haltung gegen die Bestialität und den Wahnsinn etwa des Dritten Reichs bieten? Um diese Frage zu beantworten, muß man Berlins Auffassung vom Wesen des Menschen näher betrachten.

X

Was ist die zentrale Idee der menschlichen Natur, die für Berlin allen moralischen, politischen, sozialen und vielleicht auch erkenntnistheoretischen Theorien immer zugrundeliegt und sie bestimmt? Wenn man alle Äußerungen Isaiah Berlins zu dieser bedeutenden Frage zusammennimmt, schälen sich mehrere Annahmen heraus. Die erste ist die, daß wir in Ermangelung irgendeines bestimmten, endgültigen, göttlich offenbarten oder deduktiv oder empirisch garantierten Wissens über die wahre Natur des Menschen, über ihre manifesten und latenten Bedürfnisse und Vermögen, über ihre Anpassungsfähigkeit und das Ausmaß ihrer möglichen Entwicklung gut daran tun, uns über ein Minimum dessen hinaus, was der Mensch ist, nicht festzulegen, um nicht die Möglichkeit (und vielleicht sogar Wahrscheinlichkeit) gänzlich neuer und unvorhersehbarer Lebensformen von Individuen und Gruppen mit ihren Weisen persönlicher Erfüllung auszuschließen, durch die unser Verständnis der menschlichen Natur erweitert wird. Denn wenn Isaiah Berlins Aufsätze zur Ideengeschichte etwas zeigen, dann dies, daß neue, reichere und tiefere Formen kollektiver Selbsterkenntnis dessen, was Menschen sind und sein können, im Grunde aus der geschichtlichen Wechselwirkung zwischen den Menschen, zwischen ihnen und ihrer eigenen Vergangenheit, anderen Nationen, Kulturen und ihrer natürlichen Umgebung entstehen. Wie diese Aufsätze zeigen, läuft dieser Prozeß nicht nach einem bestimmten Schema apriorischer Prinzipien ab und folgt auch keinen erkennbaren empirischen Gesetzen. Es ist vielmehr ein Sichverzweigen in neue Richtungen, eigentlich ungeordnet, zögernd, manchmal aber ungestüm, in seinem Auftreten nicht vorhersagbar und ohne Garantie für einen bestimmten Stillstand oder Fortschritt in eine angebbare Richtung.

Gleichwohl verläuft dieser Prozeß nicht aufs Geratewohl, wahllos oder chaotisch, noch entbehrt er jedes vernünftigen Sinns. Denn insofern er die erkennbare, bewußte Antwort empfindender und vernünftiger Lebewesen ausdrückt, die in bestimmten, entscheidenden Hinsichten mit uns selbst identisch sind, mit den Problemen ihrer gesamten Umwelt konfrontiert werden und sich Lösungen dafür ausdenken, können wir in diesen Prozeß eindringen und ihn in genau dem Sinne verstehen, den Vico als erster erfaßt und formuliert hat. Da nun aber unser eigenes Bild oder unsere eigene Vorstellung vom Menschen und seiner Natur in hohem Maße ein historisches Produkt dieser unablässigen Erkundung und Suche ist, dieses langsamen und nicht vorher festlegbaren Wachsens eines neuen, angemesseneren und verfeinerten Modells der menschlichen Natur, kann man diese Aufsätze, die einige der wichtigen, epochemachenden Erweiterungen unserer Vorstellung vom Menschen ausgraben und untersuchen, auch als bedeutsame und bemerkenswert einfühlsame Beiträge zu einer experimentellen, offenen und undogmatischen Phänomenologie des modernen westlichen Menschen auffassen. Isaiah Berlin selbst würde dieser Begriff mit seinem Hegelschen Beigeschmack vermutlich nicht gefallen, aber er trifft in gewissem Sinn durchaus das Spezifische seines Beitrages zur Suche nach Selbsterkenntnis und verbindet ihn mit einem Denker, dem er gar nicht so fern ist, wie viele meinen. Es ist richtig, daß Isaiah Berlin Hegels Theorie der Menschheitsgeschichte als eines logisch notwendigen Entwicklungsprozesses, der durch vorherbestimmte Stadien auf einen vernünftigen Endzweck hinsteuert, in dem alle menschlichen Interessen, Fähigkeiten und Werte in reibungsloser Harmonie zusammenbestehen werden, mit allem Nachdruck zurückweist. Nicht weniger ablehnend steht er Hegels Auffassung der moralischen Zwecke als eines Systems deduktiv erschließbarer Handlungsprinzipien und -regeln gegenüber, die die Vernunft den Menschen in jedem bestimmten Stadium der historischen Entwicklung vorschreibt und deren Mißachtung Zeichen von Unvernunft, Blindheit oder Unreife des Handelnden ist. Gleichzeitig aber hält Berlin sehr viel von drei in erster Linie Hegelschen Ansichten. Er hat in seinen Schriften oft wiederholt, daß Hegel mit beträchtlichem Einfallsreichtum gezeigt habe, daß die Geschichte des Denkens und der Kultur ein lebendiges Bild sich herausarbeitender Ideen ist, die allgemeine Haltungen und Einstellungen erzeugen, die dann alt und überholt werden; ihre Unangemessenheit für den lebendigen Erfahrungszusammenhang selbstbewußter Menschen wird immer deutlicher, bis sie schließlich als einengende Zwangsjacke empfunden werden und um jeden Preis abgeworfen werden müssen; neue, befreiende Ideen entstehen, die neue, befriedigendere allgemeine Einstellungen erzeugen, die dann selbst wiederum allmählich zu Gefängnissen des Geistes werden. Außerdem sind Berlins Arbeiten zur Ideengeschichte nicht zuletzt deshalb so wertvoll, weil er, nicht unähnlich Hegel, die Geschichte als einen intelligiblen Prozeß geistigen Werdens und geistiger Selbstkorrektur betrachtet, als einen kollektiven Lernprozeß, in dem die Begriffe Zivilisation, Gesellschaft, Entwicklung, Wachstum, Barbarei, Reife und ähnliche für das Verständnis der menschlichen Natur zentral sind, weil diese sich in ihnen enthüllt, und zwar nicht zeitlos, ein für allemal, als eine unwandelbare, universale Wesenheit, sondern indem sie sich in der Zeit verändert und wächst. Damit hängt schließlich zusammen, was Berlin auch an Vico schätzt, nämlich die Überzeugung, daß es ein spezifisches Vermögen des phantasievollen historischen Urteilens gibt, das unter anderen Anforderungen steht als die deduktiven und induktiven Methoden und durch das der begabte Historiker weiß, was womit nicht zusammengeht, was zu einer bestimmten Epoche oder einem bestimmten Entwicklungsstand, einer Kultur oder einer Zivilisation gehören kann und was nicht, und zwar begrifflich nicht. Dieses Urteilsvermögen gibt so typischen sozial-historischen Begriffen wie dem Anachronistischen, dem Normalen, dem Typischen und ähnlichen ihren Sinn.

Isaiah Berlin ist deshalb noch kein kultureller Relativist wie etwa Spengler oder Westermarck. Im Gegensatz zu ihrer Annahme, daß verschiedene Zeitalter oder Zivilisationen einander völlig undurchsichtig seien, glaubt Berlin, daß ein hinreichend begabter und phantasievoller Mensch durchaus Zugang zu Kulturen und Zeitaltern finden und sie verstehen kann, die von der eigenen sehr weit entfernt sind. Auch ist Berlin kein Subjektivist. Er vertraut auf die objektiven Urteilskriterien, die aus dem Verstehen des Lebens und der Handlungen einer Gesellschaft abgeleitet werden können. Diese Werte gehören wesentlich zu den objektiven historischen Strukturen, und ihre Entdeckung und ihr Verständnis erfordert eine Vorstellungskraft, die von exakter Forschung kontrolliert wird. Wenn sie den Umständen und den Antrieben einer gegebenen Gesellschaft entsprechen und nicht selbstzerstörerisch sind und wenn sie einem bestimmten Grundbestand fundamentaler Werte, deren Nichtanerkennung die Leugnung der Menschlichkeit der Handelnden bedeuten würde, nicht widersprechen, kann man nichts gegen sie einwenden, vor allem nicht von einem übergreifenden Wertekanon her. Deshalb ist Berlin auch kein moralischer Relativist. Er hat oft unterstrichen, daß im Handeln eine zu große Abweichung von wenigstens einigen moralischen Normen zur Aufhebung der Menschlichkeit führt. Es ist, wie er sagt, »offensichtlich, daß die Fähigkeit, allgemeine oder nahezu allgemeine Werte zu erkennen, in unsere Analyse so grundlegender Begriffe wie ›Mensch‹, ›vernünftig‹, ›gesund‹ oder ›natürlich‹ eingeht«.

Wenn Berlin eine Ontologie besitzt, dann die, daß Menschen in bestimmten historischen Situationen dasjenige sind, was am unwiderleglichsten existiert und wovon wir das unmittelbarste, unüberbietbare Wissen haben, wir selbst und andere, als lebendige, individuelle, einzigartige Wesen, die sich selbst bestimmen und in verschiedenem Ausmaß verantwortlich und frei sind, die ein inneres Leben haben, das aus Gedanken, Gefühlen und Leidenschaften besteht, und die sich Zwecke und Prinzipien setzen, die sie in ihrem äußeren Leben verfolgen, und daß der für praktische – bösartige, humane oder göttliche – Zwecke vielleicht bequeme Versuch, sie auf weniger verstehbare, weil bloß kausale oder statistische, Begriffe und Gesetze wie die der Naturwissenschaften zu reduzieren oder auch sie in funktionale Komponenten irgendeines abstrakten metaphysischen, teleologischen oder mechanistischen Systems umzuwandeln, einer Leugnung dessen gleichkommt, was alle Menschen unmittelbar und sehr deutlich als Wahrheit über sich selbst wissen und was sie oft genug einengt, hemmt und verstümmelt mit Folgen, die einige dieser Aufsätze nur allzu deutlich bloßlegen.

An keiner Stelle hat Berlin behauptet, daß die These des Determinismus nachweisbar falsch sei, sondern nur, daß ihre weitgehende Anerkennung – wenn sie sich im täglichen Denken und Handeln auswirkt und nicht bloß theoretisch behauptet wird – eine radikale Korrektur oder sogar den endgültigen Tod einiger der grundlegenden Begriffe nach sich ziehen würde, mit denen die Menschen sich als Menschen begriffen haben; daß Worte wie Freiheit, Entscheidungsfähigkeit, Verantwortlichkeit, moralische Werte, Lob, Vorwurf, Reue, Bedauern und viele andere entweder eine völlig neue Bedeutung bekommen oder sogar jeglichen Sinn verlieren würden. Dabei steht im Hintergrund dieser These Berlins und seiner offenkundigen Überzeugung, daß die Menschen in den entscheidenden Beziehungen – nämlich denen, kraft deren wir ein Geschöpf als einen Menschen identifizieren – von der Wissenschaft nicht als rein natürliche Objekte behandelt werden dürfen, keineswegs die dogmatische Annahme, daß sie faktisch gar nicht so behandelt werden könnten. Vielmehr bezieht Berlins warnende Kritik ihre Überzeugungskraft gerade umgekehrt aus der Furcht, daß die Kategorien und Methoden der empirischen quantifizierenden Wissenschaften auf das Gebiet der bisher für spezifisch menschlich und einzigartig gehaltenen Erfahrungsformen ausgedehnt werden können und faktisch – oft mit beunruhigendem Erfolg und mit schwer zu beschreibenden und zu bewertenden Resultaten – ausgedehnt worden sind. Es ist gut möglich, scheint er sagen zu wollen, daß wir die quantitativen und kausalen Methoden weiterhin auf ein Erfahrungsgebiet nach dem anderen ausdehnen werden; aber wenn wir Art und Gehalt vieler (oder aller) menschlicher Tätigkeiten durch eine solche Ausdehnung radikal verändert finden und wenn in diesem Prozeß vieles (oder alles) spezifisch Menschliche – das, was wir im Vicoschen Sinne von innen verstehen – zerstört oder in weniger Verständliches, weil bloß Kausales, Statistisches und Äußerliches, umgebogen wird, warum machen wir dann immer noch weiter, in wessen Namen, mit welchen Zielen, um welcher Werte oder Ideale über und hinter dem Reich der menschlichen Interessen willen? Im Namen der Wahrheit? Doch kein voller Begriff der Wahrheit kann unsere unzweideutige Erfahrung, unser unmittelbares Wissen, was es heißt, ein Mensch zu sein, ausschließen. Im Namen von Effizienz oder Organisation? Aber auch sie sind keine unabhängigen Ziele, sondern stehen und fallen mit der Existenz identifizierbarer menschlicher Wesen. Dieses brennende Problem, das Berlin in so vielen seiner Reden und Schriften ausdrücklich oder unausdrücklich stellt, beunruhigt ihn offensichtlich zutiefst. Es ist das Problem, das im Zentrum der gegenwärtigen Unruhen steht.

Isaiah Berlins Arbeiten werden vielleicht vielen als Ausdruck einer von Pessimismus durchsetzten Lebensanschauung erscheinen. Man kann in der Tat nicht leugnen, daß seine Auffassung des Menschen und der Ziele des Lebens ein durchaus tragisches Moment enthält. Wege zu menschlicher Selbstverwirklichung können sich überschneiden und einander blockieren, Dinge von unschätzbarem Eigenwert und Schönheit, die ein Individuum oder eine Zivilisation in den Mittelpunkt ihres ganzen Lebens stellen möchten, können in tödlichen Konflikt miteinander geraten, und das Ergebnis ist die Auslöschung einer der Protagonisten und ein absoluter, nicht wiedergutzumachender Verlust. Isaiah Berlins Schriften sollen in erster Linie unser Gespür für solche unvermeidlichen Konflikte und Verluste und für die daraus folgende Notwendigkeit einer entschiedenen Wahl erweitern und schärfen. Er hat all die harmonisierenden und beruhigenden Sichtweisen in Frage gestellt, die Spannung und Angst mindern, aber gleichzeitig Lebenskraft und Stärke herabsetzen und die Menschen zum Vergessen ihres Wesens, ihrer Menschlichkeit, veranlassen, und er ruft uns beständig zu unserer eigentlichen Freiheit und Verantwortlichkeit zurück. Wenn man seine zum größten Teil in vielen schwer zugänglichen Zeitschriften und Periodika verstreuten

Schriften überblickt, erscheinen sie als Zeugnis eines radikalen, liberalen und humanistischen Begriffs des Menschen und seiner Lage, wie er kaum jemals so vollendet, zwingend, erschütternd und befriedigend formuliert worden ist. Deshalb sollten Isaiah Berlins Schriften einem breiten Leserkreis zugänglich gemacht werden. Ein wachsendes Interesse an ihnen ist, mit seinen eigenen, denkwürdigen Worten über Verdis Werke, »in unserer Zeit ein Anzeichen von Vernunft«.

ROGER HAUSHEER

DIE GEGENAUFKLÄRUNG

I

Der Widerstand gegen die zentralen Ideen der französischen Aufklärung wie auch gegen ihre Verbündeten und Schüler in anderen europäischen Ländern ist so alt wie die Aufklärung selbst. Natürlich widersetzten sich die Kirchen und die religiösen Denker verschiedenster Bekenntnisse der Proklamation der Autonomie der Vernunft und den Verfahren der Naturwissenschaften, die auf der Beobachtung als der einzigen verläßlichen Erkenntnisquelle und auf der konsequenten Ablehnung der Autorität der Offenbarung, der heiligen Schriften und ihrer anerkannten Interpreten beruhten, auf der Ablehnung der Tradition, der Vorschriften und jeder Art nicht-rationaler und transzendenter Quellen der Erkenntnis. Doch abgesehen von Unterdrückungsmaßnahmen gegen Ideen, in denen diese Opposition eine Gefahr für die Autorität der Kirche und des Staates sah, hatte sie kaum Erfolg, vor allem weil sie mit den Philosophen der Aufklärung keine gemeinsame Basis hatte. Gefährlicher war die Tradition des Relativismus und Skeptizismus, die auf die Antike zurückging. Bei allen Unterschieden beruhten die Hauptlehren der fortschrittlichen französischen Denker auf einer Annahme, die in der alten Naturrechtslehre gründet und die besagt, daß die menschliche Natur grundsätzlich immer und an allen Orten dieselbe ist; daß lokale und historische Unterschiede unwichtig sind im Vergleich zu den festen Grundprinzipien, nach denen Menschen wie Tiere, Pflanzen oder Mineralien als eine Spezies definiert werden können; daß es allgemeingültige menschliche Ziele gibt; daß ein des Beweises und der Bewahrheitung fähiger logischer Zusammenhang von Gesetzen und Verallgemeinerungen hergestellt werden kann, der das chaotische Zusammenspiel von Unwissenheit, geistiger Trägheit und Herumrätseln, von Aberglaube, Vorurteil, Dogma, Phantasie und vor allem dem »interessierten Irrtum« ersetzen kann, das von den Herrschenden aufrechterhalten wurde und in erster Linie für die Fehler, die Lasterhaftigkeit und das Unglück der Menschheit verantwortlich war.

Außerdem glaubte man, daß ähnliche Methoden wie die der Newtonischen Physik, die auf dem Gebiet der unorganischen Natur solche Triumphe gefeiert hatte, mit gleichem Erfolg auf die Ethik, Politik und die menschlichen Beziehungen überhaupt ɛngewandt werden könnten, Gebiete, auf denen man bis dahin kaum Fortschritte gemacht hatte. Wenn dies erst einmal gelungen sei, dann werde mit den irrationalen und grausamen Gesetzessystemen und der ihnen entsprechenden ökonomischen Politik aufgeräumt, und wenn sie erst einmal durch die Herrschaft der Vernunft ersetzt waren, dann würden die Menschen von der politischen und moralischen Ungerechtigkeit und aus ihrer Not befreit und in den Stand von Weisheit, Glück und Tugend versetzt. Dagegen stand die Lehre, die auf die griechischen Sophisten, auf Protagoras, Antiphon und Kritias zurückgeht, daß sich Werturteile und die auf ihnen beruhenden Institutionen nicht auf die Entdeckung objektiver und unveränderlicher natürlicher Gegebenheiten gründen lassen, sondern auf menschlichen Meinungen beruhen, die sich mit der Zeit ändern und von Gesellschaft zu Gesellschaft unterscheiden: moralische und politische Werte, besonders die Gerechtigkeit, und gesellschaftliche Einrichtungen ganz allgemein hängen von den sich ständig verändernden menschlichen Übereinkünften ab. Dies hat der von Aristoteles zitierte Sophist in dem Satz zusammengefaßt, daß sich menschliche Institutionen vor unseren eigenen Augen verändern, während das Feuer überall brennt, hier genauso wie in Persien. Daraus schien zu folgen, daß durch wissenschaftliche Methoden erworbene Wahrheiten, Wahrheiten, die jeder überall und zu jeder Zeit durch geeignete Methoden bestätigen kann, auf dem Gebiet menschlichen Handels unmöglich angewendet werden können.

Diese Tradition machte sich in den Schriften von Skeptikern des sechzehnten Jahrhunderts, wie Cornelius Agrippa, Montaigne und Charron, nachdrücklich wieder geltend, und ihr Einfluß zeigt sich in der Gefühlswelt der Dichter und Denker des Elisabethanischen Zeitalters. Dieser Skeptizismus kam denen zu Hilfe, die die Ansprüche der Naturwissenschaften und anderer universaler Rationalismen bestritten und das Heil in reinem Glauben suchten, wie die großen protestantischen Reformer mit ihren Anhängern und der jansenistische Flügel der katholischen Kirche. Der rationalistische Glaube an ein einziges, kohärentes Gebäude logisch abgeleiteter Schlüsse, zu dem man durch allgemeingültige Denkgesetze gelangen kann und das seine Grundlage in sorgfältig ausgewählten Beobachtungen und Experimenten hat, wurde zusätzlich von soziologisch orientierten Denkern von Bodin bis zu Montesquieu in Frage gestellt. Diese Schriftsteller benutzten die Belege der Geschichte und der neuen Reise- und Forschungsliteratur über gerade erst entdeckte Gebiete Asiens und Amerikas, um die Verschiedenartigkeit der menschlichen Gebräuche herauszustellen, vor allem den Einfluß verschiedenartiger natürlicher, besonders geographischer Faktoren auf die Entwicklung menschlicher Gesellschaften, ein Einfluß, der zu den verschiedensten Institutionen und Einstellungen führte, die ihrerseits große Unterschiede im Glauben und Verhalten hervorbrachten. Dies alles wurde durch die revolutionären Lehren David Humes nachhaltig verstärkt, besonders durch seinen Beweis, daß es keine logischen Verknüpfungen zwischen Tatsachenwahrheiten und apriorischen Wahrheiten, wie denen der Logik und der Mathematik, gibt. Dadurch wurden auch die Hoffnungen derer geschwächt oder zunichte gemacht, die unter dem Einfluß von Descartes und seinen Anhängern dachten, es ließe sich ein einziges System schaffen, das alle Gebiete umfassen und alle Fragen beantworten würde, indem man aus allgemeingültigen Axiomen, die durch keinerlei empirische Erkenntnisse widerlegt oder modifiziert werden können, logisch zwingende Schlüsse zog.

Obwohl die Relativität der menschlichen Werte und der Interpretationen gesellschaftlicher und historischer Tatsachen sehr tief in das Denken dieser soziologisch orientierten Philosophen eindrang, hatten sie doch die gemeinsame Überzeugung, daß die Ziele aller Menschen zu allen Zeiten letztlich identisch sind: Alle Menschen streben nach der Befriedigung der physischen und biologischen Grundbedürfnisse wie Ernährung, Schutz, Sicherheit und ebenso nach Frieden, Glück, Gerechtigkeit und nach einer harmonischen Entfaltung ihrer natürlichen Anlagen, nach Wahrheit und – was weniger genau zu bestimmen ist – nach Tugend, moralischer Vervollkommnung und nach dem, was die Römer *humanitas* genannt hatten. Die Mittel mochten sich in heißen und kalten Klimazonen unterscheiden, in bergigen Landschaften andere sein als in flachen Ebenen, und keine allgemeine Formel könnte diese Vielfalt umfassen, ohne sie in ein Prokrustesbett zu zwingen, doch die Ziele der Menschen sind im Grunde gleich. So einflußreiche Schriftsteller wie Voltaire, d'Alembert und Condorcet glaubten, daß die Entwicklung der Künste und Wissenschaften für die Menschen das wirkungsvollste Mittel sei, um diese Ziele zu erreichen, aber auch die schärfste Waffe im Kampf gegen Unwissenheit, Aberglaube und Fanatismus, gegen Unterdrückung und Barbarei, die die menschlichen Bemühungen lähmten und ihre Suche nach Wahrheit und vernünftiger Selbstbestimmung vereitelten. Rousseau und Mably hingegen nahmen an, daß die zivilisatorischen Institutionen selbst für die Korruption der Menschen und ihre Entfremdung von der Natur, von der Schlichtheit und Reinheit des Herzens und dem Leben in natürlicher Gerechtigkeit, sozialer Gleichheit und spontanem menschlichen Gefühl eine bedeutende Rolle spielten: der gekünstelte Mensch habe den natürlichen eingekerkert, versklavt und zerstört. Trotz dieser erheblichen Unterschiede der Einstellung herrschte in wesentlichen Punkten Übereinstimmung: in der Frage der Wirklichkeit eines Naturgesetzes (das nicht länger in der Sprache des orthodoxen Katholizismus oder der protestantischen Lehre formuliert war) und in der Frage ewiger Prinzipien, durch deren Befolgung allein die Menschen weise, glücklich, tugendhaft und frei werden könnten. Einige universale und unwandelbare Prinzipien regierten die Welt, sowohl für Theisten und Deisten wie für Atheisten, für Optimisten wie für Pessimisten, für Puritaner, Primitivisten und ebenso für die, die an den Fortschritt der Wissenschaft und der Kultur glaubten. Diese Gesetze beherrschten die unbelebte und die belebte Natur, Tatsachen und Ereignisse, Mittel und Zwecke, das private und das öffentliche Leben, alle Gesellschaften, Epochen und Zivilisationen. Daß Menschen dem Verbrechen, der Untugend und dem Laster verfielen, war nur aus dem Abfall von diesen Prinzipien zu erklären. Man konnte durchaus verschiedener Meinung darüber sein, wie diese Gesetze aussehen, wie sie entdeckt werden können und wer dazu berechtigt ist, sie auszulegen. Doch daß es sie wirklich gibt und daß sie entdeckt werden können – mit Gewißheit oder auch nur mit hoher Wahrscheinlichkeit –, das blieb das zentrale Dogma der ganzen Aufklärung. Der Angriff darauf löste den heftigsten Widerstand gegen den Glaubenskanon der Aufklärung aus.

Ein Denker, der in dieser Gegenbewegung vermutlich eine entscheidende Rolle gespielt hätte, wenn ihn nur jemand außerhalb
seines Heimatlandes gelesen hätte, war der neapolitanische Philosoph Giambattista Vico. Mit außergewöhnlicher Originalität entwickelte er vor allem in seiner letzten Schrift, *Scienza nuova*, daß
sich die Cartesianer hinsichtlich der Rolle der Mathematik als Wissenschaft der Wissenschaften völlig im Irrtum befänden und daß
die Mathematik nur deshalb fraglose Gewißheit liefere, weil sie
eine menschliche Erfindung sei. Entgegen der cartesischen Annahme entspricht die Mathematik nicht einer objektiven Verfassung der Wirklichkeit. Sie ist eine Methode und kein System von
Wahrheiten. Mit ihrer Hilfe können wir Regelmäßigkeiten im
Wechsel der Erscheinungen der äußeren Welt feststellen, aber
nicht entdecken, warum und zu welchem Zweck sie gerade so erscheinen. Das kann allein Gott wissen, denn nur, wer die Dinge
herstellt, kann wirklich wissen, was sie sind und zu welchem
Zweck sie gemacht sind. Deshalb erkennen wir in diesem Sinne
die äußere Welt, die Natur, nicht, denn wir haben sie nicht hervorgebracht. Nur Gott, der sie erschaffen hat, erkennt sie in dieser
Weise. Da aber die Menschen mit menschlichen Motiven, Absichten, Hoffnungen und Befürchtungen unmittelbar vertraut sind,
weil es ihre eigenen sind, können sie die menschlichen Angelegenheiten im Gegensatz zur Natur erkennen.

Für Vico ist unser Leben und unser kollektives wie individuelles
Handeln Ausdruck unseres Versuchs zu überleben, unsere Bedürfnisse zu befriedigen und uns und die Vergangenheit, aus der wir
stammen, zu verstehen. Eine utilitaristische Deutung der wesent-
lichsten menschlichen Tätigkeiten ist irreführend. Sie sind zuallererst rein expressiv. Singen, Tanzen, religiöse Verehrung, Sprechen, Kämpfen und die Institutionen, die diese Tätigkeiten verkörpern, enthalten eine bestimmte Sicht der Welt. Sprache, religiöse
Riten, Mythen, Gesetze und soziale, religiöse sowie rechtliche Institutionen sind Ausdrucksformen des Selbst, des Wunsches, darzustellen, was man ist und wonach man strebt. Es zeigen sich darin verständliche Muster, und deshalb ist es möglich, das Leben anderer, sogar zeitlich und räumlich weit entfernter und höchst primitiver Gesellschaften zu rekonstruieren, indem man sich fragt,
welcher Zusammenhang von menschlichen Ideen, Gefühlen und

Handlungen eine solche Dichtung, diese Denkmäler und diese Mythologie als seinen natürlichen Ausdruck hervorgebracht haben könnte. Die Menschen leben immer als Individuen und als Mitglieder einer Gruppe. Die menschliche Welt, die die Homerischen Epen hervorgebracht hat, war offensichtlich ganz anders als die der Hebräer, zu denen Gott durch seine Heiligen Bücher gesprochen hatte, und auch anders als die römische Republik, die mittelalterliche Christenheit oder Neapel unter der Herrschaft der Bourbonen. Der Weg ihrer Entwicklung kann erforscht werden.

Mythen sind nicht, wie aufgeklärte Denker annehmen, falsche Aussagen über die Wirklichkeit, die durch spätere rationale Kritik richtiggestellt werden können, und auch ist Poesie kein bloßer Zierat an etwas, das man ebensogut in normaler Prosa ausdrücken könnte. Die Mythen und die Dichtung der Antike verkörpern eine Weltsicht, die genauso authentisch ist wie die der griechischen Philosophie, des römischen Rechts oder die Dichtung und Kultur unseres eigenen, aufgeklärten Zeitalters – früher, roher und uns fremd, aber sie spricht mit ihrer eigenen Stimme, wie wir sie in der *Ilias* oder dem Zwölftafelgesetz hören, die ausschließlich ihrer eigenen Kultur angehören und von einer Erhabenheit sind, die keine spätere, verfeinertere Kultur nachahmen kann. Jede Kultur drückt ihre eigene kollektive Erfahrung aus, jeder Schritt auf der Stufenleiter der menschlichen Entwicklung hat seine eigenen, gleichermaßen authentischen Ausdrucksmittel.

Vicos Theorie der Zyklen der kulturellen Entwicklung ist berühmt geworden, aber sie ist nicht sein originellster Beitrag zum Verständnis der Gesellschaft und der Geschichte. Revolutionär ist der Anstoß, den er gegeben hat, indem er die Lehre von einem zeitlosen Gesetz, dessen Wahrheit im Prinzip von jedem Menschen zu jeder Zeit und überall erkannt werden kann, negiert hat. Unerschrocken negierte er die Lehre, die von Aristoteles bis in unsere Gegenwart das Zentrum der westlichen Tradition ausmacht. Er trat für die Einzigartigkeit jeder Kultur ein, unabhängig von ihren Ähnlichkeiten mit früheren oder späteren Kulturen, für den Begriff eines einzigen Stils, der alle Handlungen und Manifestationen einer menschlichen Gesellschaft auf einer bestimmten Entwicklungsstufe durchdringt. Damit hat er die Grundlagen einer vergleichenden Kulturanthropologie und zugleich einer historischen Linguistik, Ästhetik und Rechtswissenschaft gelegt. Sprache, Ritual, Bauten und Statuen und besonders Mythologie sind der einzige zuverlässige Schlüssel zu dem, was spätere Schüler und Kritiker als die sich wandelnden Formen des kollektiven Bewußtseins aufgefaßt haben. Dieser Historismus war offensichtlich mit der Annahme unvereinbar, daß es nur einen Maßstab der Wahrheit, Schönheit und Tugend gebe, dem einige Kulturen oder Individuen näherkommen als andere, und den die Theoretiker feststellen und die Praktiker verwirklichen müssen. Die Homerischen Epen sind als Meisterwerk unübertroffen, konnten aber nur aus einer grausamen, harten und oligarchischen, aus einer »heroischen« Gesellschaft hervorgehen, und spätere Gesellschaften haben, trotz aller ihrer sonstigen Vorzüge, keine Kunst hervorgebracht, die der Homerischen überlegen wäre, und sie konnten es auch nicht. Diese Lehre erschütterte die Vorstellung zeitloser Wahrheiten und ständigen Fortschritts, der nur gelegentlich von Perioden des Rückfalls in barbarische Zustände unterbrochen ist, und zog zwischen den Naturwissenschaften und den Humanwissenschaften eine klare Grenze. Die einen befassen sich gewissermaßen von »außen« mit der relativ unveränderlichen Natur der physikalischen Welt, während die anderen die soziale Entwicklung von »innen«, durch eine Art ausdrücklicher Innensicht betrachten, für die die wissenschaftliche Textkritik eine notwendige, aber keineswegs hinreichende Bedingung ist.

Vicos unsystematische Schriften befassen sich noch mit vielen anderen Themen, aber seine Bedeutung für die Geschichte der Aufklärung liegt darin, daß er auf der gleichberechtigten Vielfalt der Kulturen bestand und der irreführenden Vorstellung widersprach, es gebe eine und nur eine Struktur der Wirklichkeit, die der aufgeklärte Philosoph so, wie sie ist, sehen und – wenigstens im Prinzip – in einer logisch vollkommenen Sprache beschreiben könne, eine Ansicht, die die Philosophen von Platon bis Leibniz, Condillac und Russell mit seinen noch gläubigeren Schülern nicht losgelassen hat. Für Vico stellen die Menschen verschiedene Fragen an das Universum, und ihre Antworten fallen dementsprechend verschieden aus. Diese Fragen und die Symbole oder Handlungen, die sie ausdrücken, verändern sich oder werden im Lauf der kulturellen Entwicklung überflüssig. Um die Antworten zu verstehen, muß man die Fragen verstehen, die ein Zeitalter oder eine Kultur beschäftigen. Sie sind weder immer gleich, noch allein deshalb notwendig gewichtiger, weil sie unseren eigenen näherstehen als andere, die uns weniger vertraut sind. Vico ist in seinem Relativismus weiter gegangen als Montesquieu. Konsequent durchgeführt untergräbt seine Theorie nicht nur praktisch, sondern auch prinzipiell den Begriff absoluter Wahrheit und einer auf sie gegründeten vollkommenen Gesellschaft. Vico wurde jedoch wenig gelesen, und die Frage, wie groß sein Einfluß gewesen ist, bevor Michelet seine *Scienza nuova* ein Jahrhundert nach ihrem Erscheinen aufgegriffen hat, ist immer noch unbeantwortet.

Während Vico die Pfeiler der Aufklärung seiner Zeit ins Wanken brachte, wollte der Königsberger Theologe und Philosoph J. G. Hamann sie zerstören. Hamann wurde im pietistischen Glauben erzogen und war Mitglied dieser Sekte, die von allen lutherischen Bekenntnissen am stärksten introspektiv war und auf das eigene Selbst konzentriert, besessen von der unmittelbaren Gemeinschaft der Seele des Einzelnen mit Gott, vehement antirationalistisch, zum emotionalen Überschwang geneigt und erfüllt von den harten Forderungen der moralischen Pflicht und der Notwendigkeit strengster Selbstdisziplin. Der Versuch Friedrich des Großen in der Mitte des achtzehnten Jahrhunderts, die französische Kultur auf dem Stand ihrer ökonomischen, sozialen und militärischen Rationalität in Ostpreußen, der rückständigsten seiner Provinzen, einzuführen, stieß in dieser frommen, halbfeudalen und traditionell protestantischen Gesellschaft (die auch Herder und Kant hervorgebracht hat) auf äußerst erbitterten Widerstand. Hamann begann als Schüler der Aufklärung, wandte sich aber nach einer tiefen geistigen Krise gegen sie und veröffentlichte eine Reihe polemischer Schriften, alle verfaßt in einem sehr eigenwilligen, launig anspielungsreichen, verschrobenen und vorsätzlich dunklen Stil, um sich so deutlich wie möglich von der ihm verhaßten Eleganz und Klarheit, von der gelackten Oberflächlichkeit der faden und arroganten französischen Richter über Geschmack und Denken abzusetzen. Hamanns Thesen beruhten auf der Überzeugung, daß Wahrheit immer einzeln und nie allgemein ist; daß der Verstand unfähig ist, die Existenz von irgend etwas zu beweisen, daß er nur ein Instrument ist, um Vorgegebenes nach Konventionen zu klassifizieren und in Schablonen zu pressen, die in der Wirklichkeit keine Entsprechung haben, und daß Verstehen heißt, mit einem Menschen oder mit Gott in einer Einheit verbunden zu sein. Wie für die ältere mystische Tradition ist auch für Hamann das Universum eine Art Sprache. Dinge, Pflanzen und Lebewesen sind selbst Symbole, durch die sich Gott seinen Geschöpfen mitteilt. Alles beruht auf dem Glauben. Der Glaube ist ein ebenso grundlegendes Organ, um mit der Wirklichkeit vertraut zu werden, wie die Sinne. Die Bibel zu lesen heißt die Stimme Gottes hören, der in einer Sprache spricht, die den Menschen durch seine Gnade verständlich ist. Wenige Menschen sind begnadet, Gottes Wege zu verstehen und das Universum anzuschauen, das genauso wie die Offenbarungen der Bibel, der Kirchenväter und Heiligen sein Buch ist. Nur Liebe – zu einem Menschen oder einem Gegenstand – vermag die wahre Natur eines jeden zu enthüllen. Es ist unmöglich, Formeln, allgemeine Sätze und Gesetze zu lieben, die Abstraktionen der Wissenschaft, das weite System der Begriffe und Kategorien, mit denen sich die französische Aufklärung gegen die konkrete Wirklichkeit blind gemacht hat, gegen die wirkliche Erfahrung, die nur direkte Kenntnisnahme, besonders durch die Sinne, zuläßt. Denn sie alle sind zu allgemein, um der Wirklichkeit nahezukommen.

Hamann ist davon begeistert, daß Hume erfolgreich den rationalistischen Anspruch, es gebe einen apriorischen Zugang zur Wirklichkeit, zerstört hat, indem er darauf besteht, daß alles Wissen und alle Überzeugung letztlich auf dem beruht, was wir im Umgang mit den Gegebenheiten direkter Wahrnehmung erfahren. Zu Recht nimmt Hume an, daß man kein Ei essen und kein Glas Wasser trinken könnte, wenn man nicht von ihrer Wirklichkeit überzeugt wäre; die Gegenstände der Überzeugung – Hamann zieht es vor, von Glauben zu sprechen – bedürfen ebensowenig wie der Geschmack oder andere Empfindungen der Gründe und Beweise. Wahres Wissen ist unmittelbares Erfassen von Individualitäten, Begriffe sind niemals der Fülle individueller Erfahrung ganz angemessen, auch wenn sie noch so spezifiziert sein mögen. »Individuum est ineffabile«, schrieb Goethe an Lavater ganz im Geiste Hamanns, den er zutiefst bewunderte. Die Wissenschaften mögen in praktischen Dingen von Nutzen sein, aber keine Verknüpfung von Begriffen wird einen in den Stand setzen, einen Menschen, ein Kunstwerk zu verstehen oder das, was sich in Gebärden und sprachlichen oder nichtsprachlichen Symbolen mitteilt, den Stil, das geistige Wesen eines Menschen, einer Bewegung oder einer Kultur. Noch wird man dadurch an die Gottheit herangeführt werden können, die überall zu einem spricht, wenn man nur Ohren hat zu hören und Augen zu sehen. Was wirklich ist, ist individuell. Was es ist, ist es vermöge seiner Einzigartigkeit, durch all das, worin es sich von anderen Dingen, Ereignissen und Gedanken unterscheidet, und nicht durch seine Gemeinsamkeiten mit ihnen, die die generalisierenden Wissenschaften erfassen wollen. »Leidenschaft allein«, sagt Hamann, »gibt Abstractionen sowohl als Hypothesen Hände, Füße, Flügel«, und Gott spricht zu uns in poetischen Worten, die sich an die Sinne wenden, nicht in Abstraktionen für die Gelehrten, und so muß jeder sprechen, wenn er einem anderen Menschen Bedeutsames mitteilen will.

Hamann hatte kaum Interesse an Theorien und Spekulationen über die äußere Welt. Er konzentrierte sich völlig auf das innere, persönliche Leben des Individuums und deshalb nur auf die Kunst, die religiöse Erfahrung, auf die Sinne und die persönlichen Beziehungen, die von den analytischen Wahrheiten des wissenschaftlichen Verstandes in seinen Augen auf bedeutungslose Chiffren reduziert wurden. Gott ist ein Schriftsteller, kein Mathematiker. Menschen wie Kant leiden an einem »gnostischen Haß gegen Materie« und überschütten uns deshalb mit endlosen Wortgespinsten, Worten, die für Begriffe, und, schlimmer noch, Begriffen, die für wirkliche Dinge gehalten werden. Wissenschaftler erfinden Systeme, Philosophen pressen die Wirklichkeit in Schablonen und verschließen ihre Augen vor ihr und bauen Luftschlösser. »Wenn man *data* hat, wozu braucht man *ficta?*« Systeme sind nichts als Gefängnisse des Geistes, und sie führen nicht nur zu Verzerrungen im Reich des Wissens, sondern zur Herrschaft monströser bürokratischer Apparate, die nach Regeln funktionieren, die von der fruchtbaren Vielfalt der lebendigen Welt und dem Seelenleben der Menschen keine Kenntnis nehmen: diese lassen sich in keine feste Ordnung und Symmetrie bringen und so werden sie einer ideologischen Chimäre zuliebe, die keinerlei Beziehung zur Einheit von Geist und Fleisch hat, die die wirkliche Welt ist, zur Konformität gebracht. »Denn was ist die hochgelobte *Vernunft* mit ihrer Allgemeinheit, Unfehlbarkeit, Überschwenglichkeit, Gewißheit und Evidenz? Ein *Ens rationis,* ein Ölgötze, dem ein *schreyender* Aberglaube der Unvernunft *göttliche Attribute* andichtet?« Nur die Geschichte bietet konkrete Wahrheit, und besonders die Dichter sind es, die ihre Welt in der Sprache der Leidenschaft und der zündenden Phantasie darstellen. »In Bildern besteht der ganze Schatz menschlicher Erkenntniß und Glückseligkeit.« Deshalb ist die Sprache der einfachen Menschen in ihrer Sinnlichkeit und Phantasie poetisch und irrational. »Poesie ist die Muttersprache des menschlichen Geschlechts; wie der Gartenbau, älter als der Acker: Malerey, – als Schrift: Gesang, – als Deklamation: Gleichnisse, – als Schlüssel: Tausch, – als Handel.« Originalität, Genie, unmittelbarer Ausdruck, die Bibel oder Shakespeare geben der Welt Farbe, Gestalt und lebendiges Fleisch, während die analytische Wissenschaft von ihr nur das Skelett zurückbehält.

Hamann ist der erste einer Reihe von Denkern, die den Rationalismus und die Wissenschaft anklagen, daß sie die Wirklichkeit verdrehen. Ihm folgen Herder, Jacobi und Möser, die von Shaftesbury, Young und von Burkes antiintellektualistischen Ausfällen beeinflußt waren und ihrerseits bei den romantischen Schriftstellern vieler Länder ein Echo fanden. Am wortgewaltigsten ist diese Position von Schelling vertreten worden, dessen Denken am Anfang dieses Jahrhunderts von Bergson wiederaufgenommen wurde. Schelling ist der Vater der antirationalistischen Denker, für die das einheitliche Ganze der Wirklichkeit in ihrem unauflöslichen Strom durch die statischen, räumlichen Metaphern der Mathematik und der Naturwissenschaften entstellt wird. Daß Analysieren ein Töten ist, ist ein romantischer Topos, der das Motto einer breiten Bewegung im neunzehnten Jahrhundert bildet, deren leidenschaftlichster und unversöhnlichster Wegbereiter Hamann gewesen ist. Wissenschaftliche Zergliederung führt zu einer kalten politischen Entmenschlichung, in die Zwangsjacke toter französischer Regeln, in welche der lebendige Leib der leidenschaftlichen und poetischen Deutschen durch den Salomon Preußens gezwängt werden sollte, der so viel wußte und nichts verstand. Der Hauptfeind ist Voltaire, den Herder als ein greisenhaftes Kind sah, mit einem ätzenden Verstand anstelle menschlichen Gefühls.

Rousseau hatte, besonders mit seinen früheren Schriften, großen Einfluß auf diese Bewegung in Deutschland, die später »Sturm und Drang« genannt wurde. Sein leidenschaftliches Eintreten für direkte Anschauung und natürliches Gefühl, seine Anklage gegen die künstlichen sozialen Rollen, die die Zivilisation dem Menschen entgegen seinen wahren Zwecken und seinen natürlichen Bedürfnissen aufzwingt, seine Idealisierung primitiver und spontaner menschlicher Gesellschaften und seine Gegenüberstellung von natürlichem Ausdruck und lähmender Künstlichkeit sozialer Unterschiede und Konventionen, die den Menschen seiner Würde und Freiheit berauben, einerseits Privilegien, Macht und zufällige Tyrannei und andererseits erniedrigende Unterwürfigkeit produzieren und so alle humanen Beziehungen zerstören, begeisterten Hamann und seine Nachfolger.

Doch selbst Rousseau ging ihnen nicht weit genug. Trotz allem glaubte Rousseau an ein zeitloses Gefüge von Wahrheiten, die alle Menschen lesen können, weil sie mit Buchstaben, dauerhafter als Erz, in ihre Herzen eingeschrieben sind – auch er erkannte die Autorität eines Naturgesetzes an, diese gewaltige, kalte und leere Abstraktion. Für Hamann und seine Anhänger sind alle Regeln und Vorschriften tödlich. Sie mögen für das alltägliche Leben notwendig sein, aber niemals hat man durch ihre Befolgung Großes erreicht. Die englischen Kritiker hatten mit ihrem Diktum Recht, daß Originalität ein Durchbrechen der Regeln erfordere, daß ein schöpferischer Akt, eine erleuchtende Einsicht nur dadurch möglich sei, daß man die Vorschriften der despotischen Gesetzgeber ignoriere. Regeln, erklärt Hamann, sind wie die »vestalischen Jungfrauen«, durch die Rom nur »vermittelst Ausnahmen« bevölkert wurde. Die Natur gibt nur der ungezügelten Phantasie Raum, und es ist kindisch, sie in die engen rationalistischen Kategorien der kümmerlichen und ausgetrockneten Philosophen einsperren zu wollen. Die Natur ist ein wilder Tanz, und die sogenannten praktischen Menschen sind wie Schlafwandler – sicher und erfolgreich, weil blind für die Wirklichkeit. Sähen sie die Wirklichkeit, wie sie in Wahrheit ist, dann würden sie den Verstand verlieren.

Sprache ist der unmittelbare Ausdruck des geschichtlichen Lebens von Gesellschaften und Menschen. Jeder Hof, jede Schule, jede Berufsgruppe, jede Korporation, jede Sekte hat ihre eigene Sprache. Die Bedeutung dieser Sprache erfassen wir mit der Leidenschaft eines Liebenden, eines Freundes, eines Vertrauten, nicht durch Regeln, jene imaginären Universalschlüssel, die doch nichts öffnen. Die französischen *philosophes* und ihre englischen Parteigänger wollen uns weismachen, daß die Menschen nur danach streben, ihr Vergnügen zu finden und Unlust zu vermeiden, doch das ist absurd. Die Menschen wollen leben, schaffen, lieben und hassen, essen und trinken, sie wollen anbeten, opfern und verstehen, und all das, weil sie gar nicht anders können. Leben ist Handeln. Nur die können es erfassen, die in sich selbst schauen und die »Höllenfahrt der Selbsterkenntnis« auf sich nehmen, wie die großen Begründer des Pietismus, Spener, Francke und Bengel, uns gelehrt haben. Bevor der Mensch sich nicht selbst aus der tödlichen Umklammerung durch das unpersönliche, wissenschaftliche, alle Berührungen von Leben und Individualität vernichtende Denken befreit hat, kann er weder sich selbst noch andere verstehen, oder wie und warum wir geworden sind, was wir sind. Während Hamann eher unzusammenhängende, blitzartige Einsichten hatte, versuchte sein Schüler Herder, ein kohärentes System zu bilden, um die Natur des Menschen und seine Geschichtserfahrung zu erklären. In dem Teil seiner Lehre, der in den Zusammenhang der von ihm inspirierten Bewegung einging, wandte er sich mit Bedacht gegen die soziologischen Annahmen der französischen Aufklärung, während er an den Naturwissenschaften sehr interessiert war, von ihren Ergebnissen, besonders in der Biologie und Physiologie, eifrig profitierte und überhaupt den Franzosen sehr viel mehr konzedierte, als der fanatische Hamann zu tun bereit war. Er glaubte, daß etwas zu verstehen heißt, es in seiner Individualität und in seiner Entwicklung zu verstehen, und daß dies ein Vermögen voraussetzt, das er »Einfühlung« nannte, Einfühlung in das Gepräge, den individuellen Charakter einer künstlerischen Tradition, einer Dichtung, einer sozialen Organisation, eines Menschen, einer Kultur oder einer Periode der Geschichte. Um die Handlungen von Individuen zu verstehen, müssen wir die »organische« Struktur der Gesellschaft verstehen, durch die allein der Geist, die Handlungen und die Gewohnheiten ihrer Mitglieder verstanden werden können. Wie Vico glaubte Herder, daß man sich, um eine Religion oder ein Kunstwerk zu verstehen, in die einmaligen Bedingungen ihres Lebens hineinversetzen müsse: Nur wer auf den Wogen der Nordsee vom Sturm umhergeschleudert worden ist (wie er selbst auf seiner Reise nach Westen), kann die Gesänge der alten Skalden richtig verstehen, nicht aber einer, der noch nie die harten nordischen Seeleute im Kampf mit den Elementen gesehen hat. Die Bibel können nur die wirklich verstehen, die den Versuch machen, sich in die Erfahrung primitiver Schäfer auf den Hügeln Judäas hineinzuversetzen. Es ist ein eitles und blindes Unterfangen, die Verdienste ganzer Kulturen, des Erbes ganzer geschichtlicher Zeiträume, durch die Anwendung von dogmatischen Regeln mit ausnahmsloser Gültigkeit, wie sie die Pariser Geschmacksrichter verkündeten, einzuschätzen. Jede Kultur hat ihren eigenen, einmaligen »Schwerpunkt« – ohne ihn zu erfassen, können wir ihren Wert und ihre Eigenart nicht begreifen. Daraus entspringt Herders leidenschaftliches Interesse an der Bewahrung primitiver Kulturen mit ihren einzigartigen Leistungen, seine Liebe zu fast jedem Ausdruck menschlichen Geistes, jedem Werk der Phantasie, einfach um ihrer selbst willen. Kunst, Sitten, Brauchtum und nationales Leben gehen aus uralten Traditionen hervor und sind Schöpfungen ganzer Gesellschaften mit ihrem geschlossenen Volksleben. Die Grenzen und Unterteilungen zwischen und in solchen einheitlichen Verkörperungen kollektiver Einbildungskraft als Ausdruck gemeinsamer Erfahrung sind nichts anderes als künstliche und entstellende Kategorisierungen blinder und dogmatischer Pedanten späterer Zeiten.

Wer hat die Lieder, die Epen, die Mythen und Tempel, die *mores* der Menschen, ihre Kleidung und ihre Sprache geschaffen? Das Volk selbst, dessen ganze Seele sich in allem, was seine Angehörigen sind und tun, manifestiert. Nichts ist barbarischer, als ein kulturelles Erbe zu ignorieren oder es mit Füßen zu treten. Deshalb hat Herder die Römer wegen ihrer Zerstörung bodenständiger Kulturen verurteilt und die Kirche (obwohl er selbst lutheranischer Geistlicher war), weil sie die Balten gewaltsam getauft und ihnen so das Christentum aufgezwungen hatte, das ihren eigenen Traditionen fremd war. Ebenso verurteilte er die Engländer, weil sie den Indern und anderen Asiaten dasselbe antaten. Die hochentwickelten Kulturen dieser Völker wurden durch das gewaltsame Eindringen fremder sozialer Systeme, Religionen und Erziehungsformen, die nicht die ihren waren und ihre natürliche Entwicklung nur entstellen konnten, zerstört. Herder war kein Nationalist. Er ging davon aus, daß verschiedene Kulturen wie die vielen friedlichen Blumen im großen Garten Eden Seite an Seite fruchtbar blühen konnten und sollten. Gleichwohl ist der Keim des Nationalismus in seinen heftigen Attacken gegen den gefräßigen Kosmopolitismus und Universalismus (für den er die französischen *philosophes* verantwortlich macht) unübersehbar. Unter seinen angriffslustigen Schülern des neunzehnten Jahrhunderts breitete sich dieser Nationalismus schnell aus.

In den Ländern, die von Österreich-Ungarn, dem türkischen und dem russischen Reich unterdrückt wurden, hatte Herder den stärksten Einfluß auf den kulturellen Nationalismus und schließlich auch, so sehr er ihm selbst verhaßt war, auf den direkt politischen Nationalismus in Österreich, in Deutschland und später auch in anderen, von ihnen angesteckten Ländern. Er verwarf die absoluten Kriterien des Fortschritts, die damals in Paris im

Schwange waren. Keine Kultur ist bloß ein Durchgangsstadium für andere, und jede menschliche Leistung, jede menschliche Gesellschaft muß nach ihren eigenen, inneren Maßstäben beurteilt werden. Obwohl Herder im Alter versuchte, eine Theorie der Geschichte zu entwerfen, in der die ganze Menschheit, freilich etwas vage, als Entwicklung auf eine gemeinsame »Humanität« hin dargestellt wird, die alle Menschen, alle Künste und alle Wissenschaften einbezieht, hat seine frühe, relativistische Leidenschaft für die Individualität und Wesenhaftigkeit einer jeden Kultur die europäische Vorstellungswelt tief beeinflußt. Für Voltaire, Diderot, Helvétius und Condorcet gibt es nur eine Universalkultur, deren reichste Entfaltung bald die eine, bald die andere Nation darstellt. Für Herder hingegen gibt es eine Fülle unvergleichbarer Kulturen. Zu einer bestimmten Gemeinschaft zu gehören, mit ihren Mitgliedern durch unauflösliche und unmerkliche Bande von gemeinsamer Sprache, Geschichte, Lebensgewohnheiten, Tradition und Gefühl verbunden zu sein ist ein menschliches Grundbedürfnis, nicht weniger natürlich als das nach Essen und Trinken, nach Sicherheit und Fortpflanzung. Die Institutionen einer fremden Nation können wir nur deshalb verstehen, weil wir wissen, was die eigenen uns bedeuten. Mit dem Kosmopolitismus verlieren wir alles, was uns erst eigentlich zum Menschen, zu einem Selbst macht. Deshalb Herders Angriff auf das, was er als das falsche mechanistische Menschheitsmodell ansah, wie es die wissenschaftlich gesonnenen französischen *philosophes* benutzten (eine Ausnahme machte Herder nur bei Diderot, zu dessen eigenwilligen und phantasievollen Schriften mit ihren vielen plötzlichen Einsichten er eine tiefe Verwandtschaft verspürte). Sie kannten nur maschinenhafte, kausale Faktoren oder die Willkür einzelner Könige, Gesetzgeber und Befehlshaber, die manchmal weise, tugendhaft und altruistisch, ein andermal selbstsüchtig, korrupt, dumm oder lasterhaft waren. Die Kräfte jedoch, durch die Menschen geformt werden, sind weitaus komplexer und zudem von Zeitalter zu Zeitalter und von Kultur zu Kultur verschieden. Sie können mit diesen zurechtgestutzten und dürren Formeln nicht erfaßt werden. »Wie mir immer eine Furcht ankommt, wenn ich eine ganze Nation oder Zeitfolge durch einige Worte charakterisiren höre: denn welch eine ungeheure Menge von Verschiedenheiten fasset das Wort *Nation* oder die *mittleren Jahrhunderte,* oder die *alte und neue Zeit* in sich! ...« Denn was für eine ungeheure Menge von Unterschieden sei in den

Worten ›Nation‹ oder ›Mittelalter‹ oder ›alte und moderne Zeiten‹ enthalten! Deutsche können nur unter Deutschen wirklich schöpferisch sein, Juden nur, wenn sie wieder in ihre alte Heimat Palästina zurückkehren. Wer gewaltsam der heimatlichen Erde entrissen wird, verdorrt in einer fremden Umgebung, wenn er überhaupt überlebt. Europäer verschleudern ihre Tugenden in Amerika, Isländer verkümmern in Dänemark. Die Übertragung von Modellen (was nicht dasselbe ist wie die unbewußten, unmerklichen und spontanen Einflüsse einer Gesellschaft auf eine andere) führt zu Künstlichkeit, zu kraftloser Nachahmung, zu niveauloser Kunst und einem würdelosen Leben. Deutsche müssen Deutsche sein und nicht drittklassige Franzosen. Das Leben besteht im bleibenden Eingelassensein in die eigene Sprache, Tradition und das regionale Fühlen. Gleichförmigkeit ist der Tod. Der Baum der (von der Wissenschaft beherrschten) Erkenntnis tötet den Baum des Lebens.

In diesem Sinne sagte auch Herders Zeitgenosse, der erste historische Soziologe, Justus Möser, der über das alte Leben in seiner Heimat, der Gegend um Osnabrück im Westen Deutschlands, schrieb, daß jedes Zeitalter seinen eigenen Stil habe. Jeder Krieg hat seinen eigenen Charakter, die Staatsgeschäfte haben ihre spezifische Färbung, und Kleidung und Verhalten stehen in innerer Beziehung zur Religion und zu den Wissenschaften. »Zeitstil« und »Volksstil« sind alles, und es gibt einen regionalen Grund für jede Institution, der ihr eigentümlich ist und nicht allgemein sein kann. Möser war der Meinung, daß Gesellschaften und Menschen nur durch einen Gesamteindruck verstanden werden können, nicht durch Isolierung einzelner Elemente wie bei der chemischen Analyse. Dies, sagt er, hat Voltaire nicht verstanden, wenn er darüber spottet, daß die Gesetze eines deutschen Dorfes zu denen des Nachbardorfes in Widerspruch stehen. Durch diese reiche, auf alter und ungebrochener Tradition beruhende Vielfalt entgeht man der Tyrannei uniformer Systeme wie dem Ludwigs XIV. oder Friedrichs des Großen. Nur so bleibt man frei.

Obwohl kein unmittelbarer Einfluß besteht, ist dies genau der Tonfall der Werke Burkes und vieler späterer romantischer, vitalistischer, intuitionistischer und irrationalistischer Schriftsteller, sowohl von Konservativen wie Sozialisten, die den Wert der gewachsenen Formen des sozialen Lebens verteidigen. In seinem berühmten Angriff auf die Prinzipien der französischen Revolutionäre berief sich Burke in diesem Sinn auf die »tausend Fasern«, die die menschlichen Wesen in ein historisch geheiligtes Ganzes einbinden – im Gegensatz zu dem utilitaristischen Gesellschaftsmodell als einer Handelskompanie, die nur durch Vertragsverpflichtungen zusammengehalten wird, der Welt der »Ökonomen, Sophisten und Rechner«, die sich blind und taub stellen gegen die unanalysierbaren Beziehungen, die eine Familie, eine Gruppe, eine Nation, eine Bewegung oder jede menschliche Vereinigung ausmachen, die eben von mehr zusammengehalten wird als von bloßem Streben nach dem eigenen Vorteil, durch Gewalt oder irgendetwas anderes, was nicht gegenseitige Liebe, Loyalität und Gemeinsamkeit von Geschichte, Gefühl und Einstellung ist. Diese nicht unbedingt an bestimmte religiöse Überzeugungen gebundene Betonung der irrationalen Faktoren in der zweiten Hälfte des achtzehnten Jahrhunderts, die den Wert des Individuums, das »Eigentümliche«, das Ungreifbare hervorhebt und sich ,zum Anwalt alter historischer Wurzeln und uralten Brauchtums macht, zum Anwalt der einfachen, robusten Bauern, die unverdorben sind von den Sophismen der subtilen Räsonneure, hat sehr starke konservative und sogar reaktionäre Züge. Ob nun diese Doktrinen von Herder, dem Enthusiasten des Volkstums mit seiner heftigen Abneigung gegen jeden politischen Zwang, gegen Großmächte, Autorität und alle Formen von außen auferlegter Organisation vorgetragen wurden oder von Möser, dem gemäßigten Konservativen in Hannover, von dem an Politik gänzlich uninteressierten Lavater oder von Burke, der in einer ganz anderen Tradition, voller Respekt gegenüber Kirche und Staat und der Autorität durch Geschichte geheiligter Aristokratien und Eliten erzogen worden war – immer führten sie ganz offensichtlich zum Widerstand gegen Versuche, die Gesellschaft im Namen allgemeingültiger moralischer und geistiger Ideale umzubilden.

Gleichzeitig inspirierte dieser Haß auf die Wissenschaft den radikalen Protest in den Werken William Blakes, des jungen Schiller und der populistischen Schriftsteller Osteuropas. Vor allem entsprang daraus auch die literarische Unruhe in Deutschland gegen Ende des achtzehnten Jahrhunderts: die Stücke führender Vertreter des Sturm und Drang, wie Lenz, Klinger, Gerstenberg und Leisewitz, sind Ausbrüche gegen jede Art organisierten sozialen und politischen Lebens. Auslösend dafür dürften das erstickende Philistertum des deutschen Mittelstandes und die grausamen Ungerechtigkeiten der kleinen und spießigen Höfe dümmlicher und eigenmächtiger deutscher Fürsten gewesen sein. Aber mit gleicher Heftigkeit wurde die säuberliche Systematisierung des Lebens nach den Prinzipien des Verstandes und der Wissenschaft angegriffen, für die die fortschrittlichen Denker Frankreichs, Englands und Italiens eintraten. Lenz sieht die Natur als einen Wasserstrudel, in den ein Mensch von Gefühl und Temperament sich stürzt, wenn er die Fülle des Lebens erfahren will. Für ihn, für Schubart und für Leisewitz sind Kunst und vor allem Literatur leidenschaftliche Formen der Selbstbehauptung, für die jede Übernahme konventioneller Formen nur ein »aufgeschobener Tod« ist. Nichts ist für den ganzen Sturm und Drang charakteristischer als Herders Ausruf, er sei nicht hier, um zu denken, sondern um zu sein, zu fühlen, zu leben, oder sein »Herz! Wärme! Blut! Menschheit! Leben!« Das Denken der Franzosen ist blaß und schemenhaft. Das hat Goethe in den siebziger Jahren veranlaßt, Holbachs *Système de la nature* als eine abstoßende, »cimmerische« Abhandlung zu bezeichnen, die keinerlei Beziehung zu der wunderbaren, unausschöpflich reichen Vitalität des Straßburger Münsters hat, in dem er, angeleitet von Herder, eine der erhabensten Verkörperungen des deutschen Geistes im Mittelalter sah, wovon die Kritiker der französischen Klassik keine Ahnung hatten. In seiner Phantasie *Ardinghello und die glückseeligen Inseln* führt Heinse seine Hauptfiguren nach einer blutigen Folge wilder Erlebnisse von mehr als »gotischer« Intensität auf eine Insel, auf der es völlige Freiheit in den persönlichen Beziehungen gibt, wo alle Regeln und Konventionen endlich verflogen sind, wo sich der Mensch in einer anarchistisch-kommunistischen Gesellschaft endlich als großartiger, schöpferischer Künstler zu voller Größe erheben kann. Der kräftige und radikale Individualismus dieses Werkes repräsentiert, wie auch die zeitgenössischen erotischen Phantasien des Marquis de Sade, eine frühe Form der Sehnsucht, auferlegten Regeln und Gesetzen zu entfliehen, ganz gleich, ob sie von der Wissenschaft, der Kirche oder der Politik, einer royalistischen oder republikanischen, despotischen oder demokratischen Macht ausgehen.

Merkwürdigerweise ist der höchst rationale, genaue und unromantische Kant, mit seiner lebenslangen Abneigung gegen alle Formen der »Schwärmerei«, durch die Übertreibung eines seiner Lehrsätze in bestimmter Hinsicht einer der Väter dieses ungezügelten Individualismus geworden. Kants Morallehre betont, daß

Determinismus mit Moralität unvereinbar ist, weil nur die, die die wirklichen Subjekte ihrer Handlungen sind und sie aus freiem Willen ausführen oder unterlassen können, für ihr Tun gelobt oder getadelt werden können. Da Verantwortlichkeit Entscheidungsfähigkeit beinhaltet, sind die, die nicht frei wählen können, moralisch ebensowenig verantwortlich zu machen wie Stöcke oder Steine. Dadurch gab Kant den Anstoß für den Kult der moralischen Autonomie, wonach nur der als eigentlich frei oder als wirklich moralisches Subjekt angesprochen werden kann, der Subjekt und nicht Objekt der Handlung ist, dessen Handlung aus einer Entscheidung des moralischen Willens entspringt, welcher von frei angenommenen Prinzipien geleitet ist und, falls notwendig, gegen die Neigung handelt, und nicht aus dem unausweichlichen kausalen Druck von Faktoren – physischen, physiologischen oder psychologischen (wie Gefühl, Begierde, Gewohnheit) – resultiert, die außerhalb seiner Kontrolle liegen. Kant fühlte sich hierin Rousseau verpflichtet, der besonders im »Glaubensbekenntnis des savoyischen Vikars« im vierten Buch seines *Émile* vom Menschen als einem aktiven Wesen im Gegensatz zur Passivität der materiellen Natur sprach, begabt mit einem Willen, der den Menschen frei macht, den Versuchungen der Sinne zu widerstehen. »Ich bin ein Sklave durch meine Laster und frei durch meine Reue.« Dieser aktive Wille, der durch das »Bewußtsein« unmittelbar erfahren wird und für Rousseau »mächtiger ist als der Verstand (d. h. das kluge Argument), der gegen ihn kämpft«, befähigt den Menschen, das Gute zu wählen. Wenn nötig, handelt er gegen »das Gesetz des Körpers« und macht sich so der Glückseligkeit würdig. Aber obwohl diese Lehre des Willens als eines nicht durch den Kausalzusammenhang determinierten Vermögens gegen den sensualistischen Positivismus eines Helvétius oder Condillac gerichtet ist und eine Affinität zu Kants freiem moralischen Willen hat, verläßt sie nicht den objektiven Rahmen eines Naturgesetzes, das Dinge und Menschen beherrscht und allen Menschen dieselben unwandelbaren und allgemeingültigen Ziele vorschreibt.

Diese Betonung des Willens auf Kosten kontemplativen Denkens und einer Wahrnehmung, die in den festen Bahnen der Kategorien des Verstandes abläuft, denen kein Mensch entfliehen kann, hängt zutiefst mit der deutschen Auffassung moralischer Freiheit zusammen, die eine Widerstandskraft gegen die Natur einschließt und nicht in einem harmonischen Einverständnis mit ihr steht, die natürliche Neigung überwindet und sich zu prometheischem Widerstand gegen dinglichen und menschlichen Zwang erhebt. Das wiederum führte zur Ablehnung der Lehre, die das Verstehen auf den Nachvollzug rational und schlüssig aufgewiesener Notwendigkeiten reduziert und für die deshalb alles Nicht-Rationale ein bloßes Hindernis für den Fortschritt des Menschen ist. Mit ihrer Unversöhnlichkeit gegenüber der Realität begünstigte diese Konzeption in ihrer späteren, romantischen Gestalt den unablässigen, oft mit einer tragischen Niederlage endenden Kampf gegen die Mächte einer blinden Natur, die sich nicht um menschliche Vorstellungen schert, und gegen das zunehmende Gewicht von Autorität und Tradition, gegen den ungeheuerlichen Alpdruck einer unkritisch übernommenen Vergangenheit, die sich in den repressiven Institutionen der Gegenwart verkörpert. Blake erklärte Newton und Locke deshalb zu großen Feinden, weil sie den freien menschlichen Geist in beengende Apparaturen einzwängen wollten. Wenn er sagt:»A Robin Red breast in a Cage/Puts all Heaven in a Rage«, dann ist der Käfig nichts anderes als die Newtonische Physik, die dem freien, spontanen Leben des ungehinderten menschlichen Geistes ein Ende bereitet.»Art is the Tree of Life . . . Science is the Tree of Death«. Locke, Newton, die französischen *raisonneurs*, die Herrschaft des vorsichtigen, pragmatischen Anstands und Pitts Polizei gehörten für ihn allesamt zu demselben bösen Traum. Etwas davon findet man auch in Schillers frühem, 1781 geschriebenen Stück *Die Räuber*, in dem der leidenschaftliche Protest des tragischen Helden Karl Moor, der scheitert und in Verbrechen und Tod endet, nicht durch bloßes Wissen abgewendet werden kann oder durch ein besseres Verständnis der menschlichen Natur und ihrer sozialen Bedingungen oder anderer Faktoren. Die Theorie der Aufklärung, daß wir entdecken können, was die Menschen wirklich wollen, und in der Lage sind, technische Mittel und Verfahrensregeln für ihre größte dauerhafte Befriedigung bereitzustellen, die uns zu Weisheit, Tugend und Glück führen, ist mit Karl Moors stolzem und ungestümem Geist unvereinbar, der die Vorstellungen seiner Umgebung zurückweist und sich nicht durch den reformistischen Gradualismus und den Glauben an eine rationale Organisation besänftigen läßt, deren Anwalt die Aufklärung der vorhergehenden Generation war.»Das Gesetz hat zum Schneckengang verdorben, was Adlerflug geworden wäre.« Die Annahme, daß die menschliche Natur wenigstens prinzipiell mit der natürlichen Welt in Einklang gebracht werden kann, schien nicht länger haltbar zu sein. Für Schiller ist zwischen Geist und Natur ein rousseauistischer Abgrund aufgebrochen, und der Humanität wurde eine Wunde zugefügt, die durch die Kunst gerächt, aber nicht völlig geheilt werden kann.

Jacobi, der von Hamann tief beeinflußte mystische Metaphysiker, kann die Ansprüche der Seele und des Verstandes nicht versöhnen: Wann immer er versuche, das Licht, das in seinem Herzen sei, in seinen Verstand zu tragen, gehe es aus. Spinoza war für ihn der bedeutendste Vertreter der rationalistischen Ansicht des Universums seit Platon. Aber für Jacobi ist dies Tod bei lebendigem Leibe. Es beantwortet nicht die brennenden Fragen der Seele, die von ihrer Heimatlosigkeit in der frostigen Welt des Verstandes nur durch Selbstaufgabe im Glauben an einen transzendenten Gott geheilt werden kann.

Schelling war vielleicht der wortgewaltigste all der Philosophen, die das Universum als die Selbstentwicklung einer ursprünglichen, nicht-rationalen Macht darstellten, die nur durch die intuitiven Fähigkeiten phantasievoller Menschen – Dichter, Philosophen, Theologen oder Staatsmänner – erfaßt werden kann. Die Natur antwortet als lebendiger Organismus auf die Fragen, die ein genialischer Mensch an sie stellt, während andererseits der genialische Mensch die Fragen der Natur beantwortet, denn sie sind miteinander verschworen. Nur Einsichten, die der Einbildungskraft entspringen, von Künstlern, Propheten oder Denkern, lassen die Konturen der Zukunft sichtbar werden, von der der bloß rechnende Verstand und das bloß analytische Vermögen des Naturwissenschaftlers, des Politikers oder jedes anderen erdgebundenen Empiristen keinen Begriff haben. Dieser Glaube an ein besonderes intuitives, geistiges Vermögen, das verschiedene Namen hat, Vernunft, Verstehen, ursprüngliche Einbildungskraft, aber immer von dem kritischen, analytischen Verstand abgesetzt wird, den die Aufklärung favorisierte, der Gegensatz zwischen ihm und der analytischen Fähigkeit, die sammelt, klassifiziert, Experimente macht, zerlegt, wieder zusammensetzt, definiert, deduziert und Wahrscheinlichkeiten aufstellt, wird ein Gemeinplatz unter den Späteren, bei Fichte, Hegel, Wordsworth, Coleridge, Goethe, Carlyle, Schopenhauer und anderen antirationalistischen Denkern des neunzehnten Jahrhunderts und findet bei Bergson und in den späteren antipositivistischen Schulen seinen Höhepunkt.

Auch ist dies die Quelle jener Strömung innerhalb der Romantik, die jede menschliche Tätigkeit als eine Form individuellen Ausdrucks betrachtet und die Kunst, sogar jede schöpferische Tätigkeit als Ausprägung einer einmaligen, individuellen oder kollektiven, bewußten oder unbewußten, Subjektivität in einem Stoff oder einem Medium sieht, in dem sie sich betätigt und danach strebt, Werte zu verwirklichen, die nicht vorgegeben sind, sondern in dem Prozeß des Schaffens selbst erst erzeugt werden. Sowohl theoretisch wie praktisch ist dies eine Ablehnung der zentralen Lehre der Aufklärung, für die die Regeln, nach denen die Menschen leben, handeln und schaffen sollten, vorgegeben und von der Natur selbst diktiert sind. Für Joshua Reynolds etwa ist der »große Stil« die Verwirklichung der Vision ewiger Formen, von Urformen hinter der Verworrenheit der gewöhnlichen Erfahrung, die der Künstler durch seine Begabung wahrnehmen kann und die er mit allen ihm zur Verfügung stehenden Techniken auf seiner Leinwand, in Marmor oder in Bronze zu reproduzieren sucht. Diese Nachahmung oder Kopie idealer Vorbilder ist für alle, die in der gegen den französischen Klassizismus gerichteten deutschen Tradition stehen, keine wirkliche Schöpfung. Schöpfung ist Schöpfung sowohl der Mittel wie der Zwecke, sowohl der Werte wie ihrer Verkörperungen. Die Vision, die ich in Farben oder in Klänge übersetzen will, ist von mir und speziell für mich hervorgebracht, ohne jede Ähnlichkeit mit irgend etwas, was jemals gewesen ist oder sein wird, vor allem nicht mit irgend etwas, was mir und anderen gemeinsam ist, wenn der Versuch gemacht wird, ein von allen geteiltes und allgemeingültiges, weil rationales, Ideal zu verwirklichen. Die Vorstellung, daß ein Kunstwerk (oder jedes andere Werk eines Menschen) nach Regeln hervorgebracht wird, die von der objektiven Natur vorgeschrieben und deshalb für alle Praktiker verbindlich sind, wie Boileau und Abbé Batteaux gelehrt haben, wird gänzlich abgelehnt. Regeln mögen hie und da hilfreich sein, aber der geringste Funke von Genie vernichtet sie und schafft seine eigene Praxis, die einfallslose Handwerker nachahmen können, ohne aber damit je etwas Eigenes zum Ausdruck zu bringen. Als Künstler, Philosoph oder Staatsmann bringe ich etwas hervor nicht weil das Ziel, welches ich verwirklichen will, objektiv schön, wahr, tugendhaft, in der öffentlichen Meinung anerkannt oder von Mehrheiten oder der Tradition gefordert, sondern weil es meine eigene Schöpfung ist.

Dieses schöpferische Selbst wird von Theorie zu Theorie anders bestimmt. Einige sahen in ihm etwas Transzendentes, einen kosmischen Geist, ein göttliches Prinzip, nach dem die sterblichen Menschen wie Funken zur Mitte des Feuers streben. Andere identifizierten es mit ihrem eigenen individuellen, sterblichen Selbst aus Fleisch und Blut, wie Byron, Hugo oder andere trotzig romantische Schriftsteller und Maler. Wieder andere setzten das kreative Selbst einem überpersönlichen Organismus gleich, als dessen Elemente oder Glieder sie sich selbst ansahen, einer Nation, Kirche, Klasse oder sogar der Geschichte, dieser mächtigen Gewalt, als deren Emanation sie ihr irdisches Selbst betrachteten. Aggressiver Nationalismus, Identifikation mit den Interessen einer Klasse, einer Kultur, einer Rasse oder den Kräften des Fortschritts, jener Instanz auf der Woge einer zukunftsorientierten geschichtlichen Dynamik, die Handlungen ohne weiteres erklärt und rechtfertigt, die man ablehnen und verachten würde, wenn man sie aus der Perspektive des eigenen Vorteils oder anderer allzumenschlicher Motive betrachtete – alle diese politischen und moralischen Begriffe sind verschiedene Ausformungen der Lehre von der Selbstverwirklichung, die auf einer unnachgiebigen Ablehnung der zentralen Thesen der Aufklärung beruht, wonach Wahrheit, Recht, Tugend oder Schönheit als für alle Menschen gültig erwiesen werden können, indem man objektive Methoden der Forschung und Interpretation anwendet, die für alle zugänglich und nachvollziehbar sind. In ihrer eindeutig romantischen Ausprägung bedeutet diese Haltung eine offene Kriegserklärung an die rationale und experimentelle Methode, die Descartes und Galilei eingeführt hatten und die sogar von so entschiedenen Abweichlern wie Montesquieu, Hume, Rousseau und Kant voll und ganz akzeptiert wurde. Für die wahrhaft erbitterten Gegner des Klassizismus werden Werte nicht gefunden, sondern gemacht, nicht entdeckt, sondern geschaffen; sie müssen verwirklicht werden, weil sie meine oder unsere sind, was immer auch die eine oder andere metaphysische Lehre unter diesem wahren Selbst versteht.

Die eigenwilligsten deutschen Romantiker, Novalis und Tieck, betrachteten das Universum nicht als einen Ordnungszusammenhang, der durch die jeweils angemessenste Methode untersucht und beschrieben werden kann, sondern als eine unablässige Tätigkeit des Geistes und der Natur, die derselbe Geist in einem noch schlafenden Zustand ist. Der geniale Mensch ist der bewußteste

Träger dieser ständigen Aufwärtsbewegung. Er verkörpert die nach vorwärts gerichtete Bewegung, die das Leben des Geistes am stärksten voranbringt. Während einige, wie Schelling und Coleridge, diese Tätigkeit als das stufenweise Wachsen des Weltgeistes zum Selbstbewußtsein auffassen, seine ständige Bewegung zur Selbstvervollkommnung, hat der kosmische Prozeß für andere kein Ziel, sondern ist eine zweck- und bedeutungslose Bewegung. Weil die Menschen dieser öden und in Verzweiflung stürzenden Wahrheit nicht ins Angesicht blicken können, wollen sie sie vor sich selbst durch tröstliche Illusionen verstecken, durch Religionen, die Belohnung in einem anderen Leben versprechen, durch metaphysische Systeme, die vorgeben, eine rationale Rechtfertigung für alles in der Welt Vorhandene wie auch dafür zu liefern, was die Menschen tun, tun können und tun sollen, oder durch wissenschaftliche Systeme, die es sich zur Aufgabe machen, einem Prozeß Sinn zu geben, der faktisch zwecklos ist, ein formloses Fließen, welches ist, was es ist – ein nacktes Faktum, das nichts bezeichnet. Diese Schopenhauersche Lehre steht an der Schwelle des modernen Existentialismus, der Kultivierung des Absurden in der Kunst und im Denken und der radikalen Formen eines egoistischen Anarchismus, der von Stirner und, in einigen seiner Aspekte, von Nietzsche, von Kierkegaard, Hamanns brillantestem und scharfsinnigstem Schüler, und anderen Irrationalisten auf die Spitze getrieben wurde.

Die Ablehnung der zentralen Prinzipien der Aufklärung – Universalität, Objektivität, Rationalität, des Anspruchs, für alle genuinen Probleme des Lebens und des Denkens dauerhafte Lösungen liefern zu können, und (nicht weniger wichtig) der Zugänglichkeit der rationalen Methoden für jeden, der mit dem entsprechenden Vermögen zu Beobachtung und logischem Denken ausgestattet ist – äußerte sich je nach dem System, das angegriffen wurde, konservativ oder liberal, reaktionär oder revolutionär. Männer wie Adam Müller oder Friedrich Schlegel und in gewisser Weise Coleridge oder Cobbett, für die die Prinzipien der Französischen Revolution oder der Napoleonischen Organisation der Gesellschaft die verhängnisvollsten Hindernisse für den freien menschlichen Ausdruck waren, vertraten konservative oder reaktionäre Spielarten des Irrationalismus, blickten zuweilen sehnsüchtig in eine goldene Vergangenheit, wie die vorwissenschaftlichen Zeiten des Glaubens, zurück und versuchten (nicht immer kontinuierlich und konsistent), kirchlichen und aristokratischen Widerstand gegen die Modernisierung und Mechanisierung des Lebens durch die Industrie und die neuen Macht- und Autoritätsstrukturen zu unterstützen. Alle, die in den traditionellen Autoritäten und hierarchischen Organisationen die repressivsten sozialen Kräfte sahen – etwa Byron, George Sand oder, soweit sie als Romantiker bezeichnet werden können, Shelley und Büchner –, bildeten den »linken Flügel« der romantischen Revolte. Andere verachteten das öffentliche Leben von Grund auf und widmeten sich der Kultivierung des inneren Geistes. In allen Fällen jedoch sahen sie in der Organisation des Lebens durch Anwendung rationaler und wissenschaftlicher Methoden, in jeder Reglementierung oder Festlegung des Menschen auf utilitaristische Zwecke und organisierte Glückseligkeit den philisterhaften Feind.

Einheitlich lehnt die Aufklärung das christliche Dogma der Erbsünde ab und setzt an dessen Stelle den Glauben, daß der Mensch entweder unschuldig und gut oder moralisch neutral geboren werde und durch Erziehung und die Umgebung geformt werden könne, im schlimmsten Falle zwar äußerst mangelhaft, doch fähig zu einer radikalen und grenzenlosen Verbesserung durch eine rationale Erziehung unter günstigen Umständen oder durch eine revolutionäre Umgestaltung, wie sie zum Beispiel Rousseau forderte. Diese Verneinung der Erbsünde wurde von der Kirche an Rousseaus *Émile*, trotz seiner Angriffe gegen Materialismus, Utilitarismus und Atheismus, aufs schärfste verurteilt. Die nachhaltige Wiederbelebung der paulinischen und augustinischen Lehre war um die Jahrhundertwende die stärkste Waffe des fundamentalen Angriffs auf die ganze Aufklärung, den die französischen gegenrevolutionären Schriftsteller de Maistre, Bonald und Chateaubriand führten.

Eine der dunkelsten, zugleich aber einflußreichsten und interessantesten der reaktionären Formen des Kampfes gegen die Aufklärung sind die Lehren Joseph de Maistres und seiner Nachfolger und Verbündeten, die im frühen neunzehnten Jahrhundert die Speerspitze der Gegenrevolution bildeten. De Maistre hielt die Aufklärung für eine der dümmsten und ruinösesten Formen sozialen Denkens. Die Auffassung, daß der Mensch von Natur aus zur Wohltätigkeit, zur Zusammenarbeit und zum Frieden neige oder jedenfalls durch eine angemessene Erziehung und Gesetzgebung in diese Richtung gelenkt werden könne, ist für ihn falsch und seicht. Die wohltätige Mutter Natur bei Hume, Holbach und Helvétius ist für ihn nichts anderes als eine bloß absurde Erdichtung. Geschichte und Zoologie sind die verläßlichsten Wegweiser zur Natur: sie zeigen die Natur als ein Feld unaufhörlichen Gemetzels. Die Menschen sind von ihrer Natur her aggressiv und zerstörerisch. Sie rebellieren wegen Kleinigkeiten – die Einführung des Gregorianischen Kalenders im achtzehnten Jahrhundert oder die Entscheidung Peter des Großen, den Bojaren die Bärte zu scheren, ruft heftigen Widerstand und manchmal gefährliche Aufstände hervor. Aber wenn die Menschen in den Krieg geschickt werden, um unschuldige Wesen wie sie selbst umzubringen, ohne daß beide Seiten wissen wofür, gehen sie gehorsam in den Tod und begehren kaum einmal auf. Wenn dieser zerstörerische Instinkt ausgelöst wird, fühlen sich die Menschen erhoben und befriedigt. Entgegen den Lehren der Aufklärung vereinen sie sich nicht zu gemeinsamer Arbeit und friedlichem Glück. Die Geschichte macht deutlich, daß sie niemals stärker verbunden sind, als wenn ihnen ein gemeinsamer Altar gegeben wird, auf dem sie sich selbst opfern können. Denn der Wunsch, sich selbst oder andere zu opfern, ist mindestens ebenso stark wie irgendein friedlicher oder konstruktiver Impuls. De Maistre glaubte zu fühlen, daß die Menschen von Natur aus böse, selbstzerstörerische Tiere sind, voller widersprüchlicher Antriebe, die nicht wissen, was sie wollen, die wollen, was sie nicht wollen, und nicht wollen, was sie wollen. Nur wenn sie unter ständiger Kontrolle und unter der rigorosen Disziplin einer autoritären Elite gehalten werden – einer Kirche, eines Staates oder einer anderen Körperschaft, gegen deren Entscheidungen es keinen Einspruch gibt –, kann man hoffen, daß sie überleben und gerettet werden. Räsonnieren, Analyse und Kritik erschüttern die Fundamente und zerstören das Gesellschaftsgefüge. Wenn man die Quelle der Autorität für rational ausgibt, fordert dies zu Fragen und Zweifeln heraus, und wenn sie erst einmal in Frage gestellt ist, wird man sie schnell hinwegdiskutiert haben. Ihre Autorität wird durch wendige Sophisten unterminiert, und das fördert die Mächte des Chaos, wie in Frankreich während der Herrschaft des schwachen und liberalen Ludwig XVI. Wenn der Staat überleben und den Dummen und Schurken, die immer versuchen werden, ihn zu zerstören, jede Aussicht auf Erfolg nehmen will, muß die Quelle der Autorität absolut sein, ja so furchteinflößend, daß schon der geringste Versuch, sie in Frage zu stellen, unmittelbar die schrecklichsten Sanktionen nach sich zieht: nur dann werden die Menschen lernen, ihr zu gehorchen. Ohne eine klare Autoritätshierarchie, eine Ehrfurcht einflößende Macht werden die unheilbar zerstörerischen Instinkte der Menschen Chaos hervorbringen und die Menschen sich gegenseitig auslöschen. Die höchste Macht – besonders die Kirche – darf niemals versuchen, sich selbst in rationalen Begriffen auszulegen oder zu rechtfertigen. Denn was der eine beweist, wird der nächste widerlegen können. Vernunft ist der schwächste Wall gegen die schäumende See gewaltsamer Gefühle: auf einem so unsicheren Grund kann niemals ein festes und dauerhaftes Gebäude errichtet werden. Weit davon entfernt, ein Hindernis zu sein, hat Irrationalität historisch vielmehr zu Frieden, Sicherheit und Stärke geführt und ist für die Gesellschaft unabdingbar: Rationale Institutionen, Republiken, Wahlkönigtümer, Demokratien und auf den aufgeklärten Prinzipien der freien Liebe gegründete Vereinigungen brechen in kürzester Zeit zusammen – autoritäre Kirchen hingegen, erbliche Monarchien, Aristokratien und traditionelle Lebensformen, wie zum Beispiel die höchst irrationale, auf der lebenslangen Ehe basierende Familie, überdauern.

Die *philosophes* beabsichtigten, durch die Bildung einer universellen Sprache eine rationale Verständigung herbeizuführen, die von den irrationalen Überresten, von dem abstoßenden Hin und Her und von den kapriziösen Besonderheiten der vorhandenen Sprachen frei sein sollte. Es wäre verheerend, wenn ihnen dies gelänge, denn genau diese individuelle historische Entwicklung einer Sprache gehört zu einem jeden Volk, das einen weiten Reichtum von halb bewußter, halb erinnerter Erfahrung aufnimmt, bewahrt und in sich verschließt. Was manchmal Aberglaube und Vorurteil genannt wird, ist nur die äußere Seite von Gewohnheiten, die sich durch ihr bloßes Überleben gegen die Verheerungen und Veränderungen in ihrem langen Leben als resistent erwiesen haben. Sie zu verlieren heißt den Schild verlieren, der die nationale Existenz der Menschen, ihren Geist, ihre Gewohnheiten, ihre Erinnerung und ihren Glauben beschützt – all das, wodurch sie geworden sind, was sie sind. Die Auffassung der menschlichen Natur, die von den radikalen Kritikern verbreitet wurde und auf der ihr ganzes Kartenhaus ruht, ist eine kindische Phantasie. Rousseau fragt, woher es komme, daß der Mensch frei geboren sei, sich aber trotzdem immer in Ketten befinde. Ebensogut könnte man fragen, sagt de Maistre, woher es kommt, daß Schafe, die als Fleischfresser geboren werden, trotzdem immer Gras fressen. Die Menschen sind weder für die Freiheit noch für den Frieden gemacht. Freiheit und Frieden, die sie gehabt haben, konnten sie nur unter einer besonnen autoritären Regierung erlangen, die den destruktiven kritischen Intellekt mit seinen sozial desintegrierenden Wirkungen unterdrückte. Wissenschaftler, Intellektuelle, Rechtsgelehrte, Journalisten, Demokraten, Jansenisten, Protestanten, Juden, Atheisten – das sind die rastlosen Feinde, die nie aufhören, an den Lebensadern der Gesellschaft zu saugen. Die beste Regierung, die die Welt jemals gesehen hat, war die der Römer: sie waren zu klug, um selbst Wissenschaft zu betreiben; dafür heuerten sie die gewitzten, lebhaften und politisch unzuverlässigen Griechen an. Mensch und Gesellschaft werden nicht durch den klaren Intellekt, sondern durch dunkle Instinkte beherrscht. Nur Eliten, die das verstanden haben und die Menschen von einer zu weltlichen Erziehung fernhalten, durch die sie überkritisch und unzufrieden werden müssen, können ihnen soviel Glück, Gerechtigkeit und Freiheit geben, wie sie in diesem Jammertal erhoffen können. Im Hintergrund von allem jedoch muß die Möglichkeit der Machtausübung, der Zwangsgewalt stehen.

In einem eindringlichen Bild sagt de Maistre, daß alle soziale Ordnung sich schließlich in einem Menschen zusammenziehen müsse, im Scharfrichter. Niemand will sich mit dieser schrecklichen Figur gemein machen, und trotzdem beruht alle Ordnung, aller Friede und jede Gesellschaft auf ihr, solange die Menschen schwach, voller Sünde und unfähig sind, ihre Leidenschaften zu beherrschen, ständig durch böse Versuchungen und dumme Träumereien zu ihrem Verderben verführt. Wenn ein Vakuum entsteht, schießt die Gewalt ein. Noch das blutrünstige Ungeheuer Robespierre – als Geißel von Gott gesandt, um ein vom wahren Glauben abgefallenes Land zu bestrafen – muß man eher bewundern als die liberale Stümperei, denn er hielt Frankreich zusammen, stieß dessen Feinde zurück und schuf Armeen, die, trunken von Blut und Leidenschaft, Frankreich erretteten. Ludwig XIV. ignorierte die neunmalklugen Räsonneure seiner Zeit, unterdrückte Häresien – und er starb auf der Höhe seines Ruhms in seinem eigenen Bett. Ludwig XVI. liebäugelte mit den subversiven Ideologen, die aus der Giftquelle Voltaire getrunken hatten – und endete auf dem Schafott. Repression, Zensur, absolute Souveränität und einspruchslose

Urteile sind die einzigen Methoden, um Kreaturen zu regieren, die de Maistre halb Mensch, halb Bestie nennt, monströse Zentauren, die Gott zugleich suchen und bekämpfen, nach Liebe und Schöpfung verlangen, aber in ständiger Gefahr sind, zu Gefangenen ihrer eigenen blinden, zerstörerischen Triebe zu werden, in Zaum gehalten nur durch eine Verbindung von Macht, traditioneller Autorität und vor allem einem Glauben, der in historisch geheiligten Institutionen verkörpert ist, welche der Verstand nicht anzutasten wagt. Nation und Rasse sind Realitäten, während die künstlichen Konstrukte der Verfassungskrämer einfach zusammenbrechen müssen. »Nationen«, sagt de Maistre, »werden geboren und sterben wie Individuen ... Sie haben eine Gemeinschaft verbürgende Seele, die sich vor allem in ihrer Sprache offenbart.« Und weil sie Individuen sind, sollten sie bemüht sein, »von einer Rasse« zu bleiben. Auch Bonald, der de Maistre gedanklich am nächsten stand, klagt, daß die französische Nation ihr Ideal rassischer Reinheit verraten und sich so selbst geschwächt habe. Die Frage, ob die Franzosen von den Franken oder von den Galliern abstammen, ob ihre Institutionen ursprünglich römisch oder germanisch sind, und der darin gelegene Anspruch, daß dadurch eine Lebensform für die Gegenwart geboten sei, hat ihre Wurzeln zwar in den politischen Auseinandersetzungen des sechzehnten, siebzehnten und frühen achtzehnten Jahrhunderts, wird aber jetzt mit einem mystischen Organizismus aufgeladen, der alle Formen diskursiver Erörterung übersteigt und sich gegen sie abdichtet. Nur natürliches Wachstum ist für de Maistre wirklich. Nur Zeit, nur Geschichte kann eine Autorität hervorbringen, die die Menschen anbeten und der sie gehorchen können. Eine bloße militärische Diktatur, das Werk eines einzelnen Menschen, ist brutale Gewalt ohne geistige Macht. Er nennt sie *bâtonocratie* und sagt das Ende Napoleons voraus. In ähnlicher Weise lehnte Bonald den Individualismus als Gesellschaftslehre oder als Methode historischer Forschung ab. Die Erfindungen des Menschen, erklärte er, sind im Vergleich mit den göttlich verfügten Institutionen, die das eigentliche menschliche Sein durchdringen, im Vergleich mit der Sprache, der Familie und der Verehrung Gottes eine unsichere Stütze. Wer hat sie erfunden? Wann immer ein Kind geboren wird, gibt es einen Vater, eine Mutter, eine Familie und Gott. Das ist die ursprüngliche und beständige Grundlage von allem – und nicht die menschlichen Anordnungen, die der Welt der Händler mit ihren Verträgen, ihren Versprechungen, ihrem Nutzen und materiellen Gütern abgeschaut sind. Der von dem anmaßenden Selbstvertrauen aufrührerischer Intellektueller getragene Individualismus der Liberalen hat zu der inhumanen Konkurrenz der bürgerlichen Gesellschaft geführt, in der die Mächtigsten und Schnellsten gewinnen und die Schwachen an die Wand gedrückt werden. Nur die Kirche kann eine Gesellschaft organisieren, in der die Gewandtesten in Schranken gehalten werden, so daß die ganze Gesellschaft gedeiht und auch die Schwachen und am wenigsten Habsüchtigen das Ziel zu erreichen vermögen.

Diese düsteren Lehren inspirierten die monarchistische Politik in Frankreich und erweckten, zusammen mit der Vorstellung des romantischen Heroismus und dem scharfen Gegensatz zwischen schöpferischen und unschöpferischen, historischen und unhistorischen Individuen und Nationen, zwangsläufig den Nationalismus, den Imperialismus und schließlich in ihrer schärfsten und pathologischsten Form die faschistischen und totalitären Ideologien des zwanzigsten Jahrhunderts.

Das Mißlingen des Versuchs der Französischen Revolution, die erklärten Ziele der französischen Aufklärung weitgehend zu verwirklichen, markiert das Ende der französischen Aufklärung als Bewegung und als System. Ihre Erben und die Gegenbewegungen, die sie bis zu einem gewissen Grade selbst hervorgebracht und wiederum beeinflußt hat, die romantischen und irrationalen Überzeugungen und die gewalttätigen und friedlichen, individualistischen und kollektivistischen, anarchistischen und totalitären Bewegungen im Politischen und Ästhetischen und ihre Wirkungen gehören zu einem anderen Kapitel der Geschichte.

DIE ORIGINALITÄT MACHIAVELLIS

I

Überblickt man die Literatur zu Machiavelli, so überrascht schon die bloße Zahl von Interpretationen seiner politischen Ansichten.[1] Noch heute gibt es dutzendweise Theorien über die angemessene Deutung des *Fürsten* und der *Discorsi*, ganz abgesehen von den vielen Einzelinterpretationen und Glossen. Die Bibliographie ist umfangreich und wächst schneller denn je.[2] Während sich die Uneinigkeit über die Bedeutung einzelner Begriffe und Thesen in seinem Werk vielleicht noch im üblichen Rahmen bewegt, gehen die Meinungen über Machiavellis zentralen Gedanken, über seine grundlegende politische Haltung, in höchst verwirrendem Maße auseinander.

Bei anderen Denkern, deren Ansichten den Menschen immer noch Rätsel aufgeben und sie beschäftigen, etwa bei Platon, Rousseau, Hegel oder Marx, ist dieses Phänomen leichter verständlich. Denn man kann sagen, daß Platon in einer Welt und in einer Sprache geschrieben hat, die unserem Verständnis nicht mehr so ohne

1 Eine erste Fassung dieses Aufsatzes habe ich 1953 auf einem Treffen der britischen Sektion der Political Studies Association vorgetragen. Bei dieser Gelegenheit möchte ich allen Freunden und Kollegen danken, denen ich das Manuskript mit der Bitte um ihre Stellungnahme geschickt habe, unter ihnen A. P. d'Entrèves, Carl J. Friedrich, Felix Gilbert, Myron Gilmore, Louis Hartz, J. P. Plamenatz, Lawrence Stone und Hugh Trevor-Roper. Ihre Kritik war sehr wertvoll für mich und sie hat mich vor vielen Irrtümern bewahrt. Für die noch verbleibenden bin ich natürlich allein verantwortlich.

2 Die vollständige Liste enthält heute über dreitausend Titel. Von den Bibliographien habe ich am brauchbarsten gefunden: P. H. Harris, »Progress in Machiavelli Studies«, *Italica* 18 (1941), S. 1-11; Eric W. Cochrane, »Machiavelli: 1940-1960«, *Journal of Modern History* 33 (1961), S. 113-136; Felix Gilbert, *Machiavelli and Guicciardini*, Princeton 1965; Guiseppe Prezzolini, *Machiavelli anticristo*, Rom 1954 (engl.: *Machiavelli*, New York 1967, London 1968); De Lamar Jensen (Hrsg.), *Machiavelli: Cynic, Patriot, or Political Scientist?*, Boston 1960; und Richard C. Clark, »Machiavelli: Bibliographical Spectrum«, *Review of National Literatures* I (1970), S. 93-135.

weiteres zugänglich ist, daß Rousseaus, Hegels oder Marxens Schriften sicherlich fruchtbar, aber eben kaum Beispiele für Klarheit und Konsistenz sind. Doch *Der Fürst* ist ein kurzes Buch, und sein Stil gilt allgemein als klar, knapp und treffend, ein Musterbeispiel für klare Renaissance-Prosa. Die *Discorsi* sind im Gegensatz zu den meisten Abhandlungen über Politik nicht von übermäßiger Länge und genauso klar und bestimmt. Trotzdem herrscht über die Bedeutung beider Schriften keine Einmütigkeit. Sie sperren sich gegen ihre Einordnung in den Zusammenhang traditioneller politischer Theorie und rufen noch immer leidenschaftliche Gefühle hervor. *Der Fürst* hat ganz offensichtlich bei manchen der ungeheuerlichsten Tatmenschen der letzten vier Jahrhunderte, besonders aber in unserer Zeit, das Interesse und die Bewunderung von Menschen gefunden, die an sich nicht der Lektüre klassischer Texte zugetan waren.

In Machiavellis Aussagen oder Andeutungen liegt offensichtlich etwas höchst Verwirrendes, das tiefes und weitreichendes Unbehagen auslöst. Moderne Autoren haben einige wirkliche oder vermeintliche Inkonsistenzen zwischen dem (überwiegend) republikanischen Gestus in den *Discorsi* (und der *Geschichte von Florenz*) und den Empfehlungen für absolute Herrscher im *Fürsten* hervorgehoben. Tatsächlich unterscheiden sich beide Abhandlungen im Tonfall, und ebenso ist ihr chronologisches Verhältnis zueinander ungeklärt. Das wirft Fragen über Machiavellis Charakter, seine Motive und seine Überzeugungen auf, die für mehr als drei Jahrhunderte den Untersuchungen und Spekulationen von Literaturwissenschaftlern und Sprachforschern, von Psychologen und Historikern ein weites Feld eröffnet haben.

Aber nicht dadurch ist das westliche Empfinden schockiert worden. Auch kann es nicht bloß Machiavellis »Realismus« und sein Plädoyer für eine brutale, skrupellose und unbarmherzige Politik sein, was so viele spätere Denker völlig aus der Fassung gebracht und einige dazu veranlaßt hat, sein Votum für Gewalt und Betrug hinwegzuerklären. Die Tatsache, daß die Bösen, die Schlechten Erfolg haben und daß sich unmoralische Methoden auszahlen, war dem Bewußtsein der Menschheit nie fremd. Die Bibel, Herodot, Thukydides, Platon, Aristoteles, um nur einige der grundlegenden Werke der westlichen Kultur zu nennen, die Gestalten Jakobs, Josuas oder Davids, Samuels Rat an Saul, Thukydides' Melierdialog oder seine Beurteilung eines der in Athen gefaßten, aber später zurückgenommenen äußerst grausamen Beschlüsse, die Philosophien von Thrasymachos und Kallikles, Aristoteles' Ratschläge an die Tyrannen in der *Politik*, Karneades' Reden vor dem römischen Senat, von denen Cicero berichtet, die Auffassung des weltlichen Staats bei Augustin einerseits und bei Marsilius andererseits – sie alle haben genügend Licht auf die politischen Realitäten geworfen, um die Vertrauensseligkeit eines unkritischen Idealismus zu erschüttern.

Die Erklärung kann kaum in Machiavellis Realismus allein liegen, selbst wenn dieser härter war als bei irgendeinem seiner Vorgänger.[3] Auch wenn man die anfängliche Empörung – etwa von Pole oder Gentillet – dadurch erklären kann, reicht dies nicht hin für die Reaktionen all der Späteren, die mit den Ansichten von Hobbes und Spinoza, von Hegel, den Jakobinern und ihren Nachfolgern vertraut waren. Mit Sicherheit ist etwas anderes notwendig, um den andauernden Schrecken ebenso wie die Differenzen der Kommentatoren zu erklären. Beide Phänomene hängen miteinander zusammen. Um die Eigenart des letzteren zu erläutern, möchte ich nur die bekanntesten der rivalisierenden Interpretationen von Machiavellis politischen Ansichten seit dem sechzehnten Jahrhundert zitieren.

Nach Alberico Gentili[4] und Mattingly[5] hat der Autor des *Fürsten* eine Satire geschrieben, denn er könne alles das unmöglich wörtlich gemeint haben. Für Spinoza[6], Rousseau[7], Ugo Foscolo[8] und Luigi Ricci (der für die Ausgabe in *The World's Classics* eine Einführung in den *Fürsten* verfaßt hat)[9], war *Der Fürst* eine Warnschrift. Denn unabhängig von allem anderen sei Machiavelli ein begeisterter Patriot und ein freiheitsliebender Demokrat gewesen,

---

3 Auf Machiavellis Angewohnheit, die Dinge *troppo assolutamente* zu nehmen, hat schon Guicciardini hingewiesen; vgl. »Considerazioni intorno ai *Discorsi* del Machiavelli«, Buch I, Kapitel 3, *Scritti politici e ricordi*, hrsg. von Roberto Palmarocchi, Bari 1933, S. 8.
4 Alberico Gentili, *De legationibus libri tres*, London 1585, Buch 3, Kap. 9, S. 101 f.
5 Garrett Mattingly, »Machiavelli's *Prince*: Political Science or Political Satire?«, *American Scholar* 27 (1958), S. 482-491.
6 Benedictus de Spinoza, *Tractatus politicus*, Kapitel 5, Paragraph 7.
7 *Du contrat social*, Buch 3, Kapitel 6, Anmerkung.
8 *I sepolchri*, 156-158: »che, temprando lo scettro a' regnatori, / gli allòr ne sfronda, ed alle genti svela / di che lagrime grondi e di che sangue . . .« (»der, indem er das Szepter der Herrschenden stählt, es seiner Lorbeeren entkleidet und den Völkern enthüllt, von welchen Tränen und welchem Blut es trieft«).
9 Luigi Ricci, Vorwort zu Niccolò Machiavelli, *The Prince*, London 1903.

und der *Fürst* müsse als Warnung vor all dem beabsichtigt gewesen sein, was Tyrannen sein und tun könnten, damit man ihnen besser widerstehen könne (Spinoza ist in dieser Hinsicht besonders deutlich). Vermutlich habe der Autor gegenüber den beiden rivalisierenden Mächten, der Kirche und den Medici, die ihn mit gleichem (und nicht unberechtigtem) Argwohn im Auge behielten, nicht offen schreiben können. *Der Fürst* sei deshalb eine Satire (obwohl sich für mich keine Schrift weniger als eine solche liest). Für A. H. Gilbert[10] ist sie alles andere als dies, sondern vielmehr ein typisches Produkt ihrer Zeit, ein Fürstenspiegel, eine Gattung, die nicht nur der Renaissance vertraut war, mit sehr deutlichen Anleihen und Anklängen; begabter, schonungsloser und einflußreicher, aber in Stil, Gehalt und Intention gar nicht so weit entfernt von den anderen.

Giuseppe Prezzolini[11] und Hiram Haydn[12] fassen das Buch (Fichte und anderen folgend)[13], mit mehr Plausibilität, als eine Streitschrift gegen das Christentum auf und sehen in ihm einen Angriff auf die Kirche und alle ihre Prinzipien, eine Verteidigung der heidnischen Weltsicht. Giuseppe Toffanin[14] hingegen glaubt, daß Machiavelli ein Christ war, allerdings ein etwas eigenartiger, was Roberto Ridolfi[15], der berühmteste der gegenwärtigen Biographen Machiavellis, und Leslie Walker (in seiner englischen Ausgabe der *Discorsi*)[16] nicht völlig ablehnen. Alderisio[17] hält ihn sogar für einen aufrichtigen Katholiken, wenn er auch nicht so weit geht wie Richelieus Bevollmächtigter, der Domherr Louis Machon, in seiner Machiavelli-Apologie[18] oder im neunzehnten Jahrhundert der anonyme Kompilator der »Religiösen Maximen, getreulich gezogen aus dem Werk Niccolò Machiavellis« (auf die sich Ridolfi im letzten

---

10 Allan H. Gilbert, *Machiavelli's Prince and its Forerunners*, Durham (North Carolina) 1938.
11 Prezzolini, a.a.O. (siehe Anm. 2).
12 Hiram Haydn, *The Counter-Renaissance*, New York 1950.
13 Zum Beispiel die Spanier Pedro de Ribadeneira, *Tratado de la Religión*, Madrid 1595, und Claudio Clemente (Pseudonym für Juan Eusebio Nieremberg), *El Machiavelismo degollado*, Alcalá 1637.
14 Guiseppe Toffanin, *La fine dell'umanesimo*, Turin 1920.
15 Roberto Ridolfi, *Vita di Niccolò Machiavelli*, Rom 1954 (engl.: *The Life of Niccolò Machiavelli*, London und Chicago 1963).
16 *The Discourses of Niccolò Machiavelli*, mit einer Einführung und Anmerkungen von Leslie J. Walker, 2 Bde., London 1950.
17 Felice Alderisio, *Machiavelli: l'Arte dello Stato nell' azione e negli scritti*, Turin 1930.
18 Zitiert bei Prezzolini, a.a.O. (siehe Anm. 2), S. 332 (engl. Ausg. S. 231).

Kapitel seiner Biographie bezieht).[19] Für Benedetto Croce[20] und seine vielen Schüler ist Machiavelli ein gepeinigter Humanist, der keineswegs den Eindruck der von ihm beschriebenen Verbrechen mildern will, sondern die Lasterhaftigkeit der Menschen beklagt, wodurch so verruchte politische Verfahrensweisen unvermeidbar werden, ein Moralist, der »nicht selten von moralischem Ekel befallen wird«[21], wenn er auf eine Welt blickt, in der die politischen Ziele nur durch Mittel erreicht werden können, die moralisch verdammenswert sind, und der deshalb die Politik von der Ethik getrennt hat. Für die Schweizer Walder, Kaegi und von Muralt[22] hingegen ist er ein friedliebender Humanist, der an Ordnung, Stabilität und Lebensfreude glaubte, an die Disziplinierung der aggressiven Elemente unserer Natur zu der Art von zivilisierter Harmonie, die er in ihrer schönsten Form in den wehrhaften Schweizer Demokratien fand.[23]

Für den Neostoiker Justus Lipsius und, ein Jahrhundert später, für Algarotti (1759) und Alfieri[24] (1786) war Machiavelli ein leidenschaftlicher Patriot, der in Cesare Borgia den Mann sah, der, hätte er noch gelebt, Italien von den barbarischen Franzosen, Spaniern und Österreichern, die es mit den Füßen traten und in Elend, Armut, Verfall und Chaos stürzten, hätte befreien können. Garrett Mattingly[25] schenkte dem keinen Glauben, weil die Unfähigkeit Cesares, dieses Scharlatans und unfähigen Versagers, für Machiavelli offensichtlich gewesen sein muß. Eric Voegelin hingegen will offenbar sagen, daß Machiavelli in seinen Phantasien nicht Cesare, sondern Tamerlan vor Augen stand.[26]

---

19 Ridolfi, a.a.O. (siehe Anm. 15), S. 382 (engl. Ausg. S. 235).
20 Croce spricht Machiavelli »ein strenges und schmerzliches moralisches Bewußtsein« zu, *Elementi di politica*, Bari 1925, S. 62. Die Vorstellung, daß Machiavelli eigentlich die nackte Machtpolitik anprangern wollte, – was Gerhard Ritter in einem Buch dieses Titels die »Dämonie der Macht« genannt hat – reicht bis ins sechzehnte Jahrhundert zurück; vgl. Burds immer noch unersetzliche Ausgabe *The Prince*, Oxford 1891, S. 31ff.
21 Croce, a.a.O. (siehe Anm. 20), S. 66; vgl. auch Cochrans Kommentar, a.a.O. (siehe Anm. 2), S. 115, Anm. 9.
22 Vgl. die Hinweise bei Cochran, a.a.O., S.118, Anm. 19.
23 »Die Schweizer sind die freiesten [liberissimi], weil am besten bewaffnet [armatissimi].« *Der Fürst*, Kap. 12.
24 Vittorio Alfieri, *Del principe e delle lettere*, Buch 2, Kap. 9, *Opere*, Bd. 4, hrsg. von Alessandro Donati, Bari 1927, S. 172f.
25 Garrett Mattingly, a.a.O.
26 Eric Voegelin, »Machiavelli's *Prince*: Background and Formation«, *Review of Politics* 13 (1951), S. 142-168.

Für Cassirer[27], Renaudet[28], Olschki[29] und Keith Hancock[30] war Machiavelli ein kalter Techniker, der, ethisch und politisch ungebunden, die Politik objektiv analysierte, ein moralisch neutraler Wissenschaftler, der, wie Karl Schmid[31] sagt, durch die Anwendung induktiver Methoden auf Gesellschaft und Geschichte Galilei vorweggenommen hat und kein moralisches Interesse an der Verwendung seiner theoretischen Erkenntnisse hatte, bereit, sie Befreiern ebenso wie Despoten, sittlich guten Menschen oder Schurken zur Verfügung zu stellen. Renaudet bezeichnet Machiavellis Methode als »rein positivistisch«, Cassirer sieht sie mit politischer Statik befaßt. Für Federico Chabod jedoch ist er keineswegs ein nüchterner Rechner, sondern von geradezu unrealistischer Leidenschaftlichkeit[32], und De Caprariis[33] hält ihn ausdrücklich für einen Visionär. Auch Ridolfi spricht von *il grande appassionato*[34].

Für Herder ist Machiavelli vor allem ein wunderbarer Spiegel seines Zeitalters mit einem Gespür für die Konturen seiner Zeit, der eindringlich dargelegt hat, was andere nicht zulassen und sehen wollten, eine unausschöpfliche Quelle genauer zeitgenössischer Beobachtung, eine Interpretation, die von Ranke, Macaulay, Burd und heutzutage von Gennaro Sasso aufgenommen worden ist[35]. Für Fichte ist er ein Mann mit tiefer Einsicht in die wirklichen historischen (oder über-historischen) Kräfte, die die Menschen formen und ihre Sittlichkeit verändern, vor allem aber habe er die Prinzipien des Christentums zugunsten der Prinzipien der Ver-

27 Ernst Cassirer, *The Myth of the State*, London und New Haven, Conn. 1946, Kapitel 12 (*Der Mythos des Staates*, Zürich 1949).
28 Auguste Renaudet, *Machiavel: étude d'histoire des doctrines politiques*, Paris 1942.
29 Leonardo Olschki, *Machiavelli the Scientist*, Berkeley, California 1945.
30 W. K. Hancock, »Machiavelli in Modern Dress: an Enquiry into Historical Method«, *History* 20 (1935-6), S. 97-115.
31 Karl Schmid, »Machiavelli«, in: Rudolf Stadelmann (Hrsg.), *Große Geschichtsdenker*, Tübingen/Stuttgart 1949; vgl. auch d'Entrèves' erhellende Besprechung von Leonard von Muralt, *Machiavellis Staatsgedanke*, Basel 1945, A. P. d'Entrèves, *English Historical Review* 62 (1947), S. 96-99.
32 In seinem ersten Aufsatz aus dem Jahre 1925 – »Del ›Principe‹ di Niccolò Machiavelli«, *Nuova rivista storica* 9 (1925), S. 35-71, S. 189-216, S. 437-473; als Buch Mailand/Rom/Neapel (1926) – entwickelt Chabod Croces Auffassung in eine Richtung, die den Schlußfolgerungen des vorliegenden Aufsatzes näherkommt. Vgl. die englische Sammlung seiner Aufsätze zu Machiavelli, *Machiavelli and the Renaissance*, eingeleitet von A. P. d'Entrèves, London 1958, S. 30-125 (»*The Prince: Myth and Reality*«), und *Scritti su Machiavelli*, Turin 1964, S. 29-135.
33 Für Hinweise vgl. Cochrane, a.a.O. (siehe Anm. 2), S. 120, Anm. 28.
34 Ridolfi, a.a.O. (siehe Anm. 15), S. 364.
35 Gennaro Sasso, *Niccolò Machiavelli*, Neapel 1958.

nunft zurückgewiesen, zugunsten der politischen Einheit und Zentralisierung. Hegel sah in ihm den genialen Mann, der die Notwendigkeit erkannte, die chaotische Ansammlung kleiner und schwacher Fürstentümer in ein kohärentes Ganzes zu vereinigen. Seine Rezepte könnten Abscheu erregen, aber sie seien zufällig und durch die historischen Umstände seiner eigenen, heute längst vergangenen Zeit bedingt. Obwohl Machiavellis Mittel obsolet seien, habe er doch das Entscheidende verstanden, die Forderungen seiner Zeit, daß die Stunde der Geburt des modernen, zentralistischen Staats geschlagen habe, und er habe »die Grundsätze aufgestellt, nach welchen in jenen Umständen die Staaten gebildet werden mußten«.[36]

Die These, daß Machiavelli in erster Linie Italiener und Patriot war, der vor allem zu seiner eigenen Generation sprach, wenn nicht allein zu den Florentinern, so doch jedenfalls nur zu den Italienern, und daß er allein oder zumindest hauptsächlich aus seiner historischen Umgebung heraus beurteilt werden müsse, teilen Herder und Hegel, Macaulay und Burd, De Sanctis und Oreste Tommasini[37].

---

36 Wenn man Machiavellis *Fürst* in seinem historischen Kontext betrachtet, dem eines geteilten, überfallenen, erniedrigten Italien, erscheine er nicht als »ein gleichgültiges, für alle Zustände, d. h. also für keinen Zustand passendes Kompendium von moralisch-politischen Grundsätzen«, sondern »als eine höchst große und wahre Konzeption eines echten politischen Kopfs vom größten und edelsten Sinn« (G. W. F. Hegel, *Die Verfassung Deutschlands,* in: ders., *Schriften zur Politik und Rechtsphilosophie, Sämtliche Werke,* hrsg. von Georg Lasson, Bd. 7, 2. Aufl. Leipzig 1923, S. 113). Vgl. auch ebd., S. 135, Hegels Verteidigung der »Gewalt eines Eroberers« als eines Einigers der deutschen Länder. In Machiavelli sah Hegel einen Vorgänger in der entsprechenden Situation Italiens.

37 Besonders Tommasini in seinem umfassenden Werk *La vita e gli scritti di Niccolò Machiavelli nella loro relazione col Machiavellismo* (Bd. 1, Rom/Turin/Florenz 1883; Bd. 2, Rom 1911). Nützlich und wichtig ist in diesem Zusammenhang Cassirers Unterscheidung zwischen der Interpretation – oder Rechtfertigung – von Machiavellis Ansichten bloß als Spiegel der Zeit und der Behauptung, Machiavelli habe bewußt nur für seine Landsleute – nach Burd noch nicht einmal für alle – geschrieben. Denn diese zweite Annahme führt zu einer falschen Sicht Machiavellis und seiner Kultur. Die Renaissance hat sich nicht historisch begriffen. Machiavelli hat zeitlose, allgemeingültige Wahrheiten über das gesellschaftliche Verhalten gesucht – und glaubte sie gefunden zu haben. Es dient weder ihm noch der Wahrheit, die unhistorischen Annahmen zu leugnen oder zu ignorieren, die er mit allen seinen Zeitgenossen und Vorgängern teilte. Das überschwengliche Lob der deutschen Historischen Schule seit Herder, einschließlich des Marxisten Antonio Gramsci, für all das, worin sie seine Stärke sahen – seinen realistischen Blick für die damalige Zeit, seine Einsicht in den rapiden Wandel der gesellschaftlichen und politischen Verhältnisse Italiens und Europas, den Zusammenbruch des Feudalismus, das Entstehen der Nationalstaaten und die Machtver-

Aber für Herbert Butterfield[58] und Raffaelo Ramat[39] fehlt ihm nicht nur wissenschaftlicher, sondern auch historischer Sinn. Unter dem Einfluß der klassischen Autoren kreist seine Phantasie um eine imaginäre Vergangenheit. Nach Lauri Huovinen[40] deduziert er seine politischen Maximen in einer unhistorischen und apriorischen Weise aus dogmatischen Axiomen, eine Methode, die schon zu seiner Zeit obsolet zu werden begann. In dieser Hinsicht steht (entgegen seinen vermeintlichen Ahnungen der modernen wissenschaftlichen Methode) seine sklavische Imitation des Altertums hinter dem Sinn für Geschichte und dem klugen Urteilsvermögen seines Freundes Guicciardini zurück.

Für Bacon[41] (wie für Spinoza und später Lassalle) ist er vor allem ein äußerst scharfer Realist und Verächter utopischer Phantasien. Boccalini[42] ist über ihn schockiert, kann aber die Genauigkeit und

---

schiebungen in den italienischen Fürstentümern und dergleichen –, hätte einen Mann, der glaubte, ewige Wahrheiten gefunden zu haben, vermutlich verärgert. Wie sein Landsmann Kolumbus hat er seine Leistung vielleicht mißverstanden. Wenn die Historische Schule (einschließlich der Marxisten) recht hat, hat Machiavelli sein Vorhaben gar nicht ausgeführt und konnte es gar nicht ausführen. Aber damit ist nichts gewonnen, und sehr viele Zeugen von damals bis heute würden Herders Ansicht zurückweisen und behaupten, daß Machiavellis Ziel – die Entdeckung der ewigen Prinzipien der politischen Wissenschaft – keineswegs utopisch sei und daß er ihm so nahe kam wie kaum ein anderer.

38 Herbert Butterfield, *The Statecraft of Machiavelli,* London 1955.
39 Raffaelo Ramat, »*Il Principe*«, in: Per la storia dello stile rinascimentale, Messina/Florenz 1953, S. 75-118.
40 Lauri Huovinen, *Das Bild vom Menschen im politischen Denken Niccolò Machiavellis* (*Annales Academiae Scientiarum Fennicae*, Reihe B, Bd. 74, Helsinki 1951, Nr. 2).
41 »Wir sind Machiavelli und anderen Schriftstellern seiner Art sehr verbunden, die ganz offen und aufrichtig erklären und beschreiben, was die Menschen tun, und nicht, was sie tun sollten.« Bacon erläutert dies damit, daß man das Böse untersuchen müsse, um das Gute zu erkennen, und nennt solche Vorgehensweisen schließlich »verdorbene Weisheit« (*De augmentis,* Buch 7, Kap. 2, und Buch 8, Kap. 2; zitiert nach *The Works of Francis Bacon,* hrsg. von Spedding, Ellis und Heath, London 1857-74, Bd. 5, S. 17 und 76). Man vergleiche damit Machiavellis Aphorismus in einem Brief an Guicciardini vom 17. Mai 1521, Nr. 179 in der Alvisi-Ausgabe (Niccolò Machiavelli, *Lettere familiari,* hrsg. von Edoardo Alvisi, Florenz 1883): »Ich glaube der rechte Weg, ins Paradies einzugehen, würde sein, den Weg in die Hölle kennenzulernen, um ihn zu meiden.« A. P. d'Entrevès hat mich freundlicherweise auf diese sehr charakteristische Stelle aufmerksam gemacht. Soweit ich weiß, gibt es keinen Grund anzunehmen, daß Bacon sie gekannt hat. Vermutlich auch T. S. Eliot nicht, als er schrieb: »Lord Morley ... gibt zu verstehen, daß Machiavelli ... nur die Hälfte der Wahrheit über das Wesen des Menschen erkannt hat. Denn er hat nicht den Mythos der menschlichen Tugend gesehen, der für die Liberalen an die Stelle der göttlichen Gnade tritt.« (»Niccolò Machiavelli«, in: *For Lancelot Andrewes,* London 1970, S. 50).
42 Traiano Boccalini, *Ragguagli di Parnaso,* centuria prima, Nr. 89.

Wichtigkeit seiner Beobachtungen nicht abstreiten. So auch Mei-necke[43], für den er der Vater der »Staatsräson« ist, mit der er ein »Schwert in den staatlichen Leib« des Abendlandes stieß und ihm eine Wunde zufügte, die erst Hegel heilen sollte (so Meineckes optimistische Einschätzung vor fünfzig Jahren, die er nach dem zweiten Weltkrieg offensichtlich zurückgenommen hat).

Für König[44] dagegen ist er kein hartgesottener Realist oder sogar Zyniker, sondern ein Ästhet, der aus der chaotischen und erbärmlichen Welt des verfallenden Italien seiner Zeit in einen Traum reiner Kunst entfliehen will, der, an der Praxis uninteressiert, eine ideale politische Landschaft entwirft, ganz so (wenn ich ihn richtig verstehe) wie Piero della Francesca eine ideale Stadt malt. Der Fürst muß als eine Idylle im besten neoklassischen, neopastoralen Renaissancestil gelesen werden (obwohl De Sanctis ihm im zweiten Band seiner Geschichte der italienischen Literatur mit Berufung auf Machiavellis Feindschaft gegenüber imaginären Visionen einen Platz in der humanistischen Tradition verweigert).

Für Renzo Sereno[45] ist Der Fürst durchaus eine Phantasie, aber die eines bitter enttäuschten Mannes, und seine Widmung ist die »verzweifelte Bitte«[46] eines von »Fortunas großer und beständiger Bosheit«[47] Betrogenen, wobei Sereno eine psychoanalytische Deutung eines merkwürdigen Ereignisses in Machiavellis Leben zur Unterstützung seiner These anbietet.

Für Macaulay ist er ein politischer Pragmatiker und ein Patriot, der sich vor allem um die Unabhängigkeit von Florenz sorgte und jede Herrschaftsform begrüßte, die sie sichern würde.[48] Marx nennt die Geschichte von Florenz ein »Meisterwerk«, und Engels spricht in der Dialektik der Natur von Machiavelli als einem der

---

43 Friedrich Meineck, *Die Idee der Staatsräson in der neueren Geschichte*, München/ Berlin 1927.
44 René König, *Niccolò Machiavelli: Zur Krisenanalyse einer Zeitenwende*, Zürich 1941 (neu aufgelegt: München 1979).
45 Renzo Sereno, »A Falsification by Machiavelli«, *Renaissance News* 12 (1959), S. 159-167.
46 Ebd., S. 166.
47 *Der Fürst*, Widmung. [Für die Übersetzung der Machiavellizitate wurde auf die Ausgabe von Hanns Floerke (Niccolò Machiavelli, *Gesammelte Schriften*, 5 Bde., München 1925) zurückgegriffen.]
48 Für eine neuere, sehr ausführliche Entwicklung dieses Gedankens vgl. Judith Janoska-Bendl, »Niccolò Machiavelli: Politik ohne Ideologie«, *Archiv für Kulturgeschichte* 40 (1958), S. 315-345.

»Riesen« der Aufklärung, frei vom kleinbürgerlichen Gehabe. Die sowjetische Kritik hingegen ist eher ambivalent.[49] Für die Gründer der kurzlebigen Republik von Florenz war er offenkundig nichts anderes als ein käuflicher und hinterhältiger Speichellecker, der bereit war, jedem Herrn zu dienen, und erfolglos versucht hatte, die Gunst der Medici zu gewinnen. George Sabine hält ihn in seinem bekannten Sammelband[50] für einen antimetaphysischen Empiristen, einen Hume oder Popper seiner Zeit, frei von obskurantistischen, theologischen oder metaphysischen Vorurteilen. Für Antonio Gramsci[51] ist er vor allem ein revolutionärer Erneuerer, der seine Pfeile gegen die verkümmernde Feudalaristokratie, gegen das Papsttum und ihre Söldner richtete. *Der Fürst* ist ein Mythos, der die Herrschaft neuer, progressiver Gewalten anzeigt: im Grunde die kommende Rolle der Massen und das Bedürfnis nach neuen, politisch realistischen Führergestalten. *Der Fürst* ist ein »anthropomorphes Symbol« der Herrschaft des »kollektiven Willens«.

Wie Jacob Burckhardt[52] und Friedrich Meinecke[53] nehmen C. J. Friedrich[54] und Charles Singleton[55] an, daß Machiavelli den Staat

---

49 Die einzige mir bekannte ausführlichere Erörterung Machiavellis durch einen bolschewistischen Intellektuellen ist Kamenews Einführung in die russische Übersetzung von *Der Fürst* (Moskau 1934; englisch »Preface to Machiavelli«, *New Left Review* 15, Mai-Juni 1962, S. 39-42). Sie folgt vorbehaltslos dem von Cassirer kritisierten historisch-soziologischen Ansatz. Machiavelli wird als rühriger Tagesschriftsteller beschrieben, den die »Mechanismen des Machtkampfes« in und unter den italienischen Fürstentümern beschäftigten und der als Soziologe eine meisterhafte Analyse des »soziologischen« Chaos vor der Herausbildung des »mächtigen, nationalstaatlichen, wesentlich bürgerlichen« italienischen Staates gab. Sein beinahe »dialektisches« Verständnis der wahren Machtverhältnisse und sein Freisein von metaphysischen und theologischen Phantasien mache ihn zu einem würdigen Vorläufer von Marx, Engels, Lenin und Stalin. Diese Ansichten wurden in Kamenews Prozeß zur Sprache gebracht und von seinem Ankläger Wyschinski angeprangert. Vgl. dazu Chimen Abramsky, »Kamenev's Last Essay«, *New Left Review* 15 (Mai-Juni 1962), S. 34-38, und zum besonderen Schicksal Machiavellis in Rußland Jan Malarczyk, *Političeskoe učenija Makiavelli v Rossii, v russkoj dorevoljucionnoj i sovetskoj istoriografii* (*Annales Universitatis Mariae Curie-Sklodkowska*, Bd. 6, Nr. 1, Teil G, 1959, Lublin 1960).
50 George H. Sabine, *A History of Political Theory*, London 1951.
51 Antonio Gramsci, *Note sul Machiavelli*, in: *Opere*, Bd. 5, Turin 1949.
52 Jacob Burckhardt, *Die Kultur der Renaissance in Italien*, Gesamtausgabe Bd. 5, hrsg. von Werner Kaegi, Stuttgart, Berlin, Leipzig 1930, 1. Teil, Kap. 7, S. 43ff.
53 Meinecke, a.a.O. (siehe Anm. 43).
54 C. J. Friedrich, *Constitutional Reason of State*, Providence/Rhode Island, 1957 (*Die Staatsräson im Verfassungsstaat*, München 1961).
55 Charles S. Singleton, »The Perspective of Art«, *Kenyon Review* 15 (1953), S. 169 bis 189.

als Kunstwerk auffaßte. Die großen Männer, die menschliche Gemeinschaften gegründet oder erhalten haben, begreift er in Analogie zu den Künstlern, deren Ziel Schönheit und deren wesentliche Fähigkeit das Verständnis ihres Materials ist. Sie sind Menschenbildner, wie Bildhauer Bildner von Marmor oder Ton sind.[56] In dieser Perspektive verläßt die Politik das Gebiet der Ethik, um sich auf das der Ästhetik zu begeben. Singleton meint, daß Machiavellis Originalität darin bestehe, das politische Handeln als eine Form der Aristotelischen *poiesis* zu betrachten, deren Ziel ein Kunstwerk, ein Gegenstand der Schönheit oder für den Gebrauch, der dem Menschen äußerlich ist (in diesem Falle eine besondere Form der Regelung der menschlichen Verhältnisse), und nicht als eine Form der *praxis* (worunter Aristoteles und Thomas von Aquin sie subsumiert hatten), deren Ziel ein inneres und sittliches ist, nicht die Herstellung eines Gegenstands, sondern eine besondere Art, der richtige Weg, zu leben oder zu sein.

Insofern auch diese Position Machiavelli die Trennung der Politik von der Ethik zuschreibt, ist sie nicht weit von Villari, Croce und anderen entfernt. Singleton überträgt Machiavellis Auffassung der Politik in das Gebiet der Kunst, die als moralisch neutral begriffen wird. Croce gibt ihr einen unabhängigen Status: Politik um der Politik willen.

Am weitesten verbreitet ist aber noch immer die Ansicht der meisten elisabethanischen Dramatiker und Philosophen, für die Machiavelli, zumindest als politischer Denker, vom Teufel besessen ist und die guten Menschen ins Verhängnis treibt, der große Umstürzler, der Prediger des Bösen, *le docteur de la scélératesse,* der Anstifter der Bartholomäusnacht, das Vorbild Jagos. Das ist der »mörderische Machiavelli« der berühmten, unzähligen Anspielungen in der elisabethanischen Literatur.[57] Sein Name wirft ein neu-

---

56 Vgl. Joseph Kraft, »Truth and Poetry in Machiavelli«, *Journal of Modern History* 23 (1951), S. 109-121.

57 Edward Meyer, *Machiavelli and the Elizabethan Drama* (Litterarhistorische Forschungen I, Weimar 1897). Vgl. dazu Christopher Morris, »Machiavelli's Reputation in Tudor England«, *Il pensiero politico* 2 (1969), S. 416-433, bes. S. 423. Vgl. auch Mario Praz, »Machiavelli and the Elizabethans«, *Proceedings of the British Academy* 13 (1928), S. 49-97; Napoleoni Orsini, »Elizabethan Manuscript Translations of Machiavelli's *Prince*«, *Journal of the Warburg Institute* I (1937-8), S. 166 bis 169; Felix Raab, *The English Face of Machiavelli,* London 1964; J. G. A. Pocock, »Machiavelli, Harrington and English Political Ideologies in the Eighteenth Century«, in: *Politics, Language and Time,* London 1972, S. 104-47; und, das berühmteste: Wyndham Lewis, *The Lion and the Fox,* London 1951. Zera S. Fink in *The*

es Licht auf die ältere Gestalt des Old Nick, des Teufels der Elisabethaner. Für die Jesuiten ist er »des Teufels Verbündeter in der Sünde«, »ein niederträchtiger und gottloser Schriftsteller«, und *Der Fürst* ist, mit Bertrand Russells Worten, »ein Handbuch für Gangster« (man vergleiche damit Mussolinis Bezeichnung des *Fürsten* als »Vademekum für Staatsmänner«, eine im stillen vielleicht auch von anderen Staatsoberhäuptern geteilte Ansicht). Das ist die übliche Einschätzung Machiavellis bei den Protestanten und Katholiken, bei Gentillet und François Hotman, Kardinal Pole, Bodin und Friedrich dem Großen, und in ihrem Gefolge von den Verfassern der vielen Anti-Machiavellis, zu denen heute Jacques Maritain[58] und Leo Strauss[59] gehören.

Auf den ersten Blick überrascht diese große Verschiedenheit der Urteile sehr.[60] Welcher andere Denker hätte seinen Interpreten so viele Facetten dargeboten? Welcher andere Schriftsteller – er galt noch nicht einmal als Philosoph – hat unter seinen Lesern so tiefe und weitreichende Meinungsverschiedenheiten verursacht? Und dies, obwohl, ich muß es wiederholen, Machiavelli keineswegs unklar schreibt. Beinahe alle rühmen seine prägnante, trockene und klare Prosa.

Wovon waren so viele beeindruckt? Ich will mit dem Naheliegendsten beginnen. Es ist ohne Frage erstaunlich, auf einen Denker zu treffen, der von all dem, was wir als die normalen geistigen Annahmen seiner Zeit zu betrachten gelernt haben, so frei ist. Machiavelli erwähnt nicht einmal den Begriff des Naturrechts, den grundlegenden Begriff, unter dem (oder vielmehr unter dessen vielen Schattierungen) Christen und Heiden, Teleologen und Ma-

---

Classical Republicans, Evanston 1945. J. G. Pocock und Felix Raab betonen seinen positiven Einfluß, mit Bacon und Harrington an der Spitze seiner Bewunderer.

58 Jacques Maritain, »The End of Machiavellianism«, *Review of Politics* 4 (1942), S. 1-33 (»La fin du machiavélisme«, in: Maritain, *Principes d'une politique humaniste,* New York 1944).

59 Leo Strauss, *Thoughts on Machiavelli,* Glencoe, Illinois, 1958.

60 Eine der besten und lebendigsten Darstellungen der vielen verschiedenen Theorien über den *Fürsten* gibt E. W. Cochrane in seinem bereits zitierten Artikel (siehe Anm. 2), auf dem auch viele meiner Angaben beruhen. Für frühere Kontroversen vgl. Pasquale Villaris in gewisser Weise immer noch unübertroffenes Standardwerk *Niccolò Machiavelli e i suoi tempi,* 3 Bde., Florenz 1877-82 (Machiavelli und seine Zeit, 3 Bde., Leipzig 1877-83) und die von ihm zitierten früheren Arbeiten, z. B. Robert von Mohl, »Die Machiavelli-Literatur«, in *Die Geschichte und Literatur der Staatswissenschaften,* Erlangen 1855-58, Bd. 3, S. 519-591, und J. F. Christius, *De Nicolao Machiavelli libri tres,* Leipzig 1731. Für spätere Arbeiten vgl. oben die Angaben in Anm. 2.

terialisten, Rechtsgelehrte, Theologen und Philosophen vor und auch nach ihm viele Jahrzehnte lang genau die Themen behandelt haben, mit denen er sich auseinandersetzte. Er war natürlich kein Philosoph oder Rechtsgelehrter. Gleichwohl war er ein Experte in Fragen der Politik und ein belesener Gelehrter. Der Einfluß der alten stoisch-christlichen Lehre war zu seiner Zeit nicht mehr so stark, wie er es in Italien, besonders unter den frühen Humanisten, gewesen war. Dennoch hätte man erwarten können, daß Machiavelli, einmal dazu entschlossen, das gesellschaftliche Verhalten der Menschen in neuartiger Weise zu durchdenken, durchaus einige ihrer Annahmen, die für ihn offensichtlich viele Menschen ins Verderben gestürzt hatten, wenn nicht widerlegen und explizit zurückweisen, so doch zumindest mit einem kurzen Blick hätte streifen können. Er gibt uns schließlich zu verstehen, daß sein Weg noch von niemandem vorher beschritten worden sei, und das ist in seinem Falle keine bloße Floskel. Deshalb ist es so außergewöhnlich, daß er die Begriffe und Kategorien völlig ignoriert, die das Rüstzeug der bekanntesten Denker und Gelehrten seiner Zeit waren. Eben dies wirft ihm Gentillet in seinem *Contre-Machiavel* denn auch vor. Vor ihm hatte nur Marsilius so etwas gewagt, und Neville Figgis sieht darin einen dramatischen Bruch mit der Vergangenheit.[61]

Das Fehlen christlicher Psychologie und Theologie – Sünde, Gnade, Verdammung, Erlösung – kann eigentlich weniger überraschen, denn nur wenige zeitgenössische Humanisten dachten noch in diesen Begriffen. Das mittelalterliche Erbe war sehr dünn geworden. Viel bemerkenswerter dagegen ist, daß es bei ihm keine Spur Platonischer oder Aristotelischer Teleologie gibt, keinen Bezug auf eine ideale Ordnung, auf irgendeine Lehre über die Stellung des Menschen in der Natur, in der großen Kette des Seins, mit der sich die Denker der Renaissance so eingehend befaßten und die etwa für Ficino, Pico oder Poggio so gut wie selbstverständlich war. Bei Machiavelli findet man nichts von dem, was Popper »Essentialismus« genannt hat, keine apriorische, der Vernunft oder Intuition unmittelbar offenbarte Gewißheit über die unabänderliche Entwicklung des Menschen oder einer sozialen Gemeinschaft in eine bestimmte Richtung, auf Ziele hin, die ihnen

---

61 John Neville Figgis, *Studies of Political Thought from Gerson to Grotius,* Cambridge 1916[2].

von Gott oder der Natur eingepflanzt waren. Seine Methode und sein Tonfall sind vielmehr empirisch. Sogar seine Theorie der historischen Zyklen ist nicht metaphysisch fundiert.

Religion ist für ihn nicht viel mehr als ein gesellschaftlich unerläßliches Instrument, ein sehr nützlicher Kitt, ihr Wertmaßstab ist ihre Funktion als Stifterin von Solidarität und Zusammenhalt. In der Betonung ihrer entscheidenden gesellschaftlichen Bedeutung nimmt er Saint-Simon und Durkheim vorweg. Die großen Religionsstifter gehören zu den von ihm am meisten bewunderten Gestalten. Einige religiöse Formen (zum Beispiel das römische Heidentum) sind gut für die Gesellschaft, denn sie machen sie stark oder beherzt, andere hingegen (zum Beispiel die christliche Demut und Weltabgewandtheit) führen Verfall und Auflösung herbei, und die Schwächung religiöser Bindungen ist Teil der allgemeinen Dekadenz und Korrumpierung. Eine Religion braucht gar nicht auf Wahrheit zu beruhen, solange sie nur gesellschaftlich nützlich ist.[62] Daher seine Bewunderung für alle, die ihre Gesellschaften auf starken religiösen Grundlagen errichtet haben, seine Bewunderung für Moses, Numa oder Lykurg.

Nirgends in seinem Werk findet sich ernstlich die Annahme der Existenz Gottes oder eines göttlichen Gesetzes. Wie immer Machiavellis private Überzeugungen ausgesehen haben mögen – ein Atheist kann ihn mit größtem Vergnügen lesen. Auch findet man an keiner Stelle Ehrfurcht vor Autoritäten oder Vorschriften, ebensowenig interessiert er sich für die Rolle des individuellen Bewußtseins oder für irgendein anderes metaphysisches oder theologisches Problem. Die einzige Freiheit, die er anerkennt, ist die politische Freiheit, Freiheit von willkürlichen, despotischen Vorschriften, also die republikanische Staatsform, und die Freiheit eines Staates von der Kontrolle durch andere Staaten oder vielmehr Freiheit der Stadt oder der *patria,* denn es ist vielleicht voreilig, in diesem Zusammenhang den Begriff »Staat« zu verwenden.[63]

---

62 *Discorsi* I, 12.
63 Zu diesem viel diskutierten Problem vgl. die wichtigen Thesen von J. H. Whitfield in *Machiavelli,* Oxford 1947, bes. S. 93-95, J. H. Hexter in »*Il principe* and *lo stato*«, *Studies in the Renaissance* 4 (1957), S. 113-135, und die konträren Ansichten von Fredi Chiapelli in *Studi sul linguaggio del Machiavelli,* Florenz 1952, S. 59-73, Francesco Ercole in *La politica di Machiavelli,* Rom 1926, und Felix Gilbert, a.a.O. (siehe Anm. 2), S. 328-330. Für eine frühere Fassung von Gilberts Gegenthese zu Ercole vgl. sein »The Concept of Nationalism in Machiavelli's *Prince*«, *Studies in the Renaissance* I (1954), S. 38-48. H. C. Dowdall geht weiter und scheint anzu-

Er hat keinen Begriff des Rechtes von Gemeinden und nichtpolitischen, kirchlichen oder weltlichen, Einrichtungen oder der Verpflichtung ihnen gegenüber, vielmehr hält er eine absolute Zentralgewalt (wenn nicht Souveränität) ganz selbstverständlich für notwendig. Er hat kaum historisches Gespür: Die Menschen sind überall und immer dieselben; was den Alten nützlich war, ihre Regeln in der Medizin, der Kriegsführung und Staatskunst, wird sicherlich auch für die Modernen gut sein. Tradition wertet Machiavelli vor allem als Quelle sozialer Stabilität. Da es für ihn kein fernes göttliches Ereignis gibt, auf das die Schöpfung sich hinbewegt, und kein platonisches Ideal für Gesellschaften oder Individuen, kennt er keinen Begriff des Fortschritts, weder eines materiellen noch eines geistigen. Er ist der Überzeugung, daß die Segnungen des klassischen Zeitalters durch Wissen und Wollen, durch die *virtù* der Herrscher und angemessen erzogene und gut und geschickt geführte Bürger wiederhergestellt werden können (wenn die Umstände nicht allzu ungünstig sind). Nirgends deutet sich an, daß er an einen unwiderruflich bestimmten Gang der Ereignisse glaubt, weder *fortuna* noch *necessità* beherrschen die ganze Wirklichkeit, und es gibt keine absoluten Werte, deren Unkenntnis oder Leugnung die Menschen unweigerlich ins Verderben führt.

Machiavellis »Modernität« rührt sicherlich nicht von irgendeiner rätselhaften Vorahnung der zukünftigen wissenschaftlichen Revolution her, sondern von dem völligen Fehlen sogar all jener Relikte der traditionellen Geschichtsmetaphysik, die noch in den Schriften so ausgesprochen weltlicher Humanisten wie Aegidius und Pontanus, ganz zu schweigen von früheren Verfassern von »Fürstenspiegeln«, fortleben, und von seiner beharrlichen Beschäftigung mit den konkreten praktischen Problemen seiner Tage. Trotzdem haben nicht diese Eigenschaften seine Leser damals wie heute so sehr fasziniert oder abgeschreckt. »Machiavellis Lehre«, schrieb Meinecke, »war ein Schwert, das in den staatlichen Leib der abendländischen Menschheit gestoßen wurde und sie aufschreien und sich aufbäumen machte.«[64]

Was war das Erregende an Machiavellis Ansichten, was war das »Schwert« und die nicht heilen wollende Wunde, von der Meinek-

---

nehmen, daß Machiavelli gerade durch die Prägung des Wortes »Staat« die moderne politische Wissenschaft begründet habe, »The Word ›State‹«, *Law Quarterly Review* 39 (1923), S. 98-125.
64 Meinecke, a.a.O. (siehe Anm. 43), S. 61.

ke spricht,»die grausamste Verstümmelung, die der praktische
Verstand des Menschen je erlitten hat«[65] und die Maritain so wortreich anprangerte? Wenn weder sein (rücksichtsloser, aber kaum
origineller) Realismus, noch sein (relativ origineller, aber im achtzehnten Jahrhundert weit verbreiteter) Empirismus das ist, was
sich diese ganzen Jahrhunderte hindurch als so schockierend erwiesen hat, was war es dann?

»Nichts«[66], sagt einer seiner Kommentatoren: *Der Fürst* sei lediglich eine Übersicht über Regierungs- und Herrschaftsformen und
die Methoden ihrer Erhaltung – dies und nicht mehr. Die ganze
»Aufregung und die Kontroversen«, die er hervorgerufen habe, beruhten auf einem völligen Mißverständnis dieses außergewöhnlich klaren und moralisch neutralen Textes.

Ich zitiere diese nicht ungewöhnliche Ansicht der Fairneß hal-
ber. Meine eigene Antwort aber wird klarer sein, wenn ich vorher
(kurz und vereinfacht) darlege, von welchen positiven Überzeugungen Machiavelli meiner Meinung nach ausgegangen ist.

II

Wie die römischen Schriftsteller, deren Ideale ihm ständig vor Augen standen, wie Cicero und Livius, glaubte Machiavelli, daß zumindest außerordentliche Menschen nach der Erfüllung und dem
Ruhm streben, der aus der Errichtung und Erhaltung einer mächtigen und gut regierten Gesellschaft durch gemeinsame Anstrengung entspringt. Dazu muß man wissen, was relevant ist. Wenn
man hingegen Fehler macht und in einem Zustand der Verblendung lebt, wird alles, was man unternimmt, fehlschlagen, denn
eine falsch verstandene oder, schlimmer noch, eine mißachtete
oder unterschätzte Wirklichkeit wird unweigerlich zum Mißerfolg
führen. Was wir wollen, können wir nur erreichen, wenn wir zuerst uns selbst verstehen und dann die Beschaffenheit des Stoffes,
mit dem wir arbeiten wollen.

Unsere erste Aufgabe ist es deshalb, dieses Wissen zu erwerben.

---

65 Maritain, a.a.O. (siehe Anm. 58), S. 3.
66 Jeffrey Pulver, *Machiavelli: The Man, His Work, and His Times*, London 1937,
    S. 227.

Für Machiavelli war dies hauptsächlich ein psychologisches und soziologisches Wissen. Die beste Informationsquelle ist für ihn eine Mischung aus sorgfältiger Beobachtung der zeitgenössischen Zustände und aller Weisheit, die aus den besten Beobachtern der Vergangenheit gezogen werden kann, besonders den großen Geistern der Antike, den Weisen, deren Gemeinschaft er (wie er in seinem berühmten Brief an Vettori sagt) sucht, wenn er den trivialen Beschäftigungen seines täglichen Lebens entfliehen will. Diese vornehmen Geister in ihrer Humanität treten ihm freundlich gegenüber und geben ihm Antworten auf seine Fragen. Sie haben ihn gelehrt, daß die Menschen eine starke und entschlossene Regierung brauchen. Verschiedene Menschen verfolgen verschiedene Ziele, und jedes Ziel erfordert angemessene Fertigkeiten. Bildhauer, Ärzte, Soldaten oder Architekten, Staatsmänner, Liebhaber und Abenteurer, sie alle verfolgen ihre besonderen Ziele. Dafür sind Regierungen notwendig, denn es gibt keine Hand, die all diese menschlichen Tätigkeiten in eine natürliche Harmonie bringt. (Diese Perspektive ist für den Humanismus im Italien seiner Zeit durchaus typisch.) Menschen brauchen Herrscher, denn sie haben jemanden nötig, der die von verschiedenen Interessen geleiteten menschlichen Gruppen ordnet und ihnen Sicherheit, Stabilität und vor allem Schutz vor Feinden gibt und gesellschaftliche Institutionen schafft, die allein die Menschen in die Lage versetzen, ihre Bedürfnisse und Erwartungen zu befriedigen, was sie eben nur erreichen können, wenn sie als Einzelne und als Gesellschaft gesund sind. Nur eine angemessene Erziehung kann sie physisch und geistig hinreichend robust, stark, ehrgeizig und energisch machen für eine wirkungsvolle Zusammenarbeit im Streben nach Ordnung, Macht, Ruhm und Erfolg.

Es gibt Regierungstechniken, das steht für Machiavelli außer Frage, obwohl sich die Tatsachen und deshalb auch die Methoden für einen Herrscher und seine Untertanen unterschiedlich darstellen. Es ist eine Frage der Perspektive: »Wie die Landschaftszeichner ihren Standpunkt in der Ebene nehmen, um die Beschaffenheit der Berge und der hochgelegenen Orte zu studieren, und oben auf die Berge gehen, wenn sie die Niederungen betrachten wollen«.[67] Sicher ist, daß das Staatsschiff ohne feste Hand am Ruder untergehen wird, denn menschliche Gesellschaften versinken im

---

67 *Der Fürst*, Widmung.

Chaos und verfallen, wenn sie nicht von einem fähigen Spezialisten regiert werden. Obwohl Machiavelli selbst Gründe dafür anführt, Freiheit und republikanische Verfassung vorzuziehen, gibt es doch Situationen, in denen ein mächtiger Fürst (der Herzog von Valentinois, sogar ein Medici, wenn sein Einspruch irgend aufrichtig war) besser als eine schwache Republik ist.

All dem hätten Aristoteles und die späteren Stoiker zugestimmt. Aber daraus, daß es so etwas wie eine Regierungskunst gibt, die für die Einlösung der von den Menschen verfolgten Zwecke unabdingbar ist, folgt nicht, daß Machiavelli kein Interesse an ihrem Verwendungszweck gehabt und bloß ein wissenschaftliches Handbuch politischer Richtlinien geschrieben hätte, das moralisch neutral, »wertfrei« wäre. Denn er hat deutlich genug ausgesprochen, was er selbst wünschte.

Die Menschen müssen ebenso in ihrem Verhalten wie in ihren Überzeugungen untersucht werden. Es gibt keinen apriorischen Weg zur Kenntnis der Menschen, mit denen ein Herrscher es zu tun hat, wohl aber ohne Frage eine unwandelbare menschliche Natur, deren Spielraum in ihren Antworten auf sich wandelnde Situationen bestimmt werden kann (in Machiavellis Denken findet sich keine Spur eines Begriffs systematischer Entwicklung oder sich selbst verändernder Individuen oder Gesellschaften). Dieses Wissen kann man nur durch empirische Beobachtung gewinnen. Die Menschen sind nicht so, wie sie von den Christen und anderen Utopisten idealisiert werden, sie sind anders als diejenigen es wollen, die sie von dem, was sie sind, immer waren und zu sein gar nicht umhin können, weit abrücken. Die Menschen (wenigstens Machiavellis Landsleute, für die und über die er schrieb) sind für ihn in der Mehrzahl »undankbar, wankelmütig und heuchlerisch, voll Angst vor Gefahr, voll Gier nach Gewinn. Solange sie von dir Vorteil ziehen, sind sie dein mit Leib und Seele: sie sind bereit, dir ihr Blut, ihre Habe, ihr Leben, ihre Kinder zu opfern, solange die Not fern ist. Kommt sie aber heran, so empören sie sich.«[68] Sie scheren sich wenig um Freiheit – das Wort bedeutet ihnen mehr als ihre Wirklichkeit – und siedeln sie weit unterhalb von Sicherheit, Besitz und Rachsucht an, unterhalb all dessen, wofür der Herrscher zu sorgen vermag. Sie sind leicht zu verderben und

---

68 Zu dieser berühmten Stelle aus dem 17. Kapitel des *Fürsten* vgl. Prezzolini, »The Christian Roots of Machiavelli's Moral Pessimism«, *Review of National Literatures* I (1970), S. 26-37, bes. S. 27.

schwer zu heilen, sie reagieren sowohl auf Furcht als auch auf Liebe, auf den grausamen Hannibal ebenso wie auf den gerechten und humanen Scipio. Wenn der Herrscher diese Gefühle nicht zugleich auf sich zu ziehen vermag, ist die Furcht vor ihm verläßlicher, immer vorausgesetzt, daß sie sich nicht in Haß verwandelt, der das Minimum an Respekt zerstört, das die Untertanen für ihre Beherrscher behalten müssen.

Die Gesellschaft ist normalerweise ein Schlachtfeld, in dem es Konflikte zwischen den Gruppen und innerhalb ihrer selbst gibt. Diese Konflikte können nur durch den wohlüberlegten Gebrauch sowohl von Überredung als auch von Gewalt unter Kontrolle gehalten werden. Wie erreicht man das? Wie in der Medizin, Architektur oder Kriegskunst können wir das systematische Wissen der dazu erforderlichen Techniken nur gewinnen, wenn wir die Praxis (und die Theorie) der erfolgreichsten Gesellschaften betrachten, die wir kennen, besonders der Gesellschaften der klassischen Zeit.

Machiavellis Theorien basieren ganz gewiß nicht auf den wissenschaftlichen Prinzipien des siebzehnten Jahrhunderts. Er lebte ein Jahrhundert vor Galilei und Bacon, und seine Methode ist eine Mischung aus Faustregeln, Beobachtung, historischem Wissen und allgemeiner Klugheit, ähnlich der empirischen Medizin der vorwissenschaftlichen Welt. Seine Schriften sind reich an Geboten, nützlichen Maximen, praktischen Ratschlägen, verstreuten Reflexionen und vor allem historischen Parallelen, obwohl er beansprucht, allgemeine Gesetze, ewig gültige *regole generali*, entdeckt zu haben. Das Beispiel eines Triumphs oder eines Fehlschlags in der antiken Welt, ein treffender Ausspruch eines antiken Autors haben für ihn (wie Butterfield und Ramat zu Recht bemerken) größeres Gewicht als historische Analysen der Art, wie sie sogar schon zu seiner eigenen Zeit allgemein wurden und worin Guicciardini Meister war.

Vor allem mahnt er, sich vor denjenigen zu hüten, die die Menschen nicht in ihrem tatsächlichen Verhalten, sondern durch die Brille ihrer Hoffnungen und Wünsche, ihrer Vorlieben und Abneigungen betrachten, nach einem Ideal, wie sie den Menschen haben wollen, und nicht, wie er ist, war und sein wird. Ihre Ideale mögen noch so achtbar sein – redliche Reformer wie Piero Soderini, der ehrenwerte Anführer der Republik Florenz, dem Machiavelli diente, oder der weitaus begabtere Savonarola (dem gegenüber seine Haltung sehr schwankte) führen andere vor allem deswegen ins Verderben, weil sie an die Stelle des Tatsächlichen das setzen, was sein soll, weil sie von einem bestimmten Punkt an unrealistisch werden.

Es gibt Männer von sehr verschiedenem Temperament. Savonarola hatte einen starken Willen, während Soderini in Machiavellis Augen kleinmütig und unentschlossen war. Beide aber hatten sie kein Verständnis dafür, wie sie ihre Macht einsetzen sollten. Im entscheidenden Augenblick erwiesen sie sich ohne jegliches Gespür für die *verità effettuale* in der Politik, für das, was praktisch geht, für wirkliche Macht und die starken Bataillone. Machiavellis Schriften enthalten ständig wiederkehrende Warnungen vor unzuverlässigen Informationsquellen, Emigranten zum Beispiel, deren Sinn von ihren Wünschen verstellt ist und die die Fakten nicht objektiv sehen können, oder anderen, deren Verstand (das ist ein humanistischer Gemeinplatz) von ihren den Blick trübenden Leidenschaften verdunkelt ist.

Wodurch gehen solche Staatsmänner zugrunde, und was wird sie in den Untergang führen? Häufig genug nur ihre eigenen Ideale. Was an ihren Idealen ist falsch? Genau dies, daß sie niemals eingelöst werden können. Woher weiß man das? Hierin gründet Machiavellis Anrecht, zu den »großen« Denkern gezählt zu werden: Er hat eine klare Vorstellung der Gesellschaft, die er auf Erden verwirklicht sehen will oder zumindest, wenn das für einen so konkreten und praktischen Denker zu großartig klingt, in seinem eigenen Land, vielleicht auch nur zu seiner eigenen Zeit, jedenfalls in einer absehbaren Zukunft. Er weiß, daß eine solche Ordnung geschaffen werden kann, weil sie oder eine ihr hinreichend nahe im Italien der Vergangenheit bestanden hat oder in anderen Ländern, in den Städten der Schweiz und Deutschlands oder in den großen zentralisierten Staaten der damaligen Zeit. Eine solche Ordnung will er nicht bloß in Italien schaffen oder wiederherstellen, sondern sieht in ihr die erstrebenswerteste Verfassung, die die Menschen, wie sowohl die Geschichte als auch die Beobachtung zeigen, überhaupt erlangen können.

Seine Beobachtungen gewinnt er hauptsächlich aus dem Italien seiner Zeit. Geschichte ist für ihn, was die großen Geschichtsschreiber festgehalten haben, die Schriftsteller, die er am meisten bewundert, die römischen, griechischen und die Verfasser des Alten Testaments. Wo haben sich die Menschen zu ihrer ganzen Größe erhoben? Im Athen des Perikles und in der größten Periode der menschlichen Geschichte, der römischen Republik vor ihrem Niedergang, als Rom die Welt beherrschte. Aber Machiavelli denkt ebenso hoch von der Herrschaft der »guten« Kaiser, von Nerva bis Mark Aurel. Daß dies die goldenen Stunden im Leben der Menschheit waren, bedarf für ihn keines Beweises, sondern wird jedem selbstverständlich sein, der diese Epochen betrachtet und mit den schlechten vergleicht, mit den letzten Jahren der römischen Republik, dem darauf folgenden Zusammenbruch, dem Einbruch der Barbaren, der Dunkelheit des Mittelalters (obwohl Machiavelli vielleicht nicht eben diesen Begriff verwandte), den Teilungen Italiens, der Schwäche, Armut, Kümmerlichkeit und Wehrlosigkeit der zerstrittenen Fürstentümer im Italien seiner Zeit gegenüber den alles niederwalzenden Armeen der großen und gut organisierten Nationalstaaten im Norden und Westen.

Er hält sich dabei nicht lange auf, weil es ihm, wie vermutlich den meisten Menschen seiner Zeit, völlig offensichtlich war, daß Italien sich materiell wie moralisch in einem jämmerlichen Zustand befand. Er brauchte nicht zu erklären, was er mit Laster, Korruption, Schwäche und unwürdigem Leben meinte. Eine gute Gesellschaft erfreut sich der Stabilität, innerer Harmonie, Sicherheit, Gerechtigkeit und eines Sinns für Macht und Glanz, wie Athen in seinen besten Tagen, wie Sparta, die Königreiche Davids und Salomons und das alte Venedig, vor allem aber wie die römische Republik. »Es ist in der Tat staunenerregend, wenn man betrachtet, zu welcher Größe Athen in hundert Jahren anwuchs, nachdem es sich von der Tyrannei des Peisistratos befreit hatte. Das Wunderbarste von allem aber sind die Fortschritte Roms, nachdem es seine Könige verjagt hatte.«[69]

Der Grund liegt darin, daß es in diesen Gesellschaften Männer gab, die eine Stadt groß zu machen wußten. Wie machten sie das? Indem sie bestimmte Fähigkeiten in den Menschen entwickelten, innere moralische Stärke, Edelmut, Kraft, Vitalität, Großzügigkeit und Loyalität, vor allem Gemeinsinn, staatsbürgerlichen Geist, Hingabe an die Sicherheit und Macht, an den Ruhm und die Expansion der *patria*. Die Alten entfalteten diese Eigenschaften mit allen Mitteln, mit glänzenden Veranstaltungen und mit blutigen Opfern, die ihr Gefühl anstachelten und ihren kriegerischen Heldenmut wachrüttelten, und vor allem durch die Art ihrer Gesetz-

---

69 *Discorsi* II, 2.

gebung und Erziehung, die diese heidnischen Tugenden unterstützten. Macht, Herrlichkeit, Stolz, Strenge, Streben nach Ruhm, Lebenskraft und Disziplin – das ist es, was die Staaten groß macht. Agesilaus und Timoleon, Brutus und Scipio sind seine Heroen, nicht Peisistratos oder Julius Caesar, die die Republik vernichtet und ihren Geist durch die Ausbeutung menschlicher Schwäche zerstört haben. Aber man braucht nicht in der griechisch-römischen Welt zu bleiben. Moses und Kyros verdienen ebenso wie Theseus und Romulus Respekt, harte, kluge und unkorrumpierbare Männer, die Nationen gegründet haben und zu Recht von diesen verehrt wurden.

Was einmal getan worden ist, kann wiederholt werden. Machiavelli glaubt nicht an eine Unumkehrbarkeit des geschichtlichen Prozesses oder an die Einmaligkeit seiner einzelnen Phasen. Der Glanz der Alten Welt kann wiederbelebt werden, wenn nur starke, begabte und hinreichend realistische Männer dafür mobilisiert werden können. Um degenerierte Völker von ihren Gebrechen zu heilen, können diese Gründer neuer Staaten und Kirchen gezwungen sein, zu unbarmherzigen Maßnahmen Zuflucht zu nehmen, zu Gewalt und Betrug, List, Grausamkeit, Verrat, zum Niedermetzeln von Unschuldigen, zu drastischen Eingriffen, die notwendig sind, um einen morschen Körper zur Gesundheit zurückzuführen. Diese Methoden können sogar für eine bereits gesundete Gesellschaft erforderlich sein, denn die Menschen sind schwach und dumm und ständig in der Gefahr, hinter die Anforderungen zurückzufallen, die allein ein einmal erreichtes Niveau wahren können. Deshalb müssen sie immer in dem rechten Zustand gehalten werden durch Methoden, die ohne Frage gegen die gängige Moral verstoßen. Aber wie können diese dann überhaupt gerechtfertigt werden? Das scheint mir der entscheidende Punkt der ganzen Konzeption Machiavellis zu sein. In einem bestimmten Sinne können sie gerechtfertigt werden, in einem anderen nicht. Diese beiden Hinsichten müssen deutlicher unterschieden werden, als Machiavelli es für notwendig hielt, denn er war kein Philosoph und machte es sich nicht zur Aufgabe, die Implikationen seiner Ideen zu untersuchen oder auch nur herauszuarbeiten. Ich will dies verdeutlichen. Es wird gemeinhin angenommen, besonders von den Anhängern Croces, Machiavelli habe die Politik von der Ethik getrennt und Verfahren als politisch notwendig empfohlen, die moralisch allgemein verdammt werden, zum Beispiel zum Nutzen des Staats über

Leichen zu gehen. Abgesehen von der Frage seiner Staatskonzeption – wenn er überhaupt eine hatte[70] – scheint mir diese Antithese falsch zu sein. Für Machiavelli werden alle weisen Menschen mit einem gesunden Wirklichkeitssinn ihr Leben den von ihm vertretenen Zielen widmen. Höchste Ziele in diesem Sinne aber sind, was man gewöhnlich mit moralischen Werten meint, mögen sie der jüdisch-christlichen Tradition angehören oder nicht. Machiavelli unterscheidet eben nicht spezifisch politische Werte von spezifisch moralischen.[71] Im Gegensatz zur Ansicht Croces und vieler anderer liegt seine große Tat gerade nicht in der Emanzipation der Politik von der Ethik oder der Religion. Was er einführt, greift vielmehr noch tiefer, indem er eine Unterscheidung zwischen zwei unvereinbaren Lebensidealen, also Formen von Sittlichkeit macht. Die eine ist die der heidnischen Welt. Ihre Werte sind Mut, Stärke, Standhaftigkeit im Unglück, öffentliche Werke, Ordnung, Disziplin, Glück, Kraft, Gerechtigkeit und vor allem die Anerkennung der eigenen Ansprüche und der für ihre Befriedigung notwendigen Macht – all das, was für einen Leser der Renaissance Perikles in seinem idealen Athen verkörpert sah, Livius in der alten römischen Republik fand und dessen Verfall Tacitus und Juvenal in ihrer Zeit beklagten. Das waren für Machiavelli die besten Stunden der Menschheit, und als Humanist der Renaissance, der er ist, will er sie auferstehen lassen.

Gegen dieses moralische Universum (moralisch oder ethisch nicht weniger in Croces als im traditionellen Sinn, nämlich als Verkörperung höchster menschlicher Ziele, wie immer sie beschaffen sein mögen) steht als Erstes und Wichtigstes die christliche Moralität. Die Ideale des Christentums sind Nächstenliebe, Barmherzigkeit, Frömmigkeit, Liebe zu Gott, sind Vergebung für die Feinde, Verachtung der Güter dieser Welt und der Glaube an ein Leben nach dem Tod, der Glaube an die Erlösung der individuellen Seele als eines unschätzbaren Guts, das über jedem sozialen, politischen oder anderen weltlichen Ziel steht, ja mit ihnen sogar völlig unvergleichbar ist. Machiavelli geht davon aus, daß mit Menschen, die an diese Ideale glauben und sie leben, eine befrie-

---

70 Siehe Anm. 63.
71 Wofür ihn De Sanctis lobt und – wie Prezzolini betont, a.a.O. (siehe Anm. 2) – Maurice Joly verurteilt in seinem berühmten *Dialoque aux enfers entre Machiavel et Montesquieu*, Brüssel 1864 (*Gespräche in der Unterwelt zwischen Machiavelli und Montesquieu*, Hamburg 1948), der den gefälschten *Protokollen der Weisen von Zion* als Vorlage gedient hat.

digende menschliche Gemeinschaft prinzipiell niemals errichtet werden kann. Das ist keine Frage der menschlichen Unvollkommenheit, die der Verwirklichung solcher Ideale immer im Wege steht, es ist keine Frage von Erbsünde, mangelndem Glück, Unwissenheit oder unzureichenden Mitteln. Mit anderen Worten, nicht die Unfähigkeit der gewöhnlichen, normalen Menschen, sich im täglichen Leben zu einem hinreichenden Maß christlicher Tugend zu erheben, macht für ihn die Verwirklichung des guten, christlichen Staates oder auch nur das Streben nach ihm unmöglich. Vielmehr das genaue Gegenteil, denn Machiavelli ist davon überzeugt, daß die christlichen Kardinaltugenden bei all ihrem Eigenwert geradezu unüberwindliche Hindernisse für die Bildung der Gesellschaft sind, die er zu sehen wünscht und die in seinen Augen alle gewöhnlichen Menschen natürlicherweise erstreben, die Art Gemeinschaft, die für ihn die dauernden Wünsche und Interessen der Menschen befriedigt.

Wären die Menschen anders, als sie es tatsächlich sind, dann könnten sie vielleicht eine ideale christliche Gesellschaft verwirklichen. Aber Machiavelli ist sich darüber im klaren, daß sich die Menschen zu sehr von dem unterscheiden müßten, wie sie immer gewesen sind; und es ist gewiß müßig, für Wesen, die niemals auf Erden sein können, zu arbeiten und ihre Aussichten zu erörtern. Das verfehlt die Sache und erzeugt nur Träumereien und fatale Verblendung. Was getan werden sollte, muß am Durchführbaren orientiert sein und nicht am bloß Vorstellbaren. Die Staatskunst befaßt sich mit Handlungen innerhalb der Grenzen der menschlichen Möglichkeiten, mögen diese auch sehr weit sein. Die Menschen können verändert werden, aber nicht in einem phantastischen Ausmaß. Ideale Maßstäbe anzulegen, die nur für Engel gültig sein können, wie es für ihn die früheren politischen Schriftsteller zu oft getan haben, wäre verstiegen und unverantwortlich und führt zum Ruin.

Man muß sich klarmachen, daß Machiavelli nicht bestreiten will, daß das, was die Christen gut nennen, tatsächlich gut ist und daß ihre Tugenden und Laster tatsächlich Tugenden und Laster sind. Im Gegensatz zu Hobbes und Spinoza (oder den *philosophes* des achtzehnten Jahrhunderts und, in dieser Hinsicht, den ersten Stoikern), die die moralischen Begriffe so zu definieren und umzudefinieren suchen, daß sie zu der Art Gesellschaft passen, die in ihren Augen rationale und folgerichtig handelnde Menschen errichten wollen müssen, wendet sich Machiavelli nicht gegen die allgemein anerkannten moralischen Begriffe, das traditionell akzeptierte moralische Vokabular der Menschheit. Er sagt nicht oder impliziert nicht (wie es verschiedene radikale philosophische Erneuerer getan haben), daß Demut, Freundlichkeit, Weltabgewandtheit und Glaube an Gott, daß christliche Liebe, unbeirrbare Wahrheitsliebe und Mitgefühl schlechte oder unwichtige Eigenschaften oder daß Grausamkeit, Arglist, Machtpolitik, das Opfern unschuldiger Menschen für soziale Notwendigkeiten und ähnliches gut seien.

Aber wenn uns Geschichte und die Einsichten weiser Staatsmänner (besonders der antiken Welt), wie sie sich in der Praxis als wahr erwiesen haben (*verità effettuale*), leiten sollen, wird sich erweisen, daß es in der Tat unmöglich ist, christliche Tugenden, zum Beispiel Demut oder die Suche nach geistiger Erlösung, mit einer befriedigenden, stabilen, tatkräftigen und mächtigen Gesellschaft auf Erden zu verbinden. Deshalb müssen die Menschen wählen. Wenn man sich dafür entscheidet, ein christliches Leben zu führen, dann verurteilt man sich selbst zu politischer Ohnmacht, also dazu, von mächtigen, ehrgeizigen, gerissenen und skrupellosen Menschen benutzt und unterdrückt zu werden. Wenn man eine ruhmvolle Gesellschaft wie Athen oder Rom in ihren besten Zeiten errichten will, muß man die christliche Erziehung aufgeben und durch eine dafür geeignetere ersetzen.

Machiavelli ist kein Philosoph und befaßt sich nicht mit abstrakten Gedankengängen, aber der Fluchtpunkt seiner Thesen ist für die politische Theorie von entscheidender Bedeutung: daß nämlich diese beiden Ziele – deren jedes von den Menschen geachtet (und, kann man hinzufügen, absolut gesetzt) werden kann – miteinander unvereinbar sind, ein Faktum, mit dem sich die Menschen nicht abfinden wollen. Vielmehr können sie sich in seinen Augen normalerweise nicht dazu überwinden, einem dieser Wege mit allen seinen Konsequenzen entschlossen zu folgen (»Allein die Menschen wählen einen gewissen Mittelweg, das schädlichste von allem, denn sie verstehen weder ganz gut noch ganz böse zu sein«[72]), sondern sie suchen nach Kompromissen, werden dabei aber nur straucheln, sich zwischen zwei Stühle setzen und in Schwäche und Mißlingen enden.

---

72 *Discorsi* I, 26.

Machiavelli verurteilt alles, was zu politischer Wirkungslosigkeit führt. In einer berühmten Passage der *Discorsi* sagt er, daß der christliche Glaube die Menschen »schwach gemacht und als Beute den Bösewichtern hingegeben« hat, da die große Mehrzahl jetzt »mehr darauf bedacht ist, Unterdrückung zu dulden als zu rächen«[73]. Die christliche Lehre hat allgemein dazu geführt, den bürgerlichen Geist der Menschen aufzureiben und sie dazu zu bringen, alle Erniedrigungen ohne Klagen zu ertragen, so daß Zerstörer und Despoten zu wenig Widerstand erfahren. Darin liegt der große Nachteil des Christentums gegenüber der römischen Religion, die die Menschen kräftiger und »wagemutiger« gemacht hat.

Machiavelli modifiziert dieses Urteil über das Christentum in den *Discorsi* zumindest an zwei Stellen. An der ersten bemerkt er, daß das Christentum diese unglückliche Wirkung nur deshalb habe, weil es in einem Geist des *ozio,* des Quietismus und der Trägheit, uminterpretiert worden sei, denn es gebe im christlichen Glauben sicherlich nichts, was »die Erhöhung und Verteidigung des Vaterlandes«[74] verbiete. An der zweiten schreibt er: »Wäre von den Häuptern der christlichen Republik unsere Religion erhalten worden, wie sie der Stifter gab, so würden die christlichen Staaten und Länder viel glücklicher und einiger sein als jetzt«[75], aber das dekadente Christentum der römischen Kirche hatte die gegenteilige Wirkung, und das Papsttum hat alle Frömmigkeit und jede Religion in Italien zerstört und seine Einheit dazu.

Wenn man diese Passagen wörtlich nimmt und nicht als ein Lippenbekenntnis, um der kirchlichen Zensur und Verfolgung zu entgehen, besagen sie, daß die Kirche befriedigendere gesellschaftliche Konsequenzen gezeitigt hätte, wenn sie auf der Linie der römischen *antiqua virtus* eine patriotische und durch und durch kämpferische Einstellung hervorgebracht und die Menschen männlich, unnachgiebig, hingebungsvoll gemacht und mit Bürgergeist beseelt hätte. Statt dessen hat sie einerseits zu Korruption und politischer Zersplitterung – die Schuld des Papsttums – geführt und andererseits zu Jenseitsgerichtetheit und unterwürfigem Erdulden alles Leids auf Erden für ein ewiges Leben nach dem Tode. Diese zweite Tendenz löst das soziale Gefüge auf und gibt Tyrannen und Unterdrückern Raum.

73 Ebd., II, 2.
74 Ebd.
75 Ebd., I, 12.

Für seine, von Guicciardini und anderen in seiner Zeit geteilten, politischen Angriffe auf die römische Kirche hätte Machiavelli in der Reformation vermutlich enthusiastische Verbündete gefunden (soweit ich weiß, gibt es keinen Beleg dafür, daß ihn Nachrichten von dem streitbaren Mönch erreicht haben), allerdings wohl kaum für sein Verlangen nach einem Christentum, das das Geschenk des reinen Gewissens und des Glaubens an den Himmel nicht über den irdischen Erfolg stellen, sondern die Liebe zum Ruhm und die Selbstbehauptung über Sanftmut und Resignation erheben würde. Machiavelli hat an der heidnischen römischen Religion in ihrer ganzen Stärke nichts auszusetzen. Er fordert eine ihr ähnliche Religion, die nicht unbedingt völlig unchristlich, aber kraftvoll genug sein muß, um für die praktischen Zwecke ebenso wirksam zu sein. Man kann daraus durchaus (wie Fichte[76] und Prezzolini[77]) schließen, daß er kein Verfechter, sondern vielmehr ein unversöhnlicher Kritiker der wahrhaft christlichen Institutionen ist. Darin folgen ihm alle späteren Denker, die mit ihm entweder seine Auffassung des Menschen mit seinen natürlichen Bedürfnissen (wie die Materialisten des achtzehnten Jahrhunderts, Nietzsche und die Sozialdarwinisten) oder (wie Rousseau und einige Positivisten des neunzehnten Jahrhunderts) seine staatlichen Ideale teilen.

Es ist wichtig darauf hinzuweisen, daß Machiavelli die christliche Moralität oder die anerkannten Werte seiner Gesellschaft nicht in aller Form verdammt. Im Gegensatz zu ethischen Systematikern wie Hobbes und Spinoza versucht er nicht, die Begriffe in einer neuen Weise so zu definieren, daß sie zu einem rationalistischen Egoismus passen, für den christliche Tugenden wie Mitleid, Demut, Selbstaufopferung und Gehorsam zu Schwächen oder Lastern werden. Was die Menschen für gut halten, ist wirklich gut. Er interpretiert nichts um: Worte wie *buono, cattivo, onesto, inumano* usf. benutzt Machiavelli ganz in ihrem damals und noch heute üblichen Sinn. Nur sagt er, daß die Ausübung dieser Tugenden unmöglich wird, sobald wir eine Gesellschaft errichten, die in uns – in jedem Menschen – ein großes Verlangen erweckt, wenn wir sie auf den Seiten der Geschichte oder in der politischen Phantasie betrachten.

---

76 *Fichte's Werke*, hrsg. von Immanuel Hermann Fichte, Berlin 1971, Bd. 11, S. 411 bis 413.
77 Prezzolini, a.a.O. (siehe Anm. 2), S. 58f. (engl. Ausg. S. 43).

Eine der entscheidenden Passagen findet sich im zehnten Kapitel des ersten Buchs der *Discorsi*. Machiavelli unterscheidet im Gefolge von Tacitus und Dio zwischen guten und schlechten römischen Kaisern und fügt hinzu:»Und sicherlich, ist er von Menschen geboren, so wird er vor jeder Nachahmung der bösen Zeit zurückschaudern und von einem unendlichen Verlangen entflammt werden, den guten zu folgen« – »gut« offensichtlich in einem nicht-christlichen Sinn. Whitfield nimmt an, daß dies nicht pessimistisch oder zynisch gemeint ist. Vielleicht nicht zynisch – das ist jedoch eine schwierige Frage: Die Grenze zwischen Zynismus (und auch Pessimismus) und einem unnachgiebigen Realismus ist manchmal nicht leicht zu ziehen. Aber Machiavelli ist nicht im üblichen Sinne des Wortes hoffnungsvoll. Trotzdem glaubt er, wie jeder Humanist von damals bis heute, daß die Menschen sich besser verstehen und weiter vorwärts gelangen könnten, wenn nur die Wahrheit bekannt wäre, die wirkliche Wahrheit, nicht die Märchen platter Moralisten.

Ebenso glaubt er, daß die Eigenschaften, die die Menschen brauchen, um jene *buoni tempi* wiederzubeleben, unvereinbar mit denen sind, die ihnen durch die christliche Erziehung aufgenötigt werden. Er versucht nicht, die christliche Auffassung vom guten Menschen zu korrigieren. Er sagt nicht, daß Heilige keine Heiligen seien oder ehrenhaftes Verhalten nicht ehrenhaft oder bewundernswert, sondern nur, daß diese Art von Tugendhaftigkeit zumindest in ihren zur Tradition gewordenen Formen keine starke, sichere und tatkräftige Gesellschaft tragen könne, vielmehr tödlich für sie sei. Ebenso macht er deutlich, daß Menschen, die nach diesen Idealen streben, in unserer Welt dazu verurteilt sind, besiegt zu werden und andere ins Verderben zu reißen, da ihre Lebenssicht nicht auf der Wahrheit beruht, wenigstens nicht auf der *verità effetuale,* der Wahrheit, die durch Erfolg und Erfahrung auf die Probe gestellt wird und die bei aller möglichen Grausamkeit letztlich immer noch weniger zerstörerisch ist als die andere, so erhaben diese auch sein mag.

Wenn man die beiden oben erwähnten Passagen[78] wörtlich nehmen muß, hätte das Christentum zumindest theoretisch eine Form annehmen können, die mit den von Machiavelli gepriesenen Eigenschaften nicht unvereinbar ist. Aber es kann nicht überra-

---

78 Siehe Anm. 74 und 75.

schen, daß er diese Überlegungen nicht weiter verfolgt. Die Geschichte hat einen anderen Verlauf genommen. Wenn er ernsthaft einen Gedanken darauf verwandt hätte, hätte ihm die Idee eines solchen christlichen Reiches ebenso utopisch erscheinen müssen wie eine Welt, in der alle oder die meisten Menschen gut sind. Die christlichen Tugenden schwächen die staatsbürgerlichen Tugenden, und Spekulationen darüber, welche Form das Christentum hätte annehmen können oder unter anderen Umständen immer noch annehmen könnte, sind für ihn nur müßiger (und gefährlicher) Zeitvertreib.

Die Christen, wie Machiavelli sie aus der Geschichte und aus seiner eigenen Erfahrung kannte, das heißt Menschen, die in ihrer Lebenspraxis den christlichen Lehren wirklich folgen, sind gute Menschen, aber wenn sie im Geist dieser Prinzipien Staaten lenken, führen sie sie in den Untergang. Wie Fürst Myschkin in Dostojewskis *Idiot*, wie die wohlmeinenden Gonfalonieri der Florentinischen Republik, wie Savonarola sind sie dazu verurteilt, von den Realisten (den Medici, dem Papst oder dem König Ferdinand von Spanien) besiegt zu werden, da diese es verstehen, dauerhafte Institutionen hervorzubringen, wenn nötig, auf den Knochen unschuldig Geopferter. Ich möchte noch einmal betonen, daß er die christliche Moral nicht ausdrücklich verurteilt, sondern nur darauf hinweist, daß sie zumindest für Herrscher (in gewisser Weise aber auch für die Beherrschten) unvereinbar ist mit den Zielen, die zu erstreben er für natürlich und weise hält. Man kann entweder seine Seele retten oder einen großen und ruhmvollen Staat gründen, erhalten oder ihm dienen, aber nicht beides zugleich.

Mit all dem führt er weitläufig und beredt eine Nebenbemerkung von Aristoteles in der *Politik* aus, daß ein guter Mensch nicht mit einem guten Staatsbürger identisch zu sein brauche (obwohl Aristoteles nicht in der Vorstellung der Erlösung dachte). Machiavelli stellt die eine Lebensart nicht ausdrücklich über die andere. Wenn er sagt: »Man kann sich ebensogut durch Gutestun als durch Bösestun verhaßt machen«[79], meint er mit »Gutestun«, was jeder meint, der in christlichen Werten erzogen ist. Wenn er sagt, daß Aufrichtigkeit und Rechtschaffenheit »lobenswürdig«[80] seien, selbst wenn sie schließlich keinen Erfolg hätten, meint er damit

---

79 *Der Fürst*, Kapitel 19.
80 Ebd., Kap. 18.

auch, daß es richtig ist, sie zu loben, denn natürlich ist das, was im normalen Sinn gut ist, tatsächlich gut. Wenn er die »Sittenstrenge, Leutseligkeit, Menschlichkeit und Freigebigkeit«[81] von Scipio, Kyros oder Timoleon preist oder sogar die »Güte« des Medici-Papstes Leo X., redet er (unabhängig davon, ob aufrichtig oder nicht) von Werten, die Cicero und Dante, Erasmus und auch uns vertraut sind. Im berühmten fünfzehnten Kapitel des *Fürsten* sagt er, daß Freigebigkeit, Barmherzigkeit, Ehrfurcht, Menschlichkeit, Offenheit, Enthaltsamkeit und Frömmigkeit durchaus Tugenden seien und daß ein Leben in der Ausübung dieser Tugenden erfolgreich wäre, wenn alle Menschen gut wären. Aber sie sind es nicht, und es ist müßig, darauf zu hoffen, daß sie es je werden. Wir müssen die Menschen so nehmen, wie sie sind, und sie nach möglichen und nicht nach unmöglichen Gesichtspunkten zu verbessern suchen.

Das kann die Wohltäter der Menschheit – die Gründer, Erzieher, Gesetzgeber und Herrscher – zu furchtbaren Grausamkeiten nötigen. »Niemand wird leugnen, daß der Fürst, der von allen diesen Eigenschaften nur die guten besäße, ein wahres Kleinod sein würde. Weil nun aber die Schwäche der Menschen es unmöglich macht, daß alle sich in einem vereinigen«[82], muß er sich nicht selten höchst unterschiedlich verhalten, um seine Ziele zu erreichen. Moses und Theseus, Romulus und Kyros, sie alle haben gemordet, aber was sie geschaffen haben, hat überdauert und genoß großen Ruhm. »Es ist daher unvermeidlich, daß ein Mann, der überall rein moralisch handeln will, unter so vielen anderen, die nicht so handeln, früher oder später zugrunde gehen muß. Es ist also notwendig, daß ein Fürst . . . auch lernen müsse, nicht gut handeln zu können, um erforderlichenfalls hiervon Gebrauch zu machen.«[83] »Diese Grundregel würde nicht gut sein, wenn alle Menschen gut wären. Weil aber alle böse und schlecht sind . . ., so berechtigt ihn dieses, auch wortbrüchig zu werden.«[84] Gewalt und Tücke müssen mit Gewalt und Tücke beantwortet werden.

Die Eigenschaften des Löwen und des Fuchses sind an sich moralisch nicht lobenswert, aber wenn nur eine Verbindung dieser Eigenschaften den Staat vor der Zerstörung bewahren kann, dann

81 Ebd., Kap. 14.
82 Ebd., Kap. 15.
83 Ebd.
84 Ebd., Kap. 18.

muß der Herrscher sich ihrer befleißigen. Er muß das nicht nur aus eigenem Interesse tun, weil er durch sie zum Führer werden kann, obwohl es Machiavelli gleichgültig ist, ob Menschen Führer werden oder nicht – sondern weil menschliche Gesellschaften einer Führung bedürfen und ohne das erfolgreiche Trachten nach Macht, Stabilität, *virtù* und Größe nicht werden können, was sie werden sollen. Das ist nur möglich, wenn die Menschen von Scipios oder Timoleons geführt werden oder, in schlechten Zeiten, von Männern mit ruchloserem Charakter. Hannibal war grausam, und Grausamkeit ist keine löbliche Eigenschaft, aber wenn eine starke Gesellschaft nur durch Eroberung geschaffen werden kann und dafür Grausamkeit notwendig ist, dann darf man vor ihr nicht zurückschrecken.

Machiavelli ist kein Sadist. Er weidet sich nicht daran, daß man Ruchlosigkeit und Betrug für die Errichtung der Art Gesellschaft einsetzen muß, die er bewundert und verlangt. Seine brutalsten Beispiele und Regeln beziehen sich nur auf Situationen, in denen die Bevölkerung gänzlich verdorben ist und einer Gewaltkur bedarf, um wieder zu gesunden, oder wenn etwa ein neuer Fürst die Macht übernimmt oder eine Revolution gegen einen schlechten Fürsten wirkungsvoll sein soll. Wenn eine Gesellschaft relativ stabil oder die Herrschaft Teil der Tradition und erblich ist und von der öffentlichen Meinung gestützt wird, wäre es völlig falsch, Gewalt nur um der Gewalt willen auszuüben, da diese die soziale Ordnung letztlich zerstören würde, wenn die Regierung Ordnung, Harmonie und Stärke erzeugen will. Wenn man zugleich ein Fuchs und ein Löwe ist, dann kann man sich – so wie Agesilaos und Timoleon, Camillus, Scipio und Marcus – Tugend leisten, Schlichtheit, Freundlichkeit, Milde, Menschlichkeit, Großzügigkeit, Ehrfurcht. Wenn aber die Umstände andere sind, wenn man sich von Verrat umstellt sieht, was bleibt einem dann anderes übrig, als es Philipp, Hannibal oder Severus gleichzutun?

Bloße Machtgier ist zerstörerisch. Peisistratos, Dionysios und Caesar waren Tyrannen und schadeten der Gesellschaft. Agathokles, der Tyrann von Syrakus, der durch Mord an seinen Mitbürgern und durch Verrat seiner Freunde an die Macht gelangte und ohne Treue, Menschlichkeit und Gottesfurcht war[85], ging zu weit und errang so keinen Ruhm.»Seine barbarische Grausamkeit und Un-

---

85 Ebd., Kap. 8.

menschlichkeit samt seinen zahllosen Verbrechen«[86] führten zwar zum gewünschten Erfolg, aber da solche Auswüchse dafür nicht notwendig waren, hat er im Pantheon keinen Platz gefunden, ebensowenig wie in neuerer Zeit der grausame Oliverotto da Fermo, der von Cesare Borgia getötet wurde. Völlig von diesen Eigenschaften frei zu sein hingegen garantiert das Scheitern und verhindert so die Herstellung der einzigen Bedingungen, unter denen sich für Machiavelli normale Menschen erfolgreich entwickeln können. Heilige können vielleicht ohne sie auskommen, Einsiedler ihren Tugenden in der Einöde leben, Märtyrer mögen ihren Lohn in der Zukunft empfangen, aber Machiavelli ist an diesen Lebensformen einfach nicht interessiert und erörtert sie nicht, sondern er schreibt über die Regierungskunst. Er ist an den öffentlichen Angelegenheiten interessiert, an Sicherheit, Unabhängigkeit, Erfolg, an Ruhm, Stärke, Vitalität und Glück hier auf Erden und nicht im Himmel, in der Gegenwart und Zukunft genauso wie in der Vergangenheit, in der wirklichen Welt, nicht in einer imaginären – und dafür ist bei den unaufhebbaren Grenzen der Menschen die von der christlichen Kirche gelehrte Ethik ungeeignet, wenn man sie ernst nimmt.

Man hat oft behauptet, daß moralische Fragen Machiavelli nicht anrührten. Die einflußreichste moderne Interpretation, die Benedetto Croces, der zu einem gewissen Grade Chabod, Russo und andere folgen, besagt, daß Machiavelli, mit Cochranes Worten[87], »die Gültigkeit der christlichen Moral nicht bestritten hat und nicht vorgab, ein Verbrechen sei keins, wenn es von der politischen Notwendigkeit erfordert werde. Vielmehr entdeckte er . . ., daß diese Moralität in der Politik einfach keinen Platz hat und daß jedes Verfahren, das vom Gegenteil ausgeht, in einem Desaster enden wird. Seine objektive, auf den Tatsachen beruhende Darstellung der zeitgenössischen politischen Praktiken ist deshalb kein Zeichen von Zynismus oder Gleichgültigkeit, sondern von Seelenqual.«

Diese Interpretation scheint mir zwei grundlegende Mißverständnisse zu enthalten. Das erste ist, daß der Konflikt zwischen »dieser [d. h. der christlichen] Moralität« und der »politischen Notwendigkeit« besteht. Darin ist impliziert, daß es eine Unvereinbarkeit zwischen der Moralität einerseits – dem Gebiet höchster Wer-

---

86 Ebd.
87 Cochrane, a.a.O. (siehe Anm. 2), S. 115.

te, die um ihrer selbst willen erstrebt werden, Werte, deren Anerkennung allein es uns ermöglicht, von »Verbrechen« zu reden oder irgend etwas moralisch gutzuheißen oder zu verdammen – und der Politik andererseits gibt, als der Kunst, für bestimmte Ziele die angemessenen Mittel anzuwenden – das, was Kant »hypothetische Imperative« genannt hat, von der Form ›Wenn man x erreichen will muß man y tun (z. B. einen Freund betrügen, einen unschuldigen Menschen töten)‹, ohne zu fragen, ob x selbst eigentlich erstrebenswert sei oder nicht. Dies ist der Kern der Trennung der Politik von der Ethik, die Croce und viele andere Machiavelli zuschreiben. Aber diese Ansicht scheint mir auf einem Irrtum zu beruhen.

Croces Interpretation ist vielleicht haltbar, wenn man Ethik auf die stoische, die christliche, die Kantische oder sogar einige Typen der utilitaristischen Ethik einschränkt, in denen Quelle und Wertmaßstab das Wort Gottes, die ewige Vernunft oder ein innerer Sinn für das Wissen um Gut und Böse und um Richtig und Falsch sind, Stimmen, die mit absoluter Autorität unmittelbar zum individuellen Bewußtsein sprechen. Aber es gibt eine andere, ebenso altehrwürdige Ethik, nämlich die der griechischen Polis, die Aristoteles am klarsten ausgeführt hat. Da die Menschen von Natur aus dazu geschaffen sind, in Gemeinschaft zu leben, sind ihre gemeinschaftlichen Ziele die höchsten Ziele, von denen alle anderen abgeleitet oder mit denen die jeweiligen individuellen Zwecke identifiziert werden. Politik, die Kunst, in der Polis zu leben, ist keine Tätigkeit, auf die man verzichten könnte, um ein privates Leben vorzuziehen. Wer will, braucht nicht zur See zu fahren oder Bildhauerei zu betreiben, doch das politische Leben ist für die Menschen von einem bestimmten Zivilisationsstand an wesentlich, und seine Forderungen sind für ein erfolgreiches menschliches Leben unabdingbar.

Diese Ethik – die Lebensführung oder das Ideal, das von dem Einzelnen erstrebt werden muß – kann nur aus der Erkenntnis des Zwecks und Charakters seiner Polis verstanden werden, sie kann nicht einmal in Gedanken von ihr getrennt werden. Dies ist die Form vorchristlicher Ethik, die Machiavelli für selbstverständlich hält. »Es ist bekannt«, sagt Benedetto Croce, »daß Machiavelli die Notwendigkeit und Autonomie der Politik entdeckt hat, der Politik, die jenseits von Gut und Böse ist, die ihre eigenen Gesetze hat, gegen die zu rebellieren aussichtslos ist und die der Welt auch durch

Weihwasser nicht auszutreiben sind.«[88] Jenseits von Gut und Böse in einem nicht-aristotelischen, sondern religiösen oder liberal-kantischen Sinn, aber nicht jenseits vom Gut und Böse jener, alten oder modernen, Gesellschaften, deren heilige Werte durch und durch gesellschaftlich sind. Auch die Kunst der Kolonisierung oder etwa der Massenmord können »ihre eigenen Gesetze« haben, »gegen die zu rebellieren aussichtslos ist« für alle, die sie erfolgreich betreiben wollen. Aber wenn oder immer dann, wenn diese Gesetze denen der Moralität widersprechen, ist es möglich und sogar moralisch geboten, solches Tun zu unterlassen.

Wenn aber Aristoteles und Machiavelli mit ihrer Auffassung davon, was der Mensch ist und was er sein sollte, recht haben – und Machiavelli hat sein Ideal besonders in den *Discorsi* lebendig geschildert –, ist politische Betätigung dem Menschen wesentlich; während sich einzelne Individuen hier und da dagegen entscheiden mögen, ist dies für die große Menge der Menschen unmöglich, denn das kommunale Leben bestimmt die ethischen Pflichten seiner Mitglieder. Den Gegensatz zwischen »Gesetzen der Politik« und »Gut und Böse« versteht Machiavelli deshalb nicht als Gegensatz zwischen zwei »autonomen« Handlungsbereichen, dem »politischen« und dem »moralischen«, sondern stellt in ihm vielmehr seine eigene »politische« Ethik einer anderen ethischen Konzeption gegenüber, die das Leben derer bestimmt, die für ihn ohne Interesse sind. Er weist in der Tat eine Moralität zurück: die christliche, aber nicht zugunsten einer Handlungsweise, die überhaupt nicht als eine moralische bezeichnet werden könnte, sondern nur als technisches Handeln, eine Aktivität, die man politisch nennt, weil sie nicht mit höchsten menschlichen Zielen befaßt und deshalb gar nicht in irgendeinem Sinn eine ethische ist.

Machiavelli weist nämlich die christliche Ethik zugunsten eines anderen ethischen Systems zurück, eines anderen moralischen Universums, der Welt eines Perikles, Scipio oder sogar des Herzogs von Valentinois, einer Gesellschaft, die genauso wie der christliche Glaube auf höchste Werte eingestellt ist, einer Gesellschaft, in der die Menschen für (öffentliche) Ziele zu kämpfen und zu sterben bereit sind, die sie um ihrer selbst willen verfolgen. Sie entscheiden sich nicht für ein Gebiet der Mittel (Politik genannt) im Gegensatz zu einem Gebiet von Zwecken (Moral), sondern für

---

88 Croce, a.a.O. (siehe Anm. 20), S. 60.

eine rivalisierende Ethik (die römische oder antike), für einen alternativen Bereich von Zielen. Der Konflikt besteht, mit anderen Worten, zwischen zwei Ethiken, zwischen der christlichen und der heidnischen (oder ästhetischen, wie manche wollen), nicht zwischen den voneinander unabhängigen Gebieten der Moral und der Politik.

Nur dann ist dies eine Frage der Nomenklatur, wenn man den Gegenstand der Politik nicht in Mitteln, Fertigkeiten, Verfahren, Techniken, im *know how* sieht, in Croces *pratica* (ob von eigenen, unüberschreitbaren Regeln beherrscht oder nicht), sondern im Gegensatz zu dieser üblichen Ansicht in einem eigenen, unabhängigen Reich von Zwecken, das an die Stelle der Ethik tritt.[89] Wenn Machiavelli (in einem Brief an Francesco Vettori) sagt, daß er seine Heimatstadt mehr als seine eigene Seele liebe, deckt er damit seine grundlegende moralische Überzeugung auf, eine Haltung, die Croce ihm nicht zugesteht.[90]

Die zweite mir in diesem Zusammenhang unangebracht scheinende These ist die Vorstellung, daß Machiavelli von den Verbrechen seiner Gesellschaft gepeinigt gewesen wäre. (In seiner hervorragenden Studie besteht Chabod im Gegensatz zu Croce und einigen Croceanhängern nicht darauf.) Das bedeutet, daß er die harten Notwendigkeiten der »Staatsräson« widerstrebend nur deshalb akzeptiert hat, weil er keine Alternative sah. Dafür gibt es jedoch keinen Beleg. In seinen politischen Werken findet sich keine Spur von Pein, Schmerz und ebensowenig in seinen Stücken und Briefen.

Die heidnische Welt, die Machiavelli höher schätzt, beruht auf der Anerkennung der Notwendigkeit von systematischem Betrug und Gewalt durch die Herrscher, und er scheint es keineswegs für außergewöhnlich oder moralisch qualvoll, sondern für natürlich zu halten, daß sie diese Waffen anwenden, wann immer sie notwendig sind. Auch ist seine Unterscheidung nicht die zwischen Herrschern und Beherrschten. Die Untertanen oder Bürger müssen auch Römer sein. Sie brauchen nicht die *virtù* ihrer Herrscher, aber wenn auch sie Betrüger sind, dann funktionieren Machiavellis Maximen nicht. Sie müssen arm, kämpferisch, ehrenhaft und

---

89 Meinecke, Prezzolini, a.a.O. (siehe Anm. 2), S. 59 (engl. Ausg. S. 43), und Ernesto Landi, »The Political Philosophy of Machiavelli«, *History Today* 14 (1964), S. 550-555, scheinen mir dieser Position am nächsten zu kommen.
90 Benedetto Croce, »Per un detto del Machiavelli«, *La critica* 28 (1930), S. 310-312.

gehorsam sein. Wenn sie ein christliches Leben führen, werden sie sich widerstandslos der Herrschaft bloßer Wüstlinge und Schurken fügen. Keine stabile Republik kann aus solchem Material errichtet werden. Theseus und Romulus, Moses und Kyros predigten keine Demut und haben niemanden aufgefordert, diese Welt als einen bloß vorläufigen Aufenthaltsort zu betrachten. Aber das erste Mißverständnis – daß Machiavelli wenig oder nichts auf moralische Probleme gebe – reicht tiefer. Es hat in seinen eigenen Worten sicherlich keinen Anhaltspunkt. Jeder, dessen Denken um zentrale Begriffe wie Gut und Böse oder das Verworfene und Reine kreist, besitzt einen ethischen Maßstab, anhand dessen er moralisch lobt und verurteilt. Machiavellis Werte sind nicht die christlichen, doch es sind moralische Werte.

In diesem entscheidenden Punkt scheint mir Hans Barons Kritik an der Croce-Russo-These richtig zu sein.[91] Gegen die Ansicht, daß für Machiavelli die Politik jenseits moralischer Kriterien stehe, zitiert Baron einige der leidenschaftlich patriotischen, republikanischen und für die Freiheit des Einzelnen eintretenden Passagen aus den *Discorsi,* in denen er die (moralischen) Eigenschaften von Bürgern einer Republik denen der Untertanen eines despotischen Fürsten deutlich vorzieht. Das letzte Kapitel des *Fürsten* ist kaum das Werk eines gleichgültigen, moralisch neutralen Beobachters oder eines mit seinen persönlichen Problemen befaßten Mannes, der »voller Abscheu« auf das öffentliche Leben als den Friedhof moralischer Prinzipien blickt. Wie Aristoteles' oder Ciceros Ethik ist die Machiavellis eine gesellschaftliche und keine Individualmoral, aber sie ist genauso eine Ethik, kein der Ethik fernes Gebiet, jenseits von Gut und Böse.

Daraus folgt natürlich nicht, daß er nicht oft genug von den Techniken des politischen Lebens als solchen fasziniert gewesen wäre. Der Rat sowohl an Verschwörer als auch an ihre Feinde, die professionelle Einschätzung der Methoden von Oliverotto, Sforza oder Baglioni entspringen der typisch humanistischen Neugierde, der Suche nach einer angewandten Wissenschaft der Politik, der Faszination durch das Wissen um seiner selbst willen, unabhängig von dessen Implikationen. Aber das ethische Ideal, der Bürger der römischen Republik, ist nie ganz fern. Politische Verfahren bewer-

---

91 Hans Baron, »Machiavelli: the Republican Citizen and the Author of ›The Prince‹«, *English Historical Review* 76 (1961), S. 217-253, *passim.*

tet Machiavelli nur als Mittel, nämlich hinsichtllich ihrer Wirksamkeit, Bedingungen wiederherzustellen, unter denen kranke Menschen wieder gesunden und gedeihen können. Und genau das hätte auch Aristoteles als das dem Menschen eigentümliche sittliche Ziel bezeichnet.

Dies löst aber noch nicht das schwierige Problem der Beziehung zwischen den *Discorsi* und dem *Fürsten*. Bei allen ihren Unterschieden liegt beiden dieselbe Vorstellung zugrunde, der Traum, der für viele typisch ist, die sich selbst als überzeugte Realisten sehen, der Traum von einer mächtigen, einigen, tatkräftigen, moralisch neu belebten, prächtigen und siegreichen *patria*, ob sie durch die *virtù* eines oder vieler Menschen bewahrt wird. Politische Urteile, Einstellungen zu bestimmten Individuen und Staaten, zur *fortuna* oder zur *necessità*, Einschätzungen der Methoden, der Grad des Optimismus, das alles unterscheidet sich von einer Schrift zur anderen, vielleicht sogar innerhalb einzelner Schriften, aber die Grundwerte, Machiavellis höchstes Ziel, seine beseligende Vision bleiben gleich.

Machiavelli denkt gesellschaftlich und politisch. Deshalb ist die traditionelle Auffassung nicht richtig, die in ihm lediglich einen Spezialisten für die Frage sieht, wie man mächtiger als andere werden könne, einen gewöhnlichen Zyniker, dessen ganze Lehre sich darin erschöpfe, daß Sonntagsschulregeln ganz gut sein mögen, daß man aber in einer Welt voller böser Menschen selbst lügen, töten und ähnliches tun müsse, wenn man Erfolg haben wolle. Eine Philosophie, die in Sätzen wie »Fressen oder gefressen werden, schlagen oder geschlagen werden« zum Ausdruck kommt – eine Weltklugheit, die man etwa bei Mazzei[92] oder Giovanni Morelli[93] findet, mit denen man ihn oft verglichen hat –, ist für Machiavelli nicht entscheidend. Ihm geht es nicht speziell um den Opportunismus ehrgeiziger Individuen. Als Ideal schwebt ihm ein glänzendes Florenz oder Italien vor. In dieser Hinsicht ist er ein typischer leidenschaftlicher Humanist der Renaissance, außer daß sein Ideal kein künstlerisches oder kulturelles, sondern ein politisches ist, wenn man nicht auch den Staat – oder das erneuerte Italien – in Burckhardts Sinn als ein ästhetisches Ziel ansieht. Das ist

92 Ser Lapo Mazzei, *Lettere di un notaro a un mercante del secolo XII*, hrsg. von Cesare Guasti, 2 Bde., Florenz 1880.
93 Giovanni di Pagolo Morelli, *Ricordi*, hrsg. von Vittore Branca, Florenz 1956.

weit entfernt von einem bloßen Eintreten für Härte als solche oder von einem alle Ziele ausblendenden Realismus. Machiavellis Werte, das sei noch einmal gesagt, sind keine instrumentellen, sondern ethische und höchste, und er fordert in ihrem Namen große Opfer. Zu ihren Gunsten verwirft er den rivalisierenden Maßstab – die christlichen Prinzipien von *ozio* und Sanftmut – nicht etwa deshalb, weil sie in sich selbst mangelhaft wären, sondern weil sie auf die Bedingungen des wirklichen Lebens unanwendbar sind. Und dabei bedeutet wirkliches Leben für ihn nicht bloß (wie man meist annimmt) das Leben, das um ihn herum in Italien geführt wurde, Verbrechen, Heuchelei, Brutalität und Dummheit in Florenz, Rom, Venedig und Mailand. Dies ist nicht der Prüfstein der Wirklichkeit. Sein Ziel ist nicht, dieses Leben unverändert zu lassen oder es zu reproduzieren, sondern es auf eine neue Ebene zu heben, Italien von seiner Verkommenheit und sklavischen Abhängigkeit zu befreien, seine Gesundheit und Lebenskraft wiederherzustellen.

Das ethische Ideal, für das kein Opfer ihm zu groß ist, das Wohlergehen der *patria,* ist für ihn die höchste Form gesellschaftlichen Lebens, die die Menschen erreichen können – aber erreichbar, nicht unerreichbar, keine Welt jenseits der Grenzen menschlichen Vermögens, jenseits der vorhandenen Menschen mit den emotionalen, geistigen und physischen Eigenschaften, für die die Geschichte und die Beobachtung die Beispiele liefern. Er verlangt nach gesteigerten, nicht nach verwandelten Menschen, nicht nach Übermenschen, nicht nach einer Welt von Idealwesen, die auf dieser Erde unbekannt sind und die man, selbst wenn sie zu erschaffen wären, nicht menschlich nennen könnte.

Wenn man gegen die vorgeschlagenen politischen Methoden Einspruch erhebt, weil sie einem moralisch verwerflich vorkommen, wenn man sich weigert, sich auf sie einzulassen, weil sie, mit Ritters Wort, »erschreckend« sind, hat Machiavelli keine Antwort und kein Argument. In diesem Falle ist man vollkommen berechtigt, ein moralisch gutes Leben zu führen, ein Privatmann oder Mönch zu sein, sich eine stille Ecke zu suchen. Aber man darf dann nicht für das Leben anderer verantwortlich sein wollen oder Glück erwarten. In einem ganz handfesten Sinn muß man sich darauf einrichten, ignoriert oder vernichtet zu werden.

Mit anderen Worten, man kann sich aus dem öffentlichen Leben zurückziehen, aber dann hat Machiavelli einem nichts mehr zu sagen, denn er wendet sich nur an die öffentliche Welt und die Menschen in ihr. Das ist besonders deutlich in seinem berüchtigten Rat an den Sieger, der eine eroberte Provinz niederzuhalten hat. Er empfiehlt,»reinen Tisch zu machen«: eine neue Regierung, neue Titel, neue Machtvollkommenheiten und neues Personal;»die Armen muß er reich machen, wie David, als er König wurde, ›der die Hungernden mit Gütern überhäufte und die Reichen ausgesaugt entließ‹. Ferner muß er neue Städte erbauen, die alten zerstören, die Einwohner von einem Ort an den anderen versetzen, kurz, nichts im Lande an seiner Stelle lassen, damit es keinen Rang, kein Amt, keinen Stand noch Reichtum gebe, die der Besitzer nicht ihm verdanke.«[94] Er solle sich Philipp von Makedonien zum Vorbild nehmen,»der auf diesem Wege aus einem kleinen Könige Beherrscher von ganz Griechenland wurde«. Denn Philipps Geschichtsschreiber berichten uns, fährt Machiavelli fort, daß er die Einwohner von Provinz zu Provinz trieb»wie die Hirten ihre Herden«. Ohne Frage, faßt er zusammen,

»dies sind grausame Mittel. Sie sind nicht nur unchristlich, sondern auch unmenschlich. Wer ein Mensch ist, soll sie fliehen und lieber im Dunkel des Bürgerstandes leben, als die Krone tragen zum Verderben so vieler ihm gleich geschaffener Wesen. Gleichwohl muß der, welcher den obengenannten Weg zum Guten nicht gehen will, will er sich erhalten, zu diesem Übel schreiten. Allein die Menschen wählen einen gewissen Mittelweg, das schädlichste von allem, denn sie verstehen weder ganz gut noch ganz böse zu sein.«[95]

Das ist deutlich genug. Es gibt zwei Welten, die der individuellen Moral und die der Öffentlichkeit, zwei ethische Wertsysteme, die beide ein höchstes Ziel darstellen: nicht zwei»autonome« Gebiete, das der»Ethik« und das der»Politik«, sondern eine (für ihn) erschöpfende Alternative zwischen zwei einander ausschließenden Wertsytemen. Wenn ein Mensch»den ersten, guten Weg« wählt, muß er mit aller Wahrscheinlichkeit die Hoffnung auf ein Athen oder Rom aufgeben, die Hoffnung auf eine erhabene und ruhmreiche Gesellschaft, in der die Menschen Erfolg haben und stark, stolz, klug und schöpferisch werden; sie müssen sogar jede Hoffnung auf ein erträgliches Leben hier auf Erden fahren lassen,

---

94 *Discorsi* I, 26.
95 Ebd.

denn Menschen können nicht außerhalb der Gesellschaft leben. Sie werden nicht kollektiv überleben, wenn sie von Männern geführt werden, die (wie Soderini) von der ersten, der »privaten« Moral beeinflußt sind, und sie werden nicht imstande sein, auch nur die geringsten ihrer Ziele als Menschen zu verwirklichen. Sie werden in einem Zustand nicht nur politischer, sondern auch moralischer Erniedrigung enden. Aber wenn ein Mann, wie Machiavelli selbst, den zweiten Weg wählt, dann muß er seine privaten Skrupel, so er welche hat, zurückstellen, denn mit Sicherheit werden die scheitern, die bei der Neuschaffung der Gesellschaft oder sogar nur während der Ausübung und Erhaltung ihrer Macht und ihres Ruhms zu zimperlich sind. Wem es darum geht, der darf die Kosten nicht scheuen.

Man wirft Machiavelli manchmal ein zu großes Wohlgefallen an der Entrichtung dieses Preises vor, als ginge es ihm allein darum, doch das ist ungerecht. Denn er hält diese grausamen Methoden für notwendig, notwendig als Mittel für gute Resultate, »gut« nicht im Sinne der christlichen, sondern der weltlichen, humanistischen und naturalistischen Ethik. Gerade seine schockierendsten Beispiele zeigen dies. Das vielleicht berühmteste Beispiel ist das von Giovanni Pagolo Baglioni, der Julius' II. während eines von dessen Feldzügen habhaft wurde, ihn aber entkommen ließ, obwohl er in Machiavellis Sicht ihn und seine Kardinäle hätte vernichten und so ein Verbrechen begehen können, dessen »Großartigkeit alles damit verbundene Schimpfliche und alle mögliche Gefahr bei weitem übertroffen hätte.«[96]

Wie Friedrich der Große (der Machiavelli als Feind der Menschheit bezeichnete, aber seinen Ratschlägen folgte)[97] sagt Machiavelli eigentlich: »Le vin est tiré: il faut le boire.« Wenn man einmal einen Plan für die Umwandlung einer Gesellschaft gefaßt hat, muß man ihn ausführen, koste es was es wolle; zu stümpern, zurückzuweichen, sich von Skrupeln befallen zu lassen ist Verrat an dem gewählten Ziel. Ein Arzt muß ein professioneller Arzt sein, bereit zu brennen, zu ätzen und zu schneiden. Wenn die Krankheit dies erfordert, man aber aufgrund persönlicher Bedenken oder wegen eines sachfremden Grundsatzes auf halbem Wege stehenbleibt,

---

96 Ebd., I, 27.
97 Man weiß noch immer nicht, wie viel davon auf Friedrichs Mentor Voltaire zurückgeht.

dann zeigt das nur Unsicherheit und Schwäche und wird einem immer die schlechteste aller Welten einbringen. Es gibt mindestens zwei Welten – jede hat viel, wenn nicht alles, für sich, aber es sind eben zwei und nicht eine. Man muß lernen, zwischen ihnen zu wählen und nach der Entscheidung nicht mehr zurückzublicken. Es gibt mehr als *eine* Welt und mehr als *einen* Tugendkatalog: Jede Vermischung zwischen ihnen ist verhängnisvoll. Eine der wichtigsten Illusionen, die aus der Ignorierung dieses Verbots entstehen, ist die Platonische, hebräische und christliche Ansicht, daß tugendhafte Führer tugendhafte Menschen heranbilden. Für Machiavelli ist das nicht wahr. Großzügigkeit ist eine Tugend, aber nicht für Fürsten. Ein freigebiger Fürst wird seine Bürger durch zu hohe Besteuerung ruinieren, ein knausriger hingegen (und Machiavelli sagt nicht, daß Knausrigkeit im Privatleben eine gute Eigenschaft sei) die Geldbeutel seiner Bürger schonen und so zur öffentlichen Wohlfahrt beitragen. Ein freundlicher Herrscher – und Freundlichkeit ist eine Tugend – wird Intriganten und stärkere Charaktere über sich herrschen lassen und so Chaos und Verderben verursachen.

Auch andere Verfasser von »Fürstenspiegeln« bieten viele solcher Maximen, aber sie sehen nicht deren Implikationen; Machiavellis Gebrauch solcher Verallgemeinerungen ist nicht der ihrige. Er moralisiert nicht weitläufig, sondern veranschaulicht eine bestimmte These: daß die Natur der Menschen eine öffentliche Ethik erzwingt, die anders als die Tugenden der Menschen ist, die ihren Glauben an die christlichen Gebote bekennen und nach ihnen zu leben versuchen, und mit ihnen in Konflikt kommen kann. In ruhigen Zeiten und im Privatleben ist das vielleicht nicht völlig unrealistisch, aber sonst führt es ins Verderben. Die Analogie zwischen Staat und Volk und Individuum gilt nicht: »Ein Staat und ein Volk werden anders regiert als ein Individuum«[98], »nicht das Wohl der einzelnen, sondern das öffentliche Wohl macht die Staaten groß«[99].

Man kann dem widersprechen und argumentieren, daß die Größe, der Ruhm und der Reichtum eines Staates nichtige Ideale und

---

98 »... una repubblica e un popolo si governa altrimenti che un privato«, *Legazioni all'Imperatore*, zitiert von L. Burd, a.a.O. (siehe Anm. 20), S. 298, Anm. 17.

99 *Discorsi* II, 2. Das nimmt Francesco Patrizzis »aliae sunt regis virtutes, aliae privatorum« auf, in *De regno et regis institutione*, zitiert von Felix Gilbert in »The Humanist Concept of the Prince and *The Prince* of Machiavelli«, *Journal of Modern History* 11 (1939), S. 449-483; Zitat S. 464, Anm. 34.

sogar verabscheuungswürdig seien, wenn die Bürger ihretwegen unterdrückt und als bloße Mittel für die Größe des Ganzen behandelt werden. Wie christliche Denker oder wie Constant und die Liberalen, wie Sismondi oder die Theoretiker des Wohlfahrtsstaates kann man einen Staat vorziehen, dessen Bürger wohlhabend sind, selbst wenn die öffentliche Kasse leer ist, dessen Regierung weder zentral noch allmächtig, vielleicht noch nicht einmal souverän ist, dessen Bürger aber ein hohes Maß individueller Freiheit genießen. Gegenüber den autoritären Machtkonzentrationen von Alexander oder Friedrich dem Großen, Napoleon oder den großen Autokraten des zwanzigsten Jahrhunderts lassen sich solche Gesellschaften in ein günstiges Licht rücken. Damit widerspricht man ganz einfach Machiavellis Überzeugung. Er sieht in solchen lockeren politischen Verbänden keinen Vorteil, denn sie können nicht bestehen, und die Menschen können unter solchen Bedingungen nicht lange leben. Er ist davon überzeugt, daß Staaten, die das Verlangen nach Macht verloren haben, zum Untergang verurteilt sind und von ihren stärkeren und besser ausgerüsteten Nachbarn leicht zerstört werden. Vico und moderne »realistische« Denker haben dies aufgegriffen.

Machiavelli hat ein klares, leidenschaftliches und sehr genau umgrenztes Bild von einer Gesellschaft, in der die menschlichen Fähigkeiten zu einem machtvollen und glänzenden Ganzen beitragen können. Er schätzt republikanische Verfassungen, in denen die Interessen der Regierenden mit denen der Regierten nicht kollidieren, aber er zieht (wie Macaulay bemerkt hat) ein gut regiertes Fürstentum einer dekadenten Republik vor, und die Eigenschaften, die er bewundert und von denen er glaubt, daß sie sich zu einer dauerhaften Gesellschaft verbinden lassen und sogar unerläßlich für sie sind, sind im *Fürsten* und in den *Discorsi* dieselben: Energie, Kühnheit, praktisches Können, Phantasie, Vitalität, Selbstdisziplin, Scharfsinn, Gemeinsinn, Glück, *antiqua virtus, virtù* – Standhaftigkeit in der Not, Charakterstärke, wie sie Xenophon und Livius gepriesen haben. Alle seine schockierenderen Maximen – die, die für den »mörderischen Machiavelli« der Elisabethanischen Bühne verantwortlich sind – sind Darstellungen der Methoden, dieses eine Ziel zu verwirklichen: die klassische, humanistische und patriotische Vision, die ihn beseelt.

Lassen Sie mich ein ganzes Dutzend der bekanntesten und ruchlosesten Ratschläge an Fürsten zitieren. Je nachdem, wie die Umstände es gebieten, muß man Terror oder Freundlichkeit anwenden. Strenge ist gewöhnlich wirksamer, aber Menschlichkeit bringt in manchen Situationen mehr. Man muß Furcht, aber keinen Haß verbreiten, denn der wird einen schließlich umbringen. Es ist das Beste, die Menschen arm und in ständigem Kriegszustand zu halten, denn das ist ein Gegengift gegen die beiden größten Feinde eines aktiven Gehorsams, gegen den Ehrgeiz und die Langeweile, und die Beherrschten werden dann in einem ständigen Bedürfnis nach großen Führern leben (das zwanzigste Jahrhundert bietet uns nur zu deutliche Beispiele für diese scharfsinnige Einsicht). Konkurrenz in einer Gesellschaft – Teilung in Klassen – ist wünschenswert, denn sie erzeugt in rechtem Maße Energie und Ehrgeiz.

Eine Religion muß man fördern, selbst wenn sie unwahr ist, solange sie nur den sozialen Zusammenhalt schützt und männliche Tugenden entwickelt, wozu das Christentum nicht in der Lage war. Wenn man Wohltaten erweist, tue man dies (gemäß Aristoteles, sagt er) selbst, aber wenn schmutzige Arbeit notwendig ist, lasse man sie durch andere erledigen, denn dann werden diese und nicht der Fürst dafür verantwortlich gemacht, und für den Fürsten kann es von Vorteil sein, wenn er sie zu gegebener Zeit hinrichten läßt, denn die Menschen ziehen Vergeltung und Sicherheit der Freiheit vor. Tue in jedem Fall, was du tun mußt, aber versuche, es dem Volk als eine besondere Gnade darzustellen. Wenn du ein Verbrechen begehen mußt, kündige es nicht vorher an, denn dann könnten deine Feinde dich vernichten, bevor du sie vernichtest. Wenn du drastisch handeln mußt, tue es auf einen Schlag, nicht in lähmenden Schritten. Laß keine übermächtigen Diener um dich sein – siegreiche Generäle schiebt man am besten ab, andernfalls könnten sie dich absetzen.

Du kannst gewalttätig sein und deine Macht zur Einschüchterung benutzen, aber du darfst niemals deine eigenen Gesetze brechen, denn das zerstört das Vertrauen und löst das soziale Gefüge auf. Die Menschen müssen entweder umschmeichelt oder vernichtet werden. Beschwichtigung oder Neutralität sind immer tödlich. Glänzende Pläne ohne Waffen sind nicht genug, andernfalls wäre Florenz noch immer Republik. Herrscher müssen in der ständigen Erwartung eines Krieges leben. Erfolg erzeugt mehr Ergebenheit als ein freundlicher Charakter. Denk immer an das Schicksal von Pertinax, Savonarola oder Soderini. Severus war skrupellos und grausam, Ferdinand von Spanien treulos und durchtrieben, aber indem sie die Künste sowohl des Löwen als auch des Fuchses anwandten, entgingen sie den Fallstricken und Wölfen. Die Menschen werden falsch zu dir sein, wenn du sie nicht zur Aufrichtigkeit zwingst, indem du Umstände schaffst, in denen sich Falschheit nicht auszahlt. Und vieles andere mehr. Diese Beispiele sind typisch für den »Verbündeten des Teufels«. Gelegentlich überkommen den Autor Zweifel. Er fragt sich, ob ein Mann, der hochgesinnt genug ist, die Arbeit auf sich zu nehmen, um einen bewundernswerten Staat nach römischen Maßstäben aufzubauen, auch zäh genug sein wird, die gebotenen gewaltsamen und bösen Mittel anzuwenden; und umgekehrt, ob ein hinreichend ruchloser und brutaler Mann uneigennützig genug sein wird, das öffentliche Gut im Auge zu behalten, das allein die bösen Mittel rechtfertigt. Gleichwohl vereinigten Moses und Theseus, Romulus und Kyros diese Eigenschaften in sich.[100] Was einmal gewesen ist, kann wieder sein – dieser Hinweis bezeugt durchaus Optimismus.

Allen diesen Maximen ist etwas gemeinsam, daß sie nämlich eine Ordnung erschaffen, wiederaufrichten oder erhalten sollen, die befriedigen wird, was Machiavelli für die stabilsten Interessen der Menschen hält. Seine Werte mögen irrig, gefährlich oder hassenswert sein, aber er meint es ernst, denn er ist kein Zyniker. Das Ziel ist immer dasselbe: ein Staat wie das Athen des Perikles oder wie Sparta, vor allem aber wie die römische Republik. Dieses Ziel, nach dem es die Menschen von Natur aus verlangt (was für ihn Geschichte und Beobachtung hinreichend beweisen), »heiligt« jedes Mittel. Bei der Beurteilung der Mittel sehe man immer auf das Ziel: wenn der Staat untergeht, ist alles verloren. Deshalb der berühmte Abschnitt im einundvierzigsten Kapitel des dritten Buches der *Discorsi,* wo Machiavelli sagt:»Wo es sich um Sein oder Nichtsein des Vaterlandes handelt, darf nicht in Betracht kommen, ob etwas gerecht oder ungerecht, menschlich oder grausam, löblich oder schändlich, man muß vielmehr mit Hintansetzung jeder Rücksicht die Maßregeln ergreifen, die ihm das Leben retten und die Freiheit erhalten.« Die Franzosen haben so gedacht, und »die Majestät ihres Königs und die Macht ihres Reiches« rührt ebenda-

---

100 Hugh Trevor-Roper hat mich darauf aufmerksam gemacht, welche Ironie darin liegt, daß alle Helden dieses höchst realistischen Denkers ganz oder zumindest teilweise mythische Gestalten sind.

her. Ohne Remus zu töten, hätte Romulus Rom nicht gründen können, Brutus die Republik nicht erhalten, wenn er seine Söhne nicht getötet hätte. Moses und Theseus, Romulus, Kyros und die Befreier Athens mußten zerstören, um aufzubauen. Weit davon entfernt, solches Verhalten zu verurteilen, haben die antiken Geschichtsschreiber und die Bibel es vielmehr bewundert. Machiavelli ist ihr Bewunderer und ihr Sprachrohr.

Was hat es dann mit seinen Worten, mit seinem Ton auf sich, der unter seinen Lesern so großen Schauder erregt hat? Nicht, wohlgemerkt, zu seinen Lebzeiten – die Reaktion setzte erst nach etwa einem Vierteljahrhundert ein, aber dann begann der ständig wachsende Schrecken. Fichte, Hegel und Treitschke interpretieren seine Lehren um und assimilieren sie dadurch ihren eigenen, ohne daß das Klima des Schreckens dadurch allerdings gemildert worden wäre. Der Eindruck des von ihm verbreiteten Schreckens war kein vorübergehender, er hält noch heute an.

Lassen wir das historische Problem beiseite, warum es keine unmittelbar zeitgenössische Kritik gab, und betrachten das ständige Unbehagen, das *Der Fürst* seinen Lesern die ganzen vier Jahrhunderte hindurch bereitet hat, die seit seiner Indizierung vergangen sind. Die große Originalität und die tragischen Implikationen der Thesen Machiavellis scheinen mir in ihrer Beziehung zur christlichen Kultur zu liegen. Es ließ sich im Licht der heidnischen Ideale in der heidnischen Zeit gut leben, aber Paganismus mehr als tausend Jahre nach dem Triumph des Christentums zu predigen hieß, daß man es nach dem Verlust der Unschuld tat und die Menschen zwang, eine bewußte Wahl zu treffen. Die Wahl ist schmerzlich, denn es ist eine zwischen zwei Welten. Menschen haben in beiden gelebt, haben gekämpft und sind gestorben, um die eine vor der anderen zu schützen. Machiavelli hat für eine der beiden votiert und ist bereit, um ihretwillen Verbrechen auf sich zu nehmen.

Durch Töten, Betrug und Verrat begehen Machiavellis Fürsten und Republikaner schändliche Dinge, die nach der allgemeinen Moral unverzeihlich sind. Es ist Machiavelli hoch anzurechnen, das nicht geleugnet zu haben[101], während Marsilius, Hobbes, Spi-

---

101 Das hat Jacques Maritain erkannt (vgl. dazu *La philosophie morale*, Paris 1960, S. 252), der zugesteht, daß Machiavelli »niemals das Böse gut und das Gute böse genannt hat«. »Machtpolitik« wird als das gezeigt, was sie ist: die Partei mit den stärkeren Bataillonen; sie beansprucht nicht, daß Gott auf ihrer Seite ist: keine *Dei gesta per Francos.*

noza und, auf ihre Weise, Hegel und Marx dies versucht haben. Mit ihnen hielten es viele Verteidiger der Staatsräson, Imperialisten und Populisten, Katholiken und Protestanten, die für ein einziges moralisches System argumentieren und zeigen wollen, daß die Ethik, die solche Untaten rechtfertigt und sogar verlangt, mit den konfusen ethischen Annahmen der nichtgelehrten Moral, die sie absolut verbietet, in Einklang steht und ihre rationalere Form ist. Von dem Gesichtspunkt der großen gesellschaftlichen Ziele, in deren Namen diese (auf den ersten Blick bösen) Taten begangen werden müssen, sind sie, so lautet das Argument, nicht mehr böse, sondern vernünftige Taten, die von der Natur der Dinge selbst gefordert werden, durch das Gemeinwohl, die wahren Zwecke der Menschen oder die Dialektik der Geschichte, und nur diejenigen verurteilen sie, die keinen hinreichend großen Ausschnitt des logischen, theologischen, metaphysischen oder historischen Planes übersehen können oder wollen; mißbilligt und angeprangert werden sie nur von den geistig Blinden oder Kurzsichtigen. Schlimmstenfalls sind diese »Verbrechen« Mißklänge, die von der umfassenden Harmonie gefordert werden und deshalb für die, die diese Harmonie hören, nicht länger unharmonisch sind.

Machiavelli vertritt keine dieser abstrakten Theorien. Es kommt ihm nicht in den Sinn, solche Kasuistik anzuwenden. Er ist in dieser Hinsicht ganz unzweideutig und ehrlich. Wenn man ein Leben als Staatmann wählt oder auch nur das Leben eines Staatsbürgers mit genügend Bürgersinn, um seinen Staat so erfolgreich und glänzend wie möglich sehen zu wollen, legt man sich auf die Ablehnung christlichen Verhaltens fest.[102] Hinsichtlich einer aus dem sozialen und politischen Kontext herausgelösten individuellen Seele haben die Christen vielleicht recht, aber die Wohlfahrt eines Staates ist nicht dasselbe wie das Wohlbefinden von Individuen – denn sie »werden anders regiert«. Man wird seine Entscheidung treffen müssen: die einzigen Verbrechen sind Schwäche, Feigheit und Dummheit, weil sie einen dazu bringen könnten, in einen Mittelweg zurückzufallen und so zu scheitern.

---

102 Auch auf die Gefahr hin, die Geduld des Lesers zu erschöpfen, muß ich wiederholen, daß dies kein Konflikt der weltlichen Staatskunst mit der christlichen Moralität ist, sondern ein Konflikt zwischen der heidnischen Ethik (die unauflöslich mit dem gesellschaftlichen Leben verbunden ist und ohne es nicht verstanden werden kann) und der christlichen Ethik, die – wie immer ihre Folgen für die Politik aussehen – unabhängig von der Staatskunst festgelegt werden kann, was z. B. für Aristoteles' oder Hegels Ethik nicht gilt.

Jeder Kompromiß mit der gängigen Moral führt zur Stümperei, die immer verächtlich ist und die Menschen ruiniert, wenn sie von einem Staatsmann praktiziert wird. Das Ziel »heiligt« die Mittel, selbst wenn sie sogar nach den Begriffen der heidnischen Ethik schrecklich sind, solange es nur (im Licht der Ideale von Thukydides oder Polybios, Cicero oder Livius) edel genug ist. Brutus hatte ein Recht, seine Kinder zu töten: er rettete Rom. Soderini war für solche Untaten nicht entschlossen genug und ruinierte Florenz. Savonarola mit seinen gesunden Vorstellungen über Strenge, moralische Stärke und Korruption ging zugrunde, weil er sich nicht klarmachte, daß ein unbewaffneter Prophet immer am Galgen enden wird.

Wenn man das erwünschte Resultat unter Ausnutzung der Hingabe und Zuneigung der Menschen erreichen kann, soll man in jedem Fall so verfahren. Leiden zu verursachen ist an sich kein Wert. Aber wenn es unvermeidbar ist, dann sind Moses und Romulus, Theseus und Kyros die Vorbilder, dann muß man Furcht und Schrecken anwenden. Bei Machiavelli gibt es keinen finsteren Satanismus, nichts von Dostojewskis großem Sünder, der Bösem um des Bösen willen nachjagt. Auf Dostojewskis berühmte Frage »Ist alles erlaubt?« antwortet Machiavelli (der für Dostojewski sicherlich ein Atheist gewesen wäre): »Ja, wenn das Ziel – die Verfolgung der grundlegenden Interessen einer Gesellschaft in einer bestimmten Situation – anders nicht verwirklicht werden kann.«

Diese Position haben auch einige von denen nicht richtig verstanden, die nach eigenem Bekunden durchaus Sympathie für Machiavelli haben. Figgis zum Beispiel nimmt an, daß Machiavelli ständig »die Habeaskorpusakte der ganzen Menschheit«[103] aufhebe, daß er für terroristische Methoden votiert habe, weil für ihn die Situation immer kritisch, immer verzweifelt gewesen sei, so daß er gewöhnliche politische Prinzipien mit Regeln zusammengeworfen habe, die, wenn überhaupt, nur in äußersten Fällen notwendig seien.

Andere – vielleicht die Mehrheit seiner Interpreten – sahen in Machiavelli den Schöpfer oder zumindest Verteidiger dessen, was man später »raison d'état«, »Staatsräson«, »ragion di stato« nannte, die Rechtfertigung unmoralischer Handlungen, wenn sie für den Staat in außergewöhnlichen Umständen nötig sind. Mehr als ein

---

103 Figgis, a.a.O. (siehe Anm. 61), S. 76.

Forscher hat einleuchtend genug gezeigt, daß sich die Vorstellung, verzweifelte Situationen erforderten verzweifelte Mittel, – »Notwendigkeit kennt kein Gesetz« – nicht nur bei antiken Autoren, sondern ebenso bei Thomas von Aquin, Dante und anderen mittelalterlichen Schriftstellern lange vor Bellarmino oder Machiavelli findet.

Diese Parallelisierungen scheinen mir auf einem tiefen, aber bezeichnenden Mißverständnis seiner Thesen zu beruhen. Machiavelli sagt nicht, daß zwar in normalen Situationen die gängige Ethik, die christliche oder halbchristliche, gelten solle, daß aber Ausnahmezustände eintreten können, in denen die ganze der gängigen Ethik zugrundeliegende Gesellschaftsstruktur auf dem Spiel stehe, und daß dann Taten gerechtfertigt seien, die man sonst zu Recht für böse und verboten hält.

Damit unterschiede er sich nicht von denen, die davon ausgehen, daß jede Ethik letztlich auf der Existenz gewisser Institutionen beruht. Zum Beispiel glauben die römischen Katholiken, daß die Existenz der Kirche und des Papsttums für die Christenheit unerläßlich ist, und auch die Nationalisten sehen in der politischen Macht einer Nation die einzige Quelle des geistigen Lebens. Sie alle halten extreme und »scheußliche« Methoden dann für gerechtfertigt, wenn sie in Augenblicken akuter Krise für den Schutz des Staates oder der Kirche notwendig sind, da der Untergang dieser Institutionen den unerläßlichen Rahmen aller anderen Werte in Frage stellen würde. Das ist die Lehre, mit der Katholiken ebenso wie Protestanten, Konservative wie Kommunisten Greuel verteidigt haben, die einem normalen Menschen das Blut in den Adern erstarren lassen.

Aber Machiavelli denkt anders. Für die Verteidiger der Staatsräson liegt die einzige Rechtfertigung solcher Methoden darin, daß sie nur im Ausnahmezustand angewendet werden dürfen, daß sie für die Erhaltung eines Systems notwendig sind, dessen Zweck darin besteht, die Notwendigkeit solcher abscheulichen Methoden gerade auszuschließen, so daß die einzige Rechtfertigung dieser Schritte darin liegt, Situationen zu beenden, die sie notwendig werden lassen. Für Machiavelli aber sind solche Verfahren in einem gewissen Sinne selbst völlig normal. Keine Frage, daß sie nur im äußersten Falle verlangt werden, aber das politische Leben hat die Tendenz, sehr häufig solche Notsituationen in verschiedenstem Ausmaß zu erzeugen. Deshalb war Baglioni offensichtlich zur

Herrschaft unfähig, weil er vor den logischen Konsequenzen seiner eigenen Politik zurückschreckte.

Der Begriff Staatsräson enthält einen Konflikt zwischen Werten, der einen moralisch guten und empfindlichen Menschen lähmen kann, aber für Machiavelli gibt es keinen Konflikt. Das öffentliche Leben hat seine eigene Moral, für die die christlichen Prinzipien (oder jeder absolute persönliche Wert) grundlose Hemmnisse sind. Dieses Leben hat seine eigenen Maßstäbe: Es verlangt nicht nach ständigem Terror, aber es heißt die Anwendung von Gewalt gut oder erlaubt sie zumindest, wenn sie für die Beförderung der Ziele der politischen Gemeinschaft notwendig ist.

Sheldon Wolin[104] besteht, wie ich finde, zu Recht darauf, daß Machiavelli an eine ständige »Ökonomie der Gewalt« glaubt, an die Notwendigkeit eines ständigen Gewaltvorbehalts im Hintergrund, um die Dinge so in Gang zu halten, daß die von ihm und seinen antiken Autoren bewunderten Tugenden geschützt werden und gedeihen können. Alle Menschen, die in einer Gesellschaft aufwachsen, in der von dieser Gewalt oder ihrer Möglichkeit angemessen Gebrauch gemacht wird, werden so glücklich wie die Griechen und Römer in ihrer besten Zeit leben können. Sie werden sich durch Vitalität, geistige Kraft, Vielseitigkeit, Stolz, Macht und Erfolg auszeichen (Machiavelli spricht kaum einmal von den Künsten oder den Wissenschaften). Aber es wird in keinem Falle ein christliches Reich sein. Dabei werden solche Umstände nur für diejenigen einen moralischen Konflikt heraufbeschwören, die nicht darauf vorbereitet sind, eine der beiden Lebensführungen abzulehnen, nur für die, die diese beiden unverträglichen Lebensweisen für miteinander vereinbar halten.

Aber für Machiavelli sind die Ansprüche der offiziellen Moral kaum einer Diskussion wert. Sie können in die gesellschaftliche Praxis keinen Eingang finden: »Wenn alle Menschen gut wären...«, aber er ist davon überzeugt, daß die Menschen niemals über den Punkt hinaus, an dem Machtfragen relevant werden, verbessert werden können. Wenn Moral eine Beziehung zur menschlichen Lebensführung hat und die Menschen von Natur aus soziale Lebewesen sind, dann kann die christliche Moralität keine Anleitung für eine normale gesellschaftliche Existenz sein. Das mußte einfach ausgesprochen werden, und Machiavelli tat es.

---

104 Sheldon S. Wolin, *Politics and Vision*, London 1960, S. 220-24.

Jeder ist dazu gezwungen, sich zu entscheiden, und wenn man sich für die eine Lebensform entschieden hat, muß man die andere völlig aufgeben. Das ist der entscheidende Punkt. Wenn Machiavelli recht hat, wenn es prinzipiell (oder faktisch, die Grenze scheint undeutlich zu sein) unmöglich ist, moralisch gut zu sein und seine Pflichten so zu erfüllen, wie es die allgemeine europäische und vor allem die christliche Moral vorsieht, und zugleich Sparta, das Athen des Perikles, die römische Republik oder auch nur das Rom der Antoninen zu errichten, dann ergibt sich eine Schlußfolgerung von ungeheurer Bedeutung. Dann ist nämlich die Annahme, daß die angemessene, objektiv gültige Lösung der Frage, wie die Menschen leben sollten, prinzipiell gefunden werden könne, begrifflich schon im Ansatz falsch. Das ist eine wirklich »erschreckende« Aussage. Ich will versuchen, sie in ihren Kontext zu stellen.

Eine der tiefstsitzenden Annahmen des westlichen politischen Denkens ist die während ihrer langen Vorherrschaft kaum einmal in Frage gestellte Doktrin, daß es ein einziges Prinzip gibt, das nicht nur den Lauf der Sonne und der Sterne bestimmt, sondern allen beseelten Geschöpfen das richtige Verhalten vorschreibt. Tiere und andere unvernünftige Lebewesen aller Art folgen ihm aus Instinkt. Höhere Lebewesen erlangen Bewußtsein von ihm und sind frei, es abzulehnen, aber nur um den Preis ihres Untergangs. In der einen oder anderen Form hat diese Lehre das europäische Denken seit Platon beherrscht. Sie hat viele Gestalten angenommen und viele Vergleiche und Gleichnisse hervorgebracht. In ihrem Zentrum steht die Vorstellung einer unpersönlichen Natur, einer Vernunft, eines kosmischen Zweckes oder eines göttlichen Schöpfers, dessen Macht allen Dingen und Geschöpfen eine ihnen eigentümliche Funktion gegeben hat. Diese Funktionen sind Elemente eines einzigen, harmonischen Ganzen und können nur aus dem Zusammenhang mit ihm begriffen werden.

Oft hat man dafür Bilder aus der Architektur genommen – ein großes Gebäude, in dem jeder Teil auf einzigartige Weise zur Gesamtstruktur beiträgt. Man hat sie am menschlichen Körper als einem alles umschließenden, organischen Ganzen veranschaulicht oder am Leben der Gesellschaft als eine Pyramide dargestellt, an deren Spitze Gott als *ens realissimum* zwei symmetrische Systeme, die feudale und die natürliche Ordnung, verbindet, die sich, seinem Willen gehorsam, von ihm hinunter und zu ihm hinauf erstrecken. Oder sie wird als die große Kette des Seins interpretiert, die platonisch-christliche Analogie zum Weltbaum Yggdrasil, der Zeit und Raum und alles in ihnen Enthaltene verbindet. Oder man stellt sie in einer Analogie mit der Musik als ein Orchester dar, in dem jedes Instrument und jede Gruppe von Instrumenten in der unendlich reichen Polyphonie eine eigene Melodie zu spielen hat. Als nach dem siebzehnten Jahrhundert polyphone Metaphern durch harmonische abgelöst wurden, sah man die Instrumente nicht mehr unter dem melodischen Aspekt, sondern unter einem strukturellen: ohne das harmonische Ganze insgesamt erkennen zu können und obwohl viele Töne unharmonisch oder überflüssig scheinen, wenn man sie voneinander isoliert, trägt jede Gruppe von Spielern gleichwohl zu einem harmonischen Ganzen bei, das nur von einem höheren Standpunkt aus wahrnehmbar ist.

Die Vorstellung der Welt und der menschlichen Gesellschaft als einer einzigen, erkennbaren Struktur ist die Wurzel der vielen Spielarten des Naturgesetzes – der mathematischen Harmonien der Pythagoreer, der logischen Stufenleiter der Platonischen Ideen, der genetisch-logischen Formen des Aristoteles, des göttlichen *logos* der Stoiker und der christlichen Kirchen mit ihren säkularisierten Ablegern. Die Fortschritte der Naturwissenschaften brachten eher empirisch gefaßte Formen dieser Vorstellung und anthropomorphe Vergleiche hervor: die Mutter Natur, die widerstrebende Richtungen harmonisiert (wie bei Hume oder Adam Smith), die Gebieterin Natur als Lehrerin des besten Wegs zur Glückseligkeit (wie in den Schriften einiger Enzyklopädisten) oder die in den vorhandenen Gebräuchen und Gewohnheiten organisierter Gesellschaften verkörperte Natur. So reflektierten biologische, ästhetische und psychologische Vergleiche die vorherrschenden Anschauungen eines Zeitalters.

Dieses vereinheitlichende, monistische Grundmuster bildet den Kern des traditionellen religiösen oder atheistischen, metaphysischen oder wissenschaftlichen, transzendenten oder naturalistischen Rationalismus, der für die westliche Tradition charakteristisch war. Dieses Fundament aller westlichen Überzeugungen und Lebensweisen hat Machiavelli praktisch gesprengt. Ein solcher Eingriff geht natürlich nicht auf das Konto eines einzelnen und wäre auch kaum in einer stabilen gesellschaftlichen und moralischen Ordnung möglich gewesen. Außer ihm hatten viele andere – antike Skeptiker, mittelalterliche Nominalisten und Säkularisten, Humanisten der Renaissance – den Sprengstoff geliefert, er aber hat, so die These dieses Aufsatzes, die entscheidende Zündung betätigt.

Wenn die Frage nach den Zielen des Lebens eine wirkliche Frage ist, muß sie angemessen beantwortet werden können. Rationalität in Fragen der Lebensführung geltend zu machen schloß den Anspruch ein, daß im Prinzip angemessene und endgültige Lösungen dieser Fragen gefunden werden können.

Wenn solche Lösungen früher erörtert worden waren, hatte man in der Regel angenommen, daß eine vollkommene Gesellschaft, zumindest in ihren Grundzügen, begrifflich erfaßt werden könne. Denn welchen Maßstab hätte man sonst anlegen können, um vorhandene Einrichtungen als unvollkommene zu kritisieren? Die vollkommene Gesellschaft braucht hier auf Erden nicht verwirklicht werden zu können, denn die Menschen sind dazu zu unwissend, zu schwach oder zu verdorben. Oder man sagte (wie einige Materialisten in den Jahrhunderten nach dem *Fürsten*), daß die technischen Mittel fehlten, daß noch keiner die Methoden entdeckt habe, um die materiellen Hindernisse vor dem goldenen Zeitalter zu überwinden, daß wir technologisch, pädagogisch oder moralisch ungenügend ausgebildet seien, aber es wurde niemals behauptet, daß diese Vorstellung selbst widersprüchlich sei.

Platon und die Stoiker, die jüdischen Propheten, die christlichen Philosophen des Mittelalters und die Verfasser von Utopien seit Morus hatten eine Vorstellung, wovon die Menschen abgefallen waren, und behaupteten, dadurch in der Lage zu sein, den Abstand zwischen der Wirklichkeit und dem Ideal ausmessen zu können. Wenn aber Machiavelli recht hat, beruht diese Tradition – der Hauptstrom des westlichen Denkens – auf einem Trugschluß. Denn wenn seine Auffassung richtig ist, ist es unmöglich, auch nur den Begriff einer solchen vollkommenen Gesellschaft zu bilden, weil es zwei Ethiken gibt – wir wollen sie die christliche und die heidnische nennen –, die nicht nur praktisch, sondern prinzipiell unvereinbar miteinander sind.

Wenn Menschen christliche Demut praktizieren, können sie nicht gleichzeitig von dem brennenden Ehrgeiz der großen klassischen Stifter von Kulturen und Religionen beseelt sein. Wenn ihr Blick auf die jenseitige Welt gerichtet ist, wenn ihre Vorstellungswelt auch nur vom Lippendienst gegenüber einer solchen Einstellung angesteckt ist, werden sie schwerlich ihre ganze Kraft darein setzen können, einen vollkommenen Staat zu errichten. Wenn Leiden, Opfer und Märtyrertum nicht prinzipiell schlimme und unentrinnbare Notwendigkeit sind, sondern an sich selbst höchst wertvoll sein können, dann wird man die glorreichen Siege über das Schicksal, die nur die Verwegenen, Beherzten und Jungen erringen, weder erkämpfen noch überhaupt für erkämpfenswert halten. Wenn nur spirituelle Güter etwas gelten, von welchem Wert soll dann das Studium der *necessità* sein, der Gesetze, die die Natur wie das Leben der Menschen regieren und durch deren Handhabung die Menschen in den Künsten, den Wissenschaften und der Organisation der Gesellschaft Unerhörtes erreichen?

Die Ablehnung des Strebens nach weltlichen Zielen kann zu Zerfall und zu einer neuen Barbarei führen. Aber selbst wenn das so ist, ist es das Schlimmste, was passieren kann? Bei all ihren Unterschieden voneinander und gegenüber den Sophisten, Epikuräern oder anderen griechischen Schulen seit dem vierten Jahrhundert teilen Platon und Aristoteles mit ihren Schülern, den modernen europäischen Rationalisten und Empiristen, die Überzeugung, daß das Studium der Wirklichkeit für alle, die sich von den Erscheinungen nicht blenden lassen, die wahren Ziele enthüllen könne, die die Menschen verfolgen müßten und die sie frei und glücklich, gut und vernünftig machen würden.

Einige nahmen für alle Menschen unter allen Umständen dasselbe Ziel an, andere differenzierten nach der Verschiedenartigkeit der Menschen und ihrer jeweiligen historischen Situationen; den Objektivisten und Universalisten traten die Relativisten und Subjektivisten, den Metaphysikern die Empiristen und den Theisten die Atheisten gegenüber, und es gab tiefgreifende Meinungsverschiedenheiten über moralische Probleme, aber keiner dieser Denker, noch nicht einmal die Skeptiker, hätte sich vorstellen können, daß es Zwecke geben kann – Zwecke an sich, durch die allein alles andere gerechtfertigt wird –, die gleichermaßen höchste Zwecke, aber miteinander unvereinbar sind und daß es kein allgemeines, alles übergreifendes Kriterium gibt, aufgrund dessen man zwischen beiden rational wählen kann.

Dieser Gedanke war in der Tat zutiefst beunruhigend. Er zwang die Menschen zu einer Prüfung ihrer moralischen Werte, wenn sie in konsistenter Weise leben, handeln und verstehen wollten, welche Ziele sie verfolgten. Was aber, wenn sie herausfanden, daß sie genötigt waren, zwischen zwei unvergleichbaren Systemen zu wählen, ohne einen untrüglichen Maßstab zu besitzen, mit dem sich die Überlegenheit einer Lebensform über alle anderen auf eine alle vernünftigen Menschen befriedigende Weise demonstrieren ließ? Vielleicht war dies die in Machiavellis Darlegungen enthaltene schreckliche Wahrheit, die das moralische Bewußtsein erregt und seitdem so unablässig und quälend verfolgt hat.

Machiavelli selbst hat sich diese Frage nicht gestellt. Für ihn gab es kein Problem und kein Ringen um die Entscheidung, er war frei von jedem Skeptizismus oder Relativismus, hat seine Seite gewählt und sich nicht weiter für die Werte interessiert, die von seiner Entscheidung ignoriert wurden und denen sie hohnsprach. Der Konflikt zwischen seiner Wertordnung und der der konventionellen Moral scheint Machiavelli selbst (ohne Croce und den anderen, die in ihm den »von Seelenqualen gepeinigten Humanisten« sehen, zu nahe treten zu wollen) keine Sorgen bereitet zu haben. Er verstörte nur die, die nach ihm kamen und einerseits nicht darauf vorbereitet waren, ihre eigenen (christlichen oder humanistischen) moralischen Werte zusammen mit der Denkweise und Lebensform, deren Teil sie waren, abzulegen, andererseits aber Machiavelli in seinen Analysen der politischen Fakten und der damit einhergehenden, in der von ihm so brillant und überzeugend gezeichneten Gesellschaftsstruktur verkörperten (größtenteils heidnischen) Werte und Einstellungen weitgehend recht geben mußten.

Wenn ein uns zeitlich und kulturell sehr ferner Denker noch immer Leidenschaft, Enthusiasmus, Empörung oder heftigen Streit auslöst, hat er meist eine These formuliert, die eine tief verwurzelte *idée reçue* in Frage stellt, ohne daß diejenigen, die an der alten Überzeugung hängen, sie zurückweisen oder widerlegen können. So ist es mit Platon und Hobbes, mit Rousseau und Marx gewesen.

Ich denke, daß Machiavellis Nebeneinanderstellung dieser beiden Einstellungen, der beiden faktisch unvereinbaren moralischen Welten, ihr Widerstreit und die daraus resultierende moralische Qual für alle verzweifelten Anstrengungen verantwortlich sind, seine Lehren hinwegzuinterpretieren, indem man ihn als einen zynischen und deshalb letztlich flachen Verteidiger der Machtpolitik darstellt, als Diener des Teufels oder als Patrioten, der für die selten eintretenden Ausnahmesituationen Vorschriften aufstellt, oder als bloßen Opportunisten, als verbitterten politischen Versager oder als bloßes Sprachrohr von Wahrheiten, die wir schon immer gewußt, aber noch nie auszusprechen gewagt

haben, oder auch als den erleuchteten Übersetzer allgemein aner-
kannter alter Gesellschaftsprinzipien in empirische Begriffe, als
einen krypto-republikanischen Satiriker (einen Abkömmling Ju-
venals oder Vorläufer Orwells), als einen kalten Wissenschaftler,
einen bloßen, moralisch neutralen politischen Technologen, als
einen typischen Schriftsteller der Renaissance in einem heute obsolet gewordenen Genre oder wie immer die zahlreichen anderen
Rollen heißen mögen, die man seit je und noch heute für ihn bereitstellt.

Machiavelli kann durchaus zumindest einige dieser Züge gehabt haben, aber die Isolierung und Herauspräparierung des
einen oder anderen zum Konstituens seines eigentlichen, »wahren« Charakters scheint mir aus dem Widerstreben zu entspringen, der unangenehmen Wahrheit ins Auge zu sehen oder sie gar
zu erörtern, die Machiavelli unbeabsichtigt, nahezu beiläufig, aufgedeckt hat, daß nämlich nicht alle höchsten Werte notwendig
miteinander vereinbar sind, daß es begriffliche (früher sagte man
»philosophische«) und nicht bloß empirische Einwände gegen den
Begriff einer einzigen, endgültigen Lösung gibt, die, wenn sie nur
praktisch in Angriff genommen würde, die vollkommene Gesellschaft verwirklichen würde.

III

Wenn eine solche Lösung aber noch nicht einmal prinzipiell formuliert werden kann, dann stellen sich alle politischen und auch
moralischen Probleme neu. Diese Unmöglichkeit einer einzigen
Lösung bedeutet nicht die Trennung der Politik von der Ethik, sondern vielmehr die Entdeckung der Möglichkeit von mehr als einem Wertsystem ohne ein Kriterium, das für alle gültig wäre und
eine rationale Wahl zwischen ihnen ermöglichte. Damit ist weder
das Christentum zugunsten des Heidentums zurückgewiesen (obwohl Machiavelli letzteres offensichtlich vorzog), noch umgekehrt
das Heidentum zugunsten des Christentums (das er, zumindest in
der ihm vorliegenden Form, für unvereinbar mit den grundlegenden menschlichen Bedürfnissen hielt). Vielmehr werden beide dadurch gleichberechtigt nebeneinandergestellt, mit der impliziten
Aufforderung an alle Menschen, entweder ein gutes, nämlich im

christlichen Sinne tugendhaftes, Privatleben oder ein gutes, nämlich im heidnischen Sinne erfolgreiches, öffentliches Leben zu
führen, aber nicht beide zugleich.

Was Machiavelli – wie Nietzsche oft dafür gerühmt, scheinheili-
ge Masken herunterzureißen und kompromißlos die Wahrheit aufzudecken, oder wie die Formeln lauten mögen – gezeigt hat, ist
nicht, daß die Menschen eines bekennen und ein anderes tun (obwohl er zweifellos auch dies zeigt), sondern daß sie sich mit der
Annahme, diese beiden Ideale wären vereinbar oder sogar ein und
dasselbe, und der Weigerung, diese Annahme in Frage zu stellen,
einer Unwahrhaftigkeit schuldig machen (wie es die Existentialisten nennen, oder eines »falschen Bewußtseins«, um die Marxsche
Formel zu benutzen), die ihr tatsächliches Verhalten Lügen straft.
Machiavelli entlarvt nicht bloß die offizielle Moral, die Scheinheiligkeit des normalen Lebens, sondern erschüttert die Haupttradition des westlichen Denkens in einer ihrer Säulen, nämlich in dem
Glauben an die letztliche Vereinbarkeit aller wirklichen Werte.
Ihn selbst berührt das nicht. Er hat seine Entscheidung getroffen,
und es scheint ihm wenig auszumachen, ja kaum bewußt zu sein,
daß er der traditionellen westlichen Moral den Abschied gegeben
hat.

Aber seine Schriften haben, wenn nicht für ihn selbst, so für andere in den Jahrhunderten nach ihm, die Frage aufgeworfen, welchen Grund wir für die Annahme haben, daß Gerechtigkeit und
Erbarmen, Demut und *virtù*, Glück und Wissen, Ruhm und Freiheit, Pracht und Heiligkeit immer zusammentreffen oder überhaupt miteinander vereinbar sind. Die poetische Gerechtigkeit
heißt schließlich nicht deshalb so, weil sie als Richtschnur in der
Prosa des alltäglichen Lebens gegenwärtig wäre, sondern weil sie
es gerade nicht ist und weil im gewöhnlichen Leben ex hypothesi
vielmehr eine andere Form der Gerechtigkeit wirksam ist: »Ein
Staat und ein Volk werden anders regiert als ein Individuum.« In
welchem Sinne kann da von unveräußerlichen Rechten im mittelalterlichen oder liberalen Verständnis die Rede sein? Der weise
Mann muß sich und anderen diese Phantasterei aus dem Kopf
schlagen oder sollte sie, wenn sie zu widerständig ist, als Mittel für
eine lebensfähige Gesellschaft ausbeuten, wie es Pareto oder Dostojewskis Großinquisitor empfehlen.

»Gerechtigkeit und Tugend, Unrecht, Gewalt und Laster ... die
Weltgeschichte fällt außer diesen Gesichtspunkten«, sagt Hegel.

Wenn man für »Weltgeschichte« »eine gut regierte *patria*« einsetzt und Hegels Begriff der Tugend im christlichen oder gewöhnlichen Sinne liest, dann hat Machiavelli als einer der ersten diese Lehre vertreten. Wie alle großen Neuerer hat auch er seine Vorläufer, aber die Namen Palmieri und Pontano und sogar Karneades oder Sextus Empiricus haben wenig Spuren im europäischen Denken hinterlassen. Croce hat mit Recht darauf bestanden, daß Machiavelli nicht gleichgültig, zynisch oder verantwortungslos war. Sein Patriotismus, sein Republikanismus und sein Engagement stehen außer Frage. Er litt für seine Überzeugungen und dachte beständig darüber nach, wie man Florenz und Italien erretten könne. Trotzdem haben weder sein Charakter, seine Stücke, seine Dichtung oder Historien noch seine diplomatischen oder politischen Aktivitäten ihm seinen einzigartigen Ruf eingebracht.[105] Auch kann er nicht nur auf die Rechnung seiner psychologischen und soziologischen Phantasie gehen. Seine Psychologie ist äußerst dürftig, er läßt offenbar noch nicht einmal die bloße Möglichkeit eines beständigen und wirklichen Altruismus gelten und weigert sich, die Motive von Leuten zu erwägen, die den Kampf gegen erdrückende Übermacht nicht scheuen, die die *necessità* ignorieren und bereit sind, für eine aussichtslose Sache ihr Leben zu opfern.

Sein Mißtrauen gegenüber allen weltfremden Haltungen und allen absoluten, von der empirischen Beobachtung abgelösten Prinzipien hat fanatische Züge und ist in seiner Gewalt geradezu phantastisch. Die Vision eines großen Fürsten, der auf den Menschen wie auf Instrumenten spielt, berauscht ihn. Er nimmt an, daß die

---

105 Die Moral der *Mandragola*, seiner besten Komödie, hat für mich große Ähnlichkeit mit der seiner politischen Traktate, daß nämlich die ethischen Maximen seiner Gestalten überhaupt nicht mit ihrem Handeln und ihren Zielen übereinstimmen. Beinahe alle erreichen schließlich, was sie wollen. Wenn Callimaco der Versuchung widerstanden hätte, wenn die Frau, die er verführt, Gewissensbisse bekommen oder wenn Fra Timoteo versucht hätte, nach den Maximen seiner Väter und Lehrer zu leben, mit denen er seine Reden so freigiebig würzt, hätte es gar nicht so kommen können. Aber alles wendet sich zum Besten, allerdings eben nicht vom Standpunkt der anerkannten Moral aus. Wenn das Stück Scheinheiligkeit und Dummheit anprangert, tut es dies nicht aus der Perspektive der Tugend, sondern von einem offenen Hedonismus her. Die Vorstellung, daß Callimaco eine Art Fürst im privaten Leben ist, der sich erfolgreich seine eigene Welt schafft durch den richtigen Gebrauch von List und Betrug, durch das Praktizieren der *virtù*, durch eine kühne Herausforderung der *fortuna* und dergleichen, scheint mir durchaus plausibel zu sein. Vgl. dazu Henry Paoluccis Einführung zu *Mandragola*, New York 1957.

verschiedenen Gesellschaften andauernd miteinander im Krieg leben, da sie verschiedene Zwecke verfolgen, und betrachtet die Geschichte als einen endlosen, mörderischen Wettstreit, in dem das einzige Ziel eines vernünftigen Menschen sein kann, in den Augen seiner Zeitgenossen und der Nachwelt Erfolg zu haben. Er ist groß darin, die Phantasien auf die Erde herunterzuholen, aber glaubt, wie es später Mill Bentham vorwerfen sollte, daß damit alles getan sei. Er gesteht den idealistischen Impulsen der Menschen zu wenig zu und hat kein historisches Gespür und wenig Sinn für ökonomische Fragen. Vom technischen Fortschritt, der dabei ist, das politische und gesellschaftliche Leben und vor allem die Kriegsführung umzugestalten, hat er keine blasse Ahnung. Daß Individuen, Gemeinschaften und Kulturen sich entwickeln und sich selbst verändern können, ist ihm völlig fremd. Wie Hobbes glaubt er, daß das Argument oder das Motiv der Selbsterhaltung automatisch alle anderen überwiege.

Machiavelli rät den Menschen vor allem, keine Dummköpfe zu sein und etwa einem Prinzip zu folgen, das in den Ruin führt, denn das sei, zumindest nach weltlichen Maßstäben, absurd. Andere Maßstäbe erwähnt er nicht ohne Respekt, interessiert sich aber nicht weiter für sie. Wer sie annimmt, wird schwerlich etwas schaffen, was seinen Namen überdauern lassen wird. Seine Römer sind genauso unwirklich wie die stilisierten Figuren seiner brillanten Komödien. Seine Menschen haben so wenig inneres Leben, so wenig Fähigkeit zur Zusammenarbeit und sozialen Solidarität, daß man sich – wie bei Hobbes' nicht unähnlichen Geschöpfen – kaum vorstellen kann, wie sie genügend wechselseitiges Vertrauen entwickeln könnten, um, selbst unter dem ständigen Schatten sorgfältig regulierter Gewalt, eine dauerhafte Gesellschaft zu bilden.

Kaum einer wird bestreiten, daß Machiavellis Schriften, besonders *Der Fürst*, die Menschheit tiefer und dauerhafter als jede andere politische Abhandlung schockiert haben. Der Grund dafür liegt nicht, wie ich noch einmal wiederholen möchte, in der Entdeckung, daß die Politik ein Machtkampf ist, daß politische Beziehungen zwischen unabhängigen Gesellschaften und innerhalb ihrer die Anwendung von Gewalt und Betrug mit sich bringen und nicht mit den Prinzipien zusammenfallen, die die Machthaber als die ihrigen ausgeben. Das weiß man, seitdem man bewußt über Politik nachdenkt, mindestens seit Thukydides und Platon. Neu sind auch nicht seine Beispiele für erfolgreichen Machterwerb und ihre Erhaltung: die Beschreibungen des Massakers von Sinigaglia oder des Verhaltens von Agathokles und Oliverotto da Fermo sind nicht mehr und nicht weniger erschreckend als ähnliche Berichte bei Tacitus oder Guicciardini. Die Feststellung, daß das Verbrechen sich auszahlt, ist in der westlichen Geschichtsschreibung nicht neu. Auch kann nicht allein seine Befürwortung ruchloser Methoden die Leser so erregt haben. Schon lange vorher hatte Aristoteles eingeräumt, daß außergewöhnliche Situationen entstehen können und Prinzipien und Regeln sich nicht schematisch auf alle Situationen anwenden lassen, und seine Ratschläge an die Herrscher in der *Politik* sind dementsprechend realistisch. Cicero ist sich dessen bewußt, daß kritische Situationen außergewöhnliche Methoden verlangen, und die *ratio publicae utilitatis*, die *ratio status* waren auch dem Denken im Mittelalter vertraut – »Notwendigkeit kennt kein Gesetz« ist ein thomistischer Gedanke: Pierre d'Auvergne sagt genau dasselbe, Harrington hat es im folgenden Jahrhundert wiederholt und Hume pflichtete ihm bei.

Neu waren diese Gedanken bei keinem von ihnen und vielleicht bei niemandem. Machiavelli hat den Begriff der Staatsräson weder erfunden noch viel Gebrauch von ihm gemacht. Er betonte Willen und Verwegenheit auf Kosten der Regeln, die die gemäßigte *ragione* empfahl und für die seine Kollegen in den *Pratiche Fiorentine* und vielleicht auch in den Oricellari-Gärten votiert haben dürften. Aber wie Machiavelli hielt es auch Leone Battista Alberti, wenn er erklärte, daß *fortuna* nur die Schwachen und Besitzlosen beutele, und mit ihm viele zeitgenössische Dichter, auf seine Weise sogar Pico della Mirandola in seiner großen Apostrophe der Macht des Menschen, der sich im Gegensatz zu den Engeln in jede Gestalt verwandeln könne – jenes begeisternde Bild im Herzen des europäischen Humanismus sowohl im Norden wie in den mediterranen Ländern.

Sehr viel origineller ist, wie man oft bemerkt hat, Machiavellis Ablösung der Politik als eines selbständigen Untersuchungsgegenstandes vom theologischen Weltbild, innerhalb dessen sie vor ihm (sogar bei Marsilius) wie nach ihm erörtert worden ist. Aber so wagemutig sein Säkularismus zu seiner Zeit auch gewesen sein mag, er kann die Zeitgenossen Voltaires oder Benthams und ihre Nachfolger nicht mehr schockiert haben. Das war vielmehr etwas anderes.

Machiavellis Hauptleistung ist – ich wiederhole es noch einmal –
die Aufdeckung eines unauflöslichen Dilemmas, das Fragezeichen
am Weg aller Späteren. Es rührt von seiner faktischen Anerkennung her, daß Ziele, die gleichermaßen höchste, gleichermaßen
heilige sind, einander widersprechen und ganze Wertsysteme ohne Möglichkeit einer rationalen Entscheidung zwischen ihnen in
Widerspruch zueinander geraten können – und das nicht bloß in
außergewöhnlichen Situationen, als Resultat eines Ausnahmezu-
stands, eines Unglücks oder eines Irrtums – wie der Zusammenstoß zwischen Antigone und Kreon oder die Geschichte Tristans –,
sondern (das war ganz gewiß neu) als Teil der alltäglichen
menschlichen Lage.

Wem solche Kollisionen selten, außergewöhnlich und vernich-
tend scheinen, für den wird die Notwendigkeit der Entscheidung
eine quälende Erfahrung sein, auf die sich kein vernünftiges Wesen vorbereiten kann (da es keine Regeln dafür gibt), aber für Machiavelli, zumindest den des *Fürsten*, der *Discorsi* und der *Mandragola*, gibt es keine Qual. Man wählt, wie man wählt, weil man
weiß, was man will, und ist bereit, den Preis dafür zu zahlen. Gegen alle Einwände der Priester entscheidet man sich für die klassische Zivilisation und gegen die thebanische Einöde, für Rom und
gegen Jerusalem, weil das die eigene Natur und die des Menschen
überhaupt jederzeit und überall gebietet – denn Machiavelli ist
kein Existentialist oder romantischer Individualist *avant la parole*.
Wenn andere Einsamkeit oder Märtyrertum vorziehen, kann er
nur mit der Schulter zucken. Solche Menschen sind nichts für ihn,
er hat ihnen nichts zu sagen, sieht nichts, worüber er mit ihnen
diskutieren könnte. Für ihn und seine Anhänger zählt allein, daß
man ihnen nicht erlauben darf, sich in die Politik, die Erziehung
oder jede andere zentrale Frage des menschlichen Lebens einzu-
mischen, denn ihre Einstellung macht sie dazu untauglich.

Ich sage nicht, daß Machiavelli ausdrücklich behauptet habe, es
gebe einen Pluralismus oder sogar einen Dualismus von Werten,
zwischen denen man sich bewußt zu entscheiden habe, aber diese
Annahme folgt aus seiner Gegenüberstellung der von ihm bewunderten und der von ihm verachteten Lebensführung. Mit seinen
paar verächtlichen oder gönnerhaften Sätzen und glatten Worten
über die Mißdeutung des Christentums hält er die deutliche Überlegenheit der antiken Bürgertugenden gegenüber den christlichen
Werten wie der konventionellen Moral offensichtlich für ausge-

macht.[106] Das bekümmert und erbost seine Gegner um so mehr, als er offenbar ohne eigentlichen Vorsatz gegen ihre Überzeugungen angeht und seine Befürwortung böser Praktiken so klingt, als seien sie offenkundig die vernünftigsten und könnten eigentlich nur von Dummköpfen und Visionären abgelehnt werden. Wenn Machiavellis Annahmen wahr sind, unterminieren sie die Grundannahme des westlichen Denkens, daß nämlich irgendwo – in der Vergangenheit oder in der Zukunft, in dieser oder in der nächsten Welt, in der Kirche oder im Labor, in den Spekulationen der Metaphysiker, den Funden der Sozialwissenschaftler oder im unverdorbenen Herzen des einfachen, guten Menschen – die schließliche Lösung der Frage gefunden werden könne, wie die Menschen leben sollten. Wenn diese Grundüberzeugung falsch ist (und sie ist es, wenn mehr als eine gleichermaßen gültige Antwort auf die Frage gegeben werden kann), dann zerfällt die Vorstellung eines einzigen wahren, objektiven und allgemeinen Ideals des Menschen, dann wird die Suche danach nicht bloß praktisch eine Utopie, sondern begrifflich widersinnig.

---

106 Zum Beispiel in den oben angeführten Zitaten aus den *Discorsi*, oder wenn er sagt:»Ich glaube auch, daß das größte und Gott wohlgefälligste Gute, das man tun kann, das ist, welches man seinem Vaterlande tut.« Ich danke Myron Gilmore für diesen Hinweis auf die *Denkschrift über die Reform des Staates von Florenz*. Aber abgesehen von seinem Wunsch, Papst Leo X. zu schmeicheln, und abgesehen von der Neigung aller Autoren, in die Klischees ihrer Zeit zu verfallen – müssen wir annehmen, daß Machiavelli uns glauben machen wollte, Philipp von Makedonien sei Gott gefällig gewesen, als er in einer sogar für Machiavelli bedenklichen Weise die Bevölkerung umsiedelte (auch wenn er angeblich so handeln mußte), vorausgesetzt, daß dies für Makedonien gut war, und müssen wir umgekehrt annehmen, daß Baglionis Versäumnis, den Papst und die Kurie zu töten, Gott mißfiel? Ein solcher Gottesbegriff ist dem Neuen Testament allerdings sehr fern. Sind die Bedürfnisse der *patria* automatisch mit dem Willen des Allmächtigen identisch? Sind alle, die daran zu zweifeln wagen, potentielle Häretiker? Machiavelli wird manchmal vielleicht zu machiavellistisch dargestellt, aber die Annahme, er habe die Ansprüche Gottes und Cäsars für absolut miteinander vereinbar gehalten, führt seine zentrale These ad absurdum. Trotzdem beweist das natürlich nicht, daß ihm jede christliche Regung fremd war. Die in seinem letzten Lebensjahr verfaßte *Esortazione alla penitenza* (wenn sie authentisch ist und keine spätere Fälschung) mag, wie Ridolfi und Alderisio annehmen, durchaus aufrichtig sein. Capponi hat vielleicht übertrieben, in welchem Ausmaß Machiavelli »die Religion aus seinem Herzen vertrieben hat«, obwohl »sie nicht völlig aus seinem Denken ausgelöscht war«. Wesentlich ist, daß man in seinen politischen Schriften, mit denen wir uns hier befaßt haben, kaum eine Spur solcher Stimmungen findet. Es gibt eine interessante Diskussion dazu in Guiseppe Prezzolinis bereits zitiertem Aufsatz (siehe Anm. 68), in der diese Haltung bis zu Augustin zurückverfolgt und Croces These automatisch widerlegt wird.

Dieser Tatbestand ist ganz offensichtlich unerträglich für alle, die unter der entgegengesetzten Annahme aufgewachsen sind, für Gläubige genauso wie für Atheisten, für Empiristen wie für Aprioristen, denn für alle in einer monistischen Religion oder Moral oder mindestens einem monistischen gesellschaftlichen oder politischen System lebenden Menschen ist nichts verstörender als eine Infragestellung dieser Grundannahme. Das ist das Schwert, von dem Meinecke sprach, mit dem Machiavelli eine Wunde geschlagen hat, die nie mehr geheilt ist, auch wenn Felix Gilbert mit seiner Behauptung recht hat, daß Machiavelli selbst nicht unter diesem Trauma gelitten hat, denn er blieb ein, allerdings heidnischer, Monist.

Machiavelli hat sich sicherlich viele Verwirrungen und Übertreibungen zuschulden kommen lassen. Er verwechselte den Gedanken, daß höchste Ideale unvereinbar sein können, mit dem ganz anderen, daß die konventionelleren menschlichen Ideale – die sich auf das Naturrecht, die brüderliche Liebe und die menschliche Güte gründen – nicht verwirklicht werden können und daß, wer trotzdem danach handelt, dumm und nicht selten sogar gefährlich ist, und diesen fragwürdigen Satz schrieb er der Antike zu und glaubte, daß die Geschichte seine Wahrheit beweise. Die erste dieser Annahmen greift an die Wurzel aller Lehren, die an die Möglichkeit glauben, endgültige Lösungen erreichen oder zumindest formulieren zu können. Der zweite Gedanke ist empirisch, ein Gemeinplatz und keineswegs von selbst evident. Die beiden Gedanken sind auf keinen Fall identisch oder logisch verknüpft.

Darüber hinaus übertreibt er maßlos. Die idealisierten Gestalten des Perikleischen Griechenland oder des Rom der alten Republik sind vielleicht tatsächlich mit dem Idealbürger eines christlichen Staats unvereinbar (wenn man sich einen solchen überhaupt vorstellen kann), aber in der Praxis – vor allem in der Geschichte, auf die er sich doch zur Veranschaulichung, wenn nicht sogar zum Beweis seiner Thesen bezieht – kristallisieren sich reine Typen nur sehr selten heraus. Man stößt überall auf Mischungen, Verbindungen, Kompromisse und Formen des gesellschaftlichen Lebens, die nicht in einfache Klassifikationen passen, die aber weder Christen noch liberale Humanisten, noch auch Machiavelli selbst aufgrund ihrer Überzeugungen zurückweisen müßten. Trotzdem, die Grundannahme einer ganzen Zivilisation anzugreifen und ihr dauerhaften Schaden zuzufügen, ist eine Leistung ersten Ranges.

Machiavelli behauptet diesen Dualismus nicht, sondern für ihn ist – aufreizend für alle seine Gegner – die römische *antiqua virtus* dem von der Kirche gelehrten christlichen Leben so offensichtlich überlegen, daß man darüber keine Worte zu verlieren braucht. Gelegentlich macht er einige Bemerkungen, was das Christentum hätte werden können, aber ohne zu erwarten, daß es seinen gegebenen Charakter ändern werde. Damit ist für ihn der Fall erledigt. Wer auf die christliche Moral vertraut und den christlichen Staat als ihre Verkörperung betrachtet, aber gleichzeitig Machiavellis politische und psychologische Analysen weitgehend akzeptieren muß und das weltliche Erbe Roms nicht völlig negiert – ein Mensch in dieser Lage ist mit einem Dilemma konfrontiert, das nicht bloß empirisch bisher ungelöst, sondern überhaupt unlösbar ist, wenn Machiavelli recht hat. Das ist der gordische Knoten, den für Vanini und Leibniz der Autor des *Fürsten* geknüpft hat, ein Knoten, der durchhauen, nicht aber entwirrt werden kann.[107] Daher die Anstrengungen, seine Lehren zu verwässern und ihnen den Stachel zu nehmen.

Nach Machiavelli werden alle monistischen Konstruktionen zweifelhaft. Das Gefühl der Gewißheit, daß irgendwo der Schatz – die endgültige Lösung all unser Probleme – vergraben ist und daß ein bestimmter Weg zu ihm führen muß (denn er ist prinzipiell auffindbar) oder, um ein anderes Bild zu benutzen, die Überzeugung, daß alle unsere Annahmen und Gewohnheiten Teile eines einzigen Puzzlespiels sind, das – denn es gibt eine apriorische Garantie dafür – im Prinzip gelöst werden kann, so daß es uns nur aus Mangel an Kenntnis, aus Dummheit oder unglücklicher Fügung noch nicht gelungen ist, diese Lösung zu finden, durch die all unsere Interessen in Einklang gebracht werden – dieser fundamentale Glaube des westlichen politischen Denkens wird durch Machiavelli aufs äußerste erschüttert. Das ist der Grund, zumal in einem nach Gewißheiten strebenden Zeitalter, für die endlosen Anstrengungen, heute zahlreicher denn je, den *Fürsten* und die *Discorsi* zu erklären – oder vielmehr hinwegzuerklären.

Das ist die negative Seite seiner Theorien. Es gibt aber auch eine positive, die Machiavelli überrascht und vermutlich verstimmt hätte. Solange nur *ein* Ideal als wahres Ziel gilt, wird dem Menschen kein Weg zu schwer, kein Preis zu hoch sein, um alles für

---

107 Zitiert von Prezzolini, a.a.O. (siehe Anm. 2), S. 320f. (engl. Ausg. S. 222f.)

die Verwirklichung dieses einen Ziels Notwendige zu unternehmen. Solche Gewißheit gehört zu den stärksten Mitteln, Fanatismus, Zwang und Verfolgung zu rechtfertigen. Aber wenn nicht alle Werte miteinander vereinbar sind und man aus keinem anderen Grund Entscheidungen treffen muß, als daß jeder Wert ist, was er ist, und wir ihn genau deshalb wählen und nicht, weil gezeigt werden könnte, daß er in einer bestimmten Rangordnung höher steht als ein anderer; wenn wir Lebensformen wählen, weil wir ihnen vertrauen, weil wir sie für selbstverständlich halten oder weil wir in einer Selbstprüfung feststellen, daß wir moralisch nicht darauf vorbereitet sind, anders zu leben (obwohl andere sich anders entscheiden); wenn Rationalität und Berechnung nur auf Mittel oder untergeordnete Ziele anwendbar sind, aber nicht auf höchste Ziele – dann entsteht ein anderes Bild, als es das alte Prinzip bot, wonach es nur ein Gut für alle Menschen gibt.

Wenn es nur eine Lösung des Rätsels gibt, dann bleibt als einziges Problem, wie man sie finden, wie man sie verwirklichen und schließlich, wie man die anderen durch Überredung oder durch Gewalt von ihr überzeugen kann. Aber wenn es mehr als eine gibt (Machiavelli stellt zwei Lebensformen gegenüber, aber es kann und wird, außer für fanatische Monisten, mehr als zwei geben), dann ist der Weg frei für Empirismus, Pluralismus, Toleranz und Kompromiß. Toleranz ist historisch das Ergebnis der Einsicht in die Unversöhnbarkeit gleichermaßen dogmatischer Glaubensüberzeugungen und in die praktische Unwahrscheinlichkeit des vollständigen Sieges der einen über die anderen. Wer überleben wollte, machte sich klar, daß er den Irrtum tolerieren müsse. Allmählich gelangte man dahin, in der Mannigfaltigkeit selbst einen Vorzug zu sehen, und wurde so gegenüber endgültigen Lösungen der menschlichen Probleme skeptisch.

Aber es ist eines, etwas praktisch zu akzeptieren, ein anderes, es rational zu rechtfertigen. Machiavellis »skandalöse« Schriften eröffnen den zweiten Schritt. Das war ein bedeutender Wendepunkt, dessen geistige Konsequenzen – von seinem Schöpfer völlig unbeabsichtigt – durch eine glückliche Ironie der Geschichte (die manche ihre Dialektik nennen) die Grundlage gerade des Liberalismus bildeten, den Machiavelli mit Sicherheit als schwach und charakterlos verdammt hätte, weil ihm jenes gradlinige Machtstreben fehlt, jene Pracht, Ordnung und *virtù*, jene Kraft, all die unlenksamen Menschen gegen alle Widerstände in ein einziges wirkungsvolles Ganzes zu zwingen. Gleichwohl ist er wider Willen einer der Wegbereiter des Pluralismus mit dessen – für ihn gefährlichen – Toleranzgebot.

Indem er die ursprüngliche Einheit zerbrach, verhalf er den Menschen dazu, sich der Notwendigkeit bewußt zu werden, im privaten wie im öffentlichen Leben (denn beides kann, dies wurde deu'lich, im Grunde nicht voneinander getrennt werden) qualvolle Entscheidungen zwischen unvereinbaren Alternativen treffen zu müssen. Seine Leistung ist auch schon deshalb von einzigartigem Rang, weil dieses Dilemma die Menschen nicht wieder losgelassen hat, seit es ans Licht getreten ist (es bleibt ungelöst, aber wir haben gelernt, mit ihm zu leben). Zweifellos haben die Menschen den Konflikt, den Machiavelli offengelegt hat, in der Praxis oft genug erfahren. Er hat ihn aus einem Paradox beinahe in einen Gemeinplatz verwandelt.

Das Schwert, von dem Meinecke sprach, hat noch nichts von seiner Schärfe verloren, die Wunde ist noch nicht geheilt. Das Wissen um das Schlimmste befreit nicht immer von dessen Folgen, trotzdem ist es der Unwissenheit vorzuziehen. Auf diese schmerzliche Wahrheit hat Machiavelli uns aufmerksam gemacht – nicht durch ihre ausdrückliche Formulierung, aber, vielleicht um so wirksamer, indem er erhebliche Teile der unbefragten traditionellen Moral ins Reich der Utopie verwiesen hat. Das jedenfalls ist mein Deutungsvorschlag. Wenn so viele Interpretationen das Terrain besetzen, kann die Hinzufügung einer weiteren nicht als Ungehörigkeit gelten. Schlimmstenfalls wird sie nicht mehr sein als ein weiterer Versuch, das Problem zu lösen, das jetzt über vierhundert Jahre alt ist und von dem Croce am Ende seines langen Lebens sagte:»Una questione che forse non si chiuderà mai: la questione del Machiavelli«.[108]

---

108 »Ein Problem, das vielleicht niemals beigelegt wird: das Problem Machiavelli.« Benedetto Croce, *Quaderni della »Critica«* 5, Nr. 14 (Juli 1949), S. 1-9.

DIE TRENNUNG DER NATUR-
UND GEISTESWISSENSCHAFTEN

I

In diesem Aufsatz soll die Beziehung der Naturwissenschaften zu den Geisteswissenschaften behandelt werden, genauer, die wachsende Spannung zwischen ihnen und vor allem der Augenblick, in dem der sich schon länger vorbereitende Bruch zwischen ihnen unübersehbar wurde. Es war kein Bruch zwischen »zwei Kulturen« (»two cultures«). In der Geschichte der Menschheit hat es viele Kulturen gegeben, und ihre Vielfalt hat wenig oder nichts mit den Unterschieden zwischen Natur- und Geisteswissenschaften zu tun. Ich habe nie verstehen können, was man damit meint, wenn man diese beiden großen Gebiete menschlichen Forschens als Kulturen bezeichnet. Aber sie befassen sich offensichtlich mit unterschiedlichen Problemen, und früher wie heute haben die, die auf diesen Gebieten arbeiten, unterschiedliche Ziele verfolgt und verschiedene Methoden angewandt – eine Tatsache, die im achtzehnten Jahrhundert deutlich geworden ist.

Ich beginne mit einer Tradition, in der noch heute viele bedeutende Wissenschaftler stehen, der Tradition derer, die glauben, daß ein beständiger Fortschritt im ganzen Reich menschlicher Erkenntnis möglich ist, daß die Methoden und Ziele in diesem ganzen Bereich letztlich identisch sind oder sein sollten, daß der Weg zum Fortschritt nur zu oft durch Unwissenheit, Phantasterei, Vorurteil, Aberglauben und andere Formen der Unvernunft blockiert worden ist und daß wir heute eine Stufe erreicht haben, auf der die Leistungen der Naturwissenschaften es zulassen, ihre Strukturen aus einem einzigen, einheitlichen System klarer Prinzipien und Regeln abzuleiten, die bei richtiger Anwendung einen unbegrenzten Fortschritt in der Entschlüsselung der Geheimnisse der Natur ermöglichen.

Diese Auffassung steht im Einklang mit der Haupttradition des westlichen Denkens, die mindestens bis zu Platon zurückreicht. Sie scheint mir auf drei grundlegenden Annahmen zu beruhen: (a) Auf jede wirkliche Frage gibt es eine und nur eine wahre Antwort, alle anderen hingegen sind falsch. Andernfalls kann die Frage keine wirkliche Frage sein, sondern muß auf irgendeinem Mißverständnis beruhen. Ausdrücklich ist diese Position von modernen empiristischen Philosophen vertreten worden, sie liegt aber ebenso den Ansichten ihrer theologischen und metaphysischen Vorläufer zugrunde, die von ihnen schon lange und unnachgiebig bekämpft wurden. (b) Die Methode der richtigen Auflösung aller echten Probleme ist rational und auf allen Gebieten, trotz gewisser Unterschiede in der Anwendung, dieselbe. (c) Diese Lösungen – ganz gleich, ob sie gefunden werden oder nicht – sind allgemeingültig, ewig und unveränderlich, jederzeit, überall und für alle Menschen wahr: wie in der alten Definition des Naturrechts sind sie *quod semper, quod ubique, quod ab omnibus*.

Innerhalb dieser Tradition gab es natürlich unterschiedliche Meinungen darüber, wo diese Antworten zu suchen seien. Einige nahmen an, daß sie nur von Spezialisten gefunden werden könnten, die beispielsweise in Platons dialektischer Methode oder in Aristoteles' eher empirischer Forschungsweise ausgebildet sind, oder auch in den Methoden der verschiedenen Sophistenschulen oder derer, die sich von Sokrates her verstehen. Andere, wie etwa Rousseau oder gelegentlich Tolstoi, meinten, diese Wahrheiten seien Menschen mit reinem und unschuldigem Herzen zugänglicher, die in ihrem Verständnis von den philosophischen Spitzfindigkeiten, den Verfeinerungen der Zivilisation oder den zerstörerischen gesellschaftlichen Institutionen nicht korrumpiert sind. Besonders im siebzehnten Jahrhundert glaubten viele, daß zur Wahrheit nur Systeme führten, die auf rationaler Einsicht beruhten (wofür die Mathematik das beste Beispiel bot) und apriorische Wahrheiten lieferten. Andere vertrauten auf Hypothesen, die durch die kontrollierte Beobachtung und das Experiment bestätigt oder verworfen wurden. Andere wiederum verließen sich lieber auf das, was ihnen als gesunder Menschenverstand erschien – *le bon sens* –, gestützt durch sorgfältige Beobachtung, durch Experimente und wissenschaftliche Methoden, ohne aber durch Wissenschaft ersetzbar zu sein. Und man hat auch noch andere Wege zur Wahrheit gewiesen. Allen diesen Denkern gemeinsam ist die Überzeugung, daß es nur eine wahre Methode oder Verbindung von Methoden gibt und daß alles, was durch sie nicht beantwortbar ist, überhaupt nicht beantwortet werden kann. Diese Auffassung impliziert, daß die Welt ein einziges System ist, das mit rationalen Methoden beschrieben und erklärt werden kann, mit der praktischen Folgerung, daß das menschliche Leben, wenn man es überhaupt regeln kann und es nicht dem Chaos, dem Spiel der unkontrollierten Natur und des Zufalls überlassen will, sich nur im Lichte solcher Prinzipien und Gesetze organisieren läßt.

Es kann nicht überraschen, daß diese Ansicht am stärksten und einflußreichsten war, als die Naturwissenschaften – die vielleicht bedeutendste Leistung des menschlichen Geistes – ihre größten Triumphe feierten, also in Westeuropa im 17. Jahrhundert. Von Descartes und Bacon, von den Schülern Galileis und Newtons, von Voltaire und den Enzyklopädisten bis zu Saint-Simon, Comte, Buckle und in unserem Jahrhundert H. G. Wells, Bernal, Skinner und den Wiener Positivisten mit ihrem Ideal einer Einheitswissenschaft, die Natur- und Geisteswissenschaften umfaßte, war dies das Programm der modernen Aufklärung, das eine entscheidende Rolle in der gesellschaftlichen, rechtlichen und technologischen Umwandlung unserer Welt gespielt hat. Deshalb mußte es vermutlich früher oder später eine Gegenreaktion bei denen hervorrufen, die spürten, daß die Konstruktionen des Verstandes und der Wissenschaft, eines einzigen, allumfassenden Systems mit dem Anspruch, die Natur der Dinge zu erklären, oder gar mit Vorschriften, was man tun, sein und glauben sollte, durchaus beengend sind, ein Hindernis für ihre eigene Weltsicht, eine Fessel ihrer Phantasie, ihres Gefühls und Willens und eine Schranke geistiger und politischer Freiheit.

Dieses Phänomen ist keineswegs neu. Die Vorherrschaft der philosophischen Schulen Athens im Hellenismus war begleitet von einer merklichen Zunahme der Mysterienkulte und anderer Formen eines gefühlsbetonten Okkultismus, in denen die nicht-rationalen Elemente des menschlichen Geistes Ausdruck suchten. Es gab den mächtigen christlichen Ansturm gegen die großen, festgefügten Gesetzessysteme der Juden oder Römer und im Mittelalter die antinomistischen Rebellionen gegen die Herrschaft der Scholastik und die Autorität der Kirche – derartige Bewegungen von den Katharern bis zu den Wiedertäufern belegen dies deutlich genug. Vor und nach der Reformation kamen mystische und irrationalisti-

sche Strömungen auf, von denen nur die jüngsten Erscheinungsformen, der deutsche Sturm und Drang, die Romantik des frühen
neunzehnten Jahrhunderts, Carlyle, Kierkegaard, Nietzsche und
das weite Spektrum des modernen Irrationalismus auf beiden Seiten, der Rechten wie der Linken, erwähnt seien.

Hier will ich mich jedoch nicht mit ihnen befassen, sondern mit
dem kritischen Angriff auf den Totalanspruch der neuen wissenschaftlichen Methode, das ganze Gebiet der menschlichen Erkenntnis in allen ihren Formen, den metaphysischen, apriorischen
oder empirisch-probabilistischen, zu beherrschen. Dieser Angriff
hatte psychologische oder gesellschaftliche Ursachen (ich neige
zu der Ansicht, daß er zumindest teilweise eine Reaktion der Humanisten, besonders der nach innen gekehrten, antimaterialisti-
schen Christen, gegen das alles erobernde Fortschreiten der Naturwissenschaften war), aber er beruhte selbst auf rationaler Argumentation und führte schließlich zu der großen Trennung der
Natur- und Geisteswissenschaften, eine Trennung, deren Gültigkeit seitdem oft in Frage gestellt wurde und bis heute ein wichtiges
und umstrittenes Problem geblieben ist.

Wie jeder weiß, gaben die großen Erfolge der Naturwissenschaft
im siebzehnten Jahrhundert den Befürwortern der wissenschaftlichen Methode ungeheures Prestige. Als die großen Befreier dieser
Zeit galten Descartes und Bacon, die mit Waffen, die schon während der Renaissance und sogar früher benutzt worden waren, den
Widerstand gegen die Autorität von Tradition, Glaube, Dogma
oder Vorschrift in jeden Bereich der Erkenntnis und des Meinens
trugen. Obwohl man eine offene Herausforderung des christlichen
Glaubens meist vorsichtig vermied, lag die allgemeine Stoßrich-
tung dieser neuen Bewegung darin, alles vor das Gericht der Vernunft zu ziehen: Die gröberen Fälschungen und Mißdeutungen
der Texte, auf die die Gesetzgeber und Kleriker ihre Ansprüche
gegründet hatten, waren bereits von den Humanisten in Italien
und den protestantischen Reformern in Frankreich aufgewiesen
worden; Berufungen auf die Autorität der Bibel, auf Aristoteles
oder das römische Recht waren auf nicht geringen und scharf ar-
gumentierenden Widerstand gestoßen, der sich auf gelehrtes Wissen und historisch-kritische Methoden stützte. Descartes machte
mit seinem Versuch Epoche, diese Methoden zu systematisieren,
besonders in seinem *Discours de la Méthode* und dessen Anwendung in den *Meditationes*, seinen beiden verbreitetsten und ein-

flußreichsten Schriften. Spinozas *Abhandlung über die Berichtigung des Verstandes,* seine quasi-geometrische Methode in der *Ethik,* seine strikt rationalistischen Annahmen und die strenge Logik seiner politischen Schriften und seiner Kritik des Alten Testaments hatten den Krieg tiefer in das Gebiet des Gegners getragen. Auf unterschiedliche Weise versuchten Bacon und Spinoza, die Hindernisse für klares, rationales Denken zu beseitigen. Bacon entlarvte die Hauptquellen des Irrtums, die »Trugbilder der Gattung«, »der Höhle«, »des Marktes« und »des Theaters«, die für ihn Resultate des unkritischen Vertrauens auf die Evidenz der Sinneswahrnehmung, der eigenen Vorlieben, des Mißverstehens von Worten, der von den spekulativen Phantasien der Philosophen gezüchteten Verwirrungen und ähnlichem waren. Spinoza hob hervor, in welchem Maße die Gefühle den Verstand verdunkeln und grundlos zu Furcht und Haß führen, die ihrerseits ein zerstörerisches Handeln nach sich ziehen. Von Valla bis zu Locke und Berkeley findet man viele Warnungen und Beispiele für Fehlschlüsse und Verwirrungen, die auf den Mißbrauch der Sprache zurückgehen.

Im allgemeinen, wenn nicht durchgängig, neigte diese neue Philosophie zu der These, daß nach der Reinigung des menschlichen Geistes von Dogma, Vorurteil und Heuchelei, von den gewollten Dunkelheiten und aristotelischen Schablonen der Scholastiker die Natur endlich in voller Einstimmung und Harmonie ihrer Elemente sichtbar werde und in einer logisch angemessenen Sprache beschrieben, untersucht und dargestellt werden könne, in der Sprache der Mathematik und Physik. Leibniz scheint nicht nur an die Möglichkeit einer logisch vollkommenen Sprache, die die Struktur der Realität darstellt, sondern auch an eine Art allgemeine Wissenschaft der Forschung geglaubt zu haben. Seine Ansichten hatten eine Ausstrahlung weit über philosophische und wissenschaftliche Kreise hinaus, denn theoretische Erkenntnis galt noch als ein ungeteiltes Gebiet, und die Grenzen zwischen Philosophie, Wissenschaft, Kritik und Theologie waren nicht scharf gezogen. Es gab Übergriffe von der einen wie von der anderen Seite, und Grammatik, Rhetorik, Rechtswissenschaft und Philosophie unternahmen Vorstöße in das Gebiet der Geschichte und der Naturwissenschaften und wurden ihrerseits von ihnen angegriffen. Der neue Rationalismus breitete sich bis in die Künste aus. So wie sich in England die Royal Society in aller Form gegen den Gebrauch von Metaphern und anderen rhetorischen Figuren wandte und eine klare, sachliche und genaue Sprache forderte, so vermied man in Frankreich zur selben Zeit jegliche Metaphorik, Ausschmückung und jeden leidenschaftlich gesteigerten Ausdruck, etwa in den Stücken von Racine oder Molière, in den Versen La Fontaines und Boileaus, Schriftstellern, die die europäische Bühne beherrschten. Und weil man annahm, daß all diese Üppigkeit in Italien floriere, stieß die italienische Literatur in Frankreich wegen ihrer stilistischen Unreinheit auf die gebotene Ablehnung. Die neue Methode wollte alles auslöschen, was nicht durch den systematischen Gebrauch rationaler Methoden gerechtfertigt werden konnte, vor allem die Fiktionen der Metaphysiker, der Mystiker und Dichter. Was waren denn Mythen und Legenden anderes als Lügengespinste, mit denen primitive und barbarische Gesellschaften in ihrer frühen, hilflosen Kindheit hinters Licht geführt wurden? Bestenfalls waren sie ein phantastischer und entstellter Bericht von wirklichen Ereignissen und Personen. Sogar die katholische Kirche war von der vorherrschenden wissenschaftlichen Stimmung beeinflußt, und die großen archivalischen Bemühungen der Bolandisten und Mauristen wurden in einem fast wissenschaftlichen Geist unternommen.[1]

Es war nur natürlich, daß die Historie zu den ersten Opfern dieses, wie man sagen könnte, positivistischen Charakters der neuen wissenschaftlichen Bewegung gehörte. Skepsis gegenüber historischer Glaubwürdigkeit war nichts Neues. Plutarch hatte Herodot Unwissenheit und Phantasterei, sogar böswillige Erdichtungen bescheinigt, und diese Vorwürfe gegen die erzählende Geschichte waren in Abständen immer wieder von denen wiederholt worden, die die Gewißheit der Mutmaßung vorzogen. Besonders das sechzehnte Jahrhundert erlebte, vielleicht unter dem Eindruck der Mobilisierung der Geschichtsschreibung in den religiösen Bürgerkriegen, einen großen Aufschwung des Skeptizismus und des Zweifels: Cornelius Agrippa geißelte 1531 die Sorglosigkeit und die Widersprüche der Historiker und ihre schamlosen Erfindungen, mit denen sie überall dort, wo sie keinen Beweis hatten, ihre Unwissenheit bemäntelten und ihre Wissenslücken ausstopften,

---

1 M. H. Fisch hat zu Recht darauf hingewiesen, daß die Auflösung der Klöster eine Vielzahl bisher nicht zugänglicher Dokumente ans Licht gebracht hat, woraus sich erklärt, daß die Kirche auf die Mittel der historischen Forschung zurückgriff, als man ihr ihre historischen Ansprüche streitig machte.

ebenso ihre absurde Neigung, die Hauptfiguren zu idealisieren, und er spricht von der Verdrehung der Tatsachen durch die Leidenschaften des Historikers, durch seine Wünsche, Abneigungen und Befürchtungen, durch sein Bestreben, seinen Gönnern zu gefallen, oder durch patriotische Motive und Nationalstolz – Plutarch glorifizierte die Griechen gegenüber den Römern, und zu seiner eigenen Zeit rühmten polemische Schriftsteller die Tugenden der Gallier gegenüber den Franken und umgekehrt. Wie kann aus solchen Umständen Wahrheit hervorgehen? Im selben Ton sagt Patrizzi um die Jahrhundertwende, daß jedes historische Wissen letztlich auf Aussagen von Augenzeugen beruhe, und erklärt, daß die Anwesenden in der Regel durch ihre Verwicklung in den Streitfall dazu neigten, parteiisch zu sein, während die, die objektiv sein könnten, weil sie neutral und unbeteiligt sind, nicht an die von den Parteien eifersüchtig gehüteten Beweismittel herankämen und deshalb von der befangenen Perspektive der interessierten Parteien abhängig bleiben müßten.

Solcher Pyrrhonismus nimmt im Verlauf des Jahrhunderts zu. Er ist charakteristisch für Montaigne, Charron, La Mothe le Vayer und natürlich, später, in einer radikaleren Form, für Pierre Bayle, um nur einige Beispiele zu nennen. Solange die Geschichtsschreibung als eine Schule der Tugend betrachtet wird, die die Guten preisen und die Bösen entlarven und das unveränderliche Wesen der menschlichen Natur immer und überall aufweisen soll, solange sie nur als eine durch Beispiele lehrende moralische oder politische Philosophie gilt, kommt es vielleicht nicht so sehr darauf an, ob sie genau ist oder nicht. Aber sobald sich ein Verlangen nach Wahrheit um ihrer selbst willen erst einmal geregt hat oder, später, der Wunsch, eine fortschreitende Wissenschaft zu schaffen – Wissen zu akkumulieren, mehr zu wissen als unsere Vorgänger und sich dessen bewußt zu sein –, führt das zu der Einsicht, daß man dies nur erreichen kann, wenn die Historiker auf ihrem Gebiet dieselben Prinzipien und Methoden anerkennen und ihre jeweiligen Schlußfolgerungen wechselseitig so überprüfen können, wie es in der Physik, Mathematik oder Astronomie und all den neuen Wissenschaften der Fall war (und ist). Es war diese neue Einstellung, durch die die Ansprüche der Geschichte, zum Reich des Wissens zu gehören, so fragwürdig erschienen.

Die fürchterlichsten Angriffe gingen von Descartes aus. Seine Ansichten sind bekannt: Wahre Wissenschaft beruht auf axiomatischen Prämissen, aus denen mittels rationaler Regeln Schlußfolgerungen gezogen werden können. So verfahren wir in der Geometrie, in der Algebra und in der Physik. Wo aber findet man in der Geschichtsschreibung die Axiome, die Transformationsregeln und die unausweichlichen Schlußfolgerungen? Der Fortschritt wahrer Erkenntnis liegt in der Entdeckung ewiger, unveränderlicher und allgemeingültiger Wahrheiten. Jede Generation von Forschenden steht auf den Schultern ihrer Vorgänger, beginnt dort, wo diese aufgehört haben, und trägt so zu der wachsenden Summe menschlichen Wissens bei. Das ist offensichtlich in den Schriften der Historiker und eigentlich im ganzen Bereich der Geisteswissenschaften nicht der Fall. Wo ist auf diesem Gebiet das eine, ständig wachsende Gebäude der Wissenschaft? Heutzutage weiß jedes Schulkind in Geometrie mehr als Pythagoras, aber was wissen die größten Altertumsforscher unserer Zeit über das alte Rom, was nicht auch Ciceros Dienstmagd wußte? Was haben sie deren Kenntnissen hinzugefügt? Was ist dann der Nutzen all dieser gelehrten Anstrengungen? Descartes gibt zu verstehen, daß er die Menschen keineswegs davon abhalten wolle, sich zu ihrer Zerstreuung mit solchen Dingen zu beschäftigen – sie mögen durchaus Gefallen daran finden, ihre Muße in dieser Weise zu genießen – es ist nicht schlechter, sagt er, als einen wunderlichen Dialekt zu lernen, etwa Schweizerisch oder Niederbretonisch, aber wer es mit dem Wachstum des Wissens ernst meint, der wird sich damit nicht befassen. Malebranche tut die Geschichtsschreibung als Geschwätz ab, was andere Cartesianer aufnehmen, und sogar Leibniz, der selbst ein beachtliches historisches Werk hinterlassen hat, verteidigt die Historie ganz konventionell als Mittel, die Neugierde über den Ursprung von Familien oder Staaten zu befriedigen, und als Schule der Moral. Ihre Unterlegenheit gegenüber der Mathematik und der auf diese und die Naturwissenschaften und die anderen Entdeckungen der reinen Vernunft gegründeten Philosophie muß jedem denkenden Menschen offenkundig sein.

Diese Einstellungen machten natürlich den historischen Studien nicht ein Ende. Die Forschungsmethoden hatten sich seit der Mitte des fünfzehnten Jahrhunderts sehr entwickelt, besonders durch den Gebrauch der historischen Zeugnisse. Denkmäler, Rechtsurkunden, Manuskripte, Münzen, Medaillen, Kunstwerke, Literatur, Gebäude, Inschriften, volkstümliche Balladen und Legenden konnten als Stützen und manchmal sogar als Ersatz für unzuverlässige Geschichtserzählungen verwendet werden. Die großen Rechtsgelehrten des sechzehnten Jahrhunderts, Budé, Alciati, Cujas, Dumoulin, Hotman, Baudouin und ihre Schüler und im folgenden Jahrhundert Coke und Matthew Hale in England, Vranck in den Niederlanden, de Gregorio in Italien und Sparre in Schweden vollbrachten große Leistungen in der Rekonstruktion römischer und mittelalterlicher Gesetzestexte. Die großen Universalhistoriker in Frankreich, Pasquier, Le Roy, Le Caron, Vignier, La Popelinière und nicht zuletzt der vielseitig gelehrte Bodin, entwarfen zumindest den Grundriß einer Kulturgeschichte[2], und ihnen folgten im siebzehnten Jahrhundert Schriftsteller wie der Abbé de Saint Réal, Dufresnoy, Charles Sorel, Père Gabriel Daniel und natürlich Boulainvilliers und Fénelon. Diese frühen Entwürfe einer Kulturgeschichte und besonders das wachsende Bewußtsein von den Unterschieden und nicht so sehr den Ähnlichkeiten zwischen verschiedenen Gesellschaften, Zeitaltern und Kulturen leiteten eine neue Entwicklung ein, die schließlich die historischen Begriffe revolutionieren sollte. Trotzdem zeigten ihre Vertreter zunächst mehr Neigung, nutzlose Gelehrsamkeit zu verdammen und Programme zu entwerfen, was der Historiker tun sollte, als daß sie genaue Methoden für deren Erfüllung angaben, geschweige denn dementsprechend verfuhren. Meistens war es eher Meta-Historie oder Theorie der Geschichtswissenschaft als konkrete historische Forschung. Darüber hinaus verstärkte das dieses Jahrhundert beherrschende wissenschaftliche Modell (oder »Paradigma«) mit seiner starken Voraussetzung, daß nur das Quantifizierbare oder jedenfalls Meßbare – das, worauf sich prinzipiell mathematische Methoden anwenden lassen – wirklich sei, die alte Überzeugung, daß es auf jede Frage nur eine einzige wahre, d. h. allgemeingültige, ewige und unveränderliche Antwort gebe. So war es oder schien es sich wenigstens in der Mathematik, Physik, Mechanik und Astronomie zu verhalten, und so würde es bald auch in Chemie, Botanik, Zoologie und den anderen Naturwissenschaften sein – mit dem Ergebnis, daß das verläßlichste Kriterium objektiver

---

2 Wendungen wie »les saisons et mutations de mœurs d'un peuple«, »la complexion et humour« einer Nation, »façon de vivre«, »forme de vivre«, »la police« oder »les motifs, les opinions et les pensées des hommes«, »le génie du siècle, des opinions, des mœurs, des idées dominantes« oder »des passions qui conduisaient les hommes« waren im sechzehnten und siebzehnten Jahrhundert sehr verbreitet.

Wahrheit die logische Beweisführung und die Messung oder zumindest Annäherungen daran waren.

Spinozas politische Theorie ist ein gutes Beispiel für diese Auffassung. Er nimmt an, daß die vernünftige Antwort auf die Frage nach der besten Regierung für die Menschen prinzipiell von jedem, überall und unter allen Umständen gefunden werden könne. Wenn die Menschen diese zeitunabhängigen Lösungen nicht schon früher entdeckt haben, so sind Schwäche, Verdunkelung des Verstandes durch Leidenschaften, vielleicht aber auch unglückliche Umstände daran schuld. Die Wahrheiten, für die er selbst einen rationalen Beweis zu geben glaubte, hätten vom menschlichen Verstand vermutlich zu jeder Zeit entdeckt und angewendet werden können, so daß der Menschheit viele Übel erspart geblieben wären. Auch Hobbes, ein Empirist, der aber gleichermaßen von diesem wissenschaftlichen Modell beherrscht war, geht von derselben Voraussetzung aus. Der Begriff der Zeit, des Wandels, der historischen Entwicklung dringt in diese Ansichten nicht ein. Darüber hinaus müssen solche Wahrheiten, wenn sie einmal entdeckt sind, einen Beitrag zum menschlichen Wohl leisten. Das Motiv, nach ihnen zu suchen, ist folglich nicht Neugierde oder die Wahrheit als solche, sondern vielmehr ein utilitaristisches, die Beförderung eines besseren Lebens hier auf Erden, indem die Menschen dadurch vernünftiger und also weiser, gerechter, tugendhafter und glücklicher werden. Die Ziele des Menschen sind vorgegeben: von Gott oder von der Natur. Befreit von ihren Fesseln, wird die Vernunft entdecken, was sie sind: Man braucht dann nur noch die richtigen Mittel zu finden, um sie zu erlangen.

Dies ist das Ideal von Francis Bacon bis zu H. G. Wells und Julian Huxley und vielen derer, die in unseren Tagen auf wissenschaftlich, psychologisch oder soziologisch begründete Ordnung im Moralischen oder Politischen vertrauen. Die berühmteste Gestalt in dieser ganzen Bewegung, nicht in der Wissenschaft selbst, aber in der Anwendung ihrer Ergebnisse auf das Leben der Menschen – sicherlich ihr begabtester Propagandist – war Voltaire. Ihr frühester und mächtigster Gegner war der neapolitanische Philosoph Giambattista Vico. Der Gegensatz ihrer Ansichten mag den radikalen Unterschied der Einstellungen beleuchten, der zu einer entscheidenden Trennung der Wege geführt hat.

Voltaire ist die zentrale Gestalt der Aufklärung, denn er bejahte ihre Grundprinzipien und verwandte seine ganze einzigartige Intelligenz und Energie, sein ganzes literarisches Können und seine brillante Bosheit darauf, diese Prinzipien zu propagieren und das Lager des Feindes zu verwüsten. Lächerlichkeit tötet verläßlicher als wilde Empörung, und Voltaire hat sicherlich mehr für den Sieg zivilisierter Werte getan als jeder andere Schriftsteller, der je gelebt hat. Welches waren diese Prinzipien? Ich will die Formel noch einmal wiederholen: Es gibt ewige, zeitlose Wahrheiten, die in allen Bereichen menschlichen Tuns dieselben sind, in Ethik, Politik, Gesellschaft und Ökonomie, in Wissenschaft und Kunst. Und es gibt nur einen Weg, sie zu erkennen: mittels des Verstandes, worunter Voltaire nicht die deduktive Methode der Logik und der Mathematik verstand, die für ihn zu abstrakt und ohne Beziehung zu den Tatsachen und Bedürfnissen des täglichen Lebens war, sondern den *bon sens*, den gesunden Sinn, der vielleicht nicht zu absoluter Gewißheit führt, aber zu einem Grad von Wahrheitsähnlichkeit oder Wahrscheinlichkeit, der für die menschlichen Probleme, das private und öffentliche Leben, völlig hinreicht. Nicht viele Menschen sind im Besitz dieser außerordentlichen Gabe, denn die Mehrheit scheint unheilbar dumm zu sein, aber den wenigen, die sie besitzen, verdanken sich die glücklichsten Stunden der Menschheit, und diese glücklichen Stunden sind alles, was an der Vergangenheit zählt. Nur aus ihnen können wir lernen, wie man die Menschen gut machen kann, das heißt, vernünftig, rational und tolerant oder zumindest weniger brutal, dumm und grausam, und nur aus ihnen können wir lernen, wie Gesetze und Regierungen einzurichten sind, die Gerechtigkeit, Schönheit, Freiheit und Glück fördern und Brutalität, Fanatismus und Unterdrückung verringern, von denen die Geschichte voll ist.

Die Aufgabe des modernen Historikers ist deshalb deutlich: Er muß diese Augenblicke hoher Kultur beschreiben, feiern und der sie umgebenden Finsternis gegenüberstellen, den barbarischen Zeitaltern des Glaubens, des Fanatismus und der dummen und grausamen Taten. Dafür muß er stärker als die Alten die Aufmerksamkeit auf »die Gebräuche, die Gesetze, Sitten, Umgangsformen, die Finanzen, Agrikultur und die Bevölkerung« lenken und auch auf den Handel, die Industrie, die Kolonisierung und die Entwicklung des Geschmacks. Das ist alles sehr viel wichtiger als die Berichte von Kriegen, Staatsverträgen, politischen Institutionen, den Eroberern, dynastischen Stammbäumen und Staatsaffären, denen die Historiker bisher viel zu viel Bedeutung beigemessen haben. Madame du Chatelet, erzählt Voltaire, sagte einmal zu ihm: »Welchen Sinn hat es für eine französische Frau wie mich . . . wenn sie etwa weiß, daß in Schweden Egil der Nachfolger König Hakons oder daß Ottoman der Sohn von Ortugal war?« Sie hatte völlig recht, und die Schrift, die er offensichtlich zur Erleuchtung dieser Dame schrieb, der berühmte *Essai sur les mœurs,* interessiert sich deshalb auch nicht dafür, »in welchem Jahr ein der Erinnerung unwürdiger Fürst Nachfolger eines anderen barbarischen Fürsten einer ungehobelten Nation wurde«. »Ich möchte zeigen, wie menschliche Gesellschaften entstanden sind, wie das häusliche Leben aussah, welche Künste gepflegt wurden, statt noch einmal die alten Geschichten von Unglück und Verderben zu erzählen . . . diese sattsam bekannten Beispiele menschlicher Bösartigkeit und Lasterhaftigkeit.« Er will von den Leistungen des »menschlichen Geistes in den aufgeklärtesten Zeitaltern« berichten, da nur das Anspruch auf Erwähnung hat, was der Nachwelt würdig ist.

Die Geschichte ist eine öde Wüste mit wenigen Oasen. Es gibt in der abendländischen Geschichte nur vier große Zeitalter, in denen sich die Menschen zu ihrer ganzen Größe erhoben und Kulturen geschaffen haben, auf die sie stolz sein können, das Zeitalter Alexanders, wozu er die klassische Zeit Athens hinzurechnet, das Augusteische Zeitalter, zu dem er die römische Republik und das Kaiserreich in seiner großen Zeit zählt, das Florenz der Renaissance und das Zeitalter Ludwigs XIV. in Frankreich. Voltaire nimmt durchweg an, daß alle vier elitäre Kulturen waren, die den Massen von aufgeklärten Oligarchien auferlegt wurden, denn die Massen entbehren der Vernunft und des Mutes, wollen nur unterhalten und hinters Licht geführt werden und fallen so zwangsläufig der Religion zum Opfer, einem für Voltaire widerwärtigen Aberglauben. »Nur Regierungen können . . . eine Nation erhöhen oder erniedrigen.«

Dem liegt natürlich die Annahme zugrunde, daß die Ziele dieser vier großen Kulturen letztlich identisch sind – Wahrheit und Licht sind sich überall gleich, nur der Irrtum hat tausend Gestalten. Ferner ist es lächerlich, nur Europa und den Teil des Nahen Ostens zu untersuchen, aus dem kaum anderes als die Grausamkeiten, der

Fanatismus und die unsinnigen Überzeugungen der Juden und Christen gekommen sind, die Feinde der Wahrheit und des Fortschritts waren und bleiben, sosehr Bossuet auch das Gegenteil beweisen wollen mag. Denn es ist absurd, das große und friedliche, von aufgeklärten Mandarinen geführte chinesische Reich oder Indien, Chaldäa oder andere Teile der Welt zu ignorieren, die nur die lächerliche Eitelkeit des christlichen Europa aus dem Kreis der Geschichte ausschließt. Geschichte hat belehrende Wahrheiten mitzuteilen, nicht die müßige Neugierde zu befriedigen, und muß dafür die Höhen der menschlichen Leistungen untersuchen, nicht ihre Tiefen. Der Historiker sollte sich nicht mit Geschwätz abgeben wie Herodot, der einer alten Frau gleicht, die den Kindern Geschichten erzählt, sondern uns ohne erhobenen Zeigefinger unsere Pflichten lehren, indem er für die Nachwelt nicht die Taten einzelner Männer, sondern den Fortschritt des menschlichen Geistes in den aufgeklärtesten Zeitaltern schildert. »Nützt man denn etwa der Öffentlichkeit, wenn man uns nicht mehr zu sagen hat, als daß an den Ufern des Oxus oder des Ixartes ein Barbar einem anderen nachfolgte?« Warum sollten wir uns dafür interessieren, daß »Quancum Nachfolger von Kincum und Kicum Nachfolger von Quancum war«? Wir wollen nichts vom Leben Ludwig des Dicken oder Ludwig des Halsstarrigen wissen, auch nichts über das des barbarischen Shakespeare oder des ermüdenden Milton: sondern über die Leistungen von Galilei, Newton, Tasso und Addison. Wer interessiert sich schon für Schalmaneser von Mardokempad? Die Historiker dürfen den Geist ihrer Leser nicht mit Schilderungen der Religionskriege oder anderer die Menschheit herabwürdigender Torheiten vollstopfen, es sei denn, um zu zeigen, wie tief der Mensch sinken kann: Berichte über Philipp II. von Spanien oder Christian von Dänemark sind Warnungen vor den Gefahren der Tyrannei, oder wenn man, wie Voltaire selbst, eine lebendige und unterhaltsame Biographie Karls XII. von Schweden schreibt, dann einzig zu dem Zweck, den Menschen die Gefahren des Lebens eines leichtsinnigen Abenteurers zu zeigen. Was wirklich wissenswert ist, sind Fragen wie die, warum Kaiser Karl V. aus der Gefangennahme König Franz' I. von Frankreich nicht mehr Vorteile zog, wie wichtig für Elisabeth von England, Heinrich IV. oder Ludwig XIV. solide Finanzen waren oder welche Bedeutung die dirigistische Politik Colberts verglichen mit der Sullys hatte. Auch die Schrecken müssen detailliert beschrieben werden, wenn wir eine neue Bartholomäusnacht oder einen neuen Cromwell verhindern wollen.

Die Aufgabe des Historikers besteht, wie Voltaire immer wieder betont, darin, die Leistungen der bedauerlich seltenen Perioden darzustellen, in denen die Künste und Wissenschaften blühten und die Natur dazu gebracht war, für die Bedürfnisse, das Wohlergehen und das Vergnügen der Menschen zu sorgen. Meinecke beschrieb Voltaire ganz richtig als den »Bankier der Aufklärung«, den Hüter ihrer Leistungen, eine Art Punktrichter im Kampf des Lichtes mit der Finsternis, der Vernunft und Zivilisation gegen Barbarei und Religion, im Kampf Athens und des Rom der tugendhaften Caesaren gegen Jerusalem und das Rom der Päpste und von Julian Apostata gegen Gregor von Nazianz. Aber wie können wir erzählen, was in der Vergangenheit wirklich geschehen ist? Hat Pierre Bayle nicht den authentischen Charakter einzelner Tatsachenberichte grundlegend in Zweifel gezogen und gezeigt, wie unzuverlässig und widersprüchlich historische Belege sein können? Damit hat er vermutlich recht, aber für Voltaire zählen nicht einzelne Tatsachen, sondern der allgemeine Charakter eines Zeitalters oder einer Kultur. Die Taten einzelner Menschen sind weniger wichtig, und den Charakter eines Individuums zu erhellen, ist schwierig: wenn wir kaum sagen können, welchen Charakter Mazarin wirklich hatte, wie können wir dies dann bei irgendeinem der Alten? »Seele, Charakter, beherrschende Antriebe, all das ist ein undurchdringliches Chaos, das sich niemals ganz greifen läßt. Wer dieses Chaos Jahrhunderte später zu entwirren versucht, vermehrt es nur noch.«

Wie sollen wir dann die Vergangenheit wieder zum Leben bringen? Durch das Licht der natürlichen Vernunft – durch den *bon sens.* »Alles, was nicht mit der Naturwissenschaft, mit der Vernunft, mit der Natur [*trempe*] des menschlichen Herzens im Einklang steht, ist falsch« – warum sich mit den Phantastereien der Wilden und den Erfindungen von Schurken abgeben? Wir wissen, daß die historischen Denkmäler »historische Lügen« sind und »daß es keinen Tempel und kein Priesterkolleg, kein religiöses Fest gibt, das seinen Ursprung nicht in irgendeiner Dummheit hätte«. Das menschliche Herz ist überall dasselbe, und der gesunde Menschenverstand reicht hin, um die Wahrheit zu entdecken.

Der *bon sens* hat Voltaire gute Dienste geleistet. Mit ihm konnte er eine Menge kirchlicher Propaganda und viele naive und pedantische Absurditäten in Verruf bringen. Aber er sagte ihm auch, daß das babylonische und assyrische Reich auf einem so begrenzten Raum nicht unmittelbar nebeneinander bestehen konnten, daß Berichte über Tempelprostitution offensichtlicher Unsinn, daß Kyros und Krösus fiktive Gestalten waren, daß Themistokles kaum am Trinken von Ochsenblut gestorben sein kann, daß Belus und Ninus keine babylonischen Könige gewesen sein konnten, weil ›us‹ keine babylonische Endung ist, und daß Xerxes den Hellespont nicht gepeitscht haben konnte. Die Sintflut ist eine unsinnige Legende, und was die Muscheln auf den Berggipfeln angeht, so konnten sie ebensogut von den Hüten der Pilger gefallen sein. Andererseits bereitete es ihm keine Schwierigkeit, die Realität von Satyrn, Faunen, des Minotaurus, von Zeus, Theseus und Herkules anzuerkennen oder die Reise des Bacchus nach Indien, und er ließ unbekümmert einen gefälschten indischen Klassiker gelten, den *Ezour-Veidam*. Trotzdem hat Voltaire ohne Frage das Gebiet eigentümlich historischen Interesses über die Politik, die Kriege und die großen Männer hinaus erweitert, indem er betonte, wie nötig es sei »zu beschreiben, wie die Menschen reisten, lebten, schliefen, sich kleideten oder schrieben«, und ihre gesellschaftlichen, ökonomischen und künstlerischen Aktivitäten darzustellen. Jacques Cœur ist interessanter als Jeanne d'Arc. Er beklagt, daß Pufendorf, der Zugang zu den schwedischen Staatsarchiven hatte, uns nichts über die natürlichen Reichtümer dieses Landes mitgeteilt hat, nichts über die Gründe seiner Armut und welche Rolle sie beim Einfall der Goten in das Römische Reich spielte. Das alles sind neuartige und wichtige Fragestellungen. Voltaire polemisierte gegen den Eurozentrismus und skizzierte die Dringlichkeit einer Sozial-, Wirtschafts- und Kulturgeschichte. Obwohl er selbst sein Programm nicht verwirklicht hat (seine eigenen Geschichtswerke sind wunderbar zu lesen, aber weitgehend anekdotisch – sie enthalten keinen wirklichen Versuch einer Synthese), weckte er das Interesse seiner Nachfolger für ein weiteres Gebiet. Gleichzeitig aber entwertete er den historischen Charakter der Geschichtsschreibung, denn seine Interessen sind moralische, ästhetische und soziale. Als *philosophe* ist er teils Moralist, teils Vergnügungsreisender und *feuilletoniste* und gänzlich Journalist, wenn auch von unvergleichbarem Genie. Sogar als Kulturhistoriker oder Sammler von Tatsachen nimmt er die Vielfältigkeit und Relativität der Werte in verschiedenen Zeiten und an verschiedenen Orten und die genetische Dimension der Geschichte nicht zur Kenntnis: der Begriff des Wandels und der Entwicklung ist ihm fremd. Für Voltaire gibt es nur helle Zeitalter und dunkle, und an den dunklen sind für ihn die Verbrechen, die Dummheit und das Mißgeschick der Menschen schuld. In dieser Hinsicht denkt er sehr viel weniger historisch als manche seiner Vorgänger in der Renaissance. Er sieht die Geschichte in einer lockeren Weise als Anhäufung kausal verbundener Fakten, die zeigen soll, unter welchen Bedingungen die wesentlichen Zwecke, die die Natur in das Herz eines jeden Menschen eingesenkt hat, am besten verwirklicht werden können, wer die Feinde des Fortschritts sind und wie man sie am besten besiegen kann. Damit hat Voltaire gewiß mehr als jeder andere die Richtung der ganzen Aufklärung bestimmt: Hume und Gibbon sind vom selben Geist besessen.

Die Geschichte, so wie wir sie heute verstehen, fand erst zu sich selbst, nachdem man gegen die Klassifizierung aller menschlichen Erfahrung durch absolute und zeitlose Werte aufbegehrt hatte – eine Reaktion, die zuerst in der Schweiz und in England unter Kritikern und Historikern der griechischen und hebräischen Literatur begann und, als sie nach Deutschland vordrang, die große geistige Revolution hervorrief, deren einflußreichster Apostel Herder war. Gleichwohl verdanken wir Voltaire, Fontenelle und Montesquieu (der im Gegensatz zur landläufigen Ansicht nicht weniger von der Absolutheit und Zeitlosigkeit der höchsten menschlichen Ziele überzeugt war, auch wenn Mittel und Methoden für ihn von Gegend zu Gegend variierten) die mehr wissenschaftlichen Richtungen der späteren Geschichtsschreibung, die Geschichte der Ökonomie, der Wissenschaft und Technologie, die historische Soziologie, die Demographie sowie alle Bereiche der Vergangenheitserkenntnis, die auf statistischen und anderen quantitativen Methoden beruhen. Aber die Kulturgeschichte, als deren Initiator sich Voltaire verstand, haben eigentlich erst die Deutschen entwickelt, für die er der Erzfeind all dessen war, was ihnen am Herzen lag.

Aber schon vor der Gegenaufklärung der Schweizer, Engländer und Deutschen entstand eine neue Auffassung der Erforschung der Geschichte. In ihren Grundzügen war sie anti-voltairianisch, und ihr Schöpfer war ein unbekannter Neapolitaner, von dem Voltaire sicherlich niemals gehört hat und den er gewiß nur mit Geringschätzung behandelt hätte.

III

Giambattista Vico wurde 1668 in Neapel geboren und hat dort oder in Neapels Umgebung bis zu seinem Tod im Jahre 1744 gelebt. Während seiner langen Lebenszeit war er nur sehr wenig bekannt, das Musterbeispiel eines einsamen Denkers. Er wurde von Priestern erzogen, arbeitete einige Jahre als Hauslehrer, bekam eine bescheidene Professur für Rhetorik an der Universität Neapel und wurde erst gegen Ende seines Lebens, nach vielen Jahren, in denen er zur Aufbesserung seines dürftigen Einkommens Widmungen, lateinische Lobreden und rühmende Biographien für die Reichen und Großen geschrieben hatte, belohnt, indem er zum offiziellen Historiographen des österreichischen Vizekönigs von Neapel bestellt wurde.

Er war durchdrungen von der Literatur des Humanismus, den antiken Autoren und Altertümern und besonders vom römischen Recht. Sein Geist war nicht analytisch oder wissenschaftlich, sondern literarisch und intuitiv. Neapel unter den Österreichern und Spaniern war keineswegs die Vorhut der neuen wissenschaftlichen Bewegung. Obwohl dort experimentierende Wissenschaftler arbeiteten, waren da eben auch die Kirche und die Inquisition am Werk. Wenn etwas, so war das Königreich beider Sizilien eine Art totes Gewässer, und Vico, seiner Neigung nach ein religiöser Humanist mit einer reichen historischen Vorstellungskraft, hatte keine Sympathie für die große wissenschaftlich-materialistische Bewegung, die die letzten Reste der scholastischen Metaphysik hinwegschwemmen sollte. Trotzdem war er in seiner Jugend in den Bann der neuen Denkströmung geraten, hatte Lukrez gelesen, und die epikureische Vorstellung einer allmählichen Entwicklung des Menschen aus barbarischen, halb tierischen Anfängen sollte ihn trotz seines christlichen Glaubens sein ganzes Leben lang begleiten. Beeinflußt vom allmächtigen Cartesianismus, glaubte er anfangs, die Mathematik sei die Königin der Wissenschaften. Aber etwas in ihm widersetzte sich dem offenbar. 1709, vierzig Jahre alt, in einer der Antrittsvorlesungen, mit denen die Professoren der Universität Neapel jedes akademische Jahr eröffnen mußten, verteidigte er leidenschaftlich die humanistische Erziehung: Der Geist der Menschen *(ingenia)* wurde von der Sprache geformt, den Worten und Bildern, die sie ererbten, wie umgekehrt ihr Geist nicht weniger ihre Ausdrucksweisen formte. Die Suche nach ei-

174

nem schlichten, neutralen Stil ebenso wie der Versuch, die Jugend ausschließlich in dem trockenen Klima der Cartesianischen analytischen Methode zu unterrichten, werde ihnen schließlich alle Vorstellungskraft rauben. Vico verteidigte die reiche, von den großen Humanisten ererbte Tradition der italienischen »Rhetorik« gegen den strengen und sparsamen Stil der von der rationalen Wissenschaft beeinflußten französischen Modernisten.

Offensichtlich beschäftigten ihn die beiden entgegengesetzten Methoden weiter, denn im folgenden Jahr gelangte er zu einer wirklich erregenden Schlußfolgerung: Die Mathematik war tatsächlich, wie man seit jeher annahm, eine Disziplin, die zu völlig klaren und unwiderlegbaren Sätzen von universaler Gültigkeit führt – aber nicht deswegen, weil die Sprache der Mathematik eine Wiedergabe der grundlegenden und unveränderlichen Struktur der Wirklichkeit wäre, wie man seit den Tagen Platons und gar des Pythagoras behauptet hatte, sondern vielmehr deswegen, weil die Mathematik überhaupt nicht die Darstellung von etwas war. Sie war keine Entdeckung von etwas, sondern eine menschliche Erfindung. Ausgehend von Definitionen und Axiomen ihrer eigenen Wahl, konnten die Mathematiker durch Mittel, die sie oder andere Menschen geschaffen hatten, zu Schlußfolgerungen gelangen, die in der Tat logisch folgten, nämlich deshalb, weil die von den Menschen selbst geschaffenen Regeln, Definitionen und Axiome dafür sorgten, daß dies geschah. Die Mathematik war eine Art Spiel (obwohl Vico es so nicht sagte), in dem die Spielmarken und die Regeln von den Menschen selbst gemacht sind. Die einzelnen Schritte und ihre Implikationen sind in der Tat gewiß, aber um den Preis, daß sie überhaupt nichts beschreiben – ein Spiel von Abstraktionen, die von ihren Schöpfern beherrscht werden. Sobald dieses System auf die natürliche Welt angewendet wurde, wie etwa in der Physik und der Mechanik, brachte es durchaus wichtige Wahrheiten, aber insofern die Natur nicht von den Menschen erfunden war und ihre eigenen Merkmale besaß und nicht wie Symbole frei manipuliert werden konnte, wurden die Schlußfolgerungen weniger klar und waren nicht mehr völlig erkennbar. Die Mathematik war kein System von die Wirklichkeit regierenden Gesetzen, sondern ein System von Regeln, mit dem sich das Verhalten der Dinge im Raum verallgemeinern, analysieren und vorhersagen ließ.

Hier machte Vico von einem ehrwürdigen scholastischen Gedanken Gebrauch, der mindestens auf die Zeit Augustins zurückgeht, daß man nämlich nur das vollständig erkennen könne, was man selbst hervorgebracht hat. Ein Mensch kann seine geistigen und dichterischen Schöpfungen ganz verstehen, ein Kunstwerk oder einen Plan, denn er hat sie selbst geschaffen, und sie sind deshalb für ihn durchsichtig. Alles in ihnen ist von seinem Geist und seiner Vorstellungskraft hervorgebracht. Genau dasselbe hatte Hobbes für die politischen Verfassungen angenommen. Aber die Welt – die Natur – ist nicht vom Menschen geschaffen. Deshalb kann nur Gott sie vollständig erkennen, denn er ist ihr Schöpfer. Die Mathematik scheint eben deshalb so wunderbar, weil sie ganz Menschenwerk ist – die größte Annäherung an die göttliche Schöpfungstätigkeit, die dem Menschen möglich ist. In der Renaissance hatten einige auch von der Kunst in dieser Weise geredet und den Künstler als einen Schöpfer, *quasi deus*, bezeichnet, als Schöpfer einer vorgestellten Welt neben der wirklichen, und hatten gesagt, daß der Künstler, der Gott, der diese Welt geschaffen habe, sie durch und durch kenne. Aber die Welt der äußeren Natur behält etwas Undurchsichtiges: die Menschen können sie beschreiben, können angeben, wie sie sich in bestimmten Situationen und Beziehungen verhält, können Hypothesen über das Verhalten ihrer Konstituenten anbieten, über physikalische Körper und dergleichen, aber sie können nicht sagen, warum – aus welchem Grund – sie so ist, wie sie ist, und warum sie sich gerade so verhält. Das weiß nur, wer sie geschaffen hat, nämlich Gott – die Menschen hingegen sehen nur von draußen, was auf der Bühne der Natur vor sich geht.»Von innen« können sie nur das wissen, was sie selbst gemacht haben, und nichts anderes. Je größer der Anteil des von Menschen Gemachten in irgendeinem Erkenntnisgegenstand ist, desto transparenter wird er für sie sein, und je größer der Anteil der äußeren Natur, desto dunkler und undurchdringlicher. Es gibt eine unüberbrückbare Kluft zwischen dem vom Menschen Gemachten und der Natur, dem Konstruierten und dem Gegebenen. Alle Erkenntnisbereiche können entlang dieser Skala relativer Verständlichkeit klassifiziert werden.

Zehn Jahre später ging Vico einen entscheidenden Schritt weiter: Neben den ganz offensichtlich menschlichen Hervorbringungen, den Kunstwerken, politischen Systemen, den Gesetzessystemen und überhaupt allen von Regeln geleiteten Disziplinen gibt es einen anderen Bereich, den die Menschen von innen heraus erkennen können, die Geschichte der Menschen. Denn auch sie wird von den Menschen gemacht. Geschichte besteht nicht bloß aus Dingen und Ereignissen mit ihren Gleichzeitigkeiten und Abfolgen (einschließlich der menschlichen Organismen als natürlicher Gegenstände) wie die äußere Welt. Sie ist die Geschichte der menschlichen Handlungen, die Geschichte dessen, was Menschen getan, gedacht und erlitten haben, dessen, wofür sie kämpfen, was sie beabsichtigen, annehmen oder ablehnen, begreifen oder sich vorstellen, dessen, wohin ihre Gefühle gelenkt werden. Deshalb handelt die Geschichte von Motiven, Zwecken, Hoffnungen und Befürchtungen, von Liebe und Haß, von Eifersucht und Ehrgeiz, den Einstellungen zur Wirklichkeit und Auffassungen von ihr, von den Perspektiven, Handlungsweisen und Schaffensformen von Individuen und Gruppen. Alles dies wissen wir unmittelbar, denn wir sind als Täter in diese Handlungen verwickelt und nicht bloße Zuschauer. In einem bestimmten Sinne wissen wir deshalb mehr über uns selbst als über die äußere Welt. Wenn wir zum Beispiel das römische Recht oder die römischen Institutionen untersuchen, haben wir nicht natürliche Gegenstände vor uns, über deren Zweck wir nichts wissen, noch nicht einmal, ob sie überhaupt einen haben. Wir müssen uns fragen, worum es diesen Römern ging, wonach sie strebten, wie sie lebten und dachten, was für Beziehungen zu anderen Menschen sie fördern oder unterbinden wollten. Hinsichtlich natürlicher Gegenstände können wir diese Frage nicht stellen, es ist müßig zu fragen, worum es Kühen, Bäumen oder Steinen, Molekülen oder Zellen geht. Wir haben keinen Grund zu der Annahme, daß sie Zwecken folgen, und wenn sie es täten, wüßten wir nicht, welchen. Da wir sie nicht geschaffen haben, können wir keine gottgleiche »Innensicht« davon haben, welche Ziele sie, wenn überhaupt, verfolgen und welchen Zweck sie durch ihre Schöpfung erfüllen sollen. Es gibt deshalb einen klaren Sinn, in dem unser Wissen über intentionales Verhalten, über Handlung, unserem Wissen über die Bewegungen und Orte der Körper im Raum, dem Feld der großartigen Triumphe der Wissenschaft des siebzehnten Jahrhunderts, zumindest der Art nach überlegen ist. Was für uns opak ist, wenn wir die äußere Welt betrachten, ist wenn nicht völlig durchsichtig, so doch weitaus durchsichtiger, wenn wir uns selbst betrachten. Es ist deshalb eine falsche Selbstverleugnung, wenn wir die Regeln und Gesetze der Physik oder der anderen Naturwissenschaften auf die Welt des

Geistes, des Willens und des Fühlens übertragen. Denn dadurch sperren wir uns völlig unnötigerweise von vielem ab, was wir verstehen könnten.

Wenn der Anthropomorphismus fälschlicherweise die unbeseelte Welt mit menschlichem Geist und Willen begabt hat, so gibt es doch eine Welt, der man völlig zu Recht eben diese Attribute zuschreibt, die Welt des Menschen. Deshalb beruht eine Wissenschaft vom Menschen, die ihn, gleich wie Flüsse, Pflanzen und Steine, als ein rein natürliches Wesen behandelt, auf einem kardinalen Irrtum. Hinsichtlich unserer selbst sind wir privilegierte Beobachter mit einer »Innensicht«. Wenn man dies zugunsten des Ideals einer Einheitswissenschaft alles Seienden, einer universellen Forschungsmethode ignoriert, verharrt man im Namen eines materialistischen Dogmas über das Erkennbare in vorsätzlicher Unwissenheit. Wir wissen, was mit einer Handlung, einem Zweck, einer Anstrengung, etwas zu erreichen oder zu verstehen, gemeint ist, wir wissen es durch ein unmittelbares Bewußtsein davon. Wir haben ein Bewußtsein unserer selbst. Können wir auch sagen, worum es anderen geht? Vico erläutert uns niemals direkt, wie wir das erreichen können, aber er scheint es für ausgemacht zu halten, daß der Solipsismus keiner Widerlegung bedarf. Ebenso ist für ihn sicher, daß wir uns mit anderen verständigen können, weil wir unmittelbar, mehr oder weniger erfolgreich, den Zweck und die Bedeutung ihrer Worte, ihrer Gesten, ihrer Zeichen und Symbole erfassen können; denn könnten wir uns nicht verständigen, gäbe es keine Sprache, keine Gesellschaft und keine Humanität. Aber selbst wenn dies für die Gegenwart und die jetzt Lebenden gilt, kann man es auch auf die Vergangenheit anwenden? Können wir die Taten, die Gedanken, die Einstellungen und die expliziten und impliziten Überzeugungen, die Welt des Denkens und Empfindens toter und vergangener Gesellschaften erfassen? Und wenn ja, wie kann uns das gelingen? Vicos Antwort auf diese Frage ist vermutlich die kühnste und originellste seiner Ideen.

Er erklärte, daß es drei große Tore gebe, die in die Vergangenheit führen: Sprache, Mythen und Riten, das heißt institutionelles Verhalten. Wir sprechen von metaphorischen Ausdrucksformen. Die ästhetischen Theoretiker seiner Zeit, sagt Vico, sehen in ihnen bloß eine Verschönerung, eine gehobene Sprechweise, die die Dichter als vorsätzlichen Kunstgriff benutzen, um uns Vergnügen zu bereiten, um uns in eine bestimmte Richtung zu lenken, oder aber als listige Mitteilungsweise wichtiger Wahrheiten.[3] Diese Interpretation beruht auf der Annahme, daß alles, was metaphorisch ausgedrückt wird, zumindest prinzipiell ebensogut in klarer, nüchterner Prosa ausgesagt werden kann, obwohl dies langweilig sein mag und uns nicht das Vergnügen gewährt, das wir durch die poetische Sprache empfinden. Aber, wendet Vico ein, wenn man frühe Texte liest (wobei ihm die Lateiner und Griechen am vertrautesten waren und ihm die meisten seiner Beispiele lieferten), wird man schnell bemerken, daß das, was wir metaphorische Sprechweise nennen, die natürliche Ausdrucksart dieser frühen Menschen war. Wenn wir sagen, unser Blut koche, dann ist das für uns eine konventionelle Metapher für Ärger, aber für einen primitiven Menschen ist Ärger ganz buchstäblich die Empfindung in ihm kochenden Bluts. Wenn wir von den Zähnen des Pflugs, von dem Mund eines Flusses oder den Lippen einer Vase sprechen, sind das tote Metaphern oder bestenfalls bewußte Kunstgriffe, um bei dem Hörer oder Leser eine bestimmte Wirkung zu erzielen, aber für unsere frühen Vorfahren hatten Pflüge tatsächlich Zähne, und Flüsse, für sie nahezu beseelt, hatten Münder; das Land besaß Hals und Zunge, Metalle und Mineralien hatten tatsächlich Adern, die Erde Eingeweide, Eichen ein Herz, der Himmel lachte und grollte, die Winde wüteten, die ganze Natur war lebendig und handelte. Mit dem Wandel der menschlichen Erfahrung sank diese einst natürliche Ausdrucksweise – Vico nennt sie die poetische – allmählich zu phrasenhaften Wendungen der gewöhnlichen Spra-

---

3 So identifiziert Fontenelle, dessen Einfluß nur noch von Voltaire übertroffen wurde, den Fortschritt in den Künsten (wie in allen anderen Gebieten) mit der Zunahme von Ordnung, Klarheit und Genauigkeit, von *netteté,* deren reinste Form die Geometrie sei – die Cartesische Methode, die in jedem Bereich des Wissens und der schöpferischen Tätigkeit nur verbessern kann, was immer sie berührt. Wie für Voltaire ist für ihn die Mythologie Ergebnis von Wildheit und Unwissenheit. Alle Metaphern sind ihm verdächtig, vor allem aber die *images fabuleuses,* die aus einer »völlig falschen und lächerlichen« Vorstellung von den Dingen entstehen, ihr Gebrauch könne nur zur größeren Verbreitung der Irrtümer beitragen. Die Dichter der Frühzeit hätten die mythologische Sprache ornamental verwandt, aber auch als ein Mittel, um den Eindruck einer unmittelbaren göttlichen Inspiration zu erwecken. Die modernen Schriftsteller dürften allenfalls *images spirituelles* verwenden, personifizierte Abstraktionen etwa der Zeit, des Raumes oder der Gottheit, die sich nicht an das irrationale Gefühl, sondern an die Vernunft wenden. Die geistige Kraft, der Mut, die Menschlichkeit und das unerschütterliche Streben nach Wahrheit, mit denen die Philosophen der Aufklärung gegen Unsinn und Obskurantismus in der Theorie und gegen barbarische Grausamkeiten in der Praxis kämpften, darf uns nicht blind machen für die Auswüchse ihrer Tugenden, die einen schrecklichen Preis gefordert haben.

che herab, deren Ursprünge vergessen worden waren oder zumindest nicht mehr empfunden wurden, oder sie geriet als Konvention und Ornament in die Hände raffinierter Verseschmiede. Sprechweisen drücken spezifische Weltsichten aus. Es gibt keine allgemeingültige,»buchstäbliche« Sprache, die sich auf eine zeitlose Wirklichkeit bezieht. Vor der»poetischen« Sprache haben sich die Menschen in Hieroglyphen und Ideogrammen ausgedrückt, die eine von der unsrigen völlig verschiedene Weltsicht verkörpern. Vico sagt, daß die Menschen sangen, bevor sie sprachen, daß sie in Versen sprachen, bevor sie Prosa redeten, wie es bei der Untersuchung der von ihnen verwandten Zeichen- und Symbolarten und ihres Umgangs mit ihnen deutlich werde.

Wer erfassen will, welche Lebensweisen in der Vergangenheit in von unserer eigenen verschiedenen Gesellschaften üblich waren, muß deren Welten verstehen. Er muß begreifen, was für eine Weltsicht Menschen mit einer bestimmten Sprache gehabt haben müssen, damit dieser Typ Sprache als natürlicher Ausdruck dieser Weltauffassung verstanden werden kann. Wie schwierig diese Aufgabe ist, wird am eindrucksvollsten bei der von Vico angeführten mythologischen Sprache deutlich. Der römische Dichter sagt:»Jovis omnia plena.« Was bedeutet das? Jupiter ist für uns der Vater der Götter, ein bärtiger Donnerer, aber das Wort heißt auch Himmel oder Luft. Wie kann»alles«»voll« des bärtigen Donnerers oder des Vaters der Götter sein? Aber genauso haben die Menschen geredet. Wir müssen uns deshalb fragen, wie die Welt für die ausgesehen hat, für die ein solcher, für uns fast sinnloser, Sprachgebrauch sinnvoll war. Was konnte gemeint sein, wenn sie von Kybele als einer gewaltigen Frau sprachen und zugleich die ganze Erde so nannten, wenn sie unter Neptun einen bärtigen, einen Dreizack schwingenden Meergott verstanden und zugleich alle Seen und Ozeane der Welt so bezeichneten? So ist Herakles ein Halbgott, der die Hydra getötet hat, aber zugleich der Athener, der Spartaner, der Argiver oder Thebaner Herakles. Er ist viele und ebenso einer. Ceres ist eine weibliche Gottheit, aber auch alles Getreide dieser Welt.

Es ist eine sehr eigenartige Welt, in die wir versuchen müssen uns hineinzuversetzen, und Vico warnt uns, daß es äußerster Anstrengung bedürfe, um auch nur ansatzweise in die Mentalität dieser primitiven Barbaren einzudringen, deren Weltsicht sich in diesen Mythen und Legenden niedergeschlagen hat. Trotzdem kann es in einem gewissen Maße gelingen, denn wir haben eine Fähigkeit – er nennt sie *fantasia*, Einbildungskraft –, die es uns ermöglicht, in von der unsrigen gänzlich verschiedene Geistesverfassungen »einzutreten«.

Wie geschieht das? Seiner Überlegung kommt man hier am nächsten anhand seiner Parallele zwischen der Entwicklung der Art und der eines Individuums. Ebenso wie wir in der Lage sind, uns an unsere Kindheitserfahrungen zu erinnern (heutzutage ist die Psychoanalyse tiefer vorgedrungen), muß es auch möglich sein, die frühe kollektive Erfahrung unserer Gattung wiederzugewinnen, auch wenn dies eine ungeheure Anstrengung erfordert. Dieser Gedanke beruht auf einer Analogie zwischen dem Makrokosmos und dem individuellen Mikrokosmos – daß die Phylogenese der Ontogenese gleicht, ein Gedanke, der mindestens bis in die Renaissance zurückreicht. Es besteht eine Analogie zwischen der Entwicklung eines Individuums und eines Volkes. Wenn ich mich daran erinnern kann, was es bedeutet hat, ein Kind gewesen zu sein, dann habe ich eine gewisse Ahnung davon, was es hieß, einer primitiven Kultur anzugehören. Man darf nicht andere aus der Perspektive dessen beurteilen, was man jetzt ist. Wenn der Animismus die fälschliche Zuschreibung menschlicher Eigenschaften an natürliche Dinge ist, ist es ähnlich trügerisch, primitiven Kulturen unsere eigenen, verfeinerten Begriffe zuzuschreiben. Erinnerungsvermögen, nicht Übertragung, scheint der geforderten Fähigkeit eines imaginativen Verstehens, der *fantasia*, näher zu sein, mit der wir die menschliche Vergangenheit rekonstruieren.[4]

Die Erfahrungsmuster verschiedener Generationen sind unterschiedlich, aber sie entwickeln sich nach einer festen Ordnung, die Vico glaubt rekonstruieren zu können, indem er die richtigen Fragen an das uns vorliegende Material stellt. Wir müssen uns fragen, welche Art von Erfahrung in einem besonderen Gebrauch von Symbolen (das heißt Sprache) vorausgesetzt ist und ihn verständlich macht, und welche besondere Weltsicht in Mythen, in religiösen Riten, in Inschriften und Denkmälern aus der Vergangenheit verkörpert ist. Die Antworten werden es uns erlauben, das Wachstum und die Entwicklung der Menschen zu verfolgen, uns

---

4 Diesen Gegensatz hat Leon Pompa in Briefen und Unterhaltungen mit dem Autor betont. Seine Interpretation scheint mir Vicos Denken am nächsten zu kommen, während ich selbst in meinen früheren Überlegungen zu Vico diesem Problem nicht genügend Aufmerksamkeit geschenkt habe.

zu veranschaulichen und in den Geist der Menschen »einzutreten«, die durch Anstrengung, Arbeit und Kampf ihre Welt geschaffen haben. Jede Phase dieses Prozesses drückt ihre Erfahrung in
ihr eigenen, charakteristischen Formen aus, ja teilt sie in Hieroglyphen, in primitiven Gesängen, in Mythen und Legenden, in Tänzen und Gesetzen, in feierlichen und kunstvollen religiösen Riten
mit, die für Voltaire, Holbach oder d'Alembert nur obsolete Relikte
einer barbarischen Vergangenheit oder ein Haufen von obskurem
Hokuspokus waren. Vico glaubt, daß man dem Werden des gesellschaftlichen Bewußtseins und Handelns auch in der Entwicklung
der Etymologie und Syntax nachgehen könne, die die sukzessiven
Phasen des gesellschaftlichen Lebens reflektieren und sich gleichen Schritts mit ihnen fortbilden. Poesie ist weder eine bewußte
Verschönerung, die raffinierte Schriftsteller erfunden haben, noch
ist sie ein geheimes Wissen in besonders einprägsamer Form, sie
ist vielmehr eine unmittelbare Ausdrucksform unserer entfernten
Vorfahren, kollektiv und gemeinschaftlich. Homer ist nicht die
Stimme eines einzelnen Dichters, sondern die des ganzen griechischen Volkes. In dieser spezifischen Fassung sollte diese Vorstellung in den Theorien Winckelmanns und Herders, die, als sie ihre
Ideen zu entwickeln begannen, soweit wir wissen, von Vico noch
nicht einmal gehört hatten, eine reiche Entfaltung finden.

Der unveränderliche Charakter der grundlegenden menschlichen Natur – dieser zentrale Begriff der abendländischen Tradition von den Griechen zu Thomas von Aquin, von der Renaissance
bis zu Grotius, Spinoza und Locke – wird deshalb hinfällig, denn
die Schöpfungen des Menschen, seine Sprachen, Mythen und Ri-
tuale, belehren uns eines anderen. Die ersten Menschen waren
wild und roh, Höhlenbewohner, die »stumme« Zeichen verwandten, Gesten und dann Hieroglyphen. Der erste Schlag des Donners
erfüllte sie mit Schrecken. Ehrfurcht – das Gefühl für eine Macht,
die größer ist als man selbst, die über einem schwebt – erwachte in
ihnen, und sie versammelten sich zu ihrem eigenen Schutz. Darauf folgte das »Zeitalter der Götter« oder der *patres*, finsterer Oberhäupter primitiver menschlicher Stämme. Außerhalb ihres Schutzes gab es keine Sicherheit. Wenn Menschen von anderen angegriffen werden, die ihnen überlegen sind, dann suchen sie Schutz
und bekommen ihn von den »Vätern« – um den Preis, daß sie deren
Sklaven oder Abhängige werden. Das kennzeichnet das »heroische« Zeitalter der Oligarchien, der harschen und habgierigen

Herren, die über Sklaven und Diener herrschen. Sie sind es, die die »poetische« Sprache sprechen. Dann kommt der Augenblick, in dem jene rebellieren und Zugeständnisse erzwingen, besonders in den Heirats- und Bestattungsriten, den ältesten Formen menschlicher Institutionen. Sie erreichen, daß ihre neuen Riten anerkannt werden, und das schafft die frühesten Formen des Rechts. Das Recht wiederum erzeugt Prosa, die zum Argumentieren und zur Rhetorik führt und so zum Fragen, zur Philosophie, zum Skeptizismus, zur egalitären Demokratie und schließlich zur Zerrüttung der einfachen Frömmigkeit, Solidarität und Achtung vor Autorität in den primitiven Gesellschaften, zu ihrer Atomisierung und Zersetzung, zu destruktivem Egoismus und Entfremdung[5] und zum endgültigen Zusammenbruch, wenn nicht ein Augustus Autorität und Ordnung wiederherstellt oder ein früherer, primitiverer und kraftvollerer Stamm mit noch unausgeschöpfter Energie und harter Disziplin über sie herfällt und sie unterwirft. Wenn das nicht geschieht, gibt es einen totalen Zusammenbruch. Das primitive Höhlenleben beginnt von neuem, und der ganze Kreislauf wiederholt sich, *corsi e ricorsi*, von der Barbarei des wilden Lebens zur zweiten Barbarei des Niederganges.

Es gibt keinen Fortschritt aus der Unvollkommenheit zur Vollkommenheit, denn der Begriff der Vollkommenheit enthält ein absolutes Wertkriterium. Es gibt nur verstehbaren Wandel. Keine Phase wird mechanisch von der vorhergehenden verursacht, sondern erwächst aus den neuen Bedürfnissen, die in der unablässigen Selbstschöpfung und Selbstumwandlung der ewig tätigen Menschen durch die Befriedigung der alten Bedürfnisse entstehen. In diesem Prozeß spielt in Vicos Schema der Kampf zwischen den Klassen eine entscheidende Rolle, wobei Vico sich auch hier

---

5 Die Stelle der *Scienza Nuova*, wo Vico das Ende einer dekadenten Kultur schildert, verdient zitiert zu werden: Die Menschen werden »bei größter Pflege und Fülle der Leiber mit tierischer Verkommenheit in vollständiger Vereinsamung des Gemüts und des Willens leben, da kaum zwei miteinander sich verständigen können, indem jeder seinem eigenen Gefallen und seiner Laune folgt«. *Scienza Nouva* 1106 (Beschluß des Werkes). [Vicos *Principj di una scienza nuova* werden in der Fassung von 1744 nach der Ausgabe von F. Nicolini in G. V., *Opere*, Bd. IV, 1-2 (Bari 1953) zitiert. Die Ziffern verweisen auf die gebräuchliche Zählung der Absätze des Werkes. Die zusätzlichen Angaben in Klammern sollen das Auffinden der zitierten Stellen in anderen Ausgaben erleichtern. Soweit möglich, wird für die deutsche Fassung auf die unvollständige Übersetzung von Erich Auerbach (*Die Neue Wissenschaft über die gemeinschaftliche Natur der Völker*, München 1924, ern. Reinbek 1966) zurückgegriffen.]

nachdrücklich auf die Mythologie bezieht. Voltaire sieht in den Mythen »die Phantastereien von Wilden oder die Erfindungen von Gaunern«, bestenfalls Grillen, die die Dichter hervorzaubern, um ihre Leser zu entzücken. Für Vico hingegen sind sie sehr oft folgenreiche Bilder vergangener gesellschaftlicher Konflikte, aus denen sehr viele verschiedene Kulturen entstanden sind. Er ist ein erfinderischer und phantasievoller historischer Materialist: Kadmus, Ariadne, Pegasus, Apollo, Mars und Herakles, sie alle symbolisieren verschiedene Wendepunkte in der Geschichte des gesellschaftlichen Wandels.[6] Was für das rationale Denken späterer Zeitalter nur wie eine bizarre Kombination von Eigenschaften aussieht – Kybele, die sowohl eine Frau als auch die Erde ist, Pferde mit Flügeln, Kentauren, Dryaden und ähnliche Gestalten –, sind in Wirklichkeit Bemühungen unserer Vorfahren, gewisse Funktionen oder Vorstellungen in einem einzigen, konkreten Bild zu verknüpfen. Vico nennt sie »unmögliche Gattungsbegriffe«, Bilder, die aus widersprüchlichen Eigenschaften zusammengesetzt sind, an deren Stelle ihre Nachfolger eine abstrakte Phraseologie gesetzt haben, weil sie in Begriffen und nicht in sinnlichen Vorstellungen denken. Auch die Veränderung der Bedeutung einzelner Wörter

---

6 So thematisiert etwa der Mythos von Theseus und Ariadne das frühe Seefahrerleben. Der Minotaurus repräsentiert Seeräuber, die Athener auf Schiffen entführen, denn der Stier ist ein altes Emblem am Schiffsbug, und die Piraterei wurde sowohl bei den Griechen wie auch bei den alten Germanen in hohen Ehren gehalten. Ariadne ist die Kunst der Seefahrt, der Faden ein Symbol für die Navigation und das Labyrinth ist das Ägeische Meer. Oder der Minotaurus ist ein Mischling, ein nach Kreta gekommener Fremdling – frühes Sinnbild rassischer Konflikte. Kadmus ist ein Primitiver, und daß er die Schlange tötet, ist das Reinigen des Urwaldes. Er sät die Zähne der Schlange im Boden aus, und die Zähne sind die Zähne eines Pflugs. Die Steine, die er um sich verstreut, sind die Erdwälle, die die Oligarchie der Heroen vor den landhungrigen Sklaven schützen. Die Ackerfurchen sind die Stände der feudalen Gesellschaft. Die bewaffneten Männer, die aus den Zähnen entspringen, sind die Heroen, aber sie kämpfen, entgegen dem Mythos (hier entscheidet sich Vico, den Bericht zu »korrigieren«), nicht gegeneinander, sondern gegen Räuber und Vagabunden, die das Leben der seßhaften Bauern bedrohen. Die Verletzung von Mars durch Minerva ist die Niederlage der Plebejer durch die Patrizier. Im Falle des Pegasus repräsentieren die Flügel den Himmel, der Himmel die Vögel, der Flug bestimmt das alles entscheidende Orakel. Das geflügelte Pferd steht für die berittene Edelleute mit dem Recht, das Orakel zu deuten, und deshalb Macht über das Volk, und bald repräsentieren solche Mythen Mächte und Institutionen und verkörpern oft radikale Umbrüche in der Gesellschaftsordung. Mythologische Geschöpfe wie Drako, eine in China und auch Ägypten beheimatete Schlange, Herakles oder Aeneas (dessen Abstieg in den Avernus natürlich ein Symbol für die Saat ist) sind für Vico nicht historische Personen, sondern er hält sie, wie auch Phythagoras und Solon, für bloße Symbole politischer Strukturen, die zeitlich nicht festgelegt werden dürfen.

und ihre Modifikationen können für Vico Licht auf die Entwicklung der gesellschaftlichen Strukturen werfen. Denn die Sprache gibt uns »die Geschichte der Institutionen, die durch ihre Wörter bezeichnet werden«. So erzählt uns die Geschichte des Wortes »lex«, daß das Leben im »großen Wald der Erde« von einem Leben in Hütten abgelöst wurde und danach von Hütten, Städten und Akademien.[7] Im einzelnen sind Vicos Zuordnungen gelegentlich völlig unplausibel oder abenteuerlich. Aber das ist weniger wichtig als sein Gedanke, auf die angesammelten Relikte des menschlichen Geschlechts eine Art Kantischer transzendentaler Methode anzuwenden, der Versuch zu erfassen, wie die Erfahrung einer bestimmten Gesellschaft ausgesehen haben muß, damit dieser oder jener Mythos, diese Weise religiöser Verehrung, diese Sprache oder dieses Gebäude ihr charakteristischer Ausdruck gewesen sein konnten. Das eröffnete neue Wege. Es brachte die Vorstellung eines statischen geistigen Kerns einer zeitlosen und unwandelbaren »menschlichen Natur« in Mißkredit und gab dem alten epikureisch-lukrezischen Begriff eines allmählichen Hervorwachsens aus primitiven Anfängen neues Leben. Es gibt keinen zeitlosen, unwandelbaren Begriff der Gerechtigkeit, des Eigentums, der Freiheit oder der Menschenrechte – diese Werte ändern sich mit den gesellschaftlichen Strukturen, denen sie angehören, und die

---

7 *Scienza Nuova*, S. 239-40 (I. Buch, 2. Abt., 65). Das ist ein gutes Beispiel für Vicos unbeschwerte Vorstellungskraft. Er stellt »lex« (Eichel), »ilex«, »aquilex«, »legumen« und »legere« als typische »Wald«-Wörter zu einer Gruppe zusammen, Wörter, die offensichtlich dem Leben im Wald entstammen und dann später ganz andere Tätigkeiten und Gegenstände bezeichnet haben. »So muß ›lex‹ anfangs das Einsammeln der Eicheln bedeutet haben.« »ilex« heißt »Eiche«, »denn die Eiche bringt die Eichel hervor, bei der sich die Schweine versammeln« (so auch bedeutet »aquilex«: der Wassersucher), »dann wurde ›lex‹ für das Einsammeln von Gemüse gebraucht, weshalb diese ›legumina‹ genannt wurden; später, als die Buchstaben der Verkehrsschrift noch nicht erfunden waren, mit denen man hätte Gesetze aufzeichnen können, wurde aus dem natürlichen Bedürfnis des politischen Lebens ›lex‹ zur Versammlung der Bürger, dem öffentlichen Parlament, wo die Anwesenheit des Volkes das Gesetz war, das den Testamenten, die ›calatis comitiis‹ errichtet wurden, Rechtskraft gab; – endlich wurde das Sammeln von Buchstaben, so daß jedes Wort gleichsam ein Bündel wurde, ›legere‹, lesen genannt.« Das ist ein eigentümlich phantasiereiches Stück genetischer und soziologischer Philologie, aber dieser soziolinguistische Zugang führte schließlich zu ergiebigen und wichtigen Zweigen der Geisteswissenschaft, zur historischen Rechtswissenschaft, zur Sozialanthropologie, zur vergleichenden Religionswissenschaft und ähnlichem, besonders in ihren Beziehungen zu den genetischen und historischen Aspekten der Linguistik.

Verkörperungen, die ihnen der Geist und die Phantasie geben, ändern sich von Phase zu Phase. Jede Rede von der unvergleichlichen Weisheit der Alten ist deshalb albern. Sie waren vielmehr erschreckende Wilde, *grossi bestioni*, die den großen Wald der Erde durchstreiften, Geschöpfe, die uns sehr fern sind. Es gibt kein allgegenwärtiges Naturrecht: die von den Stoikern, Isidor von Sevilla, Thomas von Aquin oder Grotius aufgestellten Tafeln absoluter Prinzipien waren weder explizit im Selbstverständnis dieser wilden, frühen Väter noch implizit in ihren Handlungen gegenwärtig, nicht einmal bei den Homerischen Heroen. Die rationalen Egoisten von Hobbes, Locke oder Spinoza sind willkürliche Erfindungen und unhistorisch. Wenn die Menschen so gewesen wären, wie diese Denker sie zeichnen, dann wäre ihre Geschichte völlig unverständlich.

Jede Stufe der Zivilisation bringt ihre eigene Kunst hervor, ihre eigene Form zu fühlen und ihre eigene Form der Phantasie. Spätere Formen sind weder besser noch schlechter, sondern ganz einfach anders, und jede muß als Ausdruck ihrer eigenen, besonderen Kultur beurteilt werden. Was hat es für einen Sinn, die frühen Menschen, deren Zeichen »stumm« waren, die »mit ihren Körpern sprachen«, die sangen, bevor sie sprachen (wie es, fügt Vico hinzu, die Stotterer noch immer tun), nach den Maßstäben unserer eigenen raffinierten Kultur zu beurteilen? Zu einer Zeit, als die französischen Geschmacksrichter an einen absoluten Maßstab künstlerischer Größe glaubten und davon überzeugt waren, daß die Verse Racines und Corneilles (oder auch Voltaires) jedem Stück des formlosen Shakespeare oder des ungenießbaren Milton überlegen waren oder vor ihnen dem bizarren Dante und vielleicht sogar den Werken der Antike, nahm Vico an, daß die Homerischen Epen der erhabene Ausdruck einer Gesellschaft sind, die von dem Ehrgeiz, der Habgier und der Grausamkeit ihrer herrschenden Klasse durchdrungen war. Denn nur eine solche Gesellschaft hatte diese Weltsicht hervorbringen können. Spätere Zeitalter mögen andere Mittel vervollkommnet haben, aber sie können nicht die *Ilias* schaffen, die die Weisen des Denkens, des Ausdrucks und Fühlens einer ganz besonderen Lebensform verkörpert; diese Menschen sahen buchstäblich, was wir nicht sehen.

Die neue Geschichtswissenschaft soll den Zugang zur Abfolge und Vielfältigkeit der menschlichen Erfahrungen und Handlungen ermöglichen, zu ihrer kontinuierlichen Selbstverwandlung von einer Kultur in eine andere. Das führt zu einem mutigen Relativismus und zerstört, unter anderem, den Begriff des Fortschritts in den Künsten, für den spätere Kulturen notwendig Verbesserungen oder Rückentwicklungen früherer Zeitalter sind, jede gemessen an ihrem Abstand von einem festen, unwandelbaren Ideal, an dem jede Schönheit, jedes Wissen und jede Tugend gemessen werden muß. Der berühmte Streit über die Alten und die Modernen ist für Vico sinnlos. Jede künstlerische Tradition kann nur von denen verstanden werden, die ihre Regeln und zu ihr gehörigen Konventionen, die »organischer« Bestandteil ihrer eigenen, sich wandelnden Denk- und Empfindungsmuster sind, begreifen. Der Begriff Anachronismus ist eigentlich erst durch Vico zentral geworden, selbst wenn andere schon eine Ahnung von ihm hatten. Vico bemerkt, Polybios habe einmal gesagt, es sei für die Menschheit ein Unglück, daß Priester und nicht Philosophen bei ihrer Geburt Pate gestanden hätten; wieviel Fehler und Grausamkeiten hätten ohne diese verlogenen Scharlatane vermieden werden können.[8] Lukrez stimmte dem aus vollem Herzen zu. Für die nach Vico Lebenden klingt dies, als wolle jemand sagen, Shakespeare hätte seine Stükke auch am Hof von Dschinghis Khan schreiben oder Mozart im alten Sparta komponieren können. Vico geht weit über Bodin, Montaigne und Montesquieu hinaus[9], denn sie (und auch Voltaire) ha-

---

8 Hier hat Vico den Text des Polybios falsch interpretiert, aber das gab ihm Gelegenheit, seine eigene Geschichtsauffassung zu erläutern, und dieser Irrtum machte, obwohl Polybios frei davon war, einen Aspekt der Aufklärung aus, gegen die Vico auftrat.

9 Der Unterschied zwischen der früheren und der späteren Haltung zeigt sich am Interesse für Mythen und Legenden etwa bei Bodin, Bacon und sogar Montesquieu auf der einen und Vico auf der anderen Seite. Die ersteren halten zwar beides nicht für Erfindungen lügnerischer Priester oder bloß für ein Resultat »menschlicher Schwäche« (wie Voltaire sagt), aber sie befassen sich mit Altertümern dieser Art, um Wissen über die *mœurs* und *façons de vivre* in frühen oder weitentfernten Gesellschaften zu erlangen und dort vielleicht eine historische Moral kennenzulernen, die für ihre eigene Zeit und ihre eigenen Lebensumstände von Bedeutung wäre. Selbst wenn sie von ihrem Temperament her anderen Gesellschaften vielleicht mit großer Neugierde begegneten und die Tatsachen um ihrer selbst willen gesammelt haben sollten, war ihr vorgegebenes Motiv doch utilitaristisch, sie wollten das menschliche Leben verbessern. Vico hingegen betrachtet die Mythen als Belege für die verschiedenen Kategorien, in denen die Erfahrung organisiert wird, uns fremde Brillen, durch die der frühe Mensch und weit entfernte Völker die Welt betrachten, in der sie leben. Er will verstehen, woher wir kommen, wie wir geworden sind, was wir sind, wieviel oder wiewenig von der Vergangenheit wir noch mit uns tragen. Sein Zugang ist genetisch, denn nur durch seine Entstehungsweise, wie wir sie in der *fantasia* mit Hilfe von Regeln, die Vico entdeckt zu haben glaubt, rekonstruieren, kann etwas wirklich ver-

ben zwar verschiedene gesellschaftliche *esprits* angenommen, aber nicht als verschiedene Phasen einer historischen Entwicklung, in der jede Phase ihre eigene Sichtweise, ihre eigenen Ausdrucksformen hat, ob man sie nun Kunst, Wissenschaft oder Religion nennt. Die Vorstellung eines kumulativen Wachstums der Erkenntnis, eines einzigen Körpers, der von einem allgemeingültigen Kriterium beherrscht wird, so daß, was eine Forschergeneration erarbeitet hat, eine andere nicht zu wiederholen braucht, paßt nicht in Vicos Schema. Dies bezeichnet den tiefen Bruch zwischen dem Begriff positiven Wissens und dem des Verstehens. Vico leugnet nicht die Nützlichkeit der gerade entwickelten historisch-kritischen Methoden. Er beansprucht kein intuitives oder metaphysisches Vermögen, das die empirische Forschung überflüssig machen kann. Um festzustellen, ob Dokumente und andere Belege echt sind, um sie zu datieren, chronologisch einzuordnen und um festzustellen, welche Individuen, Klassen oder Gesellschaften was wann und wo getan oder erlitten haben, sind diese neuen wissenschaftlichen Methoden zweifellos unerläßlich. Dasselbe gilt für die Erforschung unpersönlicher Faktoren – geographischer, umwelthafter oder gesellschaftlicher –, für das Studium der natürlichen Ressourcen, der Fauna, der Flora, der gesellschaftlichen Strukturen, der Kolonisierung, des Handels und der Finanzen. Hierbei müssen wir die wissenschaftlichen Methoden benutzen, die die Art von Wahrscheinlichkeit einführen, von der Bodin und Voltaire sprechen, und jeder Historiker, der soziologische und statistische Methoden verwendet, hat dies seitdem getan. An all dem hat Vico nichts auszusetzen. Was ist dann das Neue an seiner Geschichtsauffassung, an der er, wie er selbst sagt, zwanzig Jahre seines Lebens ununterbrochen gearbeitet hat?

Es ist, denke ich, dies: Geschichte zu verstehen heißt verstehen, was die Menschen aus der Welt gemacht haben, in der sie sich vorfanden, was sie von ihr erwarteten, welche Bedürfnisse, Ziele und Ideale sie leiteten. Er versucht, ihre Einstellungen aufzudecken, fragt, welche Wünsche, welche Fragen und welche Bestrebungen die Wirklichkeitssicht einer Gesellschaft bestimmen, und glaubt, eine neue Methode entwickelt zu haben, die ihm die Kategorien

---

standen werden, nicht durch eine Schau zeitloser Wesenheiten oder durch eine empirische Beschreibung oder Analyse seines gegenwärtigen Zustandes. Das kennzeichnet einen entscheidenden Wendepunkt in der Auffassung der Geschichte und Gesellschaft.

freilegt, in denen die Menschen gedacht, gehandelt und sich selbst und ihre Welt verändert haben. Dieses Wissen ist kein Wissen von Fakten oder logischen Wahrheiten, die durch Beobachtung, Naturwissenschaft oder deduktives Schließen gewonnen werden. Auch ist es kein technisches Wissen, kein Wissen, wie man etwas macht. Ebensowenig ist es ein durch Glauben erlangtes Wissen, das auf gött icher Offenbarung beruht, an die zu glauben Vico bekannte. Es gleicht eher dem Wissen, das wir von einem Freund haben, von seinem Charakter, seinen Denk- und Handlungsweisen, es gleicht dem intuitiven Gespür für die Nuancen von Personen, Gefühlen oder Ideen, das Montaigne so gut beschrieben und das auch Montesquieu in Rechnung gestellt hat.

Dafür bedarf es einer hochgradig imaginativen Kraft, wie sie Künstler und besonders Schriftsteller haben müssen. Und selbst sie wird uns nicht weit bringen, wenn wir Lebensformen erfassen wollen, die uns zu fern und zu unähnlich sind. Aber sogar dann brauchen wir nicht völlig zu verzweifeln, denn was wir verstehen wollen, sind Menschen, menschliche Wesen, die wie wir Geist, Zwecke und ein inneres Leben haben – ihre Werke können uns nicht völlig unverständlich sein, im Gegensatz zu dem undurchdringlichen Gehalt der nichtmenschlichen Natur. Ohne das Vermögen zu diesem »Eintreten«, wie er es nennt, in den Geist und die Situationen wird die Vergangenheit für uns eine tote Sammlung von Dingen in einem Museum bleiben.

Diese Erkenntnisweise, die in der cartesianischen Philosophie nicht vorkommt, beruht darauf, daß wir wissen, was Menschen sind, was Handlung ist, was es heißt, Absichten und Motive zu haben, was es heißt, zu verstehen und deuten zu wollen, um in der nicht-menschlichen Welt heimisch zu werden, was Hegel »bey sich selbst seyn« nannte. Die berühmteste Passage in der *Neuen Wissenschaft* drückt diese Einsicht am lebendigsten aus:

»Doch in dieser Nacht voller Schatten, die für unsere Augen das entfernteste Altertum bedeckt, erscheint das ewige Licht, das nicht untergeht, von jener Wahrheit, die man in keiner Weise in Zweifel ziehen kann: daß diese historische Welt ganz gewiß von den Menschen gemacht worden ist: und darum können (denn sie müssen) in den Modifikationen unseres eigenen menschlichen Geistes ihre Prinzipien aufgefunden werden. Dieser Umstand muß jeden, der ihn bedenkt, mit Erstaunen erfüllen: wie alle Philosophen voll Ernst sich bemüht haben, die Wissenschaft von der Welt der Natur zu erringen; welche, da Gott sie geschaffen hat, von ihm allein erkannt wird; und vernachlässigt haben, nachzudenken über die Welt der Nationen, oder historische Welt, die die Menschen erkennen können, weil sie die Menschen geschaffen haben.«[10]

Die Menschen haben ihre bürgerliche Welt – ihre Kultur und ihre Institutionen – selbst gemacht, aber, wie Marx später betonen sollte, »nicht aus freien Stücken«, nicht aus unbegrenzt formbarem Material. Die äußere Welt, auch die eigene physikalische und psychologische Verfassung, spielt dabei eine Rolle. Damit beschäftigt sich Vico nicht: er ist nur an dem menschlichen Anteil interessiert, und wenn er von den unbeabsichtigten Folgen der Handlungen der Menschen redet, die sie nicht vorsätzlich »gemacht« haben, schreibt er sie der Vorsehung zu, die die Menschen auf ihre eigene, unergründliche Weise zu schließlichem Wohlergehen führt. Auch sie entzieht sich, wie die Natur, der bewußten Kontrolle der Menschen. Aber Vico meint, daß alles, was eine Generation erfahren, getan und in ihren Werken verkörpert hat, auch eine andere erfassen kann, allerdings, wie er zugibt, unter Schwierigkeiten und nur unvollständig. Dazu bedarf es einer entwickelten *fantasia*, Vicos Begriff für imaginative Einsicht, deren Vernachlässigung er den französischen Theoretikern vorwirft. Es ist die Fähigkeit, die Welt auf mehr als eine Weise zu ordnen, gleich der Fähigkeit zu verstehen, was es heißt, ein Künstler, ein Revolutionär oder ein Verräter zu sein, und zu wissen, was es heißt, arm zu sein, Autorität auszuüben, ein Kind, ein Gefangener, ein Barbar zu sein. Ohne eine gewisse Fähigkeit, in die Haut anderer zu schlüpfen, kann man die menschliche Lage, die Geschichte und das, was eine Periode oder eine Kultur von anderen unterscheidet, nicht verstehen. Die Abfolge der Zivilisationsformen unterscheidet sich von anderen zeitlichen Prozessen, z. B. geologischen, dadurch, daß es Menschen, wir selbst, sind, die bei ihrer Erschaffung eine ausschlaggebende Rolle spielen. Das ist das Wesentliche bei der Kunst oder der Wissenschaft der Zuschreibung: das Wissen, was zu einer Lebensform paßt und zu einer anderen nicht, kann nicht ausschließlich durch induktive Methoden gewonnen werden.

Ich möchte ein Beispiel für Vicos Methode geben. Er behauptet, daß die Theorie, die Römer hätten das Zwölftafelgesetz, ihren ur-

---

10 *Scienza Nuova*, 331 (I. Buch, 3. Abt.).

sprünglichen Gesetzeskodex, aus dem Athen Solons übernommen, nicht wahr sein könne. Denn solche Barbaren, wie es die Römer zu Solons Zeit gewesen sein müssen, konnten unmöglich wissen, wo Athen lag oder daß es einen Kodex besaß, der für sie von Wert sein könnte. Außerdem, selbst wenn diese frühen Römer gegen alle Wahrscheinlichkeit wußten, daß es südöstlich von ihnen eine zivilisiertere und besser organisierte Gesellschaft gab (auch wenn die barbarischen Stämme des frühen Rom kaum einen auch noch so unvollkommenen Begriff von Zivilisation oder Stadtstaat gehabt haben werden), hätten sie die attischen Worte kaum in idiomatisches Latein ohne die geringste Spur des griechischen Einflusses übersetzen oder zum Beispiel ein Wort wie *auctoritas* benutzen können, für das es kein griechisches Äquivalent gab.

Eine derartige Argumentation beruht nicht auf einer Sammlung von empirischen Erkenntnissen über menschliches Verhalten zu verschiedenen Zeiten und an verschiedenen Orten, worauf dann soziologische Verallgemeinerungen fußen könnten. Begriffe wie der der fortgeschrittenen Kultur und ihres Unterschiedes von der Barbarei sind für Vico keine statischen Begriffe, sondern sie beschreiben Stufen des sich bildenden Selbstbewußtseins von Individuen und Gesellschaften, Unterschiede zwischen den Begriffen und Kategorien, die auf einer Entwicklungsstufe in Gebrauch sind, und denen einer anderen Stufe, sowie das Werden der einen aus den anderen, ein Verstehen, das sich letztlich aus dem Verstehen dessen herleitet, was Kindheit und Reife ist. Im frühen fünfzehnten Jahrhundert hatte der italienische Humanist Bruni erklärt, daß alles in griechischer Sprache Gesagte ebensogut auch lateinisch gesagt werden könne. Genau dies bestreitet Vico, wie das Beispiel der *auctoritas* zeigt. Es gibt keine unwandelbare Struktur der Erfahrung, für deren Darstellung man eine vollkommene Sprache erfinden könnte und in welche die unvollkommenen Annäherungen an eine solche Sprache übertragen werden könnten. Die Sprache sogenannter Primitiver ist keine unvollkommene Wiedergabe von etwas, was spätere Generationen genauer ausdrücken werden. Sie verkörpert vielmehr ihre eigene, einzigartige Weltsicht, die verstanden, aber nicht restlos in die Sprache einer anderen Kultur übersetzt werden kann. Die eine Kultur ist nicht eine weniger vollkommene Variante einer anderen. Der Winter ist kein rudimentärer Frühling, und der Sommer nicht ein noch unentwickkelter Herbst.

Die Welten Homers, der Bibel oder des Kalevala können überhaupt nicht verstanden werden, wenn man sie im Licht der absoluten Kriterien von Voltaire, Helvétius oder Buckle beurteilt und vorgefundene Merkmale nach ihrem Abstand von den höchsten Sprossen der menschlichen Zivilisation mißt, wie dies Voltaire beispielhaft in seinem *Musée imaginaire* vorgeführt hat, wo die vier großen Zeitalter des Menschen als Aspekte eines und desselben Gipfels menschlicher Leistungen nebeneinanderstehen. Man könnte mir vorwerfen, diesen Gemeinplatz allzu breit dargestellt zu haben, aber im frühen achtzehnten Jahrhundert war dies eben noch kein Gemeinplatz. Die Vorstellung, daß der Historiker nicht allein Tatsachen zu sammeln und sie kausal zu erklären hat, sondern vor allem untersuchen muß, was eine Situation für die an ihr Beteiligten bedeutet hat, welche Einstellung sie besaßen, von welchen Regeln sie sich leiten ließen, was für »absolute Voraussetzungen« (wie Collingwood es genannt hat) in dem enthalten sind, was sie (und keine andere Gesellschaft oder Kultur) gesagt oder getan haben – all das war ganz gewiß neuartig und dem Denken der *philosophes* und Wissenschaftler in Paris zutiefst fremd. Es beeinflußte die Gedanken derer, die sich zuerst gegen die französische Aufklärung wandten, Kritiker und Historiker der nationalen Literaturen in der Schweiz, in England und Deutschland – Bodmer, Breitinger und von Muralt, Hebraisten wie Lowth und die Homerforscher wie Blackwell, Sozial- und Kulturphilosophen wie Young und Adam Ferguson, Hamann, Möser und Herder. Nach ihnen kam die große Generation der Erforscher des Altertums, Wolf, Niebuhr und Boeckh, die das Studium der antiken Welt verwandelt haben und deren Schriften von entscheidendem Einfluß auf Burckhardt, Dilthey und ihre Nachfolger im zwanzigsten Jahrhundert waren. Hieraus entwickelten sich die vergleichende Philologie und die vergleichende Anthropologie, die vergleichende Rechtswissenschaft, Religions- und Literaturgeschichte, die vergleichende Kunst-, Kultur- und Ideengeschichte, Gebiete, in denen nicht bloß Wissen von Tatsachen und Ereignissen, sondern Verstehen – was Herder als erster »Einfühlung« genannt hat – notwendig ist.

Eine mit Erfahrung gesättigte Einbildungskraft, die Erkenntnisse über Wertsysteme und Lebensauffassungen ganzer Gesellschaften und Einsicht in sie vermittelt, ist in Mathematik, Physik, Geologie oder Zoologie entbehrlich und auch – obwohl einige dies bestreiten würden – in Wirtschaftsgeschichte oder sogar in der Soziologie, wenn man sie strikt als Naturwissenschaften auffaßt und ausübt. Diese Aussage ist absichtlich überspitzt und soll auf die Kluft hinweisen, die sich als Resultat der neuen Einstellung zur menschlichen Vergangenheit zwischen Natur- und Geisteswissenschaften auftat. In der Praxis gibt es zweifellos viele Überschneidungen zwischen einer unpersönlichen Geschichtsschreibung im Sinne von Condorcet, Buckle oder Marx, die glaubten, daß die menschliche Gesellschaft von einer Humanwissenschaft untersucht werden könne, die im Prinzip der Wissenschaft von den »Bienen und Bibern« (um Condorcets Vergleich zu benutzen) analog wäre, und auf der anderen Seite einer Geschichte dessen, woran die Menschen geglaubt und wodurch sie gelebt haben – des Lebens des Geistes. Ihm gegenüber blind zu sein, hielten Coleridge und Carlyle den Utilitaristen vor und wandte Acton in seiner berühmten Polemik gegen Buckle ebenso wie Croce gegen die Positivisten ein. Vico hat dieses Schisma eingeleitet, und danach trennten sich die Wege. Das Besondere und Einzigartige gegenüber dem sich Wiederholenden und Allgemeinen, das Konkrete gegenüber dem Abstrakten, ständige Bewegung gegenüber Ruhe, Innen gegen Außen, Qualität gegen Quantität, kulturspezifische gegenüber zeitlosen Prinzipien, sowie geistiger Kampf und Selbstverwandlung als unaufhebbare menschliche Situation gegenüber der Möglichkeit (und Wünschbarkeit) von Frieden, Ordnung, endlich erlangter Harmonie und Befriedigung aller rationalen menschlichen Bedürfnisse – dies sind einige Aspekte dieses Gegensatzes.[11]

---

11 Erich Auerbach hat, wie mir scheint, diesen Gegensatz überzeugend und genau formuliert: »Wenn man erkennt, daß die Epochen und Gesellschaften nicht nach einer Modellvorstellung des absolut Erstrebenswerten, sondern jede nach ihren eigenen Voraussetzungen zu beurteilen sind; wenn man unter diese Voraussetzungen nicht mehr nur die natürlichen, wie Klima und Boden, sondern auch die geistigen und geschichtlichen rechnet; wenn somit der Sinn für das Wirken geschichtlicher Kräfte, für die Unvergleichbarkeit der geschichtlichen Erscheinungen sowie für ihre ständige innere Bewegtheit erwacht; wenn man Einsicht gewinnt in die Lebenseinheit der Epochen, so daß jede als ein Ganzes erscheint, dessen Wesen sich in jeder ihrer Erscheinungsformen spiegelt; wenn schließlich sich die Überzeugung durchsetzt, daß das Bedeutende des Geschehens nicht in abstrakten und allgemeinen Erkenntnissen ergreifbar ist, und daß man das Material dafür nicht nur auf den Höhen der Gesellschaft und in den Haupt- und Staatsaktionen suchen darf, sondern auch in der Kunst, der Wirtschaft, der materiellen und geistigen Kultur, in den Tiefen des Alltags und des Volkes, weil erst dort das Eigentümliche, innerlich Bewegte und in einem konkreteren sowohl wie tieferen Sinne Allgemeingültige erfaßt werden kann« (Erich Auerbach, *Mimesis*, 5. Aufl. Bern 1971, S. 412). Ich kenne keine bessere Formulierung des Unterschiedes zwischen der Geschichte als einer Wissenschaft und der Geschichte

Diese Auffassungen von Gegenstand und Methode, die den Historikern von Literatur, Ideen, Kunst und Recht und auch den Wissenschaftshistorikern und vor allem den in dieser Tradition stehenden Kulturhistorikern und -soziologen selbstverständlich sind, sind den Naturwissenschaftlern in der Regel nicht in dieser Weise bewußt und brauchen es auch nicht zu sein. Vor dem achtzehnten Jahrhundert jedoch gab es für diesen Gegensatz, soviel ich sehe, kein Gespür. Die Grenzen zwischen dem weiten Reiche der Philosophie – Naturphilosophie und Metaphysik – und Theologie, Geschichte, Rhetorik und Rechtswissenschaft wurden nicht sehr scharf gezogen, und es gab zwar Methodenstreitigkeiten in der Renaissance, aber die tiefe Kluft zwischen den Gebieten der Natur- und Geisteswissenschaften wurde jedenfalls von Giambattista Vico zum ersten Mal aufgerissen oder wenigstens sichtbar gemacht. Damit hat er eine große Debatte eröffnet, deren Ende noch nicht abzusehen ist.

Wie kam er zu dieser bedeutenden Einsicht? Die Vorstellung von dem, was eine Kultur ist und was es heißt, sie in ihrer Einheit und Mannigfaltigkeit, ihrer Ähnlichkeit, vor allem aber Unähnlichkeit zu allen anderen Kulturen zu verstehen, wodurch die Lehre von der Identität von Zivilisation und wissenschaftlichem Fortschritt als einem kumulativen Wachstum des Wissens untergraben wird – entsprang diese Idee Vicos Kopf ebenso fertig wie Pallas Athene aus dem Haupte des Zeus? Wer hatte vor 1725 ähnliches gedacht? Wie gelangten diese Überlegungen – wenn überhaupt – nach Deutschland zu Hamann und Herder, deren Gedanken sie so verblüffend ähnlich sind? Diese Probleme sind von der Ideengeschichte bis heute noch nicht genügend erforscht worden. Doch so faszinierend sie sind, scheint mir ihre Lösung weniger wichtig als die grundlegende Einsicht selbst, vor allem der Gedanke, daß der einzige Weg, um sich selbst zu verstehen, der ist, historisch, psychologisch und vor allem anthropologisch unsere Schritte systematisch zurückzuverfolgen durch die Stadien der gesellschaftlichen Entwicklung, die empirisch entdeckbaren Abläufen oder, wenn das ein zu absoluter Begriff ist, Richtungen und Tendenzen folgt, mit denen wir durch unser eigenes geistiges Leben vertraut

---

als einer Form der Selbsterkenntnis, die niemals völlig systematisiert und nur – wie Vico uns gewarnt hat – durch »unglaubliche Anstrengung« erreicht werden kann.

sind, die aber nicht auf ein einziges und allgemeingültiges Ziel hinführen. Jedes Stadium ist eine Welt für sich, hat aber genug mit den ihm folgenden gemeinsam, mit denen es eine kontinuierliche Linie einer erkennbar menschlichen Erfahrung bildet, die den in diesen Welten Lebenden nicht unverständlich ist. Nur auf diese Weise können wir, wenn Vico recht hat, hoffen, die Einheit der menschlichen Geschichte zu verstehen – die Verbindungsglieder, die unser eigenes,»erhabenes Zeitalter« mit unseren»erbärmlichen« Anfängen im»großen Wald der Erde« verbinden.

VICOS BEGRIFF DES WISSENS

Auch wenn man mit Vicos Schriften nur flüchtig vertraut ist, kennt man seine grundlegende Unterscheidung zwischen *verum* und *certum*. Das *verum* ist die apriorische Wahrheit, wie man sie etwa in der Mathematik gewinnt, wo jeder Schritt strengstens bewiesen wird. Dieses apriorische Wissen erstreckt sich nur auf das, was der Wissende selbst hervorgebracht hat. Es gilt in der Mathematik eben deshalb, weil die Menschen die Mathematik selbst geschaffen haben. Anders, als Descartes angenommen hatte, entdeckt sie nicht eine objektive Struktur, die ewigen und allgemeinsten Bestimmungen der wirklichen Welt, sondern ist eine Erfindung, die Erfindung eines symbolischen Systems, das die Menschen nur deshalb logisch verbürgen können, weil sie selbst es hervorgebracht haben, und das nur deshalb nicht widerlegt werden kann, weil es eine Fiktion des schöpferischen Geistes des Menschen ist: »geometrica demonstramus, quia facimus; si physica demonstrare possemus, faceremus«[1].»Maßstab und Norm der Wahrheit ist, sie gemacht zu haben« sagt Vico ein Jahr später, 1710.[2] *Faceremus:* aber das ist nicht möglich, denn die Menschen können die natürliche Welt nicht hervorbringen: »physica a caussis probare non possumus, quia elementa rerum naturalium extra nos sunt«[3]. Nur Gott kann diese *elementa* erkennen, weil er sie alle erschaffen hat. Das schließt die Zenonischen »metaphysischen Punkte«[4] ein, deren Attribut der *conatus* ist, der zusammen mit dem *motus* die Welt sich

---

1 »Das Geometrische beweisen wir, weil wir es hervorbringen; wenn wir das Physikalische beweisen könnten, würden wir es hervorbringen.« *De nostri temporis studiorum ratione* (1709), Kap. 4. *Opere*, hrsg. von Roberto Parenti, Neapel 1972 (im folgenden *Opere*), Bd. 1, S. 83.

2 *De antiquissima italorum sapientia*, Kap. 1, Abschnitt 2. *Opere*, Bd. 1, S. 194.

3 »Das Physikalische können wir nicht von den Ursachen her beweisen, da die Elemente der natürlichen Dinge außerhalb unserer sind.«, ebd., Kap. 3. *Opere*, Bd. 1, S. 203.

4 Ebd., Kap. 4, Abschnitt 2 (»De punctis metaphysicis et conatibus«). *Opere*, Bd. 1, S. 205.

im Kreise bewegen läßt, wodurch »flamma ardet, planta adolescit, bestia per prata lascivit«[5] und so fort. Für uns ist nichts davon völlig durchsichtig, denn wir haben es nicht gemacht, und weil es nicht durch uns gemacht ist – *factum* –, ist es für uns kein *verum.* Soviel ist klar. Vico kennt keine Kontinuität zwischen diesen Naturkräften einerseits und der menschlichen Verstandes- oder Phantasietätigkeit andererseits. Andere Denker – Herder, Schelling, die »Naturphilosophen« und die Romantiker – glaubten an eine solche Kontinuität und haben vielleicht frühere Denker zu ihren Vorgängern gezählt, Wissenschaftler der Renaissance, Mystiker und eine Tradition, die sich von den Griechen bis zu modernen Theologen und Metaphysikern erstreckt. Aber Vico hat eine solche Kontinuität nicht angenommen. Er hat Naturvorgänge, die für ihn mehr oder weniger unerkennbar waren, und menschliche Willensäußerungen, Gedanken, Bilder und Ausdrucksformen, die wir selbst »erschaffen« haben, nicht miteinander gleichgesetzt, sondern im Gegenteil scharf unterschieden. Wir kennen die natürlichen Vorgänge nicht *per caussas,* denn wir haben keinen Zugang zu ihrer Wirkungsweise. Deshalb sind sie für uns kein *verum,* sondern ein *certum.* Von ihnen haben wir keine (platonische) *scienza,* sondern nur *coscienza.* Das ist Vicos Dualismus: Er zieht auf der metaphysischen Landkarte eine andere Grenze als der Dualismus von Descartes, aber sein Dualismus ist nicht weniger scharf mit seinem deutlichen Tribut an Platon und die christliche Trennung von Geist und Materie.

Was, außer der Mathematik, fällt bei dieser großen Teilung noch auf die Seite von *scienza-verum?* Das, wovon frühere Renaissancedenker – Manetti, Pico und Campanella – gesprochen hatten, all das, was wir selbst gemacht haben, Häuser, Orte, Städte, Bilder, Skulpturen, die Künste und Wissenschaften, Sprache und Literatur – das alles ist unser Werk, schrieb Manetti 1452[6], und Pico, Bouelles und Ficino sprachen von der Autonomie des Menschen. Vico nimmt dies auf: »Tandem deus naturae artifex: animus artium, fas

---

5 »Die Flamme brennt, die Pflanze wächst, das Tier tollt in den Wiesen umher.«, ebd., Kap. 3, Abschnitt 6. *Opere,* Bd. 1, S. 224.

6 Gianozzo Manetti, *De dignitate et excellentia hominis,* zitiert bei Giovanni Gentile, »Il concetto dell'uomo nel rinascimento«, *Giornale storico della letteratura italiana* 67 (1916), S. 17-75 (Nachdr. in seinem *Giordano Bruno e il pensiero del rinascimento,* Florenz 1920). Der hier paraphrasierte Abschnitt findet sich auf S. 66f. (S. 175f.).

sit dicere, deus.«[7] So denkt Vico um 1709 und 1710, in der Periode von *De nostri* und *De antiquissima.* Er hat den Bann des Cartesianismus, von dem er ausgegangen war, gebrochen. Mit Descartes wird scharf abgerechnet, weil er die Anwendung der geometrischen Methode auf Gebiete empfohlen hatte, wo sie fehl am Platze ist, wie etwa Poesie und Rhetorik. Der einengende erzieherische Einfluß, der im Cartesianismus von der ausschließlichen Empfehlung der deduktiven Methode als des einzigen Weges zum Wissen ausging, wird von Vico als ein pädagogischer Despotismus verurteilt, der eine Vielzahl anderer Fähigkeiten und Methoden der geistigen Entwicklung, besonders die Phantasie, unterdrücke. Nicolini betont sicherlich zu Recht, daß sich Vico besonders gegen den *Discours de la méthode* mit seinem fanatischen Monismus und vor allem seiner Verachtung von Gelehrsamkeit und Geisteswissenschaften wandte. Aber in dieser Phase bezeichnet Vico die Mathematik noch als eine »göttliche Wissenschaft, da in ihr das Wahre und das Gemachte zusammenfallen«[8]. Es gibt zwei Wissenstypen: *scienza,* das Wissen *per caussas,* das vollständige Wahrheit gibt, eine Wahrheit, die man nur von dem haben kann, was man selbst gemacht hat, zum Beispiel den Schöpfungen der Logik, der Mathematik und der Poesie, und *coscienza,* das Wissen eines »außerhalb stehenden« Beobachters der äußeren Welt – der Natur, der Menschen, der Dinge, des *motus,* des *conatus* und dergleichen. Hierin ist Vico ohne Frage von Bacon und Hobbes beeinflußt, von dem Experimentalismus, der Möglichkeit, Prozesse und Gegenstände zu verstehen, die wir in gewissem Grade künstlich im Laboratorium reproduzieren können, und vielleicht auch von den neapolitanischen Empiristen des siebzehnten Jahrhunderts. All das ist neuartig genug. Sein kühnster Beitrag aber, sein Entwurf einer »Philologie«, sein anthropologischer Historismus, seine Vorstellung, daß es eine Wissenschaft des Geistes geben könne, die die Geschichte seiner Entwicklung sei, die Erkenntnis, daß die Ideen sich entwickkeln, daß das Wissen kein – platonisches oder cartesianisches – statisches Gebäude aus ewigen, allgemeingültigen und deutlichen Wahrheiten ist, sondern ein gesellschaftlicher Prozeß und daß die-

---

7 »Wenn denn Gott der Werkmeister der Natur ist, so ist die Seele des Menschen, wenn man so sagen darf, der Gott der Künste.« *Le orazioni inaugurali, Il de Italorum sapientia e le polemiche,* hrsg. von Giovanni Gentile und Fausto Nicolini, Bari 1914, S. 8.
8 *De antiquissima italorum sapientia,* Kap. 1, Abschnitt 2. *Opere,* Bd. 1, S. 194.

ser Prozeß sich anhand der Entwicklung der Symbole – der Wörter, Gesten, Bilder und ihrer sich wandelnden Formen, Funktionen, Strukturen und Gebrauchsweisen – verfolgen läßt (in einem gewissen Sinn sogar identisch mit ihr ist), diese umwälzende Einsicht – eine der größten in der Geschichte des menschlichen Denkens – stand noch aus. In einem berühmten Abschnitt in *La Recherche de la vérité* bemerkt Descartes, daß ein Mensch »Griechisch oder Latein nicht besser als Schweizerisch oder Niederbretonisch zu können und von der Geschichte des römischen Reichs nicht mehr als von der des kleinsten Landes in Europa zu wissen braucht«[9], oder in dem *Discours* beklagt er sich über die leeren Übertreibungen der Historiker, die unseren Geist nur mit überflüssigem Wissen belasten. Darüber hat Vico zu diesem Zeitpunkt noch nichts zu sagen. 1709 nimmt er Descartes Hohn noch hin, daß die Altertumsforscher bestenfalls das zu entdecken hoffen können, was schon »Ciceros Dienstmagd« wußte. Noch stuft er die Geschichte nicht höher ein als die Physik. Das Studium des *certum* – die *conscientia* – wird als ein eigener Bereich anerkannt, in den *scientia* oder die geometrische Methode nicht eindringen dürfe, gilt aber als eine untergeordnete Disziplin.

Zweifellos war Vico tief von Lukrez und dessen Darstellung der tierischen Anfänge des Menschen beeindruckt, von Bacons Betonung der Rolle von Mythos und Phantasie im menschlichen Fortschritt (wie in *De augmentis,* diesem »goldenen Buch«[10], entwickkelt) und von Hobbes, nicht nur von seiner Theorie des Experiments als einer Nachahmung der Natur – und dadurch auch eines Mittels der Einsicht in sie –, sondern auch von seiner Ansicht, daß die *philosophia civilis,* die politische Wissenschaft, eine beweisende sei und zum Bereich des *verum* gehöre, denn »wir selbst bringen das Gemeinwesen hervor«[11], und zwar nicht historisch, sondern als eine rationale, bewußte Gestaltung, als ein geistiges Artefakt. Und Tacitus mit seinen scharfen Einsichten in das Handeln individueller Charaktere begeisterte ihn wie schon Machiavelli. Aber das alles verband sich nicht miteinander und wäre in der

---

9 *Œuvres de Descartes,* hrsg. von Charles Adam und Paul Tannery, Paris 1897-1913, Bd. 10 (1908), S. 503.
10 *De nostri temporis studiorum ratione. Opere,* Bd. 1, S. 75.
11 Widmung zu »Six Lessons to the Savilian Professors of the Mathematics«, *The English Works of Thomas Hobbes,* hrsg. von Sir William Molesworth, Bd. 7, London 1845, S. 184.

neuen Synthese, in dem neuen Entwurf der Philosophie als Bewußtsein der kumulativen Erfahrung ganzer Gesellschaften, nicht lebendig geworden ohne das zentrale Prinzip, das Vicos Anspruch auf Unsterblichkeit vor allem begründet, das Prinzip, daß der Mensch sich selbst verstehen kann, weil und dadurch daß er seine Vergangenheit versteht, weil er in der Phantasie zu rekonstruieren vermag, was er getan und was er erlitten hat, seine Hoffnungen, Wünsche, Ängste, Anstrengungen, seine Taten und seine Werke, die eigenen wie die seiner Mitmenschen. Mit ihrer Erfahrung ist seine eigene verwoben, seine eigene und die seiner (und ihrer) Vorfahren, deren Denkmäler, Gebräuche und Gesetze, aber vor allem deren Worte noch immer zu ihm sprechen, denn wenn das nicht möglich wäre und er sie nicht verstünde, dann könnte er auch die Symbole seiner Zeitgenossen und seine eigenen nicht verstehen, er könnte sich gar nicht verständigen, er könnte nicht denken oder sich Zwecke setzen, Gesellschaften bilden oder ganz Mensch werden.

Über Vicos Historismus, über seinen Begriff der Kultur – wenn er nicht sogar der Urheber dieses Begriffes war, so hat er doch als erster dessen ganze Bedeutung für den Historiker wie für den Philosophen erkannt – ist so viel geschrieben worden, daß ich seine besonderen Merkmale hier nicht herauszuarbeiten brauche. Das wäre übrigens keine leichte Aufgabe: Vico hatte (wie Heine einmal über Berlioz gesagt hat) für sein Genie nicht genügend Talent, zu viele neue Ideen drängen gleichzeitig nach Ausdruck, er versucht zuviel auf einmal zu sagen, und seine Begriffe sind oft bloße Skizzen, unfertig und gestaltlos. Im Sturm seiner Inspiration kann er keinen kühlen Kopf bewahren, nicht selten wird er von der Flut ungeordneter Ideen mitgerissen – ganz im Unterschied zu den großen geistigen Organisatoren und Architekten wie Descartes oder Leibniz, wie Kant oder sogar Hegel. Vicos Darstellung ist oft von überschwenglicher, manchmal vulkanischer Gewalt, aber das trägt nicht zu ihrer Kohärenz bei. Seine erregten Schriften sind, wie seinen Kritikern nicht entging, voll von Dunkelheiten und Widersprüchen.

In welchem Sinne, so könnten wir fragen, »machen« die Menschen ihre Geschichte?[12] Bewußte Anstrengungen und planvolle

---

12 Einige dieser Schwierigkeiten hat Bruce Mazlish in seinem interessanten Aufsatz über Vico aufgezeigt, in *The Riddle of History: The Great Speculators from Vico to Freud,* New York 1966.

Versuche, sich die Welt zu erklären, sich selbst in ihr zu entdek-
ken, von ihr zu erhalten, was man braucht und wünscht, die Mittel
dem Ziele anzupassen, die eigene Weltsicht auszudrücken oder zu
beschreiben, was man individuell und kollektiv sieht, fühlt oder
denkt – Verstehen, Verständigung, Hervorbringung –, all das könnte als verschiedene Arten des Tuns und Machens beschrieben werden. Aber dabei bleibt zuviel ausgespart: die unbewußten und irrationalen »Triebe«, die nicht einmal von den entwickeltesten und
ausgefeiltesten psychologischen Methoden mit Sicherheit aufgedeckt werden können; die unbeabsichtigten und unvorhersehbaren Folgen unserer Handlungen, von denen sich nicht sagen läßt,
daß wir sie »gemacht« haben, wenn Machen Absichtlichkeit einschließt; das Spiel des Zufalls; die ganze natürliche Welt, mit der
wir in allen unseren Lebensvollzügen in Wechselwirkung stehen
und die uns undurchsichtig bleibt, sofern sie nicht ex hypothesi
das Werk unserer Hände oder unseres Geistes ist; da wir sie nicht
»machen«, wie kann da überhaupt etwas, was zu ihr gehört, als *verum* verstanden werden? Wie kann es von einem solchen Gemisch
eine *scienza* geben? Und weiter, in welcher Beziehung stehen die
sich wandelnden Kategorien und die sie verkörpernden Formen
der Symbolik – der Fortgang (dessen zyklischer Charakter in diesem Zusammenhang keine Rolle spielt) von den dunklen Höhlen
der *grossi bestioni* zu den göttlichen, mythenbildenden und den
heroischen, dichterischen, metaphernbildenden Kulturen und von
ihnen zu den humanen, Prosa schreibenden Demokratien –, in
welcher Beziehung stehen diese sich wandelnden Formen der
Weltsicht zur Schöpfung, zu den ewigen Gesetzen der *storia ideale
eterna* und den Prinzipien der »theologia civilis«, denen alle Kulturen unterworfen sind? Da nicht wir die ewigen Gesetze der *corsi e
ricorsi* gemacht haben, sondern Gott, wie können wir sie kennen?
Welche Art apriorischer Anschauung wird dafür in Anspruch genommen? Und ist die in der Renaissance angenommene Parallele
von Mikro- und Makrokosmos ganz selbstverständlich gültig? Ist
es wirklich so offensichtlich, daß die Phylogenese, die Stammesge-
schichte, aus der Ontogenese, aus unserer individuellen Erinnerung an unsere eigene geistige und emotionale Entwicklung, abgeleitet werden kann? Was verbürgt diese apriorische Phänomenologie der Geschichte? Durch welches Vermögen erkennen wir
sie? Und was ist die Rolle der Vorsehung in der *storia ideale?* Wenn
die Menschen ihre Geschichte machen, »macht« dann die Vorse-

hung, daß sie sie gerade in dieser Weise schaffen? Wenn die Vorsehung die animalischen Begierden, die Ängste und Laster der Menschen in Mittel der gesellschaftlichen und moralischen Ordnung verwandelt, in Sicherheit, Glück und vernünftige Organisation, welchen Anteil haben an alldem dann die eigenen Motive, Zwecke und Entscheidungen der Menschen? In welchem Sinne sind die Menschen, wie Vico behauptet hat, frei? Wie immer die Antwort auf dieses alte theologische Problem lautet – woher wissen wir, daß es tatsächlich eine Vorsehung ist, die unser Leben gestaltet? In welcher Beziehung, wenn überhaupt, steht Vicos unzweifelhafter christlicher Glaube, seine katholische Orthodoxie, zu seinem anthropologischen, linguistischen und historischen Naturalismus, oder wie verhält sich seine Teleologie zu seiner Überzeugung, daß zu jeder Kulturform ihr eigentümliche Bewußtseinsformen gehören, die ihren Vorgängern und Nachfolgern nicht notwendig überlegen oder unterlegen sind? Ich weiß nicht, ob es auf diese Fragen, die von der Ideengeschichte nicht entschieden werden konnten, Antworten gibt. Vielleicht hat Vico uns nicht genügend Mittel an die Hand gegeben, um diese Probleme, die sich bei den deutschen Geschichtsphilosophen erneut stellen und uns noch heute beunruhigen, zu lösen. Doch wie dem auch sein mag, meine These zu Vico steht in einem begrenzteren Rahmen. Sie lautet, daß er eine Art von Wissen entdeckt hat, das vor ihm nicht klar erkannt worden war und sich aus seinen bescheidenen Anfängen später, in der deutschen Philosophie, zu der ehrgeizigen und ausufernden Theorie des historischen Verstehens – einfühlende Einsicht, intuitive Sympathie, historische Einfühlung und dergleichen – entwickelt hat. Selbst in der ursprünglichen, einfachen Form war dies eine Entdeckung ersten Ranges.

Daß Vico den alten mittelalterlichen Grundsatz, daß man nur das gänzlich verstehen könne, was man selbst hervorgebracht hat, auf Gebiete wie Mathematik, Mythologie, Symbolik und Sprache anwendet, beweist genügend philosophische Einsicht und ist ein revolutionärer Schritt, der durch die Kulturanthropologie und die philosophischen Implikationen der neuen linguistischen Theorien unserer Tage eine neue und außergewöhnliche Bedeutung gewinnt. Aber Vico hat mehr als dies getan. Er hat einen Sinn von Wissen entdeckt, der für alle geisteswissenschaftlichen Untersuchungen grundlegend ist, den Sinn, in dem ich weiß, was es heißt, arm zu sein, für ein Ziel zu kämpfen, zu einer Nation zu gehören, mich einer Kirche oder Partei anzuschließen oder sie zu verlassen, Heimweh, Furcht oder die Allgegenwart Gottes zu empfinden, eine Geste, ein Kunstwerk, einen Scherz oder den Charakter eines Menschen zu verstehen, daß er sich verändert hat oder sich selbst belügt. Wie weiß man diese Dinge? In erster Linie zweifellos durch persönliche Erfahrung, dann aber dadurch, daß die Erfahrung anderer mit der eigenen so weit verwoben ist, um so gut wie unmittelbar erfaßt werden zu können, als Teil einer beständigen, intimen Verständigung, und schließlich durch das (manchmal bewußt herbeigeführte) Wirken der Einbildungskraft. Wenn ein Mensch zu wissen meint, was es heißt, seinen religiösen Glauben zu verlieren – wie dadurch die eigene Welt verwandelt wird –, kann sein Verständnis angemessen sein oder nicht, er kann lügen, sich selbst täuschen oder seine Erfahrung falsch verstehen, aber der Sinn, in dem er dies zu wissen behauptet, ist ganz verschieden von dem, in dem ich weiß, daß dieser Baum größer ist als jener, daß Cäsar an den Iden des März ermordet wurde, daß Siebzehn eine Primzahl ist, daß »Zinnober« nicht definiert werden kann oder daß beim Schachspiel der König sich nur jeweils um ein Feld weiterbewegen kann. Es ist, mit anderen Worten, kein »wissen, daß . . .«. Ebensowenig gleicht es dem Wissen, wie man Fahrrad fährt, eine Schlacht gewinnt oder was im Brandfalle zu tun ist oder wie man sich den Namen eines Menschen merkt oder ein Gedicht auswendig lernt, kurz, es ist keine Form von »wissen, wie . . .« (in Gilbert Ryles Sinne). Was für ein Wissen ist es aber dann?

Es ist von ganz eigener Art, es ist ein Wissen, das auf Erinnerung und Einbildungskraft beruht, und kann nur in seinen eigenen Begriffen analysiert und nur durch Beispiele wie die oben genannten eingeführt und identifiziert werden. Dieses Wissen wird von denen in Anspruch genommen, die an Handlungen teilnehmen und sie nicht bloß beobachten: es ist das Wissen der Akteure gegenüber dem des Publikums, das Wissen um die »innere« Geschichte im Gegensatz zu dem Wissen, das man von einem äußeren Beobachtungsstandpunkt aus gewinnt, ein Wissen durch »unmittelbare« Kenntnis meiner »inneren« Zustände oder durch einfühlendes Verstehen der Zustände anderer, das durch ein hohes Maß imaginativer Kraft möglich ist. Dieses Wissen ist im Spiel, wenn man ein Kunstwerk, eine gesellschaftliche Diagnose, eine kritische, wissenschaftliche oder historische Untersuchung nicht als richtig oder falsch, gekonnt oder verfehlt, gelungen oder mißlungen, sondern als tief oder seicht, realistisch oder unrealistisch, scharfsichtig oder dumm, lebendig oder unlebendig beschreibt. Die Bestimmung dieses Vermögens und seiner Rolle in der einfachsten Verständigung zwischen fühlenden Wesen und a fortiori bei der Schaffung angemessener Mittel des Ausdrucks und der Kritik, vor allem aber in der Erschließung der Vergangenheit nicht als Ansammlung chronologisch aufgereihter Tatsachen (oder von Ideen, Argumenten und Kunstwerken, die von den Taxonomen und Antiquaren der Geisteswissenschaften ähnlich behandelt werden), sondern als eine mögliche Welt, eine Gesellschaft, die solche Merkmale gehabt haben könnte, gleichgültig, ob nun genau diese oder nicht – die Bestimmung dieser Art von Wissen ist Vicos zentrales Thema. Die Vergangenheit kann mit den Augen – den Kategorien, Denk-, Gefühls- und Vorstellungsweisen – jedenfalls möglicher Bewohner möglicher Welten gesehen werden, die durch das, was wir in Ermangelung eines besseren Ausdrucks als imaginative Einsicht bezeichnen, zum Leben gebracht werden. Es muß eine Fähigkeit geben, die es einem erlaubt, sich vorzustellen (oder wenigstens zu behaupten, man könne es sich vorstellen), wie »es gewesen sein muß«, im homerischen Griechenland zu denken, zu fühlen und zu handeln, oder im Rom der Zwölftafelgesetze, in den phönizischen Kolonien mit ihren Menschenopfern oder in Kulturen, die weniger fern und exotisch sind, aber dennoch die Suspendierung der am tiefsten verwurzelten Annahmen der Kultur des Forschers verlangen. Eine solche Fähigkeit muß es geben, wenn man etwas, das außerhalb des unmittelbaren Horizontes der eigenen Wahrnehmung liegt, sei es nun Wirklichkeit oder Traum, in seiner »inneren« Struktur verstehen will. Diese Entdeckung bleibt wahr, unabhängig davon, welchen Standpunkt man in der großen Kontroverse über die Methoden der Natur- und Geisteswissenschaften einnimmt.

Diesen Sinn von »Wissen« erkannt zu haben, ein Wissen, das weder deduktiv noch induktiv (noch hypothetisch-deduktiv) ist, weder auf direkter Wahrnehmung der äußeren Welt beruht noch bloße Phantasie ist, ohne Anspruch auf Wahrheit oder Kohärenz, ist Vicos Leistung. Auf dieses Wissen gründet sich sein Programm eines »neuen« Zugangs zu den Geisteswissenschaften. Sein Anspruch mag übertrieben sein, und es ist vielleicht ein Irrtum, etwas als Wissen zu bezeichnen, das so offensichtlich fehlbar ist und das, um seine Resultate zu rechtfertigen, empirischer Untersuchungen bedarf, zumindest aber hat Vico eine Weise der Wahrnehmung entdeckt, etwas, was in dem Begriff des Verstehens von Worten, Menschen, Einstellungen, Kulturen oder der Vergangenheit implizit enthalten ist. Wann kam ihm diese Erkenntnis? Wann ging er von der Kritik an der unhistorischen, sogar antihistorischen Betrachtungsweise von Descartes, Grotius und Selden (den er so tief bewundert hatte) zu seinem neuen Entwurf einer Methode der historischen Forschung weiter? Vermutlich nicht lange vor 1720, als er in *De uno*[13] (dem ersten Teil des *Diritto universale*) zum ersten Mal das Prinzip des *verum-factum* kühn auf die menschliche Geschichte anwendet, eine Anwendung, die später in dem berühmten Abschnitt der letzten Ausgabe der *Scienza Nuova*[14] ihre endgültige Formulierung findet, wo gezeigt werden soll, wie die Erkenntnisse der »Philologie« schließlich mit der »Philosophie« verbunden werden können, mit den ewigen, durch die Vernunft enthüllten Prinzipien, die uns Gott eingepflanzt und mit Hilfe seiner Vorsehung entwickelt hat – der Schritt vom *certum* zum *verum*, zur reinen Platonischen Anschauung, aus der Vico sein ganzes Leben hindurch seine Inspiration zog. Gleichwohl erscheint der Gedanke ansatzweise schon 1710, im zweiten Kapitel von *De antiquissima,* wo Vico schreibt: »Historici utiles, non qui facta crassius et genericas caussas narrant, sed qui ultimas factorum circumstantias persequuntur, et caussarum peculiares reserant.«[15] Hier zeigt sich zweifellos der Einfluß Bacons, aber in der Betonung des Konkreten und Einzigartigen in der Geschichtsschreibung kündigt sich bereits an, was dann zehn Jahre später kommen sollte. Leibniz hat ebenfalls versucht, eine Theorie apriorischer Definitionen von Individuen durch rein rational-logische Methoden zu formulieren, ein Weg, der sich im Gegensatz zu dem Vicos als philosophisch unfruchtbar erwiesen hat.

Niemand zu Vicos Lebzeiten und ein ganzes Jahrhundert nach seinem Tode hat seine Originalität wirklich begriffen, nicht einmal die, die ihn wirklich lasen – weder seine glühenden Bewunderer in

---

13 *De uno universi iuris principio et fine uno,* Neapel 1720.
14 Veröffentlicht 1744 in Neapel. Die fragliche Passage ist *Scienza Nuova* 331, hier zitiert auf S. 189-190.
15 »Die nützlichen Historiker sind nicht die, die die Ereignisse nur im großen und ganzen und nur in deren allgemeinen Ursachen wiedergeben, sondern die, die ihren nächstliegenden Umständen nachgehen und die eigentümlichen Ursachen der Ereignisse aufzeigen.« *Opere,* Bd. 1, S. 200.

Neapel und Venedig im achtzehnten Jahrhundert noch die berühmten Männer, die später so oberflächliche Bemerkungen über ihn gemacht haben, Goethe und Jacobi, Galiani und Chastellux, Hamann und Herder (die selbst ähnliche Gedanken hatten), Joseph de Maistre und Ballanche. Vor Michelet scheint niemand eine Ahnung davon gehabt zu haben, daß Vico das Tor zu einem neuen Gebiet des Denkens aufgestoßen hatte, noch weniger, daß die, die die Anstrengung unternahmen, das fürchterliche Durcheinander seiner ungeheuer anregenden, aber oft dunklen Ideen zu entwirren, niemals mehr imstande sein würden, zu ihren Anfängen zurückzukehren – zu der seligen Einfachheit und Symmetrie von Descartes oder Spinoza, Hume oder Russell (oder sogar Kant), noch weniger zu den positivistischen Historikern und Geschichtstheoretikern, jedenfalls nicht ohne einen geschärften und immer gegenwärtigen Sinn für die Mängel ihrer Auffassungen vom Geist und seiner Macht und also für das, was die Menschen sind und wie sie zu dem werden, was sie sind. Erst in den Tagen Diltheys und Max Webers begann die völlige Neuartigkeit von Vicos Thesen über die Wiederbelebung der Vergangenheit in ihren Implikationen für die Philosophie des Geistes und die Erkenntnistheorie einigen derer zu dämmern, die ihrerseits Vico wieder zum Leben erweckt haben.

VICO UND DAS IDEAL
DER AUFKLÄRUNG

Mein Thema – die Beziehung der Ansichten Vicos zu dem Begriff der vollkommenen Gesellschaft – ist für Vico selbst kein zentrales Problem. Soweit ich weiß, wird es in keiner seiner veröffentlichten Schriften direkt behandelt. Ich hoffe jedoch zeigen zu können, daß seine zentrale These für diese Idee, die zu den beharrlichsten Motiven in der Geschichte des menschlichen Denkens gehört, Bedeutung hat, nämlich mit ihr unvereinbar ist. Geniale Schriftsteller erkennt man auch daran, daß das, was sie sagen, manchmal an einen zentralen Nerv des Denkens und Fühlens von Menschen rührt, die anderen Zeiten und Kulturen angehören und andere Weltanschauungen haben, und dabei Gedankengänge anstößt und Konsequenzen mit sich bringt, an die diese Schriftsteller nicht dachten und denken konnten, geschweige denn, daß sie ihre ganze Aufmerksamkeit beanspruchten. Dies scheint mir bei Vicos Verherrlichung der Kraft und Schönheit der primitiven Poesie der Fall zu sein, mit allen Folgen, die dies für den Begriff des Fortschritts in den Künsten oder in der Kultur oder für den Begriff einer vollkommenen Gesellschaft hat, an dem die Unvollkommenheit wirklicher Gesellschaften gemessen werden kann.

Der Begriff der vollkommenen Gesellschaft gehört zu den ältesten und am tiefsten verankerten Elementen des abendländischen Denkens, wo immer die antike oder jüdisch-christliche Tradition vorherrscht. Er hat viele Gestalten angenommen – das goldene Zeitalter, der Garten Eden, in dem die Menschen unschuldig, glücklich, tugendhaft, friedfertig und frei waren, wo alles harmonisch war, es weder Laster noch Irrtümer gab und man weder an Gewalt noch an Not dachte. Die Natur war freigebig, und es herrschte kein Mangel, es gab keinen Streit, und nicht einmal der Ablauf der Zeit beeinträchtigte die beständige und vollkommene Befriedigung aller physischen, geistigen und spirituellen Bedürfnisse der glücklichen Bewohner dieser Gegenden. Dann macht eine Katastrophe diesem Zustand ein Ende. Sie erscheint in vielen Variationen, als Flut, als erster Ungehorsam der Menschen, als Sündenfall, als das Vergehen des Prometheus, als die Entdeckung von Ackerbau und Metallbearbeitung, als ursprüngliche Akkumulation und dergleichen. Eine andere Möglichkeit war, daß man das Goldene Zeitalter nicht an den Anfang, sondern an das Ende der Geschichte setzte, als tausendjähriges Reich der Heiligen vor der Wiederkunft Christi, als Leben nach dem Tode auf der Insel der Seligen, in Walhalla oder im Paradies der drei monotheistischen Religionen. Homer findet eine Art irdisches Paradies auf der Insel der Phäaken oder bei den untadeligen Äthiopern, die Zeus gerne aufsuchte. Als der Einfluß des Mythos und der institutionellen Religion schwächer wurde, folgten weltliche, nicht mehr ganz so makellose, sondern menschlichere Utopien – von der idealen Gesellschaft bei Platon, Krates, Zenon und Euhemeros bis zu den Sonneninseln des Iambulos, Plutarchs idealisiertem Sparta, Atlantis und ähnlichem.

Unabhängig davon, woraus solche Visionen entsprungen sind, beruht diese Vorstellungsweise selbst auf der Überzeugung, daß es wahre, unveränderliche, universale, zeitlose und objektive Werte gibt, die für alle Menschen überall und zu allen Zeiten gültig sind, daß sie, zumindest prinzipiell, verwirklicht werden können, gleichgültig, ob es Menschen gibt, gegeben hat oder jemals geben wird, die dies auf Erden vermögen, und schließlich, daß diese Werte ein kohärentes System bilden, eine Harmonie, die, gesellschaftlich verstanden, der vollkommene Gesellschaftszustand ist: denn wenn eine solche Vollkommenheit sich nicht wenigstens denken läßt, dann ist es schwierig, wenn nicht gar unmöglich, die bestehenden Verhältnisse als unvollkommen zu charakterisieren und damit einen Sinn zu verbinden; Elend, Laster und alle anderen Unzulänglichkeiten der bestehenden menschlichen Ordnung, Grausamkeit, Ungerechtigkeit, Krankheit, Mangel, geistige und körperliche Leiden, kurz alles, was den Menschen heimsucht, all dies muß als ein Zurückbleiben hinter dem Ideal- oder Optimalzustand gesehen werden. Wie dieses Optimum erreicht werden kann, ist eine andere Frage. Ob die Antwort nun in heiligen Texten gefunden wird, in den Visionen erleuchteter Propheten, in einer institutionalisierten Religion, in metaphysischen Einsichten oder mehr historisch begründeten Gesellschaftsidealen oder in den einfachen Werten von Menschen, die noch nicht durch die zerstörerische Zivilisation korrumpiert sind – allen diesen einander widerstreitenden Lehren liegt die gemeinsame Überzeugung zugrunde, daß eine vollkommene Gesellschaft vorstellbar ist, gleichgültig, ob als Gegenstand des Gebetes und der Hoffnung, als bloße Vision unrealisierter und unrealisierbarer menschlicher Möglichkeiten, ob als Heimweh nach einer wirklichen oder bloß vorgestellten Vergangenheit, als schließliches Ziel, auf das sich die Geschichte unerbittlich zubewegt, oder als ein praktisches Programm, das sich mit genügend Fähigkeiten, Energie und moralischer Entschiedenheit im Prinzip verwirklichen ließe.

Die Wiederbelebung der Antike in der Renaissance hat zu einer großen Erneuerung solcher Visionen von Vollkommenheit geführt. Morus und Patrizzi, Doni und Campanella, christliche Utopisten des frühen siebzehnten Jahrhunderts, Francis Bacon, Harrington, Winstanley, Foigny, Fénelon, Swift und Defoe bilden nur den Anfang einer Vielzahl solcher Gesellschaftsvisionen, die sich bis in die jüngste Zeit fortgesetzt haben, als sie aus Gründen, die jedem vertraut sein werden, erheblich an Kredit verloren. Das späte siebzehnte und frühe achtzehnte Jahrhundert waren besonders reich an solchen Erdichtungen, die sich durch die phantasievollen Beschreibungen des Friedens und der Harmonie der primitiven Gesellschaften in Amerika und anderswo anregen ließen. All das ist hinlänglich bekannt. In diesem Zusammenhang möchte ich aber zeigen, daß Vicos Originalität sich nicht zuletzt darin erweist, daß er auch in diesem Punkt eine eigene, unabhängige Richtung eingeschlagen hat und gegen den Strom gesegelt ist.

Man könnte sagen, daß die Versuchung, eine weltliche Utopie zu entwerfen, für ihn vielleicht deswegen nicht allzu stark gewesen ist, weil er sich als gläubiger Christ fühlte, für den die Menschen hier auf Erden keine Vollkommenheit erlangen können, denn das Reich Gottes ist nicht von dieser Welt. Der Mensch ist schwach und sündig, und allein schon der Versuch, sich ein vollkommenes Reich auf Erden vorzustellen, leugnet die konstitutive Endlichkeit des Menschen und seiner Werke, sogar die seines Geistes und seiner Einbildungskraft. Aber auch Campanella war ein Mönch und ein Christ, was immer die Inquisition von ihm gedacht haben mag, und ohne Frage auch Sir Thomas More, der für seinen Glauben gestorben ist, desgleichen Samuel Gott, Erzbischof Fénelon, die Verfasser von *Antagil* und *Christianopolis* und viele andere – aber das hat sie offensichtlich nicht davon abgehalten, weltliche Utopien zu entwerfen. Auch betont Vico nirgends in seinem Werk das Unvermögen und Schwäche des Menschen, höchstens hebt er das Gegenteil hervor, die ungeheuren schöpferischen Fähigkeiten des Menschen, die ihn zum Werkzeug der Vorsehung bei der Veränderung seines gesellschaftlichen und kulturellen Lebens machen. Hinzu kommt noch etwas anderes, nämlich das merkwürdige Paradox, daß ein gläubiger Sohn der christlichen Kirche trotzdem eine zyklische Geschichtstheorie vertritt, die für die radikale, ein für allemal geschehene Veränderung der Geschichte durch die Inkarnation und Wiederauferstehung Christi keinen Raum läßt, aber auch nicht für die Bewegung der Geschichte hin auf ein einzigartiges, einmaliges, weit entferntes göttliches Ereignis, durch das sie erfüllt und transzendiert wird. Die Vereinbarkeit des Vicoschen Glaubens an *corsi* und *ricorsi* mit der christlichen Offenbarung ist eine Hauptschwierigkeit seiner Interpreten gewesen (oder hätte es sein sollen), womöglich größer als die Schwierigkeit, Platons zyklische Theorie aufeinanderfolgender Gesellschaftsordnungen mit seinem offensichtlichen Glauben an die zumindest theoretische Möglichkeit eines Idealstaats in Einklang zu bringen. Wie immer die Erklärung im Falle Platons aussieht – für Vico kann es ohne Zweifel keinen Weg zur vollständigen Erfüllung auf Erden geben. Wenn keine Gesellschaftsstruktur überdauern kann, wenn der Fall in die »Barbarei der Reflexion«[1] vor dem Neubeginn unvermeidlich ist, dann scheint in der endlos sich wiederholenden Spirale der kulturellen Entwicklung die Vorstellung einer vollkommenen Gesellschaft, die eine unwandelbare, statische Ordnung impliziert, ganz von selbst ausgeschlossen. Vermutlich ist das der Grund, warum zum Beispiel Polybios, der an Zyklen glaubt, keine Utopie kennt, ebensowenig wie Machiavelli, der ähnlicher Ansicht ist und prophezeit, daß sogar sein erneuerter römischer Staat nicht überdauern werde, obwohl er ihn für möglich und nicht für utopisch hält. Diese Lehre – und nicht der zunehmende Empirismus der Epoche Vicos – scheint mir den entscheidenden antiutopischen Einfluß auszuüben. Denn selbst wenn man, wie Bodin oder Montesquieu, den mannigfaltigen, von den klimatischen und anderen Unterschieden der natürlichen Umgebung verursachten Verschiedenheiten des menschlichen Lebens die nötige Aufmerksamkeit schenkt, kann man immer noch an-

---

1 *Scienza Nuova* (siehe oben S. 183, Anm. 5) 1106 (Beschluß des Werkes).

nehmen, daß jeder Gesellschaftstyp seinen eigenen, individuellen Weg zur Vollkommenheit einschlagen und für ihn kämpfen kann. Außerdem nehmen Bodin und Montesquieu zwar an, daß sich die den unterschiedlichen Gesellschaften offenstehenden Mittel unterscheiden, aber sie scheinen keinerlei Zweifel hinsichtlich der Allgemeingültigkeit, Objektivität und Unwandelbarkeit höchster Werte zu haben – Frieden, Gerechtigkeit, Glück, rationale Organisation und, im Falle Montesquieus, die individuelle Freiheit, das Rechte zu tun und das Falsche zu meiden. Bei Vico liegen die Dinge etwas anders. Ich will versuchen zu erklären, warum das meiner Meinung nach so ist.

Vico ist nicht eigentlich ein Relativist, obwohl er manchmal als solcher bezeichnet wurde. Die Welt der primitiven Wilden ist völlig von unserer eigenen, glanzvollen Epoche verschieden, doch in verzweifelter Anstrengung ist es möglich, in den Geist dieser *grossi bestioni* einzudringen, die Welt mit ihren Augen zu sehen und ihre»Weltanschauung«, ihre Werte, ihre Motive, ihre Ziele, Kategorien und Begriffe zu verstehen. Sie und ihre Welt verstehen heißt für Vico, ihren Ort zu erkennen, die Weise zu erfassen, in der sie notwendig zu einem bestimmten Stadium der gesellschaftlichen Entwicklung gehören und es ausdrücken, ein Stadium, das der Ursprung unserer eigenen Verhältnisse ist, eine Phase des schöpferischen Prozesses, dessen Verständnis der einzige Weg zu einem Verständnis unserer selbst ist. Jede Epoche in Vicos *storia ideale eterna*[2] ist durch eine Art gesellschaftlicher Kausalität sowohl auf ihre Vorgänger als auch auf ihre Nachfolger in der großen Kette bezogen, deren Glieder in einer unwandelbaren, zyklischen Ordnung miteinander verbunden sind. Aber während für diejenigen metaphysischen Denker, die dem Begriff des Fortschritts anhängen, nichts von bleibendem Wert unwiederbringlich verlorenzugehen braucht, weil es in gewisser Weise in der nächsthöheren Stufe aufgehoben ist, und während für alle, die an einer vollkommenen Gesellschaft orientiert sind, alle höchsten Werte wie die Teile eines Puzzles in einer einzigen, schließlich gefundenen Lösung ihren Ort finden, ist dies für Vico nicht denkbar. Denn Wandel, unvermeidbarer Wandel, beherrscht die ganze Geschichte des Menschen, ein Wandel, der weder durch mechanische Ursachen bestimmt ist, wie seiner Meinung nach bei den Stoikern und Spi-

---

2 *Scienza Nuova,* 349 (I. Buch, 4. Abt.) usw.

noza, noch dem Zufall unterliegt, wie bei Epikur und seinen modernen Nachfolgern. Denn der Wandel entspricht einer göttlich bestimmten Ordnung ganz eigener Art. Aber im Verlauf dieses Prozesses schließen Gewinne auf der einen Seite notwendig Verluste auf einer anderen mit ein, Verluste, die nicht wiedergutgemacht werden können, wenn die neuen Werte, die Teil des unabänderlichen historischen Prozesses sind, jeder zu seiner Zeit verwirklicht werden, wie es in der Tat unausbleiblich ist. Dann aber sind einige wertvolle Erfahrungsformen zum Verschwinden verurteilt, ohne immer durch etwas ersetzt zu werden, was notwendig wertvoller wäre. Und dies bedeutet, daß es immer der Fall ist, daß einige Werte mit anderen unvereinbar – historisch unvereinbar – sind, so daß die Vorstellung einer Ordnung, in der alle wahren Werte gleichzeitig gegenwärtig sind und miteinander harmonieren, ausgeschlossen ist – nicht, weil sie wegen der Schwäche und Unwissenheit der Menschen oder anderer Unzulänglichkeiten (deren Überwindung zumindest vorstellbar wäre) nicht verwirklicht werden könnte, sondern aufgrund der Natur der Wirklichkeit selbst. Das bedeutet, daß der Begriff der Vollkommenheit nicht so sehr aus empirischen Gründen ausgeschlossen ist, sondern weil begrifflich widerspruchsvoll und mit dem unvereinbar, was wir als den notwendigen Charakter der Geschichte erkennen.

DIE ENTDECKUNG DES WAHREN HOMER

Das lebendigste Beispiel dafür findet sich in Vicos *Neuer Wissenschaft.* Im zweiten Buch – »Von der poetischen Weisheit« – erklärt er:

>»In dieser Art schufen die ersten Menschen der heidnischen Völker als Kinder des entstehenden Menschengeschlechts ... nach ihren Ideen die Dinge ... vermöge ihrer ganz körperlichen Einbildungskraft. Und eben weil sie so körperlich war, taten sie es mit einer staunenswerten Erhabenheit, die sogar die Dichter und Schöpfer selbst erschütterte und überwältigte; daher wurden sie Poeten genannt, was im Griechischen soviel bedeutet wie Schöpfer.«[3]

---

3 Er fährt fort, es sei eine der »drei Arbeiten, die die große Poesie zu leisten hat: erhabene Fabeln zu ersinnen, die dem volksmäßigen Verständnis angepaßt sind«, und zitiert dann (unrichtig) von Tacitus: »fingebant simul credebantque« – »kaum erdachten sie es, da glaubten sie es auch schon« (*Annalen*, Buch 6). *Scien-*

Und: »Die erhabenste Aufgabe der Dichtkunst ist, den empfindungslosen Gegenständen Empfindung und Leidenschaft zu leihen«, wie Kinder im Spiel zu unbeseelten Dingen sprechen, als wären es lebendige Wesen (186). Denn »in der Kindheit der Welt waren die Menschen von Natur erhabene Dichter« (187). Und noch einmal: »Je schwächer die Denkfähigkeit, desto kräftiger ist die Phantasie« (185). Weil die Sinnlichkeit der noch roheren Menschen kräftiger war, da die Vorsehung sie ihnen zum Selbstschutz gab, und in dem Zeitalter der Reflexion, die die Stelle des Instinkts einnahm, schwächer wurde, »sind die Darstellungen der Heroen bei Homer von so leuchtender und so prächtiger Klarheit, daß alle späteren Dichter sie nicht nachahmen, geschweige denn sie erreichen konnten« (707). Trotzdem bezeichnet Vico die Heroen dieses Zeitalters (gegen dessen Ende Homer lebte) als »bäurisch, grob, rauh, wild, stolz, eigensinnig und hartnäckig« (708).

Vico macht sich weder über das Zeitalter der Götter noch über das heroische Zeitalter Illusionen. Er spricht von der Praxis des Menschenopfers – bei den Phöniziern, Karthagern, Galliern, bei den Germanen, den amerikanischen Indianern, Skythen und im goldenen Zeitalter Latiens (Plautus' *Saturni hostiae*) – und bemerkt: »So sehr war das goldene Zeitalter mild, menschlich, bescheiden, duldsam und zivilisiert« (517). So war der Mensch in der »Unschuld des goldenen Zeitalters« (518). Er zweifelt nicht, daß genau diese, auf den Schrecken sich gründende religiös-kyklopische Autorität (523) notwendig war, um im Stadium der Wildheit die ersten disziplinierten menschlichen Gesellschaften hervorzubringen (518).

Danach kamen die Heroen. Die Hauptfigur des heroischen Zeitalters ist Achilles, »der alles Recht auf die Spitze seines Speers zurückführte« (923). »Er ist der Heros, den Homer dem griechischen Volk als Verkörperung heroischer Tugend besingt und dem er das Epitheton ›untadelig‹ verleiht« (667). Vico vergleicht dies mit den barbarischen Zeiten des *ricorso* (dem Zeitalter des mittelalterlichen christlichen Rittertums) und den »rachwütigen Genugtuungen der irrenden Ritter, die die Romanzendichter besingen« (ebd.). Solche Heroen sind auch Brutus, der seine Söhne tötete, Scaevola, der seine Hand verbrannte, Manlius, der seine Kinder umbrachte; Curtius, die Decier, Fabricius und die übrigen – »welchen Nutzen

za *Nuova* 376 (II. Buch, 1. Abt.). Im folgenden werden die Zitate aus der *Scienza Nuova* lediglich mit der Ziffer des Absatzes nachgewiesen.

brachten sie wohl den unglücklichen römischen Plebejern?« (668). Sie taten, sagt Vico, nichts anderes, als das Volk zu ruinieren, es auszurauben, gefangenzusetzen und auszupeitschen. Wer versucht hat, dem Volk zu helfen, Manlius Capitolinus oder König Agis in Sparta, wurde zum Verräter erklärt und getötet. In diesen Gesellschaften gibt es, Vico zufolge, keine Tugend, keine Gerechtigkeit und Gnade, sondern nur Habgier, Arroganz, Ungleichheit und Grausamkeit. Das ist das heroische Zeitalter, das Zeitalter, zu dem Homer gehörte und das er pries. Heroische Zeitalter sind Zeiten grausamer Gesetze, von »ungeheurem Stolz«, »unerträglichem Hochmut, äußerster Habgier und mitleidsloser Grausamkeit« (38): »das stolze, habgierige und grausame Benehmen der Adligen gegenüber den Plebejern, wie man es ganz unverhüllt in der römischen Geschichte liest« (272).

Im dritten Buch der *Neuen Wissenschaft* – »Von der Entdeckung des wahren Homer« – bemerkt Vico, daß »Scaliger mit Empörung feststellt, daß Homer beinahe alle Vergleiche von wilden Tieren und anderen Roheiten hernimmt« (785), aber das gehört eben zu seinem poetischen Genius:

»Seine Vergleiche sind unerreichbar – kein durch irgendeine Philosophie gemäßigter und zivilisierter Geist könnte es ihm darin gleichtun. Auch kann aus einem mit Philosophie in Berührung gekommenen und menschlich gewordenen Geist nicht jene Grausamkeit und Wildheit des Stils entsprungen sein, womit Homer so viele blutige Schlachten, so viele verschiedenartige und grausamste Todesarten beschreibt, die die ganze Erhabenheit besonders der *Ilias* ausmachen« (785).

Gleichwohl hat es dieser barbarische Dichter, Horaz zufolge, unendlich schwierig gemacht, nach ihm noch irgendwelche neuen Charaktere zu erfinden (806). Vico erklärt dies damit, daß »Homer, der den philosophischen, poetischen und kritischen Theorien vorausging, der erhabenste aller erhabenen Dichter war«, so daß »später, nach der Erfindung der Philosophien und der Dichtung und der Kritik, kein Dichter ihn auch nur im entferntesten erreichen konnte« (807). Die Gefühle, die »Sprechweise« und die Taten solcher »erhabenen Naturen« können »wild, grausam und schrecklich« sein, und so etwas ist nur in einem heroischen Zeitalter möglich. Die Homerischen Dichtungen sind am Ende eines solchen Zeitalters entstanden, und später war dies nicht mehr möglich (808).

Vico zufolge ist dies so, weil diese Art von Erhabenheit »untrennbar ist vom Volkshaften« (809). Homers poetische Charaktere sind »phantastische Gattungsbegriffe«, denen alle Attribute einer Gattung zugeschrieben werden. Sie sind Gattungstypen (nicht ganz unähnlich den Weberschen Idealtypen), so daß für diese Menschen Achill heroische Tapferkeit *ist*, hitziges Temperament, Stolz, Ehre und Neigung zu Zorn und Gewalttätigkeit, Recht als Macht; Odysseus *ist* heroische Weisheit – »Vorsicht, Geduld, Verstellung, Doppelzüngigkeit, Falschheit« (ebd.). Wenn erst einmal der zivilisierte Verstand, und nicht die Einbildungskraft einer ganzen Gesellschaft, wahre Begriffe – die abstrakten Gattungsbegriffe – geschaffen hat, dann hat diese Art der Erhabenheit ihr Ende gefunden. Denn bevor die Schrift erfunden wird, besitzen die Menschen »lebhaftes Empfinden«, eine »starke Phantasie«, »scharfen Witz« und ein »starkes Gedächtnis«, die sie später verlieren (819).

Homer ist »der Vater und Fürst aller erhabenen Dichter« (823). Er ist »himmlich erhaben« und hat eine »entflammte Phantasie« (825). »Die Schrecklichkeit der homerischen Schlachten und Tode machen die ganze wunderbare Größe der *Ilias* aus« (827). All dies hätte keinem »ruhigen, verfeinerten und milden Philosophen« entspringen können (828). Das ist es, was Homer für Vico zu dem größten Dichter macht, zu dem Meister »der wilden und furchtbaren Vergleiche« (893), der »rohen und schrecklichen Schilderungen von Kampf und Tod« (894) und der »von erhabenen Leidenschaften erfüllten Sentenzen« (895), von stilistischer »Ausdruckskraft und Glanz« (896), wie sie in der späteren Zeit der Philosophie, Kritik und der Poesie als einer verfeinerten Kunst unmöglich waren (897).

Vicos Hauptaussage ist, daß jenes dichterische Empfinden, das »ganz in die Sinne hineintauchen muß« (821), keinen Ort mehr hat, wenn die Menschen in Begriffen denken: erleuchtete Sänger, deren größter Homer ist, kann es nicht gleichzeitig mit Philosophen geben. Bei allem, was diese späteren, milderen und vernünftigeren Zeiten – das Zeitalter der Menschen – in den Künsten und den Wissenschaften der entwickelten Zivilisation hervorbringen mögen – sie können uns nicht innerhalb desselben »Zyklus« »entflammte Phantasie« und himmlische Erhabenheit geben (825). Sie sind vielmehr vom Erdboden verschwunden. Wir können die Herrlichkeit dieser primitiven Dichtung nur empfinden, wenn wir die »wilde, grausame und schreckliche« (808) Welt verstehen, aus der sie entspringt, und das wiederum können wir nur, wenn wir uns von der Vorstellung der künstlerischen Überlegenheit unserer eigenen »großartigen Zeit« frei machen (123).

All dies wurde zu einer Zeit geschrieben, als eine der vorherrschenden ästhetischen Theorien noch immer die der zeitlosen und objektiven Wertmaßstäbe in der Kunst wie in der Ethik und jeder anderen normativen Sphäre war. Einige Kritiker glaubten an einen beständigen Fortschritt in den Künsten, der auf der Zunahme der Rationalität und der allmählichen Ausrottung der wilden Welt von Mythen und Fabeln und der primitiven, zügellosen Phantasie jenes dunklen und gewalttätigen Zeitalters beruhte, das wir hinter uns gelassen haben. Für andere hingegen war die antike, vor allem die römische Dichtung der der Modernen überlegen. In beiden Fällen nahm man aber wie selbstverständlich an, daß es einen einzigen, zeitlosen Urteilsmaßstab gebe, durch den sich, wie manche glaubten, die Überlegenheit etwa von Racine oder Addison gegenüber Milton, Shakespeare oder Homer beweisen ließe, während andere glaubten, sie könnten beweisen, daß Sophokles oder Vergil größere Dichter gewesen seien als irgendein Dichter späterer Zeit. Daraus folgte, daß die Qualität und der Rang einer Kunst mit dem allgemeinen Charakter eines Zeitalters und seiner Kultur untrennbar verbunden war. Für Voltaire und Fontenelle waren Kunst und Dichtung des klassischen Athen oder Rom, des Florenz der Renaissance oder Frankreichs unter Ludwig XIV. groß, weil sie durch und für aufgeklärte Menschen wie sie selbst hervorgebracht wurden – im Gegensatz zu den Zeitaltern der Unwissenheit, des Fanatismus, der Barbarei und Verfolgung, deren Kunst genauso verdorben war wie ihre Gesellschaften, in denen ein paar wilde Oberhäupter sich mit einer Handvoll fanatischer Bischöfe um die Herrschaft über einen Haufen dummer Leibeigener stritten (wie Voltaire das frühmittelalterliche Europa schildert).

Vicos Position ist davon völlig verschieden und deutet vielmehr auf Kommendes voraus. Er leugnet nicht die Grausamkeit, Habgier, Arroganz und Inhumanität der Herrscherkaste der »heroischen« Zeitalter. Aber eine bestimmte erhabene Kunst kann nur auf einem solchen Boden gedeihen. Ganz gewiß ist ein Zeitalter mit allgemein anerkanntem Gerechtigkeitsmaßstab für alle Menschen, in dem es keine Menschenopfer mehr gibt und rationale Methoden der Erforschung der Vergangenheit Mythen und Legenden abgelöst haben, in einigen nicht zu übersehenden Hinsichten

einer Kultur offensichtlich überlegen, in der Agamemnon seine
Tochter als Gabe für die Göttin abschlachten läßt oder die Menschen den Himmel für einen gewaltigen beseelten Körper halten,
der seinen Ärger durch Blitz und Donner kundtut. Aber die Zunahme von Humanität und Wissen (das den Höhepunkt eines Zyklus
bezeichnet) geht zwangsläufig mit dem Verlust ursprünglicher
Stärke, Unmittelbarkeit und imaginativer Kraft einher, der weit
über alles hinausgeht, was in dieser Hinsicht durch die Entwicklung des kritischen Verstandes möglich gemacht wird. Jede Kultur
entwickelt ihre eigene, einzigartige Ausdrucksweise, die sich, vielleicht mit einigen Veränderungen, an der entsprechenden Stelle
jedes nachfolgenden Zyklus der »idealen ewigen Geschichte« wiederholen wird. Es besteht keine Notwendigkeit, die Schöpfungen,
Lebens- und Handlungsformen jeder kulturellen Phase mit denen
einer anderen zu vergleichen und an einem einzigen Maßstab zu
messen, vielmehr ist dies sogar unmöglich, denn sie sind ganz offensichtlich miteinander unvergleichbar. Trotzdem können die
Kinder einer Kultur das Leben und das Tun einer anderen Kultur,
ihr Denken, ihr Verhalten, ihre Kunst, Religion, ihre ganze Weltsicht verstehen – alles, was unsere Vorfahren erschaffen konnten,
wir aber nicht, weil sie waren, was sie waren, und wir sind, was
wir sind, denn wir stehen auf einem anderen Abschnitt desselben
Kreislaufes.

Dies ist kein Relativismus, denn wir können, so unvollständig
auch immer, die Anschauungen anderer Gesellschaften nicht bloß
registrieren, sondern durchaus verstehen, ohne sie unseren eigenen anzugleichen. Auch steckt darin nicht der alte Absolutismus,
der ihre Werke anhand eines unveränderlichen, für alle Menschen
überall und immer gültigen Maßstabes einander oder den unsrigen für über- oder unterlegen erklären konnte. Dann aber ist die
Vorstellung einer harmonischen Synthese von allem Besten in einem vollkommenen Ganzen nicht mehr nur in verschiedenem
Grade einlösbar oder (sogar im Prinzip) uneinlösbar, sondern sie
ist unbegreifbar. Die unerreichte Macht der Einbildungskraft in
den frühen Zeitaltern kann – begrifflich – nicht mit einem entwik-
kelten kritischen Vermögen, mit philosophischem oder wissenschaftlichem Wissen und eindringender verstandesmäßiger Analyse verbunden werden. Die Frage ist absurd, ob *Agamemnon* von
Aischylos besser oder schlechter ist als *König Lear*. Wenn Shaw
schreibt: »In der Bibel gibt es nichts, was Beethovens Neunte an

Erleuchtung überträfe«[4], dann ist dies (wenn Vico recht hat) eine Aussage, die weder wahr noch falsch ist, sondern sich bei genauerer Betrachtung als sinnlos erweist.

Für einen Schüler Vicos ist das Ideal einiger Denker der Aufklärung, die Vorstellung von einer noch so abstrakten Möglichkeit einer vollkommenen Gesellschaft, notwendig der Versuch, unvereinbare Bestimmungen zusammenzuschweißen – Merkmale, Ideale, Begabungen, Eigenschaften und Werte, die zu verschiedenen Denkweisen, Handlungs- und Lebensformen gehören und deshalb nicht aus ihrem Zusammenhang gelöst werden dürfen, um sie miteinander zu verknüpfen. Für einen Anhänger Vicos muß eine derartige Vorstellung buchstäblich absurd sein, denn es besteht eine begriffliche Unvereinbarkeit zwischen, sagen wir, dem, was Achill Glanz verleiht, und dem, was uns Sokrates, Michelangelo, Spinoza, Mozart oder auch Buddha bewundern läßt; und da dies genauso für die jeweiligen Kulturen gilt, in deren Kontext allein die Leistungen der Menschen verstanden und beurteilt werden können, ist schon allein durch diese Tatsache dieser Traum der Aufklärung in sich unstimmig. Die Skepsis oder sogar der Pessimismus nicht weniger Aufklärer – Voltaire, Hume, Gibbon, Grimm, Rousseau – hinsichtlich der Möglichkeit, die vollkommene Gesellschaft zu verwirklichen, ist dabei nicht entscheidend. Entscheidend ist, daß auch sie von der Vorstellung idealer Möglichkeiten erfüllt waren, selbst wenn sie glaubten, sie seien in der Praxis unerreichbar. Darin zumindest scheinen sie mit den Optimistischeren unter den Aufklärern, etwa mit Turgot und Condorcet, einig zu sein. Nach Vico mußte der Konflikt zwischen Monismus und Pluralismus, zwischen zeitlosen Werten und Historismus früher oder später zu einem zentralen Problem werden. Selbst wenn Vico nicht mehr getan hätte, als dieses Problem indirekt, aber auf seiner tiefsten Ebene in seinem folgenreichen Kapitel über »Die Entdeckung des wahren Homer« zu stellen, dann sollte dies allein genügen, um die Kraft und Originalität seines Denkens zu erweisen.

---

4 »The Bible«, in »Parents and Children« (Vorwort zu *Misalliance)*, *The Works of Bernhard Shaw*, London 1930-38, Bd. 13 (1930), S. 99.

MONTESQUIEU

I

Ein halbes Jahrhundert nach dem Tod Montesquieus ruft Jeremy Bentham in einem seiner poetischen Augenblicke, die in seinen Schriften häufiger sind, als man gemeinhin annimmt, aus:»Locke – trocken, kalt, schleppend und ermüdend, er wird für immer leben. Montesquieu – rasch, brillant, prächtig und berückend, er wird sein Jahrhundert nicht überleben!«[1] Dem Namen Montesquieus noch den Descartes' hinzufügend, überantwortet er beide dem Vergessen, denn so interessant ihre Ansichten zu ihrer Zeit auch gewesen sein mögen, sie enthielten eine größere Anzahl falscher als wahrer Sätze. Diesen großen Systemen schulde man gehörigen Respekt, dann aber ein ordentliches Begräbnis, denn sie hätten ihre Rolle ausgespielt; die Irrtümer, aus denen sie größtenteils bestünden, müsse man ausrotten und dürfe ihnen nie wieder erlauben, in den Köpfen der Menschen herumzuspuken.

Dieses Urteil mit seiner charakteristischen quantitativen Zumessung der Verdienste ist selbst schon lange vergessen. Aber für das neunzehnte Jahrhundert war es vermutlich gar nicht einmal unplausibel, besonders gegen Ende des Jahrhunderts, als vieles von dem, wofür Montesquieu stand, auf friedliche Weise in die Einstellungen und Institutionen der zivilisierten Nationen eingegangen zu sein schien. Montesquieu war ein Verfechter des Konstitutionalismus, des Schutzes der bürgerlichen Freiheiten, der Abschaffung der Leibeigenschaft, des Gradualismus, der Mäßigung, des Friedens, des Internationalismus und eines gesellschaftlichen und ökonomischen Fortschritts, der die nationalen und regionalen Traditionen respektiert. Er glaubte an die Gerechtigkeit und die Herrschaft des Gesetzes, verteidigte die Meinungs- und Vereini-

---

1 *The Works of Jeremy Bentham*, hrsg. von John Bowring, Edinburgh 1843, Bd. 10, S. 143.

gungsfreiheit, verabscheute jeglichen Extremismus und Fanatismus; er vertraute auf das Gleichgewicht der Mächte und die Gewaltenteilung als Schutz gegen die despotische Herrschaft von Individuen, Gruppen oder Mehrheiten; und er billigte die gesellschaftliche Gleichheit, aber nicht so weit, daß sie die individuelle Freiheit bedrohte, und ebenso die Freiheit, aber nicht so weit, daß sie eine ordentliche Regierung gefährdete. Ein Jahrhundert nach seinem Tod wurden die meisten dieser Ideale, zumindest in der Theorie, von den zivilisierten Regierungen und Völkern Europas geteilt. Es gab freilich noch despotische Systeme, im russischen Zarenreich und in Asien, es gab den Klerikalismus in Spanien, immer wieder auftretende chaotische Zustände und Korruption in Lateinamerika, Barbarei in Afrika und ein beunruhigendes Anwachsen von Nationalismus und Imperialismus in Europa. Aber die wesentlichen Stücke der Lehre Montesquieus bildeten den Kern des liberalen Glaubensbekenntnisses überall, seine Thesen waren sehr gut begriffen worden, und es sah nicht so aus, als hätte er dem zwanzigsten Jahrhundert noch Neues zu sagen. Die Zeit hatte seine Irrtümer bloßgelegt. Seine Kenntnisse der Geschichte, Geographie und Ethnologie waren sogar hinter denen seiner eigenen Zeit zurückgeblieben. Seine berühmteste Lehre, die von der Gewaltenteilung, eine enthusiastische, aber irrtümliche Reverenz vor dem System, von dem er völlig fälschlicherweise angenommen hatte, daß es in England herrsche (wodurch Blackstone und De Lolme ihrerseits lediglich irregeführt wurden), hatte sich in Frankreich während der Großen Revolution als nicht praktizierbar herausgestellt und war in den Vereinigten Staaten, alles in allem mit wenig glücklichen Resultaten, viel zu gläubig übernommen worden. Die konservativen Aspekte seiner Lehre, die Betonung des Wertes einer langsamen, »organischen« Entwicklung anstelle überstürzter Reformen, die Betonung des einzigartigen Charakters der verschiedenen Zivilisationen und traditionellen Lebensformen, die Ablehnung des Versuches, auf sie alle dieselben einförmigen Methoden anzuwenden, seine Wertschätzung der Tugenden erblicher Aristokratien und tradierter Fertigkeiten und Gewerbe, seine Warnungen vor den schädlichen Folgen mechanischer Gleichheit – all dies war besser und beredter von Burke vertreten und von Hegel und seinen Nachfolgern in eine große Zusammenschau ihrer metaphysischen Weltsicht integriert worden. Was die liberalen Aspekte seiner Lehren betrifft, die Verteidigung der individuellen Freiheit, der Unverletzlichkeit und Unabhängigkeit der Justiz und zivilisierter und humaner Beziehungen zwischen Nationen wie Individuen, so waren sie längst zu Gemeinplätzen der liberalen Rhetorik herabgesunken, die mit Tocqueville und Mill begann und ihren pathetischen Höhepunkt in Jaurès und Präsident Wilson erreichen sollte. Die originellste seiner Leistungen schließlich war sein Entwurf der Wissenschaften der Soziologie und Anthropologie, fußend auf vergleichender Untersuchung der menschlichen Institutionen überall und ihrer physischen und psychologischen Ursachen und Bedingungen. In den Händen der großen positivistischen Schule in Frankreich ebenso wie bei ihren englischen und deutschen Rivalen und Schülern war dies zu einem blühenden und hochspezialisierten Unternehmen geworden, und die, die diese Forschungen betrieben, blickten mit Respekt und Neugierde, aber ohne tiefergehendes Interesse, auf ihren berühmten Vorläufer zurück. Denn seine Wissenschaft war eine bloße Sammlung von Epigrammen und Maximen, seine Irrtümer über Tatsachen zu zahlreich, seine Sozialgeschichte eine Reihe von Anekdoten, seine Verallgemeinerungen zuwenig gesichert und seine Begriffe zu metaphysisch. So anregend einzelne Teile seines Werkes auch waren, und bei aller Anerkennung seines Ranges als literarisches Meisterwerk erschien es als Ganzes doch unsystematisch, inkonsistent und nicht selten bedauerlich leichtfertig. Montesquieu war ein verehrter Vorfahr, eine erstarrte augusteische Gestalt in römischer Toga, nicht mehr. Während die Theorien seiner unmittelbaren Nachfolger, Rousseau, Kant, Hume und Bentham, immer noch die Gemüter bewegten und zu hitzigen Auseinandersetzungen führten, erinnerte man sich Montesquieus vor allem als eines Schriftstellers von großem Charme, als eines aufmerksamen, kultivierten und skeptischen Grandseigneurs, Autor eines Werkes, das einmal als epochemachend begrüßt worden war und zu seiner Zeit einen großen Einfluß ausübte, aber ein Jahrhundert nach seinem Erscheinen wie ein gewaltiges Fossil im Strom des Denkens wirkte, ein Denkmal eines abgestorbenen und vergangenen Zeitalters. So sahen ihn sicherlich Comte und Buckle, Herbert Spencer und Durkheim, die heute selbst halb vergessen sind, und kaum einer hätte ihnen damals widersprochen oder auch nur Zweifel angemeldet. Zu ihrer Zeit mag diese Ansicht berechtigt gewesen sein, heutzutage aber kann sie, wie mir scheint, nicht mehr überzeugen. Im Gegenteil, ich möchte zeigen, daß

Montesquieus Ansichten für unsre heutige Situation sehr viel bedeutsamer sind als die seiner Nachfolger im neunzehnten Jahrhundert. Ihre Ansichten, nicht seine, erscheinen in dem düsteren Licht der Gegenwart als überholt.

II

Ich möchte mit einigen wohlbekannten Tatsachen beginnen. Charles-Louis de Secondat, Baron de la Brède, wurde am 18. Januar 1689 auf Schloß Brède, in der Nähe von Bordeaux, geboren. Sein Vater war ein Beamter, seine Mutter eine fromme Adlige. Zum Paten gab man ihm einen zufällig am Schloß vorbeikommenden Bettler, damit er sein ganzes Leben daran denke, daß die Armen seine Brüder sind. Er wurde von Bauern aufgezogen, von Priestern unterrichtet und beschäftigte sich in seiner Jugend nebenbei mit den Naturwissenschaften, stärker mit Biologie als Physik. Mit zweiunddreißig Jahren veröffentlichte er sein Erstlingswerk, die *Lettres persanes,* die als eine kühne, schön geschriebene und unterhaltsame Satire auf die französische Gesellschaft und die römische Kirche aufgenommen wurden, vielleicht kühner als die damals modische skeptische Literatur, von der eine ganze Flut durch den Tod Ludwigs XIV. freigesetzt worden war, aber im Grunde nicht sehr von ihr verschieden. Montesquieu durchlief die übliche Laufbahn eines gehobenen Provinzbeamten mit literarischen Neigungen. Von seinem Onkel erbte er den Titel von Montesquieu und das Amt des »Président à mortier« am Gerichtshof von Bordeaux, wurde, wie es sich gehört, in die Akademie von Bordeaux und später in die Académie française gewählt, ließ sich auf seinem Gut nieder und übte seine juristische Tätigkeit aus, fand sich zu gelegentlichen Besuchen in den Pariser intellektuellen Salons ein und begann schließlich, als er auf die Vierzig zuging, das Werk, das ihm etwa zwanzig Jahre später weltweiten Ruhm einbringen sollte. Sieben Jahre nach Abschluß seines Werkes starb er in Paris, allgemein bewundert und betrauert.

Ohne Zweifel war er der Überzeugung, eine ungeheure Entdeckung gemacht zu haben. Er erzählt, daß er nach einer langen und sorgenvollen Periode geistigen Umherirrens, in der er nur hin und wieder Licht sah, um sich erneut in der Finsternis zu verlieren, plötzlich das entscheidende Prinzip erkannte, das alles klärte und das Chaos bis dahin unzusammenhängender Tatsachen in eine helle und vernünftige Ordnung verwandelte.[2] Von diesem Augenblick der Erleuchtung spricht er wie andere, die eine sie umwandelnde Erfahrung hatten. Descartes und Vico, Gibbon und Rousseau haben sich in ähnlichen Worten über die Krise geäußert, die ihre Sicht des Lebens verwandelte.

Was hat diesen so nüchternen und skeptischen Mann so tief bewegt? Er lebte in einer Zeit, in der die Welt für rationalistische Denker in zwei Reiche zerfiel, auf der einen Seite die Natur, deren Gesetze und Prinzipien endlich entdeckt worden waren, so daß die Bewegungen eines jeden Teilchens im Raum mit Hilfe weniger einfacher Gesetze und Ableitungsregeln erklärt werden konnten, und auf der anderen Seite der Bereich der menschlichen Gewohnheiten und Institutionen, in dem alles noch immer unerfaßt und unerfaßbar schien. Der Bereich des Menschlichen stellte sich als ein weites Feld für das Spiel blinden Zufalls und irrationaler Kräfte dar, für Glück und Unglück, die Launen von Despoten und Abenteurern und die Leidenschaften des Volkes, so daß metaphysische und theologische Erklärungen freie Bahn hatten, die jedes Beweises entbehrten und in ihren Methoden der Vernunft hohnsprachen – kurzum, dieser Bereich war ein vortrefflicher Jagdgrund für Fanatiker und Scharlatane mit ihrem leichtgläubigen Gefolge. So sah es üblicherweise die antiklerikale Opposition, und die während der letzten Jahre Ludwigs XIV. von der klerikalen Zensur unterdrückten Schriften der damaligen Rationalisten hatten diesen Skandal grell beleuchten wollen. Es war nicht überraschend, daß Descartes die Geschichte und die geisteswissenschaftlichen Fragestellungen allgemein verworfen hatte, weil sie für Wahrheitssuchende ohne Interesse seien. Dieser Gegenstandsbereich schien keine präzisen Definitionen zuzulassen, keine klaren Beweisregeln und Axiome, aus denen man mit unanfechtbaren Mittelsätzen wahre Schlußfolgerungen hätte ableiten können. Descartes sprach von der Geschichte als einem Gespinst aus eitlem Geschwätz und

---

2 »Als ich aber meine Prinzipien entdeckt hatte, fiel mir alles zu, was ich suchte.« (*De l'esprit des lois* – im folgenden *E. L.* –, Vorwort). *Œuvres complètes de Montesquieu*, hrsg. von A. Masson, 3 Bde., Paris 1950-55, Bd. 1 A, S. LXII. Alle folgenden Verweise auf Montesquieus Schriften beziehen sich auf diese Ausgabe, deren erster Band ein Faksimile der Ausgabe von 1785 ist, auf deren drei Bände hier mit A, B, C verwiesen wird.

Reiseberichten, das allenfalls zum Zeitvertreib dienen könne. Zwar hatte Vico behauptet, einen roten Faden durch dieses scheinbare Labyrinth gefunden zu haben, und vermochte die verstreuten Tatsachen durch neue, von ihm ans Licht gezogene Prinzipien zu organisieren, aber er war ein unbekannter, von Armut geschlagener neopolitanischer Einsiedler, und niemand im damaligen Frankreich las ihn oder schenkte ihm auch nur die geringste Aufmerksamkeit. Die Legende, Montesquieu habe die *Scienza Nuova* gelesen, scheint eine reine Erfindung zu sein, denn er spricht so, als habe er zum ersten Mal in der Geschichte der Menschheit die fundamentalen Gesetze aufgedeckt, denen die menschlichen Gesellschaften unterliegen, so wie die Naturwissenschaftler im vorangegangenen Jahrhundert die Gesetze der unbelebten Materie entdeckt hatten. Er spricht von der Entstehung von Rechtssystemen, aber er meint damit offensichtlich etwas sehr viel Weiteres, nämlich den ganzen institutionellen Rahmen, in dem bestimmte menschliche Gesellschaften leben – nicht nur ihr Rechtssystem, sondern die Strukturen, die Entwicklungsgesetze ihres politischen, moralischen und ästhetischen Verhaltens. Wenn diese einmal erfaßt sind, ist eine Wissenschaft vom Menschen möglich. Deshalb kann man eine rationale Wissenschaft der Regierungskunst aufbauen und mit ihr – was Montesquieu mehr interessiert – das Verhalten sowohl der Regierenden wie der Regierten beurteilen. Man kann mit ihr sozusagen eine Sozialtechnologie entwickkeln und in Übereinstimmung mit aus der Erfahrung und der Beobachtung gewonnenen Prinzipien die Mittel den Zwecken anpassen.

Montesquieu ist ein Kind seiner Zeit, wenn er das menschliche Elend weitgehend der Furcht vor dem Unbekannten, der zermürbenden und schwächenden Wirkung von Unwissenheit und Aberglaube und ihrer gekonnten Ausbeutung durch Scharlatane und Machtsüchtige auf allen Gebieten zuschreibt. Das lähmende Gefühl der Zufälligkeit und Fragwürdigkeit alles dessen, was mit menschlichen Beziehungen zusammenhängt, kann und muß ein für allemal verschwinden. Wie die Entdeckungen auf dem Gebiet der Physik und Biologie so unterschiedliche Künste wie die Architektur und die Medizin verwandelt haben, so sollten seine großen gesellschaftlichen Entdeckungen dazu befähigen, die Regierungskunst im weitesten Sinne von Grund auf zu verändern und Gesellschaften zu schaffen, in denen die Menschen ihr Geschick selbst beherrschen, anstatt auf die Gnade der Naturmächte angewiesen zu bleiben und in Laster und Torheit zu verharren. Zu diesem Zweck muß man die Gesellschaften in der Weise systematisch untersuchen, wie die Anatomen den menschlichen Organismus studieren oder Zoologen und Botaniker das Verhalten der Tiere und Pflanzen bestimmen. In einer berühmten Passage hat Montesquieu die Grundidee festgehalten, auf der seine Arbeit beruhen sollte:»Viele Dinge regieren die Menschen: Klima, Religion, Gesetze, Regierungsmaximen, Beispiele aus der Vergangenheit, Sitten, Lebensformen. Aus alldem bildet sich als ihr Ergebnis ein allgemeiner Geist.«[3] Gesellschaften sind weder zufällige Ansammlungen heterogener Elemente noch künstliche Gebilde, sie sind vielmehr Formen einer natürlichen Entwicklung, und die Gesetze, denen die Menschen gehorchen, sollten dem Charakter dieser Entwicklung angepaßt sein. Das Leben der Menschen ist von vielen Faktoren abhängig, von denen einige unwandelbar sind, während andere verändert werden können, aber der Prozeß des Wandels ist immer langsam und manchmal sehr schwierig.

Keine menschliche Gesellschaft ist wie die andere. Deshalb müssen die Gesetze

»dem Volk, für das sie gelten sollen, so eigentümlich sein, daß sie nur durch einen großen Zufall einem anderen Volk auch gemäß sein könnten. ... Sie müssen mit der *physischen* Beschaffenheit des Landes übereinstimmen, mit dem eisigen, heißen oder gemäßigten Klima, mit der Güte des Bodens, mit Lage und Größe des Landes, mit den Lebensverhältnissen der Völker als Ackerbauer, Jäger oder Hirten. Sie müssen auf das Ausmaß der Freiheit bezogen sein, das sich mit dem Staatsaufbau vereinbaren läßt, desgleichen mit der Religion der Einwohner, ihren Neigungen, ihrem Besitzstand, ihrer Menge, ihrem Handel, ihren Sitten und Lebensgewohnheiten. Überdies stehen sie untereinander in Bezug, ferner in Bezug zur Abstammung, zur Absicht des Gesetzgebers, zur Ordnung der Dinge, die ihre Grundlage sind. Nach jeder dieser Hinsichten sind sie zu betrachten.

Dies nun unternehme ich in diesem Werk. Ich werde all diese Bezüge untersuchen: sie zusammen bilden das, was man den *Geist der Gesetze* heißt.«[4]

---

3 *E. L.*, XIX 4; Bd. 1 A, S. 412.
4 Ebd., I 3; Bd. 1 A, S. 8f.

Dies sollten die Prinzipien der neuen Wissenschaften Soziologie, Anthropologie und Sozialpsychologie werden, und man kann verstehen, warum Montesquieu von seiner Entdeckung so tief bewegt war. Weder Gott noch Zufall regieren die Welt; Bossuet und die Skeptiker haben gleichermaßen unrecht. Das Verhalten der Menschen, sowohl als Individuen wie in Gruppen, ist prinzipiell begreifbar, wenn man nur die Tatsachen geduldig und verständig beobachtet, Hypothesen formuliert und verifiziert und Gesetze aufstellt mit derselben geistigen Kraft und demselben Erfolg – was spräche dagegen? – wie bei den großen Entdeckungen in Physik, Astronomie und Chemie und in naher Zukunft vermutlich ebenso in Biologie, Physiologie und Psychologie. Die Erfolge der Physik schienen Grund zum Optimismus zu geben: Wenn brauchbare gesellschaftliche Gesetze einmal entdeckt wären, dann könnte eine vernünftige Organisation an die Stelle blinder Improvisation treten, und die Wünsche der Menschen würden sich, innerhalb der Grenzen der Gleichförmigkeit der Natur, alle erfüllen lassen. Niemals wieder herrschte eine solche Zuversicht wie im achtzehnten Jahrhundert. Helvétius und Condillac, Holbach und Condorcet, und, in differenzierterer Weise, Diderot und Turgot, Voltaire und d'Alembert glaubten, daß sie an der Schwelle eines neuen Zeitalters lebten – in Sichtweite des verwirklichten Ideals. Noch war der Feind mächtig, aber der Aufstieg der Wissenschaft würde ihn unausweichlich immer lächerlicher und ohnmächtiger machen. Nichts vermochte sich der wissenschaftlichen Erkenntnis schließlich in den Weg zu stellen, und nur durch Erkenntnis konnten die Menschen glücklich und tugendhaft, weise und frei werden. Dieses siegverheißende Evangelium verbreitete sich weit über die französischen Salons hinaus und fand in fast allen Ländern Europas und sogar in Rußland Widerhall. Je finsterer die Unterdrückung war, desto leuchtender schien die Zukunft. In England, das als die freieste und aufgeklärteste Gesellschaft der Zeit bewundert wurde, war der Enthusiasmus maßvoller, aber auch dort wurde diese Lehre mit viel Wohlwollen und Sympathie angesehen. Über ihre Karriere in Amerika braucht man kaum ein Wort zu verlieren. Die materialistischen Aspekte dieser Lehre wurden aus moralischen Erwägungen von Rousseau und Mably und aus religiöser Sicht von einigen christlichen, katholischen wie protestantischen, Theologen bekämpft, aber ernst zu nehmende intellektuelle Einwände wurden bis zum Ende des Jahrhunderts gegen sie kaum vorgebracht. Seit dem Mittelalter hatte das westeuropäische Denken keine solche solidarische Verbundenheit mehr gekannt. So groß der soziale Optimismus im neunzehnten Jahrhundert zuzeiten auch gewesen sein mag, er erreichte nie wieder die Stärke, die er in seiner Geburtsstunde, in den frühen Jahren der Regierung Ludwigs XV., besessen hatte.

Obwohl Montesquieu in gewissem Sinne durchaus als einer der Väter der Aufklärung bezeichnet werden kann, ließ er sich von dieser Stimmung jedoch nie ganz gefangennehmen. Ein skeptischer Tonfall durchzieht alle seine Schriften und verärgerte die entschlosseneren und glühenderen Reformer, und einige seiner Ansichten über bestimmte politische und gesellschaftliche Fragen irritierten die Enzyklopädisten und machten sie seinen Idealen gegenüber mißtrauisch. Es war zum Beispiel unübersehbar, daß er trotz seiner Billigung der Angriffe seines jungen Freundes Helvétius gegen die Ungerechtigkeit und Grausamkeit, Intoleranz und Verderbtheit, Unwissenheit und Dummheit der Kirche wie des Staates im Frankreich seiner Zeit wenig Sympathie für die positivere und revolutionäre Seite seiner Lehren hatte. Montesquieus Gründe für derartige Vorbehalte, die die Kritiker seiner Zeit und im neunzehnten Jahrhundert gerne heruntergespielt und auf seine Ängstlichkeit und seinen natürlichen Konservativismus zurückgeführt haben, sind uns heute sehr viel deutlicher geworden.

III

Von seinem Temperament her ist Montesquieu ein Empirist, der alles, soweit es irgend geht, auf natürlichem Wege zu erklären versucht. Er hat einige metaphysische Begriffe der Tradition, wie den des Naturgesetzes und des natürlichen Zweckes, übernommen, die im Denken der meisten seiner aufgeklärten Zeitgenossen eine Rolle spielten, selbst wenn sie vorgaben, sich völlig von ihnen befreit zu haben. Gleichwohl betonte Montesquieu im Prinzip die Fruchtbarkeit der Beobachtung. Sein ganzes Leben lang war er ein sorgfältiger, minutiöser und unersättlicher Beobachter. Seine Berichte über seine Reisen, seine historischen Skizzen und seine verstreuten Bemerkungen über eine Vielfalt von Gegenständen sind

227

detailliert, lebendig und eindringlich. Von den Dingen, die er sah und kennenlernte, war er um ihrer selbst willen fasziniert, unabhängig davon, ob sie als Beweis für eine Hypothese brauchbar waren oder eine Moral enthielten, auf die er hätte hinweisen wollen. Daher die zahllosen Abschweifungen und Nebenbemerkungen, von denen seine Schriften voll sind und die all denen als bloße Ablenkung erscheinen, die einen systematischen, logisch aufgebauten politischen Traktat erwarten und die Tatsachen nur als Material für Verallgemeinerungen und Gesetze benutzen. Obwohl auch Montesquieu offensichtlich solche Gesetze sucht, verliert er sich doch gerne im konkreten Detail. Allein dies ist für ihn wirklich: seine Skizzen von Charakteren und Situationen sind nicht stilisiert, weder Karikaturen noch Idealisierungen in der Manier seines Jahrhunderts. Seine Perser sind in ihrem eigenen Land und in der Fremde weder naive Wilde noch Ungeheuer an boshafter Einsicht; Usbek und Rica sind den von ihnen beschriebenen Parisern weder überlegen noch unterlegen, vielmehr so unähnlich, daß das, was innerhalb einer Kultur selbstverständlich und normal ist, einer anderen widernatürlich und lächerlich erscheint. Jede Gruppe von Menschen läßt die Züge der anderen wie in einem starken Relief oft ironisch, aber niemals bewußt übertrieben hervortreten. Dieselbe episodische Methode verwendet Montesquieu in *De l'esprit des lois:* Er findet zu großen Gefallen an dem, was die Tatsachen und Ereignisse in sich selbst sind, als daß er sie gewaltsam in den Dienst von Hypothesen zwingen möchte, die sie unterstützen sollen. Man hat viel Mühe darauf verwandt, die Ordnung der Kapitel von *De l'esprit des lois* zu erklären, das sich oberflächlich als ein formloses Gemisch von Erörterungen über verschiedenste Gegenstände ohne greifbare Ordnung gibt. Es wäre kleinlich, die hingebungsvollen Bemühungen so vieler Gelehrter und Kommentatoren beiseite zu schieben, aber man fragt sich manchmal, ob sie nicht alle auf der falschen Fährte sind. Montesquieu ist kein systematischer Philosoph, kein deduktiver Denker, kein Historiker und kein Wissenschaftler – eines seiner großen Verdienste liegt gerade darin, daß seine Praxis seinem Anspruch, eine neue Wissenschaft im Geiste Descartes' zu begründen, überlegen ist und er sich in Wirklichkeit nicht daran hält, weil er wahrnimmt, daß das Material dies nicht zuläßt, mit dem Ergebnis, daß er zwar einerseits weiß, daß die Erforschung der gesellschaftlichen Tatsachen für die Aufgabe, die er sich gestellt hat, unerläßlich ist, sich aber gleichzeitig dunkel dessen bewußt bleibt, daß der Versuch, die Gegebenheiten in bestimmte vorgefertigte, metaphysische oder induktive Schemata zu pressen, ein höchst künstliches Unterfangen ist, das der Natur seines besonderen Gegenstandes widerspricht und sich in seinen Resultaten, wie die spätere Soziologie nur zu oft bewiesen hat, als höchst unfruchtbar herausstellen wird. In etwa sagt er das sogar selbst:»Kaum jemals hat man sich gründlicher geirrt, als wenn man die Ansichten der Menschen in ein System zwängen wollte, und unstreitig ist es das schlechteste Abbild des Menschen, das man in den Büchern findet, die eine Ansammlung allgemeiner, fast immer falscher Sätze sind.«[5]

Wenn man aber die Ansichten der Menschen nicht in allgemeine Sätze bringen kann, wie muß man dann vorgehen? Was ist eine neue Entdeckung, wenn man sie nicht mit Hilfe von Verallgemeinerungen gewinnt, die aus den sorgfältig gesammelten Tatsachen abgeleitet werden (etwa mit den von Auguste Comte oder Herbert Spencer ein Jahrhundert später empfohlenen Methoden) und wenn sie nicht auf besondere Fälle angewendet werden kann, die für den Politikwissenschaftler, den Gesetzgeber oder die Verwaltung von Interesse sind? Bei alldem spricht Montesquieu zwar von der cartesianischen Methode, wendet sie aber – zum Glück für ihn wie für seine Nachwelt – nicht an. Was er tut, ist vielmehr, versuchsweise Prinzipien und Hypothesen zu entwickeln, sie zu verteidigen, indem er die niemals ganz schlüssigen Beweise der Beobachtung heranzieht und von ihnen Gebrauch macht und andere auffordert, dasselbe zu tun, nämlich sie im Lichte dessen zu interpretieren, was er Vernunft nennt, das heißt nach Maßgabe des eigenen Urteils, so wie die Dinge es von sich selbst her zu fordern scheinen, weder mechanisch noch durch jene experimentellen Methoden, wie sie fähigen, aber uninspirierten Praktikern beigebracht werden könnten und die, wie etwa die chemischen oder physikalischen Methoden, weitgehend lehrbar sind. Montesquieus Prinzipien gleichen eher Maximen und Aphorismen als Schlußfolgerungen aus sorgfältig vorgenommenen Induktionen. So macht er zum Beispiel keinen ernsthaften Versuch, den für seine ganze Theorie so fundamentalen Satz zu beweisen, daß der Mensch von

---

5 *Mes pensées* 30 (549); Bd. 2, S. 9. In Massons Ausgabe folgt die Numerierung der *Pensées* ihrer Reihenfolge in Montesquieus Notizheften; die Zahl in Klammern gibt die Anordnung bei M. H. Barckhausen in der ersten Ausgabe der *Pensées* wieder (*Pensées et fragments inédits de Montesquieu*, Bordeaux 1899, 1901).

Natur aus ein gesellschaftliches Lebewesen sei und daß es deshalb der Hobbesschen Hypothese eines Gesellschaftsvertrags nicht bedürfe, um zu erklären, warum sich die Menschen in Gesellschaften versammeln. Montesquieu behauptet lediglich, ohne groß zu argumentieren, daß Hobbes' Mensch im Naturzustand, feindselig, isoliert und auf sich selbst gestellt, ein Mythos sei und daß die Entstehung einer Gesellschaft keiner besonderen Erklärung bedürfe: Denn die Gesellschaft ist nicht Resultat künstlicher Veranstaltungen, um gegenseitige Vernichtung zu verhindern, sie ist auch kein Ergebnis bewußten Strebens nach Sicherheit oder Macht, sondern sie entsteht als Folge biologischer Gesetze ebenso natürlich wie Vogelscharen oder Tierherden, so daß Kriege und die Furcht vor Kriegen nicht wie für Hobbes ein Motiv für den gesellschaftlichen Zusammenhalt sind, sondern umgekehrt erst in bereits vorhandenen Gesellschaften entstehen, wenn ein Mensch in Verbindung mit anderen sich mächtig genug fühlt, andere anzugreifen, um sie in ihrem rivalisierenden Machtstreben zu beherrschen oder zu vernichten, ein Bedürfnis, das selbst notwendig gesellschaftlich ist und nur im gemeinschaftlichen Leben entsteht. Darüber hinaus ist er der Ansicht[6], daß menschliche Gesellschaften nicht als eine Ansammlung isolierbarer menschlicher Atome oder als eine künstliche, durch einen vorsätzlichen Plan zusammengesetzte Struktur betrachtet werden dürfen, sondern daß sie vielmehr einem biologischen Organismus gleichen, der seine eigenen Gesetze hat, die nur die wahrnehmen können, die die Gesellschaften als Einheiten und nicht als künstliche Konglomerate erforschen. Jeder gesellschaftliche Organismus unterscheidet sich in bestimmten Hinsichten von anderen ähnlichen Organismen: jeder muß für sich untersucht werden, wenn man die Wirkungen der verschiedenen materiellen und geistigen (von ihm moralisch genannten) Einflüsse auf ihn bestimmen will, die ihrerseits so verschieden sind wie die jeweilige geographische Lage, das Klima, die Größe, die innere Organisation, der Stand der Entwicklung und so weiter. Natürlich haben die Menschen viele geistige Eigenschaften gemeinsam. Sie streben nach Selbsterhaltung und allem, was dazugehört, suchen gesellschaftlichen Zusammenhalt, bedürfen einer Regierung und streben nach der Befriedigung vieler körperlicher und geistiger Bedürfnisse. Doch ihre Unterschiede voneinander sind wichtiger,

---

6 Vgl. oben S. 225.

denn nur von innen her können die Unterschiede in der Entwicklung verschiedener Gesellschaften, die Unterschiede ihrer Institutionen und Einstellungen, ihrer körperlichen, moralischen und geistigen Eigenschaften erklärt werden. Montesquieu verabscheut den allgemeinen Begriff vom Menschen nicht weniger als später etwa Burke, Herder oder die Kulturanthropologen heute. Wie de Maistre hätte er durchaus gesagt haben können:»Ich habe in meinem Leben Franzosen, Italiener, Russen gesehen . . . aber was *den Menschen* angeht, so versichere ich, ihm niemals begegnet zu sein«[7], mit dem Zusatz, die Natur sei eine Dame, die er nicht kenne. Ähnliches findet man sicherlich auch bei Vico, aber seine Schriften scheinen Montesquieu, wie gesagt, völlig unbekannt gewesen zu sein. Als Vicos Werk ein Jahrhundert später berühmt wurde, gehörten die von ihm so kühn, aber in einer manchmal dunklen und verworrenen Sprache verkündeten eigenständigen Wahrheiten schon zum Gemeingut des gebildeten Europäers, vor allem durch den Einfluß von Montesquieu selbst und seiner deutschen und französischen Schüler, durch Herder und die Historische Schule in Deutschland und, etwas später, in Frankreich durch die neuen, von Saint-Simon beeinflußten Gesellschaftshistoriker. Es waren kühne und fruchtbare Begriffe, aber sie beruhten auf Aperçus und einer unsystematischen, von moralischen Absichten geleiteten Beobachtung, und nicht auf sorgfältigen, erschöpfenden und moralisch neutralen Untersuchungen, wie es die seiner Zeitgenossen Buffon und Linné waren.

Und doch, ob systematisch oder nicht, es war trotzdem etwas Neues zu behaupten, daß die menschlichen Gesellschaften in erster Linie durch physische Faktoren geworden seien, was sie sind, daß sie aber in ihrer weiteren Entwicklung unmittelbarer und tiefer von geistigen als von materiellen Ursachen verändert würden. Wie ein Botaniker der menschlichen Gesellschaft beschreibt Montesquieu die idealen Typen der von ihm klassifizierten Organismen. Seine berühmte Unterscheidung der Gesellschaften in monarchische, aristokratische, republikanische und despotische ist sein Versuch einer Verbesserung der Aristotelischen Unterscheidung. Als Klassifikation läßt sie sicherlich viele Wünsche offen, aber ihre Bedeutung liegt weniger darin, in welchem Maße von ihm verwendete Begriffe zu fruchtbaren Methoden der Analyse

---

7 *Considérations sur la France*, Lyon/Paris 1866, S. 88.

und Vorhersage geführt haben, sondern vielmehr darin, daß dieser Typ von Klassifikation – durch idealisierte Modelle, analog den vollkommenen Körpern der Physik – eine bemerkenswerte Karriere in den soziologischen und historischen Analysen von Herder und Saint-Simon, Hegel und Comte, Durkheim und Max Weber haben sollte.

Montesquieus Typenbegriff ist nicht empirisch, sondern entspringt der alten Lehre von den natürlichen Arten und ist gänzlich metaphysisch und aristotelisch. Nach ihm besitzt jeder Gesellschaftstyp eine innere Struktur, ein inneres dynamisches Prinzip oder eine Kraft, die ihn in der ihm eigentümlichen Weise funktionieren läßt – denn diese »innere« Kraft ist von Typ zu Typ verschieden. Was das »innere« Prinzip stärkt, bewirkt, daß der Organismus blüht, was es schwächt, läßt ihn zerfallen. Montesquieus Katalog dieser Kräfte hat Berühmtheit erlangt: Die Monarchie beruht auf dem Prinzip der Ehre, die Aristokratie auf dem der Mäßigung, die republikanische Herrschaft auf der Tugend (das heißt dem Gemeinsinn, *civisme*, fast so etwas wie Teamgeist) und der Despotismus auf dem Terror. Montesquieu begreift gesellschaftliche Organismen aristotelisch als teleologische – zweckhafte – Ganzheiten, als Entelechien. Das Modell ist biologisch, nicht chemisch. Die innere Triebfeder dieser Gesellschaften wird von ihm als das begriffen, was sie ursächlich bestimmt, sich selbst zu erfüllen, indem sie sich auf ein inneres Ziel hinbewegen, von dem her allein sie verstanden werden können. Das ist der berüchtigte Begriff von »inneren« Kräften, jene Ersetzung der mechanischen durch Finalursachen, die von der neuen Wissenschaft aufgegeben und von Molière in *Le Bourgeois Gentilhomme* so brillant parodiert worden war. Auch hat Montesquieus Berufung auf die Geschichte, um sein symmetrisches Schema zu stützen, nicht mehr Überzeugungskraft als die sehr ähnlichen Anstrengungen von Spengler und Arnold Toynbee, ihre ethischen oder theologischen Systeme im Gewand objektiver Gesetze vorzuführen.

Montesquieu gibt nicht vor, seinen Begriff gesellschaftlicher Archetypen auf Statistiken zu gründen, die aus Beobachtungen abgeleitet sind; es handelt sich dabei nicht um eine aus empirischen Daten gewonnene und empirisch korrigierbare Hypothese. Montesquieu mißt diesem Begriff ungeheure Bedeutung zu, denn seine ganze Geschichtsphilosophie beruht auf ihm: Individuen und Staaten verfallen, wenn sie die Regeln ihrer besonderen, »inneren«

Verfassung verletzen. Jeder Staat und jede menschliche Gesellschaft hat ihren eigenen selbständigen, individuellen und einzigartigen Entwicklungsgang, der in erster Linie durch materielle Ursachen bedingt ist, und es ist die Aufgabe des Staatsmannes, die Eigentümlichkeit dieser Verfassung und damit die bestimmten Regeln zu verstehen, die allein sie erhalten und stärken werden. Das sind die berühmten Beziehungen (*relations*), die notwendigen Zusammenhänge (*rapports*), in die ein Gesetzessystem sich fügen muß, wenn es seine Aufgabe erfüllen können soll, nämlich die Menschen einer gegebenen Gesellschaft in angemessener Weise gesund, glücklich, tüchtig, frei und gerecht zu machen und ihnen all das andere zu sichern, dessen Wünschbarkeit mehr oder weniger selbstverständlich ist. Wie so oft in der klassischen griechischen Philosophie ist das Bild ein medizinisches. Die Aufgabe der Gesetzgeber, Verwalter, Richter und aller in irgendeiner Form mit gesellschaftlichen Problemen Befaßter besteht darin, die Gesundheit einer Gesellschaft zu erhalten, zu pflegen und zu verbessern. Worin besteht diese Gesundheit? Diese Frage ist gleichbedeutend mit der nach den Zielen der Menschheit, und, wenn diese Ziele miteinander unvereinbar sind, mit der Frage, wie sie miteinander in Einklang gebracht werden sollten und ob divergierende Interessen überhaupt miteinander versöhnt werden können oder sollen. Montesquieu ist sich der großen Unterschiede zwischen den Antworten nur zu sehr bewußt und weiß um die Verschiedenartigkeit der religiösen und philosophischen Systeme, die versucht haben, diese letzten Ziele zu formulieren, nach denen die Menschen streben sollten oder tatsächlich streben – oder wonach sie streben würden, wenn sie vernünftig wären und wüßten, was recht und wahr ist. Die von den christlichen Theologen seiner Zeit proklamierten Ziele verwirft er von vornherein. Religion ist für ihn ein natürliches Phänomen wie andere auch, von natürlichen Ursachen hervorgebracht, die in Nordeuropa zum Protestantismus und zur Toleranz, in Südeuropa zum Katholizismus und zur Verfolgung, im Osten zum Islam und einem beharrlichen Fanatismus geführt haben und so fort. Diesen Ursachen – heißes oder kaltes, feuchtes oder trockenes Klima, fruchtbare oder unfruchtbare Böden, Entfernung zum Meer, Nähe zu Bergen –, die bestimmte Bedürfnisse erzeugen und mit ihnen die Institutionen, die sie befriedigen sollen, will er nachgehen. Wie kann man menschliche Institutionen, Gesetzgebung und Lebensformen bewerten? Gewöhnlich sagt man – für oder gegen ihn –, daß er sich damit begnügt habe, sie bloß zu beobachten und zu beschreiben – eine distanzierte Haltung, die den politisch Engagierten zu Montesquieus Zeiten oder heute vermutlich moralisch ziemlich suspekt, wenn nicht sogar gefährlich erscheint –, aber diese Interpretation ist falsch. Montesquieus Ton ist gemäßigt. Wie er einmal bemerkt, sollen seine Schriften dem Leser das Vergnügen gewähren, große und geachtete Theologen nicht heftig zu Boden geworfen, sondern sanft in den Abgrund gleiten zu sehen.[8] Aber moralische Probleme beschäftigen ihn deswegen nicht weniger tief und unmittelbar als die leidenschaftlicheren Polemiker seiner Zeit, und er unterscheidet sich von ihnen nicht so sehr in der Auffassung der Probleme als in seinen Lösungen und natürlich im Tonfall und im Stil der Argumentation. Mit dem einzigen Kriterium der zeitgenössischen Utilitaristen setzt er sich so gut wie überhaupt nicht auseinander. Vielmehr bemerkt er nur beiläufig, daß die Menschen sich von Natur aus selbst erhalten wollen[9] oder daß »Glück und Unglück in einer günstigen oder ungünstigen Veranlagung der Organe bestehen«[10] oder daß das »Interesse der größte Monarch auf Erden ist«[11]. Aber diese Maximen sind für fast alle Moralisten des achtzehnten Jahrhunderts typisch. An keiner Stelle sagt oder impliziert Montesquieu, daß Glückseligkeit oder die Befriedigung bestimmter Wünsche der einzige Zweck oder daß das Glücksstreben, in einer wie auch immer entstellten und unerkannten Form, das einzige Motiv im menschlichen Handeln sei. Die richtigen Antworten auf diese das achtzehnte Jahrhundert so sehr beschäftigenden Fragen schienen Montesquieu so selbstverständlich, daß er sich kaum bemühte, sie explizit zu formulieren. Verschiedene Gesellschaften streben offensichtlich nach verschiedenen Zielen, sie streben danach, weil sie danach streben, weil ihre »inneren« Prinzipien so auf ihre Umgebung antworten. In dem Maße, in dem die Menschen einander gleichen und unter ähnlichen Bedingungen leben, werden auch ihre Ziele ähnlich sein, und umgekehrt werden ihre Ziele entsprechend ihren Unterschieden voneinander – die Montesquieu mehr als ihre Ähnlichkeiten interessieren – verschieden ausfallen. Er kann darin einfach kein Problem entdecken, wo an-

---

8 Vgl. den Brief an Madame du Deffand, 13. September 1754, Bd. 3, S. 1515.
9 Z. B. *Lettres persanes* 143, Bd. 1 C, S. 298.
10 *Mes pensées* 30 (549); Bd. 2, S. 8.
11 *Lettres persanes* 106, Bd. 1 C, S. 212.

dere eines sehen wollten. Ein Arzt fragt sich normalerweise auch nicht, worin denn nun genau Gesundheit bestehe und warum man gesund sei, sondern nimmt dies als selbstverständlich und nennt sich einen Arzt, weil er einen gesunden und normalen Organismus von einem kranken und abnormen unterscheiden kann und außerdem weiß, daß für den einen Körper tödlich sein kann, was für einen anderen gut ist, und daß in einem Klima notwendig, was in einem anderen überflüssig oder sogar verhängnisvoll ist. Ebenso nahm Montesquieu an, daß der Begriff politischer und moralischer Gesundheit zu vertraut sei, um einer Analyse zu bedürfen, daß diese Gesundheit sich auch deutlich zu erkennen gebe, wenn sie vorliegt, und daß Vernünftigkeit sich daran erweise, sie als das zu erkennen, was sie ist, ihre Symptome zu kennen und zu wissen, wie man die wichtigen Krankheiten heilen und den Organismus gesund erhalten kann. Ohne Frage bedarf es starker imaginativer Einsicht, um die Bedürfnisse und Gewohnheiten von Organismen zu erkennen, die ganz verschieden von unseren eigenen sind. Einer der auffälligen Züge der *Lettres persanes* ist, daß Montesquieus reisende Perser dazu da sind, um die französischen und europäischen Institutionen und Gewohnheiten mit einem ganz unbefangenen Blick zu betrachten, so daß alles, was in Paris oder Rom als selbstverständlich und natürlich gilt, ihnen merkwürdig, lächerlich oder verrückt erscheint, so wie persische Bräuche, zu Recht oder zu Unrecht, auf entsprechend voreingenommene europäische Reisende wirken. Das ist Montesquieus berüchtigter Relativismus, die Überzeugung, daß es keinen Wertekanon gibt, der für alle Menschen überall verbindlich wäre, und nicht ein und dieselbe Lösung der gesellschaftlichen und politischen Probleme in allen Ländern. Aus diesem Grunde hat man ihn für einen moralischen Skeptiker, einen Subjektivisten gehalten, der nicht weiß, was das Rechte ist, und keinen objektiven Maßstab für moralisches und politisches Verhalten anzugeben vermag. Aber damit versteht man ihn falsch. Montesquieu glaubte an etwas, was man Sozialhygiene im weitesten Sinne nennen könnte. Er glaubte nicht, daß unter den Menschen darüber, was für den Fortschritt, den gesellschaftlichen Zusammenhalt, die Schwäche oder den Verfall einer Gesellschaft verantwortlich zu machen ist, größere Uneinigkeit bestand oder bestehen konnte, vorausgesetzt, sie waren hinreichend vernünftig und leidenschaftslos. In seinem Werk über Größe und Niedergang Roms zeigt Montesquieu, daß Roms Verfall dadurch verursacht wurde, daß es sich gegen das zentrale »Prinzip« der römischen Republik versündigt hatte. Denn Republiken können nur bei einer gewissen Größe florieren, und ihre Bürger können ihre körperlichen und geistigen Bedürfnisse nur so lange angemessen befriedigen, wie sich die der Republik eigentümlichen Institutionen in einem gesunden Zustand befinden. Was Roms Ruin herbeiführte, war also der Exzeß – die imperialistische Überexpansion – und die Verdrängung der »republikanischen Tugend« durch einen persönlichen Despotismus, der als eine unmittelbare Folge dieser Versündigung gegen das »innere« Prinzip der republikanischen Verfassung entstand. Bei dieser These mag ihn vielleicht beschäftigt haben, wie weit seine Erklärung überzeugend wirken würde, aber er hat nicht im mindesten daran gedacht, daß jemand die darin enthaltenen Wertungen in Frage stellen könnte, zum Beispiel, daß das römische Reich im dritten, vierten oder fünften Jahrhundert tatsächlich seinen Niedergang erlebte oder daß es besser war, die Mühe mehr lohnte, Cicero zu sein als Heliogabal, obwohl dieser natürlich mehr Freude am Leben gehabt haben dürfte.

Montesquieu sah aber seinen eigentlichen Beitrag darin, den Aufstieg und Fall von Staaten oder Gesellschaften aus »organischen« Ursachen zu erklären, und seine besondere Leistung lag für ihn in dem Beweis der Unmöglichkeit universeller Lösungen, in der Erklärung, warum das, was für einige Völker in einigen Situationen gut ist, nicht notwendig für andere unter anderen Umständen gleichermaßen gut sein muß, und zwar nicht nur deshalb, weil die Mittel, sondern auch weil die Zwecke verschieden sind; auch war eine Gesellschaft einer anderen nicht schon deshalb notwendig überlegen, weil ihre Bedürfnisse oder die Art und Weise, wie sie sich anschickte, sie zu befriedigen, andere waren. Es scheint ihm nicht in den Sinn gekommen zu sein, daß es zwischen gleichermaßen zivilisierten Menschen zu Auseinandersetzungen über unterschiedliche höchste Werte kommen könnte, daß zwei gleichermaßen vernünftige und mit Wissen und Einbildungskraft begabte Menschen – vor allem mit genügend historischer und anthropologischer Einfühlung, um von ihren eigenen sehr verschiedene Verhältnisse zu verstehen – über Zwecke streiten und gegenseitig ihre moralischen Werte als objektiv und nachweisbar falsch oder böse verwerfen könnten. Die Rationalität war für Montesquieu nicht bloß das Wissen darum, wie die Mittel den Zwecken angepaßt werden konnten, oder wie ein adäquates Verständnis historischer Kausalität sich erlangen ließ – besonders der Art und Weise, wie gesellschaftliche Strukturen wuchsen, zusammengehalten wurden und verfielen –, sondern sie erschloß dem Verständnis den ganzen Bereich der Wechselwirkung zwischen Natur und Mensch, zeigte, welche Wünsche und Handlungen selbstzerstörerisch und tödlich sind und welche nicht, machte die große Zahl der Zwecke erkennbar, die von den Menschen unter einer Vielzahl von Umständen verfolgt werden, und außerdem zeigte sie, wie diese Zwecke, wenn sie miteinander in Konflikt gerieten, zuzeiten versöhnt werden konnten oder ob sich, wo dies nicht möglich war, ein Kompromiß zwischen ihnen finden ließ. Einige dieser Ziele waren ohne Frage allgemeiner als andere oder tiefer in der Natur derer verankert, die sie verfolgen. Das war eine Frage der Beobachtung, des Studiums der Tatsachen. Es gab keine höchsten und universellen Maßstäbe jenseits derer, die von den verschiedenen Gesellschaften unter verschiedenen Umständen angewandt wurden. Deshalb war es sinnlos, ein einziges, objektives Kriterium zu suchen oder Kriterien, nach denen diese Ziele selbst beurteilt und gebilligt oder verworfen werden konnten. Im Unterschied zu Hume sagte Montesquieu nicht, daß nur das gut oder richtig sei, was die Menschen billigten, denn das Gefühl bedeutete ihm wenig. Die moralischen und politischen Werte zeigten sich für ihn nicht so sehr im artikulierten Denken oder Fühlen, sondern im Verhalten der Menschen. Wenn sie zu den Umständen paßten, wenn sie den Instinkten einer gegebenen Gesellschaft entsprachen und nicht selbstzerstörerisch waren, dann hatte man kein Recht, sie zu kritisieren. »Die Namen des Guten, Schönen, Edlen, Großen, Vollkommenen bezeichnen Eigenschaften von Gegenständen in Relation zu den Wesen, die sie betrachten. Präge dir dieses Prinzip gut ein. Es ist der Schwamm, der beinahe alle Vorurteile wegwischt.«[12]

Wo es keinen Begriff objektiver Zwecke gibt, bedeutet der Subjektivismus, der sein Korrelat ist, wenig. Auch ist diese Haltung

---

12 Zitiert von A. J. Grant, »Montesquieu«, in: F. J. C. Hearnshaw (Hrsg.), *The Social and Political Ideas of Some Great French Thinkers of the Age of Reason*, London 1930, S. 120. Es ist mir nicht gelungen, die Originalquelle seiner Übersetzung zu finden, obwohl sie eine gewisse Ähnlichkeit hat mit einer Stelle in dem 1757 für die *Encyclopédie* geschriebenen *Essai sur le goût*, leicht verändert veröffentlicht in Montesquieus *Œuvres posthumes*, 1783; Masson (siehe Anm. 2), Bd. 1 C, S. 611-12.

weder skeptisch noch moralisch indifferent, und wenn gesagt wird, sie sei für einen Menschen charakteristisch, der an moralischen Problemen im Grunde nicht interessiert ist oder der nicht allzu tief über die Ziele und Prinzipien nachdenkt, für die Menschen bereit sind, ihr Leben zu lassen, so kann man wenig darauf antworten. Montesquieus Haltung in dieser Frage ist der des Aristoteles sehr ähnlich und wird vermutlich Staatsbeamten und Rechtsanwälten mehr liegen als den Anhängern Pascals und Dostojewskis.

Für alle, die die Welt verbessern wollen, gibt es kaum etwas Ärgerlicheres als die leidenschaftslose Beschreibung der Tatsachen, und Helvétius und seine Freunde versuchten ernsthaft, Montesquieu von der Veröffentlichung seiner Schrift über den Geist der Gesetze abzubringen, weil sie seinem Ansehen nur schaden könne. Ihnen erschien es als bloße Zeitverschwendung, so viele Formen menschlicher Irrtümer und Verirrungen peinlich genau zu beschreiben, als mäße der Autor ihnen allein deswegen, weil sie existierten, einen Wert bei. Helvétius erklärte, nur zwei Regierungsformen zu kennen, die gute, die bisher noch nicht verwirklicht worden sei, und die schlechte, nämlich die, die das Geld aus den Taschen der Armen in die der Reichen befördere: »... wahre Politikwissenschaft ist nicht die Wissenschaft dessen, *was ist*, sondern dessen, *was sein sollte*«[13], sagte der Abbé Sieyès gegen Ende des achtzehnten Jahrhunderts, aber er hätte das auch fünfzig Jahre früher gesagt haben können, denn dies war die Ansicht fast aller Rationalisten dieses großen Jahrhunderts. Die angemessene Beschäftigung für einen intelligenten Menschen war die Wissenschaft, und Wissenschaft bedeutete nicht bloß Beschreibung und Systematisierung, sondern praktische Regeln, die die Dinge auf schnellstem und unmittelbarstem Wege zum Besseren wenden sollten. Dafür hatte Montesquieu auffällig wenig Sympathie. Er verabscheute Übereilung und Gewalt, mißtraute ihnen und entmutigte die Hoffnungen auf eine rasche Reform; den Institutionen schien er allein deswegen, weil sie existierten, einen Wert beizumessen, und mit Werturteilen ging er sparsam um und war offensichtlich mehr daran interessiert, zu verstehen als zu handeln. Es

13 In einem Manuskript aus dem Jahr 1772 mit dem Titel »Économie politique«, zitiert bei C. A. de Sainte-Beuve, *Causeries du lundi*, 2. Aufl., Paris 1852-62, Bd. 5 (1853), S. 153.

ist richtig, daß Spinoza eine ähnliche Haltung vertreten hatte, aber gerade dieser Aspekt seines Kampfes gegen die Feinde des Fortschritts wurde im achtzehnten Jahrhundert am wenigsten geschätzt. Doch hatte nicht Montesquieu selbst Spinozas Determinismus und seinen Wunsch, die Leidenschaften zu unterdrücken, angegriffen, ohne die die Menschen für Montesquieu niemals handeln könnten? Montesquieu hatte es jedoch unterlassen hinzuzufügen, daß die Handlungen gut sein müssen und nicht schlecht, und er schien mehr Interesse an der Klassifizierung von Handlungstypen als an ihrem Beitrag zur Beförderung der Glückseligkeit zu zeigen. »Über Glückseligkeit sagt er nichts«[14], stellt Bentham – in Übereinstimmung mit Helvétius – entrüstet fest. Und der neapolitanische Rechtsgelehrte Filangieri warf Montesquieu vor, »über das, was *geschehen ist,* nachgedacht zu haben, statt über das, was *geschehen sollte*«[15]. Montesquieu ertrug diese Art Kritik geduldig, aber man kann sich des Eindrucks kaum erwehren, daß sich die Vorbehalte der Enzyklopädisten nicht gegen seine Hingabe an die Beschreibung der Wahrheit um ihrer selbst willen richteten – dem konnten sich die Besten unter ihnen selbst nicht entziehen –, sondern gegen die Folgen seiner scheinbar neutralen Haltung. Sie spürten, wie wichtig ihm die Behauptung war, daß dauerhafte und wohltätige Gesellschaftsstrukturen selten einfach seien, daß weite Gebiete des politischen Verhaltens immer sehr komplex und dunkel bleiben würden und daß eine radikale Veränderung in dem einen Teil leicht zu unvorhersehbaren Folgen in anderen führen und das Ende schlechter als der Anfang sein könne. Sie fühlten, daß seine dauernde Betonung der Notwendigkeit, sich der Sachlage anzupassen und langsam und umsichtig zu handeln, als Sabotage ihrer leidenschaftlichen Programme gemeint war, daß seine Ermahnung »Die Natur handelt immer langsam«[16] und die berühmte Definition der »vollkommensten« Regierung als derjenigen, »die

---

14 Bentham, a.a.O. (siehe Anm. 1), Bd. 9, S. 123.
15 Gaetano Filangieri, *La scienza della legislazione,* 1784, in: *La scienza della legislazione di Gaetano Filangieri con giunta degli opuscoli scelti,* Bd. 1, Mailand 1822, S. 12 (ins Englische übers. von William Kendall in: *The Science of Legislation, Translated from the Italian of the Chevalier Filangieri,* London/Exeter 1792, S. 11). Derselbe Einwand findet sich bei Rousseau, im fünften Buch des *Emile:* »il faut savoir ce qui doit être pour bien juger de ce qui est«. Siehe Rousseau, *Œuvres complètes,* hrsg. von Bernard Gagnebin, Marcel Raymond u. a., Paris 1959ff., Bd. 4 (1969), S. 836f.
16 *Lettres persanes* 114; Bd. 1 C, S. 227.

die Menschen auf eine Art leitet und führt, die ihrer Neigung und ihrem Trieb am meisten entspricht«[17], im ganzen zu maßvoll war. Aber sogar das wäre noch durchgegangen, hätte er nicht auch gesagt, daß man, wenn Reformen wirklich unvermeidbar seien, die Gesetze »nur mit erzitternder Hand«[18] anfassen dürfe und, noch schlimmer, daß »die Scherereien, Kosten ... und sogar Gefahren des Rechts der Preis sind, den jeder Bürger für seine Freiheit zu zahlen hat«[19]. Wieder erregt sich Bentham: »Die Schleier, die man aus den Lobeshymnen auf ›Aufschub‹ und ›Formen‹ webt – schon fünfundfünfzig Jahre sind sie jetzt in Gebrauch. Der Name ihrer Firma steht deutlich auf ihnen zu lesen. *Esprit des loix* wird hier fabriziert, und *Montesquieu* und Co. ist der Name der Firma: ein praktischerer und eleganterer Artikel wurde nie hergestellt.«[20] Zweifellos waren die Mißbräuche, die um die Jahrhundertwende Benthams Zorn hervorriefen, andere als alles, was Montesquieu in seinen frühen Jahren in Frankreich verabscheute. Aber auch die Einstellung ist eine ganz andere. Montesquieu kann nicht vergessen, daß Einfachheit, Energie und Raschheit die Attribute des Despotismus sind und sich schlecht mit individueller Freiheit vertragen, die eines lockeren gesellschaftlichen Zusammenhangs und eines langsameren Tempos bedarf.

Wenn man schon zerstören muß, sollte man wenigstens zögern und Skrupel haben. Die radikaleren Reformer waren dagegen natürlich mißtrauisch und verdächtigten Montesquieu reaktionärer Neigungen, die sich nach außen in das Gewand wissenschaftlicher Neugierde und aufgeklärter Ansichten hüllten. Damit hatten sie auch nicht ganz unrecht[21], denn Revolutionen widerstrebten ihm sicherlich: Katharina die Große und, in ihrer Nachfolge, eine Schule konservativer russischer Denker konnten sich auf ihn berufen (und taten es auch), um die These zu vertreten, daß Rußland ein »organisches« Bedürfnis nach Autokratie habe, und Montesquieus Naturalismus enthielt sicherlich eine tiefe Schicht ererbter metaphysischer Überzeugungen. Gleichwohl griff dieser Reaktionär die Sklaverei so heftig an, wie es niemand zuvor getan hatte, sah nichts Böses oder Unnatürliches im Selbstmord, in Scheidung und

---

17 Ebd. 80; Bd. 1 C, S. 164.
18 Ebd. 129; Bd. 1 C, S. 257.
19 *E. L.,* VI 2; Bd. 1 A, S. 100.
20 Bentham, a.a.O. (siehe Anm. 1), Bd. 8, S. 481.
21 Rousseaus Kritik an Grotius im *Du contrat social* (Buch 1, Kapitel 2-4) ist Benthams Angriff auf Montesquieu nicht unähnlich.

Inzest und betrachtete die Religion ausschließlich als eine gesellschaftliche Institution.

»Montezuma bestand darauf, daß die Religion der Spanier gut für ihr Land sei, die Religion Mexikos dagegen gut für das seine, und damit sagte er beileibe keinen Unsinn.«[22] Diese Haltung zielte darauf ab, beide Parteien der großen Kontroverse der Zeit zu verunsichern, und dies gelang ihr auch. Die Theologen der Sorbonne verurteilten sie natürlich, von den Jansenisten wurde Montesquieu wütend angegriffen, und seine Bücher kamen auf den Index. Doch die Partei der Aufklärung, Voltaire und die Enzyklopädisten, war kaum weniger entrüstet. Denn wenn diese Ansicht richtig war, dann folgte aus ihr, daß die Wissenschaft nicht zu beweisen vermochte, daß einige moralische Werte richtig und daß andere es nicht waren und daß einige oder alle Religionen Lügengespinste und schon allein aus diesem Grunde schädlich waren. In der Tat beginnt das ganze Wertsystem, auf dem die Aufklärung fußt, zu zerfallen, wenn die Möglichkeit einer einzigen, universalen Methode, wahre Antworten auf moralische und metaphysische Fragen zu erlangen – wahr für alle Menschen, immer und überall, das *quod ubique, quod semper, quod ab omnibus* –, angezweifelt oder verneint wird. Der Tonfall Montesquieus, der Tenor seines ganzen Werks hatte in der Tat etwas Subversives gegenüber den Prinzipien des neuen Zeitalters.[23] In Fragen wie der der Glaubwürdigkeit religiöser Offenbarung, der Autorität der Kirche, der Natur königlicher Autorität und der Irrationalität autokratischer Herrschaft war er zweifellos ihr Verbündeter und er verabscheute willkürlichen Zwang, die Unterdrückung der Gedanken- und Redefreiheit, die geistlose ökonomische Politik des königlichen Regimes und glaubte an Wissen, Wissenschaft und Toleranz. Er haßte Armeen, Eroberung, Tyrannen, Priester. Aber damit hörte seine Übereinstimmung mit der Opposition eigentlich auf. Er glaubte einfach nicht an universale Lösungen, überhaupt an keine einfachen und endgültigen Lösungen. Es ist richtig, daß er von der Erbsünde des Menschen nichts hielt, aber ebensowenig glaubte er, daß der Mensch unendlich vervollkommnungsfähig sei. Er glaubte, daß der Mensch nicht ohnmächtig, sondern nur schwach war, daß er

---

22 *E. L.*, XXIV 24; Bd. 1 B, S. 103.
23 Platon verurteilte – und zwar aus denselben Gründen – eine ganz ähnliche Haltung, die er den Sophisten zuschrieb.

stärker gemacht werden konnte, aber nur unter größten Schwierigkeiten, und selbst dann nicht sehr stark. Er glaubte nicht, daß ideale Lösungen sich jemals verwirklichen ließen, allenfalls Annäherungen an sie. Er mißtraute der Einfachheit und glaubte nicht an die Dauerhaftigkeit irgendeiner Institution und irgendeiner moralischen Norm – außer der Gerechtigkeit. Er war der Überzeugung, daß nur Vernunft die menschlichen Probleme lösen konnte, aber allein nicht viel auszurichten vermochte. Im Gegensatz zu Hume dachte er nicht, daß die Vernunft notwendig Sklavin der Leidenschaften sein müsse, sondern sie sei eben nur schwächer als diese, und weil die Vernunft schwach und die Leidenschaften mächtig waren und niemals ganz besiegt werden konnten, meinte er, daß sie nicht bekämpft, sondern gezügelt werden sollten und Bedingungen geschaffen werden müßten, um sie in die gewünschten Kanäle zu leiten – eine Lehre, die später von Saint-Simon, Comte und Pareto übernommen wurde. Kant hat gesagt, »aus so krummem Holze, als woraus der Mensch gemacht ist, kann nichts ganz Gerades gezimmert werden«[24], und dies ist auch Montesquieus Ansicht im Gegensatz zu seinen Freunden, den optimistischen Planern seiner Zeit. Im Unterschied zu ihnen haßte und fürchtete er alle Despoten, auch die vernünftigsten und aufgeklärtesten, denn er mißtraute jeder Zentralgewalt, er mißtraute allen großen Organisatoren der Gesellschaft, all denen, die selbstbewußt und perfekt die Schicksale anderer lenken. Voller Verachtung und Feindseligkeit spricht er von dem *Décisionnaire universel* (ein Begriff, den er erfunden hat), der niemals von Zweifeln befallen wird, weil von solchen Leuten gelenkte Gesellschaften, wie gut geordnet und aufgeklärt sie auch sein mögen, notwendig tyrannisch sind. Montesquieu glaubte leidenschaftlich an die Notwendigkeit eines noch so kleinen Bereichs persönlicher Freiheit für jeden Bürger, was immer er damit anfangen mag. Er mißtraute jedem noch so wohltätigen Eifer, denn er drohe die Individuen zu ersticken (»sogar die Tugend braucht Grenzen«[25]), und schätzte persönliche Freiheit über alles.

Aber es gibt einen noch schwerwiegenderen Vorwurf gegen ihn: daß er kein überzeugter Determinist ist. Niemand hat stärker als

---

24 Immanuel Kant, »Idee zu einer allgemeinen Geschichte in weltbürgerlicher Absicht«, *Kant's gesammelte Schriften*, Bd. 8, Berlin 1912, S. 23.
25 *E. L.*, XI 4; Bd. 1 A, S. 206.

er die Aufmerksamkeit auf die vielen unmerklichen Wege gelenkt, in denen materielle Faktoren den menschlichen Charakter und seine Institutionen formen, oder auf die strategischen Punkte im Netz der gesellschaftlichen Beziehungen (wie den Zusammenhang Freihandel – militärische Sicherheit, die Auswirkungen wachsender Kommunikation auf despotische Regierungen oder die Entwicklung neuer Waffen von nie gehörter zerstörerischer Kraft auf die internationalen Beziehungen)[26], aber er glaubt nicht, daß diese Art Erklärung dem Ganzen des menschlichen Verhaltens gerecht wird. Er ist der Überzeugung, daß die Gesetze, die die menschliche Lebensführung leiten, nicht so allumfassend sind wie die, die etwa das Verhalten der unbeseelten Materie im Raum bestimmen. Er glaubt an das, was er »allgemeine Ursachen« nennt, die Situationen schaffen, durch die bestimmte Folgen lediglich in hohem Maße wahrscheinlich, das heißt, gewisse – aber eben nur gewisse – mögliche Handlungsverläufe ausgeschlossen werden. Zufälle haben nur deshalb bedeutende Folgen, weil sie in Verbindung mit erklärbaren allgemeinen Ursachen wirken: »Wenn Caesar und Pompeius wie Cato gedacht hätten, so würden andere wie Caesar und Pompeius gedacht haben, und die einmal zum Untergange bestimmte Republik wäre durch eine andere Hand in den Abgrund gerissen worden.«[27] Wenn Karl I. von England der Lebensweise seines Volkes nicht in dieser Weise einen »Stoß« versetzt hätte, hätte er es, bei derselben allgemeinen Situation, sicherlich auf eine andere Weise getan[28], und wenn Karl XII. von Schweden nicht bei Poltawa geschlagen worden wäre, wäre er an einem anderen Ort geschlagen worden[29], denn eine »allgemeine Ursache« war wirksam, durch die sich der schwedische Staat und seine Armee in einem solchen Zustand befanden, daß eine verlorene Schlacht sie den ganzen Krieg kosten konnte. Aber das zeigt höchstens, daß gewisse Möglichkeiten nicht verwirklicht werden konnten und daß die Annahme, diese Möglichkeiten hätten bestanden,

---

26 »..., daß seit der Erfindung des Schießpulvers keine Festung mehr uneinnehmbar ist ... Ich zittere fast beständig vor Furcht, daß man nicht endlich noch ein Geheimnis aussinnen und einen kürzeren Weg finden werde, die Menschen zu verderben, Städte, Länder und ganze Völker zu verheeren und auszurotten.«, *Lettres persanes* 105, Bd. 1 C, S. 208f.
27 *Considérations sur les causes de la grandeur des Romains et de leur décadence*, XI; Bd. 1 C, S. 427.
28 *De la politique*, Bd. 3, S. 169.
29 *E. L.*, X 13; Bd. 1 A, S. 195.

die Geschichte unrealistisch interpretiert. Daraus folgt aber nicht, daß alle Alternativen immer verschlossen sind und nur ein Weg kausal notwendig ist.

Montesquieus Abweichungen vom strengen Determinismus wurden mit ziemlichem Unbehagen von Durkheim bemerkt, als er als junger Mann damit begann, Montesquieus Anspruch auf den Titel eines Vorläufers, wenn nicht sogar des Pioniers der Soziologie nachzugehen.[30] Durkheim konnte nicht verstehen, warum Montesquieu annahm, daß die Gesetze des menschlichen Verhaltens weniger präzise formulierbar und in ihren Wirkungen weniger genau vorhersagbar seien als die Gesetze der materiellen Welt.

Wenn Montesquieu erklärt, daß das bewußte menschliche Handeln den physikalischen Ursachen sehr weitgehend entgegenwirken könne[31] – im Jahre 1749 beglückwünscht er Hume dazu, »den moralischen Ursachen einen sehr viel größeren Einfluß als den physischen Ursachen zu geben«[32] –, so kann Durkheim seine Entrüstung kaum verbergen. Wenn die Soziologie überhaupt eine Wissenschaft sein soll, dann muß sie die menschlichen Handlungen fraglos so betrachten, daß sie den Naturursachen weder mehr noch weniger unterliegen als die Hindernisse, die sie überwinden sollen. Durkheim schließt mit dem Vorwurf, daß Montesquieu völlig überflüssigerweise eben die Wissenschaft verraten habe, die er als erster deutlich und klar entworfen hatte. Durkheim argumentierte natürlich völlig folgerichtig, und wenn Montesquieus Anspruch, der Vater der modernen Soziologie zu sein, auf der strikten Anwendung der Prinzipien von Helvétius oder Comte beruhte, dann wäre er in der Tat völlig hinfällig. Es ist Montesquieus ewiges Verdienst, genau dieses Vergehen begangen zu haben. Er ließ sich dabei von den wirklichen Tatsachen leiten, wie er sie beobachtet hatte oder annahm, daß es sich mit ihnen verhielt, und war nicht dazu zu bringen, sie ohne Rücksicht darauf, ob sie es zuließen oder nicht, in bestimmte regelmäßige Schemata zu pressen. Er beobachtete einige natürliche oder historische Regelmäßigkeiten, die ihm wichtig schienen, und gab sie getreu wieder. Ebenso hat er

---

30 *Quid Secundatus politicae scientiae instituendae contulerit,* Bordeaux 1892. [Frz. Übers. von A. Cuvillier in E. D., *Montesquieu et Rousseau. Précurseurs de la sociologie,* Paris 1953.]
31 *E. L.,* XIV 5, 6, XVI 12; Bd. 1 A, S. 312f., S. 361.
32 Brief an Hume, 19. Mai 1749; Bd. 3, S. 123.

versucht, das Ausmaß der Macht menschlichen Handelns in bestimmten Situationstypen einzuschätzen. Einige dieser menschlichen Handlungen glaubte er auf natürliche Ursachen zurückführen zu können – einige, aber eben nicht alle. Er hat es abgelehnt, über das hinauszugehen, was er beweisen konnte, mechanisch zu extrapolieren und daraus, daß einige Phänomene von strikten Gesetzen bestimmt schienen, zu schließen, daß dies bei allen der Fall sein müsse. Die Menschen vermochten bestimmte Dinge ihrem Willen zu unterwerfen, aber nicht sehr viele; sie waren schwach, aber ihre Schwäche und Hilflosigkeit war von Montaigne gewaltig übertrieben worden. Pascal hatte erklärt, daß die selbstverständliche Geltung von Gewohnheiten das mystische Fundament der Autorität der Gesetze sei, und hatte damit gemeint, daß der sie aufhebe, der sie hinterfrage und »sie auf ihren wahren Grund zurückführen will«. Burke und De Maistre sollten dem leidenschaftlich beipflichten. Wer ein Phänomen auf seine Quelle »zurückführt«, auf seinen »Grund«, der stärkt es, sagt Montesquieu. Wissen kann unmöglich eine Quelle von Schwäche sein: es hat fraglos seine Grenzen, und wir müssen tun, was wir können; das mag wenig sein, aber es ist nicht nichts. Die Welt wird von Gesetzen beherrscht, aber diese kommen nicht für alles auf. Montesquieu ist ungehalten über Spinozas Satz, ein Mensch könne ein großer Schurke sein, ohne doch eigentlich ein Verbrechen begangen zu haben, da er durch Umstände, über die er keine Gewalt habe, zu abscheulichem Handeln veranlaßt sein könne.[33] Die natürlichen Ursachen sind zweifellos sehr mächtig, aber durch Gesetzgebung und Erziehung kann man ihnen gelegentlich entgegenwirken. Sogar die Wirkungen des großen Souveräns, »dessen Reich das erste unter allen Reichen ist«, des Klimas selbst, können durch intensive moralische Erziehung modifiziert und reguliert werden. Man kann beinahe alles modifizieren und mäßigen, »régler« und »modérer« sind Worte, die Montesquieu ständig benutzt, ein Gesetz kann durch ein anderes in Schranken gehalten werden, eine Macht durch eine andere, und die beste Verfassung ist die, die ein kompliziertes Geflecht einander entgegenwirkender Mächte ist. Die natürliche Neigung der Menschen zieht sie nach unten und läßt sie noch nicht einmal an den Versuch denken, die ungeheuer schwierige Aufgabe in Angriff zu nehmen, vernünftig und frei zu

---

33 *Mes pensées* 1266 (615); Bd. 2, S. 343.

sein und auf dem schmalen Grat zwischen Despotie und Anarchie zu wandern. Trotzdem ist das möglich, aber nur, indem man entschlossen und gegen allen Widerstand auf ein Gleichgewicht hinarbeitet. Dieses Gleichgewicht ist immer labil. Um es zu bewahren, bedarf es großer Sorgfalt und Wachsamkeit und auch der genauesten Tatsachenkenntnis, das heißt der Wissenschaft. Unwissenheit, Trägheit und Selbstsucht sind große Feinde des menschlichen Fortschritts, aber noch ruinöser sind die Fanatiker und Desperados – Mönche, die den Menschen beibringen, ihre natürlichen Fähigkeiten zu verkrüppeln, die großen Eroberer, die Menschenleben auslöschen, um ihren persönlichen Ehrgeiz zu befriedigen, und, am schlimmsten von allen, die großen despotischen Organisatoren, die die Freiheit eines Staates mit der Versklavung ihrer Mitbürger erkaufen. Die beiden übelsten Staatsbürger, die Frankreich jemals hatte, waren Richelieu und Louvois, und hätte Montesquieu es wagen können, dann hätte er noch Ludwig XIV. hinzugefügt.

Freiheit ist keine totale Unabhängigkeit und auch nicht Zügellosigkeit. Es ist sehr schwer, sie zu erlangen und zu bewahren, aber ohne sie verdorrt alles. Nichts kann ihren Verlust aufwiegen, keine noch so tüchtige Regierung, kein nationaler Ruhm, kein Wohlstand und keine gesellschaftliche Gleichheit. Vor allem Monarchien sind in Gefahr, sie zu verlieren, denn sie neigen dazu, in der Despotie zu enden, so wie die Ströme sich im Meer verlieren[34], und Despotie heißt, daß überall die Furcht regiert, und wo jeder Bürger in Furcht vor dem anderen lebt, da gibt es keine Sicherheit, keine »Ruhe des Geistes«[35], und eine Krankheit ist da am Werk, die das Gefüge des normalen gesellschaftlichen Lebens schließlich zerstören wird. Aber was ist Freiheit? Montesquieu sagt, sie sei nicht damit identisch, alles tun zu dürfen, was man will, denn das würde zur Anarchie führen und so zum Despotismus, der unvermeidlich herbeigerufen würde, um diese zu unterdrücken. Freiheit zu haben heißt mit der berühmten Formel, »daß man in der Lage ist zu tun, was man wollen soll, und nicht gezwungen wird zu tun, was man nicht wollen soll«[36]. Aber wer sagt uns, was wir wollen sollen? Die Gesetze, denn Freiheit ist »das Recht, alles zu tun, was die Ge-

34 *E. L.*, VIII 17; Bd. 1 A, S. 167.
35 Ebd., XI 6, Bd. 1 A, S. 208.
36 Ebd., XI 3, Bd. 1 A, S. 205.

setze erlauben«[37]. Doch kann es nicht auch despotische Gesetze geben? Ja, aber in einer vernünftigen Gesellschaft werden die Gesetze auf Gerechtigkeit gegründet sein. Gerechtigkeit kann weder als das definiert werden, was die Gesetze gerade vorschreiben, noch als das, was der Herrscher will, nur weil er es will. Wenn man Gerechtigkeit durch die jeweils gegebenen Gesetze definiert, dann ist das ebenso absurd, als wollte man sagen, bevor Kreise wirklich gezeichnet würden, seien ihre Radien nicht alle gleich.[38] Gute Gesetze verkörpern die Regeln der Gerechtigkeit, aber diese Regeln selbst sind absolut und objektiv, unabhängig davon, ob sie formuliert werden. Was also ist Gerechtigkeit? Sie ist »eine Qualität, die zum Menschen gehört, ebenso wie die Existenz«[39], »ein Verhältnis der Übereinkunft, das zwischen zwei Dingen wirklich existiert. Dieses Verhältnis bleibt immer dasselbe, welches Wesen es auch betrachten mag, sei es nun Gott, ein Engel oder auch ein Mensch.«[40] Diese feste Struktur ist nichts anderes als »die notwendigen Beziehungen, die sich aus der Natur der Dinge ergeben«[41] – die berühmte Definition des Gesetzes, mit der *De l'esprit des lois* beginnt und die die modernen Kommentatoren vor Rätsel gestellt und verwirrt hat. »Die Gerechtigkeit erhebt ihre Stimme, aber im Getümmel der Leidenschaften vermag sie sich kaum vernehmbar zu machen.«[42] Es ist die Stimme der Wirklichkeit selbst, die da spricht: »Die Gerechtigkeit ist ewig und hängt nicht von menschlichen Vereinbarungen ab« (und auch nicht von göttlichen, hätte er hinzufügen können). »Wäre sie davon abhängig, so wäre es eine schreckliche Wahrheit, die man vor sich selbst verbergen müßte.«[43]

Diese Formulierungen machen nachdenklich. Nicht, daß irgend etwas Neues an ihnen wäre – die Lehre, sogar die zynische Aufforderung, die Wahrheit zu verbergen, ist mindestens so alt wie Platon. Montesquieus Worte hätten durchaus in manchen mittelalterlichen Texten stehen können. Weder Hooker noch Grotius hätten sie als merkwürdig empfunden. Sie stellen tatsächlich ein Stück

37 Ebd.; Bd. 1, S. 206.
38 Ebd., I 1, Bd. 1 A, S. 3.
39 *Lettres persanes* 10; Bd. 1 C, S. 26.
40 Ebd., 83; Bd. 1 C, S. 169.
41 *E. L.*, I 1; Bd. 1 A, S. 1.
42 *Lettres persanes* 83; Bd. 1 C, S. 169.
43 Ebd.; Bd. 1 C, S. 170.

mittelalterlicher Theologie dar, übersetzt in weltliche Begriffe. Hume[44] warf Montesquieu vor, diese Auffassung der Gerechtigkeit als einer objektiven, absoluten Beziehung von Malebranche übernommen zu haben, und sah in ihr mit Recht eine uneinsichtige Abstraktion. Sie leitet sich natürlich aus dem Glauben an das Naturrecht her, wie es nicht nur von Juristen des siebzehnten, sondern ebenso von Ökonomen und Sozialphilosophen des achtzehnten Jahrhunderts verstanden wurde. Die physiokratische Lehre von der Koinzidenz der wahren Interessen aller Menschen ist selbst eine Anwendung des Naturrechts, ein apriorisches System, das allerdings übertreten werden kann (obwohl nur auf Kosten des Übertretenden) und das die positiven, von den Menschen gemachten Gesetze nur mit buchstäblicher Genauigkeit zu übertragen brauchen. Auf diese Weise wird die persönliche Herrschaft von Menschen, die auch in den Händen der Weisesten etwas Willkürliches behält, durch die Herrschaft des Gesetzes selbst ersetzt. Man kann unschwer sehen, daß darin die alte theologische natürliche Ordnung in eine ökonomische und soziale Begrifflichkeit übersetzt wird. Saint-Simons Formel, daß die Herrschaft über Menschen der Verwaltung von Dingen zu weichen habe, die Wiederholung dieser Formel bei Marx, Hegels vernünftiger »Rechtsstaat« und deren ganze Nachfolge in der modernen Rechts- und Politiktheorie haben ihre Wurzeln in der Metaphysik der natürlichen Ordnung, die trotz aller Anstrengungen, sie in empirischen Begriffen neu zu formulieren, untilgbar die Spuren ihres transzendentalen Ursprungs beibehalten hat. Das eigentlich Merkwürdige jedoch an dem Auftauchen dieser altehrwürdigen Doktrin in *De l'esprit des lois* ist ihre Unvereinbarkeit mit dem, was das Eigenständigste an Montesquieus eigener, großer Entdeckung ist. Sein ganzes Ziel ist der Nachweis, daß Gesetze nicht im Leeren entstehen, daß sie nicht Resultat positiver Gebote eines Gottes, eines Priesters oder eines Königs sind, sondern daß sie, wie alles andere in der Gesellschaft auch, Ausdruck der sich wandelnden moralischen Gewohnheiten, Überzeugungen und allgemeinen Einstellungen einer bestimmten Gesellschaft zu einer bestimmten Zeit und in einer bestimmten Weltgegend sind, Ergebnis des Zusammenspiels der physischen und geistigen Einflüsse, denen die Menschen an ihrem jeweiligen Ort und zu ihrer Zeit ausgesetzt sind. Es ist

---

. 44 David Hume, *An Enquiry Concerning the Principles of Morals*, III, II, 158, Anm.

schwer zu sehen, wie diese Lehre, die die Grundlage der großen
deutschen Historischen Rechtsschule, der nachrevolutionären Geschichtsschreibung in Frankreich und der verschiedenen modernen soziologischen Rechtstheorien bildet, vereinbar ist mit dem
Glauben an allgemeine, unveränderliche und ewige Normen, die
für alle Menschen überall und zu jeder Zeit gleichermaßen gültig
sind, mit Normen, die von der Vernunft, wie Descartes und Leibniz
sie begriffen, nämlich als ein nicht-natürliches Mittel der Erkenntnis ewiger Wahrheiten, entdeckt werden können. Denn Montesquieus großes historisches Verdienst ist es ja gerade gewesen, mit
dieser Vorstellung aufgeräumt zu haben. Tatsächlich geht Montesquieu sogar noch weiter. Wenn das Gesetz der Ausdruck ewiger
Gerechtigkeit sein soll, einer »Notwendigkeit der Natur«, unabhängig von den Menschen, von Zeit und Raum, muß es so deutlich formuliert werden, daß die Aufgabe der Richter nur darin bestehen
kann, es mit aller Strenge und Genauigkeit auf die besonderen ihnen vorliegenden Fälle anzuwenden, die einzige Aufgabe der Verwalter und Politiker hingegen, es so vollständig und buchstäblich
wie möglich in die Praxis zu übersetzen. Montesquieu besteht mit
allem Nachdruck auf diesem Punkt; er will die Wirkungsweise des
Gesetzes so exakt und mechanisch wie möglich machen. Die ganze Tradition des auf richterlicher Entscheidung beruhenden
Rechts, des Gebrauchs von Rechtsfiktionen und der Interpretation
alter Statuten, um sie ihrem Geist und nicht ihrem Buchstaben gemäß auf neue Situationen anwenden zu können, und dies mit einem Verständnis des öffentlichen Interesses, wie jede Generation
es nach Maßgabe ihrer eigenen Einsichten haben mag, die nicht
notwendig die anderer Gesellschaften oder anderer Generationen
sind – diese entscheidende Entwicklung, die der scharfsichtige Beobachter Montesquieu in seiner Analyse der englischen Institutionen merkwürdigerweise ausläßt, scheint ihm zutiefst zuwider. Am
Buchstaben des Gesetzes darf nicht gerüttelt werden, keine Interpretation, keine Flexibilität, keine pragmatische Anpassung. Er
meint offenbar, daß ein Gesetz, wenn es sich als nicht mehr
brauchbar erweist und die Prinzipien der objektiven Gerechtigkeit
nicht länger vollständig verkörpert, förmlich abgeschafft und dann
von der gesetzgebenden Körperschaft ein neues eigens geschaffen
werden müsse. Das kann, wie Hume zu Recht betont hat, zu einem
ständigen Abändern der Gesetze und dadurch zu einer Minderung
des Respekts vor dem Gesetz als solchem führen, doch nach einer

strengen Interpretation von Montesquieus Lehre von der Gerechtigkeit ist dies unvermeidlich. Die gesellschaftlichen Nachteile müssen dabei in Kauf genommen werden, denn was ist gesellschaftliche Nützlichkeit vor den ewigen Gesetzen der Natur? Die Lehre, wonach positives Gesetz wiederum auf seine strikte Übereinstimmung mit einem bestimmten außergesetzlichen Kreis von Prinzipien hin geprüft werden muß, wie sie in heiligen Schriften, in den Aussprüchen besonders ausgezeichneter Menschen oder durch ein spezielles Vermögen vernünftiger Schau offenbart sind, ist ein fester Bestandteil der abendländischen Rechtstheorie. Sie steht in offensichtlichem Gegensatz zu der ebenso berühmten Ansicht, daß das Recht nur ein Aspekt unter vielen in der gesellschaftlichen Entwicklung sei, durch dieselben Faktoren bedingt wie das gesellschaftliche Leben im allgemeinen, eine Ansicht, die in der von Montesquieu verworfenen Hobbesschen Theorie, daß Gerechtigkeit nichts anderes sei als das, was die Gesetze jeweils vorschreiben, bloß extrem und zweifellos übertrieben formuliert wird. Vielleicht braucht zwischen der Auffassung der Gesetze als einer Funktion der gesellschaftlichen Entwicklung, dem Glauben an feste Maßstäbe der Gerechtigkeit und der Forderung nach ausdrücklicher Kodifizierung und rigoroser Anwendung gar kein streng logischer Widerspruch zu bestehen, denn der Maßstab der Gerechtigkeit kann selbst in einer bestimmten unveränderlichen Beziehung zwischen sich wandelnden gesellschaftlichen Faktoren bestehen, wie es zum Beispiel bei dem utilitaristischen Prinzip höchstmöglicher Glückseligkeit der Fall ist. Aber die zugrundeliegenden Einstellungen sind offenbar völlig verschieden, und Montesquieu läßt keinen Zweifel daran, daß sein Begriff der Gerechtigkeit keine natürliche Funktion oder Beziehung, sondern ein transzendenter, ewiger Maßstab ist. Der Konflikt zwischen der pragmatischen Rechtstheorie, etwa von Holmes und Brandeis, und der älteren Vorstellung einer quasi-mechanischen Anwendung der Gesetze in genau den Formen, wie sie vom Gesetzgeber verkündet worden sind, ist ein zentrales Problem, das die Rechtsgelehrten, besonders in den Vereinigten Staaten, entzweit hat und berechtigterweise auf tiefere politische, gesellschaftliche und sogar metaphysische Unterschiede zurückgeführt worden ist. Man kann hinzufügen, daß Montesquieus Begriff absoluter Gerechtigkeit als des ewig gültigen Maßstabes jeder Gesetzgebung ebenso unvereinbar ist mit der soziologischen Interpretation des Rechts, wie sie etwa von den Comteschen Positivisten oder den Marxisten (mit ihrer Theorie des Rechts als einem Überbau, der von einer sozialen und ökonomischen Basis abhängt) vertreten wurde. Gleichwohl gingen alle diese Strömungen von Montesquieu aus: der Widerspruch ist offenbar in seinem eigenen Denken gegenwärtig. Wie kam es zu diesem Widerspruch? Vielleicht entsprang er seiner Furcht vor Despotismus und Willkür, die ihn in zwei verschiedene und nicht leicht in Einklang zu bringende Richtungen führte. Auf der einen Seite betont er immer wieder, daß jede Gesellschaft ganz spezifisch ihr eigene moralische Einstellungen, Gewohnheiten und Lebensformen besitze, daß das bloße Erlassen von Gesetzen und Verordnen von Regelungen diese moralischen und sozialen Formen von allein nicht brechen, sondern sie lediglich hemmen könne oder sogar gänzlich unwirksam sei, wenn sie sich zu weit von den gesellschaftlichen Gesetzen entfernen, die die Entwicklung der in Frage stehenden Gesellschaft beherrschen. Dies gehört zu Montesquieus großem Kampf gegen willkürliche Eingriffe, rücksichtslose Unterdrückung und Schikanen von seiten einzelner Tyrannen oder despotischer Gruppen. Die Furcht davor führt zu dem Wunsch, eine hierarchische Gesellschaft zu bewahren, zum Wunsch nach Teilung und Balance und zum Mißtrauen gegen jede Form des Eifers, zur Befürwortung »intermediärer« Gewalten, zur Verteidigung erblicher Aristokratien und Berufsstände, lokaler und provinzialer Körperschaften der Gesetzgebung und Rechtsprechung, überkommener feudaler Institutionen mit allen ihren Relikten, zu dem Neofeudalismus, der durch den Verkauf von Ämtern an die neue Mittelklasse entsteht, zur Verteidigung von Anomalien um ihrer selbst willen – all dies gedacht als Puffer zwischen der ständig wachsenden Zentralgewalt und der großen Masse der Menschen, mit denen sie andernfalls viel zu hemmungslos und brutal nach ihren eigenen, willkürlichen Vorstellungen umgehen würde. Auf der anderen Seite steht sein leidenschaftliches Interesse an Legalität, seine unnachgiebige Forderung nach in klaren Worten und für alle sichtbar niedergeschriebenen Gesetzen, gleichfalls als wirksames Mittel für denselben, alles beherrschenden Zweck gedacht, nämlich zu verhindern, daß starke Individuen ihren umgehemmten Willen durchsetzen können (gleichgültig, ob dies von Verteidigern der königlichen Macht wie dem Abbé Dubos oder von den Anhängern eines aufgeklärten Despotismus wie Voltaire vertreten wurde), und um Privatpersonen durch die Garantie der Gleichheit vor dem deutlich formulierten Gesetz vor der Macht der Herrscher zu schützen.[45] Der innere Widerspruch bleibt jedoch, wie immer man ihn psychologisch erklären mag, und es gibt zwei gegensätzliche Stränge des Denkens und der Praxis, die sich beide auf Montesquieus Autorität berufen. Der eine ist die pragmatische Rechtsauffassung, die das Recht bewußt dem gesellschaftlichen Wandel unterwirft. Auch hier wiederum teilen sich die Wege: in den Schriften Burkes und der deutschen Rechtsgelehrten nimmt diese Auffassung eine konservative Form an, und das Recht wird als Ausdruck der tiefsten Traditionen und Instinkte begriffen, die den Charakter einer Nation oder einer Kultur geformt haben; es ist gebunden an die »organische« Entwicklung einer Gemeinschaft und darf nicht durch die willkürlichen Machtsprüche der Herrscher oder durch »künstliche« Reformen, die nicht in Einklang mit seinem historischen »Geist« stehen, entstellt werden. In ihrer anderen, radikalen, Form ist dieselbe Auffassung von Sozialreformern und Radikalen als die Forderung interpretiert worden, daß das Recht ständig auf die sich wandelnden gesellschaftlichen Bedürfnisse reagieren müsse und nicht auf irgendwelche veralteten Prinzipien festgelegt werden dürfe, die nur für abgestorbene und jetzt vergangene Epochen gültig gewesen seien. Beide Formen einer sich wandelnden Rechtssprechung aber sind gleichermaßen unvereinbar mit der römischen und Napoleonischen Tradition kodifizierten Rechtes, das ausdrücklich aufgestellte allgemeine Prinzipien anwenden soll, deren Gültigkeit im allgemeinen als universal und ewig, unabhängig von Zeit, Raum und den jeweiligen Umständen betrachtet wird.

Diesen inneren Konflikt kann man auch an der für das achtzehnte Jahrhundert typischen Ambivalenz Montesquieus im Gebrauch von Worten wie »Vernunft« und »Natur« erkennen. Vernunft bedeutet manchmal eine intuitive Wahrnehmung allgemeiner Gesetze in dem Sinne, wie Descartes und die Rationalisten dieses Wort verwandt hatten, an anderen Stellen aber die (empirische) Wahrnehmung dessen, was eine gegebene Gesellschaft für

---

45 Es sieht beinahe so aus, als sei er überzeugt, daß der Begriff absoluter und ewiger Normen der Gerechtigkeit eine Chimäre sei, aber fürchte, daß das Wissen darum dem Despotismus und der gesellschaftlichen Instabilität den Weg bereite (siehe Anm. 43).

ihr gutes und gesundes Funktionieren an einem gegebenen Ort und zu bestimmter Zeit braucht. Die Natur ist gemeinhin sanft und bedächtig und erreicht ihre Ziele durch einen kaum merklichen Druck, aber sie kann auch donnern und Furcht einjagen. Wenn ich, sagt Montesquieu, zu weit gehe und die Vorteile der Folter rein utilitaristisch erwäge, dann höre ich »die Stimme der Natur, die sich gegen mich erhebt«[46] und mich wieder zur Vernunft bringt. Dann wieder ist die Natur nicht normativ, sondern einfach die vorhandene Verfassung von Dingen und Personen, die Ursache des Verhaltens, der Bedürfnisse und des Verlangens von Menschen in bestimmten Umständen, und in diesem Sinn ist sie Gegenstand aller Wissenschaften. In allen Schriften Montesquieus findet man eine Art ständiger Dialektik zwischen absoluten Werten, die den dauerhaften Interessen der Menschen als solchen zu entsprechen scheinen, und solchen Werten, die von Zeit und Ort in einer konkreten Situation abhängen.

IV

Dieser Widerspruch bleibt ungelöst. Das einzige, was diese beiden Lehren verbindet, ist ihre freiheitliche Orientierung. Was Montesquieu unter Freiheit versteht, kann man nicht aus seiner formalen – und übrigens durchaus geläufigen – Definition als des Rechts, zu tun, was die Gesetze nicht verbieten, ersehen, sondern nur aus anderen gesellschaftlichen und politischen Vorstellungen, die zugleich seine allgemeine Rangordnung von Werten beleuchten. Montesquieu gehört vor allem nicht zu den Denkern, die von einem einzigen Prinzip besessen sind und versuchen, alles von einer bestimmten grundlegenden moralischen oder metaphysischen Kategorie her zu erklären, in der allein alle Wahrheiten formuliert werden müßten. Er ist kein Monist, sondern ein Pluralist, seine Virtuosität erreicht dort ihren Höhepunkt, und er ist am meisten er selbst, wenn er versucht, eine Kultur, eine Einstellung oder ein System von Werten zu vermitteln, das ganz anders ist als sein eigenes und das der Mehrzahl seiner Leser. Ein radikaler Schriftsteller hat von ihm gesagt, er erkläre zu gut – er scheine alles zu rechtfer-

---

46 *E. L.*, VI 17; Bd. 1 A, S. 124.

tigen.[47] Und tatsächlich hielt er so großen Abstand zu der seine Zeit beherrschenden Unart, alle Einstellungen und Kulturen allein nach ihrer Distanz zu den aufgeklärten Maßstäben des achtzehnten Jahrhunderts einzustufen, daß er sich beiden Parteien, den Obskurantisten wie den Radikalen seiner Zeit, verdächtig machte durch seine zu starke Neigung für Institutionen, die sich von denen des christlichen Abendlandes unterschieden. Wenn allgemeine Prinzipien an die Stelle der Fähigkeit treten, individuelle Unterschiede wahrzunehmen, so ist das für ihn der Anfang allen Übels. Die Reichweite seiner Sympathien ist wirklich sehr groß. Er tritt überzeugend für höchst verschiedene Lebensformen ein, deren jede er als durch ihre eigene natürliche Umwelt bedingt darstellt und von denen jede ihrem eigenen, verstehbaren Entwicklungsgang folgt, die Bedürfnisse ihrer Mitglieder erfüllt und sie nicht weniger zufriedenstellend und umfassend leitet als andere Kulturen zu anderen Zeiten, in anderen Ländern, unter anderem Klima, bei anderen geographischen Gegebenheiten. Diese einzigartige Gabe, sich selbst in der Vorstellung mit einer großen Vielfalt von Lebensformen zu identifizieren, führt Montesquieu nicht bloß zur Toleranz (so berühmt er dafür war) und zur Entschuldigung von Mißbräuchen, sondern zu einer positiveren Haltung. Er war einer der wenigen Denker seiner Zeit, der ein grundlegendes Merkmal der moralischen Geschichte der Menschheit begriffen hatte, daß nämlich die von den Menschen verfolgten Ziele viele, vielfältig und oft miteinander unvereinbar sind und daß dies unvermeidlich zu Konflikten zwischen Zivilisationen führt, zu unterschiedlichen Idealen derselben Gemeinschaft zu verschiedenen Zeiten und verschiedener Gemeinschaften zur selben Zeit und zu Konflikten innerhalb der Gemeinschaften, zwischen ihren Klassen, Gruppen und sogar im Bewußtsein des Individuums selbst. Außerdem erkannte er, daß bei der großen Vielfalt und Verwickeltheit der individuellen Fälle kein einfaches Moralsystem, geschweige denn ein einziges moralisches oder politisches Ziel die allgemeine, überall und immer gültige Lösung für alle menschlichen Probleme enthalten kann. Der Versuch, dem Menschen ein solches System aufzuzwingen, wird immer – ganz unabhängig davon, wie wertvoll,

---

47 Brief an Saurin aus dem Jahr 1747-8; bei Masson (vgl. oben Anm. 1) Bd. 3, S. 1538 bis 40. Über die Autorschaft dieses Briefes vgl. R. Koebner, »The Authenticity of the Letters on the *Esprit des lois* attributed to Helvétius«, *Bulletin of the Institute of Historical Research* 24 (1951), S. 19-43.

edel und geschätzt es ist – in Verfolgung und Unterdrückung der Freiheit enden. Der Despotismus ist »ohne weiteres zu erkennen und überall gleichförmig; Leidenschaft genügt, um ihn aufzurichten, und dazu ist jeder fähig«.[48] Nur diejenigen Gesellschaften sind wahrhaft frei, die sich im Zustand einer gewissen »Unruhe«, eines nicht stabilen Gleichgewichts befinden, deren Mitglieder die Freiheit haben, aus einer Vielfalt von Absichten und Zielen wählen und sie verfolgen zu können. Ein Staat kann frei, das heißt unabhängig von anderen Staaten sein, aber wenn er erstarrt und die Meinungsfreiheit im Namen eines noch so heiligen Prinzips unterdrückt, dann sind seine Bürger nicht frei, sondern Sklaven. Montesquieu liebt Konflikte nicht, er zieht Frieden, Versöhnung und Kompromiß vor. Er mißtraut allen neuen Glaubenslehren, denn sie sind gewöhnlich das Werk von Eiferern und führen zum Streit. Aber wenn ein Glaube einmal eine gewisse Verbreitung gefunden hat, dann sollte er toleriert und nicht bis zur Ausrottung verfolgt werden, selbst wenn er noch so töricht ist. Denn es ist wichtiger, daß die Menschen frei sind zu irren, als daß sie zu richtigen Ansichten gezwungen werden. Montesquieu war hinsichtlich der Wahrheit kein Relativist. Mit den Aufgeklärtesten seiner Zeit glaubte er, daß auf allen Gebieten die objektive Wahrheit gefunden werden könne. Aber noch tiefer war seine Überzeugung, daß Gesellschaften, die nicht die Freiheit der Wahl zwischen verschiedenen Idealen garantieren – allerdings verbunden mit gebührenden Vorkehrungen gegen einen offenen Krieg zwischen ihren Anhängern –, unvermeidlich verfallen und zugrunde gehen.

Dieser Widerstand gegen den Zwang jeglicher Orthodoxie, unabhängig davon, was auf dem Spiel stand und unabhängig davon, wie erhaben die Ideale der Orthodoxie waren und wie sehr sie verehrt wurden, unterscheidet Montesquieu von den Theologen und den Atheisten und von den idealistischen Radikalen ebenso wie von den Autoritären seiner Zeit. Damit wird innerhalb des Lagers der Aufklärung selbst der Kampf zwischen Demokraten und Liberalen eröffnet. Sie können sich gegen die klerikale oder weltliche Verdummung und Unterdrückung vereinen, aber ihr Bündnis ist bestenfalls zeitweilig. Despotie ist nicht weniger despotisch, wenn sie selbstverschuldet ist oder enthusiastisch gefeiert wird. Auch willige Sklaven bleiben Sklaven. Diesen Tonfall hört man erst wie-

---

48 *E. L.*, V 14; Bd. 1 A, S. 84.

der bei Benjamin Constant und der liberalen Reaktion gegen die
Jakobiner wie gegen die Legitimisten. Es ist ein Standpunkt, der
immer beargwöhnt wird und immer unpopulär ist, weil er Freiheit
über Glück, Frieden und Erfolg setzt. Was heute als Problem auftaucht und von besonderem Interesse
scheint, ist Montesquieus außerordentlich klare Erkenntnis, daß
kein noch so großes Wissen, Können oder logisches Vermöge ı die
gesellschaftlichen Probleme automatisch, endgültig und allge-
meinverbindlich lösen kann. Die führenden Köpfe der französischen Aufklärung, die großen Popularisierer der Wissenschaft, haben der Menschheit einen großen Dienst erwiesen mit dem offenen Kampf, den sie gegen Unwissenheit und Obskurantismus in
jeder Form, besonders aber gegen Brutalität, Dummheit und die
Unterdrückung der Wahrheit, gegen Zynismus und Verachtung
der Menschenrechte geführt haben. Ihr Kampf für Freiheit und
Gerechtigkeit hat, sogar wenn sie ihre eigenen Formeln nicht ganz
verstanden, eine Tradition geschaffen, der sehr viele Menschen
heute ihr Leben und ihre Freiheit verdanken. Die Mehrheit dieser
Männer, deren Anklage so unwiderlegbar war, glaubte auch, daß
es ebenso wie eine Wissenschaft vom Verhalten der Dinge auch
eine Wissenschaft vom Verhalten der Menschen geben könne, daß
jeder, der die Prinzipien dieser Wissenschaft einmal erfaßt habe,
durch ihre Anwendung alle Ziele verwirklichen könne, nach denen sie gemeinsam strebten; daß alle diese Ziele – Wahrheit, Gerechtigkeit, Glück, Freiheit, Wissen, Tugend, Wohlstand, körperliche und geistige Fähigkeiten –»durch eine unauflösliche Kette«
wie Condorcet gesagt hatte[49], miteinander verbunden oder wenigstens miteinander verträglich seien, und daß man sie alle verwirklichen könne, indem man die Gesellschaft nach den untrüglichen
Prinzipien dieser gerade entdeckten wissenschaftlichen Wahrheit
über das gesellschaftliche Dasein verändere.

Als der Versuch der Französischen Revolution scheiterte, die
Menschen über Nacht glücklich und tugendhaft zu machen, sagten
einige ihrer Anhänger, daß die neuen Prinzipien nicht richtig verstanden, nicht richtig angewandt worden seien oder daß nicht diese, sondern andere Prinzipien den wahren Schlüssel zur Lösung
aller Probleme enthielten. Zum Beispiel habe die rein politische

---

49 Condorcet, *Esquisse d'un tableau historique des progrès de l'esprit humain*, hrsg.
von O. H. Prior und Yvon Belaval, Paris 1970 S. 228.

Lösung der Jakobiner die Dinge verhängnisvoll vereinfacht, und man hätte die sozialen und ökonomischen Faktoren stärker berücksichtigen müssen. Als man 1848-49 genau dies tat, die Resultate aber immer noch enttäuschend ausfielen, erklärten die Anhänger einer wissenschaftlichen Lösung, daß etwas anderes übersehen worden sei, zum Beispiel der Klassenkampf, die Comteschen Entwicklungsprinzipien oder ein anderer wesentlicher Faktor. Von den »furchtbaren Vereinfachern« dieses Schlages, deren intellektuelle Brillanz und moralische Aufrichtigkeit sie offenbar dazu verführen, die Menschheit immer wieder im Namen ungeheurer Abstraktionen auf den Altären imaginärer Verhaltenswissenschaften zu opfern, heben sich Montesquieus vorsichtiger Empirismus, sein Mißtrauen gegenüber universell anwendbaren Gesetzen und sein wacher Sinn für die Grenzen der menschlichen Macht wohltuend ab. Wenn es einen Grund für radikale Reformen, für Rebellionen und Revolutionen gibt, dann den, daß die Ungerechtigkeiten eines Regimes so unerträglich geworden sind, daß die Natur gegen sie aufschreit. Aber solche Verfahrensweisen sind immer risikoreich und können durch keine untrüglichen Berechnungen der gesellschaftlichen Folgen moralisch oder materiell abgesichert werden. Die menschliche Geschichte unterliegt nicht den einfachen Gesetzen, die viele ehrenwerte Denker besonders in Frankreich so stark hypnotisiert hatten. »Die meisten Wirkungen stellen sich auf so eigentümlichen Wegen ein oder hängen von Ursachen ab, die so unmerklich und so entlegen sind, daß man sie kaum vorhersehen kann.«[50] Und da dies so ist, können wir nur versuchen, die Menschen so wenig wie möglich einzuengen, was immer sie für Zwecke haben mögen. Diejenige Regierung ist die beste, die mit »ihrer Neigung und ihrem Trieb« am besten in Einklang steht.[51] Wenn man Gesetze macht, muß man vor allem einen Sinn für das miteinander Verträgliche haben, einen Sinn, der nur durch Erfahrung und Geschichte geschärft werden kann. Denn die Beziehungen der Gesetze zur menschlichen Natur und den menschlichen Institutionen in ihrem Wechselspiel mit dem menschlichen Bewußtsein sind ungeheuer verwickelt, sie können nicht durch simple und wohlgeordnete Systeme berechnet werden: zeitlose Regeln, strikt befolgt, werden immer zu einem Blutbad führen.

---

50 *De la politique*, Bd. 3, S. 166.
51 *Lettres persanes* 80; Bd. 1 C, S. 164 (vgl. Anm. 17).

Trotz seiner archaischen Klassifikationen politischer Institutionen, trotz seiner apriorischen Konstruktion der inneren Prinzipien gesellschaftlicher Entwicklung und der absoluten Gerechtigkeit als einer ewigen Beziehung in der Natur erweist sich Montesquieu sowohl hinsichtlich der Mittel als auch hinsichtlich der Zwecke als ein weit reinerer Empirist als Holbach oder Helvétius oder sogar Bentham, ganz zu schweigen von Rousseau oder Marx. Konservative, Liberale, Fabianische Sozialisten haben alle ihre eigenen Schlüsse aus der Tradition gezogen, die Montesquieu begründet hat, und seine undogmatischen Prinzipien sind für unsere modernen gewaltsamen Konflikte zwischen rivalisierenden Ideologien von höchster Bedeutung. »Montesquieu hätte vielleicht«, schreibt Maxime Leroy, »außer einer Geisteshaltung, einer soziologischen Richtung und der Erinnerung an den Charme seiner Persischen Phantasien nichts hinterlassen . . ., hätte er nicht seinen Namen mit der Lehre von der Gewaltenteilung verknüpft«[52] – nicht viel mehr vielleicht als einen nüchternen Sinn für die historische Realität, so konkret wie der von Burke, aber frei von dessen starken Vorurteilen und romantischen Verzerrungen, und ein seit Aristoteles nicht mehr gekanntes Verständnis dafür, woraus die Menschen oder jedenfalls die Gesellschaften leben.

---

52 Maxime Leroy, *Histoire des idées sociales en France*, Bd. 1: *De Montesquieu à Robespierre*, Paris 1946, S. 110.

HUME UND DIE QUELLEN
DES DEUTSCHEN ANTIRATIONALISMUS

I

Mein Thema ist für Hume nicht zentral, weder für sein Denken
noch für seine geistige Entwicklung, noch auch für sein Leben
oder die Welt, in der er lebte und schrieb. Ich befasse mich mit
dem Einfluß einiger Ideen Humes auf oder besser mit ihrem Gebrauch durch eine Gruppe von Denkern, die in gewisser Hinsicht
alles, was Hume annahm und wofür er eintrat, entschieden ab-
lehnten. Diese Bewegung kann, wie mir scheint, am besten als die
deutsche Gegenaufklärung bezeichnet werden, die ihren Höhepunkt gegen Ende des achtzehnten Jahrhunderts erreichte. Zumindest zwei ihrer führenden Köpfe, Johann Georg Hamann und
Friedrich Heinrich Jacobi, sahen in Hume ihren ausgemachten
Gegner, allerdings mit einer Einschränkung: Ohne es zu wollen,
lieferte er ihnen Angriffs- und Verteidigungswaffen gegen seine
engen philosophischen Verbündeten, die französischen Enzyklopädisten, die sie in erster Linie widerlegen wollten. Über diese
Verwendung seiner Schriften, mit deren Möglichkeit Hume wohl
kaum gerechnet hat, wäre er höchstwahrscheinlich erstaunt, ja erschrocken gewesen. Denn der moralische und geistige Abstand
zwischen ihm und diesen deutschen Irrationalisten hätte kaum
größer sein können. Die Ideengeschichte hat auch ihre Ironien.

Es ist ein Gemeinplatz, den ich nicht weiter auszuführen brauche, daß die abendländische Kultur zur Zeit Humes weitgehend
von den Ideen der französischen Aufklärung beherrscht war. Bei
allen Unterschieden, die die französischen *philosophes* und ihre
Schüler in anderen Ländern trennten (und diese Differenzen waren tiefer und zahlreicher, als man oft angenommen hat), bestand
trotzdem eine weitreichende Übereinstimmung, und zwar beruhte
sie auf einer Annahme, die letztlich eine säkularisierte Form der

alten Naturrechtslehre war, daß nämlich die Natur der Dinge eine beständige und unwandelbare Struktur besitzt und daß ihre Unterschiede und Veränderungen universalen und unwandelbaren Gesetzen unterliegen. Diese Gesetze ließen sich im Prinzip durch den Gebrauch des Verstandes und durch kontrollierte Beobachtung entdecken, wie die Methoden der Naturwissenschaften sie höchst erfolgreich anzuwenden begannen. Als wirkungsvollstes Instrument der Erkenntnis galt die Mathematik. Ob man dies darauf zurückführte, daß die Grundstruktur der Wirklichkeit an sich selbst so beschaffen war, daß sie sich in mathematischen Sätzen abstrakt darstellen oder symbolisieren ließ, oder ob – die andere Möglichkeit – die mathematischen Methoden nur die verläßlichsten Werkzeuge waren, um eine Natur, deren wirkliche Beschaffenheit unergründbar blieb, zu erfassen, vorherzusagen und deshalb zu kontrollieren, war weniger wichtig als die Folgerung, die man aus beiden Annahmen zog, daß nämlich die Naturwissenschaften den wahren Weg zum Wissen wiesen, das heißt, daß alle Aussagen mit dem Anspruch auf Wahrheit öffentlich, mitteilbar und überprüfbar sein mußten, verifizierbar und falsifizierbar durch Methoden, die jedem vernünftigen Forscher zugänglich und akzeptabel waren. Daraus folgte, daß alle anderen Arten von Autorität zurückgewiesen werden mußten, besonders solche Grundlagen des Glaubens wie heilige Texte, göttliche Offenbarung und die dogmatischen Erklärungen ihrer autorisierten Interpreten, ebenso wie Tradition, Gebote, uralte Weisheit, private Intuition und alle anderen nichtrationalen und transzendenten Quellen vermeintlichen Wissens. Dieses Prinzip sollte sowohl für die menschliche als auch für die nichtmenschliche Welt gelten, für die abstrakten Disziplinen wie die Logik und die Mathematik, für die angewandten Wissenschaften, die die Verhaltensgesetze der unbelebten Körper, der Pflanzen, Tiere und Menschen aufstellten, und für die normativen Wissenschaften, die die wahre Natur der höchsten menschlichen Ziele und die eigentlichen Regeln aufzeigten, wie man sich im Öffentlichen und Privaten, im Sozialen und Politischen, im Moralischen und Ästhetischen verhalten sollte.

Nach dieser Lehre waren alle wirklichen Fragen im Prinzip beantwortbar: die Wahrheit war eine, und der Irrtum vielfältig, und die wahren Antworten mußten notwendig universal und unveränderlich sein, das heißt sie mußten überall, zu jeder Zeit und für alle Menschen gelten und durch den richtigen Verstandesgebrauch, durch einschlägige Erfahrung, Beobachtung und die Methoden des Experiments, der Logik und der Kalkulation gefunden werden können. Ein logischer Zusammenhang zwischen Regeln, Gesetzen und Verallgemeinerungen, der eines Beweises oder, in der Praxis, wenigstens eines hohen Grades von Bewährung (wo erforderlich, auch einer unterschiedlichen Umständen angemessenen Anwendung) fähig war, konnte, zumindest im Prinzip, hergestellt werden und das chaotische Gemisch aus Unwissenheit, Trägheit und Herumraten, aus Aberglaube, Vorurteil, Dogma, Phantasie ersetzen, vor allem den, wie Helvétius es nannte, »interessierten Irrtum«, der es den Listigen und Mächtigen ermöglichte, die Dummen, Unwissenden und Schwachen zu beherrschen und auszubeuten, und der die ganze menschliche Geschichte hindurch für die Laster, Torheiten und Nöte der Menschheit verantwortlich gewesen war. Nur durch Wissen, das heißt durch den Fortschritt der Wissenschaften, konnte die Menschheit von diesen weitgehend selbstverschuldeten Übeln befreit werden. Einige glaubten, in empirischen Fragen sei Gewißheit möglich, andere hielten nur hohe Wahrscheinlichkeit für erreichbar, und einige waren hinsichtlich des Fortschritts zur Tugend und zum Glück eher pessimistisch, andere durchaus zuversichtlich. Aber die Mehrheit der *philosophes* war sich darin einig, daß sich der ärgsten Verwirrung im menschlichen Denken und Fühlen, die in der Theorie zu blindem Fanatismus und in der Praxis zu wüster Barbarei geführt hatte, ein Ende setzen ließ, wenn es gelang, die irrationalen Leidenschaften zu beherrschen und Unwissenheit, Vorurteil, Furcht und Habsucht zu mäßigen.

Dieses Vertrauen in die Macht des Verstandes und der Wissenschaft war in Westeuropa sogar in der Mitte des achtzehnten Jahrhunderts keineswegs allgemein, zumindest nicht gleich intensiv und leidenschaftlich. Es wurde immer wieder von den schleichenden Zweifeln der Skeptiker in Frage gestellt, von der Feindseligkeit der orthodoxen Verteidiger der Autorität des Staates und der Kirche, von den Verteidigern individueller und kultureller Verschiedenartigkeit und lokaler und traditioneller Werte ebenso wie von den Befürwortern einer nicht durch universelle Regeln und Vorschriften eingeengten künstlerischen Einbildungskraft, die um die Jahrhundertmitte begonnen hatten, die Bastionen des Neoklassizismus anzugreifen. Trotzdem scheint es mir nicht unrichtig zu sagen, daß die Tradition der Aufklärung vor allem auf den Annahmen beruhte, die ich oben vereinfacht und umrißhaft dargestellt habe. Trotz des Plädoyers für ein historisches Verstehen und trotz der Verherrlichung der Schönheit und Kraft der frühen epischen Poesie durch Kritiker wie von Muralt, Bodmer und Breitinger in der Schweiz, Lowth, Blackwell und Vater und Sohn Warton in England und vor allem durch den Begründer des Historismus, Giambattista Vico in Neapel, trotz des wachsenden Interesses für die Bibel als Nationalepos der Juden, für Homer als Stimme der Menschen ganz Griechenlands, für die Sagen der Nordländer und Kelten, für orientalische Literatur, für Shakespeare und Milton, für Volkslieder, Mythen, Legenden und vor allem für die vielfältigen kulturellen Traditionen, die sich nicht in die kritische Zwangsjakke der Pariser Geschmacksrichter zwängen ließen, blieb diese Reaktion weitgehend auf das Gebiet der Literatur und der Künste beschränkt. Das ideologische Gebäude der Aufklärung selbst aber blieb relativ unangefochten.

Der erste heftige Angriff – kompromißlos, leidenschaftlich und mit weitreichenden Konsequenzen – kam aus Deutschland. Hier ist nicht der Ort, die vielen Faktoren herauszuarbeiten, die zu dem deutschen Gegenschlag gegen die kulturelle Vorherrschaft Frankreichs in der westlichen Welt geführt haben. Sicherlich spielten dabei die antirationalistischen Strömungen in der Lutherischen Reformation eine Rolle, ebenso die relative kulturelle und ökonomische Verarmung der deutschsprachigen Bevölkerung im Jahrhundert nach Luthers Reformation im Vergleich zu der großen kulturellen Blüte Italiens, Frankreichs, Englands, Spaniens und der Niederlande, die unter den Deutschen ein wachsendes Bewußtsein der eigenen Provinzialität und mit ihm ein Minderwertigkeitsgefühl hervorrief, das durch die Katastrophen des Dreißigjährigen Krieges noch verstärkt wurde. Da ich kein Sozialhistoriker bin, kann ich nicht über die Wurzeln und die Wirkungen des Ressentiments und des verletzten Selbstbewußtseins spekulieren, das in den deutschen Territorien fast unvermeidlich aufkam, besonders in Bezug auf Frankreich, das damals in vollem Glanz seiner Macht, seines Reichtums und seiner künstlerischen Leistungen stand. Aber sogar für den Laien ist deutlich, daß diese Situation mit der Entstehung des Pietismus zusammenhing, der zu denjenigen Unterströmungen des Luthertums gehörte, die am nachdrücklichsten auf Instrospektion, strenge Lebensführung und Versenkung in sich selbst zielten. Die Pietisten, die höchst unpolitisch waren und die Welt in ihrer Vielfalt verachteten, suchten die unmittelbare Gemeinschaft der einzelnen Seele mit Gott. Zugleich höchster Gefühlsemphase und äußerster Selbstdisziplin fähig, mißtrauten sie jeder Hierarchie, allem Ritual, der Gelehrsamkeit und rationaler Spekulation – dies alles unterdrücke die lebendige Stimme des individuellen Bewußtseins mit seinem kategorischen Sinn für moralische und geistliche Pflichten, eine untrügliche Stimme in dem endlosen Kampf in der Seele und für die Seele des sündigen Menschen zwischen dem Wort Gottes und den Versuchungen der Welt, des Fleisches und des Teufels. Der Pietismus war in Ostpreußen besonders stark, wo sich in der Mitte des achtzehnten Jahrhunderts die fromme, konservative Bevölkerung dem Versuch Friedrichs des Großen erbittert widersetzte, diese rückständige und halbfeudalistische Provinz durch französisch sprechende Beamte modernisieren zu lassen. Dieses Gefühl lag sicherlich der heftigen Abneigung gegen den Materialismus, Utilitarismus, ethischen Naturalismus und Atheismus der französischen Aufklärung zugrunde, auf die man bei Denkern wie Hamann, Lavater, Herder und sogar bei Kant stößt. Sie und ihre Schüler Jacobi, Fichte, Schelling und Baader waren nur der philosophische Ausdruck der deutschen kulturellen Widerstandsbewegungen, des Sturm und Drang, der »Vorromantik« und sogar der Romantik selbst.

Ich möchte ein paar Worte über die rätselhafte Gestalt Hamanns sagen, des Magus im Norden, wie Kant und andere ihn genannt haben, der der vielleicht einflußreichste Kopf dieser gefühlsbetonten, im Grunde religiösen Opposition war, ein Mann, der als der erste Abtrünnige der Aufklärung beschrieben wird, als der Anführer ihrer Vendée. Er wurde 1730 in Königsberg geboren und, wie sein älterer Freund und zeitweiliger Förderer Kant, streng pietistisch erzogen. In den fünfziger und sechziger Jahren sah man in ihm einen vielversprechenden jungen Schriftsteller im Dienst der deutschen Aufklärung. Er machte sich zuerst mit einer Übersetzung einer französischen Schrift über den Handel einen Namen, der er eine eigene Untersuchung über die Wirkungen des Handels und die gesellschaftlichen Wohltaten der Kaufleute beigab. Er bewunderte Lessing und wurde von Moses Mendelssohn, Nicolai und den anderen Vertretern der liberalen deutschen Kultur in Berlin gefördert. Kant und seine Freunde setzten große Hoffnungen in ihren jungen Schützling. Während eines kurzen Aufenthalts in London um die Jahreswende 1757/58 machte Hamann jedoch eine geistige Krise durch, wandte sich wieder dem pietistischen Glauben seiner frühen Jahre zu und kehrte als Gegner der Aufklärung nach Königsberg zurück. Bis ans Ende seines Lebens – er starb 1788 – veröffentlichte er eine Reihe heftiger Angriffe gegen den wissenschaftlichen Materialismus, Universalismus und Antiklerikalismus. Sie waren in exzentrischer, dunkler, rhapsodischer und sibyllinischer Prosa geschrieben, voll von oft unverständlichen Anspielungen, privaten Scherzen, kunstvollen Wortspielen und verschlungenen Abschweifungen auf dunkle Wege, die kein eigentliches Ziel zu haben schienen, und dies alles in einer Sprache, die er zweifellos so scharf wie möglich der ihm nun verhaßten Eleganz und Brillanz, der leeren Durchsichtigkeit und geistigen Dürftigkeit der *habitués* der Pariser Salons gegenüberstellen wollte, jener blinden Führer von Blinden, die von der Wahrheit und dem inneren Leben des Menschen abgeschnitten waren. Von seinem Temperament her stand er denen, die versuchten, eine intelligible Ordnung im Universum zu finden, die in ein theoretisches System gebracht und mit seiner Hilfe ausgedrückt werden konnte, nicht bloß gleichgültig gegenüber, sondern sah sich in einem tiefen Gegensatz zu ihnen. Er gehörte zu den (vielleicht häufiger östlich als westlich des Rheins anzutreffenden) Denkern, deren Abscheu vor den wohlgeordneten, rationalen Schematismen sie dazu führt, nach dem Außergewöhnlichen und Irregulären zu suchen, wenn es nur dazu taugt, das Vertrauen in allgemeine Gesetze zu untergraben und all diejenigen zu verwirren, die die reiche Vielfalt der Wirklichkeit in ihren künstlichen Konstruktionen einfangen und ordnen zu können glauben. Monistische, dualistische und pluralistische Systeme waren für ihn gleichermaßen trügerische Chimären, Versuche, das einzugrenzen, was sich nicht eingrenzen ließ, die heftig widerstreitenden, unvorhersagbaren und oft chaotischen Gegebenheiten der unmittelbaren Erfahrung einzufangen und mit Hilfe logischer oder metaphysischer Verknüpfungen zur Regelmäßigkeit und Symmetrie zu bringen. Er bezeichnet sie als Dämme aus Sand, die die Wogen eines Ozeans zurückhalten sollen.

Man kann sich kaum eine Haltung vorstellen, die stärker gegen das wissenschaftliche und rationale Denken gerichtet wäre. Für Hamann kann jedes Wissen nur durch die unmittelbare Konfrontation mit der Wirklichkeit erworben werden, durch die Sinne, den

Trieb, die Einbildungskraft und die unmittelbare, unwidersprechliche Einsicht des Dichters, des Liebenden und des Mannes von schlichtem Glauben. Sein Lieblingszitat ist 1. Korinther 1, 27: »Sondern was töricht ist vor der Welt, das hat Gott erwählt, damit er die Weisen zuschanden mache« – diese Weisen, das sind Descartes, Voltaire und ihre Schüler im freidenkerischen Berlin. Wie William Blake glaubte Hamann, daß die Wahrheit immer einzeln und niemals allgemein ist; wirkliches Wissen ist direktes Wissen, das durch eine Art unmittelbarer Anschauung erworben wird; die äußeren wie die inneren Sinne bezeichnen nicht, sondern bieten die Gegebenheiten unmittelbar dar, und jeder Versuch, sie in Systeme zu zwängen, zerstört ihre konkrete Wirklichkeit. Das Band zwischen dem Glauben und den Sinnen zu durchschneiden ist das erste Symptom unserer verkehrten Art des Denkens. Glaube in Hamanns Sinn ist ein »Grundtrieb«, ohne den wir niemals handeln könnten.[1] Worte sind Symbole, die eine sprechende Stimme übermitteln, sie sind entweder eine Weise der Verständigung zwischen wirklichen Menschen, unsterblichen Seelen, oder sie sind bloß mechanische Werkzeuge, klassifizierende Instrumente einer unpersönlichen Wissenschaft. Hamann war ein leidenschaftlicher christlicher Pietist und glaubte, daß die Menschen eine unmittelbare Erfahrung Gottes haben oder haben könnten, überall und immer: Die Worte der Bibel sind die Stimme Gottes, der unmittelbar zu den Menschen spricht, und ebenso ist die ganze Natur für alle, die Augen haben zu sehen und Ohren zu hören, wie auch die Geschichte der Menschheit eine göttliche Sprache, die einem unverstellten, nicht durch die Formeln der Pariser Sophisten verdorbenen Verstehen geistige Wahrheiten eröffnet. Nicht die Wörter sind das eigentliche Hindernis für die Schau der Wirklichkeit, wie Bacon, Locke und Berkeley gemeint hatten. Die direkte Wahrnehmung wird vielmehr durch Begriffe, Systeme und Theorien entstellt, und solche buchhalterischen Hilfsmittel mögen bei der Organisation und Beherrschung von Ökonomie und Politik ange-

---

1 Johann Georg Hamann, *Sämtliche Werke*, hrsg. von Joseph Nadler, Wien 1949-57 (im folgenden *Werke*), Bd. 3, S. 190. Alle Verweise auf Hamanns Schriften beziehen sich auf diese Ausgabe, mit Ausnahme der Briefe: Briefe aus den Jahren 1751-86 werden zitiert nach Johann Georg Hamann, *Briefwechsel*, hrsg. von Walther Ziesemer und Arthur Henkel, Wiesbaden 1955-75 (im folgenden *Briefwechsel*), spätere Briefe nach *Johann Georg Hamann's, des Magus im Norden, Leben und Schriften*, hrsg. von C. H. Gildemeister, Gotha 1857-73 (im folgenden *Schriften*).

wandt werden – Gebiete, die Hamann nicht mehr interessierten –, aber sie können keineswegs die wirkliche Welt enthüllen. Sie sind bloße Fiktionen, *entia rationis*, von Menschen geschaffene Gebilde, die fälschlicherweise mit der wirklichen Welt identifiziert werden. Nur Einsicht, die dem Fühlen entspringt – in ihrer höchsten Gestalt aus der Liebe zu einem Menschen oder einem Gegenstand –, kann offenbaren und erleuchten. Man kann die gespenstischen Netze aus Formeln, allgemeinen Sätzen, aus Gesetzen, Begriffen und Kategorien, die die französischen Philosophen zwischen sich und die Wirklichkeit geschoben haben, unmöglich lieben. Der Philosoph hat die Aufgabe, das Leben in all seinen Widersprüchen und Eigenarten zu erklären und darf sie nicht glätten oder durch hypostasierte Abstraktionen, idealisierte Größen, ersetzen, die für begrenzte Zwecke nützlich sein können, aber doch reine Erfindung bleiben. Gott ist ein Dichter, kein Mathematiker. Nur Männer wie Spinoza weben Systeme, die die wirkliche Welt ausschließen, die »nur klein Ungeziefer verwickeln« [2] können, und bauen »Luftschlösser« [3]. Die Menschen haben »Wörter für Begriffe, und Begriffe für die Dinge selbst« [4] genommen. Für Hamann vermochte kein System, keine ausgefeilte Konstruktion wissenschaftlicher Allgemeinheiten wirklich dazu zu befähigen, daß man wahrnahm, was in einer Geste, einem Blick, einem Tonfall oder einem Stil ausgedrückt war, oder die Zeile eines Gedichts, ein Gemälde, eine Vision, einen geistigen Zustand, eine Stimmung oder eine Lebensform zu verstehen – wie können Menschen, die in solchen Gespinsten der Abstraktion gefangen sind, in eine Gemeinschaft mit ihren Mitmenschen treten oder gar mit Gott, der zu ihnen in der einfachen, menschlichen Sprache der Bibel spricht, in den flammenden Worten erleuchteter Visionäre, durch die Natur und die Geschichte, wenn die Menschen nur zu sehen und zu hören verstünden.

Was wirklich ist, ist immer ein Besonderes; worauf es ankommt, ist das Einmalige, das Individuelle, das Konkrete, das, worin etwas sich von anderem unterscheidet, denn das ist sein Wesen und sein Kern – nicht das, was es mit anderen Dingen gemeinsam hat und was die generalisierenden Wissenschaften zu erfassen versuchen.

---

2 Brief an Kant, 27. Juli 1759, *Briefwechsel*, Bd. 1, S. 378.
3 Brief an Jacobi, 14. November 1784, ebd., Bd. 5, S. 265f.
4 Ebd., S. 264.

»Leidenschaft allein giebt Abstractionen sowohl als Hypothesen Hände, Füße, Flügel.« Gott spricht zu uns in poetischen Worten, die sich an die Sinne wenden, nicht in Abstraktionen für die Gelehrten. Männer wie Kant (sein enger Freund) leiden, wie er sagt, an einem »gnostischen Haß gegen Materie«[5], bilden die Welt in künstliche Schemata um und leben in einer Welt von Fiktionen. Systeme – Hamann betont das immer wieder – sind bloß Gefängnisse des Geistes, sie führen nicht nur zu falschen Vorstellungen, sondern früher oder später zur Errichtung gewaltiger bürokratischer Apparate, die nach Regeln gebaut sind, die die Vielfalt des einzelnen, immer einzigartigen und unvergleichbaren Lebens der Menschen ignorieren und die lebendigen Geschöpfe dem Mechanismus eines repressiven politischen Systems unterwerfen – alles im Namen eines geistigen Trugbildes, das in keiner Beziehung zum Gang der Geschichte und zum wirklichen Leben der Menschen steht. Um einen Menschen, eine Gruppe oder eine Religionsgemeinschaft zu verstehen, muß man begreifen, wodurch sie geformt wird, die Einheit aus Sprache, Tradition und Geschichte. Jeder Hof, jede Schule, jeder Beruf und jede Religionsgemeinschaft hat ihre eigene Sprache. Wie findet man den Weg zu ihnen? Mit der Leidenschaft eines Freundes, wie ein Liebender, mit Glauben und nicht durch die Anwendung von Regeln. Die Wirklichkeit ist ein unanalysierbarer, dynamischer und sich wandelnder Organismus, der nicht durch die statischen Formeln der Mathematik und der Naturwissenschaften dargestellt werden kann. Alle absoluten Regeln, alle dogmatischen Vorschriften sind verhängnisvoll; für die gewöhnliche Lebensführung mögen sie notwendig sein, aber Großes wurde durch ihre Befolgung noch nie erreicht.

Die englischen Kritiker, vor allem Young, hatten zu Recht behauptet, daß Originalität ein Durchbrechen der Regeln erfordere, daß jeder schöpferische Akt, jede erleuchtende Einsicht nur dann möglich sei, wenn man die Vorschriften der überheblichen Meister der Theorie außer Kraft setze. So schreibt Hamann: »Denn wer keine Ausnahme macht, kann kein Meisterstück liefern; weil Regeln vestalische Jungfrauen sind, durch die Rom vermittelst Ausnahmen bevölkert werden mußte.« Die Natur ist kein geordnetes Ganzes: sogenannte vernünftige Menschen sind Wesen mit Scheuklappen, die in unbeirrtem Trott einhergehen, weil sie für die

---

5 *Werke*, Bd. 3, S. 285.

wahre und zutiefst verwirrende Wirklichkeit blind sind, gegen die sie sich mit ihren sonderbaren selbstfabrizierten Apparaturen abschotten. Hätten sie einen Schimmer davon, wie es wirklich ist – ein wilder Tanz –, dann würden sie den Verstand verlieren. Wie konnten diese kläglichen Pedanten wagen, der weiten Welt der unaufhörlichen, fruchtbaren und unvorhersagbaren göttlichen Schöpfung ihre engen und ausgetrockneten Kategorien aufzudrücken? Es gibt kein Wissen außer der direkten Wahrnehmung – einem unmittelbaren Sinn für die Wirklichkeit, den Hamann »Glauben« nennt, ein unmittelbares Fassungsvermögen, das jeder Mensch für die fraglose Annahme von *data* und nicht von *ficta* hat.[6] Der Glaube ist dem Sehen und dem Schmecken analog – die physischen Sinne geben mir eine unmittelbare Erfahrung der natürlichen Welt, während der Glaube dafür nötig ist, um mir mein inneres Leben zu enthüllen, ebenso wie den Sinn dessen, was andere mir durch Symbole, Gesten, rituelle Handlungen, durch Kunstwerke, Bücher oder irgendeinen anderen Ausdruck der Einbildungskraft oder der Leidenschaft sagen. Glaube ist für Hamann so etwas wie die Sinne; wie die Sinne kann er nicht durch die Vernunft widerlegt werden und ist nicht ihr Werk; er bedarf keiner Beweise, er beruht nicht auf Gründen und ist keinen Zweifeln ausgesetzt; er kann irren, aber nicht durch Kalkulieren oder rationale Argumente berichtigt werden, auf keinen Fall durch die Konstruktionen der Wissenschaftler, die bestenfalls bloß praktische Ratschläge für nützliche Zwecke liefern können, aber der Seele und den Sinnen nichts sagen, durch die allein Gott und die Natur zu uns sprechen.[7] Die Neunmalklugen aus Paris und ihre Verbündeten in Berlin, die die Natur zerschneiden, gehen mit toter Materie um: sie wissen eine Menge, aber sie verstehen nichts. Der Mensch ist nicht zum Vernünfteln geboren, sondern um zu essen, zu trinken und zu zeugen, um zu lieben und zu hassen, zu leiden und zu opfern und Gott zu dienen. Aber davon weiß man in Paris nichts, wo das monströse *cogito* das erhabene *sum* verdunkelt hat.

Hamann hat nicht weniger versucht als eine völlige Umkehrung der Werte der Aufklärung. An die Stelle des Abstrakten und Allgemeinen wollte er das Besondere und Konkrete setzen, an die Stelle der theoretischen Konstruktionen, stilisierten Ordnungen und

---

6 *Schriften*, Bd. 5, S. 668; vgl. auch *Werke*, Bd. 3, S. 190 (siehe Anm. 1).
7 *Werke*, Bd. 2, S. 73 f.

idealisierten Körper und Wesenheiten der Philosophen und Natur-wissenschaftler das unmittelbar Gegebene, das Unvermittelte, das Sinnliche. Er war im strengen Sinne des Wortes ein Reaktionär, er wollte zu einer älteren Tradition der Zeitalter des Glaubens zu-rückfinden – Qualität statt Quantität, Vorrang des Gegebenen vor dem analysierenden Verstand, die unmittelbar wahrgenommenen sekundären Qualitäten und nicht die abgeleiteten primären, freie Einbildungskraft, nicht Logik. Er war zutiefst von der Untrennbar-keit von Geist und Materie, der sinnlichen und geistigen Eigen-schaften des Menschen, überzeugt und von der Allgegenwart des transzendenten und persönlichen Gottes, nicht der entpersönlich-ten Weltseele der Pantheisten oder des fernen Uhrmachers, jenes rational bewiesenen, schattenhaften höchsten Wesens der Dei-sten.

Ich habe versucht, den Grundzug im Denken dieses höchst un-systematischen Vaters der deutschen Romantik aufzuzeigen, sei-nen Widerwillen gegen die französischen *raisonneurs* und seine Verherrlichung alles Irregulären im Leben, der Außenseiter und Vagabunden, der Ausgestoßenen und Visionäre, zu denen er sich hingezogen fühlte, weil sie Gott näher seien als die liberalen Theo-logen, die mit logischen Mitteln seine Existenz beweisen wollten. »Wer Gott im Kopfe fassen wolle«, hatte ein deutscher Pietist[8] drei-ßig Jahre früher geschrieben, »der wird ein Atheiste«, und dies war es, was Hamann selbst glaubte. Religion war für ihn die unmittel-bare Erfahrung der Gegenwart Gottes – oder sie war nichts. Vom Glauben zur Offenbarung war es nur ein kleiner Schritt. Hamanns Religion war die des brennenden Dornbusches, nicht die der tho-mistischen Logik oder die »natürliche«, halb-lutherische Religion. Seine Religion entsprang einer dionysischen Erfahrung, nicht apollinischer Kontemplation. Wenn der Angriff gegen jede Verall-gemeinerung so auf die Spitze getrieben wird, wie es bei ihm ge-schieht, führt das unvermeidlich dazu, sogar die Möglichkeit jeder Sprache und jedes Denkens aufzuheben. Hamann hat das nicht ge-kümmert. Er war von der Überzeugung besessen, daß die Fülle des Lebens, die verwandelnden Augenblicke plötzlicher Erleuchtung in Analyse und Zergliederung zergehen. Es ist nicht überraschend, daß er von Goethe und den Romantikern aufs höchste bewundert,

---

8 Graf Nikolaus Ludwig von Zinzendorf; vgl. *Zinzendorf: Über Glauben und Leben*, hrsg. von Otto Herpel, Sannerz/Leipzig 1925, S. 16.

von Hegel aber nachdrücklich kritisiert wurde und daß er Herder, Jacobi und vor allem Kierkegaard, der ihn den »Kaiser« nannte, inspiriert hat.

Was hat das alles, wird man fragen, mit Hume zu tun, dessen Temperament, dessen Anschauungen und ganzem Habitus eine so ekstatische Sichtweise völlig fremd war und den nichts so heftig abstieß wie Inbrunst, Fanatismus und religiöser Enthusiasmus, eine Einstellung, die sein bester Biograph auf seine streng presbyterianische Erziehung zurückführt. In der Tat, mit Hume selbst hat all dies überhaupt nichts zu tun, wohl aber sollte er, wie sich herausstellte, eine wichtige Rolle dabei spielen.

II

Humes Werke wurden, wie die anderer Engländer, in der Mitte des achtzehnten Jahrhunderts in Deutschland sehr viel gelesen. Sein *Treatise of Human Nature* wurde erst 1790 ins Deutsche übersetzt, aber einige seiner moralphilosophischen, politischen und literarischen Abhandlungen wurden unter dem Titel *Vermischte Schriften* zwischen 1754 und 1756 auf deutsch veröffentlicht, darunter *An Enquiry concerning Human Understanding*, 1755. Eine deutsche Fassung von *The Natural History of Religion* erschien 1755, eine Anthologie seiner Schriften, zusammengestellt von J. G. Bremer und vielleicht aus dem Französischen übersetzt, 1774 und eine vollständige Übersetzung der posthumen *Dialogues on Natural Religion* durch K. G. Schreiter 1781.

Hamann hat Hume sein Leben lang studiert. Er las ihn teilweise in Übersetzung, hauptsächlich aber im Original – mit Sicherheit las er den *Treatise*, vermutlich während seines frühen Londonaufenthaltes. Zum ersten Mal erwähnt er Hume 1756, nach der Lektüre der deutschen Übersetzung der Aufsätze. In Briefen an Jacobi schreibt er 1787: »Ich habe ihn studirt, ehe ich noch die Socr. Denkw. schrieb [also vor 1759] und meine Lehre vom Glauben eben derselben Quelle zu verdanken«[9], und: »Ich war von Hume voll, wie ich die Socr. Denkw. schrieb . . . *Unser eigen Daseyn und die Existenz aller Dinge* ausser uns muß *geglaubt* und kann auf kei-

---

9 Brief an Jacobi, 22. April 1787, *Schriften*, Bd. 5, S. 492 f.

ne andere Art ausgemacht werden.«[10] Die These, daß Hamann seinen Begriff vom Glauben als Fundament allen Wissens und Verstehens nur aus Hume abgeleitet habe, mag übertrieben sein, aber ebenso besteht kein Zweifel, daß Humes Begriff des »belief« – besonders etwa eine Aussage wie die im *Treatise*, daß *»Glauben viel eigentlicher Akt des fühlenden als des denkenden Teils unserer Natur ist«*[11] – einen nachhaltigen Eindruck auf Hamann gemacht hat, eine Rolle bei dessen Rückkehr zu einem leidenschaftlichen christlichen Glauben spielte und sicherlich seinen Antiintellektualismus verstärkte, indem er ihm eine mächtige Waffe gegen den Cartesianismus an die Hand gab. Die Lehre, daß der Verstand unfähig sei, durch bloß logische Schritte von einer Tatsachenbehauptung über die Welt zu einer anderen zu gelangen, und daß deshalb das ganze ontologische Gebäude der Cartesianer oder sogar jeder rationalistischen Metaphysik auf einem entscheidenden Irrtum beruhe, das war für Hamann und seine Nachfolger ein Geschenk von unschätzbarem Wert. Sie benutzten dieses Argument als Sturmbock gegen den ihnen verhaßten Wolffianismus, der damals die deutschen Universitäten beherrschte; für sie entgeistigte er die Welt und reduzierte ihr unregelmäßiges, lebendiges Gewebe auf eine künstliche Struktur blutleerer Kategorien oder, in der empiristischen Version, auf den toten Materialismus eines Holbach oder Helvétius, der für Hamann keine Farbe, nichts Neues und Geniales, nicht Donner, Blitz, Todeskampf und Erlösung enthielt. In dieser Richtung bildete er Humes psychologische und logische Begriffe in religiöse um. Für Hamann waren Vertrauen, Glaube und Offenbarung letztlich eins.

Trotzdem war Humes Skeptizismus – vor allem seine Verneinung der Existenz notwendiger Verbindungen in der Natur und seine Loslösung der logischen Relationen von der wirklichen Welt, wodurch Kant aus seinem dogmatischen Schlummer gerissen worden war – Hamann hochwillkommen, denn er machte den Weg frei für das menschliche Grundvermögen, den Glauben, ohne den weder Denken noch Handeln, weder eine äußere Welt noch

---

10 Brief an Jacobi, 27. April 1787, ebd., S. 506; der letzte Satz ist ein Selbstzitat; vgl. *Werke*, Bd. 2, S. 73.
11 David Hume, *A Treatise of Human Nature*, hrsg. von L. A. Selby-Bigge, Oxford 1888 (im folgenden *Treatise*), S. 188 [*Ein Traktat über die menschliche Natur*, deutsch von Theodor Lipps. Mit einer Einführung neu hrsg. von R. Brandt, Hamburg 1973, S. 245f.].

die Geschichte und weder Gott noch andere Menschen wären, nichts außer einem unwiderlegten Solipsismus. Hamann täuschte sich nicht über Humes allgemeine Position. Wer verlangt hatte, daß die Philosophie die Methoden der Naturwissenschaften übernehmen müsse, wenn sie sich mit dem menschlichen Geist befasse, konnte nur ein Gegner sein. Aber Hume hatte, wenn auch unbeabsichtigt, in einem entscheidenden Punkt die Wahrheit aufgedeckt. »Hume«, schrieb Hamann 1781 an Herder, offensichtlich, um ihn Kant gegenüberzustellen, »ist immer mein Mann, weil er wenigstens das *Principium* des *Glaubens* veredelt und in sein System aufgenommen«.[12] Zweifellos identifizierte Hamann Humes Theorie des »*belief*« ungerechtfertigterweise mit der ganzen Lehre des paulinischen Glaubens an nicht sichtbare Dinge. Trotzdem, Vertrauen auf die Wirklichkeit, der Glaube an sie und ihre Anerkennung ohne einen apriorischen Beweis bilden die Grundlage von Humes Erkenntnistheorie. Einen so mächtigen Bundesgenossen im feindlichen Lager gefunden zu haben, in der Gestalt eines Ungläubigen, durch dessen Mund Gott beschlossen hatte, eine entscheidende Wahrheit zu offenbaren, das war an sich schon ein wunderbares Geschenk. Gegen Ende des Vorworts zur zweiten Auflage der *Kritik der reinen Vernunft* sagt Kant in einem berühmten Satz: »so bleibt es immer ein Skandal der Philosophie und allgemeinen Menschenvernunft, das Dasein der Dinge außer uns ... bloß auf *Glauben* annehmen zu müssen, und, wenn es jemand einfällt es zu bezweifeln, ihm keinen genugtuenden Beweis entgegenstellen zu können«.[13] Was für Kant ein Skandal ist, stellt Hamann in den Mittelpunkt seiner Lehre, und zur Bestätigung zitiert er aus Humes *Enquiry:* »Es scheint offenkundig, daß die Menschen durch einen natürlichen Instinkt oder eine Voreingenommenheit zum Vertrauen in ihre Sinne gebracht werden«[14]; und an Kant schreibt er: »Der attische Philosoph, *Hume*, hat den Glauben nöthig, wenn er ein Ey eßen und ein Glas Wasser trinken soll ... Wenn er den Glauben zum Eßen und Trinken nöthig hat: wozu verleugnet er

---

12 Brief an Herder, 10. Mai 1781, *Briefwechsel*, Bd. 4, S. 294.
13 *Kant's gesammelte Schriften*, Bd. 3, Berlin 1911, S. 23, Anm.
14 David Hume, *Enquiries Concerning the Human Understanding and Concerning the Principles of Morals*, hrsg. von L. A. Selby-Bigge, dritte, von P. H. Nidditch durchgesehene Ausg. Oxford 1975 (im folgenden *Enquiries*), S. 151 [*Eine Untersuchung über den menschlichen Verstand*, übers. und hrsg. von H. Herring, Stuttgart 1967, S. 191].

sein eigen *Principium*, wenn er über höhere Dinge, als das sinnliche Eßen und Trinken urtheilt.«[15] Mit anderen Worten, wenn die Wirklichkeit der äußeren Welt durch Glauben als eine Form unmittelbarer Kenntnis garantiert ist, warum sollte dies dann nicht auch für unsere Beziehung zu Gott gelten, für das Vertrauen oder den Glauben derer, die Gott täglich und stündlich in seiner Schöpfung sehen, die seine Stimme in seinen heiligen Büchern hören, in den Worten seiner Heiligen und Propheten, die man unter den Niedrigsten und Verachtetsten der Menschheit antreffen kann? Bei allen seinen sonstigen Irrtümern – hinsichtlich des Glaubens hat Hume ganz gewiß recht. Ohne den Glauben, schreibt Hamann 1759 an Kant, ist keine Handlung möglich: Wenn man für alles einen Beweis will, dann kann man überhaupt nicht handeln – und dies weiß Hume.

Obwohl Humes Begriff des Glaubens nicht eben klar ist, wie er selbst im *Treatise* zugesteht, ist er gleichwohl von Hamanns gleichsam intuitivem, unfehlbarem, paulinisch-lutherischem Glauben weit entfernt. Hume redet gelegentlich vom Glauben als einem besonderen und nicht weiter beschreibbaren »Gefühl«[16] oder einer »größeren *Kraft, Lebhaftigkeit, Widerstandsfähigkeit, Festigkeit* oder *Beständigkeit*«[17] und ähnlichem. Aber die Vernünftigkeit und Rechtfertigung von Annahmen über die Wirklichkeit beruht nicht so sehr auf der Evidenz einer derartigen Introspektion als vielmehr auf dem wiederholten Zusammentreffen von Eindrücken und der Verbindung der daraus resultierenden Vorstellungen, das heißt, auf Regelmäßigkeiten in der Erfahrung und der daraus abgeleiteten Konstruktion eines systematischen Netzes verläßlicher Erwartungen, ohne das weder menschliches Denken noch Handeln möglich wären. Obwohl die induktiven Methoden, die auf dem unbeweisbaren Vertrauen beruhen, daß die Zukunft der Vergangenheit nicht unähnlich sein wird, keine endgültige Sicherheit gewähren können, erzeugen sie doch verschiedene Wahrscheinlichkeitsgrade. Aufgrund dieses Sachverhalts glaubt Hume, zumindest gelegentlich, daß rationale Überzeugungen (die er in seiner etwas lockeren Manier mit Brauch, Gewohnheit, Er-

---

15 *Briefwechsel*, Bd. 1, S. 379.
16 Z. B. *Treatise*, S. 624 [*Traktat*, S. 355]. *Enquiries*, S. 48f. [*Untersuchung*, S. 68]; *An Abstract of a Treatise of Human Nature*, hrsg. von J. M. Keynes und P. Sraffa, Cambridge 1938, S. 18-21.
17 *Treatise*, S. 629 [*Traktat*, S. 132].

fahrung, Natur und ähnlichem gleichzusetzen neigt) durchaus von bloßer Phantasie oder bloßen Vermutungen, von Vorurteil oder Aberglaube unterschieden werden können. Da die Existenz eines Dinges niemals logisch die Existenz eines anderen implizieren kann, sind diese Methoden für uns die einzigen, mit denen wir ein Wissensgebäude errichten können. Durch die Anwendung dieses Kriteriums auf die Aussagen der Theologen, der orthodox christlichen wie der deistischen, rechtfertigt Hume seine äußerst skeptischen und vernichtenden Schlußfolgerungen.

Nichts könnte Hamanns leidenschaftlicher Verteidigung des Glaubens als der einzigen Brücke zur äußeren Welt, zu anderen Menschen und zu Gott ferner sein. Manchmal gesteht er dies beinahe selbst zu, etwa wenn er 1787 an Jacobi schreibt: »Noch weiß ich weder, was Hume, noch was wir beide unter Glauben verstehen. Je mehr wir darüber reden oder schreiben würden, desto weniger würde uns gelingen, dieses Quecksilber festzuhalten – *Sat prata biberunt*. Glaube ist nicht jedermanns Ding und auch nicht communicabel wie eine Waare, sondern das Himmelreich und die Hölle in uns.«[18] Das ist Humes Welt sehr fern, worüber sich Hamann in gewissem Sinn durchaus klar ist, denn er ignoriert bei Hume systematisch alles, was ihm widerstrebt, und das ist nahezu alles für den schottischen Philosophen eigentlich Charakteristische. So sagt er nichts über Humes nachdrückliche Anerkennung der »angenommenen Maximen der Wissenschaft, Moral, Klugheit und des Verhaltens«[19], die für Hamann selbst nichts anderes als philisterhafte Schranken für die authentische Schau der Wahrheit sind. So hat er auch zu der wesentlichen Unterscheidung im *Treatise* zwischen Aberglaube und Vorurteil einerseits und einem Glauben andererseits, der durch unmittelbare Erfahrung und die Evidenz einer beständigen Verknüpfung gestützt wird, nichts zu sagen. Er ignoriert Humes Psychologie des Glaubens als einer Wirkung der Natur, der Sitten, der Tradition und dergleichen und verabscheut die Assoziations-Psychologie mit ihrer mechanischen Be-

---

18 Brief an Jacobi, 27.-30. April 1787, *Schriften*, Bd. 5, S. 517. Vgl. dazu W. M. Alexander, *Johann Georg Hamann: Philosophy and Faith*, The Hague 1966, S. 130ff.

19 Diese Einstellung Humes hebt Shirley Robin Letwin zu Recht hervor; vgl. ihren Aufsatz »Hume: Inventor of a New Task for Philosophy«, *Political Theory* 3 (1975), S. 134-58. Für Humes Wendung vgl. *Hume's Dialogues Concerning Natural Religion*, hrsg. von Norman Kemp Smith, Oxford 1935 (im folgenden *Dialogues*), S. 169 [*Dialoge über natürliche Religion*, übers. von Norbert Hoerster, Stuttgart 1981, S. 16].

trachtungsweise und ihrer, wie er es nennt, Haarspalterei. Ebenso wird er vermutlich mit Humes Begriff des Selbst als eines Bündels von Empfindungen, des Spielballs von Wünschen und Leidenschaften, nichts zu tun gehabt haben wollen. Für Hamann ist es vielmehr eine unsterbliche Seele, die man durch unmittelbaren Glauben kennt, und mit einem inneren Leben, das mit Dingen zu tun hat, von denen Humes Philosophie nicht einmal geträumt hatte. Hume ist für Hamann ein Ungläubiger, dessen theologische Ansichten für ihn deshalb nicht in Betracht kommen können. Folgerichtig übersieht er die Inkonsistenz zwischen Humes offensichtlich deistischem Argument in *The Natural History of Religion* und dessen Auflösung und Ersetzung durch Philos totalen Agnostizismus in den *Dialogues*, wie Kemp Smith und andere herausgearbeitet haben. Ebensowenig beachtet er Humes heftige Ausfälle gegen eben die Form christlichen Glaubens, für die er und seine Freunde leidenschaftlich eintraten.

Humes Positivismus und sein Antiklerikalismus stehen Hamanns geistigen Interessen gleichermaßen fern. Er erwähnt nicht die berühmte Stelle im 12. Abschnitt der *Enquiry*, alles den Flammen zu übergeben, was weder quantitativ noch empirisch ist, und ebensowenig erwähnt er die genauso berühmte Bezeichnung der historischen Religionen als »Träumereien dummer Menschen« und »übermütige Grillen von Eseln in menschlicher Gestalt«[20], von denen Hume erklärte, daß »es in einem zukünftigen Zeitalter vermutlich äußerst schwierig sein wird, ein Land davon zu überzeugen, daß irgendein menschliches Lebewesen, ein Lebewesen mit aufrechtem Gang, jemals an solche Prinzipien geglaubt hat. Und tausend zu eins, aber diese Länder werden selbst in ihren eigenen Überzeugungen genauso Absurdes haben, in das sie genauso blind und andächtig einstimmen.«[21] In der Theorie spricht Hume nur von absurd irrationalen Systemen und Religionen, aber Irrationalität war in Hamanns Augen keine Schwäche, im Gegenteil, er akzeptierte und glorifizierte sie. Sein Interesse an Hume war groß und hielt sein Leben lang an, aber es beschränkte sich auf Humes Argument gegen die Auffassungen des Verstandes bei den rationalistischen Philosophen, den Nachfolgern von Descar-

---

20 *The Natural History of Religion*, Sektion 15, *Essays Moral, Political and Literary*, hrsg. von T. H. Green und T. H. Grose, London 1875, Bd. 2, S. 362.
21 Ebd., Abschn. 12, S. 344.

tes, Leibniz und Spinoza. Hume findet Hamanns Beifall nur für den Nachweis, daß der Verstand kein entdeckendes Organ sei, und für die Reduktion des Verstandes auf seine eigentliche Funktion als ein Vermögen der Verknüpfung, der Erläuterung, der Konsistenz und Klassifizierung, das jeder schöpferischen und offenbarenden Kraft entbehre. »Ein Geist zum Niederreißen, nicht zum Bauen; darin besteht der Ruhm eines Humes«, schreibt Hamann 1759 an Lindner.[22] Hume zerstört die metaphysischen Illusionen, und eben deshalb, weil der Systematiker Kant in seinem eigenen System in gewissem Sinne die von Hume in Mißkredit gebrachten apriorischen Verknüpfungsformen des Verstandes wiedereinsetzte, zog Hamann Hume seinem alten Königsberger Freund eindeutig vor, dem er manchmal – ein offenbar zweideutiges Kompliment – »den Titel eines preußischen Hume«[23] verlieh. Hume ist für Hamann natürlich eine der Säulen der Aufklärung, er kämpft auf der falschen Seite der Barrikaden, und trotzdem sieht Hamann in ihm eine Art Verbündeten wider Willen. »Wie die Natur«, schreibt er 1759 an Lindner, »den Boden giftiger Kräuter mit Gegengiften in der Nähe beschenkt; und der Nil den Krokodil mit seinem Meuchelmörder zu paaren weiß: so fällt Hume in das Schwerdt seiner eigenen Wahrheiten.«[24] Wie Sokrates zeigt Hume, wie riesig das Gebiet menschlichen Unwissens ist – eine nützliche Waffe, notiert Hamann, gegen »unsere Klugen, und Schriftgelehrten«. Humes unsterbliches Verdienst liegt in seiner vernichtenden Kritik am Apriorismus, am Begriff logisch oder metaphysisch garantierter Wahrheiten über die Welt. Dies räumt für Hamann die rationalistischen Schranken aus dem Weg, die sich einer unmittelbaren Kommunikation mit der Natur und mit Gott in den Weg stellen, befreit die schöpferische Einbildungskraft, in der sich eine solche Kommunikation verkörpern kann, und bringt das Kartenhaus der metaphysischen Fiktionen zum Einsturz. Humes Relativismus hingegen, sein Phänomenalismus und seine Theorie der Rolle des »belief« bei der Herausbildung der wissenschaftlichen Erkenntnis, das alles bedeutet Hamann nichts. Diese ätzende Skepsis, die Hume mit Sokrates gemein hat, dieses Eingeständnis der Unwissenheit um die ersten Gründe oder die höchsten Zwecke der Din-

22 Brief an Lindner, 21. März 1759, *Briefwechsel*, Bd. 1, S. 305.
23 Brief an Herder, 10. Mai 1781, *Briefwechsel*, Bd. 4, S. 293 (siehe Anm. 12).
24 Brief an Lindner, 3. Juli 1759, ebd., Bd. 1, S. 355.

ge, das für den Daimon des Sokrates den Weg bereitete, für die Offenbarung des Göttlichen, für die paulinische Vision, hat Hamann erregt. Sein Haß auf Gesetze, Regeln und Systeme ist nahezu Obsession: seine Liebe zu offenen Strukturen, sowohl der individuellen Einbildungskraft wie auch der gesellschaftlichen Beziehungen, die spontan sind und sich auf natürliches menschliches Empfinden gründen, das fand in den beiden auf Herder und seine Schüler folgenden Jahrhunderten vielfach Widerhall – bei Populisten und Romantikern unter dem Einfluß Rousseaus, bei sehnsüchtigen Suchern nach einer verschwundenen organischen Gesellschaft und bei den Anklägern jeder Form von Entfremdung.

Hamann war dabei beherrscht von dem Gedanken einer unmittelbaren Nähe des Individuums zu den Dingen, den Lebewesen und zu Gott, zur Bewegung der Geschichte wie der Natur, und dies nannte er »Glaube«. Er sagt, der Glaube in seiner intensivsten Form müsse uns in einer Weise führen und erleuchten, die unvergleichlich unmittelbarer, inwendiger und gewisser als »Regeln« jeglicher Art sei. Dieser Begriff des Glaubens ist natürlich völlig verschieden von dem Sinn, in dem Hume von »*belief*« als einer mehr oder weniger mechanischen und unausweichlichen Hinnahme der äußeren Wirklichkeit spricht, die den Menschen mit den Tieren gemeinsam ist, auch völlig verschieden von der Erkenntnistheorie Reids und der schottischen Schule. Trotzdem hatten sie das Problem an der Wurzel erfaßt: »Die Wahrheit zu sagen«, schreibt Hamann später, »sah ich den Philosophen mit Mitleiden an, der erst von mir einen Beweis fordert, daß er einen Körper hat und daß es eine materielle Welt gibt. Ueber dergl. Wahrheiten u Beweise seine Zeit und Scharfsinn zu verlieren, ist eben so traurig als lächerlich.« Eben weil Hume zeigt, wie absurd es ist, einen demonstrativen Beweis der Existenz irgendeines Dinges oder einer menschlichen oder göttlichen Person zu verlangen, und, anders als Kant, keine ontologischen Unterscheidungen zwischen Typen von Realität macht, ohne Grundlage in der Erfahrung, nennt Hamann ihn einen Bundesgenossen. Deshalb findet man in seinen Bezugnahmen auf Hume nicht die geringste Spur jener Haltung, die Humes englische Kritiker ihm gegenüber einnahmen, nichts, was vergleichbar wäre mit Beatties Ausbruch gegen diese »abstoßenden Ergüsse eines harten und dummen Herzens« oder mit Warburtons und Hurds Verunglimpfungen – für Hamann gehört Hume offensichtlich nicht zu den drei Dämonen, die auf Reynolds berühmtem allegorischen Gemälde von den Engeln in den bodenlosen Abgrund getrieben werden.

Hamanns eigenartiger Umgang mit Hume kann am besten an seiner Auffassung des zehnten Abschnitts der *Enquiry*, »Über Wunder«, verdeutlicht werden. In dieser, nach Kemp Smith »vermutlich berüchtigsten, Passage aller Schriften Humes«[25] heißt es:

»So dürfen wir nach alledem schließen, daß die *christliche Religion* nicht nur in der ersten Zeit von Wundern begleitet war, sondern sogar heutigentags von keinem vernünftigen Menschen ohne Annahme eines Wunders geglaubt werden kann. Vernunft allein reicht nicht aus, uns von ihrer Wahrheit zu überzeugen; und wen der *Glaube* bewegt, ihr zuzustimmen, ist sich eines fortwährenden Wunders in seiner eigenen Person bewußt, das alle seine Verstandesprinzipien umkehrt und ihn bestimmt, das Gewohnheit und Erfahrung am meisten Entgegengesetzte zu glauben.«[26]

Keinem unvoreingenommenen Leser wird entgehen, daß, wie Kemp Smith gezeigt hat, sowohl der Gehalt als auch der Ton dieser Passage ironisch sind und offensichtlich den Wunderglauben in Mißkredit bringen sollen. Humes allgemeines Argument ist, daß die Wahrscheinlichkeit der menschlichen Lügenhaftigkeit oder Verblendung, Phantasie und Leichtgläubigkeit offenkundig weit größer ist als die Wahrscheinlichkeit der fraglichen Ereignisse, der im Alten Testament berichteten Wunder, die mit den durch die Erfahrung gewonnenen Naturgesetzen unvereinbar sind; und da die Zeugnisse derer, die behauptet haben, solcher Wunder ansichtig geworden zu sein, keinesfalls für verläßlicher gehalten werden können als die Fülle der Zeugnisse der Beobachtung, auf denen die Annahme der Naturgesetze gründet, kann das Gewicht der ersteren die Zeugnisse für die letzteren nicht aufwiegen.

Hamann und nach ihm Jacobi hätten durchaus – was sie nicht taten – die *Gültigkeit* dieses Arguments in Frage stellen können, statt dessen haben sie es einfach für sich gewendet und gerade diesen Text als Argument für das Wunder des Glaubens gelesen, eine Lehre, deren berühmtester Vertreter Hamanns leidenschaftlichster Bewunderer Kierkegaard werden sollte. Für Hamann sind Wunder keine Verletzung der natürlichen Ordnung, denn er

---

25 *Dialogues*, S. 60.
26 *Enquiries*, S. 131. *Untersuchung*, S. 167.

glaubt überhaupt nicht an die Kausalität, weder als Beziehung zwischen wirklichen Gegenständen noch als eine Verstandeskategorie, wofür er wiederum, im zweiten Fall weniger einleuchtend, Humes Autorität in Anspruch nimmt. Für Hamann ist alles ein Werk Gottes, der nicht durch Zweitursachen, sondern durch die unmittelbare Handlung seines Willens tätig ist. Was, fragt er, gibt es in der Natur, in den alltäglichsten und natürlichsten Ereignissen, was für uns nicht ein Wunder wäre, ein Wunder im strengsten Sinn? Alles, was geschieht, hätte nicht einzutreten brauchen, wenn Gott es nicht so gewollt hätte: wir nehmen es als wirklich an, weil uns der Glaube – in sich selbst schon ein Wunder – gegeben ist, der es unserem Geist, unseren Sinnen, unseren Vorstellungen, unseren Erinnerungen und unserem Verstand unauslöschlich einprägt. Humes »fortwährendes Wunder in seiner eigenen Person« ist genau das, woran die Denker der Gegenaufklärung mit aller Leidenschaft glaubten – oder glauben wollten. 1759 in einem Brief an Lindner sagt Hamann über diese Stelle: »Hume mag das mit einer hönisch oder tiefsinnigen Mine gesagt haben: so ist dies allemal *Orthodoxie* und ein Zeugnis der Wahrheit in dem Munde eines Feindes und Verfolgers derselben – Alle seine Zweifel sind Beweise seines Satzes.«[27] Drei Wochen später zitiert er in einem Brief an Kant dieselbe Passage aus Humes Untersuchung – »eine Stelle . . ., die ihnen beweisen soll, daß man im *Scherz* und ohn sein Wißen und Willen die Wahrheit predigen kann«[28]. Hume ist »wie Saul unter den Propheten«[29], ein Zeuge einer Wahrheit, die er selbst nicht verstand. Denn sagt er nicht völlig richtig, daß Glaube – wahrer christlicher Glaube – keine Sache der Gewohnheit oder des gesunden Menschenverstandes, sondern ein Wunder des Geistes ist. Aber Hume hat nicht gesehen, daß das auch für ihn galt, er hat sich nicht klargemacht, daß dies seinen eigenen Skeptizismus untergrub. Er mochte diese Worte gegen das Christentum gerichtet haben, aber – so groß ist die Gnade Gottes – er hat damit das Rüstzeug der Gläubigen gestärkt.

Vermutlich in diesem Geist begann Hamann mit einer Übersetzung der *Dialogues Concerning Natural Religion*, die Humes Neffe David 1779, drei Jahre nach Humes Tod, veröffentlichte. Die erste

---

27 Brief an Lindner, 3. Juli 1759 (siehe Anm. 24), *Briefwechsel*, Bd. 1, S. 356.
28 Brief an Kant, 27. Juli 1759, ebd., Bd. 1, S. 380. Vgl. Alexander, a.a.O. (siehe Anm. 18), S. 152, Anm. 2.
29 Ebd.

Ausgabe der *Dialogues* erschien am 21. Juli, und ein Jahr später, am 7. August, beendete Hamann seine Arbeit an dem Text. Es ist keine vollständige Übersetzung, sondern nur ein Resümee und eine Wiedergabe ungefähr eines Viertels von Humes Text. Hamann ließ das Manuskript privat unter Freunden kursieren, und es blieb bis 1951 unveröffentlicht, als Nadler es in seine Ausgabe der Werke Hamanns aufnahm. Soweit wir sagen können, war dies die einzige Version von Humes *Dialogues*, die Kant gelesen hat – es gibt keinen Anhaltspunkt dafür, daß er Schreiters vollständige Ausgabe von 1781 kannte. »Der Dialog ist voller poetischen Schönheiten«, schrieb Hamann 1780 dem Verleger Hartknoch, »und ich halte das Buch mit HE. Green[30] für nicht gar gefährlich, sondern übersetz es vielmehr als ein *fünfzigjähriger Geistl. in Schwaben* zum Besten meiner freymütigen Amtsbrüder . . .«[31] Kant soll von dem *Dialog* erfreut und beeinflußt worden sein, obwohl die *Prolegomena* von 1783 zeigen, daß er die Widerlegung des teleologischen Gottesbeweises nicht völlig akzeptiert hat, die Hume dort vorträgt. Wie für Hamann war für ihn jeder Angriff auf die rationale Theologie und den Deismus Wasser auf seine Mühlen und die der anderen Verteidiger der Offenbarung sowohl gegen die Atheisten wie gegen die Vertreter der natürlichen Religion, zwischen denen er und seine Verbündeten, wie sie deutlich sagten, kaum einen Unterschied sahen. Gerade der Begriff der natürlichen Religion brachte Hamann auf, der ihn mit der Idee einer natürlichen Sprache verglich, einer typischen Fiktion der Philosophen, dieser Haarspalter, die nicht genug Gespür für die Wirklichkeit hatten, um zu sehen, daß Sprachen in ihrem Innersten mit bestimmten Gegenden und Zeiten verbunden sind, mit bestimmten Umgebungen und bestimmten Formen historischer Entwicklung, daß sie ein organischer Ausdruck bestimmter Menschengruppen sind, die in unvergleichbaren Beziehungen zueinander leben, und daß sie nicht in eine allgemeine Formel gebracht werden können. Die wirklichen Gegner waren die Deisten, die eine Abstraktion erfanden, eine Erste Ursache oder einen göttlichen Uhrmacher, der das Universum in Gang setzte. Aber was hatte dieses *ens rationis*, diese Fiktion der Philosophen mit dem Gott zu tun, der zu den Herzen der Menschen spricht, dessen eingeborener Sohn gestorben ist,

---

30 Ein englischer Kaufmann und Freund Kants, der in Königsberg lebte.
31 Brief an Hartknoch, 29. Juli 1780, *Briefwechsel*, Bd. 4, S. 205f.

um uns von unseren Sünden zu erlösen?«Es scheint offenkundig«, schreibt Hume im zwölften Abschnitt von *An Enquiry concerning Human Understanding*,»daß die Menschen durch einen natürlichen Instinkt oder eine Voreingenommenheit zum Vertrauen in ihre Sinne gebracht werden und daß wir fast ohne irgendwelche Beweisführung, ja selbst fast vor dem Gebrauch der Vernunft, immer eine Außenwelt annehmen.« Selbst die Tiere verhielten sich so.»Aber diese allgemeine und ursprüngliche Meinung aller Menschen wird bald schon durch ein wenig Philosophie zerstört, die uns lehrt, daß nichts außer einem Bilde oder einer Perzeption jemals dem Geiste gegeben sein kann.«[32] Für Hume ist dies ein Argument gegen den Realismus des gesunden Menschenverstandes. Für Hamann dagegen konnten diese und ähnliche Stellen als das genaue Gegenteil erscheinen, als Warnungen – umso eindrucksvoller, wenn sie gar nicht als solche gemeint waren – vor dem zersetzenden Einfluß der Philosophie mit ihren trügerischen Konstruktionen, besonders wenn es um die letzten Fragen geht, wie etwa das Verhältnis der Menschen zu Gott.

So verhält es sich auch bei den *Dialogues*. Am Schluß sagt Philo in einem Abschnitt, den Hume in einer der letzten Revisionen hinzugefügt hat:

>»Jemand, der von dem rechten Sinn für die Unvollkommenheiten der menschlichen Vernunft durchdrungen ist, wird äußerst begierig nach der offenbarten Wahrheit greifen, während der hochmütige Dogmatiker in der Überzeugung, daß er ein vollständiges theologisches System allein mit Hilfe der Philosophie errichten kann, jeden weiteren Beistand verachtet und diese neue Belehrung zurückweist. Philosophischer Skeptiker zu sein, ist für den Gebildeten der erste und wichtigste Schritt auf dem Weg zu einem echten, gläubigen Christen.«[33]

Soweit ich weiß, bezieht sich Hamann nirgends auf diese Stelle. Aber man kann sich kaum vorstellen, daß er sie nicht als einen weiteren, von einem Gegner gelieferten Beweis für den christlichen Glauben interpretiert hat, ein unbeabsichtigtes Zeugnis für eine Wahrheit, die hinreicht, den Skeptizismus oder Agnostizismus zu zerstören, den Philo in den *Diagolues* offiziell vertritt.

---

32 *Enquiries*, S. 151 [*Untersuchung*, S. 191] (siehe auch Anm. 14).
33 *Dialogues*, S. 282 [*Dialoge*, S. 142].

Humes Skeptizismus schien Hamann sehr viel wirkungsvoller als Kants vorsichtige Argumente, die wackligen Konstruktionen des Verstandes hinwegzuschwemmen, die das Eindringen des Glaubens verhinderten – in das so geschaffene Vakuum konnte der Glaube eintreten. In einem seiner letzten Briefe an Jacobi, aus dem ich schon zitiert habe, schreibt Hamann:»Ich war von Hume voll, wie ich die Socr. Denkw. schrieb, und darauf bezieht sich S. 49 meines Büchleins *Unser eigen Daseyn und die Existenz aller Dinge* ausser uns muß *geglaubt* und kann auf keine andere Art ausgemacht werden.«[34] Das ist für Hamann der Kern der *Dialogues.* »*A posteriori* nicht *a priori* die Sache anfangen, welches ein großer Fehler der andern Philosophen ist.«[35] Kausalität und Determinismus sind Schranken für das Begreifen des wunderbaren Charakters der Wirklichkeit:»Ja, Wißt ihr endlich nicht, Philosophen! daß es kein physisches Band zwischen Ursache und Wirkung, Mittel und Absicht giebt, sondern ein geistiges und idealisches, nämlich des Köhlerglaubens, wie der größte irdische Geschichtsschreiber seines Vaterlandes und der natürlichen Kirche [Hume] verkündiget hat!«[36] Der blinde»Glaube ist kein Werk der Vernunft und kann daher auch keinem Angriff derselben unterliegen; weil *Glauben* so wenig durch Gründe geschieht als *Schmecken* und *Sehen.*«[37] Deshalb ist Hume »immer mein Mann«, nicht Kant, denn »Unser Landsmann wiederkäut immer seine Causalitätsstürmerey ohne an jenes zu gedenken.«[38]

III

Es ist ein merkwürdiges Paradox, daß Hume auf diese Weise zu einem Schutzpatron des deutschen Fideismus und Irrationalismus geworden ist. Und doch war es so. Hamanns Schüler, Friedrich Heinrich Jacobi, dachte in dieser Richtung weiter, und da Jacobi, einem der posthumen Aufsätze von Arthur Lovejoy zufolge, in und außerhalb Deutschlands zu den am meisten gelesenen Autoren

---

34 *Schriften*, Bd. 5, S. 506 (siehe Anm. 10).
35 Ebd., S. 232.
36 *Werke*, Bd. 3, S. 29.
37 Ebd., Bd. 2, S. 74 (siehe Anm. 7).
38 Brief an Herder, 10. Mai 1781 (siehe Anm. 12), *Briefwechsel*, Bd. 4, S. 294.

gehörte, ist es nicht überraschend, daß seine Ansichten in den deutschen und französischen Intuitionismus eingegangen sind, aus dem sich verschiedene Strömungen des modernen Vitalismus, Irrationalismus und Existentialismus speisten. Jacobi (1743-1818) war kein Denker ersten oder auch nur zweiten Ranges. Er ist mehr als philosophischer Schriftsteller interessant, als gebildeter Literat, als Vermittler von Ideen und als unermüdlicher Briefeschreiber. Seine Briefwechsel mit Kant, Herder, Hamann, mit Goethe und Mendelssohn, seine berühmte Kontroverse mit Mendelssohn über Lessings wirkliche Ansichten (der sogenannte »Pantheismusstreit«), seine Angriffe auf Kant, Fichte, Herder und Schelling (und dessen scharfe Erwiderung) und seine Wiederentdeckung vergessener Denker wie Spinoza und Bruno regten andere an, die begabter waren als er, und belebten so die philosophische Szenerie im Deutschland der Jahrhundertwende. 1786 veröffentlichte er ein Buch mit dem Titel *David Hume über den Glauben, oder Realismus und Idealismus. Ein Gespräch.*[39] Die ganze Schrift, vor allem aber die Einleitung zum Dialog ist eine Lobeshymne auf Hume als den Apostel eines nichtrationalen Glaubens. Schon die Tatsache, daß Humes Name im Titel dieser Abhandlung auftaucht, macht deutlich, welche Rolle Hume im Pantheon der deutschen Frühromantik spielte. Jacobi war in der Erkenntnistheorie Realist, aber er war ebenso ein leidenschaftlicher antirationalistischer Theist, der, wie Kant, Herder und Hamann, in pietistischer Tradition aufgewachsen war, und er folgte getreulich sowohl Hamanns Praxis der Selbstbeobachtung wie auch dessen Gebrauch der Texte Humes in der Kampagne gegen die platten Materialisten und Deisten Frankreichs und ihre deutschen Nachfolger, besonders unter den liberalen lutherischen Pastoren. Sein Buch hat einen Satz Pascals zum Motto: »La nature confond les Pyrrhoniens et la raison confond les Dogmatistes.«[40] Den ersten Teil des Satzes entwickelt Jacobi in einiger Ausführlichkeit. Philipp Merlan, der in einem kurzen und aufschlußreichen Aufsatz die Beziehung zwischen Hamann, Hume und Jacobi untersucht hat[41], hat zu zeigen versucht, daß die Natur,

---

39 Nach der Ausgabe *Friedrich Heinrich Jacobi's Werke*, Leipzig 1812, 1815 (im folgenden *Jacobi's Werke*), Bd. 2 (1815), S. 1-130.

40 *Jacobi's Werke*, Bd. 2, S. 1 (»Die Vernunft widerlegt den Dogmatiker, die Natur den Skeptiker.«)

41 P. Merlan, »Kant, Hamann-Jacobi and Schelling on Hume, *Rivista critica di storia della filosofia* 22 (1967), S. 484.

im Unterschied zur Vernunft, nicht widerlegen könne, sondern sie könne nur bewirken, der Wahrheit auszuweichen und uns Illusionen hinzugeben, denn Wahrheit bleibe Wahrheit und Illusionen blieben falsch, auch wenn sie sich als noch so bequem oder unerläßlich erwiesen.

Damit jedoch, scheint mir, mißversteht man, was Jacobi sagen will. Seine These ist, daß es nur eine Art von wirklichem Wissen gebe, und dies sei unser natürlicher Glaube:»Wir sind im Glauben geboren, wie wir in der Gesellschaft geboren sind.« Es gibt Formen intuitiver Gewißheit, die der Verstand weder beweisen noch widerlegen kann, wie das Bewußtsein der eigenen Identität, das Bewußtsein meiner Wirkursächlichkeit, die sich in bewußten Strebungen und Handlungen erweist[42], und der Freiheit meines Willens. Und in ähnlicher Weise bin ich des Daseins Gottes gewiß, der vernünftigen Welt und anderer empfindender Wesen. Diese Annahmen sind für Jacobi keineswegs bloße Voraussetzungen in allem, was wir tun, fühlen oder denken, sondern sie begleiten uns von Geburt an, sind unsere einzige Klammer an die Wirklichkeit und sind völlig unabhängig von Hypothesen, Postulaten oder theoretischen Konstrukten jeglicher Art, wie etwa der Hypothese der Gleichförmigkeit der Natur, die ein notwendiges Postulat der Aussagen der Naturwissenschaften ist, denn Hypothesen unterliegen der Verifikation und Falsifikation, wovon wahrer Glaube, dessen Verlust unvorstellbar ist, völlig frei ist. Die Gewißheit unseres eigenen Daseins und unserer einzigartigen Persönlichkeit ist ein Wirklichkeitssinn, ein Gefühl, das uns die Wirklichkeit all dessen garantiert, was es uns offenbart. Unsere untrügliche Überzeugung von unserem eigenen Selbst ist der Grundstein allen übrigen Wissens: an ihr messen wir die Verläßlichkeit unserer anderen Annahmen, nicht umgekehrt, denn kein Schluß und kein Beweis kann so überzeugend sein wie das, was wir durch Kenntnis unserer eigenen Person wissen. Die Aufgabe des Philosophen ist, »das Dasein zu enthüllen«, und es sind solche »Gefühle« oder »Gesinnungen«, die das vermögen. Es gibt keinen anderen Weg, eine Wahrheit »jenseits und über« dieser zu begründen. Um diese Überlegung zu stützen, zitiert er aus Humes *Treatise*, wo gesagt wird, »daß Glaube etwas vom Geist unmittelbar Erlebtes ist, das die Vorstellungen, die das Urteil konstituieren, von den Erdichtun-

---

42 Ähnlich argumentierten Whitehead, Stout und Spätere.

gen der Einbildungskraft unterscheidet. Er verleiht ihnen mehr Energie und Fähigkeit, in uns zu wirken, läßt sie von größerer Wichtigkeit erscheinen, drängt sie dem Geist auf und macht sie zu herrschenden Faktoren bei unserem Handeln.«[43] Ebenso zitiert er aus dem zwölften Kapitel der *Enquiry* die wichtige Stelle,»daß die Menschen durch einen natürlichen Instinkt oder eine Voreingenon,menheit zum Vertrauen in ihre Sinne gebracht werden ... Sie glauben, daß eben dieser Tisch, den wir als weiß sehen und als hart empfinden, unabhängig von unserer Perzeption existiere und etwas außerhalb unseres ihn erfassenden Geistes sei.«[44] Jacobi fährt fort, daß wir an unsere Sinne glaubten und deshalb an die Existenz einer sinnlich wahrnehmbaren Welt. Und genauso glaubten wir an unseren inneren Sinn und deshalb an die Existenz einer Welt jenseits der Sinne.[45] Das scheint ihm aus Humes Prämissen zu folgen, und wie für Hamann scheint ihm eine solche Annahme (über Humes Schwierigkeiten mit dem Solipsismus sagt er nichts) unmerklich in»Offenbarung« überzugehen, das heißt in eine offenbarte Wahrheit, die ohne Beihilfe des Verstandes gegeben ist. Dies stellt Jacobi dann den Verallgemeinerungen und Abstraktionen Platons und Spinozas gegenüber, die logisch kohärente Systeme, idealische Fiktionen errichtet haben, die der Tod für den Wirklichkeitssinn sind.

Jacobis Methode, sich aus dem Arsenal der Gegner Unterstützung zu holen, kann man gut an seiner Behandlung von Humes berühmter Widerlegung des teleologischen Gottesbeweises illustrieren. Bezeichnenderweise stellt er das Argument, ganz nach dem Vorbild Hamanns, auf den Kopf, um seine eigene Auffassung vom Glauben zu stärken. Hume führt in der *Enquiry* aus, daß das Argument auf Analogie beruhe und deshalb nicht auf etwas angewandt werden könne, das ex hypothesi einzigartig sei, nämlich die Gottheit. Eine Analogie könne nur zwischen dem hergestellt werden, was zu einer Art gehöre, die noch andere wirkliche oder mögliche Mitglieder umfasse.[46] Richard Wollheim hat dieses Argument in seiner Ausgabe der Schriften Humes über die Religion bündig formuliert:

43 *Treatise*, S. 629 [*Traktat*, S. 133]
44 *Enquiries*, S. 151. [*Untersuchungen*, S. 191] (siehe Anm. 14 und Anm. 32).
45 *Jacobi's Werke*, Bd. 2, S. 152.
46 *Enquiries*, S. 144-48 [*Untersuchungen*, S. 183-87].

»Wir können nur dann von einem einzelnen Ereignis gültig auf seine Ursache schließen, wenn dieses Ereignis zu einer Reihe von Ereignissen gehört, von denen die Beobachtung gezeigt hat, daß sie regelmäßig mit Ereignissen verbunden sind, die der Ursache der Art nach gleichen. Mit anderen Worten, man kann keinem Ereignis eine Ursache zuweisen, wenn dieses Ereignis in der menschlichen Erfahrung singulär ist. Aber es ist deutlich, daß ›das Ganze der Natur‹ in diesem Sinne singulär ist. Deshalb erweist sich die religiöse Hypothese als unzulässiger Schluß.«[47]

Diese Überlegung ist in der Tat der Kern von Humes dreigliedriger Kritik dessen, was er in den *Dialogues* die »religiöse Hypothese« nennt.

Jacobi begrüßt diese Art der Argumentation durchaus. Er stimmt dem zu, daß das gewöhnliche Wissen auf, wie er sagt, »Vergleichen« beruht und daß mit Gott kein Vergleich möglich ist, weil er singulär ist. Gott fällt nicht unter einen allgemeinen Begriff. Aber dasselbe, behauptet er, gilt von meinem Geist. Er ist ebenso singulär, völlig einzigartig und individualisiert und kann von keinem äußeren Ausgangspunkt her erfaßt werden. Genau deshalb weiß ich von Gott wie von mir selbst durch einen unmittelbaren »Sinn« für ihr Dasein, weder aufgrund einer Analogie oder einer anderen Schlußart noch, im Falle der Identität meines Ich, durch die Erinnerung oder auf eine andere vermittelte Weise. Ich bin für mich selbst keine Vorstellung, die beschrieben oder gar analysiert werden könnte. Meine Gewißheit meines eigenen Daseins kann nicht von meiner Gewißheit dessen, was ich bin, getrennt werden, von der Gewißheit meines Geistes, der in der Tat einzigen Substanz, die selbst zu sein ich unmittelbar weiß. Dieses Wissen ist die Basis allen anderen Bewußtseins, es ist unmittelbar und transzendent – kein Wunder, daß Hume und Kant es nicht finden konnten, da sie nach dem Selbst in der gewöhnlichen Sinneserfahrung oder in der Schattenwelt der logischen Kategorien gesucht haben.

Diese Umstülpung von Humes Empirismus und Skeptizismus zugunsten des Glaubens ist typisch für die ganze Strategie dieser Gruppe dogmatischer religiöser Transzendentalisten. Sie sehen in Hume eine Art von außenstehendem Spezialisten, einen Experten für die Zerstörung dessen, was ihnen zutiefst verhaßt ist: der von den rationalistischen Metaphysikern vertretenen Theorien der Er-

---

47 Richard Wollheim (Hrsg.), *Hume on Religion*, London 1963, S. 23f.

kenntnis und der Realität. Für Jacobi wird Wirklichkeit durch etwas enthüllt, was er gelegentlich »Wesenheitsgefühl« nennt, ein unmittelbares Gefühl für wesentliches Sein, das er als Geschenk Gottes betrachtet. Er spricht vom Glauben, der unmittelbaren Gewahrung Gottes, des eigenen Ich und der äußeren Welt als einer Art »salto mortale«, einem Sprung des Glaubens, ohne den wir in der imaginären Welt der logischen, mathematischen oder metaphysischen Gebilde, Hamanns Luftschlössern, gefangen blieben, wo viele achtbare und angesehene Denker ihr ganzes Leben verbringen. Davor kann uns Humes Skeptizismus bewahren. Das macht, sagt Jacobi, seinen unsterblichen Ruhm aus.

IV

Es ist, wenn wir diese besondere Beziehung zusammenfassen wollen, fraglich, ob die deutschen Gegner der Aufklärung für die Entwicklung ihrer eigenen Position Hume unbedingt brauchten, aber es ist eine historische Tatsache, daß ihre Väter, Hamann und Jacobi, von Humes Argumenten gegen ihre eigentlichen Gegner fasziniert waren, gegen die Deisten, die sie noch heftiger als die erklärten Atheisten verabscheuten, vielleicht weil die Atheisten wenigstens das nicht herabwürdigten und verwässerten, was das Dasein, die Gegenwart und das unmittelbare Wissen von Gott für den wahren Gläubigen bedeutete. Sie nahmen sich aus Humes Schriften einfach, was sie brauchten. Shirley Letwin hat in einem Aufsatz über Hume bemerkt, daß »jeder große Philosoph die vielfältigsten Gestalten annimmt.«[48] So war es durch Lessing, Herder und Goethe Spinoza ergangen, der zunächst die geheime Quelle des französischen Materialismus war, bis er dann fast so etwas wie ein pantheistischer Transzendentalist wurde, der Vater des deutschen absoluten Idealismus. In Humes Fall ist die Verwandlung nicht weniger erstaunlich. Von einigen als »der vernichtendste Skeptiker« bezeichnet, »der nicht nur die Ansprüche der traditionellen Philosophie zerstört, sondern auch gezeigt hat, daß jegliches Wissen Illusion ist«, wurde er von anderen zu einem »dogmatischen Empiri-

---

48 Shirley Robin Letwin, a.a.O. (siehe Anm. 19), S. 134.

sten« gemacht, »der glaubte, daß die Menschheit in den Besitz unstreitiger Wahrheit gelangen kann«.[49]

Anhaltspunkte gibt es in Humes Schriften für beide Interpretationen, wie auch für andere. Burkes Mißtrauen gegenüber philosophischen Abstraktionen, sein Glaube an die Natur, an gesunden Sinn, Geschichte und Zivilisation, seine Feindschaft gegen absolute Regeln, apriorische Verallgemeinerungen und besonders g gen alle radikalen Reformen oder die unbeständigen und launischen Leidenschaften des Volkes, all das hat seine Wurzeln ebenso bei Hume wie bei Montesquieu und Hooker. Mill und in seiner Nachfolge Russell verdanken Hume viel von ihrem Glauben an die wissenschaftliche Methode, ihre Ablehnung des Dogmatismus, des Apriorismus und der falschen Analogien der Theologen und ebenso ihr Mißtrauen gegenüber der Neigung, Konventionen und Gewohnheiten für ewige Prinzipien auszugeben, ihre These von der Wahrscheinlichkeit als der größtmöglichen Annäherung an die unerreichbare empirische Gewißheit, ihren Kreuzzug gegen jeglichen Irrationalismus, ihre Neigungen zu den weniger heftigen Leidenschaften und zum Naturalismus und einem modifizierten Utilitarismus. Für Hamann und seine Schüler jedoch war Hume ganz einfach ein radikalerer Kritiker des alten Rationalismus als Kant. Für sie hatte er den Begriff unwandelbarer Kategorien der Erfahrung endgültig untergraben, ebenso jegliche Form des Dualismus, der Zwei-Welten-Lehre in allen ihren Spielarten, gleichgültig ob cartesianischer, Leibnizischer oder Kantischer Provenienz. Für sie gab es nur eine Welt, nämlich die der unmittelbaren Konfrontation mit der Wirklichkeit, und obwohl Hume einen ganz anderen Begriff von dieser Welt hatte als sie selbst, war seine Anerkennung ihrer Einheit für sie äußerst wichtig, ebenso wie seine Einsicht in den platonischen Trugschluß, der allen Versuchen zugrunde lag, Grenzen zu ziehen, die die alltägliche Erfahrung von der eigentlichen Wirklichkeit trennen.

Für diese mystischen Nominalisten gab es keine Mauern zwischen der natürlichen und der geistigen Welt. Gott sprach zu ihnen in Symbolen, die sie verstanden, den Symbolen der Natur, der Geschichte und der heiligen Texte, denn ihre Augen und ihre Ohren waren für seine Worte geöffnet. Im Glauben gerüstet, brauchten sie keinen Beweis und keine Bestätigung für die Wirklichkeit

---

49 Ebd.

dessen, was sie vor sich sahen. Sie vernahmen Stimmen in den Bäumen, die fließenden Bäche waren Bücher für sie, und die Steine predigten ihnen, und durch eine leichte Umdeutung erkannten sie Gott in allem. Das waren für sie keine Metaphern. Der Gott, den sie verehrten, war ein persönlicher Gott, und sie hielten den Pantheismus für eine Spielart des Atheismus. Hamann und seine Anhänger wollten keine Schranken vor der alles durchdringenden Macht des Glaubens, eines Glaubens, der keine Regeln duldete, keinen Gesetzen gehorchte und der winzigen Welt der menschlichen Geschäftigkeit unvorstellbar fern war – allen institutionellen Ordnungen, dem Nützlichkeitsdenken, den künstlichen Konstruktionen der Logik und der dem Beweis verhafteten Naturwissenschaften ebenso wie jenen übersichtlichen und vernünftigen Organisationsformen, wie sie, in verschiedener Weise, vom König von Preußen mit seinen Beamten, von Bentham, den radikalen Franzosen und vielleicht sogar von Hume selbst angestrebt wurden. Die Ideale der Aufklärung schienen zumindest einem ihrer deutschen Gegner, Lenz, nichts anderes zu sein als ein aufgeschobener Tod. Holbachs System kam dem jungen Goethe »so grau, so cimmerisch, so totenhaft vor«, daß er Mühe hatte, seine Gegenwart auszuhalten, und davor wie vor einem Gespenst schauderte. Humes Skeptizismus war die stärkste Waffe, die einige der Vorläufer der Romantik gegen diese Feinde des Geistes gefunden zu haben glaubten. Hume hatte die apriorischen Fesseln gelöst, denen die rationalistischen Gebäude ihre scheinbar unwiderlegliche Gültigkeit verdankten (und tatsächlich hat sich nach Hume, trotz der Bemühungen späterer Philosophen, das alte Vertrauen nie wieder ganz eingestellt). Doch für die Denker, von denen ich spreche, schien die Auflösung der apriorischen Fesseln nur den einen unersetzlichen Dienst zu leisten, nämlich den Boden zu bereiten für den Sieg des religiösen Glaubens.

Nichts hätte Hume und seinen Überzeugungen ferner liegen können. Die Geschichte seines Einflusses auf einige antinomistische Denker in Deutschland ist in jeder Hinsicht nicht mehr als eine Fußnote zu seiner Philosophie, allerdings eine äußerst merkwürdige. Von ungleich größerer Bedeutung ist sie für die Geschichte des religiösen und weltlichen Irrationalismus im Europa des neunzehnten und zwanzigsten Jahrhunderts, der seinen modernen Ursprung in dieser Revolte gegen die Vernunft hat. Der Gedanke behält es Befremdliches, daß der ruhige und vernünftige,

gelassene, moderate und ironische Hume mit seinem untrüglichen Wirklichkeitssinn und seiner luziden und disziplinierten Prosa eine halbkanonische Stellung als einer der Begründer – wenn
nicht gar als legitimer Vater (aber Hamann hatte ein ambivalentes
Verhältnis zu allen Konventionen und besonders zur legitimen Va-
terschaft) – dieser turbulenten, extravaganten und himmelsstür-
merischen Bewegung erlangt haben soll, deren Köpfe ihm, soweit
wir sagen können, nicht einmal dem Namen nach bekannt waren.
Gleichviel, auch wenn er sie gekannt hätte, er hätte ihnen oder ihren Ansichten kaum beipflichten und ihnen kaum etwas anderes
als seine tiefsitzende Abneigung gegen derartige Stürme von un-
kontrolliertem geistigen Enthusiasmus entgegenbringen können.
Hätte er darüber hinaus noch gewußt, wie beharrlich und voller
Bewunderung sie sich ihm intellektuell zu Dank verpflichtet fühlten, hätte er dies sicherlich als eine der unbeabsichtigten, uner-
wünschten, aber vielleicht nicht ganz unvorhersehbaren Folgen
ihrer eigenen Ideen betrachtet, gegen die nicht einmal die vernünftigsten, sorgfältigsten und sich vorsichtig absichernden Denker ganz gefeit sind.

HERZEN UND SEINE ERINNERUNGEN

Ähnlich wie Diderot war Alexander Herzen ein genialer Dilettant, dessen Anschauungen und Wirkungen die Richtung des sozialen Denkens in seinem Land nachhaltig veränderten. Ähnlich wie Diderot war er ein brillanter und unwiderstehlicher Gesprächspartner: er unterhielt sich mit seinen nächsten Freunden und in den Moskauer Salons ebensogut in Russisch wie in Französisch – und dies immer in einer mitreißenden Folge von Ideen und Bildern. Aus der Sicht der Nachwelt ist der Verlust, ganz wie im Falle Diderots, möglicherweise immens: er hatte keinen Boswell und keinen Eckermann, die seine Gespräche aufgezeichnet hätten, und er war nicht der Mann, der eine solche Beziehung überhaupt zugelassen hätte. Seine Prosa ist im wesentlichen eine Art Gespräch, mit allen Mängeln und Vorzügen, die dem Gespräch eignen: eloquent, unmittelbar, mit dem Hang des geborenen Geschichtenerzählers zur grandiosen Übertreibung, jederzeit bereit zu Abschweifungen, die ihn in ein Netzwerk von Erinnerungen oder Spekulationen verstricken, dann aber immer wieder zurückkehrend zum zentralen Punkt der Geschichte oder des Arguments. Vor allem aber besitzt seine Prosa die Lebendigkeit des gesprochenen Worts – sie erinnert weder an die sorgfältig komponierten Sätze der von ihm bewunderten französischen Philosophen noch an den sperrigen Stil der deutschen Philosophie, in deren Schule er ging; stets ist seine Stimme, fast zu stark, herauszuhören – in den Essays, den Pamphleten, in seiner Autobiographie ebenso wie in seinen Briefen und Notizen an seine Freunde.

Kultiviert, phantasievoll, selbstkritisch, war Herzen ein hervorragender Beobachter des sozialen Lebens; was er wahrnahm, ist einzigartig selbst für das artikulationsfähige neunzehnte Jahrhundert. Er besaß einen scharfen, leicht erregbaren und ironischen Intellekt, ein feuriges und poetisches Temperament, die Fähigkeit zur lebendigen, oft poetischen Schreibweise – Eigenschaften, die sich gegenseitig ergänzten und bestärkten in treffenden Schilderungen von Menschen, Ereignissen, Ideen, persönlichen Beziehungen, politischen Situationen und in Beschreibungen von Lebensformen, an denen seine Schriften reich sind. Er war ein Mann von besonderer Sensibilität, von großer intellektueller Energie und beißendem Witz, von leicht verletzlicher Eigenliebe und mit Sinn für polemische Formulierungen. Analyse, Untersuchung, Enthüllung – diesem Metier war er verfallen. Er betrachtete sich selbst als großen »Entmystifizierer« von Phänomenen und Konventionen, und er liebte es, sich als unnachgiebigen Entdecker von deren gesellschaftlichem und moralischem Kern zu sehen. Tolstoi, der nur geringe Sympathien für Herzens Anschauungen besaß und sich nicht schnell zu überschwenglichem Lob auf seine schreibenden Zeitgenossen hinreißen ließ, besonders dann nicht, wenn sie zu seiner eigenen Klasse und zu seinem eigenen Land gehörten, bemerkte am Ende seines Lebens, daß er noch nie jemanden mit einer solchen »seltenen Kombination von funkelnder Brillanz und Tiefe« angetroffen habe.[1] Alle diese Vorzüge machen einen guten Teil von Herzens Essays, politischen Artikeln, seinen tagesjournalistischen Arbeiten, seinen Notizen und Kritiken und nicht zuletzt von seinen Briefen, die er an Freunde oder politische Korrespondenten schrieb, spannend und aufschlußreich – sogar heute noch, wo die Gegenstände, mit denen sie sich befassen, zumeist überholt und hauptsächlich nur noch für den Historiker von Interesse sind.

Obwohl viel über Herzen geschrieben worden ist – und dies keineswegs nur in Rußland –, ist die Aufgabe des Biographen nicht eben dadurch leichter geworden, daß er sich selber ein unvergleichliches Denkmal in seinem größten Werk gesetzt hat – in einem autobiographischen Meisterwerk, das mit Fug und Recht an die Seite der Romane seiner Zeigenossen und Landsleute Tolstoi, Turgenjew und Dostojewski gehört. Alle drei waren sich dessen bewußt. Turgenjew, enger und lebenslanger Freund (das Auf und Ab in ihren persönlichen Beziehungen war wichtig für ihrer beider Leben – diese komplexe und interessante Geschichte ist bis heute nicht angemessen beschrieben worden), bewunderte ihn als Schriftsteller ebenso wie als revolutionären Publizisten. Der angesehene Kritiker Wissarion Belinski entdeckte, beschrieb und be-

---

1 Nach dem Bericht von P. A. Ssergejenko in seinem Buch über Tolstoi (*Tolstoj i jego sovremenniki*, Moskau 1911, S. 13).

wunderte seine außerordentliche schriftstellerische Begabung, als beide noch relativ jung und unbekannt waren. Selbst der zornige und mißtrauische Dostojewski nahm ihn von seinem virulenten Haß aus, mit dem er die prowestlichen russischen Revolutionäre verfolgte, erkannte die poetische Kraft seines Stiles an und blieb ihm bis zum Ende seines Lebens wohlgesonnen. Was Tolstoi betrifft, so empfand er sowohl Freude an seiner Gesellschaft als auch an seinen Werken: Ein halbes Jahrhundert nach ihrem ersten Zusammentreffen in London erinnerte er sich noch lebhaft an die Begegnung.[2]

Es ist unbegreiflich, daß dieser bemerkenswerte Schriftsteller – zu seinen Lebzeiten eine gefeierte europäische Persönlichkeit, der bewunderte Freund von Michelet, Mazzini, Garibaldi und Victor Hugo, in seinem Heimatland lange Zeit nicht nur als Revolutionär, sondern auch als einer seiner größten Literaten verehrt – heute im Westen nicht viel mehr ist als ein Name. Das intellektuelle Vergnügen, das man aus der Lektüre seiner Prosa zieht, macht dies zu einem beispiellosen und unverdienten Verlust.

Alexander Herzen wurde am 6. April 1812 in Moskau geboren, wenige Monate vor dem Großfeuer, das Moskau während der Besetzung durch Napoleon nach der Schlacht von Borodino zerstörte. Sein Vater, Iwan Alexandrowitsch Jakowlew, stammte aus einer alteingesessenen, mit der Romanow-Dynastie entfernt verwandten Familie. Ebenso wie andere reiche und aus guter Familie stammende Angehörige des russischen Landadels hatte er einige Jahre im Ausland verbracht. Während eines dieser Aufenthalte lernte er Luise Haag kennen, die Tochter eines einfachen württembergischen Staatsbeamten – ein sanftes, unterwürfiges, ein wenig farbloses und wesentlich jüngeres Mädchen –, und nahm sie mit sich zurück nach Moskau. Aus irgendwelchen Gründen, vielleicht wegen des Unterschiedes ihres gesellschaftlichen Ran-

---

2 Ssergejenko (a.a.O., S. 13-14) schreibt, Tolstoi habe ihm im Jahre 1908 erzählt, daß er eine sehr klare Erinnerung an seinen Besuch bei Herzen in dessen Londoner Wohnung im März 1861 hatte. Lew Nikolajewitsch erinnerte sich seiner als eines breiten, dicklichen, kleinen Mannes, der elektrische Spannung erzeugte. »Lebendig, verständnisvoll, intelligent, interessant«, führte Lew Nikolajewitsch aus (wie üblich jede Bedeutungsnuance mit passenden Handbewegungen illustrierend), »Herzen begann sofort, sich mit mir zu unterhalten, so, als würden wir uns schon eine lange Zeit kennen. Ich fand seine Persönlichkeit bezaubernd. Ich habe niemals einen anziehenderen Menschen getroffen. Er stand haushoch über allen Politikern seiner und unserer Zeit.«

ges, heiratete er sie nie gemäß dem Ritus der Kirche. Jakowlew gehörte der orthodoxen Kirche an, sie hingegen blieb lutherisch.[3] Er war ein stolzer, unabhängiger, hochmütiger Charakter, der zunehmend mürrisch und griesgrämig wurde. Er trat vor Ausbruch des Krieges von 1812 in den Ruhestand und lebte zum Zeitpunkt der französischen Invasion in bitterer Untätigkeit und voller Groll in seinem Haus in Moskau. Während der Besetzung wurde er von Marschall Mortier wiedererkannt, den er in Paris kennengelernt hatte. Gegen die Zusicherung eines freien Geleits, das ihm erlaubte, seine Familie aus der verwüsteten Stadt herauszuführen, erklärte er sich bereit, eine Nachricht von Napoleon an Zar Alexander zu überbringen. Wegen dieses Vertrauensbruches wurde er auf seine Güter verbannt und durfte erst einige Zeit später nach Moskau zurückkehren.

In seinem weitläufigen und düsteren Haus wuchs sein Sohn Alexander auf, dem er den Beinamen Herzen gegeben hatte, so als ob er die Tatsache betonen wollte, daß Alexander das Kind einer illegitimen Liaison, einer Liebesaffäre war. Luise Haag wurde nie der volle Status einer Ehefrau zugestanden, dem Jungen jedoch wurde jede Aufmerksamkeit zuteil. Er genoß die einem jungen Adligen seiner Zeit angemessene Erziehung, das bedeutet, er wurde von einer Schar von Kinderfrauen und Bediensteten umsorgt und von deutschen und französischen Privatlehrern unterrichtet, die sorgfältig von seinem neurotischen, reizbaren, zärtlichen, mißtrauischen Vater ausgewählt waren. Alle Mühe wurde darauf verwandt, seine Begabungen zu entwickeln. Er war ein lebendiges und phantasievolles Kind, das leicht und eifrig Wissen aufnahm. Sein Vater liebte ihn auf seine Art: sicherlich mehr als seinen Sohn Igor, der – ebenfalls illegitim – zehn Jahre früher geboren worden war. Doch um 1820 war er ein geschlagener deprimierter Mann, unfähig, mit seiner Familie oder irgend jemand anderem zu kommunizieren. Scharfsinnig, redlich, weder gefühllos noch ungerecht, ein »schwieriger« Charakter, wie der alte Fürst Bolkonski in Tolstois *Krieg und Frieden*, erscheint Iwan Jakowlew in den Erinnerungen seines Sohnes als ein sich selbst zerfleischender, finsterer, verschlossener, innerlich fast erstarrter Mensch, der seine

---

3 Es gibt Beweise, wenn auch keine letztlich überzeugenden, daß sie ihm gemäß dem lutherischen Ritus anvertraut war, was aber von der orthodoxen Kirche nicht anerkannt wurde.

nächste Umgebung mit seinen Launen und seinem Sarkasmus terrorisierte. Er hielt alle Fenster und Türen verschlossen, und abgesehen von wenigen alten Freunden und seinen Brüdern sah er im Grunde niemanden. In späteren Jahren beschrieb ihn sein Sohn als das Produkt »des Zusammenpralls von zwei so unvereinbaren Dingen wie dem achtzehnten Jahrhundert und dem russischen Leben«[4] – eine Kollision von Kulturen, die nicht wenige der eher empfindsamen Angehörigen des russischen Landadels unter der Herrschaft von Katharina II. und ihren Nachfolgern zerbrochen hatte.

Der Junge floh erleichtert aus der bedrückenden, beängstigenden Gesellschaft seines Vaters in die Räume, die von den Dienstboten und seiner Mutter bewohnt wurden. Sie war eine gütige und bescheidene Frau, die, unterdrückt von ihrem Gatten, eingeschüchtert durch die fremde Umgebung, ihren fast orientalischen Status im Haushaltsgefüge mit geduldiger Resignation zu akzeptieren schien. Die Dienstboten – Leibeigene von Jakowlews Gütern – waren angehalten, sich dem Sohn und wahrscheinlichen Erben ihres Herrn gehorsam zu erweisen. Herzen selbst schrieb in späteren Jahren die tiefste all seiner sozialen Empfindungen (die sein Freund, der Kritiker Belinski, so sorgfältig diagnostiziert hat), die Sorge um die Freiheit und Würde der Menschen, den barbarischen Bedingungen zu, die ihn in seiner Kindheit umgeben haben. Er war ein bevorzugtes Kind und sehr verwöhnt, aber die Tatsache seiner illegitimen Abstammung und der Status seiner Mutter wurden ihm drastisch klargemacht, zum einen durch den Klatsch der Dienstboten und zum anderen – zumindest bei einer Gelegenheit –, als er ein Gespräch über ihn zwischen seinem Vater und einem alten Kameraden aus der Armee belauschte. Der Schock war – seiner eigenen Aussage zufolge – tief: er wurde wahrscheinlich zu einem der Schlüsselerlebnisse für sein ganzes Leben.

In russischer Literatur und Geschichte wurde er von einem jungen Universitätsstudenten unterrichtet, einem enthusiastischen Anhänger der neuen Romantik, die – besonders in ihrer deutschen Ausprägung – begonnen hatte, das intellektuelle Leben Rußlands zu beherrschen. Er lernte Französisch (das seinem Vater leichter fiel zu schreiben als Russisch) und Deutsch (das er mit seiner Mut-

---

4 A. I. Herzen, *Sobranie sočinenij v tridcati tomach* (Moskau 1954–65), Bd. 8, S. 86. Spätere Verweise auf Herzens Werke beziehen sich auf diese Ausgabe, die im folgenden als *Sobranie sočinenij* zitiert wird.

ter sprach) und mehr europäische als russische Geschichte, denn
sein Hauslehrer war ein französischer Flüchtling, der nach der Revolution nach Rußland emigriert war. Der Franzose verschwieg
seine politische Überzeugung bis zu dem Tag, so berichtet uns
Herzen, als ihn sein Schüler fragte, warum Ludwig XVI. hingerich-
tet worden war. Darauf antwortete er mit veränderter Stimme:
»Weil er ein Verräter seines Vaterlandes war«[5], und als er sich des
Verständnisses des Jungen sicher sah, gab er seine Zurückhaltung
auf und sprach offen zu ihm über die Freiheit und Gleichheit der
Menschen. Herzen war ein einsames Kind. Er las begierig in seines Vaters umfangreicher Bibliothek, vor allem französische Werke der Aufklärung. Er war gerade vierzehn Jahre alt, als Zar Nikolaus I. die Anführer der Dekabristen-Verschwörung hängen ließ.
Er erklärte später, daß dieses Ereignis zum kritischen Wendepunkt seines Lebens wurde. Ob dem nun so war oder nicht – die
Erinnerung an diese aristokratischen Märtyrer für die Sache der
russischen konstitutionellen Freiheit wurde später zum geheiligten Symbol, für ihn ebenso wie für viele andere seines Standes und
seiner Generation, und beeinflußte ihn für den Rest seines Lebens.
Er berichtet uns, daß er und sein enger Freund »Nik« Ogarjow einige Jahre nach diesem Ereignis auf den Sperlingshügeln über Moskau standen und einen feierlichen »Hannibal«-Schwur leisteten,
diese Kämpfer für die Menschenrechte zu rächen und ihr eigenes
Leben der Sache zu widmen, für die jene gestorben waren.

Im entsprechenden Alter wurde er Student an der Moskauer
Universität, las Schiller und Goethe und vertiefte sich in das Studium der deutschen Metaphysik – Kant und vor allem Schelling,
dann die neuen französischen Historiker – Guizot, Augustin Thierry – und dazu die französischen utopischen Sozialisten Saint-Simon, Fourier, Leroux und andere soziale Propheten, deren Texte,
trotz der Zensur, nach Rußland hineingeschmuggelt wurden, und
entwickelte sich zum überzeugten und leidenschaftlichen Radikalen. Ogarjow und er gehörten zu einer Gruppe von Studenten, die
verbotene Bücher las und gefährliche Ideen diskutierte. Aus diesem Grunde wurde er, zusammen mit den meisten anderen »unzuverlässigen« Studenten, verhaftet und zu Gefängnis verurteilt,
wahrscheinlich, weil er es ablehnte, die ihm unterstellten Ansichten abzuleugnen. Sein Vater bot seinen ganzen Einfluß auf, um ein

---

5 *Sobranie sočinenij*, Bd. 8, S. 64: »Parce qu'il a été traître à la patrie.«

milderes Urteil zu erwirken, konnte seinen Sohn jedoch nicht davor bewahren, in die Provinzstadt Wjatka – nahe der asiatischen Grenze – verbannt zu werden, wo er zwar nicht ins Gefängnis mußte, aber zur Arbeit in der Lokalverwaltung gezwungen wurde. Zu seiner eigenen Verwunderung fand er an dieser neuen Prüfung seiner Fähigkeiten Gefallen. Er entfaltete ein administratives Können und wurde ein weit kompetenterer und engagierterer Staatsbeamter, als er später bereit war zuzugeben. Er half den korrupten und brutalen Gouverneur bloßzustellen, den er verabscheute und verachtete. In Wjatka wurde er in eine leidenschaftliche Liebesaffäre mit einer verheirateten Frau verwickelt, verhielt sich nicht korrekt und durchlitt Qualen der Reue. Er las Dante, erlebte eine religiöse Phase und begann einen leidenschaftlichen Briefwechsel mit seiner Kusine ersten Grades, Natalie, die – wie er – illegitim geboren, als Gesellschafterin im Hause einer reichen und despotischen Tante lebte. Als Resultat der unermüdlichen Anstrengungen seines Vaters wurde er in die Stadt Wladimir überführt, und mit der Hilfe seiner jungen Moskauer Freunde inszenierte er die Entführung Natalies. Entgegen dem Willen der Verwandtschaft wurden sie in Wladimir getraut. Zu gegebener Zeit wurde ihm gestattet, nach Moskau zurückzukehren, von wo aus er auf eine Regierungsstelle nach Petersburg berufen wurde.

Was immer seine Ambitionen zu der Zeit gewesen sein mögen, er blieb der radikalen Sache verpflichtet. Aufgrund eines von der Zensur geöffneten Briefes, in dem er das Verhalten der Polizei kritisiert hatte, wurde er erneut in die Verbannung geschickt, diesmal nach Nowgorod. Zwei Jahre später, im Jahre 1842, wurde ihm wieder gestattet, nach Moskau zurückzukehren. Von da ab galt er als etabliertes Mitglied der neuen radikalen Intelligenzija und als ein Märtyrer für die gerechte Sache. Er begann, für die progressiven Zeitschriften jener Zeit zu schreiben. Er handelte immer das gleiche zentrale Thema ab: die Unterdrückung des Individuums, die Erniedrigung und Entwürdigung des Menschen durch politische und persönliche Despotie, das Joch sozialer Zwänge, die dumpfe Ignoranz und barbarische Regierungswillkür, die die Menschen unter dem brutalen und verhaßten Zarenreich lähmte und zerstörte.

Wie die anderen Mitglieder seines Zirkels – der junge Dichter und Romancier Turgenjew, der Kritiker Belinski, die zukünftigen Agitatoren Bakunin und Katkow (der erstere für die Sache der Revolution, der letztere für die der Reaktion), der literarische Essayist Annenkow, sein enger Freund Ogarjow – stürzte sich Herzen, wie die meisten seiner intellektuellen Zeitgenossen in Rußland, in die Hegelsche Philosophie. Er verfaßte fesselnde historische und philosophische Essays sowie Geschichten, die gesellschaftliche Streitfragen zum Inhalt hatten. Sie wurden publiziert, gelesen und diskutiert und verschafften ihrem Autor eine beachtliche Reputation. Er war kompromißlos. Selbst ein führender Vertreter des dissidenten russischen Adels, waren seine sozialistischen Überzeugungen weniger eine Reaktion auf die Grausamkeit und das Chaos der »Laissez-faire«-Ökonomie des bürgerlichen Westens – zumal Rußland damals in seinen frühen industriellen Anfängen noch eine halb-feudale, sozial und ökonomisch rückständige Gesellschaft war – als vielmehr eine direkte Antwort auf die lähmenden sozialen Probleme seines Landes: die Armut der Massen, die Leibeigenschaft und den Mangel an individueller Freiheit auf allen Ebenen, sowie auf eine gesetzlose und brutale Autokratie.[6] Hinzu kam der verwundete Nationalstolz einer mächtigen und halb-barbarischen Gesellschaft, deren Führer sich ihrer Rückständigkeit bewußt waren, und die unter einer Mischung von Bewunderung, Neid und Groll gegenüber dem zivilisierten Westen litten. Die Radikalen glaubten an Reformen nach demokratischen, säkularisierten, westlichen Richtlinien. Die Slawophilen zogen sich in einen mystischen Nationalismus zurück und predigten die Rückkehr zu althergebrachten, »organischen« Lebens- und Glaubensformen, die – ihnen zufolge – fast gänzlich durch die Reformen Peters I., die nur einer eifrigen und demütigenden Nachahmung des seelenlosen und auf jeden Fall hoffnungslos dekadenten Westens Vorschub geleistet hatten, zerstört worden waren. Herzen war ein extremer Anhänger der »Westler«, hielt jedoch seine Verbindungen zu den slawophilen Gegnern aufrecht – er sah in den besten unter ihnen romantische Reaktionäre, irregeleitete Nationalisten, letztlich aber doch redliche Verbündete gegen die zaristische Bürokratie. Später strebte er danach, seine Differenzen mit

---

6 Die historische und soziologische Erklärung für die Ursprünge des russischen Sozialismus und Herzens Anteil an ihm kann hier nicht versucht werden. Dies wurde in einer Anzahl (nicht übersetzter) russischer vor- wie nachrevolutionärer Monographien unternommen. Die ausführlichste und originellste Studie zu diesem Thema ist bis zum heutigen Tag Martin Malia, *Alexander Herzen and the Birth of Russian Socialism, 1812-1855*, Cambridge, Mass. 1961.

ihnen systematisch zu verringern, vielleicht aus der Sehnsucht heraus, alle Russen, die noch menschlicher Empörung fähig waren, in einem einzigen gewaltigen Protest gegen das grausame Regime vereint zu sehen.

Im Jahre 1847 starb Iwan Jakowlew. Er hinterließ den größeren Teil seines Vermögens Luise Haag und ihrem Sohn Alexander Herzen. Mit unermeßlichem Vertrauen in seine eigenen Fähigkeiten und brennend vor Begierde – um mit Fichtes Worten, die die Haltung einer ganzen Generation ausdrückten, zu sprechen – »in der Welt etwas zu tun und zu sein«, beschloß Herzen zu emigrieren. Es ist ungewiß, ob er wünschte oder erwartete, den Rest seines Lebens im Ausland zu verbringen; Tatsache ist, daß er dort geblieben ist. Er verließ Rußland im selben Jahr, reiste mit beträchtlichem Aufwand – begleitet von seiner Frau, seiner Mutter, zwei Freunden und Dienstboten – durch Deutschland und erreichte gegen Ende des Jahres 1847 das ersehnte Paris, die Hauptstadt der zivilisierten Welt. Er tauchte sofort in den Lebensbereich der exilierten Radikalen und Sozialisten vieler Nationalitäten ein, die eine zentrale Rolle in der intellektuellen und künstlerischen Aktivität dieser Stadt spielten. Im Jahre 1848, als in einem europäischen Land nach dem anderen Revolutionen ausbrachen, befand er sich zusammen mit Bakunin und Proudhon auf dem linksextremen Flügel des revolutionären Sozialismus. Als Gerüchte über seine Aktivitäten die russische Regierung erreichten, wurde ihm befohlen, unverzüglich zurückzukehren. Er lehnte ab. Sein Vermögen und das seiner Mutter wurden beschlagnahmt. Mit Hilfe des Bankiers James Rothschild, der eine Zuneigung für den jungen russischen »Baron« gefaßt hatte und in der Lage war, die russische Regierung unter Druck zu setzen, erhielt Herzen den größten Teil seines Vermögens zurück und war damit aller finanziellen Sorgen enthoben. Dies verschaffte ihm einen Grad von Unabhängigkeit, dessen sich damals nicht viele Emigranten erfreuen konnten. Es versetzte ihn darüber hinaus in die Lage, andere Flüchtlinge und den radikalen Kampf finanziell zu unterstützen.

Kurze Zeit nach seiner Ankunft in Paris – noch vor Ausbruch der Revolution – schrieb er eine Reihe leidenschaftlicher Artikel für eine Moskauer Zeitschrift, die von seinen Freunden geleitet wurde. In diesen Artikeln legte er beredt und äußerst kritisch Zeugnis ab von den Lebensbedingungen und der Kultur dieser Stadt, vor allem lieferte er eine vernichtende Analyse der Deformation der französischen Bourgeoisie, eine Anklage, die selbst durch die Werke seiner Zeitgenossen Marx und Heine in ihrer Schärfe nicht übertroffen wurde. Seine Moskauer Freunde nahmen dies zum größten Teil mit Mißfallen auf: Sie betrachteten seine Analysen als charakteristische Ausflüchte einer höchst rhetorischen Phantasie, als unverantwortlichen Extremismus, unangebracht gegenüber den Erfordernissen eines schlecht regierten und rückständigen Landes, verglichen mit dessen Hinterwäldlerei der Fortschritt der Mittelklassen des Westens – wie groß ihre Unzulänglichkeiten auch sein mochten – einen beachtlichen Schritt nach vorn zu einer universellen Aufklärung darstellte. Diese frühen Werke, die *Briefe aus Italien und Frankreich,* besitzen Qualitäten, die für all seine Schriften charakteristisch werden sollten: eine Kette von beschreibenden Sätzen, deutlich, direkt, durchsetzt mit anschaulichen, aber niemals irrelevanten Abschweifungen, Variationen über das gleiche Thema in verschiedenen Tonlagen, mit Wortspielen, Neologismen, realen und imaginären Zitaten, Gallizismen, die seine nationalistischen russischen Freunde verärgerten, beißenden persönlichen Bemerkungen, anschaulichen Bildern und unvergleichlichen Epigrammen, die – soweit sie nicht den Leser ob ihrer Virtuosität ermüden oder verwirren – zu der Kraft der Darstellung beitragen. Dadurch entsteht der Eindruck spontaner Improvisation, eines amüsanten Gesprächs mit einem intellektuell-heiteren, außerordentlich geistreichen und redlichen Mann, der mit einzigartigen Beobachtungs- und Ausdrucksfähigkeiten ausgestattet ist. Die Atmosphäre seiner Werke ist die eines glühenden politischen Radikalismus, erfüllt von typisch aristokratischer (und mehr noch moskowitischer) Verachtung für alles Mittelmäßige, Berechnende, Selbstzufriedene, Kommerzielle, alles Vorsichtige, Unbedeutende oder zu Kompromissen Neigende und gegen das »juste milieu«, als dessen besonders abstoßende Vertreter Louis Philippe und Guizot herausgehoben werden.

Herzens Standpunkt in diesen Essays verbindet optimistischen Idealismus – die Vision einer sozial, intellektuell und moralisch freien Gesellschaft, deren Anfänge er, ähnlich wie Proudhon, Marx und Louis Blanc, in der französischen Arbeiterklasse sah – mit dem Glauben an die radikale Revolution, die allein die Bedingung der Befreiung schaffen könnte. Gleichwohl erfüllte ihn ein tiefes Mißtrauen gegen alle Patentrezepte, das die meisten seiner Verbündeten nicht teilten, gegen die Programme und die Schlachtrufe

aller politischen Parteien, gegen die großen offiziellen, historischen Losungen: Fortschritt, Freiheit, Gleichheit, nationale Einheit, historisch verbriefte Rechte, menschliche Solidarität – Prinzipien und Parolen, in deren Namen Menschen vergewaltigt und ermordet worden waren (und ohne Zweifel bald wieder würden)
und ihre Lebensformen verdammt und zerschlagen worden waren. Herzen erblickte, ähnlich wie die Extremeren unter den
Linkshegelianern und besonders der Anarchist Max Stirner, in den
großen, überwältigenden Abstraktionen, deren bloßer Klang die
Menschheit in gewaltsame und im Grunde sinnlose Schlachten
stürzte, eine Gefahr: sie erschienen ihm wie neue Götzenbilder,
auf deren Altären das Blut von Menschen genauso sinnlos vergos-
sen werden solle, wie das Blut der Opfer von gestern und vorge-
stern den älteren Gottheiten dargebracht worden war – der Kirche,
der Monarchie, der feudalen Ordnung oder den geheiligten Stam-
mesbräuchen, die sich längst als Barrieren gegen den Fortschritt
der Menschheit in Verruf gebracht hatten.

Zusammen mit dieser Skepsis gegenüber dem Sinn und Wert
von abstrakten Idealen und im Gegensatz zu den kurzfristigen, unmittelbaren Zielen von konkreten Menschen – bestimmten Freiheiten, Lohn für die Arbeit des Tages – sprach Herzen etwas noch
viel Beunruhigenderes aus: eine quälende Ahnung von dem immer größer werdenden Abgrund zwischen den Werten der relativ
freien und zivilisierten Eliten (denen er sich zugehörig wußte) und
den gegenwärtigen Bedürfnissen, Sehnsüchten und Neigungen
der breiten, sprachlosen Masse. Die Alte Welt war im Verfall begriffen und verdiente es, unterzugehen. Sie würde von ihren eigenen Opfern niedergerissen werden – den Sklaven, die die Kunst
und Wissenschaft ihrer Herren in keiner Weise achteten; und, so
fragt Herzen, warum sollten sie dies auch? War nicht alles auf ihrem Leid und ihrer Erniedrigung aufgebaut? Jung und kraftvoll,
erfüllt von gerechtem Haß auf die alte, auf den Gebeinen ihrer Väter errichtete Welt, würden die neuen Barbaren die Gebäude ihrer
Unterdrücker niederreißen und mit ihnen alles, was an der westlichen Zivilisation erhaben und schön ist. Eine solche Katastrophe
sei wohl nicht nur unvermeidlich, sondern auch gerechtfertigt, da
diese Zivilisation, die in den Augen ihrer Nutznießer groß und
wertvoll ist, der großen Mehrzahl der Menschen nichts gebracht
hat als Leiden und ein Leben ohne Sinn. Aber Herzen tut nicht so,
als mache das für die, die wie er die reiferen Früchte der Zivilisa-

tion gekostet haben, die Aussicht auf ihre Zerstörung weniger schrecklich.

Es wurde von russischen und westlichen Kritikern oft behauptet, daß Herzen als leidenschaftlicher, ja sogar utopischer Idealist nach Paris kam, und daß erst das Scheitern der Revolution von 1848 seine Desillusionierung und einen neuen, eher pessimistischen Realismus hervorgerufen habe. Dies wird durch das vorliegende Material nicht ausreichend erhärtet.[7] Der skeptische Ton, schon im Jahre 1847, insbesondere der Pessimismus im Hinblick auf die Wandlungsfähigkeit der Menschen und der noch tiefere Zweifel, ob solche Veränderungen, selbst wenn sie von unerschrockenen und intelligenten Revolutionären oder Reformern durchgeführt würden – Idealvorstellungen, die seinen westlich gesinnten Freunden in Rußland vorschwebten –, zu einer freieren und gerechteren Ordnung führen würden oder nicht im Gegenteil zu einer Herrschaft neuer Herren über neue Sklaven – dieser düstere Ton wird schon vor dem großen Debakel angeschlagen. Dennoch blieb er ein überzeugter, letztlich optimistischer Revolutionär. Der Verlauf der Arbeiterrevolte und ihre brutale Niederschlagung in Italien und Frankreich quälten Herzen sein Leben lang. Seine Beschreibung der Ereignisse von 1848-49 aus nächster Nähe, besonders des Blutbades der Julirevolte in Paris, ist ein Meisterstück »engagierter« historischer und soziologischer Literatur; das gilt nicht minder für seine Studien über die in diese Umwälzungen verwickelten Personen und die Reflexionen, die er über sie anstellt.

Herzen konnte und wollte nicht nach Rußland zurückkehren. Er wurde Schweizer Staatsbürger. Zu den Katastrophen der Revolution kam eine private Tragödie hinzu: die Verführung seiner angebeteten Frau durch den vertrautesten seiner neuen Freunde, den radikalen deutschen Dichter Georg Herwegh, einen Freund von Marx und Wagner, die »eiserne Lerche« der deutschen Revolution, wie Heine ihn halb ironisch nannte. Herzens progressive, ein wenig shelleyanische Ansichten über Liebe, Freundschaft, Gleichberechtigung der Geschlechter und die Irrationalität der bürgerlichen Moralvorstellungen wurden in dieser Krise auf die Probe ge-

---

7 Die beste Formulierung dieser verbreiteten, allgemein akzeptierten These findet sich in E. H. Carrs lebendiger und gut dokumentierter Abhandlung über Herzen in *The Romantic Exiles* (London 1933). Martin Malias Buch (siehe Anm. 6) vermeidet diesen Irrtum.

stellt und zerbrachen an ihr. Er wurde vor Kummer und Eifersucht beinahe verrückt: seine Liebe, seine Eitelkeit, seine Vorstellungen von den Grundlagen aller menschlichen Beziehungen erlitten einen Schlag, von dem er sich niemals mehr ganz erholte. Er tat, was kaum ein anderer vor ihm fertiggebracht hat: er beschrieb jedes Detail seines Schmerzes, jeden Schritt der sich verändernden Beziehung zu seiner Frau, zu Herwegh und dessen Frau, wie sie ihm rückblickend erschienen. Er notierte jedes Gespräch, das zwischen ihnen stattfand, jeden Augenblick des Zorns, der Verzweiflung, des Leidens, der Liebe, der Hoffnung, des Hasses, der Schmach und der gequälten selbstmörderischen Selbstverachtung. Jede Stimmung und jede Nuance seiner eigenen moralischen und psychologischen Verfassung wird plastisch vor dem Hintergrund seines öffentlichen Lebens in der Welt von Exilierten und Verschwörern – Franzosen, Italienern, Deutschen, Russen, Österreichern, Ungarn, Polen –, die sich auf der Bühne bewegen, auf der er selbst immer die zentrale Gestalt, der in sich selbst vertiefte tragische Held ist. Seine Schilderung ist nicht unausgewogen oder erkennbar verzerrt, aber sie ist ganz und gar egozentrisch.

Sein ganzes Leben lang hat Herzen die äußere Welt klar und in den richtigen Proportionen gesehen, doch immer durch das Medium seiner sich selbst romantisierenden Persönlichkeit und aus der Perspektive seines eigenen, beeindruckbaren und unausgeglichenen Selbst im Mittelpunkt seines Universums. Auch unter heftigsten Qualen verliert er nie die künstlerische Kontrolle über die Tragödie, die er durchlebt und beschreibt. Vielleicht war es dieser in allen seinen Werken hervortretende künstlerische Egoismus, der sowohl Natalies Verzweiflung wie für seine eigene Rückhaltlosigkeit in der Schilderung dessen, was geschah, verantwortlich war: Herzen setzt ohne weiteres das Verständnis des Lesers voraus, mehr noch, sein ungeteiltes Interesse an jedem Detail seines geistigen und Gefühlslebens. Natalies Brief und ihre Flucht zu Herwegh zeigen das Ausmaß der zunehmenden zerstörerischen Wirkung von Herzens selbstversunkener Blindheit auf ihr empfindliches und exaltiertes Temperament. Über Natalies Beziehung zu Herwegh wissen wir vergleichsweise wenig. Sie mag ihm durchaus, ebenso wie er ihr, in physischer Liebe zugetan gewesen sein – die schwülstige literarische Sprache der Briefe verhüllt mehr als sie zeigt. Klar ist jedenfalls, daß sie sich unglücklich fühlte, in einer ausweglosen Situation und unwiderstehlich von ihrem

Liebhaber angezogen. Wenn überhaupt, so hat Herzen dies nur sehr verschwommen wahrgenommen.

Er ergriff von den Gefühlen derer, die ihm am nächsten standen, Besitz, wie er sich die Ideen von Hegel oder Georg Sand aneignete: er nahm, was er brauchen konnte, und riß es in den wilden Strom seiner eigenen Erfahrung. In dem, was er anderen gab, war er großzügig, wenn auch launenhaft; er öffnete sich ihnen ganz, aber trotz seines tiefen und lebenslangen Glaubens an individuelle Freiheit und den absoluten Wert des persönlichen Lebens und persönlicher Beziehungen konnte er neben sich ein unabhängiges Leben anderer kaum verstehen oder ertragen. Seine Schilderung seines Leidens ist von einer minutiösen und strengen Genauigkeit und Ausführlichkeit, schonungslos gegen sich selbst, wortreich, aber nicht sentimental und von rückhaltloser Versenkung in sich selbst. Es ist ein erschütterndes Dokument. Er hat diese Geschichte zu seinen Lebzeiten nicht vollständig publiziert, aber inzwischen ist sie in seine Lebenserinnerungen aufgenommen worden.

Selbstausdruck – das Bedürfnis, es selbst zu sagen – und vielleicht das Verlangen nach Anerkennung waren primäre Bedürfnisse von Herzen. Konsequent fuhr er im Verlauf dieser trostlosesten Periode seines Lebens fort, Briefe und Artikel in mehreren Sprachen über politische und soziale Themen zu veröffentlichen, er half, Proudhon zu unterstützen, nahm eine Korrespondenz mit Schweizer Radikalen und russischen Emigranten auf, schrieb Anmerkungen, entwickelte Ideen, diskutierte und arbeitete unermüdlich sowohl als Publizist wie auch als ein aktiver Verfechter der revolutionären Sache. Nach kurzer Zeit kehrte Natalie in Nizza zu ihm zurück, jedoch nur, um in seinen Armen zu sterben. Kurz vor ihrem Tode sank das Schiff, auf dem seine Mutter und eines seiner Kinder, das taubstumm war, von Marseille aus reisten, in einem Sturm. Herzens Leben war an seinem tiefsten Punkt angelangt. Er verließ Nizza und den Zirkel der italienischen, französischen und polnischen Revolutionäre, unter denen er vielen freundschaftlich verbunden war. Er ging mit seinen drei ihm noch verbliebenen Kindern nach England. Amerika war zu weit entfernt, und außerdem erschien es ihm zu stumpfsinnig; England dagegen war von der Stätte seiner persönlichen und politischen Niederlagen fern genug und doch noch ein Teil Europas. Damals war es das gastfreieste Land für politische Flüchtlinge, zivilisiert, tolerant oder gleichgültig gegenüber deren exzentrischen Zügen, stolz auf seine bürgerlichen Freiheiten und auf sein Wohlwollen gegenüber den Opfern fremder Unterdrückung. Herzen kam 1851 in London an.

In London und seinen Vorstädten zog Herzen mit seine Kindern von Wohnung zu Wohnung, und dort schloß sich ihnen sein engster Freund, Nikolai Ogarjow an, der nach dem Tod Nikolaus I. Rußland hatte verlassen können. Zusammen gründeten sie eine Druckerei und begannen, eine Monatsschrift in russischer Sprache herauszugeben, den *Polarstern*, das erste Organ, das der kompromißlosen Agitation gegen das russische Zarenregime gewidmet war. Die ersten Kapitel von *Erlebtes und Gedachtes* erschienen in diesem Blatt. Die Erinnerungen an die schrecklichen Jahre von 1848 bis 1851 beherrschten Herzens Gedanken und vergifteten sein Leben: diese bittere Geschichte niederzuschreiben, wurde für ihn zu einer zwingenden Notwendigkeit, um sich Erleichterung zu verschaffen. Damals schrieb er den ersten Teil seiner Erinnerungen. Es war ein Betäubungsmittel in der drückenden Einsamkeit eines Lebens in einer Umgebung gleichgültiger Fremder[8], während die politische Reaktion sich der ganzen Welt zu bemächtigen schien und keinerlei Hoffnung ließ. Unmerklich wurde er in die Vergangenheit gezogen. Er drang tiefer und tiefer in sie ein und entdeckte, daß sie eine Quelle von Freiheit und Kraft war.

So entstand sein Buch, das er in Analogie zu *David Copperfield*

---

8 Herzen hatte keine nahen englischen Freunde, obwohl er Genossen, Verbündete und Bewunderer hatte. Einer von ihnen, der radikale Journalist W. J. Linton, für dessen *English Republic* Herzen Artikel geschrieben hatte, beschrieb ihn als »klein von Statur, stämmig gebaut, in seinen letzten Lebensjahren zur Korpulenz neigend, mit einem stattlichen Haupt, kastanienbraunem Haar und Bart, kleinen leuchtenden Augen und eher rötlicher Gesichtsfarbe. Gewinnend in seinen Umgangsformen, liebenswürdig, allerdings mit einer ausgeprägten Fähigkeit zur Ironie, geistreich ... klar, prägnant und eindrucksvoll, war er ein scharfsinniger und tiefgründiger Denker, mit der leidenschaftlichen Natur des ›Barbaren‹, gleichwohl großzügig und menschlich ... Gastfreundlich und Vergnügen an der Gesellschaft findend ... ein guter Gesprächspartner mit offenherzigem und gefälligen Verhalten« (*Memories*, London 1895, S. 146-47). Und in *European Republicans* (London 1893) berichtet er, der spanische Radikale Emilio Castelar habe erklärt, Herzen mit seinem blonden Haar und Bart sehe aus wie ein Gote, besitze aber die Wärme, Lebhaftigkeit, den Schwung, die »unnachahmliche Eleganz« und »erstaunliche Vielfalt« eines Südländers (S. 275-76). Turgenjew und Herzen waren die ersten Russen, die sich frei in der europäischen Gesellschaft bewegten, und sie mögen auch einen noch so guten Eindruck hinterlassen haben, er war wohl nicht stark genug, um den Mythos von der düsteren »slawischen Seele« zu zerstreuen, der lange Zeit brauchte, um zu sterben, und vielleicht immer noch nicht ganz tot ist.

verfaßte.[9] Er begann in den letzten Monaten des Jahres 1852, schrieb daran jedoch mit vielen Unterbrechungen, so daß die ersten drei Teile wahrscheinlich erst gegen Ende 1853 fertiggestellt waren. 1854 wurde eine Auswahl in englischer Sprache publiziert, der er den Titel *Prison and Exile* gab, wozu er wahrscheinlich durch Silvio Pellicos *Le Mie Prigioni* inspiriert wurde. Sie wurde sofort ein Erfolg, der ihn zum Weiterarbeiten ermutigte, so daß im Frühjahr 1855 die ersten vier Teile vollendet waren. Er revidierte den IV. Teil, fügte ihm neue Kapitel hinzu und verfaßte Teil V. 1858 vervollständigte er Teil VI weitgehend. Die Abschnitte, die sein Privatleben zum Inhalt hatten – seine Liebe und die frühen Jahre seiner Ehe – wurden erst im Jahre 1857 abgefaßt. Er konnte es bis dahin nicht über sich bringen, diese Phase seines Lebens anzurühren. Danach unterbrach er diese Arbeit für sieben Jahre. Zwischen 1860 und 1864 wurden in London einzelne Essays veröffentlicht, die in keiner Beziehung zueinander stehen, wie z. B. über Robert Owen, den Schauspieler Schtschepkin, den Maler Iwanow, Garibaldi (*Camicia Rossa*). Obwohl diese Essays gewöhnlich in seine Memoiren einbezogen werden, waren sie ursprünglich nicht für diese gedacht. Die erste komplette Ausgabe der ersten vier Teile erschien 1861. Der Schlußteil – Teil 8 und fast der gesamte Teil 7 – wurden in dieser Reihenfolge in den Jahren 1865-67 fertiggestellt.

Herzen ließ absichtlich einige Abschnitte unveröffentlicht: die intimsten Einzelheiten seiner persönlichen Tragödie erschienen erst posthum – lediglich ein Teil des Kapitels »Oceano nox« wurde zu seinen Lebzeiten gedruckt. Er ließ ebenfalls die Geschichte seiner Affären mit Medwedewa in Wjatka und mit dem leibeigenen Mädchen Katharina in Moskau aus – sein Eingeständnis dieser Liebschaften gegenüber Natalie hatte den ersten Schatten auf ihre Beziehung geworfen, einen Schatten, der sich niemals mehr lichtete. Er unterdrückte ebenfalls ein Kapitel über »Die deutschen Emigranten«, das nicht gerade schmeichelhafte Kommentare über Marx und dessen Anhänger enthält, sowie einige für ihn typische, amüsante und ironische Studien über manchen seiner alten Freunde unter den russischen Radikalen. Er haßte gründlich die Unsitte, die schmutzige Wäsche der Revolutionäre in der Öffent-

---

9 *Copperfield* »ist Dickens' *Erlebtes und Gedachtes*«, schrieb er in einem seiner Briefe in den frühen sechziger Jahren; Bescheidenheit zählte nicht zu seinen Tugenden.

lichkeit zu waschen, und stellte klar, daß er nicht beabsichtigte, Verbündete lächerlich zu machen und sie dem Gespött des gemeinsamen Feindes auszuliefern. Die erste maßgebliche Edition der Memoiren wurde von Michail Lemke besorgt im Rahmen der Gesamtausgabe von Herzens Werken, die vor der russischen Revolution begonnen und einige Jahre danach abgeschlossen wurde. Seitdem ist sie in aufeinanderfolgenden sowjetischen Ausgaben mehrfach überarbeitet worden. Die vollständigste Fassung ist die in der Gesamtausgabe der Werke Herzens, ein stattliches Monument sowjetischer Gelehrsamkeit.[10]

Die Memoiren bildeten einen anschaulichen, aber unvollkommenen Hintergrund zu Herzens bedeutendster Aktivität: dem revolutionären Journalismus. Der größte Teil seiner Artikel ist enthalten in der bekanntesten im Ausland erschienenen russischen Wochenzeitschrift *Kolokol – Die Glocke –*, die von Herzen und Ogarjow zuerst in London und dann in Genf von 1857 bis 1867 unter dem (von Schiller entlehnten) Motto »Vivos Voco« herausgegeben wurde. *Die Glocke* hatte ungeheuren Erfolg. Sie war das erste systematische Kampfmittel einer gegen die russische Autokratie gerichteten revolutionären Propaganda, mit Kenntnis, Aufrichtigkeit und Eloquenz geschrieben. Sie enthielt alles, was bis dahin unbekannt geblieben war: über Rußland und die russischen Kolonien, aber ebenso über Polen und andere unterdrückte Nationen. *Die Glocke* gelangte auf geheimen Wegen nach Rußland und wurde regelmäßig von hohen Staatsbeamten gelesen, ja sogar, wie Gerüchte zu berichten wissen, vom Zaren selbst. Herzen benutzte die Informationen, die ihn in geheimen Briefen und Botschaften erreichten – in denen Vergehen der russischen Bürokratie beschrieben waren –, um einzelne Skandale zu enthüllen: Fälle von Bestechung, Rechtsbeugung, Tyrannei und Betrug von Beamten oder einflußreichen Personen. *Die Glocke* nannte Namen, stellte peinliche Fragen und deckte die finsteren Aspekte des russischen Lebens auf.

Reisende aus Rußland besuchten London, um den mysteriösen Führer der anwachsenden Opposition gegen den Zaren kennenzulernen. Generäle, hohe Beamte und andere loyale Untertanen des Zarenreiches befanden sich unter den vielen Besuchern, die kamen, um ihn zu sehen – einige aus Neugier, andere, um ihrer Sym-

---

10 A.a.O. (siehe Anm. 4).

pathie oder Bewunderung Ausdruck zu verleihen. Er erreichte den Höhepunkt seines Ruhms, politisch wie literarisch, nach der russischen Niederlage im Krim-Krieg und dem Tod von Nikolaus I. Herzens öffentlicher Appell an den neuen Zaren[11], die Leibeigenen freizulassen und weitreichende, radikale Reformen »von oben« einzuleiten, sowie die ersten Schritte in diese Richtung im Jahr 1859, die ihn zu einer Lobeshymne auf Alexander II.[12], mit der Schlußzeile »Du hast gesiegt, Galiläer« veranlaßten erzeugten auf beiden Seiten der russischen Grenze die Illusion, daß eine neue liberale Ära heraufdämmerte, in der ein gewisses Maß an Übereinstimmung – vielleicht sogar wirkliche Kooperation – zwischen dem Zarismus und seinen Opponenten erreicht werden könnte. Diese Euphorie hielt nicht lange vor. Trotzdem stand Herzen in sehr hohem Ansehen, höher als jeder andere Russe im Westen. In den späten fünfziger und frühen sechziger Jahren war er der anerkannte Sprecher all dessen, was an Rußland großherzig, aufgeklärt, zivilisiert und menschlich war.

Mehr noch als Bakunin und sogar Turgenjew, dessen Romane für den Westen eine wichtige Quelle der Kenntnisse über Rußland waren, wirkte Herzen der Legende entgegen, die in die Vorstellungswelt der progressiven Europäer geradezu eingebrannt war – und deren repräsentativster Vertreter wohl Michelet war –, daß Rußland aus nichts anderem bestand als dem Regierungsterror auf der einen und den unaufgeklärten, schweigenden, mürrischen Massen unmenschlich behandelter Bauern auf der anderen Seite – ein Bild, das ein Nebenprodukt der weit verbreiteten Sympathie für das hauptsächliche Opfer des russischen Despotismus war: die gequälte Nation Polen. Daß die Wahrheit hier auf Herzens Seite war, gaben einige der polnischen Emigranten spontan zu, vielleicht auch deswegen, weil er einer der wenigen Russen war, die ein wirklich herzliches Verhältnis zu einzelnen Polen hatten, sie bewunderten, in engem Einverständnis mit ihnen zusammenarbeiteten und unter der russischen Befreiung auch die aller von den Russen unterdrückten Nationen verstanden. Es war letztlich die standhafte Ablehnung des Chauvinismus, die mit zum Hauptgrund für den endgültigen Zusammenbruch der *Glocke* und für Herzens eigenen politischen Untergang wurde.

---

11 »Pis'mo k Imperatoru Aleksandru vtoromu«, *Sobranie sočinenij*, Bd. 12, S. 272-74.
12 »Čeres tri goda«, *Kolokol*, 15. Februar 1858: *Sobranie sočinenij*, Bd. 13, S. 195-97.

Nach Rußland galt Herzens tiefste Liebe Italien und den Italienern. Die engsten Beziehungen unterhielt er zu den italienischen Verbannten Mazzini, Garibaldi, Saffi und Orsini. Obgleich er alle liberalen Bestrebungen in Frankreich unterstützte, blieb seine Haltung ihnen gegenüber zwiespältig – und dafür gab es eine Reihe von Gründen. Ähnlich wie Tocqueville (den er persönlich nicht mochte), empfand er Abscheu vor allem, was zentralisiert, bürokratisch, hierarchisch, rigiden Formen oder Gesetzen unterworfen war. Frankreich war für ihn die Verkörperung von Ordnung, Disziplin, Staatskult, Einheit und despotischen, abstrakten Regeln, die alle Dinge nach den gleichen Gesetzen und dem gleichen Muster einebneten – etwas, das Ähnlichkeit mit den großen Sklavenstaaten Preußen, Österreich, Rußland aufwies. Mit diesen verglich er ständig die dezentralisierten, ungebrochenen, unordentlichen, »wahrhaft demokratischen« Italiener, von denen er glaubte, daß sie eine tiefe Affinität zum russischen Geist hatten, den er in dem bäuerlichen Gemeindesystem mit seinem Sinn für natürliche Gerechtigkeit und menschliche Werte verkörpert sah. Im Hinblick auf dieses Ideal erschien ihm selbst England weniger feindlich als das berechnende und legalistische Frankreich. Mit solchen Empfindungen steht er in der Nähe seiner romantischen slawophilen Gegner. Überdies konnte er den Verrat der 1848er Revolution durch die bürgerlichen Parteien, die Erschießung der Arbeiter, die Niederschlagung der römischen Revolution durch die Truppen der französischen Republik, die Selbstgefälligkeit, Charakterlosigkeit und Phrasenhaftigkeit der französischen Politiker – Lamartine, Marrast, Ledru-Rollin, Félix Pyat – nicht vergessen.

Seine Skizzen von führenden französischen Emigranten in England sind Meisterstücke einer amüsierten, halb verständnisvollen, halb verächtlichen Schilderung der Absurdität und Aussichtslosigkeit des politischen Exils, seiner Ohnmacht, der Intrigen und der ununterbrochenen Selbstrechtfertigung vor einem Publikum, das zu fremd oder zu gelangweilt ist, um überhaupt zuzuhören. Aber auf einige Franzosen hielt Herzen große Stücke: Eine Zeitlang war er ein enger Verbündeter von Proudhon und er respektierte ihn – trotz einiger Differenzen – auch weiterhin; er erblickte in Louis Blanc einen redlichen und unerschrockenen Demokraten; er stand auf gutem Fuß mit Victor Hugo; er mochte und bewunderte Michelet. Viel später besuchte er einen politischen Salon in Paris – zugestanden: es war der eines Polen – mit offensichtlichem Vergnügen. Dort lernten ihn auch die Brüder Goncourt kennen, die einen lebhaften Bericht von dieser Begegnung im *Journal* hinterließen.[13]

Obgleich Herzens Mutter Deutsche war, oder vielleicht gerade deswegen, fühlte er – ähnlich wie sein Freund Bakunin – eine starke Abneigung gegen das, was er als das unheilbare Spießbürgertum der Deutschen ansah und was ihm als besonders unangenehme Kombination von Autoritätshörigkeit und einer Neigung zu öffentlich ausgetragenen Hahnenkämpfen erschien; bei den Deutschen war diese Tendenz noch deutlicher ausgeprägt als bei allen anderen Emigranten. Vielleicht spielte hier sein Haß auf Herwegh – von dem er wußte, daß er mit Marx und Wagner befreundet war – ebenso eine Rolle wie Marx' Angriff auf Karl Vogt, den Schweizer Naturforscher, dem Herzen sehr zugetan war. Mindestens drei seiner Freunde waren reine Deutsche. Goethe und Schiller bedeuteten ihm mehr als jeder russische Schriftsteller. Allerdings steckt eine gewisse Boshaftigkeit in seiner Darstellung der deutschen Verbannten; sie läßt die überlegene Komik vermissen, mit der er

---

13 Siehe die Eintragung im *Journal* unter dem 8. Februar 1865 – »Dinner bei Charles Edmond's [Chojecki] . . . Eine sokratische Maske mit dem warmen und transparenten Fleisch eines Rubens-Porträts, eine rote Narbe zwischen den Augenbrauen wie von einem Brenneisen, ergrauender Bart und Haare. Wenn er spricht, schwillt ein beständiges ironisches Lachen in seiner Kehle auf und ab. Seine Stimme ist sanft und langsam ohne jede Derbheit, die man vielleicht wegen seines ausgeprägten Nackens erwartet hätte; die Gedanken sind stubil, feinfühlig, scharf, oft spitzfindig, immer bestimmt, durch Worte und Licht erfüllt, die Zeit brauchen, um anzukommen, die aber immer das Treffende des Französischen besitzen, wie es von einem kultivierten und geistreichen Ausländer gesprochen wird.
Er spricht von Bakunin und den elf Monaten, die dieser angekettet an einer Wand im Gefängnis verbrachte, von seiner Flucht aus Sibirien auf dem Amur-Fluß, von seiner Rückkehr auf dem Weg über Kalifornien, seiner Ankunft in London, wo, nach einer stürmischen und tränenreichen Umarmung, seine ersten Worte an Herzen waren: ›Kann man hier Austern bekommen?‹«
Herzen erfreute die Goncourts mit Geschichten über den Zaren Nikolaus, der, nach dem Fall von Eupatoria während des Krimkrieges, nachts in seinem leeren Palast umherwandert, mit den schweren unirdischen Schritten der steinernen Statur im *Don Juan.* Dem folgten Anekdoten über englische Gewohnheiten und Gebräuche – »ein Land, das er als Land der Freiheit liebt« –, um dessen widersinnigen, klassenbewußten und unnachgiebigen Traditionslismus zu charakterisieren, der besonders auffällig ist in den Beziehungen zwischen Herren und Dienstboten. Die Goncourts zitieren ein charakteristisches von Herzen geschriebenes Epigramm, um die Differenz zwischen dem französischen und dem englischen Charakter zu veranschaulichen. Sie berichten getreu die Geschichte von James Rothschilds Unternehmungen, um Herzens Besitz in Rußland zu retten.

die Eigentümlichkeiten der übrigen Ausländerkolonien beschreibt, die in den fünfziger und sechziger Jahren in London versammelt waren, einer Stadt, die übrigens, wenn wir Herzen in diesem Punkt Glauben schenken dürfen, den Absurditäten und dem Märtyrertum der Verbannten mit völliger Gleichgültigkeit begegnete. Was seine Gastgeber, die Engländer, betrifft, so tauchen sie in seinen Schriften sehr selten auf. Herzen hatte Mill, Carlyle und Owen getroffen. Seine erste Nacht in England verbrachte er bei englischen Gastgebern. Er stand auf ziemlich gutem Fuß mit einigen Herausgebern radikaler Zeitschriften (ein paar von ihnen, wie Linton und Cowen, verhalfen ihm dazu, seine Ansichten zu propagieren und Kontakt zu den Revolutionären auf dem Kontinent zu halten sowie geheime Propagandabeziehungen nach Rußland aufrechtzuerhalten) und mit einigen radikal gesinnten Mitgliedern des Parlaments, einschließlich einiger Minister zweiten Ranges. Im ganzen gesehen scheint er sogar noch weniger Kontakte zu den Engländern gehabt zu haben als sein Zeit- und Leidensgenosse Karl Marx. Trotzdem bewunderte er England. Er bewunderte seine Verfassung, und das Dickicht seiner ungeschriebenen Gesetze und Gewohnheitsrechte beflügelte seine ganze Erfindungskraft und romantische Phantasie. Die amüsanten Passagen von *Erlebtes und Gedachtes,* in denen er die Franzosen mit den Engländern oder die Engländer mit den Deutschen vergleicht, lassen einen scharfsinnigen und belustigten Einblick in die nationalen Eigenschaften der Engländer erkennen. Aber ganz konnte er sich mit ihnen doch nicht befreunden. Sie blieben für ihn zu sehr auf ihre insularen Interessen beschränkt, zu gleichgültig, zu phantasielos, zu uninteressiert an den moralischen, sozialen und ästhetischen Fragen, die ihm am Herzen lagen, zu materialistisch und selbstzufrieden. Seinem Urteil zufolge, das stets intelligent und bisweilen scharfsinnig ist, sind sie distanziert und neigen zur Konventionalität. Ein Bericht über den Prozeß gegen einen französischen Radikalen in London, der einen politischen Gegner bei einem Duell im Windsor Great Park getötet hatte, ist zwar glänzend geschrieben, bleibt aber ein Stück Genre-Malerei, eine amüsante und brillante Karikatur. Die Franzosen, Schweizer, Italiener, ja sogar die Deutschen stehen ihm näher. Er kann keine wirkliche Beziehung zu den Engländern finden. Wenn er über die Menschheit nachdenkt, bezieht er sie nicht mit ein.

Neben seinen wichtigsten Tätigkeiten widmete er sich der Erziehung seiner Kinder, die er teilweise einer deutschen Idealistin – Malwida von Meysenbug – anvertraute, einer späteren Freundin von Nietzsche und Romain Rolland. Sein Privatleben war verflochten mit dem seines engen Freundes Ogarjow und dessen Frau, die seine Geliebte wurde. Dessen ungeachtet blieb die gegenseitige Zuneigung der beiden Freunde unverändert. Die Memoiren enthüllen wenig von den seltsamen emotionalen Konsequenzen dieses Verhältnisses.

Im übrigen lebte er das Leben eines wohlhabenden Schriftstellers aus guter Familie, eines Angehörigen des russischen und im besonderen des Moskauer Adels, seinem Heimatland entfremdet – ein mit gelegentlichen Augenblicken der Hoffnung und sogar der Euphorie angefülltes Leben, gefolgt von langen Perioden des Elends, bohrender Selbstkritik und eines verzehrenden Heimwehs. Dies mag einer der Gründe gewesen sein, die ihn bewogen, den russischen Bauern zu idealisieren und davon zu träumen, daß die Antwort auf die zentrale »soziale« Frage seiner Zeit – die der zunehmenden Ungleichheit, Ausbeutung, der Enthumanisierung sowohl des Unterdrückers wie der Unterdrückten – in der Bewahrung der russischen Bauerngemeinde liege. Er verstand dieses als den Ursprung der Entwicklung eines nicht-industriellen, halb-anarchistischen Sozialismus. Einzig eine solche Lösung, deutlich von den Ansichten Fouriers, Proudhons und George Sands beeinflußt, schien ihm frei zu sein von der unterdrückenden, kasernenhaften Disziplin, die von den westlichen Kommunisten von Cabet bis Marx gefordert wurde; und ebenso frei von den gleichermaßen erdrückenden und – so erschien es ihm – deutlich vulgären und spießbürgerlichen Idealen, die in den gemäßigten, halb-sozialistischen Doktrinen enthalten waren, mit ihrem Glauben an die fortschrittliche Rolle der sich entwickelnden Industrialisierung, wie sie von den Vorreitern der Sozialdemokratie in Deutschland, Frankreich und von den Fabiern in England propagiert wurden. Später modifizierte er seine Ansicht; gegen Ende seines Lebens begann er die historische Bedeutung der organisierten städtischen Arbeiter anzuerkennen. Alles in allem blieb er jedoch seinem Glauben an die russische bäuerliche Gemeinschaft als einer Keimform desjenigen Lebens treu, in dem die Suche nach der individuellen Freiheit mit dem Bedürfnis nach kollektivem Handeln und Verantwortlichkeit versöhnt wäre. Er hielt bis zu seinem Ende fest an der romantischen Vision einer neuen, gerechten, alles verändernden gesellschaftlichen Ordnung.

Herzen ist weder konsequent noch systematisch; sein Stil hat in mittleren Lebensjahren die Zuversicht seiner Jugend verloren und vermittelt das verzehrende Heimweh, das ihn nie mehr verläßt. Er ist besessen von einem Gefühl blinder Schicksalhaftigkeit, obwohl er seinen Glauben an den Wert des Lebens niemals verliert. Nahezu alle Spuren des Hegelschen Einflusses sind verschwunden.»Die Absurdität der Wirklichkeit beleidigt uns, [...] gerade so, als hätte jemand versprochen, daß alles in der Welt ungemein schön, gerecht und harmonisch sein müßte. Wir haben genug über die tiefe abstrakte Weisheit von Natur und Geschichte gestaunt; es ist an der Zeit zu erkennen, daß Natur und Geschichte voll von Zufällen und Sinnlosigkeiten, Unordnung und Stümperhaftigkeiten sind.« Dieser Satz ist höchst charakteristisch für seine Stimmung in den sechziger Jahren; und es ist kein Zufall, daß seine Arbeiten keine geschlossene Komposition zeigen, sondern eine Abfolge von Fragmenten, Episoden, abgeschlossenen Vignetten, eine Mischung aus»Dichtung« und»Wahrheit«, Tatsachen und poetischer Freiheit sind.

Seine Stimmungen wechseln ganz plötzlich. Manchmal glaubt er an die Notwendigkeit eines großen, reinigenden, revolutionären Sturms; in anderen Augenblicken wieder wirft er seinem alten Freund Bakunin, der nach seiner Flucht aus einem russischen Zuchthaus in London zu ihm stieß, vor, er wolle die Revolution zu bald: er verstehe nicht, daß die Häuser für freie Menschen nicht aus den Steinen von Gefängnissen gebaut werden könnten, daß der Durchschnitts-Europäer des neunzehnten Jahrhunderts zu sehr von der Sklaverei der alten Ordnung geprägt sei, um sich wirkliche Freiheit vorstellen zu können, und daß es nicht die befreiten Sklaven sein würden, die die neue Ordnung errichten, sondern neue, in Freiheit erzogene Menschen. Geschichte hat ihre eigene Dynamik. Geduld und stufenweises Fortschreiten allein – nicht die Hast und Gewaltsamkeit Peters des Großen – können eine dauerhafte Veränderung bewirken. In solchen Momenten überlegt er sich, ob die Zukunft den freien anarchistischen Bauern oder den kühnen, erbarmungslosen Planern gehört. Vielleicht ist es der industrielle Arbeiter, der der Erbe der neuen, unvermeidlichen, kollektivistischen ökonomischen Ordnung sein wird.[14] Doch

---

14 Dies ist die These, durch die orthodoxe sowjetische Gelehrte für sich in Anspruch

dann kehrt er wiederum zu seinen früheren Stimmungen der Desillusionierung zurück und fragt sich, ob die Menschen die Freiheit wirklich ersehnen. Vielleicht sind dies nur immer einige wenige in einer Generation, während die meisten lediglich eine gute Regierung wollen, gleichgültig, in wessen Händen sie liegt. Und so bestätigt er de Maistres bitteres Epigramm über Rousseau:»Monsieur Rousseau hat gefragt, wie es komme, daß Menschen, die frei geboren wurden, trotzdem überall in Ketten liegen. Das ist so, als wenn man sich fragen würde, warum Schafe, die als fleischfressende Wesen geboren wurden, trotzdem Gras fressen.« Dieses Thema entfaltet Herzen weiter.[15] Die Menschen sehnen sich nach der Freiheit nicht mehr als die Fische danach, fliegen zu können. Die Tatsache, daß es ein paar fliegende Fische gibt, beweist nicht, daß Fische im allgemeinen zum Fliegen geschaffen sind oder im Grunde nicht ganz zufrieden damit, für immer unter der Oberfläche des Wassers zu bleiben, für immer fern von Sonne und Licht. Dann kehrt er wieder zu seinem früheren Optimismus zurück und zu dem Gedanken, daß irgendwo – in Rußland – der ungebrochene Mensch lebe, der Bauer, dessen Fähigkeiten intakt sind, unberührt von der Korruption und Verfeinerung des Westens.

Dieser von Rousseau inspirierte Glaube verliert jedoch, je älter Herzen wird, an Sicherheit. Trotz aller seiner Bemühungen und der seiner sozialistischen Freunde kann er sich nicht ganz selbst täuschen. Er schwankt zwischen Optimismus und Pessimismus, Skepsis und Verdächtigung seiner eigenen Skepsis, und moralisch am Leben erhält ihn nur sein Haß auf alle Ungerechtigkeit, alle Willkür und alles Mittelmaß – vor allem aber seine Unfähigkeit, auch nur den geringsten Kompromiß mit der Brutalität der Reaktionäre oder der Scheinheiligkeit der bürgerlichen Liberalen einzugehen. Das hält ihn aufrecht, ebenso wie ihn sein Glaube, daß solche Übel sich selbst vernichten werden, über Wasser hält, seine Liebe zu seinen Kindern, zu seinen treuen Freunden und seine unzerstörbare Freude an der Vielfalt des Lebens und der Komödie des menschlichen Charakters.

Im ganzen wurde Herzen immer pessimistischer. Er hatte mit der Arbeit an einem idealen Konzept des menschlichen Lebens begonnen, ignorierte dabei aber die Kluft, die es von der Gegenwart

---

nehmen, eine verspätete Annäherung an die Marxschen Vorstellungen belegen zu können.

15 *Sobranie sočinenij*, Bd. 6, S. 94.

trenne – einerseits vom Rußland Nikolaus' I., andererseits vom korrupten Konstitutionalismus des Westens. In seiner Jugend glorifizierte er den jakobinischen Radikalismus und verdammte seine Widersacher in Rußland – den blinden Konservativismus, die slawophile Sehnsucht, den vorsichtigen Gradualismus seiner Freunde Granowski und Turgenjew genauso wie die hegelianischen Aufrufe zur Geduld und vernünftiger Anpassung an den unvermeidlichen Geschichtsverlauf, der ihm bestimmt schien, den Sieg des Bürgertums heraufzuführen. Bevor er emigrierte, war er von kühnem Optimismus. Dem folgte nicht eigentlich ein Sinneswandel, aber eine Abkühlung, die Neigung zu einer nüchterneren und kritischeren Haltung. Aller wirklicher Wandel, so begann er 1847 zu denken, geschieht notwendig langsam; die Macht der Tradition (über die er sich in England lustig macht und die er zugleich bewundert) ist außerordentlich groß; die Menschen sind weniger formbar, als man im achtzehnten Jahrhundert glaubte, und auch streben sie nicht wirklich nach Freiheit, sondern nach Sicherheit und Zufriedenheit. Der Kommunismus ist nur ein auf den Kopf gestellter Zarismus, die Ablösung einer Knechtschaft durch eine andere; die Ideale und Parolen der Politik entpuppen sich bei näherer Prüfung als Leerformeln, für die Fanatiker unzählige ihrer Zeitgenossen bedenkenlos opfern. Er ist sich nicht länger sicher, daß die Kluft zwischen der aufgeklärten Elite und den Massen jemals überbrückt werden kann (dies wird zum beherrschenden, ständig wiederkehrenden Thema im späten russischen Denken). Aber wenn dies alles auch nur zu einem kleinen Teil stimmt, ist radikale Veränderung dann noch möglich oder wünschenswert? Aus solchen Überlegungen resultieren Herzens Empirismus, Skeptizismus, der latente Pessimismus und die Verzweiflung in der Mitte der sechziger Jahre.

Dies ist eine Haltung, die einige sowjetische Gelehrte als den Beginn einer Annäherung Herzens an eine quasi-marxistische Anerkennung der unerbittlichen Gesetze gesellschaftlicher Entwicklung interpretieren – insbesondere der Unvermeidlichkeit der Industrialisierung und vor allen Dingen der zentralen Rolle, die das Proletariat hierbei spielen muß. Dies ist freilich nicht die Interpretation, die Herzens linksextreme russische Kritiker seinen Ansichten zu seinen Lebzeiten oder in dem folgenden halben Jahrhundert gaben. Ihnen erschienen diese Lehrsätze vielmehr symptomatisch für Konservativismus und Verrat zu sein. Denn während

315

der fünfziger und sechziger Jahre wuchs in Rußland eine neue Generation von Radikalen heran, in einem damals rückständigen Land, das in dem schmerzlichen Prozeß der ursprünglichen, höchst rudimentären, allmählichen, sporadischen, ineffizienten Industrialisierung begriffen war. Dies waren Männer von unterschiedlichster sozialer Herkunft, erfüllt von Verachtung für die schwächlichen liberalen Kompromisse von 1848, ohne jegliche Illusion über die Aussichten der Freiheit im Westen, entschlossen zu eher rücksichtslosen Methoden; sie akzeptierten als wahr nur das, was die Wissenschaft beweisen kann, waren darauf vorbereitet, hart zu sein, um die Macht ihrer ebenfalls rücksichtslosen Unterdrücker zu brechen; sie verwarfen den Ästhetizismus ebenso wie die Wertvorstellungen der »sanften« Generation der vierziger Jahre.

Herzen erkannte, daß die Kritik und die Anwürfe, die gegen ihn als einen obsoleten, aristokratischen Dilettanten von diesen »Nihilisten« – wie sie in Turgenjews Roman *Väter und Söhne*, in dem dieser Konflikt zum ersten Mal anschaulich dargestellt wird, genannt wurden – vorgetragen wurden, nicht allzu sehr unterschieden waren von der Verachtung, die er selbst in seiner eigenen Jugend für die wirkungslosen Reformer unter der Herrschaft Alexanders I. empfunden hatte. Aber das half ihm nicht, seine Lage leichter zu ertragen. Das, was von den hartgesottenen Revolutionären nur unwillig aufgenommen wurde, gefiel Tolstoi, der mehr als einmal sagte, daß die Zensur von Herzens Werken in Rußland ein charakteristischer Fehler der Regierung gewesen sei – einer Regierung, die in ihrem ängstlichen Bestreben, die Jugend auf ihrem Marsch in den revolutionären Enthusiasmus zu stoppen, sie verhaften ließ und sie nach Sibirien oder in die Gefängnisse verbannte, lange bevor sie ihr überhaupt gefährlich werden konnte, bevor sie noch den Weg der Legalität verließ; Herzen war diesen Weg gegangen, er hatte den Abgrund gesehen und vor ihm gewarnt, besonders in seinen *Briefen an einen alten Kameraden*; nichts, wie Tolstoi meinte, wäre eine bessere Gegen*kraft* gegen den »revolutionären Nihilismus«, den Tolstoi verurteilte, als Herzens brillante Analysen. »Unser russisches Leben wäre in den letzten zwanzig Jahren nicht dasselbe gewesen, hätte man [Herzen] der jüngeren Generation nicht vorenthalten.«[16]

---

16 Brief an N. N. Gaj senior vom 13. Februar 1888. Siehe auch den Brief an N. G. Tschertkow vom 9. Februar 1888.

Die Unterdrückung seiner Bücher, so fuhr Tolstoi fort, war sowohl ein kriminelles wie – gerade aus der Sicht derjenigen, die keine gewaltsame Revolution wollten – ein idiotisches politisches Verhalten. Zu anderen Zeiten war Tolstoi weniger großzügig. Im Jahre 1860, sechs Monate bevor sie einander kennenlernten, hatte er Herzens Schriften mit einer Mischung aus Bewunderung und Verärgerung gelesen: »Herzen ist ein Mensch von konfusem Intellekt und morbider Eigenliebe«, schrieb er in einem Brief, »aber die Fülle seiner geistigen Anlagen, seine Güte und die Anmut seiner Gesinnung sind russisch!«[17] Und 1896, während einer seiner anti-rationalistischen Launen, sagte er: »Was hat Herzen denn geschrieben, das von irgendeinem Nutzen gewesen wäre?«[18] Dies als Einwand gegen das Argument, die Generation der vierziger Jahre hätte – wegen der rigiden russischen Zensur – nicht sagen können, was sie sagen wollte, Herzen aber habe in Paris in absoluter Freiheit schreiben können und es gleichwohl fertiggebracht, »nichts Nützliches zu sagen«.[19] Was Tolstoi am meisten ärgerte, war Herzens Sozialismus. In einem Brief an seine Tante Alexandra Tolstoi sagt er, er verachte die Aufrufe Herzens, deren die russische Polizei ihn verdächtigte.[20] Daß er an die Politik als eine Waffe glaubte, genügte, um ihn in Tolstois Augen zu verurteilen. Ab 1862 hatte Tolstoi dem Glauben an liberale Reformen und an den Fortschritt des menschlichen Lebens durch gesetzliche oder institutionelle Veränderungen den Kampf angesagt. Herzen fiel unter diesen allgemeinen Bann. Außerdem scheint Tolstoi eine gewisse persönliche Abneigung gegen Herzen und seine öffentliche Stellung empfunden zu haben – fast eine Art von Eifersucht. Wenn Tolstoi in Augenblicken akuter Verzweiflung oder Verärgerung davon sprach – vielleicht nicht in vollem Ernst –, Rußland für immer verlassen zu wollen, pflegte er zu sagen, was immer er tue, er werde sich nicht Herzen anschließen oder unter seinem Banner marschieren: »Er geht seinen Weg, ich werde den meinen gehen.«[21]

---

17 Tagebucheintragung vom 4. August 1860.
18 Tagebucheintragung vom 17. Mai 1896. Doch am 12. Oktober 1905 schreibt er in sein Tagebuch, er lese Herzens *Vom andern Ufer* und bemerkt: »Unsere Intelligenzija ist so tief gesunken, daß . . . sie ihn nicht versteht.«
19 Tagebucheintragung vom 17. Mai 1896.
20 Brief vom 22.-23. (?) Juli 1862.
21 Brief an seine Tante, Gräfin A. A. Tolstaja, 7. August 1862.

Tolstoi unterschätzte Herzens revolutionäres Temperament und seinen revolutionären Drang eindeutig. Wie skeptisch Herzen auch immer gegenüber bestimmten revolutionären Doktrinen oder Plänen in Rußland gewesen sein mag – und niemand war in diesem Punkt eher zu Zweifeln geneigt als er –, so setzte er am Ende seines Lebens auf die moralische und soziale Notwendigkeit einer Revolution in Rußland – ob früher oder später –, einer gewaltigen Umwälzung, gefolgt von einer gerechten, das heißt: einer sozialistischen Ordnung. Dabei verschloß er seine Augen wahrhaftig nicht vor der Möglichkeit, ja der Wahrscheinlichkeit, daß die große Rebellion Werte zerstören würde, denen er sich selbst verpflichtet fühlte, insbesondere die Freiheiten, ohne die er, und andere ähnlich ihm, nicht atmen konnte. Dies hinderte ihn nicht daran, nicht nur die Unvermeidlichkeit, sondern auch die historische Gerechtigkeit der kommenden Umwälzung anzuerkennen. Sein moralisches Empfinden, sein Respekt vor menschlichen Werten, sein ganzer Lebensstil trennten ihn von den jungen Radikalen der sechziger Jahre, doch – trotz all seinem Mißtrauen gegenüber politischem Fanatismus, ob von rechts oder links – wandelte er sich nicht zum vorsichtigen, reformistischen, liberalen Konstitutionalisten. Selbst in seiner gradualistischen Phase blieb er ein Agitator, ein Egalitarist und bis zu seinem Lebensende Sozialist. Gerade das schätzten und begrüßten sowohl die russischen Populisten als auch die russischen Marxisten – Michailowskij wie Lenin – an ihm.

Es war nicht Klugheit oder Mäßigung, was ihn zu einer beharrlichen Unterstützung Polens in seiner Erhebung gegen Rußland im Jahre 1863 veranlaßt hatte. Die Welle des leidenschaftlichen Nationalismus, die die Niederschlagung des Aufstandes begleitete, beraubte ihn vieler Sympathien selbst unter den russischen Liberalen. Die Auflage der *Glocke* sank. Die neuen »harten« Revolutionäre benötigten sein Geld, gaben jedoch deutlich zu verstehen, daß sie ihn für ein liberales Fossil antiquierter, humanistischer Auffassungen hielten, nutzlos für den kommenden gewaltsamen Kampf. Er verließ London in den späten sechziger Jahren und unternahm den Versuch, eine französische Ausgabe der *Glocke* in Genf herauszugeben. Als dies scheiterte, besuchte er seine Freunde in Florenz und kehrte zu Beginn des Jahres 1870 nach Paris zurück, kurz vor dem Ausbruch des Deutsch-Französischen Krieges. Dort starb er an Rippenfellentzündung, moralisch wie physisch gebrochen, dennoch nicht desillusioniert, bis zum Schluß mit konzentrierter Intelligenz und Kraft schreibend. Sein Leichnam wurde nach Nizza überführt, wo er an der Seite seiner Frau bestattet wurde. Eine lebensgroße Statue bezeichnet noch heute sein Grab.

Herzens Ideen haben Eingang in das allgemeine Gefüge des russischen politischen Denkens gefunden – Liberale wie Radikale, Populisten wie Anarchisten, Sozialisten wie Kommunisten haben sich auf ihn als einen geistigen Vater berufen. Aber was überdauert hat, von all seiner fieberhaften und unaufhörlichen Aktivität, ist – selbst in seinem Geburtsland – nicht eine systematische Theorie, sondern eine Handvoll Essays, einige bemerkenswerte Briefe; es sind seine Gedächtniskraft, seine Beobachtungsgabe, seine moralische Leidenschaft, seine psychologische Analyse und seine politische Beschreibung, gepaart mit einer großen schriftstellerischen Begabung, die seinen Namen unsterblich gemacht haben. Was bleibt, ist vor allem ein leidenschaftliches und unzerstörbares Temperament und ein Sinn für die Bewegung der Natur und ihre unvorhersehbaren Möglichkeiten, die er mit einer solchen Intensität fühlte, daß nicht einmal seine reiche und bewegliche Prosa dem ganz Ausdruck verleihen konnte.

Er glaubte, das letzte Ziel des Lebens sei das Leben selbst und der Tag und die Stunde ein Zweck in sich und nicht Mittel für einen anderen Tag oder eine andere Erfahrung. Er glaubte, daß ein fernes Ziel ein Traum und der Glaube daran eine verhängnisvolle Illusion sei, und daß es immer zu grausamen und sinnlosen Formen von Menschenopfern führen müsse, wenn man das Gegenwärtige oder die nahe und vorhersehbare Zukunft diesen fernen Zielen opfere. Er glaubte, daß Werte nicht in einem unpersönlichen, objektiven Reich gefunden, sondern von Menschen geschaffen wurden und sich mit den Generationen wandelten, aber trotzdem für die in ihrem Licht Lebenden nicht weniger bindend seien. Er glaubte, daß Leiden unausweichlich und untrügliches Wissen weder erreichbar noch auch nötig sei. Er glaubte an die Vernunft, an wissenschaftliche Methoden, individuelles Handeln und empirisch zu entdeckende Wahrheiten, aber er hatte den Verdacht, daß der Glaube an allgemeine Formeln, Gesetze und Vorschriften im Menschlichen ein manchmal verhängnisvoller, immer jedoch irrationaler Versuch war, vor der Ungewißheit und unfaßbaren Vielfalt des Lebens in die falsche Sicherheit unserer eigenen symmetrischen Phantasien zu entfliehen. Er war sich dessen, was er glaubte, voll bewußt. Er hatte dieses Wissen um den Preis einer schmerzlichen und manchmal ungewollten Selbstanalyse erlangt, und was er sah, beschrieb er in einer Sprache von ungewöhnlicher Vitalität, Genauigkeit und Poesie. Sein ganz persönliches Kredo blieb seit seinen frühesten Tagen unverändert: »Die Kunst und das Wetterleuchten individuellen Glücks: dies sind die einzigen wirklichen Güter, die wir haben«, erklärte er in einer der selbstenthüllenden Passagen, die die ernsten jungen russischen Revolutionäre der sechziger Jahre so tief schockierten. Doch nicht einmal sie und ihre Nachfolger haben Herzens künstlerische und intellektuelle Leistung abgewiesen, und tun es auch heute nicht. Herzen war kein unbeteiligter Beobachter und wollte dies nicht sein. Ebenso wie die Dichter und Romanciers seiner Nation schuf er einen Stil, eine Anschauungsweise und, mit den Worten von Gorkis Huldigung an ihn, »eine ganze Provinz, ein an Ideen erstaunlich reiches Land«[22], in dem alles unmittelbar erkennbar als das Seine und nur als das Seine existiert, ein Land, in das er alles verpflanzt, was er berührt, in welchem Dinge, Sinneswahrnehmungen, Gefühle, Personen, Ideen, private und öffentliche Ereignisse, Institutionen, ganze Kulturen Gestalt und Leben erhielten durch seine geschichtliche Phantasie. *Erlebtes und Gedachtes* ist die Arche Noah, auf die er sich selbst – und nicht nur sich allein – vor der Flut rettete, in der viele idealistische Radikale in den vierziger Jahren untergingen. Kunst überdauert und transzendiert ihren unmittelbaren Zweck. Die Strukturen, die Herzen vielleicht in erster Linie zu seiner eigenen persönlichen Rettung aus dem Material seines mißlichen Schicksals – Exil, Einsamkeit, Verzweiflung – errichtete, überdauern ungebrochen. Geschrieben im Ausland, größtenteils europäische Probleme und Gestalten betreffend, stellen diese Erinnerungen ein großes, fortwirkendes Denkmal der russischen Gesellschaft dar, der Herzen angehörte. Ihre Vitalität und Anziehungskraft sind – im Verlauf der hundert Jahre, die seit dem Erscheinen des ersten Kapitels vergangen sind – nicht geringer geworden.

---

22 M. Gorki, *Istorija russkoi literatury*, Moskau 1939, S. 206.

DAS LEBEN UND DIE ANSICHTEN
VON MOSES HESS

Moses Heß war sowohl Kommunist wie Zionist. In der Geschichte der einen Bewegung hat er eine entscheidende Rolle gespielt und die zweite im Grunde erfunden. Diese bemerkenswerte Tatsache begründet in erster Linie, wenn nicht allein, seinen Ruhm. Trotzdem, im Laufe seines unruhigen und aufopferungsvollen Lebens hat Heß einige höchst originelle und eindrucksvolle Ansichten entwickelt, die auch heute die Anerkennung noch nicht gefunden haben, die sie, wie ich meine, verdienen. Er war ein Prophet, der in seiner eigenen Generation wenig und in seiner Heimat nichts galt. Aber vieles von dem, was er sagte, war neu und, wie sich herausgestellt hat, nicht nur wichtig, sondern auch wahr. Insbesondere entdeckte er im Leben der europäischen Gesellschaft insgesamt und vor allem dem der europäischen Juden Symptome einer, wie er fürchtete, tödlichen oder zumindest äußerst gefährlichen Krankheit. Dagegen hat er Heilmittel angeboten, die unabhängig von ihrer Wirksamkeit zumindest konkrete Vorschläge waren, die verwirklicht werden konnten, und nicht bloße Klagen des Selbstmitleids, leere Worte oder verschwommene und eitle Träume. Als er seine Thesen vorbrachte, wurden sie allerdings abgetan, als seien sie nichts anderes als dies. Dieses Urteil erscheint mir jedoch völlig ungerecht. Meine Gegenthese in diesem Aufsatz lautet, daß Heß zumindest nach 1848 ein außergewöhnlich scharfsinniger und unabhängiger Denker war, der die Probleme, die ihn beschäftigten, klarer verstand und formulierte als die meisten seiner Kritiker, deren konkurrierende Diagnosen zu ihrer eigenen Zeit sehr bewundert wurden, die Probe der Zeit jedoch schlecht bestanden haben. Aber selbst wenn ich mich darin täuschen sollte, sind die Probleme, die Heß gestellt hat, und auch die Form, in der er sie gestellt hat, heute noch außerordentlich lebendig und womöglich sogar noch entscheidender als zu seinen Lebzeiten. Selbst wenn er keinen anderen Anspruch auf unsere Aufmerksamkeit hätte, würde dies allein schon genügen.

I

Moses Heß wurde 1812 in Bonn geboren, in einer jüdischen Familie, deren Vorfahren vermutlich aus Polen gekommen waren. Seine Eltern gehörten zu der Generation deutscher Juden, die durch die französischen Befreiungskriege frei geworden waren. Zwischen 1795 und 1814 stand Bonn unter französischer Herrschaft; die Tore des jüdischen Ghettos wurden weit aufgestoßen, und seine Bewohner konnten nach Jahrhunderten der Enge und Isolierung ins Freie hinaustreten. Persönliche Freiheiten (oder zumindest eine größere Anzahl von ihnen), die ökonomischen Möglichkeiten, weltliches Wissen und liberale Ideen wirkten auf die Kinder der gerade erst emanzipierten Juden wie starker Wein. Als 1815 nach der endgültigen Niederlage Napoleons das Rheinland von den Preußen annektiert wurde und König Friedrich Wilhelm III. den Versuch machte, zu den alten Verhältnissen zurückzukehren, rief die Wiedereinführung der meisten alten Einschränkungen für die Juden seines Königreichs bei den gerade erst Befreiten eine schwere Krise hervor. Einige konnten den Gedanken, in ihren früheren entrechteten Status zurückkehren zu müssen, nicht ertragen und ließen sich, durchaus nicht immer aus ehrlicher Überzeugung, taufen. Der radikale Journalist Ludwig Börne änderte seinen Namen und Glauben am selben Tag, ebenso Heinrich Marx, der Vater von Karl Marx. Der Dichter Heinrich Heine, der Jurist Eduard Gans, Ludwig Stahl (der später die Christlich Soziale Partei gegründet hat) und die Kinder des Philosophen Moses Mendelssohn waren die Bekanntesten der zum Christentum Konvertierten. Andere reagierten genau umgekehrt. Aus wirklicher Frömmigkeit oder auch aus Stolz banden sie sich sogar noch leidenschaftlicher an ihre alte Religion. Zu diesen gehörte auch die Familie Heß. 1817 zog der Vater nach Köln, wo er eine Zuckerraffinerie gründete und bald wohlhabend und dann auch Haupt der jüdischen Gemeinde der Stadt wurde. Der Junge, fünf Jahre alt, wurde in Bonn zurückgelassen, wo ihn sein tief religiöser Großvater mütterlicherseits traditionell jüdisch erzog und ihm solide Kenntnisse der Bibel, des Talmud und der mittelalterlichen Kommentare beibrachte. Fast ein halbes Jahrhundert später hat Heß ein bewegendes Bild dieses redlichen alten Kaufmanns gezeichnet, der die Tränen nicht zurückhalten konnte, wenn er von der Zerstörung des Tempels in Jerusalem und von der Diaspora der Juden sprach. Zweifellos ist Heß von seiner frühen Erziehung unauslöschlich geprägt worden, und die Bilder und Symbole aus der Geschichte der Juden begleiteten ihn bis an sein Lebensende. Vielleicht darf man sich fragen, welche Konsequenzen es für die Welt gehabt hätte, wenn Karl Marx, Enkel eines Rabbiners, so aufgewachsen wäre und nicht mit dem Rationalismus des achtzehnten Jahrhunderts, den ihm sein Vater, ein maßvoller Anhänger Voltaires, vermittelte.

Die Mutter von Moses Heß starb, als er vierzehn Jahre alt war, und er kam in das Haus seines Vaters nach Köln. Als er achtzehn war, erlaubte ihm sein Vater widerstrebend, die Universität in Bonn zu besuchen. Es gibt keinerlei Hinweis, wie es ihm dort erging, und es ist sogar fraglich, ob er überhaupt immatrikuliert war. Auf jeden Fall scheint diese Erfahrung wenig Spuren bei ihm hinterlassen zu haben. Aus dieser Zeit wissen wir kaum etwas über ihn, nur, daß er, wie sehr viele andere idealistische junge Menschen in Deutschland, tief beeindruckt war von dem mystischen Nationalismus und der Romantik, die damals die deutschen Intellektuellen erfaßten.

Sein Vater hätte ihn gern in seinem wachsenden Unternehmen gesehen, doch Moritz Heß, wie er zu dieser Zeit hieß, lehnte entschieden ab. Er schien keine klare Vorstellung über seine Pläne zu haben, außer daß er der Menschheit dienen, den Armen helfen und die Unterdrückten befreien wollte, vor allem aber wollte er kein Geld machen, denn das war für ihn bürgerlicher Egoismus in seiner abstoßendsten Form. Er überwarf sich mit seinem Vater und verließ mit sehr wenig Geld in der Tasche das Elternhaus, um die Welt, oder jedenfalls Europa, zu sehen. Er ging nach England, wo er erbärmliche Not litt, dann nach Holland und Frankreich. 1832 war er in Paris, und vielleicht nahm er unter den armen deutschen Emigranten, überwiegend linksgerichteten Verbannten, die radikalen Ideen auf, die damals in dieser relativ freien Stadt im Schwange waren.[1] Die Revolution von 1830 hatte unter den Libe-

---

1 Zweifel daran äußert Edmund Silbener, »Der junge Moses Heß im Lichte bisher

ralen Europas grenzenlose Hoffnungen geweckt, und Paris war erfüllt von sozialistischen Sekten und Ideen, besonders den von
Saint-Simon und Fourier beeinflußten Lehren, die die Menschen
dazu aufriefen, die Übel des mörderischen Konkurrenzkampfes,
des Privateigentums und die unausweichlich damit einhergehende Zerstörung von Körper und Geist der Menschen zu erkennen
und zu bekämpfen und statt dessen in kollektiven Unternehmen
zusammmenzuarbeiten, die die große, produktive Energie der
Menschheit planvoll und harmonisch freisetzen und allgemeinen
Wohlstand, Gerechtigkeit und Glück auf Erden schaffen würden.
Einige dieser Leute waren konfuse Träumer, andere scharfsinnige
und höchst praktische Organisatoren, die die revolutionären Konsequenzen des technischen Fortschritts begriffen hatten. Aus diesen Kreisen gingen sowohl idealistische und kurzlebige kommunistische Kolonien in Amerika und anderen Ländern hervor, aber
auch der Panamakanal und der Suezkanal, das neue Eisenbahn-
netz in Frankreich und die verschiedensten neuen technokratischen Vorstellungen und Institutionen, von den industriellen Mo-
nopolen bis zum New Deal, von großen Kartellen und staatseige-
nen Unternehmen bis zu Fünf-Jahres-Plänen und dem Wohl-
fahrtsstaat. Die radikalste dieser Tendenzen war die untergründig
fortwirkende Tradition des Kommunismus, der von den verfolgten
Anhängern des hingerichteten Revolutionärs Babeuf gepredigt
wurde. Babeuf hatte erklärt, daß nicht nur die Liebe zum Eigentum, sondern schon der bloße Besitz die Wurzel allen Übels sei
und daß Gerechtigkeit und Freiheit nicht ohne vollständige gesellschaftliche und ökonomische Gleichheit möglich seien, die ihrerseits von der restlosen Beseitigung des Erbrechts und praktisch jedes Privatbesitzes abhinge.

Heß schloß sich diesen Lehren leidenschaftlich an und fügte ihnen seinen enthusiastischen Glauben an den romantischen Intuitionismus hinzu, den die Schüler von Fichte und Schelling predigten, sowie das, was er von Spinoza verstanden hatte, der von den
Romantikern bewundert wurde. Wie andere junge Radikale seiner
Generation versuchte er, dieses sonderbare Gemisch in die Form
der großen, alles beherrschenden Philosophie der Zeit zu gießen,
in das Hegelsche System. Völlig mittellos kehrte Moses Heß zu Fuß

---

unerschlossener Quellen«, *International Review of Social History* 3 (1958), S. 43-
70, S. 239-68.

nach Köln zurück, versöhnte sich mit seinem Vater und wurde in dessen Zuckerraffinerie angestellt. Wie man eigentlich hätte voraussehen können, endete das mit einem völligen Fehlschlag.

Er verließ schließlich sein Vaterhaus wieder, kratzte ein wenig Geld zusammen, das ihn für einige Monate über Wasser hielt, und in dem Wunsch, seine eigene Ansicht zu den metaphysischen Streitfragen zu äußern, die damals in Deutschland (zum Teil als Ergebnis der staatlichen Zensur) die Stelle politischer Diskussionen einnahmen, verfaßte er eine Abhandlung, die seine ganze »Weltanschauung« enthielt. Diese 1837 unter dem Titel: *Die heilige Geschichte der Menschheit. Von einem Jünger Spinozas* veröffentlichte metaphysische Geschichtsphilosophie voller Hegelscher Klischees ist heute fast ungenießbar. Obwohl sich der Titel auf Spinoza beruft, hat der Text, abgesehen von einem verschwommenen Rationalismus und dem Glauben an die Einheit der ganzen Schöpfung, wenig mit diesem großen Denker des siebzehnten Jahrhunderts zu tun. Seine Quelle ist eher die protestantische Theologie der Romantik und sein Geist der Schleiermachers. Die zentrale These lautet, daß die Menschen am Anfang in einer ungeschiedenen Einheit von Geist und Materie gelebt haben, dem Zustand eines ursprünglichen Kommunismus, der der Errichtung des Eigentums vorherging. Diese Periode unterteilt der Autor sorgfältig in vierzehn Unterepochen, deren jede von einer großen Führergestalt beherrscht wurde. Diese ursprüngliche Einheit hat das Christentum zerbrochen, das anfänglich den Geist mit der Materie versöhnen wollte, aber in seiner entstellten mittelalterlichen Form den Geist überbetont und zu einem einseitigen Mystizismus geführt hatte. Doch der dynamische Prozeß der Hegelschen historischen Dialektik werde dies zurechtrücken. Es war die Aufgabe des modernen Menschen, im vollen Bewußtsein seiner historischen Mission eine vernünftige Harmonie zwischen Geist und Materie herzustellen, wie sie in Deutschland – für den Autor jedoch mit zu starker Betonung des Geistes – von Schelling gepredigt wurde und in Frankreich – aber mit zu starker Betonung der Materie – von Saint-Simon. Diese Harmonie mußte in einer neuen Ordnung – einer »gesunden, gesellschaftlichen Constitution« – verkörpert werden, in der das Grundübel endlich abgeschafft sein werde, die Institution des Privateigentums, die gesellschaftliche Form habsüchtiger Gier, die, zusammen mit dem Konkurrenzkampf und der Teilung der Arbeit, die Menschen verrohte und sie zum bloß lebenden Eigentum, zum Objekt der Ausbeutung durch eine kapitalistische Elite entmenschlichte. So wurden die hebräischen Propheten, die eigentlichen Verkünder der neuen Welt, schließlich bestätigt. Um dieses Ideal zu erreichen, mußten die Menschen (im Geiste Fichtes) dem moralischen Imperativ des Strebens nach einem heiligen Leben wechselseitigen Selbstopfers Folge leisten. Die Juden erwähnt Heß nur im Vorbeigehen als Verkörperung einer Vorstufe, die vom Christentum abgelöst wird. Der alte jüdische Staat allerdings verdient Bewunderung, da er eine Einheit darstellt, eine Verschmelzung von Staat, Kirche, Religion, Politik und Gesellschaft, eine Einheit von Prinzipien, die das ganze menschliche Leben bestimmen. Die Menschen haben sich von Gott abgewandt, aber sie werden zu ihm zurückkehren, und »das alte Gesetz wird verklärt wieder auferstehen«. Auf diese Weise werden die Juden als Volk verschwinden, aber nicht bevor sie die Welt geistig erobert haben. Dadurch werden sie ihre besondere Mission erfüllen. Eigentlich haben sie ihre Rolle bereits gespielt, denn das Christentum hat sie überflüssig gemacht, und es wird ihnen empfohlen, die Bühne der Geschichte zu verlassen. »Das letzte Übel war das härteste; denn es löste das Volk Gottes ganz und gar auf, um als solches nimmer wieder aufzukommen. Aus dem Tode desselben sollt ein neues, höheres Leben entspringen.«

All das war nicht schlechter, aber sicherlich auch nicht besser als das Gemisch aus Metaphysik, sozialem Messianismus und persönlicher Leidenschaftlichkeit, woraus die unzähligen historisch-theologischen Systeme in der Regel bestanden, mit denen die deutschen Universitäten damals das philosophische Publikum überschwemmten. Die meisten dieser Abhandlungen waren in Geist und Absicht tief religiös, Versuche, in Kunst oder Wissenschaft den Weg zur individuellen oder nationalen Erlösung zu finden, den die traditionellen christlichen Kirchen den kritischen Geistern nicht mehr zu weisen vermochten. Einige suchten in der Literatur, in der Musik oder in den verschiedensten Formen mystischer Erfahrung einen Ersatz für die Religion. Andere, vielleicht die Mehrheit dieser spirituellen Müßiggänger, suchte, zumindest in den Ländern unter deutschem Einfluß, die Antwort in der Geschichte als einer fortschreitenden Offenbarung der Wege Gottes oder des Absoluten Geistes, und dies führte zu den Lehren, die man am besten als Historiosophie bezeichnen könnte – der Versuch, die Aufgabe der Theologie oder der spekulativen Metaphysik von der Geschichte übernehmen zu lassen – und deren berühmteste mit den Namen von Schelling, Hegel, Comte, Spengler und in gewisser Hinsicht auch mit Marx und den Schülern Darwins verbunden sind. Arnold Toynbee war in unseren Tagen der führende Vertreter, vielleicht der letzte, dieses weltlichen Messianismus. *Die heilige Geschichte der Menschheit* fand keine Leser und ist heute zu Recht vergessen. Sie ist nur insofern interessant, als sie zeigt, daß Heß schon in dieser frühen Phase ein richtiger Sozialist war, sogar der erste deutsche Sozialist, der erste gläubige deutsche Schüler der französischen Verkünder der Gleichheit, ein verspäteter und etwas idealistischer deutscher Anhänger Babeufs. Darüber hinaus wurde Heß damit zu einem Mitglied der Avantgarde auf der philosophischen Linken, der Junghegelianer mit ihren extremen, radikalen Ansichten. Alle Schüler Hegels glaubten, daß ihr Meister das Grundgesetz der menschlichen Geschichte entdeckt habe, ihren beständigen Fortschritt zu mehr Vernunft und Freiheit, auf einen Zustand hin, in dem mehr und mehr Menschen immer deutlicher die logisch notwendigen Zwecke des Weltgeistes begreifen würden – auf die sich die Geschichte, ihren Sinn und ihre Richtung sich selbst offenbarend in Gestalt des kritischen und schöpferischen menschlichen Geistes, hinbewegte. Dieses wachsende Selbstbewußtsein des Universums als eines tätigen Subjekts, als Geist oder Organismus, nimmt bei den Menschen die Gestalt zunehmend vernünftigen Wissens und deshalb ihrer Macht über die Natur und über sich selbst an, erscheint also als Fortschritt ihrer Freiheit, der das Paradies auf Erden näher bringt. Für die Hegelianer aller Schattierungen bestand dieser Prozeß in dem unablässigen Kampf und Zusammenstoß der Kräfte auf jeder Ebene – gesellschaftlich, geistig, ökonomisch, politisch und physisch –, ein Kampf, der zu Krisen führt, die manchmal die Gestalt sozialer Revolutionen annehmen und von denen jede eine bestimmte Stufe in der Entwicklung des »Weltgeistes« ist. Die Linkshegelianer interpretierten dies so, daß die fortgeschrittensten Elemente einer Gesellschaft – die Vernünftigsten, die ihrer selbst Bewußtesten, die wußten, welche Stufe erreicht war und wohin der nächste Schritt der Entwicklung des Geistes führen mußte – im wesentlichen eine destruktive Funktion hätten, die alles Statische, Tote, Versteinerte, Irrationale und alles, was Selbstkritik und damit den Fortschritt der Menschen zu ihrem Ziel verhinderte, auflösen müßte. Absolute Vernunft hieß für sie, daß die Menschheit absolute Freiheit über sich und ihre Umgebung gewann, und dies konnte man nur erreichen, wenn alle Hindernisse, die einer solchen Emanzipation im Wege standen, aktiv beseitigt wurden. Diese Ansicht hatte eindeutig revolutionäre Implikationen. Einige Junghegelianer beschränkten ihren Radikalismus auf die Theorie und widmeten sich dem Umsturz traditioneller, vor allem religiöser und metaphysischer Überzeugungen, wie etwa David Friedrich Strauß mit seinem kühnen und revolutionären *Leben Jesu* oder Feuerbach und die Gebrüder Bauer, die jeder auf seine Weise die Religion als eine Form von gesellschaftlicher Mythologie interpretierten. Andere gingen weiter und nahmen mit den Materialisten des achtzehnten Jahrhunderts an, daß es einen wirklichen Fortschritt nur dann geben könne, wenn man die gesellschaftlichen und psychologischen Bedingungen zerstöre, die die Menschen in Unwissenheit gehalten hätten und der Nährboden für alle religiösen, sozialen oder politischen Illusionen gewesen seien, durch die sich die Menschheit mit ihrer Hilflosigkeit und ihrem Elend abgefunden habe. Unter ihnen waren so junge dilettierende Philosophen wie Arnold Ruge, Friedrich Engels und – der bekannteste von allen – Karl Marx.

Heß fand es feige, nicht in der vordersten Front dieses Kampfes um die Seele der Menschheit zu stehen. Er war fünfundzwanzig Jahre alt, ein feiner, hochgesinnter, freundlicher, rührend unschuldiger, enthusiastischer und nicht übermäßig scharfsinniger junger Mann, der bereit, ja sogar begierig darauf war, für seine Ideen zu leiden, erfüllt von Liebe zur Menschheit, von Optimismus, einer Leidenschaft für Abstraktionen und einem tiefen Widerwillen gegen die praktische Welt, für die ihn die nüchterneren Mitglieder seiner Familie gewinnen wollten. Nichts sagt mehr über seinen Charakter und sein Temperament aus als seine Heirat. Er lernte in Köln eine arme Näherin kennen – in der Literatur über Heß wird sie manchmal als eine Prostituierte bezeichnet[2] – und heiratete sie anscheinend nicht aus Liebe, sondern um das von der Gesellschaft begangene Unrecht wieder gutzumachen. Er wollte eine Tat vollbringen, die das Bedürfnis nach Liebe und

---

2 In einem Dossier der Kölner Polizei 1854 wird Sibylle Pesch als Prostituierte bezeichnet, und die Familie von Heß scheint derartiges angenommen zu haben. In seiner sehr genauen Biographie bezweifelt Edmund Silberner diese Annahme und hält den Beweis nicht für stichhaltig. Alles, was wir wissen, ist, daß Sibylle eine fromme Katholikin war und blieb und daß Heß sie nicht vor dem Tod seines Vaters heiratete, vielleicht aus Furcht, ihn zu tief zu verletzen.

Gleichheit unter den Menschen zum Ausdruck brachte. Soweit wir wissen, lebte er mit seiner Frau bis zu seinem Tode völlig harmonisch und glücklich zusammen. Sibylle Heß, die keine Jüdin war, verehrte ihn immer, betrog ihn gelegentlich (wogegen er protestierte, aber nicht sehr nachdrücklich) und teilte mit ihm in größter Ergebenheit seine Armut. Vielleicht war es das Kindliche an ihm, seine Weltfremdheit und die – manchmal an Heiligkeit grenzende[3] – Reinheit seines Charakters, was die harten »Realisten« unter seinen sozialistischen Gefährten, für die er ein gütiger Narr war, so sehr irritiert hat. Aber sogar Marx, der ihn zutiefst verachtete, konnte keine moralische Position oder Schuld entdecken, die er ihm hätte vorwerfen können.

Heß verbrachte die folgenden vier Jahre mit intensiver Lektüre philosophischer und gesellschaftstheoretischer Schriften, immer noch, wie wir vermuten müssen, von seiner befremdeten, aber alles andere als herzlosen Familie unterstützt. Sein nächstes Buch erschien 1841 und fand mehr Aufmerksamkeit. *Die europäische Triarchie* ist in erster Linie ein politischer Traktat, die Antwort auf eine Schrift, die heute noch mehr in Vergessenheit geraten ist, *Die europäische Pentarchie,* worin für die Aufteilung Europas unter die fünf Großmächte plädiert worden war. Diese Schrift zeigt einen Fortschritt in den gesellschaftlichen und politischen Ansichten ihres Verfassers. Die einzige Rettung der Menschheit liege, so heißt es darin, in der allgemeinen und vorbehaltlosen Annahme des Sozialismus, besonders in der Vernichtung des Privateigentums.[4] Begründet wird dies weder mit wirtschaftlicher Effizienz noch mit den unerbittlichen Forderungen der Geschichte, auch nicht mit dem Entstehen einer besonderen Klasse im Kampf mit anderen Klassen, mit dem Entstehen des Proletariats, das alle seine Rivalen

---

3 Der moralische Charakter von Heß hat eine große Nähe zu Dostojewskis Ideal des »wahrhaft guten Menschen«, wie es in den Helden von *Der Idiot* und *Die Brüder Karamasow* verkörpert ist. In einem jüdischen Kommunisten dürfte Dostojewski wohl am wenigsten irgendeine Ähnlichkeit mit seinem Ideal gesucht haben.

4 In einem sehr aufschlußreichen Aufsatz über Moses Heß in *Historia Judaica* 13 (1951), S. 3-28, sagt Edmund Silberner, daß die *Die europäische Triarchie* nicht ganz dasselbe lehre wie der Sozialismus, obwohl sie für das Verbot erblichen Privateigentums und für Gemeinbesitz eintrete. Ich bin mir nicht sicher, ob ich verstehe, worin sich Heß' Lehre in seinen Augen eigentlich vom französischen Sozialismus der damaligen Zeit unterscheiden soll. Es ist richtig, daß Heß nicht so weit geht wie Cabet, aber er ist mit Sicherheit mindestens so sozialistisch wie etwa Louis Blanc und sozialistischer als die Fourieristen oder Proudhon.

unausweichlich zerstören oder ablösen werde, sondern ganz einfach damit, daß nur der Sozialismus gerecht sei. Obwohl Heß die Marxsche Klassenanalyse voll und ganz akzeptierte, glaubte er im Gegensatz zu Marx und seiner Schule nicht, daß der Klassenkampf erstrebenswert oder unausweichlich sei. Heß war Sozialist, sogar Kommunist, denn er hielt jeden Egoismus – wie alle Herrschaft – für zerstörerisch für die menschliche Persönlichkeit und glaubte, daß er Herren und Sklaven gleichermaßen einenge, insofern die individuellen Fähigkeiten unter den Bedingungen der Konkurrenz niemals völlig entwickelt werden könnten, sondern nur in harmonischem Zusammenwirken mit anderen, wie die französischen Sozialisten, Saint-Simon und Fourier, schlüssig erwiesen hätten. Der Kommunismus war für Heß die einzige Form von sozialem Altruismus, die unter den historischen Bedingungen seiner Zeit verwirklicht werden konnte. (1843 bezeichnet er ihn einfach als »praktische Ethik«.) Er hat nicht versucht, die Struktur und die Bedürfnisse des Proletariats im einzelnen zu analysieren, vor allem weil er (wie seine radikalen Freunde Marx, Ruge, Engels, Grün, Feuerbach und die Gebrüder Bauer) selbst kaum einen Angehörigen dieser Klasse kannte, aber entschieden redlicher war als die meisten seiner Bundesgenossen. Die Geschichte ist für ihn der Kampf des aggressiven Egoismus (von Individuen, Klassen oder Nationen) mit den entgegengesetzten Prinzipien des Altruismus, der Liebe und der Gerechtigkeit. Daß der Glaube an Gleichheit, Solidarität und Gerechtigkeit zumindest die ausdrücklichen Wünsche der Menschen immer bestimmt hat, beweist, daß diese Werte aus der wahren Natur des Menschen fließen. Vernünftige und harmonische Zusammenarbeit zwischen den Menschen ist möglich (manchmal beruft sich Moses Heß dabei auf Spinoza oder Hegel, manchmal auf die Thesen der französischen Aufklärungsphilosophen), aber sie muß immer erkämpft werden. Das Glück der Menschen liegt in ihrer eigenen Hand, und wenn genügend Individuen von der Wahrheit der Sätze des Verfassers überzeugt werden könnten, dann würden die Menschen imstande sein, ihr eigenes Glück zu schaffen. Die »wissenschaftlichen« Sozialisten, Marx und seine illusionslosen Anhänger, haben diese »utopistische«, »sentimentale«, »humanitaristische« Lehre später als einen unsinnig idealistischen, wirkungslosen Sozialismus verspottet, der in einer zeitlosen Leere schwebe, abstrakt, unhistorisch und nicht aus der Einsicht in die konkreten gesellschaftlichen Bedingungen entwikkelt sei, und haben ihren eigenen Sozialismus allein deshalb schon als überlegen hingestellt, weil er aus den konkreten Tatsachen »abgeleitet« und keine Theorie sei, deren Verwirklichung vom Glück oder Zufall abhinge, von etwas, was eintreten könne oder auch nicht, von etwas so Kontingentem wie dem guten Willen dieser oder jener Menschengruppe oder diesem oder jenem Zusammentreffen unvorhersehbarer Umstände. Marx glaubte wirklich daran (wie in gewissem Sinne schon Hegel vor ihm), daß es sich allein lohne, für die unausweichliche nächste Stufe in der Entwicklung der Menschen als vernünftiger Lebewesen zu kämpfen, eine Stufe, die nur durch wissenschaftliche Analyse und Voraussage bestimmt werden könne. Die Revolution – die Expropriation der Eigentümer und ihre Ersetzung durch öffentliches Eigentum und der Sieg der besitzlosen Klasse – war in dieser Perspektive unausweichlich, und allein schon aus diesem Grunde mußten vernünftige Menschen für sie eintreten, denn sie wußten, daß nach etwas anderem zu suchen oder sich mit einer anderen Gruppe zu identifizieren, gleichbedeutend damit war, daß man die gesellschaftliche »Wirklichkeit« ignorierte, von der jeder Einzelne auch in seinen Vorstellungen bestimmt war, und daß man dadurch also die eigene Vernichtung durch die Mächte der Geschichte heraufbeschwor, was nur Dumme oder Verrückte wünschen konnten.

Heß wollte von solchen Überlegungen nichts wissen. Er hielt gesellschaftliche Gleichheit für erstrebenswert, weil sie gerecht und nicht, weil sie unvermeidlich war. Ebensowenig durfte Gerechtigkeit mit dem gleichgesetzt werden, was jeweils aus dem Schoß der Zeit notwendig hervorzugehen bestimmt war. Alle möglichen schlimmen und unvernünftigen Verhältnisse waren vor unserer Zeit entstanden und bestanden weiter. Nichts durfte einfach deshalb anerkannt werden, weil es geschehen, sondern nur dann, wenn es objektiv gut war. Der Hegelsche Historismus hatte offensichtlich doch nicht so tiefe Spuren bei ihm hinterlassen. Obwohl es häretisch war, hielt er hartnäckig daran fest, daß der einzige Weg zur sozialen Gerechtigkeit, zur Beseitigung der Armut und zur gerechten Verteilung der immer reichlicher vorhandenen Güter (die wegen falscher Verteilung mehr Elend als Glück brachten) der bewußte Wille von Menschen sei, die von der moralischen Notwendigkeit ihres Tuns überzeugt waren. Es war möglich und man hatte sogar die Pflicht, die Menschen durch vernünftige Argumente davon zu überzeugen, daß es ihnen materiell und moralisch besser gehen würde, wenn sie über ihre Mittel produktiv und harmonisch verfügten. Das war der »wahre Sozialismus« von Moses Heß, den Marx und Engels als utopische Sentimentalität so bitter verspottet haben.[5] Sie nannten ihn Rabbi Moses und Rabbi Heß und verhöhnten seine Thesen.

Und trotzdem scheint es von unseren heutigen Erfahrungen her beinahe, als habe sich Heß mit seiner »Naivität«, seiner traditionellen jüdischen Moral, seiner Beschwörung der Gerechtigkeit und seinen Zitaten aus Spinoza und der Bibel im Grunde nicht so geirrt wie die berühmteren Begründer des »wissenschaftlichen« Sozialismus. Die von Marx und Engels vorausgesehene und unterstützte Verschärfung des Klassenkampfs ist zu gegebener Zeit eingetreten. Die Revolution, für die sie gearbeitet haben, hat in der einen oder anderen Form das Leben großer Teile der Menschheit verändert. Aber es scheint offensichtlich, daß überall dort, wo dies nach marxistischen Prinzipien und Taktiken geschehen ist, also durch die gewaltsame Enteignung der besitzenden Klasse, die bloße Aufhebung des Privateigentums und die Einsetzung der Diktatur der kommunistischen Partei (oder eines ihrer Komitees), die das Proletariat zu repräsentieren beansprucht, innere oder äußere Harmonie, ökonomische Gleichheit, persönliche Freiheit oder soziale Gerechtigkeit nicht automatisch verwirklicht worden sind. Umgekehrt dagegen, wo immer diese Ideale verwirklicht wurden oder man ihnen zumindest nahe gekommen ist, scheint dies fast ausnahmslos das Resultat bewußter Anstrengung von Einzelnen gewesen zu sein, die dafür als für einen Selbstzweck gearbeitet haben, ohne die Illusion, daß sie die unerbittliche Macht der Geschichte oder irgendeine andere Instanz verkörperten. Vor allem aber war dies nirgends das Werk von Menschen, die bereit waren, sich selbst oder andere zu betrügen, indem sie das, was normalerweise als Akt von Grausamkeit, Ausbeutung, Ungerechtigkeit und Unterdrückung betrachtet wird, auf mysteriöse Weise und systematisch in tugendhafte Handlungen oder zumindest Mittel der Tugend verwandelten und durch den Prozeß der historischen Not-

---

5 Seine Ansichten zu dieser Zeit (1843) sind sehr klar formuliert in zwei Aufsätzen, »Sozialismus und Communismus« und »Philosophie der That«, in der Emigrantenanthologie *Einundzwanzig Bogen aus der Schweiz*, ebenso wie in seinen Artikeln im Pariser *Vorwärts*, in den *Deutsch-Französischen Jahrbüchern* und in dem von Karl Grün in Wesel herausgegebenen *Der Sprecher*.

wendigkeit, durch das unerbittliche Wirken »Gottes in der Geschichte« und die historische Dialektik rechtfertigten. Der Sozialismus von Moses Heß gründete sich sein ganzes Leben lang auf rein moralische Prämissen. In dieser Hinsicht haben seine Ansichten mehr mit den christlichen Sozialisten des neunzehnten Jahrhunderts gemeinsam, mit den russischen Sozialrevolutionären oder den britischen und skandinavischen Sozialisten als mit den Marxisten und anderen »Realisten«. Heß will die Abschaffung des Privateigentums, weil er davon überzeugt ist, daß die Menschen nicht aufhören werden, einander zu bekämpfen und zu unterdrücken und sich an dem von ihnen selbst verursachten Unrecht zu vergiften, wenn sie nicht endlich beginnen, ein soziales oder kommunales Leben zu führen. Mit einem solchen Leben ist seiner Ansicht nach das Privateigentum unvereinbar, und deshalb muß es abgeschafft werden. Aber wenn diese Reform nicht mit einem vollkommenen moralischen Bewußtsein ihres Zweckes durchgeführt wird, dann wird sie nichts erreichen. Die bloße mechanische Abschaffung des Privateigentums ist sicher nicht genug. Es bedarf eines Wandels des Herzens. Der aber ist unmöglich, solange die materiellen und institutionellen Verhältnisse, die die Herzen der Menschen verhärtet haben, selbst nicht verändert worden sind. Trotzdem wird die bloße Änderung dieses Rahmens nicht von selbst die erforderliche geistige Umwandlung bewirken, wenn nicht die moralischen Grundsätze, die allein freier Menschen würdig sind, verstanden und bewußt angewendet werden.

Diese moralischen Grundsätze sind allen Menschen als solchen eigen und sie werden auch dann, wenn man sich nicht nach ihnen richtet, von allen Menschen bis zu einem gewissen Grade erkannt und anerkannt, am deutlichsten aber von den Besten und Weisesten. Diese Grundsätze sind nicht notwendig nur die einer bestimmten Klasse, obwohl sie in den Forderungen einer unterdrückten Klasse wahrhafter verkörpert sind als in den Forderungen derer, die aus dieser Unterdrückung Gewinn ziehen. Das ist der Begriff »abstrakter Humanität«, den die Marxisten Heß und den anderen Utopisten vorwarfen – als wäre ihr Begriff der »Klasse der Ausgebeuteten« weniger abstrakt. Die Überzeugungen von Moses Heß leiten sich allesamt von diesen Prinzipien her. Sein Sozialismus, und später sein Zionismus, sind eine direkte Folgerung aus ihnen. Wer den Begriff der Klassenrechte für realistischer hält als den Begriff der Menschenrechte, und wer in dem Glauben Trost findet, daß die Menschen Agenten unpersönlicher Kräfte sind, die ihrer eigenen Gruppe, völlig unabhängig von dem, was ihre Gegner wollen oder denken, früher oder später den Sieg sichern, also jeder wirkliche Hegelianer, Marxist, Calvinist und überhaupt jeder extreme Determinist, besonders im Politischen und Gesellschaftlichen, wird Heß zwangsläufig unrealistisch finden und ihn ablehnen.

Die europäische Triarchie plädierte im einzelnen für die Vereinigung der drei zivilisierten Mächte Europas. Deutschland, die Heimat der Ideen und Vorkämpfer der religiösen Freiheit, Frankreich, das Schlachtfeld, auf dem wirksame gesellschaftliche Reformen und politische Unabhängigkeit errungen worden waren, und England, die Heimat der ökonomischen Freiheit und darüber hinaus die Synthese des französischen und des deutschen Geistes, weder »überspekulativ« wie Deutschland noch »vulgär« materialistisch wie Frankreich – diese drei Mächte sollten sich gegen Rußland verbünden, das Sammelbecken der Reaktion, wo die barbarische Unterdrückung zu Hause war und das Europa zu verschlingen und seine Freiheiten mit Füßen zu treten drohte. Aufrufe zur Einigung gegen Rußland als einen Feind des Westens gab es damals in Deutschland und auch in anderen europäischen Ländern häufig genug. Das Buch war nur insofern originell, als es diesen bekannten Vorschlag mit der Notwendigkeit einer radikalen gesellschaftlichen Reform und einer »friedlichen Revolution« verband (Heß glaubte, daß Gewalt nichts anderes als Gewalt heraufbeschwören konnte und den Boden für einen friedlichen Neubeginn zerstörte), weil nur so Europa vor dem Zusammenbruch unter der Last der Widersprüche seines kapitalistischen Systems der Produktion und Distribution gerettet werden könne.

Das Buch fand eine gewisse Beachtung. Die intellektuelle Welt Deutschlands erkannte in Heß einen beredten Agitator der Linken, und im Verlauf der nächsten zwei Jahre wurden ihm verschiedene Stellen als Journalist angeboten, die er annahm und die ihn in engen Kontakt mit anderen ähnlich gesonnenen jungen Männern brachten, vor allem mit Engels, Marx und Ruge. Als erster begeisterter deutscher Hegelianer, der Kommunist geworden war, gewann Heß den jungen Friedrich Engels für seine Überzeugung.[6]

---

6 In einem Artikel für die von Anhängern Robert Owens herausgegebenen Zeitschrift *The New Moral World* (Nr. 21, 18. November 1843) schreibt Engels, daß

Marx lernte er 1841 kennen, und obwohl dieser durch ein Buch von Lorenz von Stein, das die Ansichten der Hauptvertreter der französischen kommunistischen Sekten darstellte, eine ungefähre Kenntnis der zeitgenössischen kommunistischen Lehren hatte, war es höchstwahrscheinlich die leidenschaftliche Beredsamkeit von Moses Heß, die die Fundamente seines Glaubens an die Hegelsche politische Theorie mit ihrer Vergöttlichung des bürokratischen Staates als des Ausdrucks von menschlicher Vernunft und Disziplin zum ersten Mal erschüttert hat und ihn auf den Weg des kämpferischen sozialen Kollektivismus brachte. Natürlich gab es in dem Buch Abschnitte, die Marx schon damals nicht befriedigt haben dürften. Das ethische Moment, noch mehr aber die häufigen Verweise auf die hebräischen Propheten und allgemein das Überwiegen hebräischer Motive waren nie nach seinem Geschmack gewesen. Marx hatte sich, wie nur zu deutlich ist, entschlossen, diese Quelle der Beunruhigung ein für allemal aus seinem Leben zu verbannen. Er wollte die Qualen einer Ambivalenz, unter denen empfindlichere und weniger harte Naturen, Juden wie Börne, Heine, Lassalle oder Disraeli, ihr ganzes Leben lang litten, nicht auf sich nehmen. Die ganze Verbitterung und den Zorn über die Diskriminierung, die er selbst erfuhr, übertrug er in einem kühnen Handstreich, wenn auch vielleicht nicht bewußt, auf ein sehr viel weiteres Gebiet: indem er sein Leiden mit dem der Beleidigten und Unterdrückten überall und insbesondere mit dem des Proletariats identifizierte, gelang ihm seine eigene psychologische Emanzipation. Im Namen der unterdrückten Arbeiter, im Namen einer großen und unpersönlichen, symbolischen Masse, die seiner eigenen Welt und seinen eigenen Wunden fernstand, und nicht wegen seiner eigenen, schmerzlichen Erniedrigung als früherer Jude, dem man eine Professur verweigert hatte, schleuderte er seine Blitze. Nur für diese anderen forderte und prophezeite er Gerechtigkeit, Rache und Zerstörung. Die Juden dagegen erklärte er in einem zwei Jahre nach seiner Begegnung mit Heß geschriebenen Aufsatz zu einem abstoßenden Symptom einer sozialen Zeitkrankheit, zu einem Geschwür am Gesellschaftskörper: sie waren keine Rasse, keine Nation oder auch nur Religion, die durch Konversion zu einem anderen Glauben oder einer anderen Le-

---

Moses Heß der erste Junghegelianer war, der Kommunist wurde; vgl. Marx, Engels, *Werke*, Berlin-Ost 1956ff., Bd. 1 (1974), S. 494.

bensform gerettet werden konnte, sondern ein Haufen Parasiten, eine Bande von Geldverleihern, die durch die in sich widersprüchliche und ungerechte Gesellschaft, in der sie lebten, erzeugt wurden. Als Gruppe würden sie durch die schließliche Lösung aller gesellschaftlichen Probleme, durch die kommende, unausweichliche und universale soziale Revolution verschwinden. Der wütende antisemitische Ton dieses Aufsatzes, der bei Engels ein etwas schwächeres Echo findet (Antisemitismus war unter den Sozialisten jener Zeit und auch noch danach nichts Ungewöhnliches), wurde für Marx in seinen späteren Jahren zunehmend charakteristisch. Er hat die Einstellung der Kommunisten, besonders der jüdischen, zu den Juden beeinflußt, und dies ist eine der neurotischsten und abstoßendsten Seiten der herrischen, aber vulgären Persönlichkeit von Marx. Der von Moses Heß angeschlagene Ton war ein ganz anderer. In seinen Ansichten in diesem Punkt unterschied er sich kaum von Marx und anderen radikalen Junghegelianern der Zeit. Wie sie identifizierte er die emanzipierten Juden seiner Zeit mit dem Kapitalismus und dessen Übeln. Er spricht von ihnen nur mit unverhohlener Abneigung und voller Verachtung als habgierigen »Geldsäcken«: sie sind für ihn der Inbegriff des Erwerbsgeistes. Trotzdem hat das bei ihm einen anderen Klang als bei dem gequälten Heine oder dem erbitterten Marx. Denn er litt nicht an einem Selbsthaß, der ihn dazu getrieben hätte, seiner Natur Gewalt anzutun, und er hat nicht versucht, die Spuren seiner Herkunft zu verwischen, da er sie nicht als bösartiges Geschwür empfand, das ihn erstickte oder dessen er sich schämen mußte. *Die europäische Triarchie* wiederholt bloß, was er schon vier Jahre früher gesagt hatte: daß die Juden sich zerstreuen und assimilieren sollten. Sie hätten ihre Aufgabe erfüllt, indem sie zunächst das Christentum und danach (weil das Judentum die sozialen Bande sehr viel stärker betonte als das Christentum) die soziale Erneuerung durch den Kommunismus möglich gemacht hätten. Sie hätten als ein »Stachel« und als ein »Ferment« gewirkt, das dem Westen »den Typus der Bewegung« gegeben und ihn vor einer Stagnation wie in China bewahrt habe, aber diese Rolle sei nun ausgespielt. Weil sie das Christentum abgelehnt hätten, wandelten sie jetzt »einem Gespenste gleich« auf Erden »und konnten nicht sterben, nicht auferstehen«, bloß ein Skelett, ein Fossil, und es sei Zeit, daß sie Nichtjuden heirateten und sich auflösten. Die »Triarchie« der drei großen zivilisierten Mächte werde sie ganz emanzipieren und ihnen die Menschen- und Bürgerrechte geben, aber ihre wirkliche Emanzipation werde erst kommen, wenn aller Haß und alle Verachtung der anderen ihnen gegenüber verschwunden sei. Im Grunde wiederholte er also nur die edlen Gemeinplätze, die überall und immer das Hauptthema der liberalen Befürworter der Assimilation gewesen sind.

Der Akt der Abtrünnigkeit, der in diesen Überzeugungen lag, beschleunigte den endgültigen Bruch zwischen Moses Heß und seinem frommen jüdischen Vater. Aber das war schon damals nicht die ganze Wahrheit über sein inneres Verhältnis zu den Juden. 1840 wurde in Damaskus ein Jude wegen Ritualmordes angeklagt und für schuldig befunden. Antijüdische Unruhen folgten. Die Auswirkungen dieser schrecklichen und alten Verleumdung führten zu Gegenkampagnen der erschrockenen Juden Frankreichs und Englands, schockierten ihre Anhänger überall und führten schließlich zu einer gewissen Wiedergutmachung dieses Unrechts durch die Montefiore-Crémieux-Kommission. Heß war von diesen Ereignissen sehr betroffen, und zum ersten Mal, so erzählt er später, begann er sich zu fragen, ob die von ihm vertretene allgemeine Lösung aller Menschheitsprobleme auch den Juden helfen werde. Im selben Jahr, während der großen Welle von antifranzösischem Chauvinismus, die damals über Deutschland hinwegging, fiel ihm eine franzosenfeindliche Hymne des Dichters Becker in die Hände, und in einem Anfall von Patriotismus vertonte er sie und schickte seine Komposition an den Autor. Becker sandte eine eisig höfliche Antwort mit einem antisemitischen Gekritzel[7] in verstellter, aber noch identifizierbarer Handschrift auf der Rückseite des Umschlags. Heß war furchtbar bestürzt, aber als Rationalist und Sozialist entschloß er sich, seine Gefühle über Damaskus wie über Becker zu unterdrücken. Das, so versuchte er sich einzureden, seien die Verirrungen einer Gesellschaft im Todeskampf. Die soziale Erneuerung werde sie für immer unmöglich machen. In der universalen Gesellschaft der Zukunft werde es keinen Raum mehr für partikularistische Religionen oder Interessen geben. Die Juden müßten sich zerstreuen und als geschichtliche Größe verschwinden. Eine Universalreligion müsse die rein nationalen Religionen ersetzen. Wenn die Juden es nicht über sich brächten, sich

---

7 »Du bist ein Jud'« (*Rom und Jerusalem, die Nationalitätsfrage*, Leipzig 1862, fünfter Brief, S. 25; im folgenden abgekürzt: V, 25).

selbst taufen zu lassen, dann sollten sie wenigstens ihre Kinder taufen lassen. Auf diese Weise werde die »jüdisch-christliche Handelswelt« sich in einer ehrenvollen Weise auflösen. In jedem Falle seien die Leiden des Proletariats größer und drückender als die der Juden, wie schrecklich und unverdient diese auch sein mochten. Heß unterdrückte seine verletzten Gefühle, zumindest für den Augenblick. Die Doktrin, unterstützt von speziellen Argumenten, triumphierte über die unmittelbare Evidenz der Erfahrung.[8] Dies ist seitdem typisch für die Geschichte vieler jüdischer Sozialisten und Kommunisten. Es ist das ewige Verdienst von Moses Heß, daß er zu den wenigen gehörte, die noch zu ihren Lebzeiten erkannt haben, daß diese tröstliche Theorie auf einem Fehlschluß beruhte, der vielleicht nicht unedel, aber darum nicht weniger irreführend war. Zwanzig Jahre später hatte er diese Täuschung durchschaut und verkündete der Welt seine Erkenntnisse mit großer Schlichtheit und großem Mut. In keinem Augenblick seines Lebens hatte er etwas zu verbergen. Er hat Fehler gemacht, da er oft naiv und unkritisch war, aber er wurde durch seine moralische Einsicht gerettet, die von persönlicher Eitelkeit oder Dogma immer frei blieb, und sein Gewissen war immer rein.

Der Augenblick der Ernüchterung stand ihm noch bevor. 1841 geriet Moses Heß in den Bann der Brillanz und Kühnheit der Ansichten von Karl Marx. Er traf Marx im August dieses Jahres, predigte ihm den Kommunismus und schrieb Anfang September an seinen skeptischen Freund Auerbach:

---

8 Aber nicht völlig. In *Rom und Jerusalem* erwähnt Heß ein Manuskript aus jener Zeit, das die Notwendigkeit der Selbstbestimmung als Lösung der Judenfrage verkündet. Das Schicksal dieses Entwurfs ist unbekannt, höchstwahrscheinlich hat Heß es in *Rom und Jerusalem* eingearbeitet. Aber es ist ein Fragment aus dieser frühen Phase erhalten, in dem er sich – wie mir Edmund Silberner, sein Entdecker, freundlicherweise mitgeteilt hat – für die Notwendigkeit eines jüdischen Nationalstaates ausspricht. Das beweist, daß Heß nicht, wie man sonst vielleicht annehmen könnte, unbewußt den Zeitpunkt vordatiert hat, zu dem er zum ersten Mal auf den Gedanken des jüdischen Staates gekommen war. Aber das war damals vermutlich nicht mehr als kühne Phantasie. Auch der junge Lassalle spielte damals mit dem Gedanken eines neuen Judäa. Die dreißiger und vierziger Jahre des neunzehnten Jahrhunderts waren reich an extavaganten politischen Plänen. Trotzdem war Heß zu dieser Zeit trotz gelegentlicher Anflüge in diese Richtung völlig antinationalistisch und wies die zionistischen Ideen bewußt zurück, die sich ihm beharrlich aufdrängten und zu denen er später zurückkehren sollte.

»Du kann Dich darauf gefaßt machen, den größten, vielleicht den *einzigen* jetzt lebenden *eigentlichen Philosophen* kennenzulernen ... Dr. Marx, so heißt mein Abgott, ist noch ein ganz junger Mann (etwa 24 Jahre höchstens alt), der der mittelalterlichen Religion und Politik den letzten Stoß versetzen wird, er verbindet mit dem tiefsten philosophischen Ernst den schneidendsten Witz; denke Dir Rousseau, Voltaire, Holbach, Lessing, Heine und Hegel in Einer Person vereinigt; ich sage *vereinigt*, nicht zusammengeschmissen – so hast Du Dr. Marx.«[9]

Mit Marx arbeitete er an der radikalen *Rheinische Zeitung* zusammen, bis die Situation im Rheinland für ihn zu kritisch wurde. Angeklagt – in gewissem Sinn völlig zu Recht – als Urheber der militanten kommunistischen Agitation in Deutschland (eine merkwürdige historische Verantwortung für einen friedliebenden Idealisten, der die Anwendung von Gewalt entschieden ablehnte), wurde er zu seiner eigenen Sicherheit als Korrespondent seiner Zeitung nach Paris entsandt. In Paris hatte er Anteil an der Bekehrung des berühmten russischen Revolutionärs Michail Bakunin zum revolutionären Kommunismus, der dem Anarchismus seines späteren Lebens vorausging, und wurde für eine gewisse Zeit ein enthusiastischer Anhänger Proudhons. Er bewunderte Proudhon und Cabet – die fanatischsten aller Sozialisten der damaligen Zeit –, weil sie ihre Appelle unmittelbar an die Armen und Unterdrückten richteten, anstatt, wie Saint-Simon oder Fourier, auf irgendeinen aufgeklärten Despoten oder Millionär zu warten, der ihre gesellschaftlichen Vorstellungen für sie durchsetzen würde. 1843 kehrte er nach Köln zurück, agitierte unter den Arbeitern, veröffentlichte regelmäßig linke Artikel, die das Privateigentum, die Religion und die Tyrannei des Staates angriffen, und scheint politisch eine Position zwischen Kommunismus und Anarchismus eingenommen zu haben.[10] Zu dieser Zeit war er ein aktives Mitglied einer Gruppe von Glaubensbrüdern, zu der Proudhon, Bruno Bauer, Karl Grün und Max Stirner gehörten, allesamt von Marx später als bloß abstrakte Moralisten verurteilt, Männer, die den Kapitalismus aus keinem anderen Grund anprangerten als deshalb, weil sie ihn für böse hielten, was für Marx bloßer Subjektivismus war, der sich als objektives Urteil verkleidete. Da, wie Marx glaubte, alle Menschen

---

9 Köln, 2. September 1841; vgl. Karl Marx, Friedrich Engels, *Historisch-kritische Gesamtausgabe*, Abteilung 1, Band 1.2, Berlin 1929, S. 260f.
10 Siehe Anm. 5.

durch ihre Klassenzugehörigkeit und ihre Stellung in ihrer Klasse bestimmt und ihre moralischen und politischen Ansichten Rationalisierungen ihrer Interessen waren (das heißt dessen, was ihre Klasse in einem gegebenen Entwicklungsstand brauchte und wünschte oder wodurch sie gefährdet war und was sie fürchtete), so bedeutete es, einer verhängnisvollen »metaphysischen« Illusion zu erliegen, wenn man annahm, daß man von irgendeinem neutralen Standpunkt aus, über dem Kampf stehend, loben oder verurteilen könne. Die einzige objektive Grundlage, von der aus man eine bestimmte Ansicht, Institution oder ein Regime rational angreifen oder zu seiner Zerstörung schreiten könne, sei die neue dialektische Wissenschaft der Geschichte. Rationale Politik sei die Unterstützung dessen, was die Geschichte, der Klassenkampf, hervorbringen werde, und die Verurteilung dessen, was sie ohnehin zerstören werde. Sich dem Gang der Geschichte zu widersetzen, die durch objektive materielle Faktoren und deren Einfluß auf das menschliche Bewußtsein (Widerspiegelung im menschlichen Bewußtsein) wirke, sei deshalb eigenmächtig, irrational und buchstäblich selbstmörderisch. Proudhon, Cabet und Heß waren für ihn in diesem Sinne »Idealisten« und Utopisten und hatten sich selbst zur Wirkungslosigkeit verurteilt, zu dem, was Trotzki später als den Abfallhaufen der Geschichte bezeichnen sollte.

Trotz ihrer Verachtung für ihren früheren Mentor (und vielleicht auch ihres Neides auf den Vorläufer) behielten Marx und besonders Engels weiterhin relativ gute Beziehungen zu Heß, machten Gebrauch von seinem Entwurf (und sei es auch nur, um ihn zu verdammen) für das *Kommunistische Manifest,* das sie gegen Ende des Jahres 1847 verfaßten[11], und behandelten ihn mit einer Mischung aus gönnerhafter Ironie und mißlauniger Ungeduld, die sich auf das bezog, was alle Marxisten später im Chor »sentimentalen und idealistischen Kommunismus« genannt haben. Heß war zu schlicht und zu frei von Eigenliebe, um auf diese verletzende Haltung zu antworten oder sie auch nur wahrzunehmen. Er neigte dazu, Böses mit Gutem zu vergelten, und bewahrte den Vätern des »wissenschaftlichen« Sozialismus bis zum Ende seines Lebens im-

---

11 Wie auch, etwas früher, in der zu ihren Lebzeiten unveröffentlichten *Deutschen Ideologie,* von der Heß in seiner gewohnten Uneigennützigkeit vermutlich einen Abschnitt geschrieben hat, obwohl er in anderen Teilen dieser Schrift verunglimpft wird; vgl. Eduard Bernsteins »Vorbemerkung« in *Dokumente des Sozialismus,* Berlin 1901-5, Bd. 3, S. 17f.

mer tiefen Respekt und sogar Treue. Er sah in ihnen trotz all ihrer Fehler unermüdliche Kämpfer für die gerechte Sache der unterdrückten Arbeiter. Das war ihm genug. Wer immer sich der Ungerechtigkeit widersetzte und für ein freieres und besseres Leben aller Menschen kämpfte, war sein Freund und Bundesgenosse. Nach einer unsicheren Existenz in Paris auf der schmalen Grundlage einer Art schriftstellerischer Tagelöhnerarbeit für verschiedene Zeitschriften deutscher Emigranten ging Heß 1845 nach Brüssel und blieb dort mit Unterbrechungen bis 1848, kam während dieser Zeit gelegentlich nach Deutschland, half Engels bei der Herausgabe einer linken Zeitschrift (*Der Gesellschaftsspiegel*) und der Agitation in Elberfeld (sie gewannen überall Anhänger – außer unter den Arbeitern), schrieb über die dem Kapitalismus innewohnenden Übel als Ursache der Überproduktion und des Elends inmitten des Überflusses, verurteilte das Geld als einen eigenen Faktor im Prozeß der »Entmenschlichung« – es verwandele menschliche Wesen in Waren, die für einen Preis gekauft und verkauft würden – und wurde schließlich von Marx als ein schwaches Echo des französischen Sozialismus und Kommunismus mit einem leichten Anhauch von Philosophie abgefertigt.

Die Revolution von 1848 erlebte er in Deutschland. Später hat seine Witwe behauptet, daß er wegen seiner Rolle dabei zum Tode verurteilt worden sei, aber das ist vermutlich eine fromme Erfindung. Die Niederschlagung der Revolution nahm ihm keineswegs den Mut oder den Glauben an die Menschheit. Im Gegensatz zu den meisten seiner radikalen Verbündeten in Frankreich und Deutschland, die an den leichten Siegen Bismarcks, des Kaisers von Österreich und Napoleons über die Kräfte der Demokratie moralisch und geistig zerbrachen, lief er weder zum Feind über, noch zog er sich in den für die Emigranten typischen Zustand erbitterter Untätigkeit zurück, unterbrochen von gelegentlichen Versuchen, die eigene Lebensführung zu rechtfertigen und die aller anderen zu verurteilen. Hunger leidend wanderte er durch die Schweiz, durch Belgien und Holland, eröffnete in Marseille ein Bürstengeschäft und kehrte schließlich 1854 nach Paris zurück, wo er sich nach zwanzig Jahren unsteten Lebens endlich niederließ. In Armut (für kurze Zeit gelindert durch eine Erbschaft, die ihm sein 1851 gestorbener Vater hinterlassen hatte) und sich durch gelegentliche journalistische Arbeiten über Wasser haltend, hörte der Vater des deutschen Kommunismus nicht auf, unerschütterlich an

die klassenlose Gesellschaft zu glauben, an die Vervollkomm-
nungsfähigkeit der ganzen Menschheit und an die Rolle, die dabei
der Fortschritt durch Entdeckungen und Erfindungen spielen sollte. Er studierte Anthropologie, Physiologie und die Naturwissenschaften allgemein, denn er war davon überzeugt, daß die
Menschheit durch wissenschaftliche Kenntnisse, angewandt von
fähigen und dem Gemeinwohl verpflichteten Männern, erneuert
werden würde. Politisch sympathisierte er mit allem, was ihn zum
Licht zu führen schien. Er gewann die Freundschaft und den Respekt Ferdinand Lassalles – »der Mann mit dem Kopf Goethes auf
jüdischen Schultern« – und arbeitete mit ihm bei der Schaffung des
neuen Allgemeinen Deutschen Arbeitervereins zusammen, der
Grundlage jeder organisierten Sozialdemokratie in Europa. Zur
selben Zeit fand der italienische Kampf für Einheit und Unabhängigkeit seinen leidenschaftlichen Beifall. Die Italiener, besonders
Mazzini und dessen Freunde, repräsentierten für ihn das Prinzip
des Nationalismus in dem Sinne, wie er es immer verstanden und
immer daran geglaubt hatte. Marxens Lehre, daß der Nationalismus kein bestimmender Faktor in der Geschichte sei, hat er nie
akzeptiert. Den Kosmopolitismus verachtete er als vorsätzliche
und unnatürliche Unterdrückung der wirklichen historischen Unterschiede, die die Menschheit bereicherten. Aber er sah nicht ein,
welches Recht irgendeine Nation haben könnte, sich selbst für
überlegen zu halten, und lehnte in aller Schärfe Hegels Unterscheidung zwischen den »historischen« Nationen und solchen unglücklichen, »unterdrückten« Nationen ab, die von den kriegeri-
scheren Nationen, da diese dazu auserwählt waren, aufgrund ihrer
Überlegenheit eine historische Rolle zu spielen, historisch zu
Recht aufgesogen und beherrscht wurden. Wie Herder, der Humanist des achtzehnten Jahrhunderts, glaubte er an die natürliche
Differenzierung der Menschheit in unterschiedliche Rassen oder
Nationen. Er kümmerte sich nicht um eine Definition dieser Begriffe, da er dachte, daß sie etwas bezeichneten, was jedem normalen Menschen einsichtig sei, und daß sie nur wegen der Untaten,
die früher und noch heute in ihrem Namen begangen würden, in
Verruf gekommen seien. Den preußischen Chauvinismus verurteilte er vorbehaltlos und verabscheute den Expansionsdrang und
die Tyrannei Rußlands. Aber das Verlangen der Italiener, sich
selbst als freie Nation in ihrem eigenen Land zu konstituieren,
fand seine leidenschaftlichste Anteilnahme. Nicht so sehr die aus-

ländischen Invasoren als vielmehr das Papsttum war für ihn die Hauptursache der Rückständigkeit, Uneinigkeit und des ökonomischen und geistigen Elends in diesem Land, womit er in dieser Hinsicht den Einschätzungen der italienischen patriotischen Bewegung von Machiavelli bis in unsere Tage folgte. Durch die Beschäftigung mit den Problemen des italienischen Nationalismus und der italienischen patriotischen Bewegung, die er mit der großen Hingabe und Bewunderung verfolgte, wie sie jeder Liberale in Europa (und besonders in England) den Anhängern Garibaldis und Mazzinis entgegenbrachte, begann er erneut über Wesen und Schicksal seines eigenen verstreuten und »unterdrückten« Volkes, der Juden, nachzudenken. 1861 kehrte er im Zusammenhang mit der vom preußischen König erlassenen Amnestie nach Köln zurück und veröffentlichte 1862 sein bestes und bekanntestes Buch, *Rom und Jerusalem*, in dem er seine neue Lehre auseinandersetzte.

Ob unter dem Einfluß von Lassalles nationaler Variante des Sozialismus – Heß arbeitete in dieser Zeit eng mit ihm zusammen – oder ob sich seine Ideen nach einem eigenen, inneren Muster entwickelten, jedenfalls sprach und schrieb er danach wie ein Mensch, der ein ihn völlig verwandelndes Erlebnis gehabt hat. Das Buch wurde damals und auch später von den politischen Fachleuten und dem europäischen Publikum kaum zur Kenntnis genommen. Wie Heß selbst blieb es außerhalb der Hauptströmungen seiner Zeit. Auf die gebildeten Juden allerdings wirkte es wie eine Bombe, und das war auch seine Absicht gewesen. Noch heute, mehr als hundert Jahre nach seinem Erscheinen, wo zwangsläufig vieles überholt und so manches, zuweilen in kaum merklichen Schritten, Wirklichkeit geworden ist, was damals zu Recht utopisch und phantastisch erschien, beeindruckt es noch immer als kühnes und schöpferisches Meisterwerk der Gesellschaftsanalyse. Es ist ein klares, durchdringendes, ehrliches und kompromißloses Buch, zugleich eine Sammlung beunruhigend deutlicher Wahrheiten, darauf angelegt, die liberalen jüdischen Befürworter der Assimilation überall aufzurütteln, und gleichzeitig, trotz gelegentlicher Rhetorik, ein unmittelbares, schlichtes und äußerst bewegendes Glaubensbekenntnis. Es enthält eine Beschreibung der Lebensbedingungen der Juden im Westen, eine Diagnose ihrer Leiden und ein Programm für die Zukunft. Die Sticheleien seiner kosmopolitischen sozialistischen Freunde berührten Heß offensichtlich nicht mehr. Die Überzeugung, die in diesem Buch zum Ausdruck kommt, hatte er lange Jahre unterdrückt, bis sie sich als zu mächtig erwies, er sie nicht länger zurückhalten konnte und endlich seinen Frieden fand.

II

Rom und Jerusalem besteht aus einem Vorwort, zwölf Briefen an eine verwitwete Dame[12], einem Epilog und zehn ergänzenden Noten. Es behandelt eine Vielfalt von Aspekten des einen Themas – der Juden, was sie sind und was sie sein sollten. Der Grundton wird gleich am Anfang des Buches, im ersten Brief, deutlich, wo der Autor sagt:

»Da steh' ich wieder nach einer zwanzigjährigen Entfremdung in der Mitte meines Volkes und nehme Anteil an seinen Freuden- und Trauerfesten, an seinen Erinnerungen und Hoffnungen, an seinen geistigen Kämpfen im eigenen Hause und mit den Culturvölkern, in deren Mitte es lebt, mit welchen es aber, trotz seines zweitausendjährigen Zusammenlebens und Strebens, nicht organisch verwachsen kann.

Ein Gedanke, den ich für immer in der Brust erstickt zu haben glaubte, steht wieder lebendig vor mir: Der Gedanke an meine Nationalität, unzertrennlich vom Erbtheil meiner Väter, dem heiligen Lande und der ewigen Stadt, der Geburtsstätte des Glaubens an die göttliche Einheit des Lebens und an die zukünftige Verbrüderung aller Menschen.«[13]

Heß fährt fort mit der Versicherung, daß Nationalität wirklich sei. Nationen sind eine natürliche historische Entwicklung, wie Familien oder natürliche Arten. Wenn man dies verneint, dann leugnet man bloß die Tatsachen – und zwar aus unwürdigen Motiven, aus Furcht und Feigheit. Im Fall der Juden sind die Phrasen, die einige unter ihnen gegen den Gedanken der Nationalität und mittelalterliches Vorurteil aufbieten, nur der Versuch, den Wunsch zu verbergen, sich von ihrem »unglücklichen, verfolgten und ver-

---

12 Die Dame war, wie Edmund Silberner nachgewiesen hat, tatsächlich eine Freundin von Heß, aber diese literarische Form war im neunzehnten Jahrhundert für die Darlegung politischer Überlegungen durchaus üblich.

13 *Rom und Jerusalem*, a.a.O. (siehe Anm. 7), I, 1.

höhnten Volk« zu lösen. Der moderne Jude ist verächtlich und »die
schönen Phrasen von Humanität und Aufklärung, womit er so freigiebig um sich wirft, um seinen Verrath, seine Scheu vor der Solidarität mit seinen unglücklichen Stammesgenossen, zu bemän-
teln, werden ihn nicht vor dem strengen Urtheile der öffentlichen
Meinung schützen.«[14] Das erzeugt eine Situation voller Unaufrich-
tigkeit und Falschheit, die für alle Beteiligten zunehmend unerträglich wird. Die Europäer hatten die Existenz der Juden immer
als eine Anomalie betrachtet. Es mag durchaus sein, daß der Fortschritt an Gerechtigkeit und Humanität eines Tages auch zur Gerechtigkeit für die Juden führen wird. Vielleicht werden sie emanzipiert werden, aber sie werden so lange nicht respektiert werden,
als sie nach dem Prinzip »ubi bene, ibi patria«[15] handeln. Die Verleugnung der Nationalität verspielt jedermanns Respekt. Assimilation ist keine Lösung: »Nicht der alte fromme Jude, der sich eher
die Zunge ausreißen ließe, als sie zur Verleugnung seiner Nationalität zu mißbrauchen; der moderne Jude ist der verächtliche, er,
der, gleich dem deutschen Lumpen im Auslande, seine Nationalität verleugnet, weil die schwere Hand des Schicksals auf seiner
Nation lastet.«[16] Das Banner der Aufklärung wird ihn nicht von
dem unnachgiebigen Verdikt der öffentlichen Meinung befreien.
»Vergebens setzt er ihr sein geographisches und philosophisches
Alibi entgegen.«[17] Der moderne Jude verdient nichts anderes als
Verachtung, wenn er versucht zu verlassen, was er für ein sinken-
des Schiff hält. »Nehmt tausend Masken an, verändert Namen, Religion und Sitte, und schleicht euch incognito durch die Welt, damit man euch den Juden nicht anmerke: jede Beleidigung des jüdischen Namens trifft doch euch mehr, als den ehrlichen Mann,
der seine Solidarität mit seiner Familie eingesteht und für ihre Ehre einsteht.«[18] Einige Juden in Deutschland glauben, sich retten zu
können, wenn sie ihren Glauben reformieren oder schließlich sogar zum Christentum übertreten. Aber das wird ihnen nichts nüt-
zen: »Weder Reform, noch Taufe, weder Bildung, noch Emancipa-
tion erschließt den deutschen Juden vollständig die Pforten des so-
cialen Lebens.«[19] Immer wieder betont Heß, daß die Deutschen

14 Ebd., V, 27f.
15 »Wo es mir gut geht, ist mein Heimatland« (V, 27).
16 Ebd., V, 27.
17 Ebd., V, 28.
18 Ebd., V, 28.
19 Ebd., IV, 14.

rassisch der genaue Gegentyp der Juden sind. Die großen, blonden Deutschen sind sich nur allzu deutlich bewußt, daß die schmalen, dunklen Juden eigentlich völlig verschieden von ihnen sind. Die Deutschen hassen weniger die jüdische Religion oder die jüdischen Namen als vielmehr die jüdischen Nasen.[20] Der Wechsel des Glaubens oder des Namens hilft augenscheinlich überhaupt nicht. Deshalb wollen die Juden nicht so sehr ihre Religion als vielmehr ihre Rasse verleugnen. Aber ihre Nasen werden nicht verschwinden, ihr Haar wird immer lockig bleiben. Ihre ganze Gestalt ist schließlich seit den alten ägyptischen Halbreliefs unverändert geblieben, auf denen der semitische Typ, wie wir ihn heute kennen, ganz unverkennbar ist.[21] Sie sind »eine *Stammesgenossenschaft*, ein *Volk*, eine von ihren eigenen Kindern leider nur *zu* oft verlassene und verleugnete *Nation* . . ., die jeder Gassenbube ungestraft glaubt verhöhnen zu dürfen, weil sie heimathlos in der ganzen Welt umherirrt.«[22] Heimatlosigkeit ist der Kern dieses Problems, denn ohne Heimatboden »sinkt er zum Schmarotzer herab, der sich nur auf Kosten fremder Produktion ernähren kann.«[23] Aller Verrat ist als solcher niederträchtig: »Wäre es wahr, daß die Emanzipation der Juden im Exil unvereinbar sei mit der jüdischen Nationalität, so müßte der Jude die Erstre der Letztern zum Opfer bringen.«[24] Und, heftiger: »Der ›neumodische‹ Jude, der die jüdische Nationalität verleugnet, ist nicht nur ein Apostat, ein Abtrünniger im religiösen Sinne, sondern ein Verräther an seinem Volke, an seinem Stamme, an seiner Familie.«[25] Den rassischen Chauvinismus, Nationalismus in jeder Gestalt, verdammt Heß mit den leidenschaftlichsten Worten, zu dieser Zeit und auch später. Aber die eigene Nation oder Rasse zu verleugnen ist mindestens ebenso abstoßend wie die Proklamation höherer Rechte oder Machtansprüche für sie. Die deutschen Juden können das nicht verstehen, weil sie vom deutschen Antisemitismus zutiefst verstört sind. Sie verstehen sich als wahre Patrioten, Soldaten, die für Deutschland gekämpft haben, »Teutomanen«[26], die den Franzosen genauso lei-

20 Ebd., IV, 14.
21 Ebd., IV, 15.
22 Ebd., V, 31.
23 Ebd., XII, 110.
24 Ebd., IV, 17.
25 Ebd., IV, 17.
26 Ebd., V, 26.

denschaftliche Feinde sind wie die anderen Deutschen. Sie singen die populären patriotischen Lieder genauso inbrünstig wie jeder andere Deutsche. Trotzdem, als Becker, der Autor eines dieser Lieder, ihn, Heß, wegen des Versuchs einer Vertonung beleidigte, war das brutal und erbärmlich, aber, wie Heß sich jetzt klargemacht zu haben meint, in einem gewissen Sinne beinahe instinktiv, eine natürliche Reaktion. Intoleranter Nationalismus ist gewiß lasterhaft, aber man muß erkennen, daß es ein rassisches Laster ist, denn Rassen sind wirklich, und die Juden sind eben eine andere Rasse als die Deutschen. Wenn man das leugnet, stellt man sich blind gegen die Tatsachen. Eine Rasse oder eine Nation zu sein heißt nicht, nach rassischer oder nationaler Herrschaft zu verlangen. Es ist eine Krankheit des Nationalismus, die anderen beherrschen zu wollen, aber die Juden brauchen, genauso wie die anderen Völker auch, ein normales nationales Leben. Heß fährt mit dem Hinweis fort, daß der große französische Historiker Augustin Thierry am Anfang des neunzehnten Jahrhunderts zu Recht behauptet habe, daß die Geschichte nicht nur von Klassenkämpfen, sondern auch von den Kämpfen der Rassen und Nationen beherrscht werde. »Semiten« und »Germanen« sind keine bloßen Worte, obwohl sie auch keinen Anspruch auf Überlegenheit in sich tragen. Jede Rasse hat andere und unvergleichbare Begabungen, und sie alle können zur Bereicherung der Menschheit beitragen. Die arische Rasse hat, nach Heß, die Begabung der Erklärung, die wissenschaftliche, und die Begabung, Schönes hervorzubringen, ein künstlerisches Vermögen. Der Genius der Semiten liegt auf anderem Gebiet, in ihrer ethischen Einsicht und ihrem Sinn für das Heilige, in der Heiligung der Welt durch die Religion. Es gibt keine überlegenen oder unterlegenen Rassen. Alle Rassen müssen befreit werden, und nur dann werden sie als Gleiche zusammenarbeiten. Wie andere auch, wie viele christliche und moslemische Völker, haben die Juden einen tiefen und langen Schlaf unter Grabsteinen geschlafen, auf die die verschiedensten Priester ihre einschläfernden Inschriften gesetzt hatten, aber der Ruf des gallischen Hahns hat das Reich der Schläfer aufgeweckt, und die Franzosen, die Kämpfer für den Fortschritt, werden die Grabsteine zerbrechen und die Völker werden beginnen, sich aus ihren Gräbern zu erheben.[27] So wie Rom, seit Innozenz III. die Stadt ewigen

---

27 Ebd., V, 28.

Schlafes, heutzutage allmählich zur Stadt ewigen Lebens erwacht ist durch die mannhaften Patrioten, die für die Freiheit Italiens kämpfen, so wird auch Jerusalem erwachen. Die Wasser des Tiber, die Trompetenstöße der Siege in Norditalien reißen die Juden aus ihrem Schlaf und schallen in den Hügeln Zions wider. Auch er habe sein Leben in einem Traum verbracht. Erst 1840, als Juden in Damaskus des Ritualmords beschuldigt wurden, habe er plötzlich die Wahrheit klar gesehen: »damals, als es mir mitten in meinen socialistischen Bestrebungen zum ersten Male wieder recht schmerzlich ins Gedächtniss zurückgerufen wurde, daß ich einem unglücklichen, verleumdeten, von aller Welt verlassenen, in allen Ländern zerstreuten, aber nicht getödteten Volke angehöre«[28] – damals habe er den Schmerzensschrei wegen der größeren Leiden des europäischen Proletariats, dem er sein Leben widmen zu müssen geglaubt habe, unterdrückt.

Der polnische Nationalismus hat auf Moses Heß offensichtlich wenig Eindruck gemacht, weil er mit dem römischen Katholizismus verbunden und Rom schon immer eine nie versiegende Quelle des antisemitischen Giftes gewesen war. Aber das Erwachen des weltlichen und humanistischen Italien hatte ihm klargemacht, daß auch die letzte aller großen nationalen Fragen, die Judenfrage, gelöst werden müsse. Er sagt, daß diese Frage zu lange hinter den phantastischen Illusionen der Rationalisten und Philanthropen, die den nationalen Charakter der jüdischen Religion leugneten, verborgen gewesen sei. Die religiöse Reformbewegung unter den deutschen Juden hat nichts anderes getan, als das jüdische Leben zu entleeren und die Äste vom jüdischen Baum zu brechen. Schamlos und ohne jeden Stolz raten ihre Führer den Juden, sich in den anderen Nationen zu verbergen. Und das Resultat? Sie ändern ihre Namen, nur damit die Antisemiten ihren ursprünglichen jüdischen Namen ausgraben und ihn ihnen ins Gesicht schleudern können, so daß der arme Meyerbeer, der Komponist, von ihnen jetzt immer Jacob Meyer Lippmann Beer genannt wird und Ludwig Börne Baruch, wie er ja tatsächlich heißt.[29] Selbst die deutschen Sozialisten[30] machen sich daraus einen Zeitvertreib. Diese Situation ist zutiefst erniedrigend. Die Juden sind immer verfolgt

---

28 Ebd., V, 23.
29 Ebd., VI, 42.
30 Und, hätte er hinzufügen können, die Sozialisten in Frankreich, Rußland und vielen anderen Ländern.

und hingemetzelt worden, aber im Mittelalter haben sie es wenigstens vermieden, sich erniedrigen zu lassen, indem sie unerschütterlich und gläubig an ihren alten Werten festhielten. Die modernen Juden, besonders diejenigen, die ihren Namen geändert haben, haben die Schmach verdient, die offen oder heimlich über sie ausgegossen wird. Heß hielt sich an seine Worte. Er erklärte, daß er von nun an nicht mehr Moritz heißen wolle, sondern seinen alttestamentlichen Namen Moses annehmen werde[31] und nur bedaure, daß er nicht Itzig heiße; nichts sei schlimmer, als unter falscher Flagge zu segeln.[32] In einer bewegenden Passage, nicht weit vom Anfang des Buches, sagt er, daß Moses nicht im Heiligen Land begraben wurde, während man die Gebeine Josephs dorthin brachte, und zwar den Rabbis zufolge[33] deshalb, weil Moses seine wahre Herkunft nicht preisgab, als er vor seinen zukünftigen Schwiegervater, Jethro, den Priester von Midian, trat und um die Hand seiner Tochter anhielt; er ließ es zu, für einen Ägypter gehalten zu werden, während Joseph sich seinen Glaubensbrüdern offenbart hat und niemanden und nichts verleugnete. Ein Augenblick der Schwäche hat Moses des Rechtes beraubt, im Land der Väter begraben zu werden, die er durch sein Schweigen verleugnete, so daß, nach der Heiligen Schrift, niemand seine Grabstelle kennt.

Was sollen die Juden tun, wenn sie nicht traurige Heuchler oder nutzlose Unpersonen unter den Nationen bleiben wollen? Heß beteuert, daß die Juden gerade durch ihren Glauben palästinensische Patrioten seien. Wenn sein Großvater Tränen vergoß, während er Jeremias Vision vorlas, wie Rahel in ihrem Grab über ihre Kinder wehklagte, die vor ihren eigenen Augen in die Babylonische Gefangenschaft geführt wurden[34], und wenn er ihm Oliven und Datteln zeigte und mit leuchtendem Blick sagte: »Diese Früchte wachsen in Erez Jisroel«[35], dann war er von seinem Geburtsort im Rheinland weit weg. Die Juden kaufen, fährt Heß fort, palästinensische Erde, um auf ihr zu ruhen, wenn sie begraben werden, sie tragen in Myrten gebundene Palmzweige während des Laubhüttenfestes und, hätte er hinzufügen können, sie beten um Regen

---

31 Seine Schriften erschienen weiterhin unter der neutralen Signatur »M. Heß«.
32 Ebd., VI, 42.
33 Als Quelle gibt er den *Midrash Rabba* zu Deuteronomium, II 8, an.
34 Ebd., IV, 19.
35 »Jisroel«, wie sie es nannten (IV, 18).

oder Feuchtigkeit, zu den Zeiten, da es ihre Vorfahren im Heiligen Land getan haben. Das ist mehr als Aberglaube oder Dogma. Alles, was aus Palästina kommt, alles, was sie an Palästina erinnert, bewegt sie und ist ihnen teuer wie nichts sonst. Wenn die Deutschen sie nur um den Preis der Verleugnung ihrer jüdischen Rasse akzeptieren wollen, ihrer jüdischen Religion, ihres Temperaments, ihrer historischen Erinnerungen, ihres eigentlichen Charakters, dann ist dieser Preis nicht nur moralisch zu hoch, sondern er kann überhaupt unmöglich bezahlt werden: der Vorschlag ist so empörend wie undurchführbar.

Aber die Lösung kann auch nicht unter jenen fanatischen Fundamentalisten gefunden werden, die mit dem Kopf im Sand jede Wissenschaft und alle Seiten des modernen weltlichen Lebens verurteilen. Wie, fragt Heß, sollen die Juden eine Brücke schlagen zwischen dem Nihilismus der Reformrabbis,»die nichts gelernt«, und dem Konservativismus der Orthodoxen,»die nichts vergessen« haben? Es gibt nur eine Lösung, und die erwartet die Juden am Gestade des Jordan. Die französische Nation wird ihnen helfen, Frankreich, das die Freiheit gebracht und zuerst die alten Ketten zerbrochen und die bürgerlichen Freiheiten für die Juden wie für die anderen Völker eingeführt hat, Frankreich muß es, wenn es erst einmal den Suezkanal fertiggestellt hat, den Juden ermöglichen, an seinen Ufern Kolonien zu gründen, denn ohne ein eigenes Land (Heß weist immer wieder darauf hin) gibt es kein nationales Leben. Aber wer wird in dieses öde östliche Land gehen? In keinem Fall, das ist sicher, die Westjuden. Sie werden in den verschiedenen europäischen Ländern bleiben, in denen sie erzogen worden sind, deren Kultur sie übernommen haben und in denen sie gerade erst zu ehrbaren bürgerlichen Stellungen gekommen sind. Sie sind zu tief in der westlichen Kultur verwurzelt, sie haben ihre Lebenskraft als Juden verloren und werden nicht in ein weit entferntes und ödes Land emigrieren wollen. Den Einwanderern können sie ihre Kenntnisse, ihren Reichtum und ihren Einfluß zur Verfügung stellen, nicht aber selbst dorthin gehen. Für sie wird Palästina bestenfalls bleiben, was Heß ein »geistiges Nervencentrum«[36] nennt. Universitäten werden dort entstehen und eine gemeinsame Sprache, die alle Einwanderer sprechen werden. Wer aber dann dahin gehen wird, darüber kann es keinen Zweifel ge-

---

36 *Rom und Jerusalem*, Note IX, S. 234.

ben. Die Juden Osteuropas und der anderen Länder, in denen der alte Glaube sie unverändert und von ihrer Umgebung isoliert gehalten hat – sie und nur sie werden aufbrechen.[37] Ihre Lebenskraft gleicht der der Getreidesamen, die man manchmal in den Gräbern ägyptischer Mumien gefunden hat: Gibt man ihnen Boden, Licht und Luft, dann wachsen sie und werden wieder fruchtbar.[38] Das okzidentale Judentum ist umgeben von einer unlöslichen Kruste, von den toten Resten einer abgestorbenen rationalistischen Aufklärung, die durch keine innere Kraft, sondern nur durch einen gewaltigen Stoß von außen zertrümmert werden kann. Aber die starre Eiskruste der Orthodoxie wird bald geschmolzen sein, wenn der Funke des jüdischen Patriotismus, der unter ihr glimmt, zu einem Feuer entfacht ist, unter dessen Einfluß der Frühling anbrechen und die jüdische Nation ihre Auferstehung feiern wird.[39] Die jüdischen Assimilationisten, die verachten, was sie religiösen Obskurantismus nennen, wollen diesen Aberglauben ausrotten. Aber wenn man die rabbinische Schale zerstört, in der die jüdische Nationalität enthalten ist, zerstört man den Samen darin. Er braucht keine Zerstörung, sondern Erde, um in ihr zu wachsen.

Das Buch enthält auch einen außergewöhnlichen Exkurs über den Chassidismus.[40] Während die von Moses Mendelssohn ausgehende Reformbewegung das Judentum verwässern will, um damit die Juden auf fremdem Boden zu befreien, was offensichtlich unmöglich ist, ist die große Erweckungssekte des Chassidismus eine genuine Entwicklung der jüdischen Religion, eine Antwort auf das authentische Bedürfnis der frommen Massen nach Leben, nach neuer Bedeutung der alten Symbole, und deshalb ist ihr eine große Zukunft bestimmt. Im Gegensatz zu den Reformern, die die Bestände des Judentums für nicht-jüdische Zwecke benutzen und im stillen Heines Ansicht teilen, daß die jüdische Religion eher ein Unglücksfall als eine Religion sei, ohne daran zu denken, daß sogar konvertierte Juden, ob sie es wollen oder nicht, von der Situation der jüdischen Massen schmerzlich in Mitleidenschaft gezogen sind, ist der Chassidismus eine lebendige geistige Kraft. Es stimmt zwar, daß Heß den Namen des Gründers des *Chabad*-Chassidis-

---

37 Das ist sicherlich eine der genauesten Vorhersagen, die je über Ereignisse gemacht worden sind, die erst fünfundsiebzig Jahre später eintreten sollten.
38 Ebd., V, 29-30.
39 Ebd., XII, 121.
40 Ebd., VI, Note V (S. 208-11).

mus verwechselt und von einem Samuel aus Wilna statt von Schneur Salman spricht, aber das Bemerkenswerte ist, daß ein emigrierter kommunistischer Agitator überhaupt von dieser Bewegung gehört und zu einem so frühen Zeitpunkt begriffen hat, daß der Gründer dieser Bewegung, Israel Baal-schem, am Ende über Moses Mendelssohn triumphieren wird. Denn im Gegensatz zur Reformbewegung mit all ihrer Humanität, Kultiviertheit und Gelehrsamkeit waren und sind der Chassidismus und der Zionismus lebendige Kräfte.

Es sind diese »Armen im Geiste«, von denen es in den Herrschaftsgebieten des russischen, preußischen, österreichischen und türkischen Reiches Millionen gibt, die Juden dieser zurückgebliebenen Provinzen, die, Moses Heß zufolge, nach Palästina einwandern und den neuen Staat schaffen werden. Dort wird es dann vollends deutlich werden, daß die Wirklichkeit einer jüdischen Identität »weder demonstriert zu werden braucht, noch wegdemonstriert werden kann.«[41] Die anderen Juden mögen sich, wenn sie wollen, in ihren Geburtsländern assimilieren. Dann wird man ihnen als Menschen, die ihre fremde Herkunft eingestehen und sich durch einen Akt freier Wahl dazu entschlossen haben, ihre Nationalität zu wechseln, mehr Respekt entgegenbringen als denen, die vorgeben, daß sie gar keine Nationalität zu wechseln hätten. Sogar die Deutschen, die (in den sechziger Jahren des vorigen Jahrhunderts) alle Bemühungen ihrer jüdischen Mitbürger, »sich zu germanisieren«, verachten und sich von ihrer »lebhaften Beteiligung an deutscher Cultur und Sitte« nicht im mindesten beeindrucken lassen, werden ihnen als Nation geben, was sie ihnen als Individuen verweigern, wenn die Juden erst einmal eine Nation auf ihrem eigenen, angestammten Boden sind.[42]

Aber dieser Tag kann noch sehr fern sein, und in der Zwischenzeit ist die Religion das große Schutzschild des Judentums und darf in keinem Fall verwässert oder modernisiert werden. Für Heß ist die jüdische Religion in ihren weltlichen Aspekten die Grundlage allen Egalitarismus und Sozialismus, denn sie kennt keine Kasten oder Klassen und nimmt die Einheit der ganzen Schöpfung an. Sie erlaubt keinen Feudalismus, keine gesellschaftliche Hierarchie, sie ist gerecht, kennt nur Gleichberechtigung und ist so die wahre

---

41 Ebd., IV, 17.
42 Vorwort.

Quelle der größten Sozialbewegungen der modernen Zeit. Sie erkennt das Prinzip der Nationalität an, aber, so Heß, sie schließt jeden Chauvinismus, wie etwa den preußischen, als moralisch verwerflich aus. Aber ebensowenig läßt sie Raum für dessen Gegenteil, den leeren und künstlichen Kosmopolitismus, der sogar die gerechtfertigten Ansprüche der Nationalität leugnet und damit den Tatsachen widerspricht, illusionäre Ideale erzeugt und mit seinen falschen Versprechungen unschuldige Menschen ins Verderben lockt. Die erste Voraussetzung eines wahren Internationalismus ist, daß es Nationalitäten gibt. Der wahre Internationalismus ist eine Bewegung, die die Nationen nicht zerstört, sondern vereint. Deshalb begrüßt Heß die Renaissance der jüdischen Geschichtsschreibung unter den deutschen Juden und führt voller Anerkennung Weill, Kompert, Bernstein, Wihl und vor allem Graetz an, der sein Freund wurde und aus dessen Geschichte des jüdischen Volkes – wohlgemerkt des Volkes, nicht der Kirche oder Religion – er ausgiebig und glücklich zitiert.

Was Heß über zwanzig Jahre lang unterdrückt hatte, trat jetzt wieder hervor. Immer wieder kommt er auf Überzeugungen zurück, die ihm sein Vater und sein Großvater beigebracht hatten. »Ich selbst würde, wenn ich Familie hätte, trotz meiner dogmatischen Heterodoxie, mich nicht nur im öffentlichen Leben einer frommen jüdischen Gemeinde anschließen, sondern auch in meinem Hause alle Trauer- und Festtage vorschriftsmäßig feiern, um in mir und meinen Nachkommen die jüdischen Volkstraditionen lebendig zu erhalten.«[43] Er verurteilt alle Formen der Verfälschung und des Kompromisses, alle Formen der Anpassung, um Bedürfnissen der modernen Zeit entgegenzukommen. Weder dürfen die Gebete verkürzt, noch in deutschen statt in hebräischen Fassungen vorgetragen werden. Die jüdischen Prediger müssen aufs tiefste verehrt werden. Vor allem fürchtet er, was er »Nihilismus«[44] nennt. Die Reformbewegung ist für ihn seicht und nicht überzeugend, eine klägliche und vulgäre Nachahmung des Christentums, ein falscher moderner Ersatz für das Alte und Einzigartige. Wenn er wählen müßte, er würde eher alle sechshundertdreizehn Regeln des Schulchan Aruch einhalten. Eines Tages wird ein neuer Sanhedrin in Jerusalem zusammentreten und sie ändern oder ab-

---

43 Ebd., VII, 50.
44 Ebd., passim, z. B. VII, 52; VIII, 63.

schaffen. Bis dahin aber müssen die Juden bewahren, was sie besitzen, ihr authentisches geistiges Erbe, und zwar unmodifiziert. Heß verhöhnt die fiktiven »Missionen«[45], mit denen einige Juden sich einreden, sei seien dazu aufgerufen, unter den Nationen zu wirken, andere Religionen Toleranz zu lehren oder die Lehre des »›reinen‹ Theismus«[46] zu verbreiten oder sogar die Handelskunst. »Der Jude, der nicht an die nationale Wiedergeburt seines Volkes glaubt, kann nur noch, gleich dem aufgeklärten Christen, an der *Auflösung* seiner Religion arbeiten. Ich begreife, daß man diese Ansicht hegen kann. Was ich weniger begreife, ist die Zumuthung, daß man zugleich für die Aufklärung und den ›Beruf des Judenthums in der Zerstreuung‹, d. h. zugleich für seine *Auflösung* und für seinen *Fortbestand* schwärmen soll.«[47] Glauben denn diejenigen Juden, die ihre historische Vergangenheit solchen Abstraktionen wie »Freiheit« oder »Fortschritt« opfern wollen, wirklich, daß sich irgend jemand darauf einläßt?[48] Glaubt Meyerbeer denn wirklich, daß außer ihm selbst irgendeiner sich täuschen läßt, wenn er in seinen Opern biblische Themen peinlichst vermeidet?

Nach seiner Abrechnung mit den deutschen Juden wendet sich Heß den praktischen Problemen der Kolonisierung Palästinas zu. Er weist darauf hin, daß Rabbi Hirsch Kalischer aus Thorn bereits einen Plan für eine solche Bewegung entworfen hat[49] und daß ein Monsieur Ernest Laharanne in einem Buch über die »Neue orientalische Frage« diese Ansicht unterstützt. Laharanne war im Privatbüro Napoleons III. beschäftigt, er war ein Christ und ein leidenschaftlicher Anwalt des Zionismus. Den reichen emanzipierten Juden warf er ihre Gleichgültigkeit vor, den frommen Juden ihren Defätismus und erklärte, daß ein Staat in Palästina die einzige Lösung der Judenfrage sei. Der Sultan und der Papst würden sich zweifellos diesem Plan widersetzen, aber er sei sicher, daß die freie französische Demokratie sich schließlich gegen beide durchsetzen werde. Er sprach von dem fundamentalen Recht der Juden auf eine historische Heimat und glaubte, zu optimistisch, daß die

---

45 Ebd., VIII, 66.
46 Ebd., VIII, 65.
47 Ebd., VIII, 67.
48 Ebd., IX, 74.
49 Kalischers *Drishath Zion* erschien wenige Monate vor *Rom und Jerusalem;* wie bei Newton und Leibniz wußten die beiden Autoren wenig von den Gedankengängen des anderen.

Türken für eine Handvoll Gold von jüdischen Bankiers (oder vielleicht durch den nobleren Weg eines demokratischen Fonds des ganzen jüdischen Volkes) eine große jüdische Kolonisation zulassen würden. Er sprach poetisch von dem unendlichen Mysterium des jüdischen Überlebens, von dem in der Geschichte der Menschheit beispiellosen Tatbestand, daß sie, in jeder Epoche Feinden konfrontiert, alexandrinischen Griechen, Römern, Asiaten, Afrikanern, Barbaren, Feudalherrschern, Großinquisitoren, Jesuiten, modernen Tyrannen, trotzdem überlebt und sich vermehrt hätten. Die Franzosen und die Juden müssen gemeinsam kämpfen, gemeinsam müssen sie die ausgedörrte Erde Palästinas wiederbeleben und von den fürchterlichen Türken befreien. Französische Demokratie, jüdisches Genie und moderne Wissenschaft, das sollte die neue Tripelallianz sein, die zugleich ein altes Volk retten und ein altes Land wiederbeleben werde.

Wie man sich denken kann, begrüßte Heß diese Vorstellung mit großem Enthusiasmus. In typisch apokalyptischer Weise prophezeite er, daß die nationale Solidarität und Einheit, die die Basis der jüdischen Religion sei, allmählich alle Menschen vereinen werde. Die Naturwissenschaft werde die Arbeiter befreien, die Rassenkämpfe würden aufhören und ebenso die Klassenkämpfe. Die jüdische Religion und die jüdische Geschichte (eine vielfältige Mischung, in die er die Lehren des Alten Testaments und des Talmud, die Essäer und Jesus einschloß) sagt den Menschen: »Zähle dich zu den Unterdrückten und nicht zu den Unterdrückern, höre Schmähung an und erwidere sie nicht, thue Alles aus Liebe zu Gott und freue dich der Leiden!«[50] Durch dieses Evangelium werde die Welt erneuert werden. Aber das erste Erfordernis sei die Errichtung eines jüdischen Staates in Palästina. Die reichen Juden müßten Land aufkaufen und Landwirtschaftsfachleute ausbilden. Die »Alliance Israélite«, eine philanthropische Vereinigung französischer Juden, müsse Rabbi Natonek aus Stuhlweißenburg in Ungarn helfen, der, versehen mit einem Empfehlungsschreiben des türkischen Botschafters in Wien, bereit war, den Sultan wegen dieses Plans zu befragen. Jüdische Kolonisten müßten von Leuten angeleitet werden, die in den modernen theoretischen und praktischen Methoden ausgebildet waren, und nicht von obskurantisti-

---

50 Er bezieht sich auf *Sabbat* 88b, *Joma* 23a und *Gittin* 36b, zitiert bei H. Graetz, *Geschichte der Juden*, Bd. 3, zweite Ausgabe Leipzig 1863, S. 226, Anm. 1 (vgl. *Rom und Jerusalem*, S. 137, Anm.).

schen Rabbis. Der Plan konnte und mußte verwirklicht werden. Nichts anderes stehe ihm im Weg als Bigotterie und künstlicher Kosmopolitismus, vor denen die Mehrheit der Juden instinktiv zurückweiche. Heß schließt seine außergewöhnliche Predigt in höchstem Enthusiasmus.

Die Sprache von *Rom und Jerusalem* scheint heute, hundert Jahre nach seinem Erscheinen, antiquiert. Der Stil ist abwechselnd sentimental, rhetorisch und manchmal platt, mit vielen Abschweifungen und Hinweisen auf heutzutage völlig vergessene Probleme. Aber trotzdem ist es ein Meisterwerk. Es lebt aus seiner leuchtenden Ehrlichkeit, seiner Furchtlosigkeit, seiner konkreten Phantasie und der bedrängenden Realität des Problems, das es aufzeigt. Die krankhafte Verfassung, die Heß diagnostizieren und heilen wollte, ist keineswegs verschwunden, sondern im Gegenteil genauso weit verbreitet wie zu seiner Zeit, aber ihre Symptome sind besser bekannt. Deshalb ist sein Buch, trotz seines Mangels an literarischem Talent, keineswegs überholt. Und weil es schlicht ist und nicht von den toten Formeln und dem (mittlerweile oft sinnlosen) Hegelschen Jargon überladen, der nicht wenige der besten Seiten von Marx und seinen Nachfolgern verunstaltet, ist es immer noch äußerst lebendig und von unmittelbarer Gewalt und ruft immer noch Sympathie oder heftigen Widerspruch hervor. So bleibt dies eine analytische und polemische Schrift ersten Ranges und wird niemanden gleichgültig lassen, der sich mit diesem Thema befaßt.

III

Von dem stark anti-religiösen Kommunismus und Anti-Nationalismus seiner frühen Jahre aus hat Moses Heß einen langen Weg zurückgelegt. Der heftige Angriff gegen die assimilationistischen Reformer war natürlich teilweise ein Angriff auf sein eigenes früheres Ich. Die Lösung durch eine ehrenwerte nationale Auflösung auf dem Wege der systematischen Einheirat und Erziehung der Kinder in einem anderen als dem eigenen Glauben, die er jetzt so stürmisch verurteilte, war genau die Haltung, für die er früher plädiert hatte. Der überzeugte Internationalismus der hegelianischen Zeit seiner Jugend wurde abgelöst durch die Einsicht (die früher oder später eigentlich jedem jüdischen Gesellschaftstheoretiker unabhängig von seinen spezifischen Ansichten kommen muß), daß die Judenfrage ein Problem sui generis ist und eine spezifische, eigenständige Lösung erfordert, da sie sich sogar den wirkungsvollsten Allheilmitteln widersetzt. Auch war das bei Heß nicht die schließliche Reaktion eines verfolgten und müde gewordenen alten Sozialisten, der, des Wartens auf die Verwirklichung seiner universalistischen Träume müde, sich mit einer begrenzteren, nationalen Lösung als zeitweiligem Notbehelf begnügt oder, um dem ungeheuren Druck des allgemeinen gesellschaftlichen Kampfes zu entgehen, zu den glücklichen und harmonischen Tagen seiner Jugend zurückkehren will. Damit mißverstünde man Heß von Grund auf. Er war ein Mann, der keine Überzeugung verwarf, wenn er sich nicht durch rationale Methoden von ihrer Falschheit überzeugt hatte. Sein Zionismus führte ihn nicht zur Preisgabe des Sozialismus. Die kommunistischen Ideale und der Glaube an eine nationale Wiedergeburt der Juden waren für ihn offensichtlich keineswegs unvereinbar. Im Gegensatz zu Hegel und Marx war Heß kein genialer Geschichtsphilosoph, der mit der alten Tradition brach, bisher unbemerkte (oder zumindest nicht klar beschriebene) Beziehungen wahrnahm und die Begriffe veränderte, in denen die Menschen ihre Situation, ihre Vergangenheit und ihre Bestimmung fassen. Aber ebensowenig litt er an den Schwächen dieser despotischen Systembildner. Er war intellektuell (wie auch in jeder anderen Hinsicht) ein vollkommen integrer Mensch und hat nie versucht, aus psychologischen oder taktischen Gründen die Tatsachen in ein vorgefaßtes dogmatisches Schema zu zwängen. Am beeindruckendsten, vor allem in seinen späteren Schriften, ist seine vollkommen ehrliche Hingabe an die Wahrheit, die sich in einer freimütigen, manchmal kindlichen Schlichtheit ausdrückt. Das macht seine Worte oft ergreifend und läßt sie länger im Gedächtnis nachklingen als die reicheren und gewichtigeren Sätze der berühmteren Propheten dieser Zeit.

Heß gab weder den Sozialismus noch den Zionismus auf, denn er sah keine Unvereinbarkeit zwischen ihnen. Sein Sozialismus – der nichts anderes war als der Wunsch nach sozialer Gerechtigkeit und einem harmonischen Leben – schloß genausowenig wie der Lassalles Nationalität aus. Heß konnte sich keine unausweichliche Kollision zwischen Zwecken oder Methoden vorstellen, die wahr waren, auf genuine Bedürfnisse antworteten und moralisch gut waren. Es kam ihm überhaupt nicht in den Sinn, daß man die modernen Juden von der Feier des Passahfestes oder der Erfüllung anderer religiöser Pflichten abhalten oder sie ihnen ausreden solle, weil sie längst überholte Relikte oder Aberglaube seien, die mit einer aufgeklärten, wissenschaftlichen Einstellung nichts zu tun hätten. Für ihn war es selbstverständlich, daß eine Wahrheit oder ein Wert nicht die Unterdrückung eines anderen fordern konnte. Deshalb konnten die moralischen Werte des Sozialismus und die Wahrheiten, die in dem individuellen Bewußtsein der eigenen gesellschaftlichen nationalen Vergangenheit verkörpert waren, einander unmöglich jemals widersprechen, wenn man sie richtig auffaßte. Das Leben wäre traurig und völlig überflüssigerweise verarmt, wenn man irgend etwas Gutes, Wahres oder Schönes opferte. Es ist dieser »Idealismus«, diese »Naivität«, die die unsentimentaleren Revolutionäre zu seiner Zeit genauso verlachten, wie sie es heute tun.

Nachdem er Lassalles Bevollmächtigter in Köln gewesen war und fünf Jahre nach dem Erscheinen von *Rom und Jerusalem* – dessen Thesen er bis an sein Lebensende treu blieb – trat Heß 1867 der Internationalen Arbeiter-Assoziation bei, die, wie jeder weiß, von seinem alten Gefährten und unbarmherzigen Anschwärzer Karl Marx gegründet worden war. Er vertrat in der Ersten Internationale die Arbeiter von Berlin, und 1868 und 1869 bekämpfte er als marxistischer Delegierter die Vertreter Proudhons und Bakunins, alte Freunde, die er zutiefst bewunderte. Aber er war der Ansicht, daß ihre Lehren die Einheit der Arbeiterklasse zerstörten. Er ist niemals ein orthodoxer Kommunist geworden, glaubte immer noch nicht an Gewalt oder den Klassenkampf als unumgängliche historische Kategorie, und er war ein Zionist avant la parole. Aber er war Sozialist, und wenn er vom jüdischen Staat in Palästina sprach, dann erklärte er, daß der Boden dieses Landes von den Juden als einem einzigen nationalen Ganzen erworben werden müsse, damit private Ausbeutung verhindert werde. Ebenso war für ihn der volle gesetzliche Schutz der Arbeit unter den zukünftigen Kolonisten eine unerläßliche Bedingung, und er erklärte, daß die Organisation von Industrie, Ackerbau und Handel den mosaischen Prinzipien, die für ihn gleichbedeutend mit sozialistischen waren, folgen müsse. Er wollte in dem neuen jüdischen Staat Arbeiterkooperativen des Typs sehen, wie Lassalle sie in Deutschland organisiert hatte, die vom Staat so lange unterstützt wurden, bis die Proletarier die Mehrheit der Einwohner Palästinas bildeten. In diesem Augenblick würde der Staat automatisch, friedlich und ohne eine Revolution ein sozialistisches Gemeinwesen werden.

Alle diese Ideen fanden, wie man sich unschwer vorstellen kann, eine äußerst feindselige Aufnahme unter den gebildeten Juden, besonders den deutschen liberalen Juden, gegen die sich Heß' schärfste Ausfälle richteten. Die Juden in Deutschland waren seit fast einem Jahrhundert Gegenstand zahlreicher Appelle gewesen, und es war viel über sie diskutiert worden. Mendelssohn und seine Anhänger hatten ihnen vorgeworfen, am Ghetto um seiner selbst willen zu hängen, in blinder Mißachtung der großartigen Gelegenheit, in die Welt der abendländischen Kultur einzutreten, die ihnen endlich offenstand. Die Orthodoxen warfen ihnen Gottlosigkeit, Häresie und Sünde vor. Einmal forderte man sie auf, an ihrem alten Glauben festzuhalten, dann wieder sollten sie ihn ablegen, ihn dem modernen Leben anpassen oder ihn mildern; in der kritischen Untersuchung ihrer eigenen Geschichte sollten sie es der deutschen Kultur gleichtun, sie sollten Historiker, Gelehrte, höhere Kritiker sein; sie sollten sich den Zugang zur westlichen Zivilisation selbst schaffen oder sie durch Tore betreten, die andere ihnen bereits aufgetan hatten, oder sie sollten sie schließlich überhaupt nicht betreten. Aber in diesem großen babylonischen Stimmengewirr hatte ihnen noch niemand vorgeschlagen, sich selbst als das zu betrachten, was sie waren, nämlich eine Nation von eigener Art, aber doch eine Nation; und deshalb dürften sie nichts aufgeben, keiner Selbsttäuschung anheimfallen, sich nicht einreden wollen, daß das, was ihnen nicht gehörte und niemals gehört hatte, ihnen teurer sei als das, was wirklich ihnen eigen war. Sie sollten nicht unter Schmerzen und unerträglicher Scham das preisgeben, was allein sie wirklich lieben konnten, ihre eigenen Sitten, Einstellungen, Erinnerungen, Traditionen, ihre Geschichte, ihren Stolz, ihr Nationalbewußtsein, all das, was sie, wie andere Völker auch, waren und woraus sie lebten, faktisch alles, was sie bei sich selbst und andere an ihnen respektieren konnten. Die anderen – Engländer, Franzosen, Italiener – verstanden das vermutlich besser als die emanzipierten Juden, die Heß ansprach. Kein Volk, schrieb er, das für sein Land kämpft, kann dem jüdischen Volk ohne den tödlichsten Widerspruch das Recht auf ein eigenes Land verweigern. Das hat sich im zwanzigsten Jahrhundert dann auch gezeigt. Aber unter den damaligen Umständen haben seine

Worte viele verletzt, nicht zuletzt deshalb, weil sie wahr waren. »Gebildete Parvenues, welchen es gelungen ist, jede Verbindung mit ihrer alten jüdischen Familie und unglücklichen Stammesgenossenschaft abzubrechen, und welche stolz darauf sind, der Misère des ›Volkes‹ den Rücken zu kehren«[51], nannte er seine Gegner mit mehr Bitterkeit als Gerechtigkeit. Mit dem Eifer eines Bekehrten, der sich gegen die blinde Masse stellt, die er verlassen hat, streute er Salz in ihre Wunden. Die Reaktion kann man sich unschwer vorstellen. Der bedeutendste deutsch-jüdische Gelehrte seiner Zeit, Steinschneider, äußerte sich vergleichsweise maßvoll und nannte Heß einen reuigen Sünder[52], wobei er die Hoffnung äußerte, daß das Buch nicht von den Feinden der schon in Palästina lebenden Juden ausgeschlachtet werde. Der gefeierte Gelehrte und Publizist, der Anwalt des Reformjudentums, Abraham Geiger, dessen Ablehnung der Nationalität und dessen Bemühen, wie ein hegelianischer Deutscher jüdischen Glaubens zu empfinden und zu denken, Moses Heß in eindrucksvoller Sprache angeprangert hatte, reagierte mit begreiflicher Feindseligkeit. In einer anonymen Besprechung mit dem Titel »Alte Romantik, Neue Reaktion« verurteilte er das Buch von Heß aufs schärfste. Heß war für ihn »ein fast ganz außerhalb Stehender«, der »an Socialismus und allerhand anderem Schwindel bankerut geworden, in Nationalität machen will und neben der Frage über die Herstellung der Czechischen, Montenegrinischen, Szeklerischen usw. Nationalität auch die über die jüdische Nationalität erwecken möchte«.[53] *Die Allgemeine Zeitung des Judenthums* sagte, »daß wir vor Allem erst Deutsche, Franzosen, Engländer und Amerikaner und dann erst Juden sind«.[54] Der zivilisatorische Fortschritt werde den Wunsch der Ostjuden, nach Palästina zu gehen, zum Verstummen bringen.

So begann die Debatte – die auch heute keineswegs abgeschlossen ist – mehr als dreißig Jahre, bevor der Begriff »Zionismus« überhaupt entstanden war. Die »Alliance Israélite Universelle« öffnete Heß vorsichtig ihre Zeitschrift, die *Archives Israélites*, und bot ihm eine allerdings eher laue Unterstützung. Ihr schmeichelte die

---

51 *Rom und Jerusalem*, Note IX, S. 234.
52 »Ein Baal Teshuvah«, zitiert bei Theodor Zlocisti, *Moses Heß, Der Vorkämpfer des Sozialismus und Zionismus 1812-1875*, Berlin 1921, S. 312.
53 *Jüdische Zeitschrift für Wissenschaft und Leben* 1 (1862), S. 252.
54 *Allgemeine Zeitung des Judenthums* 26 (1862), S. 610; vgl. weiter den wertvollen Aufsatz von Israel Cohen, dem ich diese Zitate verdanke, »Moses Heß: Rebel and Prophet«, *Zionist Quarterly* (Herbst 1951), S. 45-56, bes. S. 51 f.

Vorstellung, einen so bekannten Publizisten auf ihrer Seite zu haben, aber sie schreckte vor dem Gedanken einer organisierten Einwanderung nach Palästina zurück, obwohl sie bereit war, die Juden zu unterstützen, die schon ihren Weg dorthin gefunden hatten im Zuge der vorsichtigen Bemühungen, Palästina zu kolonisieren, die damals bereits unternommen wurden.

Der durch das Buch ausgelöste Skandal beruhigte sich schnell. Wie die früheren Schriften von Heß hatte es, soweit sich sagen läßt, überhaupt keinen Einfluß. Von der Rückkehr der Juden hatten schließlich nicht nur fromme Juden oder christliche Visionäre gesprochen, sondern sogar der große Napoleon zur Zeit seines ägyptischen Feldzugs, Fichte, der russische revolutionäre Dekabrist Pestel, der, wie Fichte, Europa von den Juden befreien wollte, der französisch-jüdische Journalist Joseph Salvador, der exzentrische englische Reisende Laurence Oliphant, Rabbi Kalischer und andere weniger bekannte Gestalten. Vielleicht hat George Henry Lewes, der Heß in Paris getroffen hatte, George Eliot von dessen Ansichten erzählt und sie so zu ihrem Roman *Daniel Deronda* mit seinem nationalistischen jüdischen Helden angeregt. Aber all das zählte nicht in einer Welt, in der außer kleinen Gruppen verstreuter Juden in Osteuropa (und, merkwürdig genug, in Australien) niemand solche Dinge ernst nahm. Heß war es nicht vergönnt, noch zu seinen Lebzeiten auch nur den Anfang der Erfüllung seiner Ideale zu erleben.

Der Rest seines Lebens ist nur zu bezeichnend. Wie andere verarmte emigrierte Journalisten war er als Korrespondent verschiedener deutscher und schweizerischer Zeitschriften tätig, auch für die deutsche Wochenzeitschrift in Chicago, *Die Illinois Staats-Zeitung,* für die er seit 1865 eine Reihe von Berichten schrieb, die in ihrer Einsicht in die politischen Zusammenhänge Europas denen des europäischen Korrespondenten der *New York Tribune,* Karl Marx, kaum unterlegen waren, aber eine viel größere prognostische Kraft besaßen.[55] 1870 wurde er aus dieser Tätigkeit entlassen, angeblich wegen seiner starken politischen Interessen, die seine deutsch-amerikanischen Leser nicht teilten. Im selben Jahr wurde

---

[55] Den Beweis für Heß' Begabung als politischer Prophet wie auch vieles andere Interessante kann man finden in Helmut Hirsch, »Tribun und Prophet. Moses Heß als Pariser Korrespondent der Illinois Staats-Zeitung«, *International Review of Social History* 2 (1957), S. 209-30. Vgl. auch vom selben Autor das bewundernswürdige Buch *Denker und Kämpfer,* Frankfurt 1955.

er bei Ausbruch des Krieges zwischen Frankreich und Preußen als preußischer Bürger aus Paris ausgewiesen, obwohl er, wie man sich vorstellen kann, mit allen seinen Mitteln Bismarcks Aggression anprangerte und die Juden dazu aufrief, ihre Sympathie Frankreich zu schenken, der Wiege der Freiheit und Brüderlichkeit, der Heimat der Revolution und aller menschlichen Ideale. Er ging nach Brüssel, wo er zu einer Allianz aller freien Völker gegen das »russifizierte Deutschland« aufrief, gegen ein Land, das Frankreich nur deshalb zu zerstören trachte, weil es die Menschheit glücklicher machen wolle. 1875 starb er so, wie er den größten Teil seines Lebens verbracht hatte, unbekannt und arm, eine weltfremde, isolierte Gestalt, und wurde auf seinen eigenen Wunsch auf dem jüdischen Friedhof in Deutz an der Seite seiner Eltern begraben. Sein posthumes Werk *Die dynamische Stofflehre* wurde 1877 von seiner Frau zu seinem ehrenden Angedenken veröffentlicht. Sie erklärte, es sei sein Lebenswerk, aber es ist eine konfuse, halb philosophische, halb wissenschaftliche Spekulation, ohne jeden Reiz oder Wert für die heutige Zeit.[56] Sein wirkliches Lebenswerk ist das schlichte und bewegende Buch, das immer noch mehr Wahrheit über die Juden enthält als jedes andere vergleichbare Buch aus dem neunzehnten oder auch zwanzigsten Jahrhundert. Wie sein Autor war es nahezu völlig vergessen, bis die Ereignisse selbst es der ungerechten Vergessenheit entrissen. Heute sind in den beiden wichtigsten Städten des Staates Israel Straßen nach Moses Heß benannt – nichts hätte ihn mehr überrascht und erfreut. Nach 1862 war er in erster Linie ein Jude und dann ein Marxist. Seine Anerkennung in dem jüdischen Staat, an den er aus ganzer Seele geglaubt hatte, hätte ihn für die Verunglimpfung seiner Ideen und seiner Person durch Engels und dessen Nachahmer vermutlich mehr als entschädigt. Zu seinen Lebzeiten jedoch erschien nichts weniger wahrscheinlich als dieser jüdische Staat.

---

56 Der erste Biograph von Heß, Theodor Zlocisti, denkt anders darüber und nennt ihn einen Vorläufer der modernen Atomtheorie. Vgl. Zlocisti, a.a.O. (siehe Anm. 52), S. 412.

IV

Wie andere intellektuell aufrichtige, moralisch feinfühlige und unerschrockene Menschen hatte Heß, wie sich herausstellen sollte, ein tieferes Verständnis von einigen wesentlichen Problemen als begabtere und anspruchsvollere Gesellschaftstheoretiker. In seiner sozialistischen Zeit – sie endete erst mit seinem Tod – sagte er, daß die Abschaffung des Privateigentums und die Beseitigung der Mittelklassen keineswegs notwendig und von selbst zum Paradies führen werde. Denn sie befreiten durchaus nicht zwangsläufig von Ungerechtigkeit, und ebensowenig seien sie von sich aus schon in der Lage, gesellschaftliche oder individuelle Gleichheit zu garantieren. Das war für einen Sozialisten damals eine mutige und selbständige Ansicht. Seine Verbündeten waren größtenteils Männer, die von dem Bedürfnis nach einer klar umrissenen Gesellschaftsstruktur und einem eher rationalistischen als rationalen Wunsch besessen waren, die gesellschaftlichen Probleme fast geometrisch klar zu lösen. Wie ihre Vorläufer im achtzehnten Jahrhundert, nur mit anderen Hypothesen, versuchten sie, die Geschichte als eine exakte Wissenschaft zu behandeln und aus ihrem Studium einen einzigen Handlungsplan abzuleiten, der die Menschen mit Sicherheit für immer frei, gleich, glücklich und gut machen werde. In diesem dogmatischen und intoleranten Milieu erlaubte sich Heß den Zweifel, ob diese Ziele überhaupt erreicht werden könnten, ehe nicht die Menschen, die die neue Welt erbauten, selbst nach den Prinzipien der Gerechtigkeit lebten und anstelle einer bloß umfassenden Menschheit den einzelnen Individuen mit Sympathie und Liebe begegneten, also mit einem Charakter und einer Einstellung, die keine gesellschaftlichen und politischen Reformen aus sich selbst garantieren können. Es ist sicherlich ein Zeichen von Unreife (selbst wenn es Beweis für eine erhabene und uneigennützige Natur sein kann), von einer bestimmten, endgültigen Lösung der gesellschaftlichen Probleme alles abhängig zu machen. Wenn zu solcher Unreife ein rücksichtsloser Wille und ein Organisationstalent tritt, das einen instand setzt, die Menschen in Ordnungen zu zwingen, die ohne jede Beziehung zu ihrer Natur und ihren eigenen Wünschen sind, dann wird, was als reiner und uneigennütziger Idealismus begann, unausweichlich in Grausamkeit, Unterdrückung und Blut enden. Ein Sinn für Ebenmaß und Gleichförmigkeit und eine Begabung für strenge Deduktion sind Voraussetzung für die Befähigung zu manchen Naturwissenschaften, aber auf das Gebiet der menschlichen Gesellschaft angewandt führen sie zwangsläufig zu entsetzlicher Tyrannei auf der einen und unsäglichem Leid auf der anderen Seite, wenn sie nicht durch ein hohes Maß von Sensibilität, Verständnis und Menschlichkeit eingeschränkt werden. Obwohl Heß wußte, daß er von seinen bewunderten und tyrannischen Waffengefährten Marx und Engels erbarmungslos der Unwissenheit, Beschränktheit und des verantwortungslosen Utopismus geziehen wurde, konnte er sich nicht dazu verstehen, die Welt durch ihre verzerrende Optik zu sehen. Er hat ihre Sicht des Menschen nicht akzeptiert und glaubte statt dessen an die ewige und universale Gültigkeit bestimmter allgemeiner menschlicher Werte. Bis zum Ende seines Lebens war er davon überzeugt, daß menschliches Empfinden, natürliche Liebe, der Wunsch nach sozialer Gerechtigkeit, individueller Freiheit und Solidarität innerhalb historisch kontinuierlich bestehender Gruppen – Familien, religiösen Vereinigungen oder Nationalitäten – als Wert an sich geachtet werden müßten. Er glaubte nicht, daß diese tiefsten menschlichen Interessen, wie immer sie in Raum und Zeit modifiziert werden könnten, notwendig durch die geschichtliche Entwicklung verändert würden oder daß sie durch das Klassenbewußtsein oder irgendeinen anderen vergleichsweise vergänglichen Faktor in so entscheidendem Maße bedingt seien, wie es die sogenannten wissenschaftlichen Marxisten annahmen. Für den Wert und die Bedeutung des Wunsches nach nationaler Unabhängigkeit genügt es vielleicht, auf die gegenwärtigen Ereignisse in Ungarn, Polen und in anderen Ländern hinzuweisen[57], um zu belegen, daß die orthodoxe marxistische Interpretation des Nationalgefühls und seiner Einflußlosigkeit auf die arbeitenden Klassen einer Nation, die offenkundig nicht mehr kapitalistisch ist, zu Fehlschlüssen führt, die sich für viele der in ihnen Befangenen als tragisch genug erwiesen haben. Das sind nur die jüngsten und spektakulärsten Beispiele für Wahrheiten, die Heß klarer als seine Genossen gesehen hat, ohne auch nur den leisesten Anflug von Chauvinismus oder krankhaftem Nationalismus, und dies, das muß hinzugefügt werden, im Kontext des extrem linken Sozialismus, zu dessen reinsten und überzeugendsten Verfechtern er gehörte. Das allein rechtfertigt die Be-

---

57 Dies wurde 1957 geschrieben.

hauptung, daß sein Anspruch als Gesellschaftstheoretiker auch gegenüber seinen Kritikern ohne Mühe aufrechterhalten werden kann und daß seine Bedeutung für lange Zeit von gläubigen Marxisten[58] zugunsten ihres eigenen Glaubenskanons, aber auf Kosten der Tatsachen der Geschichte systematisch unterbewertet worden ist.

V

In der Judenfrage (wie man es nannte) haben sich die Voraussagen von Heß als geradezu unheimlich treffsicher erwiesen. So erklärt er in einer seiner eher sibyllinischen Passagen, daß die liberalen Juden Deutschlands eines Tages eine Katastrophe erleiden würden, deren Ausmaß sie sich nicht im entferntesten vorstellen könnten. Niemand wird bestreiten, daß zumindest diese Prophezeihung in unvorstellbar schrecklicher Weise von der Wirklichkeit eingeholt worden ist. Ebenso predigte Heß gegen die Assimilation zu ihren besten Zeiten, und alles, was er über die falsche Lage sagte, in die sie beide, sich selbst und ihre Opfer, bringe, scheint mir durch die späteren Ereignisse völlig bestätigt worden zu sein. Heute kann niemand so tun, als wisse er nicht, was Heß mit seinen Hinweisen auf das »geographische und philosophische Alibi«[59] gemeint hat, mit dem die Juden (und andere Menschen) sich vorzumachen versuchen, sie seien nicht, was sie ganz offensichtlich sind, weil sie peinlichen Wahrheiten nicht ins Gesicht sehen können. Damit täuschen sie nur sich selbst und bereiten ihren Freunden Unbehagen oder Scham, während sie bei ihren Feinden Belustigung, Verachtung und am Ende Haß hervorrufen. Heß hatte bemerkt, daß die Juden tatsächlich eine Nation sind, selbst wenn sie

---

58 Z. B. von Auguste Cornu, der in seinem gelehrten und klaren *Moses Heß et la gauche Hégélienne*, Paris 1934, Heß als einen untergeordneten und etwas schwerfälligen Vorläufer von Marx behandelt, dessen Ansichten durch den Marxismus überholt seien. Cornus spätere Arbeiten gehen in dieser Hinsicht sogar noch weiter. Auch Georg Lukács schätzt ihn praktisch so ein; vgl. seinen Aufsatz »Moses Heß und die Probleme der idealistischen Dialektik«, *Archiv für die Geschichte des Sozialismus und der Arbeiterbewegung* 12 (1926), S. 105-55. Irma Goitein in ihrem *Probleme der Gesellschaft und des Staates bei Moses Heß*, Leipzig 1931, zeigt sehr viel mehr Einsicht.
59 *Rom und Jerusalem*, V, 28 (siehe hier Anm. 17).

noch so gewandt mit den verschiedensten Definitionen jonglieren, um das Gegenteil zu beweisen, und er hat das in einer schlichten, für einige bestürzenden und sogar schockierenden Sprache gesagt. Gleichwohl ist deutlich, daß der Staat Israel, wie immer man über ihn denken mag, nicht hätte ins Leben gerufen werden können, wenn die Juden nicht im Grunde so empfunden hätten wie er, sondern so, wie es seine Gegner angenommen hatten, die orthodoxen Rabbiner, die liberalen Assimilationisten oder die doktrinären Kommunisten. Weiter hat sich seine Annahme als richtig erwiesen, daß sich die westlichen Juden aus eigenem Entschluß nicht zur Emigration aufraffen würden, weil sie sich trotz aller Schwierigkeiten in ihren jeweiligen Gesellschaften am Ende doch zu wohl fühlten, zu zufrieden und zu gut integriert waren. Obwohl Heß wie sein Freund Heine in gewissem Maße die Entstehung der deutschen Barbarei vorausahnte, steht Hitler natürlich weit jenseits dessen, was sie sich hatten vorstellen können, und insofern hatte Moses Heß aufgrund der damaligen Verhältnisse völlig zu Recht angenommen, daß es die Ostjuden und nicht die deutschen Juden sein würden, die aus ihrem inneren Zusammengehörigkeitsgefühl wie auch aus ökonomischer Verzweiflung zu neuen Welten und besonders zur Einrichtung einer autonomen Gesellschaft in Palästina getrieben würden.

Er glaubte, daß die Anwendung der Naturwissenschaften soziale Wohlfahrt schaffen werde. Er glaubte an Genossenschaften, an gemeinschaftliches Handeln, an Staatseigentum oder zumindest öffentliches Eigentum. Diese Prinzipien sind heute im Staat Israel in einem größeren Ausmaß verwirklicht worden, als es denen lieb ist, die andere Formen der gesellschaftlichen Organisation vorziehen. Voller Überzeugung trat er für die Bewahrung geschichtlicher Traditionen ein. Er sprach darüber mit derselben Leidenschaft, aber sehr viel unvoreingenommener und weniger irrational als Burke oder Fichte – und zwar keineswegs deshalb, weil er den Wandel fürchtete, denn er war schließlich ein Radikaler und ein Revolutionär, sondern weil auch in seinen extremsten und radikalsten Annahmen die Überzeugung lebte, daß es niemals Pflicht sein könne, sich um eines abstrakten Ideals willen zum Krüppel zu machen oder zu verarmen: daß niemand dazu genötigt werden dürfe oder könne, sich bei lebendigem Leibe zu verstümmeln und das wegzuwerfen, was ihm die tiefste geistige Befriedigung gewährt, die menschliche Wesen kennen, nämlich das Recht auf individuellen Ausdruck, auf persönliche Beziehungen, auf Liebe zu vertrauten Orten oder Lebensformen, auf Schönes, auf die eigenen Wurzeln und Symbole oder die der Familie oder der eigenen nationalen Vergangenheit. Er glaubte, daß niemand dazu gebracht werden dürfe, seine eigene unanalysierbare Natur, seine wesentlichen emotionalen oder geistigen Erfahrungen, aus denen sich das menschliche Leben bildet, aufzugeben, sie auch nur als zeitweiligen Notbehelf irgendeiner perfektionistischen, aus abstrakten und unpersönlichen Prämissen abgeleiteten Lösung zu opfern, einer Lebensform, die sich aus einer fremden Quelle speist, den Menschen durch künstliche Mittel auferlegt ist und von ihnen doch nur als mechanische Anwendung irgendeiner allgemeinen Regel auf eine konkrete Situation empfunden wird, für die sie nicht geschaffen ist. Alles, was Heß gegen Ende seines Lebens schrieb, beruhte auf der Überzeugung, daß es ebenso entwürdigend wie vergeblich sei, zu verneinen, was man im Innersten seines Herzens als wahr erkennt, und den Tatsachen, gleichgültig aus welchen taktischen oder doktrinären Gründen, Gewalt anzutun. Die Grundlagen seiner Überzeugungen, der sozialistischen wie der zionistischen, waren unverhohlen moralische. Darüber hinaus glaubte er und hielt es für eine Erfahrungstatsache, daß moralische Überzeugungen im Leben und Tun der Menschen eine entscheidende Rolle spielen.

Die sozialistische Moral, die er so überzeugt predigte, ebenso wie der Typ von Nationalismus, der ihm als Ideal erschien, haben sich insgesamt als beständiger erwiesen und mehr Freiheit und Glück gebracht als die »realistischeren« Lösungen seiner machiavellistischen Rivalen auf der Rechten wie auf der Linken. Deshalb gehört Moses Heß unbestreitbar zu den wirklichen Propheten unserer Zeit, und er hat vieles gesagt, was neu, wahr und immer noch von größter Wichtigkeit ist. Dies verleiht dem »kommunistischen Rabbi«, dem Freund von Heine und Michelet, dem Mann, den Karl Marx in seinen seltenen Augenblicken guter Laune »den Esel, Moses Heß« zu nennen pflegte, Anspruch auf Unsterblichkeit.

BENJAMIN DISRAELI, KARL MARX
UND DIE SUCHE NACH IDENTITÄT

I

Alle Juden, die sich überhaupt ihrer Identität als Juden bewußt sind, sind von Geschichte erfüllt. Ihre Erinnerungen reichen weiter zurück, und sie sind sich einer längeren Kontinuität als Gemeinschaft bewußt als irgendeine andere Gemeinschaft, die heute noch besteht. Die Bande ihrer Einheit haben sich als stärker erwiesen als die Waffen ihrer Verfolger und Verleumder, stärker auch als eine weit heimtückischere Waffe, die Überredungsgabe ihrer eigenen Brüder, derjenigen ihrer Mitjuden, die, oft durchaus aufrichtig und geschickt, zu beweisen versuchen, daß diese Bande keineswegs so mächtig und einzigartig sind, wie sie scheinen, und daß die Juden durch nicht mehr als eine gemeinsame Religion oder das gemeinsame Leiden verbunden sind. Ihre Unterschiede seien größer als das Verbindende und deshalb werde eine aufgeklärtere Lebensweise – liberal, rationalistisch, sozialistisch oder kommunistisch – bewirken, daß sie als Gruppe zwanglos in ihrer jeweiligen gesellschaftlichen und nationalen Umwelt aufgehen. Ihr Zusammenhang werde sich als nicht stärker erweisen als etwa der der Unitarier, der Buddhisten, Vegetarier oder jeder anderen weltweit verbreiteten Gruppe mit bestimmten, nicht immer leidenschaftlich vertretenen, gemeinsamen Überzeugungen. Wäre diese Ansicht richtig, dann wären die Vitalität und der Wunsch nach einem gemeinsamen Leben nicht stark genug gewesen, um die Kolonisierung Palästinas und die Gründung des Staates Israel möglich zu machen. Historisches Bewußtsein, Sinn für Kontinuität mit der Vergangenheit, gehört sicherlich zu den Elementen, an denen wenn nicht immer die Juden selbst, so doch die übrige Welt das jüdische Volk sofort erkennt.

Der russische Revolutionär des neunzehnten Jahrhunderts, Herzen, hat einmal von seinem Lande gesagt, seine Stärke liege nicht in der Geschichte – die habe es nur in unbedeutendem Maße –, sondern in seiner Geographie, in der Ausdehnung seines Territoriums, das barbarisch, aber weiträumig sei. Die Juden könnten mit Recht sagen, daß die Geographie – genügend Boden, um zu leben und sich zu entwickeln – ihnen immer gefehlt habe, denn Geschichte haben sie immer mehr als genug gehabt. Der verstorbene Lewis Namier hat mir einmal erzählt, daß er auf die Frage eines vornehmen englischen Adligen, warum er als Jude sich der Geschichtsschreibung Englands widme und nicht der jüdischen, geantwortet habe: »Es gibt keine moderne jüdische Geschichte. Es gibt nur eine jüdische Martyrologie, und das ist mir nicht unterhaltsam genug.« Das traf und sollte wohl vor allem den gedankenlosen Adligen in seine Schranken verweisen. Doch es liegt auch eine gewisse Wahrheit darin. Die Geschichte der Juden, von der Zerstörung des Zweiten Tempels bis in die jüngste Gegenwart, ist in der Tat weithin eine Geschichte von Verfolgung und Martyrium, von Schwäche und Heroismus, ein ununterbrochener Kampf gegen übermächtige Gegner, wie keine andere menschliche Gemeinschaft ihn jemals zu bestehen hatte. Trotzdem, vom Standpunkt des Historikers der Juden aus wurde seine Aufgabe vergleichsweise einfacher durch die Tatsache, daß die systematische Verfolgung vor allem durch die Christen, aber auch durch die Mohammedaner, die Juden in die umgrenzten Räume der Ghettos, in Siedlungsbezirke und dergleichen trieb und dadurch bewirkte, daß ihre gemeinschaftliche Geschichte nur allzu leicht faßbar, beschreibbar und analysierbar ist. So jedenfalls schien es in Europa mindestens bis ins achtzehnte Jahrhundert gewesen zu sein. Einzelne Juden verließen ihre Gemeinschaft und lebten unter Nichtjuden. Manchmal ließen sie sich taufen, manchmal praktizierten sie insgeheim ihre Religion ganz oder zum Teil weiter oder wurden, wie Spinoza, offene Häretiker, von ihrer eigenen Gemeinde ausgestoßen und von der Gesellschaft, in der sie lebten, mit der sie sich aber nie voll und ganz identifizieren konnten, bestenfalls mit unsicherem Respekt behandelt. Es gab nicht viele solcher Juden. Deshalb wirft die Frage, wer Jude war und wer nicht, in der Welt der Antike, im Mittelalter oder während der Renaissance und danach kein großes historisches Problem auf.

Um eine grobe Periodisierung der jüdischen Geschichte zu geben, könnten wir zumindest drei Hauptepochen unterscheiden: (1)

während die Juden in ihrem eigenen Land lebten, mit nicht sehr weit gestreuten Kolonien in Kleinasien und Nordafrika; (2) die mittelalterliche Diaspora, als sie in isolierten Gruppen lebten, wo ihr Geschick, zumindest theoretisch, aus eben diesem Grunde ohne allzu große Schwierigkeit verfolgt werden kann; (3) nach der Emanzipation. Hier stellen sich für den Historiker echte Probleme: Was ist jüdische Geschichte und was nicht? Wer gehört zu ihr und wer nicht? Die soziale, geistige und religiöse Geschichte der ostjüdischen Gemeinden ganz sicherlich, ebenso die der russisch-polnischen Siedlungsgebiete. Aber wie ist es bei den Westjuden? Kann man die Geschichte ihrer Institutionen als Geschichte einer Gemeinschaft verfolgen? In England, wo ihre Geschichte in dieser Periode eine der glücklichsten ist, ist sie völlig undramatisch und für jemanden wie Namier, der Farbe, Bewegung und das Spiel komplizierter Personen und Situationen liebt, ohne jedes Interesse. Die Perioden des Glücks sind, wie Hegel gesagt hat, leere Blätter im Buch der Geschichte.

Aber hier wird es problematisch. Ist auch die Geschichte von Individuen jüdischer Herkunft oder sogar der jüdische Glaube überhaupt Bestandteil der jüdischen Geschichte? Die meisten Historiker der Juden erwähnen Gestalten wie Joseph von Naxos oder Spinoza, während die Historiker Italiens die Kardinäle Mazarin oder Alberoni oder Maria von Medici kaum zu den historischen Gestalten der italienischen Geschichte zählen würden. Das erscheint einsichtig, weil sich bis in neuere Zeit ernste Identifizierungsprobleme so gut wie nicht stellen. Plutarch brauchte sich nicht mit der Frage auseinanderzusetzen, ob er ein Grieche oder ein Römer war, Josephus hatte hinsichtlich seiner Identität keinerlei Zweifel und Spinoza fragte sich nicht, ob er wirklich ein Holländer war oder nicht. Die Auflösung der Korporationen durch die europäischen Nationalstaaten und deren Anspruch auf absolute Untertanentreue veränderte dieses Bild und führte zu Loyalitätskonflikten. Diese Krise begann für die Juden später als für ihre Nachbarn, nämlich erst, als die Tore der Ghettos geöffnet wurden und die Juden, zunächst zaghaft, dann mit wachsendem Vertrauen und Erfolg, begannen, sich mit ihren Mitbürgern anderen Glaubens zu vermischen und zunehmend an deren gemeinsamem, öffentlichem wie privatem, Leben teilzunehmen. Wo müssen wir in der neueren Geschichte die Grenze ziehen zwischen der Geschichte der Juden als solcher und der Geschichte der größeren Gesellschaften, deren Mitglieder sie wurden? Wir kennen alle die ein wenig pathetischen Aufstellungen von Beiträgen der Juden zur allgemeinen Kultur, mit denen die Verteidiger der Juden ihre Verleumder daran zu erinnern versuchen, wieviel die christliche Kultur den Juden verdanke. Sind das Leben und die Leistungen von Heine, Felix Mendelssohn oder Ricardo Teil der Geschichte der Juden? Oder, wenn man sie wegen ihrer Taufe ausschließen muß, was sollen wir, um ganz wahllos Beispiele aus dem letzten Jahrhundert herauszugreifen, bei Lassalle, Meyerbeer oder Pissaro sagen, die sich nicht taufen ließen, aber starke Verbindungen zum institutionellen jüdischen Leben hatten? Wir reden von Francis Bacon, John Stuart Mill oder Russell nicht als von christlichen Denkern, wenn auch mit stark abweichenden Ansichten. Sollen wir also trotzdem Husserl, Bergson oder Freud als jüdische Denker in irgend einem speziellen Sinne betrachten?

Gerade diese Frage wirft das alte Problem auf, mit dem wir jetzt als Folge des fürchterlichsten Genozids in der Geschichte wie auch der Gründung eines jüdischen Staats so unmittelbar konfrontiert sind, das Problem: »Was ist ein Jude?« In welcher Beziehung steht er zu der übrigen Gesellschaft? In welchem Sinne ist es »seine« Gesellschaft und in welchem nicht? Entsprechen die Unterschiede zwischen ihm und anderen Mitgliedern der Gesellschaft anderen, vertrauteren Unterschieden, zwischen Klassen, Berufsgruppen, Kirchen und anderen gesellschaftlichen Gruppen?

Dieses Problem wurde besonders akut nach der Französischen Revolution für diejenigen, die aus dem alten Gefängnis entlassen wurden und aus der Gefangenschaft der abendländischen Ghettos, selbst wenn sie nicht immer so hießen, ans Tageslicht traten. Die Befreiung war ziemlich plötzlich gekommen, und auf die Probleme der Anpassung war man nicht vorbereitet. Einige schreckten vor der Aussicht auf eine unbekannte, weitere Welt zurück und zogen es vor, im Schatten der engen, aber vertrauten Stätte der alten Gefangenschaft zu bleiben. Andere, die Lebhaftesten, Ehrgeizigsten, Idealistischsten und Optimistischsten, traten voller leidenschaftlicher Hoffnung hinaus. Einige assimilierten sich erfolgreich ihren neuen Brüdern, änderten ihren Glauben oder jedenfalls ihren Lebensstil offensichtlich ohne große Schmerzen oder geistige Anstrengung, wie etwa der jüdische Bankier Gideon im England des achtzehnten Jahrhunderts, den heute kaum einer mehr kennt, wie der Ökonom David Ricardo oder die berühmten Financiers und Eisenbahnbauer, die sephardischen Schüler Saint-Simons. Andere fühlten sich aus vielfältigen, oft aber psychologischen Gründen – einem unüberwindlichen Widerstand ihres Temperaments – und manchmal gegen ihren bewußten Willen unfähig zur Assimilation und einer so weitreichenden Anpassung, wie sie von allen verlangt wurde, die ihre Lebensweise radikal ändern wollten. Oft blieben sie auf halbem Wege stecken, hatten an dem einen Ufer die Taue gekappt, ohne das andere erreichen zu können, gepeinigt, aber unfähig sich zu fügen, komplizierte, gemarterte Gestalten, die mitten im Strom trieben oder, anders ausgedrückt, in einem Niemandsland umherirrten. Anfällig für Selbstmitleid, für aggressive Arroganz und einen übertriebenen Stolz auf eben die Eigenschaften, die sie von den anderen trennten, mit immer wiederkehrenden Anfällen von Selbstverachtung und Selbsthaß, fühlten sie sich verspottet und abgelehnt gerade durch die Angehörigen der neuen Gesellschaft, von denen sie vor allem anerkannt und geachtet werden wollten. Diese Verfassung ist typisch für Menschen, die in eine fremde Kultur gezwungen werden, und sie ist keineswegs allein auf die Juden beschränkt, sondern eine wohlbekannte Neurose im Zeitalter des Nationalismus, in dem die Identifikation mit einer herrschenden Gruppe äußerst wichtig, für Einzelne aber außergewöhnlich schwierig wird. Wer etwa die Briefe von Ferrucio Busoni, dem halb italienischen, halb deutschjüdischen Musiker, liest, wird sofort bemerken, daß sein Leben von diesen Spannungen zerrissen war. So kann man die stilistischen und gedanklichen Gewaltsamkeiten von Hilaire Belloc auf seine unsichere Stellung in der englischen Gesellschaft zurückführen, was ihm selbst übrigens durchaus bewußt war. Es gibt viele weniger bekannte Gestalten, die zu dem gehören, was man in Amerika Bindestrich-Gruppen[1] nennt, kürzlich Eingewanderte, die noch nicht in das neue Leben des fremden Landes integriert sind. Aber die anschaulichsten Beispiele für diese Schwierigkeiten finden sich bei dem berühmtesten und begabtesten der wandernden Völker der Menschheit – bei den Westjuden, die die Stütze der strengen Disziplin ihres Glaubens verloren hatten und einer neuen und keineswegs freundlichen Welt gegenüberstanden, die wunderbar, aber gefährlich war, in der jeder unbedachte Schritt verhängnisvoll sein konnte, der Lohn aber entsprechend hoch war

---

1 Italo-Amerikaner, Griechisch-Amerikaner usw.

und wo Unwissenheit, Angst, Ehrgeiz, Gefahr, Hoffnung und Furcht gleichermaßen die Phantasie belebten. Überängstlichkeit, ein Erbe zu übernehmen, das offensichtlich nicht das eigene ist, kann selbstzerstörerisch sein und zu einem übertriebenen Bedürfnis nach unmittelbarer Anerkennung führen. Hoffnungen werden geweckt und dann zerstört, es kommt zu unerwiderter Liebe, Frustration, Ressentiment und Verbitterung, aber andererseits wird auch die Wahrnehmung geschärft, und das Leiden treibt manchmal Genialität hervor.

Dies war das Schicksal der ersten Generation begabter und ehrgeiziger Juden, die Zugang zu ihrer Umwelt suchten. Jeder kennt die Geschichte von Ludwig Börne und Heinrich Heine[2], deren ungewöhnlicher Status ihnen zu einer Art Obsession wurde. Je mehr sie darauf bestanden, daß sie Deutsche waren, wahre Erben deutscher Kultur, denen es nur um deutsche Werte ging oder jedenfalls darum, ihren Landsleuten die Früchte der Aufklärung zu bringen, desto weniger deutsch erschienen sie diesen Deutschen. Wer in Sicherheit ist, dem erscheint die Suche nach Sicherheit als etwas Anormales und irritiert ihn. Weniger temperamentvolle und stillere Charaktere unter den Juden schlüpften unbemerkt durch die Tore der europäischen Welt. Ihre Kinder vermischten sich friedlich und wie selbstverständlich mit ihren Bewohnern. Die kühneren Geister aber pochten an die Pforten, zogen unerwünschte Aufmerksamkeit auf sich, wurden nur widerwillig eingelassen, und es gelang ihnen nie, sich in ihrer neuen Umgebung ganz wohl zu fühlen. Sie griffen zu den verschiedensten Mitteln, um sich über Wasser zu halten, um ihre Schwächen zu besiegen und die anderen von ihrer Ehrlichkeit, von ihrer Loyalität, ihrem Genie und ihrer Eignung für die Gemeinschaft zu überzeugen. Je mehr sie dies beteuerten, um so schärfer beleuchteten sie nur das Problem, das sie waren, und die Schwierigkeit, die jeder einfachen Lösung im Wege stand.

In diesem Aufsatz befasse ich mich mit zwei typischen Erscheinungsformen dieser besonderen historischen und psychologi-

---

2 Heine identifizierte sich mit der jüdischen Gemeinschaft natürlich weit mehr, als es Börne je tat, zumindest vor seiner Taufe. Aber sogar danach, in seinen wechselnden Anflügen von spöttischer Ironie und sentimentaler Anhänglichkeit gegenüber der alten Religion und vor allem dem Alten Testament, löste er sich geistig nie von ihr, im Gegensatz zu anderen jüdischen Konvertiten seiner Zeit, wie etwa Stahl oder Mendelssohns Töchter und ihr Bruder, der seinen Namen in Bartholdy umwandelte.

schen Problematik. Dazu habe ich zwei Männer ausgewählt, die beide berühmt, einflußreich und außerordentlich begabt waren. Die Unterschiede zwischen ihnen sind nicht zu übersehen, aber bestimmte Züge, die ich angesprochen habe, ebenso wie die Situation, mit der sie sich auseinanderzusetzen hatten, waren ihnen gemeinsam.

Der deutsche Geschichtsphilosoph Herder hat als erster die Aufmerksamkeit darauf gelenkt, daß zu den menschlichen Grundbedürfnissen – ebenso elementar wie das nach Nahrung, Schutz, Sicherheit, Fortpflanzung und Verständigung – das Bedürfnis zählt, einer bestimmten Gruppe anzugehören, die durch bestimmte gemeinsame Bande geeint ist, besonders durch Sprache, kollektive Erinnerungen und ein kontinuierliches Leben auf demselben Boden. Man hat diese Reihe noch durch andere Merkmale ergänzt, von denen wir in unserer Zeit viel gehört haben – Rasse, Blut, Religion, das Bewußtsein einer gemeinsamen Mission und dergleichen. Wie sehr wir auch die erschreckenden Konsequenzen der Übertreibung oder Pervertierung dessen beklagen müssen, was bei Herder friedliche und menschenfreundliche Lehre war, so steht es doch außer Frage, daß die europäische Welt nach der französischen Revolution von dem Prinzip des bewußten Zusammenhalts und von dem Auftreten bis dahin relativ unterdrückter – nationaler, religiöser, politischer und anderer – Gruppen beherrscht wurde. In dieser Zeit des selbstbewußten Zusammengehörigkeitsgefühls von einzelnen Nationen, ethnischen und sprachlichen Minderheiten, von Klassen, Parteien und gesellschaftlichen Schichten wurde die Frage zunehmend akut, zu welcher Gruppe der Einzelne gehörte, wo er eigentlich zu Hause war. Die Juden waren unter dem großen Banner des Humanismus emanzipiert worden, unter dem Banner von Gleichheit, Toleranz, Internationalismus und aufgeklärten Idealen, in deren Namen sich die Menschen gegen Könige und Priester, gegen Unwissenheit und Privilegien erhoben hatten. Doch wie jeder, der sich mit der Geschichte beschäftigt, entdecken muß, entfesselten die Revolution und die nachfolgenden Kriege die aggressiven Kräfte unterdrückter Nationen, Klassen, Bewegungen und Individuen. Das Europa, in das die Opfer von Ungerechtigkeit und Ungleichheit aufgenommen wurden, war eine Welt, die mehr und mehr von den heftigen Kämpfen der bis dahin unterdrückten Gruppen um Freiheit und Selbstbestimmung, vom Nationalismus und dem erbitterten Kampf um Status, Macht und Anerkennung beherrscht wurde. Das Bedürfnis nach Integration, eins zu sein mit den geachteten Teilen der Menschheit, war bei der in der Geschichte am stärksten diskriminierten Minderheit natürlich überwältigend. Der große Apostel einer weltlichen Bildung für die Juden im achtzehnten Jahrhundert, Moses Mendelssohn, hatte sie auf das gesellschaftliche, wissenschaftliche und kulturelle Niveau ihrer Umgebung heben wollen. Sie sollten so sein wie die anderen. So war es nicht verwunderlich, daß einer seiner Söhne und seine beiden Töchter zum Christentum übertraten. In welchem Maße sie an die christlichen Lehren glaubten, bleibt ungewiß, ohne Frage aber wollten sie sich auf derselben Ebene wie der beneidenswerte Teil der Menschheit bewegen, wie die Oberschicht, die kultiviert und frei war. Kulturelle und politische Einheit, nationale, sogenannte »organische« Solidarität, das waren die Schlagworte der Zeit. Manchen von denen, die am Rande dieser Entwicklung standen, schien sie nicht selten in ein goldenes Licht getaucht. Es ist ein wohlbekanntes psychologisches Phänomen, daß Außenseiter dazu neigen, das Land jenseits der Grenze, auf das ihr Blick fixiert ist, zu idealisieren. Wer in der stabilen Sicherheit einer etablierten Gesellschaft geboren ist, ihr vollwertiges Mitglied bleibt und sie als seine natürliche Heimat betrachten kann, hat in der Regel einen sicheren Sinn für die gesellschaftliche Wirklichkeit und kann das öffentliche Leben aus einer ziemlich unverzerrten Perspektive sehen, ohne zu politischen oder romantischen Phantasien Zuflucht nehmen zu müssen. Auf diese Tendenz zur Idealisierung stößt man am häufigsten bei den Angehörigen von Minoritäten, die in gewissem Maß von der Teilnahme am wesentlichen Leben ihrer Gesellschaft ausgeschlossen sind. Sie neigen dazu, ein übertriebenes Ressentiment oder Verachtung gegenüber der herrschenden Mehrheit zu entwickeln oder im Gegenteil übermäßige Bewunderung und sogar Verehrung für sie, manchmal auch eine Mischung aus beidem, was sowohl zu ungewöhnlichen Einsichten als auch – aus überreizter Sensibilität – zu neurotischer Verzerrung der Tatsachen führen kann.

Man hat dies oft bemerkt bei politischen Führern, die nicht aus der von ihnen geführten Gesellschaft stammten oder nur von ihren Rändern oder aus ihren Außengebieten. Napoleon sah Frankreich nicht wie ein Franzose; Gambetta kam aus den südlichen Randgebieten, Stalin war Georgier, Hitler Österreicher, Kipling kam aus Indien, de Valera war nur Halbire, Rosenberg stammte aus dem Estland, Theodor Herzl und Jabotinski, ebenso wie Trotzki aus den assimilierten Randzonen der jüdischen Welt. Es waren alles Männer von starker visionärer Kraft, ob nun edel oder verdorben, idealistisch oder pervertiert, von Visionen, die in den Wunden, die ihrer Selbstliebe zugefügt worden waren, und in ihrem verletzten Nationalbewußtsein ihren Ursprung hatten, denn sie lebten an den Grenzen der Nation, wo der Druck anderer Gesellschaften und fremder Kulturen am stärksten ist. Hugh Trevor-Roper hat zu Recht bemerkt, daß der fanatischste Nationalismus dort entsteht, wo Nationalitäten und Kulturen sich vermischen, wo die Reibung am stärksten ist, wie etwa in Wien, und man könnte noch die baltischen Provinzen nennen, die Herder geformt haben, das unabhängige Herzogtum Savoyen, wo de Maistre, der Vater des französischen Chauvinismus, geboren wurde und aufwuchs, Lothringen im Fall von Barrès oder de Gaulle. In diesen entlegenen Provinzen entsteht die idealistische Vision des Volkes oder der Nation, wie sie sein sollte, wie man sie – auch gegen die Wirklichkeit – mit den Augen des Glaubens sieht, und wird zur leidenschaftlichen Gewalt.

Man braucht sich deshalb über das Auftreten desselben Phänomens bei den gerade erst emanzipierten Mitgliedern einer Gemeinschaft nicht zu wundern, die sich, da überall eine Minderheit, danach sehnten, sich mit der Mehrheit zu identifizieren, Menschen, die sich in ihren Tagträumen ausmalten, wie sie endlich anerkannt würden und Gleichheit und eine gesellschaftliche Stellung erlangten oder, wenn sie ein leidenschaftlicheres Temperament besaßen, wie sie sich aus dem Stand befreiter Sklaven zu Herren erhoben, die das Schicksal der anderen bestimmen. Aber selbst wenn die Phantasie solcher Angehöriger ausgeschlossener Gruppen nicht diese Intensität erreichte, strebten sie nach Befreiung aus ihrer abnormen und oft untergeordneten gesellschaftlichen Stellung. Das nahm gewöhnlich zwei Richtungen, entweder die der bewußten Forderung nach Gleichheit oder Überlegenheit, des Kampfes um Selbstbestimmung und Unabhängigkeit bei den unterdrückten Nationen, für Eroberung und Ruhm bei den sich entwickelnden Imperien, für gesellschaftliche und ökonomische Anerkennung oder Herrschaft im Falle kämpferischer Klassen, religiöser Gemeinschaften, Kirchen und anderer Gruppen. Das war die eine Form. Die Geschichte des Nationalismus, des Sozialismus, der klerikalen und antiklerikalen Bewegungen, von Imperialismus, Militarismus und Faschismus, Rassenkonflikten und ähnlichem ist uns heute zur Genüge bekannt.

Doch es gibt noch eine andere Form dieses Wunsches nach Anerkennung, und zwar das Bemühen, der Schwäche und Erniedrigung einer unterdrückten und verwundeten gesellschaftlichen Gruppe zu entgehen, indem man sich mit einer anderen Gruppe oder Bewegung identifiziert, die von den Wunden der eigenen ursprünglichen Situation frei ist. Es ist der Versuch, eine neue Persönlichkeit zu gewinnen und alles was dazu gehört, neue Kleider, neue Werte, Gewohnheiten und eine neue Rüstung, die auf die alten Wunden, die alten Narben nicht drückt, die von den Ketten herrühren, die man als Sklave getragen hat. Das macht Armeen, Disziplin und Uniformen so anziehend. Menschen, die sich verloren und in ihrem ursprünglichen Zustand schutzlos fühlen, verwandeln sich in tüchtige und disziplinierte Kämpfer, wenn ihnen eine neue Sache gegeben wird, für die sie kämpfen können, vor allem eine Sache, die sich mit wirklichem oder eingebildetem vergangenen Glanz verbinden läßt. Die Iren, die in ihrem eigenen, eroberten Land demoralisiert waren, kämpften in der britischen oder amerikanischen Armee großartig. Die Böhmen, die von Österreich unterdrückt waren, vollbrachten Heldentaten in der tschechischen Legion. Theodor Herzl wußte genau, was er tat, als er seine verblüfften Anhänger auf dem ersten zionistischen Kongreß nötigte, in möglichst förmlicher Kleidung aufzutreten, um die Würde und Erhabenheit dieses historischen Augenblicks zu steigern, eines Augenblicks, der die geistige und physische Umwandlung eines Haufens völlig unorganisierter Individuen in eine nationale Bewegung herbeiführen sollte. Herzls Forderung nach einem Zeremoniell stieß bei den weniger entschlossenen Delegierten Osteuropas, einschließlich Weizmann, auf kaum verhohlene Ironie und Skepsis. Weizmann erkannte seinen Irrtum bald. Ein neuer Mensch zu werden, die Male der Knechtschaft und Unterlegenheit abzuschütteln, die alten Gewänder und Abzeichen abzulegen und die Gesten, Gewohnheiten und die Lebensweise freier Menschen anzunehmen, das war der natürliche Wunsch sehr vieler Angehöriger bisher unterdrückter Gruppen, die auf der Schwelle – so hofften sie jedenfalls – zu einem neuen Leben standen in Gleichheit, Würde und mit der Aussicht auf eine Laufbahn, die ihren Begabungen bis dahin versagt geblieben war. Derart waren die neuen Hoffnungen, die Napoleons Siege den Juden des Rheinlands gaben, ein gewaltiger Sturm, der die alten feudalen Beschränkungen niederreißen, die Ghettos zerstören und ihre Einwohner erst als Menschen zu ihrer ganzen Größe erheben würde – ein neuer Anfang, wie ihn Heine, der ihn erlebt hat, halb pries, halb lächerlich machte, wie er es mit allem tat. Der Sturm der Veränderung, entfesselt durch ferne Ereignisse, erhob sich auch in England. Die psychologische Besonderheit dieser Situation möchte ich an den Reaktionen von zwei sehr verschiedenen Männern deutlich machen, an Benjamin Disraeli und Karl Marx.

II

Auf den ersten Blick muß der Gegensatz zwischen ihnen sehr groß wirken: Der eine eine etwas phantastische Gestalt, ein ehrgeiziger Opportunist, ein gesellschaftlicher und politischer Abenteurer, auffallend, übertrieben gekleidet, der Inbegriff von Dandytum und Künstlichkeit: mit Ringen über den Handschuhen, gepflegten Locken, die sein blasses, exotisches Gesicht umspielen, mit seinen vornehmen Westen, seiner rokokohaften Eloquenz, seinen Epigrammen, seiner Bosheit, seinen Schmeicheleien und seiner blendenden gesellschaftlichen und politischen Begabung, bewundert, aber mit Mißtrauen angesehen und von einigen gefürchtet und verabscheut, ein Rattenfänger, der eine benommene Schar von Herzögen, Grafen, soliden Landedelleuten und stämmigen Bauern anführte, eine der seltsamsten und phantastischsten Erscheinungen des ganzen neunzehnten Jahrhunderts. Auf der anderen Seite ein grimmiger und von Armut geschlagener subversiver Pamphletschreiber, ein erbitterter, einsamer und fanatischer Emigrant, der Verwünschungen gegen die Reichen und Mächtigen schleuderte, ein bedenkenloser Verschwörer, der den Untergang der verwünschten Klasse der Ausbeuter und Feinde der Arbeiter betrieb, ein Mann, der zielstrebig und einsam im Britischen Museum arbeitete und mit seiner Schreibfeder die Welt mehr verändert hat als Staatsmänner, Soldaten und Männer der Tat. Und trotzdem gibt es zwischen ihnen eine gewisse Parallele, auf die ich aufmerksam machen will.

Ihre Herkunft war nicht ganz unähnlich, keiner von beiden

stammte von berühmten Vorfahren ab. Disraelis Familie scheint aus Italien gekommen zu sein und davor, wenn man Cecil Roths plausible Vermutung gelten läßt, aus der Levante. Was Marx betrifft, so waren seine Vorfahren in beiden Linien deutsche, ungarische und polnische Rabbis. Sowohl sein Großvater wie sein Urgroßvater väterlicherseits waren in seiner Geburtsstadt Trier Rabbiner gewesen. Der Vater von Karl Marx war der Sohn des Rabbi Meier Halevy Marx oder Marx-Levy, der die Tochter von Moses Lwow heiratete. Moses Lwows Vater, Hirschel Lwow, wurde 1723 zum Rabbi von Trier gewählt und war ein Abkömmling von Rabbinern der polnischen Stadt, deren Namen er trug. Andere Vorfahren waren Rabbiner in Padua, Krakau und Mainz gewesen. Karls älteste nachweisbare Vorfahren wanderten im frühen fünfzehnten Jahrhundert von Deutschland nach Italien aus. Sein Großvater mütterlicherseits zog von Ungarn nach Holland, wo er Rabbiner in Nijmegen wurde. Eine seiner Töchter heiratete Hirschel Marx, Karls Vater. Die andere heiratete einen Bankier namens Philips, einen Großvater des Gründers der heute zu weltweiter Größe angewachsenen Elektrofirma. In beiden Fällen profitierten die Familien gesellschaftlich von den Möglichkeiten, die die Aufklärung in der zweiten Hälfte des achtzehnten Jahrhunderts bot.

Es besteht auch eine gewisse psychologische Ähnlichkeit zwischen den Vätern dieser beiden in je verschiedener Weise hochbegabten Männer. Isaac d'Israeli, der die kaufmännische Laufbahn ausschlug, die ihm sein Vater Benjamin zugedacht hatte, war in jeder Hinsicht ein freundlicher und liebenswürdiger, kleinerer Literat, ein belesener und bescheidener Kompilator von unterhaltsamen Anekdotensammlungen und englischen literarischen Kuriositäten. Er war ein gutmütiger und unprätentiöser Mann, und durch diese Eigenschaften, weniger als durch literarischen Rang, gewann er die Protektion berühmter Schriftsteller wie Scott, Lockhart, Byron, Samuel Rogers, ebenso die Freundschaft des Verlegers John Murray II. und wurde ein gern gesehener Mann in der Londoner literarischen Gesellschaft seiner Zeit. Ein leutseliger Gastgeber, fast ein Landedelmann[3], und als aufgeklärter Tory mit einer Vorliebe für Charles I., war er durch die wiederholte Aufforderung,

---

[3] André Maurois scheint mir dies in seiner Biographie von Benjamin Disraeli überzubetonen. Das Buch – La Vie de Disraeli, Paris 1927 – sagt mehr über seinen Verfasser als über sein Thema aus.

in der sephardischen Synagoge von London Verwaltungsaufgaben zu übernehmen, verärgert und verließ sie und die jüdische Gemeinde schließlich leichten Herzens. Jeder leidenschaftliche Glaube scheint ihm fremd gewesen zu sein. Wenn überhaupt etwas, so war er vermutlich eine Art Deist des achtzehnten Jahrhunderts, weder besonders froh noch unglücklich darüber, daß er als Jude geboren war. Er war ein unbekümmerter Mann und ließ sich von religiösen Problemen nicht beunruhigen, eine Einstellung, die er mit sehr vielen liberalen Agnostikern seines zivilisierten Zeitalters und Standes teilte. Seine Freundin Sharon Turner überredete ihn zur Taufe seiner Kinder, und er tat es, wie so viele Menschen nach ihm, um seinen Kindern den Weg in der Welt zu erleichtern, ohne die Bürde, die weiterzutragen oder anderen zuzumuten er keinen rechten Grund sah. Sein Sohn Benjamin wurde 1817 getauft. Im selben Jahr wurde Hirschel Marx, Karls Vater, in die lutherische Kirche aufgenommen und auf den Namen Heinrich getauft. Wie Isaac d'Israeli stammte der ältere Marx aus einer orthodoxen Familie – schließlich waren sein Vater und seine Brüder Rabbiner in Trier gewesen –, aber auch er war mit den Werken antiklerikaler Schriftsteller wie Voltaire und Rousseau aufgewachsen. Als die Wiedereinführung der preußischen Herrschaft im Rheinland nach der Niederlage Napoleons der Betätigung der Juden als Rechtsanwälte einen Riegel vorschob, war er vierunddreißig oder fünfunddreißig. Da er seinen Beruf fortsetzen wollte, seinen jüdischen Glauben offensichtlich schon lange abgelegt hatte und im offiziellen Protestantismus vermutlich keinen sehr großen Unterschied zu dem verschwommenen Deismus vieler der Begründer der Aufklärung sah, schlug auch er sich ohne Skrupel auf die andere Seite und ließ Karl und seine anderen Kinder im August 1824 taufen. Er war umgänglich, voll Respekt vor der Autorität, darauf bedacht zu gefallen und wollte mit seinen Nachbarn auf gutem Fuße stehen. Er hing an Karl, machte sich wegen dessen eigensinnigen Charakters Sorgen und wünschte, daß er eine erfolgreiche Laufbahn einschlug und wichtige Personen nicht vor den Kopf stieß. Freundlich und ängstlich darauf bedacht, das Rechte zu tun, war er ein vorbildlicher preußischer Bürger, so wie Isaac d'Israeli das Muster eines Engländers war. Diese beiden liebenswürdigen bürgerlichen Väter haben der Welt Söhne geschenkt, die von einer inneren Dynamik angetrieben waren, die ihrer eigenen Konstitution völlig fremd war, leidenschaftlich, gebieterisch, von hitzigem Temperament und unbeugsamem Willen und mit einer auffälligen Verachtung für die meisten Menschen ihrer Umgebung, entschlossen, etwas zu tun und zu sein, und auf unterschiedliche Weise in diesem Ehrgeiz auch erfolgreich. In beiden Fällen war die Beziehung von Sohn und Vater äußerst herzlich. Benjamin Disraeli sprach immer in höchst bewegender Weise von Isaac, und Karl Marx trug sein ganzes Leben lang ein Bild seines Vaters bei sich. Mit keinem anderen Menschen war er so vertraut, noch nicht einmal mit Engels. Der berühmte Brief an seinen Vater vom November 1837, als er neunzehn Jahre alt war, ist die vollkommenste, ja sogar die einzige Selbstenthüllung, die wir von ihm besitzen. Ihren Müttern standen beide relativ gleichgültig gegenüber. Was das über sie beide aussagt, müssen die Psychologen entscheiden.

So grundsätzlich sich Marx und Disraeli in Einstellung, Lebensumständen und Temperament unterschieden, hatten sie offensichtlich etwas gemeinsam: vor allem anderen den leidenschaftlichen Wunsch, ihre Gesellschaft zu bestimmen. Marx wollte sie verändern, Disraeli wollte von ihr anerkannt werden und sie anführen. Beide haben in ihrer Jugend ausschweifende, romantische Phantasien geschrieben, und beide wandten sie sich – jeder auf seine Weise – gegen das gesellschaftliche Milieu, in das sie hineingeboren waren. Beide entdeckten das Proletariat als dessen Opfer: Marx sah in ihm den Träger der Revolution, und Disraeli glaubte, daß es für die grundbesitzende Klasse wichtig, und zwar ihr Bundesgenosse gegen die Bourgeoisie sei.[4]

Den christlichen Glauben hatte Marx schon ziemlich früh in seinem Leben, noch als Student an der Universität, abgelegt. Für Disraeli hingegen bedeutete er sehr viel. Er dachte über Religion überhaupt und insbesondere über das Christentum nicht im geringsten zynisch, sondern scheint sein ganzes Leben lang an ein eigenartiges, halb mystisches und irgendwie literarisches Christentum geglaubt zu haben, an eine Religion, die tief vom Bewußtsein für historische Kontinuität durchdrungen war, und an einen durch Tradition geheiligten Glauben, für dessen Wiedererstarken Burke und Coleridge sehr viel getan hatten. Trotzdem wurde Disraeli von fast jedem als Jude angesehen und hielt sich wohl auch selbst immer dafür. In seiner Erscheinung und seinem Gebaren ähnelte er einem durchschnittlichen Engländer ebensowenig wie

---

4 Diesen Hinweis verdanke ich Yigal Allon.

Marx einem durchschnittlichen Deutschen. Beide waren Außenseiter, beide versuchten sich von den Nachteilen ihrer Herkunft zu befreien, und sie taten es auf ganz verschiedene Weise. Disraelis Stellung war durch und durch ambivalent. Er war im gewöhnlichen Sinne kein Engländer, das war klar, was aber war er dann? Andere brauchten diese Frage nicht zu beantworten. Für sie war er eine eigenartige, höchst ungewöhnliche Erscheinung, Gegenstand von Bewunderung oder Verachtung, Neid oder Spott, und man fand ihn entweder unwiderstehlich anziehend oder vulgär exhibitionistisch, der typische »Jew d'esprit«, wie er in gewissen Londoner Kreisen in den Anfängen des Jahrhunderts genannt wurde. Aber sich selbst war er ein Problem. Wenn er erfolgreich sein wollte – und er machte aus dem leidenschaftlichen Ehrgeiz, von dem er getrieben war, kein Geheimnis –, mußte er seinen Platz in einer von Klassengegensätzen erschütterten und trotz des rapiden gesellschaftlichen Wandels in der Folge der industriellen Revolution immer noch sehr hierarchischen englischen Gesellschaft finden. Was war er also? Welche Interessen, welche Klasse oder welche gesellschaftliche Ordnung repräsentierte er? Er konnte als ein amüsanter und exotischer literarischer Dilettant glänzen, als Autor von *Vivian Grey*, einem Schlüsselroman und einer sprühenden und ironischen Schilderung der Londoner Gesellschaft seiner Zeit. Er begann als Außenseiter, als Vorläufer von Oscar Wilde, Proust, Evelyn Waugh, war fasziniert von der Aristokratie, halb in sie verliebt, halb sie verspottend, ein unterhaltsamer junger Künstler, der Erfinder des politischen Romans, ein brillanter Gesprächspartner und gern gesehener Tischgast, in den Augen der Männer eine Art Salonlöwe, für die Frauen sehr anziehend – in dieser unbeschwerten Welt konnte er sich bewegen, ohne sich mit einem bestimmten Teil der Gesellschaft identifizieren zu müssen, kühl von außen beobachtend und mit einem klaren Blick auf die Dinge, wie man ihn nur aus solcher Distanz zum Gegenstand seiner Kunst haben kann. Aber das war ihm nicht genug, denn er strebte nach Macht und wollte von denen da drinnen anerkannt sein und als einer von ihnen, zumindest ihnen gleich, wenn nicht überlegen, gelten. Daher das psychologische Bedürfnis nach einer eigenen Identität, die ihm Anerkennung sichern und es ihm erlauben würde, seine Begabungen frei und in ganzem Umfang zu entfalten. Und so schuf er sich mit der Zeit, zumindest in seiner Vorstellung, eine solche Persönlichkeit. Vor sich sah er eine Gesellschaft von Aristokraten, frei, arrogant und mächtig, die sich, so sehr er sie auch durchschaut haben mochte, seinen betörten Augen als eine reiche und wunderbare Welt darbot. Seine Romane zeigen das sehr deutlich. Ein Mann mag in seinen politischen Reden oder in seinen Briefen nicht aufrichtig sein, doch seine Kunstwerke, sie sind er selbst und offenbaren seine wirklichen Werte. Er wollte diese Welt keineswegs allein deshalb erobern, weil es politisch wichtig war. Vielleicht war die neue Klasse von Fabrikanten und Technikern, die noch immer im Aufstieg begriffene englische Mittelklasse, die den Reichtum Englands schuf, machtpolitisch zu seiner Zeit und vor allem in der Zukunft, wie er selbst wußte, wichtiger. Aber Disraeli war der Aristokratie als einer Klasse und einem Prinzip hoffnungslos erlegen. Von ihr wollte er anerkannt werden, ihr galt seine Bewunderung und von ihr aus wollte er das Ganze regieren. Selbst in seinen boshaftesten und ironischsten Momenten redete er von ihr mit höchst liebevoller Ergebenheit.

Disraeli fühlte sich immer von den nicht-rationalen Seiten des Lebens angezogen. Er war ein echter Romantiker – nicht bloß in der Extravaganz und dem Auffallenden seiner Werke, seiner Posen und den vielen Eitelkeiten im Privaten wie im Politischen, die man für ziemlich äußerlich halten kann, sondern in einem tieferen Sinne, insofern er glaubte, daß die wahren, die Individuen wie die Gesellschaft beherrschenden Kräfte dem analytischen Verstand unzugänglich seien, durch keine systematische, wissenschaftliche Untersuchung in ein System zu bringen, vielmehr einzigartig, geheimnisvoll, dunkel, nicht zu erfassen und jenseits der Grenzen des Verstandes. Er glaubte an den mächtigen Einfluß großer Individuen, genialer Männer, die sich hoch über die Masse erhoben und Herren über das Schicksal der Nation waren. An Helden glaubte er nicht weniger als sein Kritiker Carlyle. Gleichheit, Mittelmäßigkeit und den gemeinen Mann verachtete er. Geschichte war für ihn überall die Geschichte der Verschwörungen von Menschen mit geheimer Macht, ein Gedanke, an dem er sich ergötzte. Utilitarismus, nüchterne Beobachtung, Experiment, mathematisches Denken, Rationalismus, der gesunde Menschenverstand und die erstaunlichen Leistungen und Konstruktionen der wissenschaftlichen Vernunft, der eigentliche Ruhm der Menschheit seit dem siebzehnten Jahrhundert, das alles bedeutete ihm kaum etwas. Seine Verachtung für Bentham und Mill beruhte keineswegs nur darauf, daß er ein Konservativer war und sie nicht, vielmehr gründete sie in seiner besonderen Betrachtungsweise, die ihm ihre Werte so trostlos und vulgär erscheinen ließ, wie es etwa die Werte Bertrand Russells für T. S. Eliot (einen anderen »fremden« Tory) waren. Disraeli war leidenschaftlich davon durchdrungen, daß Intuition und Phantasie dem Verstand und seiner Methode unvergleichlich überlegen seien. Er glaubte an Temperament, Blut, Rasse und die unerklärlichen Leistungen des Genies. Er war durch und durch Antirationalist. Kunst, Liebe, Leidenschaft und die mystischen Elemente der Religion bedeuteten ihm mehr als Eisenbahnen, als die umwälzenden Entdeckungen der Naturwissenschaft, als die industrielle Macht Englands, als soziale Verbesserungen oder jede Wahrheit, die sich der Messung, Statistik und Deduktion verdankte. Wer eine solche Einstellung hatte, die sich übrigens bei ihm sein ganzes Leben unverändert durchhielt, mußte einfach von der Aristokratie geblendet sein, wie Balzac, Wilde oder Proust, wie viele der empfindsamen, phantasievollen und von ihrer Minderwertigkeit gequälten Kinder des Proletariats oder des Bürgertums, wenn sie erst einmal mit einer Welt in Berührung kamen, die ihnen freier, glänzender und selbstsicherer erschien und es vielleicht ja auch war.

Mit diesen Wesenszügen und dem überwältigenden Verlangen, in diese heitere Gesellschaft aufgenommen zu werden und eine bedeutende Rolle in ihr zu spielen, ließ Disraeli seiner Phantasie freien Lauf, freilich nicht bewußt, aber dafür um so leidenschaftlicher. Er sah sich schließlich hoch über die wimmelnde Masse erhoben, über die mittleren und unteren Klassen, über all diese beschränkten Menschen, denn er war keiner von ihnen, sondern eine brillante, hochgeborene Erscheinung. Wie konnte das sein? Es war so, es mußte so sein, weil er einer Elite angehörte, einer alten Rasse, der die Welt ihre wertvollsten Besitztümer verdankte, Religion, Gesetze, gesellschaftliche Institutionen, ihre heiligen Bücher und schließlich ihren göttlichen Erlöser, der das Werk des großen Gesetzgebers Moses vollendete, und seine eigene Familie gehörte zu den edelsten und stolzesten dieser alten Rasse. Das Geschlecht war in der Tat alt. Über seine Vorfahren berichtet Disraeli dem Leser in seiner Ausgabe der Schriften seines Vaters 1849:

»Mein Großvater ... stammte als Italiener von einer der jüdischen Familien ab, die die Inquisition gegen Ende des fünfzehnten Jahrhunderts zur Emigration von der spanischen Halbinsel gezwungen hatte und die im Hoheitsgebiet der toleranteren Venezianischen Republik Zuflucht fand. Seine Vorfahren hatten ihren alten Familiennamen abgelegt . . . und voller Dankbarkeit gegenüber dem Gott Jakobs, der sie in den beispiellosen Prüfungen erhalten und in den unerhörten Gefahren über sie gewacht hatte, nahmen sie den Namen DISRAELI an, ein Name, der nie zuvor und niemals danach von einer anderen Familie getragen wurde, damit ihre Rasse für immer erkannt werde. Als Kaufleute florierten sie für mehr als zwei Jahrhunderte völlig ungestört unter dem Schutz des Löwen von St. Markus.«[5]

Und so geht es weiter. Kein Wort davon scheint wahr zu sein. Lucien Wolf[6] und Cecil Roth[7] haben dies restlos widerlegt, und Lord Blake hat in seiner bewundernswerten Biographie alle ihre Ergebnisse übernommen.[8] Vermutlich ist alles reine Fiktion. Es gibt keinen Beweis dafür, daß Disraelis Familie aus Spanien stammte oder daß sie sich in Venedig niedergelassen hätte. Sein Großvater kam aus den päpstlichen Staaten, aus Cento, in der Nähe Ferraras, nach England, und zwei arme Verwandte von ihm lebten zu seiner Zeit im Ghetto Venedigs, aber das ist auch alles. Es gibt keine Berichte über irgendwelche frühen d'Israelis in Spanien oder Venedig. Auch stand er in keiner Beziehung zu der berühmten Familie De Lara, mit der verwandt zu sein er vorgab. Dasselbe gilt, so befürchte ich, auch für seine übrigen Angaben. Doch offenbar war er selbst von all dem überzeugt, und dieser Glaube hielt ihn aufrecht. Die Wirklichkeit war zu peinlich, er brauchte zum Handeln eine Rolle, andernfalls hätte er nichts vollbringen können. Er war der brillanteste Schauspieler seiner Zeit, und wenn er an seine Erfindungen nicht, zumindest halbwegs, geglaubt hätte, dann hätte er die öffentliche Bühne nicht betreten können. Als ein Aristokrat führte er die Herzöge und Baronets gegen die Fabrikanten und die Benthamisten. Seine Gegner und viele der späteren Beobachter sahen in ihm nichts Besseres als einen listigen und zynischen Hochstapler. Aber das kann eigentlich nicht

5 »On the Life and Writings of Mr Disraeli«, in: Isaac Disraeli, *Curiosities of Literature*, London 1881, Bd. 1, S. VIII.
6 Lucien Wolf, »The Disraeli Family«, in: *The Times*, 20 (S. 6) und 21 (S. 12), Dezember 1904 (abgedr. in: *Transactions of the Jewish Historical Society of England* 5, 1902-5, S. 202-18).
7 Cecil Roth, *Benjamin Disraeli: Earl of Beaconsfield*, New York 1952, Kap. 1.
8 Robert Blake, *Disraeli*, London 1966, S. 4.

die ganze Wahrheit sein. Gewiß hat er viel erfunden, aber wie es oft mit phantasievollen Menschen geschieht, war er von seinen Erfindungen weitgehend gefangen. Seine Leistungen und sein Aufstieg wären sonst völlig unverständlich. Er war ein Schauspieler und er wurde eins mit seiner Rolle, die Maske wurde eins mit dem Gesicht, eine zweite Natur, die an die Stelle der ersten tritt. Andernfalls wären die Gesten zu hohl gewesen und hätten schließlich niemanden mehr überzeugt. Aber trotz dieses ganzen künstlichen, rhetorischen und exotischen Gebarens besaß er Überzeugungskraft, und zwar deshalb, weil er von sich selbst überzeugt war. Seine Vorstellungen, seine politischen Ideale und religiösen Ansichten mögen einem damals wie heute kitschig, theatralisch oder sogar übel erscheinen, aber geheuchelt waren sie niemals. Disraeli war ein Abenteurer und ein Exhibitionist, aber er war weder in der Politik noch in der Religion zynisch oder scheinheilig.

Hier stößt man auf ein Rätsel. Selbst wenn die Tories nach ihrer Spaltung durch Peel über die Aufhebung der Getreidegesetze einen gewandten Mann brauchten, um wieder Erfolg zu haben, da sie selbst nicht eben reich an fähigen Männern waren (»Die Konservativen [sind] die dümmste Partei«[9], schrieb John Stuart Mill, und als er deswegen angegriffen wurde: »Ich wollte keineswegs sagen, daß die Konservativen allgemein dumm sind, sondern ich wollte sagen, daß dumme Menschen in der Regel Konservative sind«[10]) und selbst wenn die Landjunker und Herzöge, sogar die plumpen Großbauern tatsächlich meinten, daß sie diesen orientalisch anmutenden faszinierenden Redner brauchten, um sich vor Torheiten zu bewahren, kann man gleichwohl die Tatsache, daß er ihr unbestrittener Anführer wurde, daß er sich erstaunlicherweise mit Männern verbinden konnte, die so ganz anders waren als er und die mit allen nur denkbaren Vorurteilen gegenüber dem belastet waren, was er war und wofür er stand, nur erklären, wenn er selbst zutiefst davon überzeugt war, zum Kämpfer für ihre Sache erkoren zu sein, wenn er wirklich an ihre Eigenschaften glaubte und in ihnen idealisierend etwas weitaus Höheres sah als in den Qualitäten und Interessen, die von den Whigs und den Radikalen vertreten wurden, unter denen er sein Leben begonnen hatte. Mehr noch, die engsten politischen Verbündeten seiner mittle-

---

9 John Stuart Mill, *Considerations on Reprensentative Government*, Kap. 7, Anm.
10 W. L. Courtney, *Life of John Stuart Mill*, London 1889, S. 147; vgl. auch J. S. Mill, *Autobiography*, London 1873, S. 289.

ren Jahre waren die Mitglieder des Jungen England, die fest an eine organische Nation glaubten, an die Pflichten der aristokratischen Grundeigentümer gegenüber ihren Abhängigen und an die Wiederherstellung einer christlichen neofeudalen Ordnung. Es waren junge Menschen, denen vor der Industriewelt grauste und die von dem Wunsch beseelt waren, den zerbrochenen Zusammenhang zwischen Glauben und Gemeinschaft wiederherzustellen, voller Hingabe für soziale Fragen und von einem Geist der Loyalität und Pflicht, der sich gegen den nackten Individualismus und den Eigennutz der Fabrikanten, Krämer und der Marktgesellschaft richtete, die Carlyle und Ruskin, Kingsley und William Morris trotz allem, was sie voneinander trennte, mit gleichem Zorn anprangerten. Wie konnten diese sehr ernsten, zutiefst christlichen, feinfühligen und anspruchsvollen jungen Adligen, wie in aller Welt konnten gerade sie einen schlauen levantinischen Drahtzieher nicht nur als einen der ihren akzeptieren, sondern ihm gläubig als ihrem Führer folgen, eine Art gekauftem *condottiere* ohne Prinzipien oder Ideale, diesem seelenlosen Kobold, als der Disraeli nicht selten von verständnislosen Biographen und Historikern geschildert wird? Gladstone zum Beispiel oder der Herzog von Argyll sahen in ihm eine diabolische Gestalt, durch und durch falsch und einen tödlichen Feind alles Richtigen und Guten. Er war die Schlange, die sich Lord John Manners und Lord George Bentinck an die Brust gelegt hatten. Die jungen konservativen Adligen folgten ihm entgegen allen Warnungen ihrer Eltern und haben ihre Ergebenheit ihm gegenüber niemals bereut.

Aber man darf sich dadurch nicht zu sehr verwirren lassen. Disraelis Romane belegen hinreichend, daß sein Glaube an die Aristokratie, an Rasse und Genie, sein Haß auf die industrielle Ausbeutung, sein Glaube an Blut und Boden (bevor diese Wörter durch den Wahnsinn der deutschen Nationalsozialisten kompromittiert wurden), seine andächtige Verehrung der Geschichte, des Bodens, der Kontinuität, der sich wahre Würde verdanke, und der alten Institutionen durchaus irrational, phantastisch und reaktionär gewesen sein mögen, aber jedenfalls waren sie aufrichtig. Aus diesem Material nämlich schuf seine historische oder pseudohistorische Phantasie die Gestalt, in der er England und der Welt gegenübertrat. Im Unterschied zu vielen assimilierten, getauften oder ungetauften, Juden seiner Zeit tat er dem, was er für die Wahrheit über sich selbst hielt, keine Gewalt an. Niemandem kann entgehen, daß er mit seiner jüdischen Herkunft fast zu sehr prahlte und sie bei jeder Gelegenheit ohne Rücksicht auf seine politische Karriere erwähnte – trotz seines exzentrischen, aber aufrichtigen Christentums. Zweifellos war seine jüdische Abstammung ein Hindernis für seine Karriere, das er jedoch bewältigte, indem er aus ihr einen ungeheuren Anspruch auf vornehme Geburt ableitete. Er mußte das tun, um sich zu versichern, daß er als ein Gleichrangiger mit den Anführern des von seiner Familie gewählten Landes verkehrte, das er so tief verehrte. Daher rührt die außergewöhnlich reiche Phantasie in seinen Romanen.

Sicher wurde er in der Schule verspottet und drangsaliert, oder hatte jedenfalls immer damit zu rechnen. Die berühmte Passage in seinem frühen Roman *Vivian Grey*, in der der Schulmeister von dem Helden, nämlich ihm selbst, als einem »aufrührerischen Fremden«[11] spricht (er verhehlte keineswegs, daß seine Romane weitgehend autobiographisch waren), gibt uns den Schlüssel an die Hand. Oder:

»Sie nannten sich meine Brüder, aber die Natur strafte diese ständig wiederholte Beteuerung Lügen. Es gab keine Ähnlichkeit zwischen uns. Ihre blauen Augen, ihr strohblondes Haar und ihre weißen Gesichter konnten einfach keine Ähnlichkeit mit meinem venezianischen Gesichtsausdruck beanspruchen. Wo immer ich hinkam, blickte ich umher, und was ich sah, war eine ganz andere Rasse als die meinige. Es gab keine Seelenverwandtschaft zwischen meinem Gemüt und diesem rauhen Landstrich, in den ich verschlagen war.«

Das ist ein Abschnitt aus *Contarini Fleming*[12], und er erzählt seine eigene Geschichte. Wie sollte er mit diesen Leuten abrechnen? Warum durch Betonung und Überbetonung seiner wahren Abstammung? Wer waren diese Leute, die sich so über ihn erhoben? Er bezeichnet sie als einen »Haufen normannischer Ritter, deren Väter Strandräuber, baltische Piraten waren.«

»War denn dieses Gemisch aus Sachsen und Normannen, unter denen er das Licht der Welt erblickt hatte, von reinerem Blut als er? Oh nein, er stammte in direkter Linie von einer der ältesten

---

11 *Vivian Grey*, Buch 1, Kap. 4, S. 9. Die Seitenverweise beziehen sich auf die Bradenham-Ausgabe der Romane und Erzählungen von Benjamin Disraeli, dem ersten Earl of Beaconsfield (London 1926-27).
12 *Contarini Fleming*, Teil 1, Kap. 2, S. 5.

Rassen der Welt ab, von jener sich streng absondernden und unvermischten Beduinenrasse, die schon eine hohe Kultur hatte, als die Einwohner Englands noch halbnackt in ihren Wäldern herumliefen und Eicheln aßen.«

Im Anschluß daran erklärt er, daß er von reinem Blut sei und sie seltsamerweise trotzdem seine Rasse wie eine niedrigere Kaste behandelten, obwohl sie doch die meisten Gesetze und viele der Gebräuche übernommen hätten, die die Besonderheit dieser Kaste in ihrer »arabischen« Heimat ausmachten. Die ganze Religion und die ganze Literatur seiner Väter hatten sie sich angeeignet. Das Erbe der Juden war die Grundlage aller folgenden zivilisierten Gesellschaften. Sie verehrten die Literatur, den Sabbath, die heilige Geschichte des jüdischen Volkes, seine Hymnen, Klagelieder und Lobgesänge und schließlich sogar »den Sohn einer jüdischen Frau als ihren Gott«. »Und dennoch schlossen sie sie voller Verachtung aus ihrer Gesellschaft und ihrem Parlament aus, als wären sie – die Rasse, der sie ihre Feste, ihre Psalmen, ihre Halbzivilisiertheit, ihre Religion und ihren Gott verdankten – der Abschaum der Menschheit. Er zermarterte sich sein Hirn.«

Ich brauche all die vielen Stellen mit ihren lyrischen Ausbrüchen, in denen er von den alten Hebräern und den Juden allgemein spricht, nicht noch einmal zu wiederholen, die von Disraelis Biographen, besonders den jüdischen, so oft zitiert worden sind. In seiner frühen Erzählung *The Wondrous Tale of Alroy* bringt der Held die Juden in ihr altes Land zurück, erobert ganz Kleinasien und findet schließlich ruhmreich den Tod. In *Coningsby* ist die mysteriöse und allmächtige Figur Sidonia, wohltätig, mächtig, nahezu allwissend, ein Repräsentant der »reinen asiatischen Rasse«[13], die die Juden und die Araber zu Vettern macht und Disraeli dazu veranlaßt, die Araber als bloße »Juden auf dem Pferderücken«[14] zu bezeichnen. Sidonia erklärt, daß die Juden wegen ihres kaukasischen Bluts[15] und ihrer weisen Gesetze, die sie von den niederen Rassen abgesondert gehalten hätten, über die Zeit und alle Verfolgungen triumphiert hätten.[16] Er vergleicht sie sehr zu ihrem Vorteil mit den »plattnasigen Franken, in gehetzter Geschäftigkeit und

---

13 *Coningsby*, Buch 4, Kap. 10, S. 232.
14 *Tancred*, Buch 4, Kap. 3, S. 261.
15 *Coningsby*, Buch 4, Kap. 15, S. 263-7.
16 Ebd., Buch 4, Kap. 10, S. 232.

aufgeblasen von Eigendünkel (eine Rasse, die vermutlich in den noch heute kaum trockengelegten Sümpfen irgendeines nördlichen Waldgebietes ausgebrütet worden ist).«[17] Da ist die merkwürdige Vision des fieberkranken *Lothair*, da ist die Epiphanie in *Tancred*, wo der »Engel von Arabien« in mystischen Worten an den Helden von Palästina eine Botschaft richtet.[18] Dieser Roman, Disraelis liebster, ist stärker als jedes andere seiner Werke von der Vorstellung durchdrungen, daß alles Östliche gut, erhaben, rein und zum Triumph bestimmt ist. Dies ist kein einfacher jüdischer Nationalismus. Die Behauptung, Disraeli sei Zionist gewesen, ist anachronistisch und wenig einleuchtend.[19] Diese östlichen Melodien wurden als Antwort auf die Notwendigkeit ins Leben gerufen, sich selbst eine Person zu schaffen, ein inneres Bild von sich selbst, mit dem er sich einen Platz in der Welt erobern und in der Geschichte und der Gesellschaft eine Rolle spielen könnte.

Dies ist gemeint, wenn ich im Titel dieses Aufsatzes von der Suche nach Identität spreche. Als Sohn eines unbedeutenden Literaten, eines südländischen Fremden, der ganz offensichtlich keiner der gewöhnlichen Gesellschaftsgruppen angehörte, aus denen die englische politische Gesellschaft im neunzehnten Jahrhundert bestand, hätte Disraeli ohne einen entschlossenen Akt psychologischer Verwandlung seinen Weg nicht gehen können, wenn er nicht von dem drückenden Bewußtsein verzehrt werden wollte, daß er deplaziert war, nicht dazugehörte, ein Fremdkörper, den man als Schamanen anstarrte und ausstieß, Carlyles »großer jüdischer Verschwörer«[20], ein fremdländischer Abenteurer, von dem E. T. Raymond sagte, daß »sein Herz nicht das eines Engländers war«[21]. Er war deshalb dazu gezwungen, eine Rolle für sich zu erfinden, eine erstrebenswerte Klasse, mit der er sich identifizieren konnte. Das gelang ihm durch einen mysteriösen, unbewußten gedanklichen Kunstgriff:»Man wird den Einfluß einer großen Rasse

---

17 *Tancred*, Buch 3, Kap. 7, S. 233.
18 Ebd., Buch 4, Kap. 7, S. 299f.
19 Die Geschichte des österreichischen Journalisten Chlumiecki, Disraeli sei der Autor eines zionistischen Traktates, von dessen Veröffentlichung vor dem Berliner Kongreß Bismarck allerdings abgeraten habe, ist wirklich zu unglaubwürdig, um näher erörtert zu werden; vgl. Cecil Roth, a.a.O. (siehe Anm. 7), S. 159-62.
20 Thomas Carlyle, »Shooting Niagara: and After?«, *Critical and Miscellaneous Essays*, London 1899, Bd. 5, S. 11.
21 E. T. Raymond (Pseudonym von E. R. Thompson), *Disraeli: The Alien Patriot*, London 1926, S. 5.

schon spüren.« Deshalb ist es »unmöglich, die Juden zu vernichten«[22]. Alle Juden waren Aristokraten. Ihre Adligen waren alter Landadel, der durch die ungebildeten Emporkömmlinge, durch Burkes utilitaristische Sophisten, Ökonomen und Rechner heruntergebracht, besiegt und zerstört worden war, durch die herzlosen industriellen Ausbeuter, die Leib und Seele ihrer Mitmenschen in den Minen und Fabriken zerstörten, Neureiche ohne Geschichtsbewußtsein, die nicht wußten, was ihre Füße zertrampelten, Atheisten, Utilitaristen, Manchester-Egoisten, Materialisten, die von allen geistigen Werten und vom heiligen Mysterium des Seins abgeschnitten waren, blinde Führer von Blinden, unempfänglich für die geistigen Bande, die die Menschen untereinander und mit Gott verbinden. Diese Phantasie nährte sich aus seiner verschwenderischen Vorstellungskraft, verwuchs mit der älteren anglikanischen Tradition, mit Burke und den Romantikern, und wurde so eine der Wurzeln des Mystizismus, der noch heute den Kern dessen bildet, was vom konservativen englischen Denken geblieben ist.

Disraeli stattete schließlich bei der Ausmalung seiner glänzenden Vision auch das britische Empire und besonders dessen orientalische Besitztümer, Indien und die noch ausstehende Herrschaft über Ägypten mit derselben üppigen Phantasie aus, die an sich dem gewöhnlich empirischen und vorsichtigen englischen Denken so fremd ist. Eine Mischung dieser farbenprächtigen Phantastereien mit der Tradition beeinflußte das englische politische Denken und formte es für viele verhängnisvolle Jahrzehnte. Als Disraeli der Thronbesteigung Königin Victorias auf den Thron der Kaiserin von Indien präsidierte mit allem, was dazugehörte, dem blendenden Staatsgepränge, den Elefanten und Galaempfängen und all dem östlichen Glanz, der die realistische und nüchterne Herrschaft der Ostindischen Gesellschaft ablöste und die weitschweifigen und nicht selten leeren Sätze der späteren imperialistischen Rhetorik auf den Plan rief, kann man sich des Eindrucks kaum erwehren, daß manches davon Disraelis genuinem Orientalismus entstammte. Im holländischen, französischen, spanischen oder portugiesischen Imperialismus gibt es davon so gut wie überhaupt nichts, und ebensowenig ist dieses Phänomen britischen Ursprungs. So waren auch Disraelis Beziehungen zur Königin, die ungeheuren und seinen Rivalen so schamlos erscheinenden Kom-

---

22 *Lord George Bentinck: A Political Biography*, London 1852, S. 495, 494.

plimente, ein natürlicher Ausdruck dieser Vision. Zweifellos war in seinem Werben um sie auch ein gutes Stück Ironie, um nicht zu sagen Zynismus. Aber sie entsprang nicht weniger dem Verlangen nach Glanz und Ruhm, mit dem nüchterne, gerissene, sogar grausame Persönlichkeiten – und sogar Victoria selbst – sich beruhigen müssen, um die Hohlheit des öffentlichen Lebens zu kompensieren. Wie alle, deren Leben Ausdruck einer Phantasie, aber nicht völlig von der Wirklichkeit abgeschnitten ist, wußte auch Disraeli, daß vieles Spiegelfechterei, falscher Schein war, daß *Alroy*, wie er einmal sagte, nicht allzu ernst genommen werden sollte, denn es sei nur eine Legende. Trotzdem durchdrang dieser Schein auch sein Sein. Seine Beziehung zur Königin Victoria war in seinen Augen eine phantastische Schöpfung, an die er glaubte, selbst wenn er sich gleichzeitig des Moments bloßer Erfindung bewußt war. Er sah Victoria eigentlich als eine große Kaiserin und sich selbst als ihren Großwesir. Sie war Semiramis und Titania, Kaiserin des Ostens und Königin der Märchenfeen.

Sein eigener Aufstieg muß ihm unglaublich und wunderbar erschienen sein. Wenn er seine Rolle in dieser Pantomime spielte, wurde er von ihr mitgerissen. Seine Spöttereien darüber machten ihm die Sache keineswegs unwirklich, vielmehr sind sie von der Art der Scherze, die manche Gläubige über ihren eigenen Glauben machen. Wenn er nicht zumindest teilweise an die von ihm heraufbeschworene Welt geglaubt hätte, hätte er das alles kaum durchsetzen können. Der Hypnotiseur hatte sich selbst hypnotisiert. Wenn man das nicht einsieht, ist Disraelis ganze Laufbahn völlig unverständlich. Es reicht nicht hin, sein äußeres Gebaren zu beschreiben, womit sich manche seiner Biographen zufriedengeben. Man muß vielmehr den inneren Antrieb erfassen, und der ist an die Identität gebunden, die er für sich selbst erfunden hatte und die etwa für den Gladstone-Anhänger Herzog von Argyll nur wertlos und falsch war, den Cecil Roth mit der Bemerkung zitiert, daß Disraeli als Jude keine eigene Meinung und keine Tradition gehabt habe, mit der er hätte brechen können, und deshalb »mit Vorurteilen spielen konnte, von denen er selbst frei war, und mit Leidenschaften, die nicht seine eigenen waren, außer daß sie mit persönlichem Ressentiment gefärbt waren«[23]. Diese Interpretation scheint mir unangemessen. Disraeli mag die Vorurteile nicht ge-

---

23 Cecil Roth, a.a.O. (siehe Anm. 7), S. 85.

teil haben, aber die Leidenschaften hat er tatsächlich zu seinen eigenen gemacht. Wenn er keine eigene bedeutende Tradition hatte, schuf er sie sich und glaubte schließlich auch an sie und lebte durch sie. Natürlich muß jedes Leben, das, so wie das Disraelis, in einer Byronschen Phantasie gründet, hochmütigen und teilnahmslosen Beobachtern »hinterlistig«, »politisch unehrenhaft«, unmoralisch und zynisch erscheinen. Aber wenn Disraeli, wie beispielsweise in *Coningsby*, sagt: »Eine unvermischte Rasse von erstrangiger Ausstattung ist von Natur aus die wahre Aristokratie«[24], dann glaubt er das offensichtlich selbst. Sein Eintreten für Rasse, Nationalität und Tradition und sein Abscheu gegen den liberalen Kosmopolitismus und ebenso gegen Atheismus, Rationalismus und Freihandel – das war sein aufrichtiger Glaube, aus dem er lebte. Nur durch das Spiel einer alles verwandelnden Phantasie konnte er die Unsicherheiten seiner Stellung umgehen.

»Wie begrenzt ist die menschliche Vernunft«, läßt er Sidonia ausrufen, »die tiefgründigsten Fragenden sind die bewußtesten. Keine der großen Leistungen, die die Marksteine des menschlichen Handelns und des menschlichen Fortschritts ausmachen, verdanken wir der menschlichen Vernunft. Es war nicht die Vernunft, die Troja belagert hat; es war nicht die Vernunft, die die Sarazenen aus der Wüste trieb, die Welt zu erobern; die die Kreuzzüge anstiftete, die Mönchsorden hervorbrachte, die die Jesuiten auf den Plan rief; vor allem war es nicht die Vernunft, die die Französische Revolution geschaffen hat. Der Mensch ist nur dann wirklich groß, wenn er aus Leidenschaft handelt, nur dann unwiderstehlich, wenn er die Phantasie anruft. Sogar Mormon hat mehr Jünger als Bentham.«

Das stammt aus *Coningsby*.[25] »Mormon hat mehr Jünger als Bentham.« Das ist sicherlich das Kredo eines Irrationalisten. Es läßt ihn sagen: »Ich habe keinen Augenblick daran gezweifelt, daß meine Herkunft ebenso gut ist wie die der Cavendish, wenn nicht gar besser.«[26] »Nur Dummheit nennt einen Menschen Abenteurer, dessen Vorfahren mit ziemlicher Sicherheit mit der Königin von Saba auf vertrautem Fuße standen.«[27] Derselben Quelle entstammt sein religiöses Empfinden, ohne das seine Verbindung mit dem

---

24 *Coningsby*, Buch 4, Kap. 10, S. 232.
25 Ebd., Buch 4, Kap. 13, S. 253.
26 Cecil Roth, a.a.O. (siehe Anm. 7), S. 60.
27 Ebd., S. 60.

Tory-England nicht zu erklären ist. Wenn er in dem Oxforder Vortrag gegen Darwin und Huxley sagte, daß er nicht auf der Seite der Affen, sondern auf der der Engel stehe, so war das, dessen bin ich mir sicher, mehr als ein Bonmot. Solche Äußerungen sind für ihn typisch – amüsant, ironisch, nicht völlig ernst gemeint und trotzdem seine ureigenste Überzeugung. Es gibt Leute, die ihr tiefstes Empfinden nur in einer von aller Feierlichkeit gereinigten Sprache ausdrücken können. Diese Art von respektloser Ironie mag defensiven Charakter haben, aber sie ist deswegen noch lange nicht leichtfertig oder oberflächlich.

Als ein Mann von zweifelhafter Herkunft, der in einer sehr klassenbewußten Gesellschaft unmöglich als er selbst auftreten kann, hat Disraeli sich eine glanzvolle Märchengeschichte erfunden, damit die Öffentlichkeit Englands in Bann geschlagen und so Männer und Ereignisse in einem erstaunlichen Maße beeinflußt. Anstatt seine Herkunft, die ihn als Schuljungen geärgert haben muß und die ihm seine Gegner ständig vor Augen hielten (auch Gladstone, der von seinem Fanatismus in Sachen Judentum sprach und ihn einen verkappten Juden nannte), zu ignorieren oder zu verbergen, übertrieb er in der umgekehrten Richtung. Er ritt ständig auf ihr herum, betonte ihre Wichtigkeit, flocht sie ohne Grund in seine Romane und versah seine Biographie Lord George Bentincks mit einem langen Exkurs über das Judentum, der, wie er selbst zugibt, wenig mit Bentincks Ansichten und Wirken zu tun hat. In der Vorbemerkung zu einer ausführlichen Erörterung, in der er die These, die jüdische Diaspora sei eine Strafe für den Gottesmord, als theologisch und historisch haltlos erweisen will, schreibt er:

»Die sich abplackende Menge ruht am siebenten Tag kraft eines jüdischen Gesetzes. Ständig lesen sie als ihr Vorbild die Aufzeichnungen der jüdischen Geschichte, singen die Gesänge und Klagelieder der jüdischen Dichter und bekennen in ehrfurchtsvoller Dankbarkeit auf den Knien, daß das einzige Mittel der Verständigung zwischen dem Schöpfer und ihnen die jüdische Rasse sei. Dennoch behandeln sie diese Rasse als die abstoßendste seit Menschengedenken.«[28]

Genauso behandelte man die »attische Rasse« vor der Wiederherstellung Griechenlands als eines modernen Staates. Solche Ex-

28 *Lord George Bentinck: A Political Biography*, a.a.O. (siehe Anm. 22), S. 482f.

kurse können überall in seinen Schriften plötzlich auftauchen. Der Gedanke an die Juden wird obsessiv: Die Welt ist für ihn von imaginären Juden bevölkert. Nicht nur der allmächtige, leicht düstere Sidonia und die bizarren Figuren in *Tancred*, sondern eine Unzahl merkwürdiger und überraschender Gestalten, frühe Jesuiten und deutsche Professoren, russische Diplomaten, italienische Komponisten und Primadonnen – sie alle sind Juden: sie ziehen die Fäden und beherrschen alle Länder. »Die Rasse ist alles, es gibt keine andere Wahrheit«, sagt Sidonia.[29] »Fortschritt und Reaktion sind bloße Worte, um die Menge zu täuschen ... Die Rasse ist alles«, sagt er in seiner Biographie Bentincks[30], und die Juden sind die Quintessenz der Rasse. Disraeli war von der Idee der Rasse besessen und vor allem von seiner eigenen. Er brandmarkte die »verderbliche Lehre der modernen Zeit, die natürliche Gleichheit der Menschen«[31], die Lehre des Kosmopolitismus, der Vermischung mit »minderwertigen« Rassen. Nicht Sozialismus oder Internationalismus, sondern »Religion, Eigentum und natürliche Aristokratie« – sie sind das Jüdische.[32] Juden können durchaus Revolutionäre werden, wie 1848, aber nur wegen der Wunden, die ihnen die »undankbare christliche Welt« zugefügt hat.[33] Er erklärt:

»Die politische Gleichheit einer bestimmten Rasse ist Sache der Übereinkünfte eines Landes und hängt völlig von politischen Erwägungen und Umständen ab. Aber die natürliche Gleichheit, die jetzt in Mode ist und als kosmopolitische Brüderlichkeit auftritt, ist ein Prinzip, das die großen Rassen beeinträchtigte und allen Genius aus der Welt vertriebe, wenn es möglich wäre, danach zu handeln.«[34]

Wenn es die »große angelsächsische Republik« zuließe, sich »mit den Negern und der farbigen Bevölkerung zu vermischen«, würde sie verfallen und »höchstwahrscheinlich von der Urbevölkerung erobert werden, die sie vertrieben hatte und die dann ihre Herren« würden.[35] Aber dazu wird es nicht kommen: »Die Menschen werden vergeblich versuchen, das unerbittliche Naturgesetz zu

---

29 *Tancred*, Buch 2, Kap. 14, S. 153.
30 *Lord Bentinck: A Political Biography*, a.a.O. (siehe Anm. 22), S. 331.
31 Ebd., S. 496.
32 Ebd., S. 497.
33 Ebd., S. 498.
34 Ebd., S. 496.
35 Ebd., S. 496.

hintergehen, das festgesetzt hat, daß eine höhere Rasse niemals zerstört oder von einer niedrigeren aufgesogen wird.«[36] Deshalb haben die Juden überlebt: »Denn nur eine große Rasse konnte die Prüfungen überleben, denen sie ausgesetzt war.«[37] Das Fundament der Ansprüche Disraelis im Namen der Juden ist ihr »arabischer« Glaube und der Ruhm ihrer heiligen Geschichte. In einer Gesellschaft, die die Vergangenheit nicht so leidenschaftlich verehrte oder mit den biblischen Texten nicht auf so vertrautem Fuße stand wie das viktorianische England (und Schottland), hätte eine solche Argumentation vermutlich nicht entstehen können oder zumindest nicht denselben Erfolg gehabt. Jedenfalls hatten die rassistischen oder biologistischen Phantasien von Fichte und Arndt, Gobineau und Danilewski ganz andere Grundlagen.

Disraeli war einer der beunruhigendsten und begabtesten aller »entfremdeten« Menschen, deren Problematik heute Politiker, Soziologen, Pädagogen, Psychologen beschäftigt und alle, die mit den desintegrierenden Wirkungen von Zentralisierung und Industrie zu schaffen haben. Unter den vielen entwurzelten Individuen und Gruppen, die das neunzehnte Jahrhundert hervorgebracht hat, sind die Juden sicherlich das eindringlichste und tragischste Beispiel. Es wurde offenkundig, daß ein Weg aus ihrem Dilemma gefunden werden mußte, sollten sie nicht den Verstand verlieren oder andere dazu bringen. Assimilation, Sozialismus, Nationalismus, verstärkte Bemühung, den alten jüdischen Glauben in seiner ganzen Strenge und Reinheit zu bewahren, all das hat man als Lösung vorgeschlagen. Benjamin Disraeli mußte sich – als der am wenigsten viktorianische des viktorianischen Zeitalters – völlig fehl am Platze fühlen, hat dies aber durch bloße Willenskraft und Phantasie unterdrückt. Sein Leben ist deshalb eines der anschaulichsten Beispiele für die verzweifelte Suche nach praktikablen Ideen, nach einem Lebensentwurf, vor allem aber nach einem Zusammengehörigkeitsgefühl, für die Suche nach einer Gemeinschaft, mit der er sich identifizieren, in deren Namen er sprechen und handeln könnte, weil er der schrecklichen Aussicht, nur für sich selbst zu sprechen, nicht ins Auge zu sehen vermochte. Er konnte noch nicht einmal sicher sein, daß er mit der Suche nach etwas Eigenem überhaupt Erfolg haben würde. Dieser Zweifel

---

36 Ebd., S. 495.
37 Ebd., S. 490.

war unerträglich. Wenn es keine Antwort darauf gab, dann mußte er sie erfinden. Disraelis Vorstellungen von England, Europa, den Juden und sich selbst waren kühne romantische Phantasien. »Wenn ich einen Roman lesen will«, sagte er einmal, »schreibe ich einen.«[38] Sein ganzes Leben war ein einziger Versuch, eine Fiktion zu leben und die anderen in ihren Bann zu schlagen.

III

Auf Karl Marx, das gerade Gegenteil zu Disraeli, brauche ich nicht ausführlich einzugehen, da sein Leben und seine Ansichten besser bekannt sind. Wie man weiß, schlug Marx einen Weg ein, der dem Disraelis direkt entgegengesetzt ist. Er hat die Vernunft keineswegs zurückgewiesen, sondern wollte sie vielmehr auf menschliches Tun anwenden. Er hielt sich selbst für einen Wissenschaftler, und Engels sah in ihm den Darwin der Gesellschaftswissenschaften. Er wollte die Ursachen der gesellschaftlichen Entwicklung analysieren, wollte untersuchen, warum es den Menschen bisher weitgehend nicht gelungen war, Frieden, Harmonie, Zusammenarbeit und vor allem das Selbstverständnis zu verwirklichen, das die Voraussetzung vernünftiger Selbstbestimmung ist, und warum es ihnen in Zukunft gelingen könne und werde.

Diese Denkweise war Disraeli sehr fremd, ja sie war das, was er zutiefst verabscheute. Trotzdem gibt es gewisse Übereinstimmungen in dem gesellschaftlichen Milieu beider. Marx stammte direkt von zwei alten Rabbinergeschlechtern ab. Sein Vater gehörte, wie die Disraelis, zu der ersten Generation der emanzipierten Juden. Beide Väter waren sanftmütige Konformisten, auf die ihre Söhne sehr heftig reagiert zu haben scheinen, selbst wenn ihre Zuneigung, sogar ein großer Respekt ihnen gegenüber, ungebrochen blieb. Da Marx getauft war, litt er nicht unter den rechtlichen Einschränkungen, die für die Juden in Deutschland galten. Aber er war die überwiegende Zeit seines Lebens antisemitischen Sticheleien der anderen Sozialisten und Radikalen ausgesetzt, wurde von dem russischen Anarchisten Bakunin wegen seiner Herkunft verspottet, und Proudhons starker Haß gegen die Juden oder die ähn-

---

38 Vgl. Wilfrid Meynell, *The Man Disraeli*, London 1927, S. 220.

lichen Ansichten Arnold Ruges und Eugen Dührings werden ihm kaum entgangen sein. Er griff diese Männer leidenschaftlich an, unterließ aber jegliche Andeutung über seine jüdische Abstammung. Darüber schwieg er sich aus. Seinen einzigen Kontakt mit Juden als solchen erwähnt er in einem Brief an Ruge 1843, in dem er schreibt: »Soeben kömmt der Vorsteher der hiesigen Israeliten [der Kölner] zu mir und ersucht mich um eine Petition für die Juden an den Landtag, und ich will's tun. So widerlich mir der israelitische Glaube ist, ...«[39]. Er erklärt seine Bereitwilligkeit damit, daß die unvermeidliche Abweisung der Petition das Ressentiment stärken und so dem christlichen Staat vielleicht einen Hieb versetzen werde. Die Marxforscher sagen, daß er seine Herkunft nur ein einziges Mal erwähnt: In einem Brief an seinen Onkel Lion Philips in Holland aus dem Jahr 1864 spricht er – ein merkwürdiger Zufall – von Disraeli als »unser Stammesgenosse«.[40] Das ist alles. Gelegentlich und nicht ohne Mitgefühl macht er einige kritische Bemerkungen über die Lebensverhältnisse der armen Juden in Jerusalem, die, worauf schon Disraeli hingewiesen hatte, von christlichen Missionaren für zwanzig Piaster pro Kopf getauft wurden. Dem jüdischen Historiker Heinrich Graetz schickte er ein Exemplar des *Kapital* mit einer Widmung. Davon abgesehen ist seine Haltung den Juden gegenüber kompromißlos feindlich. 1844 schreibt er in einem berühmten Abschnitt seines Aufsatzes »Zur Judenfrage«, daß die weltliche Moral der Juden der Egoismus sei, ihre weltliche Religion die Hökerei und ihr weltlicher Gott das Geld. Der eigentliche Gott der Juden sei der Wechsel. »Das Geld ist der eifrige Gott Israels, vor welchem kein anderer Gott bestehen darf«[41], und das wiederholt er praktisch in der Zusammenfassung seiner Argumentation in *Die heilige Familie*. Sein eigentliches Argument gegen Bruno Bauers Einwände gegen die Judenemanzipation ist irrelevant, auffallend ist vielmehr seine wilde Sprache, die der vieler späterer antisemitischer Pamphlete gleicht, ob von rechts oder von links, deutsch, französisch, russisch oder englisch, chauvinistisch und faschistisch, anarchistisch und kommunistisch, in der Vergangenheit und noch mehr in unserer heutigen Zeit.

---

39 Brief an Ruge, 13. März 1843, Karl Marx, Friedrich Engels, *Werke,* Berlin-Ost 1956ff. (im folgenden *Werke*), Bd. 27 (1973), S. 418.
40 Brief an Lion Philips, 29. November 1864, *Werke,* Bd. 31 (1975), S. 432.
41 *Werke,* Bd. 1 (1974), S. 374.

In den »Thesen über Feuerbach« aus dem Jahr 1845 spricht er von einer falschen Auffassung der menschlichen Tätigkeit, nur in ihrer »schmutzig jüdischen Erscheinungsform«[42], nennt die Pariser Börse die »Börsensynagoge« und meint, die zehnte Muse sei hebräisch, die Muse des »Kurszettels«. Keine Gelegenheit läßt er aus, die jüdische Herkunft der Foulds, der Rothschilds und anderer Pariser Bankiers zu betonen, und in einem seiner Artikel für die *New York Tribune* schreibt er, daß hinter jedem Tyrannen ein Jude stehe und hinter jedem Papst ein Jesuit. Seine Sprache steigert sich zu wirklichem Haß, wenn er von Lassalle redet (der ungetauft blieb und sein jüdisches Empfinden nicht verbarg). In einem Brief an Engels nennt er ihn »der jüdische Nigger«[43] und stellt die Hypothese auf, daß in seinen Adern Negerblut fließe, Ergebnis der rassischen Beimischungen, die die Juden während des Exodus aus Ägypten aufnahmen.[44] In einem anderen Brief beschwert er sich über Lassalles typisch »jüdelnden Ton«.[45] Gewöhnlich nennt er Lassalle Itzig oder Baron Itzig (es gab im achtzehnten Jahrhundert einen, von Heine verspotteten, Bankier dieses Namens, aber hier benutzt Marx ihn als einen herabsetzenden Spitznamen für einen Juden; Itzig ist ein Betrüger, ein Wucherer in Gustav Freytags *Soll und Haben* und wie Lassalle schlesischer Jude). Die in einer Veröffentlichung des Marx-Engels-Instituts 1943 getroffene Feststellung, daß Marx »den Antisemitismus aufs schärfste verdammt hat«, ist deshalb, gelinde gesagt, etwas merkwürdig. Man kann vielmehr dem Urteil von Thomas Masaryk kaum widersprechen, daß Marx mit vollem Recht als Antisemit bezeichnet werden kann. Trotzdem ist deutlich, daß er dem ganzen Problem nicht völlig gleichgültig gegenüberstand. Als sein Schwiegersohn Longuet in einem Nachruf auf Marxens Frau, Jenny von Westphalen, im sozialistischen Journal *La Justice* 1881[46] schrieb, wie schwer Jenny mit dem Widerstand der Familie gegen ihre Heirat zu kämpfen hatte, und dies

---

42 *Werke*, Bd. 3 (1969), S. 5.
43 Brief an Engels, 30. Juli 1862, *Werke*, Bd. 30 (1974), S. 257-9.
44 Ebd., S. 259: »Es ist mir jetzt völlig klar, daß er, wie auch seine Kopfbildung und sein Haarwuchs beweist, von den Negern abstammt, die sich dem Zug des Moses aus Ägypten anschlossen (wenn nicht seine Mutter oder Großmutter von väterlicher Seite sich mit einem Nigger kreuzten). Nun, diese Verbindung von Judentum und Germanentum mit der negerhaften Grundsubstanz müssen ein sonderbares Produkt hervorbringen. Die Zudringlichkeit des Burschen ist auch niggerhaft.«
45 *Werke*, Bd. 30 (1974), S. 164.
46 *La Justice*, 7. Dezember 1881.

rassischen Vorurteilen zuschrieb, geriet Marx außer sich. Er schrieb seiner Tochter, Longuets Frau, daß es in der Familie Westphalen keinerlei solcher Vorurteile gegeben habe und daß Monsieur Longuet ihm den Gefallen tun möge, seinen Namen nicht mehr in den Mund zu nehmen. Daß es damals im Rheinland keine Spur Antisemitismus gegeben hätte, ist selbst unter den aufgeklärten Aristokraten unwahrscheinlich. Die Beispiele Heine und Heß sprechen eigentlich dagegen. Selbst wenn die Westphalens vom Antisemitismus völlig unberührt gewesen sein sollten, ist Marxens Reaktion augenscheinlich übertrieben. Es war offensichtlich ein sehr heikles Thema. Offenkundig ist, daß Marx, ein Mann mit starkem Willen und von entschiedenem Handeln, sich dazu entschlossen hatte, die Quelle aller Zweifel, Unsicherheit und Selbstbefragung in sich selbst ein für allemal zu verschütten. Männer wie Börne, Heine, Lassalle und viele andere waren davon gepeinigt worden, einschließlich der Gründer des Reformjudentums und – bis er das Problem im zionistischen Sinne löste – des ersten deutschen Kommunisten, Moses Heß, dessen Herkunft und geistige Bildung dem Hintergrund von Marx durchaus ähnlich war.

Marx schob diese Frage verächtlich beiseite und entschloß sich, sie als nicht existent zu betrachten. Zweifellos wäre ihm das schwerer gefallen, wenn er sich nicht wirklich vom Judentum entfernt hätte. Aber auch er sah sich der gleichen Schwierigkeit gegenüber wie der junge Disraeli: Er wollte die Gesellschaft nicht nur beschreiben, sondern verändern, er wollte ein Zeichen setzen. Er war ein Kämpfer und wollte vernichten, wen er als Hindernis des menschlichen Fortschritts erkannt hatte. Das Deutschland seiner Tage war, nach der Erniedrigung durch die Franzosen, nicht erst durch Napoleon, sondern schon während der zwei vorangegangenen Jahrhunderte, nationalistischer als England, Holland, Italien oder sogar Frankreich. In den Jahren vor Marxens Geburt hatte der extreme deutsche Chauvinismus pathologisch antisemitische Formen angenommen. Das machte sich im Rheinland nicht weniger als im übrigen Deutschland bemerkbar, und der Antisemitismus beschränkte sich keineswegs nur auf religiöse Intoleranz. In der einflußreichen Propaganda von Arndt, Jahn, Görres und in dieser Frage auch Fichte, sowie in den Ausbrüchen patriotischer Studentenverbindungen war er offen rassistisch. Lassalle hat einmal mit umwerfender Offenheit gesagt, daß er vermutlich ein rechter Nationalist geworden wäre, wenn er nicht als Jude geboren wäre. Tatsächlich war einer der Charakterzüge, die den gesellschaftlich ehrgeizigen, manchmal unerträglich protzigen und eitlen Lassalle als Agitator und als Organisator des deutschen Sozialismus so erstaunlich erfolgreich werden ließen, seine völlige persönliche Integrität. Und eben deshalb konnte er auf die deutschen Arbeiter einen moralischen Einfluß ausüben, der bis heute unvergleichlich geblieben ist.

Marxens systematische Unterdrückung jedes Hinweises auf seine Herkunft und die Schmähungen, von denen jede seiner Bemerkungen über Juden begleitet ist, schreibt der berühmte Historiker des russischen Judentums, Simon Dubnow, dem natürlichen Haß eines Renegaten auf das Lager zu, das er verlassen hat – was ihn nicht davon abzuhalten braucht, anderen, wie etwa Joseph Moses Levy, dem Besitzer des Londoner *Daily Telegraph,* die Verheimlichung ihrer jüdischen Abstammung vorzuwerfen. Aber ich vermute, daß Werner Blumenberg der Wahrheit näher kommt, wenn er dieses bekannte Phänomen einem besonderen Selbsthaß zuschreibt, für den auch andere gerade erst emanzipierte Juden anfällig waren.[47] In einer Schilderung seiner Großmutter Sarah Shiprut sagt Disraeli einmal, daß sie »die Abneigung gegen ihre eigene Rasse gefaßt hatte, der eitle Menschen leicht unterliegen, wenn sie wahrnehmen, daß sie zur öffentlichen Verachtung geboren sind«[48]. Das scheint mir die Haltung des ansonsten vernünftigen und realistischen Karl Marx gegenüber seinen früheren Glaubensbrüdern ein wenig zu erklären. Selbsthaß ist kein mysteriöses Phänomen. Die meisten Menschen werden von den herrschenden Meinungen ihres gesellschaftlichen Umfelds beeinflußt, besonders von denen, die alt und weitverbreitet sind. Der Antisemitismus war in Europa schließlich schon lange vor der Zeit von Marx allgemein verbreitet und im napoleonischen und nachnapoleonischen Deutschland sogar äußerst virulent. Natürlich erzeugt er bei seinen Opfern Selbstverachtung und Selbsthaß, weil sie nicht anders können, als sich selbst im Licht der gängigen Werte ihrer Gesellschaft zu beurteilen. Solange die Juden in den Ghettos isoliert waren, spielte das keine so große Rolle. Die beiden Lebensformen berührten sich zwar, prallten aber nicht aufeinander. Der Kontakt und die Vermischung mit ihren Nachbarn jedoch setzte die Juden

---

47 Werner Blumenberg, *Karl Marx,* Reinbek 1962, S. 58.
48 »On the Life and Writings of Mr Disraeli«, a.a.O. (siehe Anm. 5), S. X.

neuen Denkweisen aus und damit auch Wertsystemen, für die sie als Verachtete galten.

Den Begriff »jüdischer Selbsthaß« (als Gegenbegriff zu Selbstkritik oder realistischer Analyse) hat bezeichnenderweise ein deutsch-jüdischer Schriftsteller, Theodor Lessing, geprägt und damit ein Empfinden gekennzeichnet, mit dessen besonderen Äußerungsformen jeder Leser Heines vertraut ist. Schließlich hat gerade in Deutschland eine jüdische Partei[49] — wie klein auch immer und heute verdientermaßen vergessen — Hitlers Einschätzung des jüdischen Charakters übernommen und erklärt, die Juden seien selbst ihr größtes Unglück. Die vielleicht stärkste jüdische Selbsterniedrigung findet man bei dem von den Nazis bewunderten jüdischen Schriftsteller, dem früher berühmten Otto Weininger, der regelrecht unter Anfällen jüdischen Selbsthasses litt. Deutlich wird diese neurotische Verzerrung auch in den Tagebüchern von Rathenau mit seiner überschwenglichen Bewunderung für die antisemitischen Nationalisten, die ihn am Ende umgebracht haben. Anzeichen dafür finden sich in den hochgesinnten und gequälten Aufsätzen von Simone Weil und in den Schriften einiger lebender jüdischer Schriftsteller, die hier zu nennen lieblos wäre. So sieht das Milieu aus, in dessen Frühphase Marx heranwuchs. Aber er hatte eine widerstandsfähigere und schroffere Natur als die, die sich darin so verstrickten, daß sie manchmal ihr ganzes Leben lang unter einer Psychose litten. Der getaufte, aber von seinen Mitmenschen immer noch rassisch als Jude angesehene jüdische Intellektuelle konnte auf politische Wirksamkeit nicht hoffen, solange der Nationalismus ein Problem für ihn blieb. Deshalb mußte es irgendwie beseitigt werden. Bewußt oder nicht, hat Marx zeit seines Lebens den Nationalismus als unabhängige Kraft systematisch unterschätzt, eine Illusion, die seine Anhänger im zwanzigsten Jahrhundert zu einer falschen Analyse des Faschismus und des Nationalsozialismus geführt hat, für die viele mit ihrem Leben bezahlen mußten und die zu einer Unmenge falscher Diagnosen und Vorhersagen über den Gang der Geschichte in unserer eigenen Zeit geführt hat. Trotz der Tiefe und Originalität seiner Hauptthesen hat Marx die Quellen und das Wesen des Nationalismus nicht angemessen einschätzen können, sondern hat ihn wie die Kraft der Religion als unabhängigen Faktor in der Gesellschaft un-

---

49 Verband deutschnationaler Juden, geführt von Max Naumann.

terschätzt. Das ist eine der schwerwiegendsten Schwächen seiner großen Synthese. Auch hier ein Versuch, einer unerträglichen Wirklichkeit zu entfliehen. Wie sich Disraeli angesichts einer ähnlichen Situation mit dem englischen Landadel identifizierte und seine Magie so lange auf die Landedelleute und die Großgrundbesitzer einwirken ließ, bis sie sich seiner Metamorphose nicht mehr entziehen konnten, so gab sich auch Marx eine neue Rolle, die ihn von seiner Bürde befreite, schloß sich einer Bewegung und einer Partei an und veränderte sie, die keines der Male dieser höchst verletzlichen gesellschaftlichen Gruppe trug, in der er aufgewachsen war. Kurzum, wie jeder weiß, identifizierte sich Marx mit einer gesellschaftlichen Kraft, der großen internationalen Klasse der enterbten Arbeiter, in deren Namen er seine Bannflüche schleudern konnte, einer Klasse, die durch seine Schriften für den unausweichlichen Sieg bewaffnet würde, insofern ihr Triumph ihm das Versprechen all dessen zu verkörpern schien, woran er mit ganzer Inbrunst glaubte: die praktisch werdende Vernunft, die Einrichtung einer harmonisch und vernünftig organisierten Gesellschaft, das Ende der selbstzerstörerischen Kämpfe, die die Anschauungen und Handlungen der Menschheit verzerrt hatten – mit einem Wort, das Proletariat. Marx war den einzelnen Proletariern, den ungelernten Fabrikarbeitern, Grubenarbeitern oder Tagelöhnern, genausowenig wesensverwandt wie Disraeli dem Kern der englischen Oberklasse. Das heißt, daß die jeweilige Gruppe Gegenstand intensiver Studien für Disraeli wie für Marx war, sie war ihr Thema und zugleich ihre Bundeslade. Sie hatten sich zu ihrem Sänger und Priester gemacht, auch wenn sich Marx als Wissenschaftler verstand, aber sie blieben außerhalb, blieben Beobachter, Analytiker, Propagandisten, Verbündete, Fürsprecher und Anführer, ohne doch eigentlich dazuzugehören.

Das Proletariat bei Marx bleibt eine abstrakte Kategorie. Trotz all seiner Vorwürfe gegen andere Denker, daß sie die Geschichte ignorierten, sich in zeitlosen Abstraktionen ergingen und geistige Gebilde als wirkliche Menschen, die im wirklichen Leben stünden, ausgaben, ist er selbst von diesem Gebrechen keineswegs frei. Seine Proletarier sind ein Verband von Menschen ohne nationale Bindungen, aller Dinge bis auf die nackten Subsistenzmittel beraubt, bloßes Maschinenfutter, so entblößt, daß sie fast keine individuellen Bedürfnisse haben, hungernd, verroht und kaum auf dem Existenzminimum. Dieser Begriff vom Arbeiter ist sogar im schrecklichen neunzehnten Jahrhundert, sogar für die Länder, in denen heute noch furchtbare Verhältnisse herrschen, eine Abstraktion. Das Bild ist zu stilisiert und zu undifferenziert. Marx hat Armut und Erniedrigung gekannt, und wie keiner vor ihm hat er die Dynamik der modernen Industrie als eines weltweiten Systems mit all seinen Vorzügen und Nachteilen begriffen. Er verstand im allgemeinen wie auch im Einzelfall die Mentalität und Handlungsweisen der Kapitalisten seiner Zeit mit der Genauigkeit eines von Empörung und Haß geschärften Blicks und mit einer geistigen und prophetischen Kraft, die in unserer hochentwickelten Industriegesellschaft noch immer ihresgleichen sucht. Aber wenn er vom Proletariat spricht, redet er nicht von den wirklichen Arbeitern, sondern von der Menschheit im allgemeinen oder manchmal von seinem eigenen, empörten Selbst. Wenn er bestreitet, daß ein Waffenstillstand oder ein Kompromiß zwischen den Klassen möglich sei, wenn er Appelle an das Verständnis verurteilt und prophezeit, daß die Letzten die Ersten sein werden, daß der anmaßende Feind, heute noch der Herr, in den Staub sinken werde, wenn der Tag der Revolution gekommen sei, dann ist es die jahrhundertelange Unterdrückung eines Pariavolkes, nicht einer gegenwärtig sich erhebenden Klasse, die aus ihm spricht. Die Beleidigungen, die er rächen will, und die Feinde, die er zermalmt, sind, wie so oft, nicht seine eigenen. Der Gegner, die Bourgeoisie mit ihren Organen, den Regierungen, Richtern, der Polizei, sind die Verfolger der entwurzelten Kosmopoliten, der revolutionären jüdischen Intellektuellen, der kosmopolitischen Rächer der beleidigten Menschheit. Das ist es, was seinen Worten Leidenschaft und Wirklichkeit verleiht, und deshalb sprechen sie am tiefsten Menschen an, die in einer ähnlichen Situation leben, entfremdete Mitglieder der weltweiten Intelligenzija, die enteigneten, aufbegehrenden Kinder bürgerlicher oder aristokratischer Eltern, die sich empören über die Ungerechtigkeit, Irrationalität und Gemeinheit der Ordnung, die von ihrer eigenen Klasse getragen wird. Marx erreichte und erreicht noch heute solche Menschen viel unmittelbarer als die Arbeiter in den Fabriken der industrialisierten Gesellschaften, in deren Namen er vorgeblich die ganze Menschheit anklagt. Marxens Proletariat ist eine Klasse, die er sich in gewissem Maße selbst konstruiert hat, als Gefäß für die Schalen seines gerechten Zorns. Die Funktion des Proletariats im Marxschen System gleicht der seines genauen Gegenteils, den rassischen Eliten in *Coningsby,* *Tancred,* in *Lothar* und *Contarini Fleming* bei Disraeli, als Sprachrohr des Autors, als idealisierte Menschen, mit denen und mit deren Leiden sich der Autor zu identifizieren vermochte, und als Plattform, von der er sein Feuer lenken konnte. Die Klasse, in der sich die Vision des Schreibenden verkörpert, bleibt trotz allen Redens von Konkretheit idealisiert.

Ich möchte meine These nochmals wiederholen. Wenn Marx vom Proletariat spricht, besonders wenn er die Geschichte des Sozialismus (und der Menschheit) durch seine Behauptung verfälscht, daß es keine gemeinsamen Interessen zwischen den Proletariern und den Kapitalisten und deshalb keine Möglichkeit der Versöhnung gebe; wenn er darauf besteht, daß es keine gemeinsame Basis und deshalb keine Möglichkeit gebe, die sich gegenüberstehenden Parteien der Menschheit durch den Verweis auf gemeinsame Gerechtigkeitsprinzipien, eine gemeinsame Vernunft oder das gemeinsame Verlangen nach Glückseligkeit zu bekehren, weil es so etwas nicht gebe; wenn er aus demselben Grunde Appelle an die Humanität oder das Pflichtgefühl der Bürger als bloß pathetische Illusionen der von ihnen Besiegten verwirft und statt dessen dem Kapitalismus den Vernichtungskrieg erklärt, den Triumph des Proletariats als das unausweichliche Urteil der Geschichte selbst prophezeit, den Triumph der menschlichen Vernunft über die Unvernunft – wenn er all dies sagt (und er ist streng genommen der erste, der so etwas sagt, denn die Puritaner und Jakobiner ließen, zumindest in der Theorie, die Möglichkeit der Überzeugung und Übereinkunft zu), kann man eigentlich nur die Stimme eines stolzen und herausfordernden Paria hören, nicht so sehr die Stimme eines Freundes des Proletariats als vielmehr die eines Angehörigen einer lange erniedrigten Rasse. *Die deutsche Ideologie, Das kommunistische Manifest,* die polemischen Seiten des *Kapital* sind das Werk eines Mannes, der wie ein alter jüdischer Prophet seine Faust gegen alles Etablierte ballt, der im Namen von Erwählten spricht, wenn er die Last des Kapitalismus anprangert, den Untergang des verwünschten Systems prophezeit und die Strafe, die all derer harrt, die sich gegen den Lauf und das Ziel der Geschichte blind stellen und deshalb selbstzerstörerisch und zur Liquidation verurteilt sind. Marxens Idealisierung des Proletariats ist trotz seiner eigenen Predigten gegen derartige Illusionen selbst das idealisierte Bild eines Mannes, der sich danach

sehnt, sich mit einer herausgehobenen Menschengruppe zu identifizieren, die nicht unter seinen besonderen Wunden leidet.

Ich befasse mich hier nicht mit der Gültigkeit der Marxschen
Analyse der industriellen Gesellschaft und Kultur, sondern nur mit
ihren psychologischen Wurzeln in seinem Charakter und seiner
Situation. Seine Wandlung von einem umherziehenden radikalen
Journalisten zum Organisator und Führer einer Armee von Menschen, die von seinem eigenen Milieu völlig verschieden waren,
rührt zumindest teilweise daher, daß er diese Rolle brauchte, weil
er ein Außenseiter war, weil seine Referenzen zweifelhaft waren,
besonders suspekt in einer Gesellschaft, die sich ihrer gesellschaftlichen und nationalen Ursprünge höchst bewußt war. Seine
Taufe machte ihn zu dem, was Donna Louisa in Sheridans *The Duenna* die »weißen Seiten zwischen dem Alten und dem Neuen Testament«[50] nennt (ein Bonmot, das Disraeli einmal auf sich selbst
angewandt hat), und deshalb mußte er eine unerschütterliche
Plattform finden, von der aus er seine Pfeile abschießen und seine
Macht organisieren konnte. Marx ist in seinem Leben durchaus
Mitgliedern des Proletariats begegnet, aber nicht sehr vielen, und
er wurde mit keinem wirklich vertraut. Er predigte ihnen, sagte ihnen, was zu tun sei, er beeindruckte englische Gewerkschaftsfüh-
rer und beherrschte die Erste Internationale. Aber seine Freunde –
die, mit denen er wirklich reden konnte – waren deklassierte Gestalten wie er selbst, Engels, Freiligrath, Heine. Besonders Heine,
denn dessen Vorgeschichte und politische und persönliche Einstellung glich seiner eigenen, sie teilten eine unerträgliche Verbitterung über ihre Herkunft, wandten sie, anders als Disraeli, nicht
in einen übertriebenen Stolz um, sondern sahen in ihr nur eine
aufreizende Tatsache (wie es auch anderen begabten und äußerst
sensiblen Menschen ging, die in einer ähnlichen Sackgasse gefangen und isoliert waren, etwa Pasternak in *Doktor Schiwago*, der an
einer ähnlichen Belastung durch seine Herkunft litt). Es ist eines,
Rasse, Tradition, Nationalität und Religion nicht für so zentral zu
halten oder sie nicht zum Fetisch machen zu wollen, ein anderes
aber, fanatisch ihre eigentliche Bedeutung zu leugnen, sie verzweifelt auf eine Rolle als Überbauphänomen, als Nebenprodukt
ohne unabhängige Funktion in der Geschichte zu reduzieren und
sie als Phänomene auszugeben, die mit der unausweichlichen Ver-

---

50 Sheridan, *The Duenna*, 1. Akt, 3. Szene.

änderung in der ökonomischen Basis verschwinden würden wie
all die bösen Träume und irrationalen Phantasien, die ein vernünf-
tiger Mensch schon jetzt in ihnen erkennen könne. Es geht mir hier nicht darum zu behaupten, irgendetwas an den
Aussagen von Disraeli oder Marx sei falsch oder fragwürdig. Ich
bin allerdings der Auffassung, daß Disraelis gesellschaftliche und
geschichtliche Ansichten von seltsamen und manchmal absurden,
zutiefst reaktionären und gefährlichen Phantasien durchsetzt waren, und meine auch, daß Marx dem Spiel außerökonomischer
Faktoren in der Geschichte zu wenig Bedeutung beigemessen hat.
Aber das steht hier nicht zur Debatte, denn ich behandle hier persönliche, nicht allgemeine Fragen, nämlich die gesellschaftliche
Situation, in der sich diese außergewöhnlich intelligenten, phantasievollen, ehrgeizigen und tatkräftigen Männer mit einer ähnlichen Vergangenheit fanden, und den Einfluß dieser Situation auf
sie. Sogar wenn sich herausstellte, daß alles, was jeder von ihnen
vorgebracht hat, völlig richtig wäre, bleibt meine These – vorsichtig und versuchsweise vorgebracht, denn ich bin kein Psychologe
–, daß einer der Ursprünge der Ansichten sowohl von Disraeli wie
von Marx – daß der erstere sich als natürlichen Anführer einer aristokratischen Elite sah und der andere als Lehrer und Stratege des
Weltproletariats – ihr persönliches Bedürfnis war, einen Ort, eine
eigene Identität zu finden in einer Welt, in der mehr als je zuvor
danach gefragt wurde, welchem Teil der Menschheit, welcher Nation, welcher Partei oder Klasse man eigentlich angehörte. Menschen, die durch die Geschichte und die gesellschaftlichen Umstände von ihrer ursprünglichen Umgebung abgeschnitten waren,
von der einst vertrauten, sicher abgekapselten jüdischen Minderheit, machten den Versuch, sich selbst in einen neuen, die gleiche
Sicherheit gewährenden und erhaltenden Boden zu verpflanzen.
Wer weniger ehrgeizig war und nur zurechtkommen wollte, Isaac
d'Israeli oder Heinrich Marx, gegen deren Lebensanschauung ihre
Söhne heftig aufbegehrten, dem gelang es, wie vielen vor und nach
ihnen, sich ohne Konflikte und ohne übertriebene Grübelei darüber, wer und was sie waren, zu assimilieren. Ihre Söhne, der ironische (und leidenschaftliche) politische Romantiker Disraeli und
der nicht weniger leidenschaftliche Moralist und Gesellschaftstheoretiker Karl Marx, brauchten festere Bande, und da sie nicht
mit ihnen geboren waren, erfanden sie sie. Sie taten dies um den
Preis, daß sie ein gutes Stück der Realität ignorierten, das von we-

niger gequälten, alltäglicheren, aber gesunderen Menschen gesehen wurde.

Daß die Menschen danach streben, einer Gruppe anzugehören, daß das Bedürfnis danach ein grundlegendes ist und daß es die Menschen nach Anerkennung ihres Status und ihrer Rechte durch ihre Mitmenschen verlangt, diese Tatsachen können weitgehend sowohl die abnormen Positionen von Disraeli als auch die rationalen Ideale von Karl Marx erklären, wenn man die ungewöhnliche Lage bedenkt, in der die Kinder und Enkel des Ghettos im frühen neunzehnten Jahrhundert einer fremden und nicht eben allzu einladenden Welt gegenüberstanden. Beide waren Außenseiter ohne einen anerkannten Platz in der Gesellschaft, beide rebellierten gegen die damalige Mittelklasse, zu der ihre Väter unbedingt hatten Zugang finden wollen, und sie rebellierten, vielleicht weitgehend aus diesem Grund. Beide wandten sich vehement gegen die Gesellschaftsklasse, aus der sie kamen. Disraeli stellte sich gegen die Flut dessen, was Mill das kollektive Mittelmaß genannt hat[51], indem er die aristokratische Elite, mit der er seine imaginären Vorfahren identifizierte, erhalten und stärken wollte und ihr eine moralisch erwünschte Rolle als Verteidiger der Armen, der Einfachen und Schwachen gegen die räuberische Bourgeoisie anbot. Marx, realistischer, identifizierte die Juden mit der Bourgeoisie selbst und griff diese von unten an, im Namen der Beleidigten und Unterdrückten. Ihre Abstammung war beiden eine Last, und sie konnten sich niemals mit ihr abfinden. Disraeli war nachgerade davon besessen. Er brachte die Juden ständig ins Spiel, ohne jeden Zusammenhang mit der Sache, geradezu zwangshaft, und machte sie in einer ihn sein ganzes Leben tragenden Phantasie zu etwas Prächtigem und Wunderbarem. Marx verbannte nahezu jede Erinnerung an seine Vorfahren aus seinem bewußten Denken, und wenn sie trotzdem durchbrach, dann als verzerrende Karikatur, als Schreckgespenst einer intensiven Verdrängung, ein Sachverhalt, den die moderne Psychologie unschwer interpretieren könnte.

Wie sich Disraeli in das Gewand einer geheimnisvollen, fürstlichen Existenz hüllte, inmitten anderer hoher Geister, durch den Genius einer »großen« Rasse hoch über die wimmelnde Masse erhoben, so identifizierte sich Marx mit einem idealisierten Proleta-

---

51 John Stuart Mill, *On Liberty*, Kap. 3 (in: *Utilitarianism, On Liberty, Essay on Bentham*, hrsg. von Mary Warnock, London, 1962, S. 195).

riat, dem Statthalter der vollkommenen menschlichen Gesellschaft und dem läuternden Quell von Stärke und Integrität, fern von seiner Herkunft und seinem Milieu, dem eines bürgerlichen Intellektuellen. Beide lebten zumindest geistig in Distanz zu der Klasse, die sie idealisierten, beide wollten sie beherrschen und führen, indem sie sich mit ihr als solcher identifizierten, anstatt mit ihren wirklichen Mitgliedern, wie sie in den Salons und in den Fabriken anzutreffen waren. Die Lehren, in denen sie ihren Visionen geistige Gestalt verliehen, haben leidenschaftliche Hingabe, glühende Treue, geradezu religiöse Verehrung auf sich gezogen. Weder Disraeli betrachtete seinen mystischen Konservativismus noch Marx seine Vision einer klassenlosen Gesellschaft im Grunde als eine überprüfbare Hypothese, die dem Irrtum unterliegen könnte, der Korrektur oder Modifikation, geschweige denn der radikalen Revision im Lichte der Erfahrung. Das konnte auch gar nicht anders sein, wenn diese Lehren, wie ich vorschlagen möchte, in gewisser Hinsicht aus psychologischen Bedürfnissen entstanden, die sie befriedigen sollten. Ihre Funktion war in erster Linie nicht eine Beschreibung und Analyse der Wirklichkeit, vielmehr sollte sie trösten, die Entschlossenheit stärken, Niederlagen und Schwächen kompensieren und vor allem bei den Schöpfern dieser Lehren selbst einen kämpferischen Geist hervorrufen. Disraelis offene Aversion gegen die rationalen Methoden der Wissenschaft und Marxens Identifikation der wissenschaftlichen Methode mit seiner eigenen dialektischen Teleologie und die daraus folgende Verachtung für den objektiveren, allerdings weniger eingreifenden Rekurs auf empirische Techniken scheinen mir ganz ähnliche psychologische Ursachen zu haben.

Selbsterkenntnis ist die höchste Forderung an den Menschen. Wenn an dieser Behauptung etwas Wahres ist, dann kann die Geschichte dieser beiden Söhne gerade erst emanzipierter Väter, dieser Männer mit sehr verschiedenem Charakter, ungleichen Gaben, aber derselben Ausgangssituation als ein moralisches Lehrstück dienen, den einen zur Anregung, den anderen zur Warnung.

VERDIS »NAIVITÄT«

FÜR W. H. AUDEN

Mein Thema ist Verdis »Naivität«. Dieses Wort darf man nicht falsch verstehen. Im gewöhnlichen Sinne war Verdi sicherlich keineswegs naiv, wohl aber, scheint mir, in einem ganz bestimmten, heute vergessenen Sinne, in dem einst Friedrich Schiller dieses Wort verwendet hat. Verdi war ein großer Bewunderer der Dramen Schillers. Immerhin haben sie ihn zu vier seiner Opern inspiriert. Aber nicht diese oft bemerkte Verwandtschaft Verdis und Schillers möchte ich hier erörtern, sondern mich vielmehr mit einer anderen Verbindungslinie zwischen ihnen befassen.

In der früher berühmten, 1795 veröffentlichten Abhandlung mit dem Titel »Über naive und sentimentalische Dichtung«[1] unterscheidet Schiller zwei Arten von Dichtern: die einen sind sich keiner Entzweiung in sich selbst oder zwischen sich und ihrer Umgebung bewußt, die anderen haben ein Bewußtsein solcher Entzweiung. Für die ersten ist die Kunst eine natürliche Ausdrucksform, sie sehen, was sie sehen, unmittelbar und wollen es um seiner selbst willen ausdrücken, nicht für irgendeinen, wie auch immer erhabenen Zweck. Lassen Sie mich seine eigenen Worte anführen:

»Der Dichter einer naiven und geistreichen Jugendwelt, so wie derjenige, der in den Zeitaltern künstlicher Kultur ihm am nächsten kommt, ist streng und spröde, wie die jungfräuliche Diana in ihren Wäldern; ... Die trockene Wahrheit, womit er den Gegenstand behandelt, erscheint nicht selten als Unempfindlichkeit. Das Objekt besitzt ihn gänzlich, sein Herz liegt nicht, wie ein schlechtes Metall, gleich unter der Oberfläche, sondern will, wie das Gold, in der Tiefe gesucht sein. Wie die Gottheit hinter dem Weltgebäude, so steht er hinter seinem Werk, *er* ist das

---

1 Vgl. *Schillers Werke*, hrsg. von Ernst Jenny, Bd. 10, Basel 1946, S. 208-321.

Werk, und das Werk ist *er;* man muß des erstern schon nicht wert oder nicht mächtig oder schon satt sein, um nach ihm nur zu fragen.«[2]

Homer, Aischylos, Shakespeare, sogar Goethe sind Dichter dieses Typs. Als Dichter reflektieren sie nicht auf sich selbst. Im Gegensatz zu Vergil oder Ariost treten sie nicht aus ihrem Werk heraus, um ihre Schöpfungen zu betrachten und ihre eigenen Gefühle auszudrücken. Sie sind mit sich selbst in Frieden. Ihr Ziel ist begrenzt, und wenn sie Genie haben, können sie ihrer Vorstellung gänzlich Gestalt verleihen. Diese Dichter nennt Schiller »naiv«. Ihnen stellt er diejenigen gegenüber, die nach dem Sündenfall kommen. Lassen Sie mich erneut zitieren:»Ist der Mensch in den Stand der Kultur getreten und hat die Kunst ihre Hand an ihn gelegt, so ist jene *sinnliche* Harmonie an ihm aufgehoben ... Die Übereinstimmung zwischen seinem Empfinden und Denken, die in dem ersten Zustande *wirklich* stattfand, existiert jetzt bloß *idealisch;* sie ist nicht mehr in ihm, sondern außer ihm, als ein Gedanke, der erst realisiert werden soll, nicht mehr als Tatsache seines Lebens.«[3] Die Einheit ist zerbrochen. Der Dichter sucht sie wieder herzustellen. Er sucht nach der verschwundenen harmonischen Welt – einige nennen sie Natur –, ersinnt sie sich in der Einbildungskraft, und seine Dichtung ist der Versuch, zu ihr zurückzukehren, zu einer imaginierten Kindheit, und er teilt seinen Eindruck einer Kluft mit, die die heutige Welt, die nicht länger seine Heimat ist, von dem verlorenen Paradies trennt, das er bloß idealisch, bloß im Denken erfassen kann. Deshalb ist dieses idealische Reich durch nichts gebunden; es ist in seinem Wesen undefinierbar, unerreichbar und kann selbst bei der größten Fähigkeit des Dichters, seinen Stoff zu finden, zu gestalten und zu verwandeln, durch kein endliches Darstellungsmittel erfaßt werden. Noch einmal Schiller selbst:»Ein Werk für das Auge findet nur in der Begrenzung seine Vollkommenheit; ein Werk für die Einbildungskraft ... durch das Unbegrenzte«[4]; oder:»Der Dichter, sage ich, *ist* entweder Natur, oder er wird sie *suchen.*«[5] Den ersten nennt Schiller den »naiven«, den zweiten den »sentimentalischen« Dichter.

---

2 Ebd., S. 232.
3 Ebd., S. 238.
4 Ebd., S. 242.
5 Ebd., S. 237.

Mit dem Eintritt der Begriffe sind für Schiller wie für Rousseau Frieden, Harmonie und Freude für immer verschwunden. Der Künstler wird sich seiner selbst bewußt, seiner idealen Ziele und ihres unendlichen Abstands von seiner eigenen, entzweiten Natur, er wird sich der Entfremdung seiner Gesellschaft und seiner selbst von der ursprünglichen und ungebrochenen Einheit von Denken und Handeln, Empfinden und Ausdruck bewußt. Die charakteristische Dichtung des »Sentimentalischen« ist die Satire, also die Negation, der Angriff auf das, was sich selbst wirkliches Leben nennt, tatsächlich aber dessen Erniedrigung ist (was man heute Entfremdung nennt), künstlich, häßlich und unnatürlich. Oder sie ist elegisch – die Beschwörung der verlorenen Welt, des unverwirklichbaren Ideals. Diese Unterscheidung fällt keineswegs mit der zwischen Klassik und Romantik zusammen (wie immer man beide bestimmen mag), schon deshalb nicht, weil es dabei nicht um das Vorhandensein oder Fehlen objektiver Regeln, allgemeingültiger Maßstäbe, fester Kriterien oder einer ewigen idealen Ordnung geht. Aischylos, Cervantes, Shakespeare, Ossian, die Heroen der Romantik, von der klassischen Schule als undiszipliniert und wild verurteilt, sind »naiv«. Die Vorbilder der Klassik, Euripides, Vergil, Horaz, Properz und die neoklassischen Dichter der Renaissance – Autoren von dramatischer, idyllischer, satirischer oder epischer Dichtung – sind wehmütig, selbstbewußt, zutiefst »sentimentalisch«.

Der naive Künstler ist mit seiner Muse glücklich verheiratet. Ihm sind Regeln und Konventionen ganz selbstverständlich, er benutzt sie frei und harmonisch, und der Eindruck seiner Kunst ist, mit Schillers Worten, »immer fröhlich, immer rein, immer ruhig«. Der sentimentalische Dichter hingegen steht zu seiner Muse in einem gespannten Verhältnis, ist unglücklich mit ihr verheiratet. Konventionen sind ihm ein Ärgernis, selbst wenn er sie fanatisch verteidigt. Er ist Amfortas und sucht Frieden, Erlösung und die Heilung der geheimen und offenen Wunden seiner Gesellschaft und seiner selbst. Er kann nicht ruhen. Von ihm sagt Schiller:

»Unwillkürlich drängt sich die Phantasie der Anschauung, die Denkkraft der Empfindung zuvor, und man verschließt Auge und Ohr, um betrachtend in sich selbst zu versinken. Das Gemüt kann keinen Eindruck erleiden, ohne zugleich seinem eigenen Spiel zuzusehen ... Wir erhalten auf diese Art nie den Gegenstand, nur was der reflektierende Verstand des Dichters aus dem

Gegenstande machte, und selbst dann, wenn der Dichter selbst dieser Gegenstand ist, wenn er uns seine Empfindungen darstellen will, erfahren wir nicht seinen Zustand unmittelbar, sondern wie sich derselbe in seinem Gemüt reflektiert, was er als Zuschauer seiner selbst darüber gedacht hat.«[6]

Deshalb ist die Wirkung des sentimentalischen Dichters nicht Freude und Frieden, sondern Anspannung, Konflikt mit der Natur oder der Gesellschaft, unstillbare Sehnsucht, die berüchtigten Neurosen der Moderne mit ihren gequälten Geistern, ihren Märtyrern, Fanatikern und Rebellen, ihren finsteren, aufsässigen, umstürzlerischen Predigern, wie Rousseau, Byron, Schopenhauer, Carlyle, Dostojewski, Flaubert, Wagner, Marx, Nietzsche, die nicht den Frieden, sondern das Schwert bringen.

Wie jede Dichotomie kann auch Schillers Unterscheidung zu weit getrieben werden, wenn man sie buchstäblich nimmt. Aber sie ist sehr originell und anregend. Wenn wir uns fragen, ob es in der Moderne Künstler gibt, die in Schillers Sinne naiv sind – im Frieden mit ihrem künstlerischen Ausdrucksmedium –, als Menschen und Künstler geschlossen, so ruhig, in sich gefestigt, frei von Befangenheit oder Obsessionen und künstlerisch so vollendet wie etwa Cervantes, Bach, Händel, Rubens oder Haydn, Männer, deren Kunst in ihrem Gegenstand aufgeht und nicht für geistige Zwecke außerhalb ihrer selbst benutzt wird, um nach einem unerreichbaren Ideal zu streben, oder als Waffe im Kampf gegen Philister oder Verräter, könnten wir antworten:»Ja, in der Tat, Goethe, Puschkin, Dickens, manchmal Tolstoi, wenn er seine Lehren und seine Schuld vergißt, ganz gewiß Rossini und Verdi.« Unter den genialen Komponisten ist Verdi vielleicht der letzte vollkommene, von sich erfüllte Schöpfer, der ganz in seiner Kunst aufgeht, eins mit ihr ist und sie nicht für einen höheren Zweck einzusetzen sucht, der Gott, der ganz hinter seinem Werk zurücktritt, streng, spröde wie Schillers Diana, argwöhnisch gegen jeden auf sein inneres Leben Neugierigen, völlig, ja erbarmungslos unpersönlich, von trockener Objektivität, eins mit seiner Musik. Ein Mann, der alles in seine Kunst aufgelöst hat, mit nicht mehr persönlichen Rückständen als Shakespeare oder Tintoretto – in Schillers Sinne der letzte große naive Künstler unserer Zeit.

---

6 Ebd., S. 257f.

Wer Verdis Leben auch nur ein wenig kennt, weiß natürlich, daß es mit dem seines Heimatlandes eng verflochten war, daß sein Name geradezu zum Symbol des Risorgimento wurde, daß das »Viva Verdi« (nicht nur wegen der Monarchie oder Politik) der berühmteste revolutionäre und patriotische Ruf in Italien war; daß er sowohl Mazzini als auch Cavour bewundert hat, die revolutionären Demokraten ebenso wie den König, und so in seiner Person die verschiedenen Stränge vereint, die die italienische Nation geformt haben. Er war immer (um eine Metapher Herders zu benutzen) dem Schwerpunkt seiner Nation nahe und sprach zu seinen Landsleuten und für sie, wie es kein anderer vermochte, noch nicht einmal Manzoni oder Garibaldi, denen er beiden nahe stand. Seine Überzeugungen, ob sie sich zur Rechten oder zur Linken wandten, bewegten sich immer im Einklang mit denen des volkstümlichen Empfindens. Er reagierte tief und persönlich auf jede Wendung im italienischen Kampf um Einheit und Freiheit. Die Hebräer des *Nabucco* waren Italiener in Gefangenschaft. *Va Pensiero* war das nationale Gebet für das Wiedererwachen. Die Aufführung von *Battaglia di Legnano* rief eine unbeschreibliche Volkserregung im revolutionären Rom des Jahres 1849 hervor. *Rigoletto* ist nicht weniger als *Don Carlo, Forza del Destino* und *Aida* von dem Haß auf Unterdrückung, Ungleichheit, Fanatismus und menschliche Erniedrigung beseelt. Die Hymne, die Verdi für Mazzini schrieb, ist nur eine Episode einer einzigen großen Kampagne. Für ein halbes Jahrhundert war er das leibhaftige Symbol für alles Edelmütige und Universale im italienischen Nationalgefühl.

Das ist alles richtig, aber trotzdem ist es nicht das Zentrum der Kunst Verdis. Um seine Musik zu verstehen, brauchen wir nichts davon zu wissen. Natürlich ist jede Kenntnis von dem Leben und Fühlen eines genialen Menschen interessant, aber sie ist keineswegs immer wesentlich. Für die großen »sentimentalischen« Meister hingegen – und das ist der entscheidende Punkt – ist sie durchaus wesentlich. Wer sich nicht klarmacht, wie Beethoven über Tyrannei dachte, wird die *Eroica* oder den *Fidelio,* die ersten großen politischen Opern, niemals völlig verstehen können; niemand wird den Sinn von *Boris Godunow* oder *Chowanschtschina* erfassen können, der nicht über die wichtigen sozialen Bewegungen in Rußland Bescheid weiß. Schumanns ästhetische Auffassungen, Wagners Mythologie, die romantischen Theorien, die Berlioz beherrschten, sind für das Verständnis ihrer Meisterwerke unerläßlich, aber um Shakespeares historische Stücke zu verstehen, braucht man nicht seine politischen Ansichten zu kennen. Es mag nützlich sein, notwendig aber ist es nicht. So verhält es sich auch mit Verdi. *Rigoletto* wird verstehen, wer immer mit den primären menschlichen Leidenschaften vertraut ist, mit väterlicher Liebe und dem ganzen Schrecken der Erniedrigung von Menschen durch andere Menschen in einer entseelten Gesellschaft. Um *Othello* zu verstehen, reicht die Einsicht in einen von Eifersucht zerstörten Helden. Das Wissen um die menschlichen Grundgefühle ist nahezu das einzige außermusikalische Rüstzeug, dessen man zum Verständnis von Verdis Werken, seiner frühen oder späten, großen oder kleinen, bedarf. Das gilt für *Suoni la Tromba* ebenso wie für *La Traviata,* für *Attila* oder *Luisa Miller* nicht weniger als für *Forza del Destino* oder *Aida,* für *Il Corsaro* oder *Ernani* genauso wie für *Il Trovatore,* für das *Requiem* oder *Othello* oder sogar *Falstaff. Falstaff* ist musikalisch und künstlerisch absolut einzigartig, aber um ihm gerecht zu werden, bedarf es keiner Kenntnis der persönlichen Ansichten oder Eigenschaften des Komponisten oder der historischen Umstände seines Lebens und seiner Gesellschaft. Das alles ist in seinem Falle genausowenig notwendig wie bei Bach, Mozart oder Rossini, bei Shakespeare, Goethe oder Dickens. Von *Oberto, Conte di Bonifazio* bis zu *Quattro Pezzi Sacri* sind Verdis Schöpfungen, in Schiller Sinn, gänzlich naiv. Sie entspringen einer unmittelbaren Anschauung des Gegenstandes, sind frei von jeder Anstrengung, darüber hinaus zu streben zu einer unendlichen und unerreichbaren Erfahrung und sich selbst darin zu verlieren, sie haben kein höheres Ziel und sind kein von vornherein zum Scheitern verurteilter Versuch, antagonistische Welten zu verschmelzen – Musik und Literatur, das Persönliche und das Öffentliche, die konkrete Wirklichkeit und eine transzendente Welt. Verdi versucht niemals, eine Kluft zu schließen, die Unvollkommenheiten des menschlichen Lebens auszugleichen, seine eigenen Wunden zu heilen oder die inneren Brüche seiner Gesellschaft, ihre Entfremdung von einer gemeinsamen Kultur oder vom alten Glauben durch magische Mittel, durch die Beschwörung einer höllischen oder himmlischen Vision als eines Mittels der Flucht, der Rache oder der Erlösung zu überwinden. Das gilt ebenso für *Falstaff* wie für *Un Giorno di Regno* oder das Streichquartett. Das Verlangen, sagt Bischof Butler, gipfelt in seinem Gegenstand. Zu dieser Tradition gehört Verdi, in ihm ist sie zu ihrer schönsten

Entfaltung gelangt. Wie die Kunst von Bach ist die Verdis objektiv, unmittelbar und in Harmonie mit den sie regierenden Konventionen. Sie entspringt einer ungebrochenen inneren Einheit, dem Gefühl, zu ihrer eigenen Zeit, Gesellschaft und Umgebung zu gehören, was die *nostalgie de l'infini* ausschließt, die Auffassung der Kunst als Heilung, die im Zentrum des von Schiller »sentimentalisch« Genannten steht. In diesem Sinn waren Vergil, Properz und Horaz »sentimentalisch« – und auch Muster des Klassizismus, während das *Nibelungenlied* oder *Don Quijote*, von den Romantikern idealisiert, »naiv« sind.

Verdi war der letzte der großen naiven Meister in der abendländischen Musik, in einem Zeitalter, das ganz dem Sentimentalischen verpflichtet war. Davon wurde er kaum berührt. Vielleicht hat er sich für Wagner, Liszt oder Meyerbeer interessiert und ist sogar von ihnen beeinflußt worden, aber dieser Einfluß beschränkte sich auf methodische und technische Neuerungen. Ihre Welt und ihre Lehren blieben ihm fremd. Nach ihm findet man Naivität, zumindest im Westen, nur noch in den Randbereichen, außerhalb der Hauptströmung, bei den Komponisten der slawischen Länder, in Spanien, vielleicht in Norwegen, wo die gesellschaftlichen Bedingungen noch denen eines früheren Europa gleichen.

Auch Verdi ist natürlich nicht ohne jede Ideologie, aber es ist keine andere als die einer ungeheuren Vielzahl von Menschen über weite Strecken der Geschichte, und das ist in der Tat eine der wesentlichen Bedeutungen des Wortes »Humanismus«. Alberto Moravia führt sie auf seine bäuerliche Herkunft und Erziehung zurück, die über die bürgerliche Gesellschaft seiner Zeit gesiegt hat. Die Bauern sind eine alte und überall anzutreffende Gesellschaftsklasse, und wenn es dies war, was in Verdi wirkte, ist es nicht ohne Zusammenhang mit dem, was Rousseau und Schiller mit einer vergleichsweise unverdorbenen Beziehung zur Natur gemeint haben.

Die Angriffe auf Verdi sind sprichwörtlich. Sie kamen aus vielen Richtungen. In England fand ihn Mr. Chorley zu laut, zu vulgär, verglichen etwa mit Rossini, Boieldieu und anderen. Nicht nur die Konservativen des Nordens wollten zu Rossini und Bellini zurückkehren, sondern auch manche Italiener, am wenigsten allerdings, das sei angemerkt, Rossini selbst. Natürlich kam der Hauptangriff von den Verfechtern der neuen Musik, den Wagnerianern und den

Verehrern von Liszt, den Vorkämpfern für alles, was höchst reflektiert, außermusikalisch und »sentimentalisch« war, von allen, die auf eine messianische Wiedergeburt des Geistes durch die Musik hofften. Boito, der Wagner später als einen falschen Propheten anprangern sollte, war damals noch tief ergriffen. Sein Ausbruch gegen Verdi ist zu bekannt, als daß ich ihn zitieren müßte. Das alles konnte auch gar nicht anders sein, denn Verdi war in der Tat das größte und triumphalste Hindernis für die neue ästhetische Religion. Es war überflüssig, sein Pulver an Pacini oder Mercadante, selbst an Meyerbeer, Auber oder Halévy zu verschießen, solange Verdi herrschte – er war der Erzfeind, der mächtige und geniale Traditionalist. Noch heftigere Angriffe kamen aus dem Osten, die Angriffe der großen nationalen Schule der slawischen Welt, besonders der Russen. Balakirew und Borodin, Mussorgskij und Stassow verabscheuten Verdi – nicht wegen seiner gelegentlichen Platitüden oder Gewöhnlichkeiten, nicht wegen *Questa o Quella* oder *O tu Palermo*, sondern wegen genau der Eigenschaften, die seine Stärke ausmachten, wegen seiner Anerkennung der verhaßten *formula*, der Konventionen der Oper und seiner Identifikation mit ihr. Die Russen, beseelt von populistischen Idealen und Schüler des unbekannten Meisters Dargomyschski – sie hielten ihn für ein Genie ersten Ranges – glaubten an den musikalischen Realismus, an die innigste Wechselbeziehung zwischen Wort, Handlung, Ausdruck, Musik und historischem und gesellschaftlichem Bewußtsein. Eigentlich sind sie die Erfinder des expressiven Halb-Rezitativs, um die feinsten psychologischen Nuancen des »wirklichen« inneren und äußeren Lebens von Individuen wie von Massen auszudrücken. Wenn Busoni erklärte, daß Liebesszenen auf der Bühne nichts zu suchen hätten, weil Intimes nicht in die Öffentlichkeit gehöre, folgte dieser äußerst reflektierte Mann, wenn auch noch so unbewußt (er wäre erschrocken gewesen, wenn man ihn darauf hingewiesen hätte), diesem buchstäblichen Realismus. Die Russen standen in offenem Kampf mit der italienischen Oper von Paisiello, Cherubini, Rossini, Donizetti oder Bellini. Auf lange Sicht schien diese erbärmliche Mannschaft von Opernlieferanten unterzugehen, aber Verdi hatte dieser Tradition neues Leben eingegeben und das musikalische Publikum für die abscheuliche *formula* gewonnen, für die mechanische Abfolge zusammenhangloser »Opernnummern«, dieser Versatzstücke, die in jeder beliebigen Reihenfolge aufgeführt werden konnten, etwa aus dem *Requiem,* mit dem Verdi und seine Sänger eine Tournee durch Europa machten. Sie verurteilten all die unzusammenhängenden Arien, Duette, Trios, Quintette, Chöre, die unvermeidlichen Appogiaturen und künstlich eingestreuten Cabalettas und Kavatinen, den Mechanismus der allzu leicht vorhersehbaren orchestralen Begleitung, die fürchterliche Leier – dies alles ersticke den lebendigen Ausdruck wirklicher Erfahrung. Für sie war *Fürst Igor* spontan und »wirklich«, während *Don Carlo* und *La Traviata* wie kitschig herausgeputzte Weihnachtsbäume wirkten. Nicht, daß sie Wagner höher schätzten, er war für sie ebenso einer der »pompösen Verbreiter von lärmendem Durcheinander«[7], wie Boito sich ausdrückte. Sserow, der diesen Meister bewunderte und nachahmte, wurde denn auch aus der nationalistischen Truppe ausgeschlossen. Ihre Götter waren Liszt und Berlioz. Ihr größter Feind war immer Verdi, auf den sie wie die frühen deutschen Romantiker auf die französischen Geschmacksrichter des achtzehnten Jahrhunderts sahen: seicht, pompös, gespreizt, künstlich, ohne jede Überraschung und völlig wertlos. Liszt und Berlioz waren Rousseau – zurück zu den Farben und Klängen der Natur, zum wirklichen individuellen Gefühl, heraus aus der korrupten, kommerzialisierten Blasiertheit der konventionellen Autoren Marivaux, Crébillon, Marmontel, vor allem Voltaire, die Tanzmeister mit ihren gepuderten Perücken, gereimten Couplets und sorgfältig gedrechselten Epigrammen in dem ganzen Nippes der banalen und herzlosen Salons.

Das war (wie ein Jahrhundert früher bei den Deutschen und den Franzosen) der Angriff des »Sentimentalischen« auf das »Naive«, unvermeidbar vielleicht und ebenso übertrieben wie querköpfig. Verdi ging seinen Weg, verletzt, aber im ganzen ruhig und gelassen. Zweifellos gehörte er nicht zu der neuen Welt von Baudelaire, Flaubert, Liszt, Wagner, Nietzsche, Dostojewski und Mussorgskij. Es gibt keinen Grund für die Annahme, daß er sich dessen bewußt war oder, wäre er es gewesen, sich darum gekümmert hätte. Er war die letzte große Stimme des Humanismus, die, zumindest musikalisch, nicht im Krieg mit sich selbst lag.

Bei aller Raffiniertheit seiner Partituren findet man in ihnen durchweg nicht eine Spur von Neurose und Dekadenz. In der ita-

---

7 Arrigo Boito, »Mendelssohn in Italia«, *Tutti gli scritti,* hrsg. von Piero Nardi, Verona 1942, S. 1256.

lienischen Musik muß man dafür auf Boito, Puccini und ihre Anhänger warten. Er war der letzte, der mit positiven, klaren und reinen Farben malte, der den ewigen, großen menschlichen Gefühlen unmittelbaren Ausdruck gab: Liebe und Haß, Eifersucht und
Furcht, Empörung und Leidenschaft, Schmerz, Zorn, Hohn, Grausamkeit, Spott, Fanatismus, Glaube – Leidenschaften, die allen
Menschen vertraut sind. Nach ihm wird das immer seltener. Von
Debussy an ist die Unschuld verloren, ob die Musik nun expressio-
nistisch, neoklassizistisch oder neuromantisch, diatonisch oder
chromatisch, dodekaphonisch, aleatorisch oder konkret oder eine
Mischung aus allem ist.[8]

Um der Aufgeblasenheit und erschreckenden Schwülstigkeit der
deutschen Spätromantik zu entgehen, bildete sich eine Vielfalt von
strengen und zurückhaltenden Stilen. Die Rückkehr zu Bach, Per-
golesi, Gesualdo oder Machaut verdankt sich jedoch der bewußten
Suche nach einem Gegengift. Dabei ist sicherlich eine Menge origineller und faszinierender Musik entstanden, antisentimentalisch
und gerade deshalb sentimentalisch, insofern sie von sich selbst
eingenommen, reflektierend, von Doktrinen beeinflußt und zur
Rechtfertigung ihrer selbst begleitet ist von neokatholischen (So-
lesmes), atonalen, surrealistischen, sozialistisch-realistischen
(neo-diatonischen) und anderen Theorien und Manifesten. Von
Wagner, Berlioz, Debussy oder den russischen Komponisten des
zwanzigsten Jahrhunderts erwarten wir ideologische Erklärungen, programmatische Äußerungen oder Bannflüche. Aber ebenso
wie für uns ein von Dickens oder Dumas dem Älteren unterzeich-
netes Manifest über die Funktion der Literatur völlig undenkbar
wäre, würden wir ein Verdisches Glaubensbekenntnis über die ästhetische oder gesellschaftliche Bedeutung der italienischen Oper
oder ihre Beziehung zur *commedia dell'arte* (wie man sie etwa bei
Boito oder Busoni findet) zu Recht für eine absolut unglaubwürdi-
ge Fälschung halten. Manifeste sind ein Symptom einer individuellen oder kollektiven Revolte oder Reaktion, das heißt einer akuten
Phase des Sentimentalischen. Daß Verdi, der so oft und in gewis-

---

8 In gewissem Sinne kann man z. B. Bruckner naiv nennen, aber nur in der allgemein üblichen Bedeutung des Wortes. Im Sinne Schillers hingegen ist Bruckners
visionärer Mystizismus, diese Verbindung aus Sinnlichkeit und Streben nach
Transzendenz (wie, noch stärker, bei César Franck und der Schola Cantorum),
höchste Sentimentalität; ebenso der Begriff des Gesamtkunstwerks mit seinem
Streben nach einer unerreichbar bleibenden Integration aller Elemente.

sem Sinn völlig zu Recht als einer der charakteristischsten und repräsentativsten Künstler des neunzehnten Jahrhunderts beschrieben wird, von dieser Haltung so völlig frei war, die man meist für einen wesentlichen Zug dieser Epoche hält, für ihre typische *malaise*, ist vielleicht das Erstaunlichste an seiner Persönlichkeit, als Künstler wie als Mensch. In dieser Hinsicht ist er ohne Nachfolger geblieben. Zumindest in der Musik ist er der letzte naive Künstler von Rang. Der Wunsch, zu Verdi »zurückzukehren«, wird selbst eine Form unstillbarer Sehnsucht, eine für Verdi höchst untypische »Sentimentalität«, von der er selbst vollkommen und ohne jeden Konflikt frei war.

Es ist nur natürlich, daß sich das, was sowohl von dem deutschen wie dem antideutschen (das heißt französisch-russischen) musikalischen Publikum (und seinen Kritikern) während der großen Zeit der sentimentalischen Bewegung, also etwa von den siebziger Jahren des letzten bis zu den dreißiger Jahren unseres Jahrhunderts, als Verdis volkstümlicher, vulgärer Stil betrachtet wurde, während der letzten fünfundzwanzig Jahre als die letzte unmittelbare Stimme der großen Tradition wieder erhoben hat. Man empfindet es so im bewußten Gegensatz zu der Suche nach dem Fernen und Exotischen – Symptomen des Rückzugs, einem Verlangen nach Trost und neuem Leben aus räumlich und zeitlich sehr fernen Traditionen –, im Gegensatz zu der Musik des Mittelalters, des Zeitalters der Vernunft oder der Relikte der Volkstraditionen in Osteuropa, Asien, Afrika oder den pazifischen Inseln.

Vornehm, schlicht, von starker, ungebrochener Vitalität und großer natürlicher Schöpfer- und Gestaltungskraft, ist Verdi die Stimme einer untergegangenen Welt. Seine enorme Popularität bei den gebildetsten wie auch den schlichtesten Hörern heutzutage rührt daher, daß er in unmittelbarster Weise unvergängliche Bewußtseinszustände ausgedrückt hat, so wie es Homer, Shakespeare, Ibsen und Tolstoi getan haben. Das ist es, was Schiller »naiv« nannte. Nach Verdi hat man dies in der Musik nie wieder hören können. Sein Platz im Olymp der Musik, der heute von niemandem in Frage gestellt wird, ist in unserer Zeit ein Anzeichen von Vernunft. Es wäre faszinierend, dieses Phänomen ebenso wie Verdis Stellung in seiner Zeit soziologisch zu untersuchen, aber das würde meine Kompetenz überschreiten.

GEORGES SOREL

Sorel ist nach wie vor ein Außenseiter. Die anderen Ideologen und Propheten des neunzehnten Jahrhunderts sind fest vereinnahmt und eingeordnet. Die Lehren, der Einfluß und die Persönlichkeit von Mill, Carlyle, Comte und Darwin, von Dostojewski, Wagner, Nietzsche und sogar von Marx haben ihren festen Platz im Museum der Ideengeschichte. Sorel hingegen bleibt, wie zu seinen Lebzeiten, draußen – beansprucht und abgelehnt sowohl von der Rechten als auch von der Linken. War er ein mutiger und brillanter Erneuerer von vernichtendem Genie, wie die Handvoll seiner Schüler behauptet? Oder, mit George Lichtheim, nur ein romantischer Journalist. Ein »blutrünstiger«[1] Pessimist, wie Cole sagte? Oder, nach Croce, neben Marx der einzige schöpferische Denker, den der Sozialismus je hatte? Oder war er der notorische Wirrkopf, als den Lenin ihn, nicht gerade freundlich, bezeichnet hat. Ich will nicht vorschnell darauf antworten, sondern nur etwas über Sorels grundlegende Ideen sagen und über ihre, um ein häufig mißbrauchtes Wort zu benutzen, Relevanz für unsere Zeit.

I

Georges Sorel wurde 1847 in Cherbourg geboren. Sein Vater war ein erfolgloser Geschäftsmann, und seine Familie mußte äußerst sparsam und eingeschränkt leben. Seinem Vetter, dem Historiker Albert Sorel, zufolge zeigte Georges Sorel früh eine außergewöhnliche mathematische Begabung. 1865 wurde er Student an der École Polytechnique in Paris, und fünf Jahre später trat er als Ingenieur in den Dienst der Tiefbauverwaltung. In den folgenden zwanzig Jahren war er in verschiedenen Provinzstädten beschäf-

---

1 G. D. H. Cole, *The Second International [A History of Socialist Thought*, Bd. 3], Teil 1, London 1956, S. 387.

tigt und während des Debakels 1870 und 1871 in Korsika. 1875 erkrankte er in einem Hotel in Lyon, wurde von einer Dienerin namens Marie David gepflegt, einer hingebungsvoll religiösen Bäuerin aus dem Grenzland von Savoyen, die kaum lesen und schreiben konnte, und gründete mit ihr einen Haushalt. In seinen Briefen bezeichnet er sie als seine Frau, aber er scheint sie niemals geheiratet zu haben, vermutlich aus Rücksicht gegenüber den Wünschen seiner Familie, die über diese Mesalliance offensichtlich schockiert war. Es war offenbar eine vollkommen glückliche Verbindung. Er unterrichtete sie und lernte umgekehrt von ihr, trug nach ihrem Tod 1898 ein geweihtes Bild, das sie ihm gegeben hatte, bei sich und ehrte ihr Gedächtnis bis ans Ende seines Lebens.

Bis zu seinem vierzigsten Lebensjahr führte er das Leben eines typischen kleineren französischen Regierungsbeamten, friedlich, provinziell und unbedeutend. 1889 veröffentlichte er sein erstes Buch. 1892, vierundvierzig Jahre alt und inzwischen Chefingenieur und Ritter der Ehrenlegion, quittierte er plötzlich den Dienst. Mit diesem Augenblick begann sein öffentliches Leben. Seine Mutter hatte ihm ein kleines Erbe hinterlassen, das es ihm ermöglichte, nach Paris zu ziehen. Er ließ sich in einem ruhigen Vorort, in Boulogne-sur-Seine, nieder, wo er bis zu seinem Tod dreißig Jahre später (1922) lebte. 1895 begann er, Artikel für linksgerichtete Zeitschriften zu schreiben, und von da an wurde er einer der umstrittensten politischen Schriftsteller Frankreichs.

Er schien keinen festen Standpunkt zu haben. Seine Kritiker hielten ihm oft seinen sprunghaften Kurs vor: Legitimist in seiner Jugend und noch 1889 Traditionalist, wurde er um 1894 Marxist. 1896 schrieb er voller Bewunderung über Vico. 1898 begann er unter dem Einfluß von Croce und Eduard Bernstein, den Marxismus zu kritisieren, und fast gleichzeitig geriet er ganz in den Bann der Philosophie Henri Bergsons. 1899 war er Dreyfus-Anhänger, im Jahrzehnt darauf revolutionärer Syndikalist. Um 1909 war er ein Todfeind der Dreyfus-Anhänger und in den folgenden zwei oder drei Jahren ein Verbündeter der Royalisten, die die *Action française* herausgaben, und unterstützte den mystischen Nationalismus von Barrès. 1912 schrieb er begeistert über Mussolinis militanten Sozialismus und 1919 mit noch größerer Bewunderung über Lenin, bis hin zu einer rückhaltlosen Unterstützung des Bolschewismus, während er in den letzten Jahren seines Lebens wiederum eine unverhohlene Bewunderung für den Duce an den Tag legte.

Wie kann man das Denken eines Mannes ernst nehmen, dessen politische Ansichten so heftig und unvorhersehbar umschlugen? Er erhob nicht den Anspruch, konsistent zu sein. »Ich schreibe von Tag zu Tag«, schrieb er 1903 an den italienischen Philosophen Benedetto Croce, seinen getreuen Briefpartner, »immer nach der Notwendigkeit des Augenblicks«.[2] Sorels Schriften haben keine feste Form und kein System, und er ließ sich davon auch in den Schriften anderer nicht beeindrucken. Er war ein faszinierender und leidenschaftlicher Redner, und seine Schriften blieben – wie es nicht selten bei berühmten Rednern der Fall ist, bei Diderot, Coleridge, Herzen oder Bakunin – episodisch, unorganisiert, unvollendet und fragmentarisch, bestenfalls scharfe, polemische Essays oder Pamphlete, die, durch einen bestimmten Anlaß provoziert, weder darauf angelegt noch dazu geeignet waren, in das Gebäude einer kohärenten und ausgearbeiteten Lehre einzugehen. Trotzdem gibt es einen roten Faden, der alles verbindet, was Sorel geschrieben und gesagt hat, wenn nicht eine Lehre, so doch eine Haltung, einen Standort, den Ausdruck eines einzigartigen Temperaments, einer sich immer gleich bleibenden Perspektive. Seine Ideen gingen wie Hagel auf alle anerkannten Lehren und Institutionen nieder und faszinierten Freunde wie Gegner, sogar noch heute, nicht nur wegen der ihnen eigenen Qualität und Kraft, sondern weil heute weltweites Ausmaß angenommen hat, was zu seiner Zeit auf kleine Zirkel von Intellektuellen beschränkt war. Zu seinen Lebzeiten wurde Sorel bestenfalls als ein polemischer Journalist betrachtet, als Autodidakt mit spitzer Feder und gelegentlich außergewöhnlichen Einsichten, aber zu unberechenbar und launisch, um die Aufmerksamkeit ernster und beschäftigter Leute länger beanspruchen zu können. Im nachhinein hat er sich als gewaltiger erwiesen als viele der angesehenen Sozialphilosophen, von denen er die meisten ignorierte oder mit unverhohlener Verachtung behandelte.

II

Letztlich beruhen die Ansichten jedes Philosophen, der sich mit dem menschlichen Tun befaßt, auf seiner Vorstellung davon, was

---

2 Brief an Croce, 28. April 1903, *La Critica* 25 (1927), S. 372.

der Mensch ist und sein kann. Um solche Denker zu verstehen, ist es wichtiger, diesen zentralen Begriff, dieses Bild (das verborgen sein kann, aber ihre Sicht der Welt bestimmt) zu erfassen als die noch so eindrucksvollen Argumente, mit denen sie ihre Ansichten verteidigen und wirkliche oder mögliche Einwände abwehren. Sorel war von einer *idée maîtresse* beherrscht: daß der Mensch ein Schöpfer ist, nur dann befriedigt, wenn er schöpferisch tätig ist, und nicht, wenn er passiv aufnimmt oder widerstandslos mit dem Strom schwimmt. Sein Geist ist kein Mechanismus oder Organismus, der auf Reize antwortet und durch die Wissenschaften vom Menschen analysiert, beschrieben und bestimmt werden kann. Für Sorel ist er in erster Linie ein Schöpfer, der sich in und durch seine Arbeit ausdrückt, ein Innovator, dessen Tätigkeit das Material verändert, das ihm die Natur bereitstellt, ein Material, das er gemäß einem inwendig gefaßten, spontan erzeugten Bild oder Muster zu formen sucht. Die produktive Tätigkeit bringt dieses Muster selbst hervor und verändert es – so wie sie sich selbst frei erfüllt, ohne einem Gesetz zu gehorchen, eine natürliche Quelle schöpferischer Energie, die durch inneres Gefühl und nicht durch wissenschaftliche Beobachtung oder logische Analyse erfaßt werden kann. Alle anderen Ansichten darüber, was die Menschen sind oder sein können, sind trügerisch. Die Geschichte zeigt, daß die Menschen in erster Linie Suchende sind – nicht nach Glück oder Friede, Wissen und Macht über andere oder Erlösung in einem anderen Leben; zumindest sind dies nicht die primären Zwecke der Menschen, und wenn sie es doch sind, dann deshalb, weil die Menschen von ihrer wahren Menschlichkeit abgekommen sind, weil ihre Erziehung, ihre Umgebung oder die Umstände ihre Vorstellungen oder ihren Charakter entstellt und kraftlos oder lasterhaft gemacht haben.

Als Mensch strebt der Mensch zuallererst – individuell und mit denen, die ihm nahestehen – nach Erfüllung in spontaner, ungehinderter schöpferischer Tätigkeit, durch Arbeit, die darin besteht, sein eigenes Wesen einer widerstrebenden Umgebung aufzuprägen. Sorel zitiert seinen politischen Gegner Clemenceau mit den Worten: »Alles Lebendige leistet Widerstand.«[3] An diesen Satz glaubte er mehr als an irgend etwas sonst in seinem Leben. Zu handeln und zu wählen und nicht Gegenstand fremder Handlun-

---

3 *Réflexions sur la violence*, Paris 1972 (im folgenden *R. V.*), S. 80.

gen und Entscheidungen zu sein, dem Chaos, das wir in der Welt der Natur und des Geistes vorfinden, Form zu geben – das ist das Ziel der Kunst wie der Wissenschaft und gehört zum Wesen des Menschen. Er widersetzt sich jeder Gewalt, die seine Energie hemmen, ihn aus seiner Unabhängigkeit und Würde vertreiben, seinen Willen abtöten und alles in ihm, was nach einzigartigem Ausdruck strebt, unterdrücken will, um ihn auf ein gleichförmiges, unpersönliches und monotones Leben zu reduzieren und schließlich sogar auszulöschen. Nur in seinen Werken und durch sie lebt der Mensch ganz, nicht durch passives Genießen oder durch Frieden und Sicherheit, die er finden kann, wenn er sich äußerem Zwang, Gewohnheiten und Konventionen unterwirft, wenn er es unterläßt, den Mechanismus der Naturgesetze, dem er unentrinnbar unterliegt, für seine eigenen, frei gewählten Ziele zu nutzen.

Diese Idee ist natürlich nicht neu. Sie bildet das Zentrum des großen Aufbegehrens gegen den Rationalismus und die besonders mit der französischen Kultur gleichgesetzte Aufklärung, ein Aufbegehren, von dem die radikaleren protestantischen Sekten in Deutschland nach der Reformation beeinflußt waren und das gegen Ende des achtzehnten Jahrhunderts dazu führte, den Vorrang des menschlichen Willens gegenüber sinnlichen Antrieben und ebenso gegenüber kühler, rationaler Erkenntnis zu verherrlichen. Hier ist nicht der Ort, die Ursprünge der Romantik zu erörtern, aber man kann Sorel und die Bedeutung seiner Ansichten nur verstehen, wenn man sich klarmacht, daß das, was seinen Geist erregte, eine leidenschaftliche Überzeugung war, die er mit einigen Frühromantikern teilte, daß nämlich das Streben nach Frieden, Glück und Wohlfahrt und die Teilhabe an Macht, Besitz, sozialem Status oder einem ruhigen Leben ein verächtlicher, nichtswürdiger Verrat an dem ist, was jeder Mensch, wenn er erst einmal denkt, als den eigentlichen Zweck des menschlichen Lebens erkennt: der Versuch, etwas zu schaffen, was seines Schöpfers würdig ist, die Anstrengung, etwas zu sein und zu tun und solches Streben in anderen zu achten. Der Begriff der Würde der Arbeit und des Rechtes auf Arbeit (im Gegensatz zur paulinischen bloßen Pflicht zu ihr), der im Zentrum des modernen Sozialismus steht, entspringt dieser romantischen Konzeption, die durch deutsche Philosophen, vor allem durch Herder und Fichte, die im strengen lutherischen Pietismus aufwuchsen, Teil des europäischen Bewußtseins geworden ist.

Sorels heftiger und nie nachlassender Abscheu vor dem Leben
der Pariser Bourgeoisie seiner Zeit – auf seine Weise ebenso leidenschaftlich wie der Flauberts, mit dessen Reizbarkeit er einige
Gemeinsamkeit hat – ist mit einem jansenistischen Haß auf das
teuflische Zwillingspaar von Hedonismus und Materialismus verbunden. Der Opportunismus und die Koruptheit des französischen politischen Lebens in den frühen Jahren der Dritten Republik dürfte für ihn, wie für viele Franzosen, zusammen mit dem
Gefühl nationaler Erniedrigung nach 1870, eine traumatische Erfahrung gewesen sein. Aber vermutlich hätte er im gierigen und
auf Konkurrenz eingestellten Paris unter Louis-Philippe oder im
plutokratischen und vergnügungssüchtigen Paris des Zweiten Kai-
serreichs nicht anders empfunden. Ein qualvolles Gefühl des Erstickens an der kommerzialisierten, eleganten und überheblichen,
der gemeinen, bequemen, erbärmlichen und geistlosen bürgerlichen Gesellschaft des neunzehnten Jahrhunderts durchdringt die
Literatur der Zeit: die Schriften von Proudhon, Carlyle und Ibsen,
von Marx, Baudelaire und Nietzsche und nahezu die ganze, be-
stens bekannte, russische Literatur dieser Zeit sind eine einzige
Anklage gegen diesen Geist. Dies ist die Tradition, der Sorel von
Anfang bis Ende seines schriftstellerischen Lebens angehörte. Die
Koruptheit des öffentlichen Lebens übertrifft für ihn noch die des
untergehenden klassischen Griechenland oder des Endes des römischen Reiches. Die parlamentarische Demokratie mit ihrer Be-
trügerei und Scheinheiligkeit war für ihn eine abscheuliche Beleidigung der Würde des Menschen, ein Spott auf seine eigentlichen
Ziele. Demokratische Politik glich einer gewaltigen Börse, an der
ohne Furcht und Scham Stimmen gekauft und verkauft, an der die
Menschen geprellt und verraten wurden von intrigierenden Politikern, rücksichtslosen Bankiers, ausgekochten Geschäftsleuten,
avocasserie et écrivasserie – Rechtsanwälte, Journalisten, Professoren, alle jagen sie dem Geld, der Anerkennung und Macht nach in
einer Welt niederträchtiger Dummköpfe und gerissener Schurken,
Betrüger und Betrogene, die auf Kosten der ausgebeuteten Arbeiter »in einem demokratischen Sumpf« eines »vom Humanitarismus
verdummten«[4] Europa leben.

---

4 *R. V.*, S. 101.

III

Die westliche Tradition der Sozialphilosophie ruht auf zwei zentralen Lehren. Die erste sagt, die eigentlichen Ursachen des Elends der Menschen, ihrer Dummheit und ihrer Laster seien Unwissenheit und geistige Trägheit. Die Rationalisten von Platon bis Comte nahmen an, daß die Wirklichkeit eine einzige, erkennbare Struktur sei: nur indem man sie verstehe, erkläre und das eigene Wesen und den eigenen Platz in diesem Gefüge erkenne, werde deutlich, was in einer bestimmten Situation verwirklicht werden könne und was nicht. Wenn die Tatsachen und die sie regierenden Gesetze den Menschen erst einmal bekannt sind, wird kein Mensch in seinem Verlangen nach Glück, Harmonie, Weisheit und Tugend, das er doch hat, anders können, als den einen und einzigen angemessenen Weg zu seinem Ziel einzuschlagen, den sein Wissen ihm zeigt. Ein vernünftiges, ja schon ein normales menschliches Wesen zu sein heißt, aus der begrenzten Anzahl natürlicher Ziele des menschlichen Lebens eines oder mehrere zu verfolgen. Nur Unwissenheit über die Ziele oder darüber, mit welchen Mitteln sie erreicht werden können, kann ins Elend, zum Laster oder Scheitern führen. In ihrer wissenschaftlichen oder naturalistischen Version war diese Lehre die treibende Kraft der Aufklärung und all ihrer Formen in den folgenden zwei Jahrhunderten bis auf den heutigen Tag.

Sorel lehnte diesen ganzen Ansatz ab. Er sah keinen Grund für die Annahme, daß die Welt eine rationale Harmonie ist oder daß die wirkliche Vervollkommnung des Menschen davon abhängt, den eigenen Platz zu verstehen, der dem Menschen von seinem Schöpfer, einem Gott oder einer unpersönlichen Natur, in der Welt zugewiesen ist. Beeinflußt von Marx ebenso wie von dem halb vergessenen italienischen Philosophen Vico, zu dessen wenigen aufmerksamen Lesern im neunzehnten Jahrhundert er gehörte, glaubte Sorel, daß der Mensch alles, was er besitzt, seiner unermüdlichen Arbeit verdankt. Sicherlich war die Naturwissenschaft ein Triumph der menschlichen Anstrengung, aber sie lieferte keine Kopie oder Landkarte der Natur, wie die Positivisten des achtzehnten Jahrhunderts angenommen hatten. In dieser Frage irrten sie und ihre modernen Schüler. Es gibt zwei Naturen: Die eine ist die künstliche Natur, die Natur der Wissenschaften, ein System idealisierter Größen – Atome, elektrische Ladungen, Masse, Energie und dergleichen: Fiktionen, die aus beobachteten Gleichförmigkeiten vor allem in Gebieten, die den alltäglichen Belangen der Menschen relativ fern sind, wie etwa die Welt der Astronomie, gewonnen und dann sorgfältig mathematisiert worden sind, wodurch die Menschen befähigt werden, das Universum ein Stück weit zu identifizieren, vorherzusagen und teilweise sogar zu beherrschen. Die Begriffe und Kategorien, aus denen diese Natur konstruiert ist, sind durch menschliche Zwecke bedingt: sie abstrahieren aus dem Universum bestimmte Aspekte, die für die Menschen von Interesse sind und genügend Regelmäßigkeit aufweisen, um verallgemeinert werden zu können. Das war natürlich eine ungeheure Leistung, aber eine Leistung der schöpferischen Vorstellungskraft, keine genaue Wiedergabe der Struktur der Wirklichkeit, keine Landkarte und noch weniger ein Bild dessen, was ist. Außerhalb dieser Welt der Formeln, der imaginären Größen und mathematischen Beziehungen, aus denen dieses System besteht, ist die »natürliche« Natur – der wirkliche Gegenstand – chaotisch, furchterregend, aus unbeherrschbaren Kräften zusammengesetzt, gegen die der Mensch zu kämpfen hat, die er sich zumindest teilweise unterwerfen muß, wenn er überleben und schaffen will – durchaus mit der Hilfe seiner Wissenschaften. Aber Symmetrie und Kohärenz sind Attribute der ersten, der künstlichen Natur, der Konstruktion des menschlichen Verstandes, etwas, was nicht gegeben, sondern hergestellt ist. Die Annahme, daß die Wirklichkeit ein harmonisches Ganzes sei, eine rationale Struktur, deren logische Notwendigkeit dem Verstand enthüllt wird, ein wunderbar kohärentes System, das sich ein vernünftiges Wesen nicht anders denken oder wünschen kann und in dem es sich deshalb glücklich und befriedigt fühlen muß – all das ist eine gewaltige Täuschung. Die Natur ist keine vollkommene Maschine, kein hochgezüchteter Organismus und kein rationales System. Sie ist ein wilder Dschungel: Wissenschaft ist die Kunst, sich in ihm so gut es geht zurechtzufinden. Wenn wir diese Verkennung der Natur ebenso auf die Menschen ausdehnen, degradieren und entmenschlichen wir sie, denn die Menschen sind nicht Gegenstand, sondern Subjekt des Handelns. Wenn uns das Christentum überhaupt etwas gelehrt hat, dann dies, daß der einzige absolute Wert im Universum die menschliche Seele ist – nur sie ist in der Lage, zu handeln, Vorstellungskraft zu entwickeln, schöpferisch tätig zu sein und den seelenlosen Gewalten Widerstand zu leisten, die gegen sie gerichtet sind, die uns versklaven und uns schließlich in den Staub stoßen, wenn wir ihnen nicht widerstehen. Das ist die Gefahr, die unablässig über uns schwebt. Deshalb ist das Leben ein ständiger Kampf.

Diese Wahrheit zu leugnen ist ein hohler Optimismus, wie er für das seichte achtzehnte Jahrhundert charakteristisch ist, das Sorel, ähnlich wie Carlyle, zeit seines Lebens verachtete. Die Naturgesetze sind keine Beschreibungen, sie sind, wie er von William James (und vielleicht auch von Marx) lernen sollte, strategische Waffen. Croce hatte ihm gezeigt, daß unsere Kategorien Kategorien des Handelns sind, daß sie verändern, was wir Wirklichkeit nennen, so wie sich die Zwecke unseres tätigen Ich ändern: sie entdecken nicht zeitlose Wahrheiten, wie die Positivisten angenommen hatten. »Wir betrachten als Materie oder àls Grundlage, was sich, mehr oder weniger vollständig, unserem Willen entzieht. Die Form dagegen ist das, was unserer Freiheit entspricht.«[5] Systeme und Theorien, die keine Beziehung zum Handeln haben und die Erfahrung übersteigen wollen – was Professoren und Intellektuelle so gut können – sind nichts anderes als Abstraktionen, in die die Menschen sich flüchten, um nicht mit dem Chaos der Wirklichkeit konfrontiert zu werden. Aus ihnen sind die wissenschaftlichen (und politischen) Utopien gemacht. Die pseudowissenschaftlichen Voraussagen über unsere Zukunft, mit denen sich solche Utopien schmücken, sind nichts anderes als moderne Formen der Astrologie. Wenn man solche Schemata auf die Menschen anwendet, können sie fürchterlichen Schaden anrichten. Die Verwechslung unserer eigenen Konstrukte und Erfindungen mit ewigen Gesetzen oder göttlichen Ratschlüssen gehört zu den verhängnisvollsten Verblendungen der Menschen: eben dies war in der Französischen Revolution geschehen. Die Vermischung der beiden Naturen, der wirklichen und der künstlichen, ist schlimm genug. Aber die *philosophes* waren in der Mehrzahl noch nicht einmal richtige Wissenschaftler, sondern nur soziale und politische Theoretiker, die über Wissenschaft redeten, statt sie auszuüben. Die Enzyklopädie hat das wirkliche Wissen und das wirkliche Können nicht vermehrt. Ideologische Schablonen und optimistischer Journalismus über den Nutzen der Wissenschaft ist selbst keine Wissenschaft und

---

5 Benedetto Croce, »Osservazione intorno alla concezione materialista della storia«, in *Saggi di critica del marxismo*, Palermo 1902, S. 44.

führt nur zu Positivismus und Bürokratie – *la petite science* –, und wenn man Theorien bedenkenlos auf menschliche Angelegenheiten anwendet, führt das zu schrecklichem Despotismus. Sorel spricht beinahe die Sprache von William Blake. Der Baum der Erkenntnis hat den Baum des Lebens getötet. Robespierre und die Jakobiner waren fanatische Pedanten, die das menschliche Leben auf Richtlinien festlegen wollten, die für sie auf objektiven Wahrheiten beruhten. Die Institutionen, die sie geschaffen haben, machen Spontaneität und Erfindungsreichtum zunichte, versklaven und verstümmeln den schöpferischen Willen des Menschen.

Die Menschen, deren Wesen für Sorel in ihrer Tätigkeit liegt, sind ständig von zwei gleichermaßen tödlichen Gefahren bedroht, von Skylla und Charybdis. Die Skylla ist Überdruß, Spannungsverlust, Dekadenz, wenn die Menschen in ihrer Anstrengung nachlassen, an die Fleischtöpfe zurückkehren oder in anderer Weise dem Quietismus anheimfallen und den Betrügereien gewitzter Anführer erliegen, die jede Ehre, Energie, Integrität und Unabhängigkeit vernichten und an ihre Stelle die Herrschaft von Verschlagenheit und Betrug setzen, die Tote Hand der Bürokratie und Gesetze, die von skrupellosen Führergestalten zum eigenen Vorteil ausgenutzt werden können, unterstützt und angestiftet von einer Armee von Experten, den Prostituierten und Lakaien der jeweils Mächtigen, oder von eitlen Unterhaltern und sykophantischen Parasiten wie Voltaire und Diderot, den »Possenreißern einer degenerierten Aristokratie«[6], Bürgerlichen, die danach dürsten, die Attitüden eines müßigen und vergnügungssüchtigen Adels nachzuäffen. Charybdis ist der Despotismus fanatischer Theoretiker – »die blutrünstige Raserei eines Optimisten, der über ein plötzliches Hindernis für seine Pläne rasend geworden ist«[7] und bereit, die Gegenwart abzuschlachten, um auf ihrem Leichnam das Glück der Zukunft zu errichten. Dieses Schwanken kennzeichnet das unglückliche achtzehnte Jahrhundert.

Wie können sich die Menschen vor den beiden Seiten dieses Dilemmas schützen? Nur durch moralische Stärke, durch die Entwicklung neuer Menschen, allseitig entwickelter menschlicher Wesen, die nicht von Furcht und Habgier besessen sind, Menschen,

---

6 *Les Illusions du progrès*, 5. Aufl., Paris 1947, S. 133.
7 *R. V.*, S. 14.

die sich ihre Vorstellungskraft und ihr Gefühl nicht von Doktrinären haben fesseln oder von Intellektuellen zerstören lassen. Sorels Vision gleicht der des jungen Tolstoi und des jungen Nietzsche – die Vision einer Fülle des Lebens, wie sie früher von den Homerischen Griechen gelebt wurde, frei von der ätzenden Wirkung des überzüchteten Skeptizismus und der kritischen Reflexion. Nicht von der Vernunft erschlossene Vorstellungen und Überzeugungen stiften wirkliche Bande zwischen den Menschen, sondern gemeinsames Leben und gemeinsame Arbeit. Das wirkliche Fundament aller Vereinigungen ist die Familie, der Stamm, die Polis, in der die Zusammenarbeit instinktiv und spontan ist und nicht von Regeln, Verträgen oder künstlichen Abmachungen abhängt. Zusammenschlüsse um des Profits und des Nutzens willen, die auf einer künstlichen Übereinkunft beruhen, wie es bei den politischen und ökonomischen Institutionen des kapitalistischen Systems offensichtlich der Fall ist, ersticken den Sinn für die gemeinschaftliche Humanität und vernichten die menschliche Würde, indem sie einen Geist des konkurrierenden Opportunismus erzeugen. Athen schuf unsterbliche Meisterwerke, bis Sokrates auftrat, Theorien ersann und eine unheilvolle Rolle bei der Auflösung dieser geschlossenen, einstmals heroischen Gesellschaft spielte, indem er Zweifel säte und die anerkannten Werte untergrub, die den tiefsten und das Leben am stärksten steigernden Instinkten der Menschen entsprungen waren.

Sorel begann noch als städtischer Ingenieur in Perpignan so zu schreiben, und sein Freund Daniel Halévy versichert, er habe damals noch keine Zeile von Nietzsche gekannt, dessen Bewunderer er später werden sollte. Aber ihr Vorwurf gegenüber Sokrates ist derselbe. Beide, Nietzsche wie Sorel, nehmen die Partei seiner Ankläger: Sokrates und sein Schüler Platon, die Urbilder des Intellektuellen, haben die das Leben abtötenden Samen gesät, die zur Verherrlichung der Abstraktionen, zu Akademien, kontemplativen oder kritischen Philosophien, zu utopischen Systemen und so zum Niedergang der griechischen Lebenskraft und des griechischen Genius geführt haben.

Kann man eine Gesellschaft vor dem Verfall bewahren, und wo kann man ewiges Heil finden? Es gibt eine andere alte Lehre, in der die Menschen schon immer Beruhigung gesucht haben, die Teleologie. Die Geschichte, nahm man an, wäre sinnlos, bloß eine mechanische Abfolge oder ein Chaos zusammenhangloser Episo-

den, wenn sie keinen höchsten Zweck hätte. Das hielt man für undenkbar, denn die Vernunft sträubt sich gegen die Vorstellung
einer bloßen Ansammlung »nackter« Tatsachen. Es mußte einen
Fortschritt oder eine Entwicklung auf die Erfüllung eines bestimmten Zieles oder Musters hin geben. Der Geist verlangt nach
der Gewähr, daß die Geschichte trotz aller Unglücke und Zusam-
menbrüche ein gutes Ende haben wird. Entweder führt uns die
Vorsehung in der ihr eigenen, unergründlichen Weise auf dieses
Ziel hin, oder die Geschichte wird in anderer Form als die stufenweise Selbstverwirklichung des großen kosmischen Geistes begriffen, dessen sich wandelnder und fortschreitender Ausdruck alle Menschen mit all ihren Institutionen sind, und vielleicht sogar
die ganze Natur. Oder es ist der menschliche Geist selbst, der sich
nicht für immer enttäuschen lassen kann und wird und früher
oder später über alle äußeren oder selbstverschuldeten Hindernisse triumphieren und eine Welt errichten muß, in der die Menschen alles geworden sind, wonach sie als vernünftige Lebewesen,
bewußt oder unbewußt, streben. In seiner metaphysischen, mystischen oder profanen Form beherrschte dieses Gemisch aus he-
bräischem Glauben und aristotelischer Metaphysik die Vorstellungswelt der letzten drei Jahrhunderte und gab vielen, die sonst
verzweifelt wären, Zuversicht.

Diese beiden wichtigsten Traditionen des Denkens, in die die
Menschen ihre Hoffnung gesetzt haben, die griechische Lehre der
Erlösung durch Wissen und die jüdisch-christliche der Geschichte
als Theodizee, werden von Sorel abgelehnt. Sein Leben lang
glaubte er an zwei absolute Werte, den der Wissenschaft und den
der Moral. Obwohl oder gerade weil die Wissenschaft eine
menschliche Fiktion ist, können wir mit ihr einige Ereignisse klassifizieren, vorhersagen und kontrollieren. Die Begriffe und Kategorien, in denen die Wissenschaft ihre Fragen stellt, mögen sich
mit dem kulturellen Wandel verändern, die Objektivität und Zu-
verlässigkeit ihrer Antworten hingegen tut es nicht. Aber sie ist
eine Waffe, keine Ontologie, keine Analyse der Wirklichkeit, und
vor allem liefert der große Apparat der Wissenschaft keine Antworten auf metaphysische oder moralische Fragen. Man verkennt
die zentralen Probleme des menschlichen Lebens völlig, wenn
man sie auf Probleme der Mittel, auf technologische Probleme, reduziert. Technischen Fortschritt als identisch mit oder sogar als
Garantie für kulturellen Fortschritt anzusehen zeugt nur von mo-

ralischer Blindheit. Sorel hat in einer Reihe von Aufsätzen die Absurdität der Vorstellung eines allgemeinen menschlichen Fortschritts, die aus der Verwechslung der Technologie mit dem Leben entspringt, und die Lächerlichkeit des Anspruchs der Moderne auf eine gleichsam natürliche Überlegenheit gegenüber der Antike aufgezeigt, wie er zuerst von Gelehrten im späten siebzehnten Jahrhundert erhoben worden war. Die theologischen oder metaphysischen Annahmen der menschlichen Perfektibilität sind nichts anderes als ein pathetisches Haschen nach Strohhalmen, ein Refugium der Schwachen. Weder die Wissenschaft noch die Geschichte bieten Trost und Beruhigung. Turgot und Condorcet mit ihren Schülern im neunzehnten Jahrhundert sind arme, an Illusionen verfallene Optimisten, die glauben, daß die Geschichte auf unserer Seite stehe. Das kann tatsächlich eintreten, aber nur, wenn wir die Geschichte dazu bringen, wenn wir den gerechten Kampf gegen die Unterdrükker und Ausbeuter führen, gegen die düsteren, tödlichen Gleichmacher, die Herren und die Sklaven, und wenn wir das Erhabene und Heroische gegen Demokraten und Plutokraten, gegen Pedanten und Philister verteidigen.

Sorel hat keine Zweifel darüber, was Gesundheit und was Krankheit für Individuen oder Gesellschaften bedeutet. Die Griechen Homers lebten im Lichte von Werten, ohne die keine Gesellschaft schöpferisch sein oder einen Sinn für Größe haben kann. Sie bewunderten Mut, Stärke, Gerechtigkeit, sie bewunderten Treue, Opferbereitschaft und vor allem den Kampf selbst. Freiheit war für sie kein Ideal, sondern Wirklichkeit, nämlich das Gefühl eines erfolgreichen Strebens. Dann kamen (und das hat Sorel sicherlich von Vico) Skeptizismus und Sophisterei, kamen Bequemlichkeit, Demokratie, Individualismus und Dekadenz, so daß die griechische Gesellschaft zerfiel und erobert wurde. Auch Rom war einmal heroisch, aber es ergab sich der Verrechtlichung und Bürokratisierung des Lebens, so daß das späte Reich ein Gefängnis war, in dem jedes menschliche Wesen sich dem Erstickungstod nahe fühlen mußte.

Damals war es die frühe Kirche, die die Fahne des Menschen hochgehalten hatte. Dabei waren die Inhalte weniger wichtig als die Intensität des christlichen Glaubens, eines Glaubens, der dem zersetzenden Intellekt jeden Eingang verwehrte. Doch was am wichtigsten ist, man weigerte sich, Kompromisse zu schließen. Die frühen Christen hätten sich durch ein Einlenken gegenüber den römischen Bürokraten vor der Verfolgung retten können, aber sie zogen den Glauben, Reinheit und das Opfer vor. Konzessionen, betont Sorel immer wieder, führen letztlich immer zur Selbstzerstörung. Die einzige Hoffnung liegt in dem unnachgiebigen Widerstand gegen Kräfte, die das schwächen wollen, was wir instinktiv als den Quell unseres Lebens erkennen. Denn als die Kirche triumphierte und mit der Welt ihren Frieden schloß, wurde sie von der Welt angesteckt und verkam deshalb. Die Barbaren wurden zum Christentum, aber zu einem weltlichen, bekehrt und gingen also zugrunde.

Das heldenhafte Christentum der Märtyrer ist ein Schutz vor dem dekadenten Staat, aber es ist eigentlich selbst sozial destruktiv, denn die Christen (wie auch die Stoiker) sind keine schöpferischen Menschen. Im Gegensatz zum Alten Testament und zur griechischen Literatur wenden sich die Evangelien an Arme und Einsiedler. Eine Gesellschaft, die dem Reichtum gleichgültig gegenübersteht und mit ihrem täglich Brot zufrieden ist, erlaubt kein starkes, schöpferisches Leben. Das Christentum »durchschneidet« – wie jede Ideologie, wie sein säkularisierter Nachfolger, der utopische Sozialismus späterer Tage –»die Adern zwischen dem sozialen Leben und dem Geist, indem es überall den Keim von Quietismus, Verzweiflung und Tod sät«[8]. Zu wenig Raum gab man Caesar, zu viel der Kirche, einem Zusammenschluß von Konsumenten, nicht von Produzenten (in Sorels Sinne). Sorel will zu den starken Werten der ausdauernden judäischen Bauern oder der griechischen Polis zurückkehren, wo ihre bloße Infragestellung schon als subversiv galt. Er ist weder an Glückseligkeit noch an Erlösung interessiert, sondern allein an der Beschaffenheit des Lebens selbst, an dem, was man früher Tugend nannte (die in seinem Falle große Ähnlichkeit mit der *virtù* der Renaissance hat). Wie die Jansenisten, wie Kant und die Romantiker, sieht er allein auf die Motive und den Charakter, nicht auf die Folgen und das Gelingen.

Die Anhäufung des öffentlichen Reichtums in den Händen der Priester und Mönche spielte für die Entkräftung und den Fall Westroms eine wichtige Rolle. Doch nach dem Niedergang gibt es immer Hoffnung auf eine Erneuerung. Spricht nicht Vico von dem *ricorso*, beginnt nicht, wenn ein Kreis der Geschichte in morali-

---

8 *La Ruine du monde antique*, 3. Ausg. Paris 1933, S. 44.

scher Schwäche und Verfall ausgelaufen ist, ein neuer Kreislauf der Geschichte von vorn, roh, frisch und einfach, fromm und mächtig? Sorel beschwört dies mit dem Enthusiasmus Nietzsches und ist von jedem Beispiel eines entschlossenen moralischen Widerstandes gegen den Verfall fasziniert und also von der Geschichte der Kirche in der Zeit der Verfolgungen und von der kämpferischen Kirche, während er an der siegreichen Kirche wenig Interesse hat. Im Zusammenhang mit Widerstands- und Erneuerungsbewegungen hat er (in zunehmendem Maße, nachdem er unter Bergsons Einfluß geraten war) die Theorien entwickelt, deren berühmtester Verkünder er werden sollte, die Theorie des sozialen Mythos, des permanenten Klassenkampfs, der Gewalt und des Generalstreiks.

Sogar in den schwärzesten Stunden des Niedergangs entwickelt der soziale Organismus Gegengifte, um der Krankheit zu widerstehen – Männer, die nicht klein beigeben werden, die sich erheben und die Ehre des menschlichen Geschlechts retten werden. Damals waren dies die hingebungsvollen mönchischen Orden, die Heiligen und Märtyrer, die die Menschheit vor der völligen Verseuchung durch die späte römische Gesellschaft bewahrten – aber welche Menschen verkörpern heutzutage diese Eigenschaften, wer besitzt die *virtù* der großen *condottieri* und Künstler der Renaissance? Vielleicht lebt etwas davon in den amerikanischen Geschäftsleuten, kühnen, wagemutigen und schöpferischen Industriekapitänen, die ihren Willen über die Natur und andere Menschen herrschen lassen. Aber sie sind vergiftet von der allgemeinen Korruption des Kapitalismus, dessen Protagonisten sie sind. Es gab, so schien es Sorel, nur einen wirklichen Gesellschaftskörper dieser Art, nämlich diejenigen, die durch Arbeit immun sind, die Arbeiterschaft, die einzige wahrhaft schöpferische Klasse unserer Zeit. Die Proletarier, die nicht moralisch in die Netze des bürgerlichen Lebens verstrickt sind, sind für Sorel die modernen Heroen, mit einem natürlichen Sinn für Gerechtigkeit und Menschlichkeit, moralisch unerschütterlich und gegen die Sophisterei und Kasuistik der Intellektuellen gefeit.

In den letzten Jahren des Jahrhunderts, während der durch die Dreyfus-Affäre zustandegekommenen Einheitsfront der Linken und vielleicht unter dem Einfluß des Reformsozialismus von Bernstein in Deutschland, der ihm wenigstens auf den ökonomischen Realitäten zu fußen schien, unterstützte Sorel die Idee einer politischen Partei der Arbeiterklasse. Aber schon bald schloß er sich dem syndikalistischen Journalisten Lagardelle an, in dessen Zeitschrift *Le Mouvement socialiste* sehr viele seiner Artikel erschienen sind. Für diese Position sind es nicht theoretische Einsichten, die die Menschen letztlich vereinen, denn sie sind ein oberflächlicher, von den mit Wörtern und Ideen spielenden Ideologen aufgeblasener Besitz und können von Menschen verschiedenster sozialer Formationen geteilt werden, die im Grunde nichts miteinander gemein haben. Wahrhaft geeint werden die Menschen nur durch wirkliche Bande, durch die Familie, diese unwandelbare Zelle des moralischen Lebens, wie Proudhon und Le Play betont hatten, durch Leiden für eine gemeinsame Sache, vor allem aber durch gemeinsame Arbeit, gemeinsames Schaffen und vereinten Widerstand gegen den Druck der unbelebten Natur, die den Arbeitern das Material liefert, wie auch der Herren, die sie um die Früchte ihrer Arbeit betrügen wollen. Die Arbeiter sind keine Partei, die durch das Streben nach Macht oder auch nur materiellen Gütern zusammengehalten wird, sie sind eine soziale Formation, eine Klasse. Marx hat in genialer Weise die Natur der Klassen aufgedeckt, die sich aus ihrer Beziehung zu den Produktionsprozessen einer Gesellschaft definieren, die durch den Konflikt zwischen Kapitalist und Proletarier zerrissen, aber auch vorwärts getrieben werden. Sorel hat seinen Glauben an Marx niemals aufgegeben, aber dessen Lehren selektiv benutzt.

Aus Marx leitet Sorel (unterstützt durch seine eigene Interpretation Vicos) seine Auffassung des Menschen als eines tätigen Lebewesens ab, das zum Arbeiten und Schaffen geboren ist. Daraus folgt sein Recht auf seine Werkzeuge, denn sie sind eine Erweiterung seiner Natur. Die Werkzeuge der heutigen Zeit sind die Maschinen. Die Maschinerie hält Sorel für ein wirksameres soziales Bindeglied als sogar die Sprache. Jede Schöpfung ist in ihrem Kern künstlerisch, und die Fabrik sollte das Vehikel der sozialen Poesie der modernen Produzenten werden. Menschliche Geschichte ist mehr als die subjektlose Entwicklungsgeschichte der Technologie. Erfindungen, Entdeckungen, Techniken und der Produktionsprozeß sind Tätigkeiten von menschlichen Wesen, die einen Geist, vor allem aber einen Willen haben. Die Werte der Menschen, ihre Praxis und ihre Arbeit sind ein dynamisches, nahtloses Ganzes. Sorel folgt Vico, wenn er darauf besteht, daß wir nicht bloß die Leidtragenden oder Zuschauer der Ereignisse, sondern ihre Akteure und Schöpfer sind. Auch Marx ruft er als Zeugen an, aber im ganzen ist er für Sorel zu deterministisch, besonders in den Versionen seiner positivistischeren Interpreten, von Engels, Kautsky und Plechanow, Männern, die wie die bürgerlichen Ökonomen und Soziologen an der *petite science* orientiert sind. Soziale und ökonomische Gesetze sind keine Ketten, kein einschnürendes Gerüst, sondern Leitlinien für mögliche Handlungen, die selbst durch und in Handlungen erzeugt und entwickelt werden. Die Zukunft ist offen. Sorel weist eine so deterministische Redeweise wie die von Tendenzen, die mit eherner Notwendigkeit auf unvermeidliche Resultate hinwirken, und ähnliche Wendungen zurück, von denen *Das Kapital* voll ist. Der Marxismus »ist eine Lehre des Lebens, die für mächtige Völker gut ist; er reduziert die Ideologie auf die Funktion eines bloßen Instruments«[9]. Geschichte ist für Sorel das, was sie für Hegel war, ein Drama, in dem die Menschen Autoren und Akteure sind. Vor allem ist sie ein Kampf zwischen den Mächten des Lebens und des Verfalls, zwischen Aktivität und Passivität, von dynamischer Energie im Gegensatz zu Feigheit und Kapitulation.

Marxens tiefste und einzigartige Einsicht ist für Sorel der Begriff des Klassenkampfes als der Grundlage allen sozialen Wandels. Schöpfung ist immer ein Kampf: die griechische Kultur wird für Sorel in dem Bildhauer symbolisiert, der den Marmor ausschlägt – der Widerstand des Steins, Widerstand überhaupt, ist wesentlich für den Prozeß der Schöpfung. In den modernen Fabriken verläuft die Front nicht nur zwischen den Menschen, den Arbeitern, und der das rohe Material bereitstellenden Natur, sondern auch zwischen den Arbeitern und den Unternehmern, die durch die Ausbeutung der Arbeitskraft anderer Menschen Mehrwert gewinnen wollen. In diesem Kampf werden die Menschen wie Stahl veredelt, ihr Mut, ihre Selbstachtung und ihre gegenseitige Solidarität wachsen. Auch ihr Sinn für Gerechtigkeit entwickelt sich, denn Gerechtigkeit entspringt, nach Proudhon (dem Sorel stärker als sogar Marx verpflichtet ist), aus dem Gefühl der Empörung, die durch die Erniedrigung hervorgerufen wird, die anderen zugefügt wurde. Was beleidigt worden ist, ist allen Menschen gemeinsam – ihre Humanität, die auch die unsrige ist. Die Beleidigung der menschlichen Würde wird von dem Beleidiger, dem Beleidigten und von dem Dritten empfunden. Dieser gemeinsame Protest, den

---

9 Ebd., S. 44.

sie alle in sich selbst fühlen, ist der Sinn für Gerechtigkeit und Ungerechtigkeit. Dieser Sinn schloß einige Sozialisten mit der liberalen Bourgeoisie gegen die Schikanen der Armee und der Kirche während der Dreyfus-Affäre zusammen und rief Sorels Verbindung zu Charles Péguy hervor, der niemals ein Marxist, aber immer bereit war, mit jedem zusammenzuarbeiten, der Frankreich nicht durch das zynische Fehlurteil der Justiz entehrt sehen wollte. 1899 spricht er von der »bewundernswerten Leidenschaft«, mit der die allemanistischen Arbeiter für »Wahrheit, Gerechtigkeit und Moral«[10] Seite an Seite mit Jaurès kämpfen, dem er kurze Zeit später den Mangel gerade dieser Tugenden so heftig vorwerfen sollte.

Besonders Gerechtigkeit ist für Sorel ein absoluter Wert, der gegen den historischen Wandel gefeit ist. Die Wurzeln seiner Konzeption liegen vielleicht, wie bei Kant und Proudhon, in seiner strengen Erziehung. Sorel verabscheute sentimentale Menschenfreundlichkeit. Wenn die Menschen keinen Schrecken mehr vor den Verbrechen der Menschen empfinden, wird dies das Ende ihres Gefühls für Gerechtigkeit bedeuten. Besser strenge Vergeltung als Gleichgültigkeit oder sentimentales Verzeihen, das für die Demokratie mit ihren Humanitätsaposteln charakteristisch ist. Diese Empörung über das, was er als Verwässerung des Gefühls für Gerechtigkeit – für ihn eine Art intuitiver Sinn von absolutem moralischem Unterscheidungsvermögen – im öffentlichen Leben des Frankreichs seiner Zeit ansah, trieb ihn von einem radikalen Heilmittel zum anderen und brachte ihn dazu, alles abzulehnen, worin er eine Neigung zum Kompromiß mit Dummheit und Schwäche witterte. Dieser Mangel an Gespür für absolute moralische Werte und die fehlende Einsicht in die entscheidende Rolle, die der moralische Wille im menschlichen Leben spielt, sind für Sorel die größte Schwäche von Marx – auch er ist zu historisch, zu deterministisch, zu relativistisch. Sorels kompromißloser Voluntarismus steht im Zentrum aller seiner Ansichten, bei Marx liegt zu großes Gewicht auf der Ökonomie, zu wenig auf der Ethik.

Träger der wahren moralischen Werte ist heute das Proletariat. Nur die Arbeiter haben aufrichtigen Respekt vor der Arbeit, der Familie, vor dem Opfer und der Liebe. Sie sind sparsam und besitzen Würde und Ehre. Für Sorel wie für Fernand Pelloutier, den eigent-

---

10 »L'Éthique du socialisme«, *Revue de metaphysique et de morale* 7 (1899), S. 301.

lichen Begründer des französischen Syndikalismus, sind die Arbeiter von Gnade berührte Wesen. Für Sorel waren sie das, was für Herzen die Bauern, für Herder und die Populisten »das Volk« und für Barrès »die Nation« war. Dieser Traditionalismus, den er mit einem bestimmten Typ der Konservativen teilt, und der Charakter seines häuslichen Lebens mit der schlichten und religiösen Marie David schärften seinen Blick für den Abgrund zwischen der moralischen Würde der Arbeiter und dem Naturell und den Werten all der Geschmeidigen und Geschickten, die in den Demokratien Erfolg hatten. Er fand oder glaubte zumindest, eine solche scheue Integrität bei Proudhon, bei Péguy, bei Pelloutier und anderen kompromißlosen Kämpfern für Gerechtigkeit und Unabhängigkeit um jeden Preis zu finden; er suchte sie bei den royalistischen Literaten, bei Ultra-Nationalisten, in jedem Widerstand gegen die opportunistischen Vertreter der Republik und ihre Demagogen. Daraus erklärt sich sein Mangel an Sympathie für den populistischen Nationalismus eines Déroulède wie für die ganze Boulangistische Front. Vielleicht hätte er die *Croix de Feu* gebilligt, aber niemals den Poujadismus.

Sorels Beziehung zu Marx ist schwerer zu fassen: Klassen und Klassenkampf als wesentliche Faktoren des sozialen Wandels, die Interpretation der universellen und zeitlosen Ideale als Masken der jeweiligen Klasseninteressen, der Mensch als sich selbst veränderndes, schöpferisches und Werkzeuge erfindendes Lebewesen, das Proletariat, die Produzenten, als Statthalter der höchsten menschlichen Werte – diese Vorstellungen hat er niemals aufgegeben, aber die ganze Hegel-Marxsche Teleologie, die Werte und Fakten verschmilzt, lehnte er ab. Sorel glaubte an absolute moralische Werte, deshalb konnte er den Historismus der Hegel-Marxschen Tradition nicht akzeptieren, und noch weniger die Ansicht, daß Fragen von grundlegender moralischer oder politischer Bedeutung von Sozialwissenschaftlern, von Psychologen, Soziologen oder Anthropologen entschieden werden können oder daß Techniken, die auf der Nachahmung naturwissenschaftlicher Methoden beruhen, Vorstellungen und Werte erklären oder hinwegerklären können, deren Dauerhaftigkeit und Macht jede Geschichte und Kunst, jede Religion und Ethik bezeugen, ganz zu schweigen von der Annahme der Positivisten, diesen hinters Licht geführten Anhängern der *petite science,* man könne das menschliche Verhalten in mechanistischen oder biologischen Begriffen erklären.

Sorel hält sowohl moralische wie ästhetische Werte für unabhängig vom Gang der Geschichte, selbst wenn ihre Ausprägungen und Anwendungsweisen sich ändern können. Deshalb sieht er in soziologischen Analysen von Kunstwerken, gleich ob von Diderot oder von marxistischen Kritikern, den Ausdruck eines tiefen Mangels an ästhetischem Gespür, eine Blindheit gegenüber dem Mysterium des schöpferischen Aktes und der Rolle, die die Kunst im Leben der Menschheit spielt. Aber wenn er die Motive seiner Gegner aufzeigen will, bleibt er dieser Ansicht nicht gerade treu. Denn dann ist er nur allzu schnell bereit, die psychologischen und soziologischen Methoden derer zu benutzen, die zu wahren Quellen des Handelns vordringen wollen, indem sie Interessen»entlarven«, die sich als unveränderliche Gesetze oder als interesselose Ideale verkleiden. In dieser Weise läßt er die marxistische Ansicht unbeschränkt gelten, daß ökonomische Gesetze keine Naturgesetze, sondern von Menschen geschaffen sind, und zwar, ob bewußt oder nicht, im Interesse einer gegebenen Klasse. Wenn man objektive Notwendigkeiten sieht, wie es die bürgerlichen Ökonomen tun, dann verdinglicht man sie, und mit dieser Illusion spielt man der Klasse in die Hände, für die es von Vorteil ist, sie als ewig und unwandelbar auszugeben. Dann jedoch zieht Sorel die unmarxistische, voluntaristische Folgerung, daß ein Versuch und Kampf aus freier Entscheidung sehr viel ändern könne, und sagt sich von den Orthodoxen los, die auf einer strengen und prognostizierbaren Kausalbeziehung zwischen den Produktivkräften und dem Überbau der Institutionen und Ideen bestehen. Die moralischen Absoluta dürfen davon nicht berührt werden: sie wandeln sich nicht mit Änderungen in den Produktivkräften oder Produktionsverhältnissen.

Geschichte ist für Sorel in sehr viel höherem Maße beständigem Wechsel unterworfen, als Marx es annahm. Die Gesellschaft ist eine Schöpfung, ein Kunstwerk und nicht bloß ein Produkt ökonomischer Kräfte (wie es vielleicht der Staat ist). Den Ökonomismus von Marx hält er für übertrieben. Er war vielleicht (wie Engels auch zugegeben hat) notwendig, um idealistischen oder liberal-individualistischen Geschichtstheorien entgegenzutreten, aber am Ende laufen solche ökonomistischen Theorien seiner Meinung nach leicht darauf hinaus zu glauben, man könne die soziale Verfassung der Zukunft vorhersagen, für Sorel ein gefährlicher und trügerischer Utopismus. Solche Phantasien können die Arbeiter stimulieren, aber sie können ebensogut den Despotismus stärken.

Selbst wenn die Arbeiter ihren Kampf gegen die Bourgeoisie gewinnen, können auch sie aus ihrer eigenen Klasse eine unterdrükkende Elite doktrinärer Intellektueller hervorbringen, es sei denn, sie haben sich dazu erzogen, schöpferisch zu sein. Er wirft Marx vor, sich allzu sehr auf Hegels für alles zuständigen Weltgeist zu verlassen, obwohl er Marx die Einsicht zugesteht, daß die Wissenschaft (und besonders die Ökonomie) keine »Mühle« ist, in die man jedes Problem, mit dem man konfrontiert ist, hineinstopfen und die Lösung ausgeworfen bekommen kann.[11] Wichtig sind allein die Methoden. Hat nicht Marx selbst erklärt: »Wer immer ein Programm für die Zukunft entwirft, ist ein Reaktionär«?[12] Auch glaubte Marx, nach Sorel, nicht an eine politische Partei der Arbeiterklasse, denn eine Partei, einmal im Sattel, werde, unabhängig von ihren erklärten Zielen, leicht tyrannisch und verewige sich selbst. Marx glaubte eigentlich, sagt Sorel, nur an die Wirklichkeit der Klassen.

Das ist ein ihm selbst angeglichener Marx. Sorel scheidet bei Marx alles aus, was ihm politisch schien, seinen Begriff der Partei der Arbeiterklasse, seine Theorie und praktischen Vorbereitungen für die Revolution, seinen Determinismus, vor allem seinen Begriff der Diktatur des Proletariats, den Sorel für eine finstere Auferstehung der schlimmsten Elemente des repressiven Jakobinertums hielt. Sogar die anarchistische klassenlose Gesellschaft, mit der die eigentliche menschliche Geschichte beginnen soll, wird von Sorel im Grunde ignoriert. Offenbar enthält sie ihm zuviel begriffliche, ideologische Konstruktion. »Der Sozialismus ist keine Doktrin«, erklärt er, »keine Sekte, kein politisches System – er ist die Emanzipation der arbeitenden Klassen, die sich selbst organisieren, sich selbst unterrichten und neue Institutionen schaffen«.[13] Das Proletariat ist für ihn eine Gemeinschaft von Produzenten, die durch den Charakter der Arbeit, die sie ausüben, zugleich geschult und begeistert werden. Das macht sie zu einer Klasse und nicht zu einer Partei. Weder sind die Proletarier einfach die unzufriedenen

11 *R. V.*, S. 173.
12 *R. V.*, S. 168. Dieser Brief, den Marx, Professor L. J. Brentano zufolge, 1869 an seinen englischen Freund Professor Beesly geschickt hat, ist, soweit ich weiß, niemals gefunden worden. Auch klingt der Gedanke nicht sehr nach Marx, obwohl Eduard Bernstein gesagt haben soll, er halte ihn für marxisch. *Mouvement socialiste*, 1. September 1899, S. 270.
13 »La Crise du socialisme«, *Revue politique et parlementaire* 18 (1899), S. 612.

Massen, noch ist die proletarische Revolution bloß eine Revolte der Armen gegen die Reichen, des *popolo minuto* der italienischen Kommunen, von einem selbsternannten Generalstab organisiert und geführt; sie ist nicht der Aufstand, für den Babeuf oder Blanqui eingetreten waren, denn der kann überall und zu jeder Zeit ausbrechen. Die eigentliche sozialistische Revolution heute muß der Aufstand der heroischen Klasse von Produzenten und Erzeugern gegen die Ausbeuter mit ihren Agenten und Parasiten sein, zu dem es nur kommen kann, wenn – das war die entscheidende Entdeckung von Marx – eine Gesellschaft einen gewissen technologischen Entwicklungsstand erreicht und die wahrhaft schöpferische Klasse eine eigene moralische Persönlichkeit entwickelt hat. Diese Betonung des eigentlichen Werts und des revolutionären Charakters der Kultur der Produzenten, des Proletariats, hat Gramsci angezogen und ihn veranlaßt, Sorel gegen seine Kritiker zu verteidigen. Sorel hat offensichtlich keine Gesellschaft ins Auge gefaßt, die so mechanisiert ist, daß sie eine technokratische Bürokratie erzeugt, die sowohl die Leiter als auch die Arbeiter einbezieht, in der die soziale Dynamik durch eine Organisation erstickt wird, die durch die bloße Größe des industriellen Systems erfordert ist. Daniel Halévy zufolge war Frankreich um die Jahrhundertwende, und besonders Paris mit seiner Umgebung, im Vergleich zu England und Deutschland relativ wenig industrialisiert. Sorel steht Proudhons Welt näher als der von General Motors oder I.C.I.

Nur Kampf reinigt und stärkt. Denn er erzeugt dauerhafte Einheit und Solidarität, während politische Parteien, in die jeder, gleich aus welcher sozialen Formation, eintreten kann, wackelige Gebilde sind, anfällig für opportunistische Koalitionen und Bündnisse. Das ist das Gebrechen der Demokratie. Sie ist nicht nur der von den Marxisten denunzierte Schein, eine bloße Fassade für die kapitalistische Herrschaft; aber gerade das Ideal der Demokratie – nationale Einheit, Versöhnung der Uneinigkeiten, Aufopferung für das Gemeinwohl, Rousseaus allgemeiner, über den Kampf der Parteien erhobener Wille – vernichtet die Bedingungen, unter denen allein sich der Mensch zu seiner ganzen Größe erheben kann, den Kampf und den sozialen Konflikt. Die verhängnisvollsten demokratischen Institutionen sind die Parlamente, weil sie vom Kompromiß, von Konzessionen und Schlichtung abhängen. Selbst wenn man von den Listen, Ausflüchten und der Scheinheiligkeit absieht, die die Syndikalisten betonen, sind politische Koalitionen der Tod jedes Heroismus und sogar der Moral selbst. Unabhängig davon, wie kämpferisch seine Vergangenheit war, wird das Mitglied eines Parlaments unausweichlich in eine friedfertige Vereinigung, sogar Zusammenarbeit mit dem Klassenfeind getrieben, in Komitees, in Lobbys, im Parlament selbst. Der Vertreter der arbeitenden Klassen wird sehr leicht, wie Sorel beobachtete, ein ausgezeichneter Bourgeois. Abstoßende Beispiele dafür liegen vor aller Augen: Millerand, Briand, Viviani und der faszinierende Demagoge Jean Jaurès mit seiner im Handumdrehen erworbenen Popularität. Sorel hatte einst viel von diesen Männern erhofft, aber er verlor seine Illusionen, denn sie erwiesen sich alle als dieselben erbärmlichen Erdenwürmer, Schönredner, Schieber und Intriganten wie alle anderen auch.

Sorel geht sogar noch weiter. Schöpferische Lebenskraft kann es nicht geben, wo alles nachgibt und zu weich ist, um zu widerstehen. Wenn der Feind – nicht die parasitären Intellektuellen und Theoretiker, sondern die Anführer der kapitalistischen Kräfte – nicht selbst tatkräftig ist und wie ein Mann zurückschlägt, werden die Arbeiter nicht einen ihrer Kraft würdigen Gegner finden und schließlich selbst degenerieren. Nur im Kampf gegen einen starken und kraftvollen Gegner können wahrhaft heroische Eigenschaften entwickelt werden. Daher Sorels charakteristischer Wunsch, daß die Bourgeoisie kräftige Muskeln ausbilden möge. Kein ernsthafter Marxist könnte auch nur daran denken, diese These zu akzeptieren, noch nicht einmal der gemäßigtste Reformist, noch nicht einmal die, die, wie Bernstein, die Gültigkeit des historischen Libretto der Marxisten bestritten und in einer in gewisser Weise Sorels selbst würdigen Sprache verkündeten:»Das Ziel ist nichts, die Bewegung ist alles.«[14] Sorel wendet seinen Blick von dem Nachspiel des endgültigen Siegs der Arbeiterklasse ab. Er befaßt sich nur mit Aufstieg und Fall, schöpferischen und dekadenten Gesellschaften oder Klassen. In der sozialen Wirklichkeit kann es keine Vollkommenheit und keinen endgültigen Sieg geben, nur in der Kunst, in der reinen Schöpfung ist so etwas möglich. Rembrandt, Ruysdael, Vermeer, Mozart, Beethoven, Schumann, Berlioz, Liszt, Wagner, Debussy, Delacroix, die impressionistischen Maler seiner Zeit, sie haben es vermocht, in ihrer Kunst einen unüberbietbaren Gipfel zu erlangen. Daher seine Angriffe

---

14 Zitiert bei Sorel, »L'Ethique du socialisme«, a.a.O. (siehe Anm. 10), S. 296.

gegen alle, die ihren Genius für Ruhm oder Geld verkaufen. Man kann Meyerbeer verachten, aber nicht beschuldigen. Denn er war ganz ein Kind seiner Zeit und seines Milieus, und seine Begabung war ebenso vulgär wie die Zuhörerschaft, die er zu erfreuen wußte – während Massenet sein reineres Talent prostituierte, um dem bürgerlichen Publikum zu gefallen, was in gewisser Weise, wie Sorel anzunehmen scheint, auch für Anatole France gilt.

Die völlige Erfüllung, die in der Kunst und in der Wissenschaft, im Fall eines einzelnen genialen Menschen möglich ist, wird es im Leben einer Gesellschaft nie geben können. Daher Sorels Argwohn gegen das ganze marxistische Szenario: die Expropriation der Expropriateure, die Diktatur des Proletariats, die Herrschaft des Überflusses, das Absterben des Staats. Praktische Probleme ignoriert er. Er ist weder daran interessiert, wie in der neuen Ordnung Produktion, Distribution und Austausch geregelt sein werden, noch daran, ob es möglich ist, den Mangel abzuschaffen, ohne zumindest einige Aufgaben anzugehen, die kaum als schöpferische bezeichnet werden können. Man kann die Marxisten kaum dafür tadeln, einen Mann nicht zu den ihrigen zu zählen, der den Feind am Leben lassen wollte, aus Sorge, daß die eigenen Schwerter in ihrer Scheide verrosten könnten, der nichts zu dem Ideal einer freien Gesellschaft vereinigter Produzenten, die sich zusammenschließen, um gegen die unbelebte Natur zu kämpfen, zu sagen hatte, sondern der im Gegenteil erklärte: »Alles kann gerettet werden, wenn das Proletariat durch Gewaltanwendung dem Bürgertum etwas von seiner früheren Energie zurückgibt«[15], ein Mann, der sich um die Probleme von Armut und Elend als solcher nicht zu kümmern schien und gegen die Sabotage in Fabriken protestierte, weil sie die Früchte der schöpferischen Arbeit von Menschen willentlich zerstöre. Keiner konnte sich als Marxist bezeichnen, der revolutionären Terror als politischen Akt verachtete und die Jakobiner als Tyrannen und Fanatiker verdammte, Männer, die Marx in bestimmter Hinsicht und Lenin sogar noch stärker als ihre legitimen Vorgänger betrachteten. Sorel verurteilt jede Handlung, die aus moralisch unreinem Gefühl entspringt, aus Motiven, die vom bürgerlichen Gift infiziert sind: »Der fanatische Neid der verarmten Intellektuellen«, erklärte er, »die jeden reichen Kaufmann am liebsten auf der Guillotine sähen, ist ein gemeines Ge-

---

15 *R. V.*, S. 110.

fühl, das nicht im geringsten sozialistisch ist.«[16] Er sorgt sich nur um die Erhaltung der heroischen Vitalität, des Mutes und der Stärke, die verfallen können, wenn ein vollkommener Sieg dem Sieger keinen Feind mehr läßt.

Sorel war sich der Eigenart seiner Position bewußt und hatte ein launisches und ziemlich bösartiges Vergnügen daran, die Schwäche und Verwirrungen seiner Verbündeten hervorzuheben. In den frühen Jahren unseres Jahrhunderts erklärte er den Sozialismus für tot. Er machte keinerlei Anstrengungen, irgendeine aktive soziale oder politische Gruppe zu beeinflussen, sondern blieb seinem Glauben treu – isoliert, unabhängig, sein eigener Herr. Wenn es dazu in der sozialistischen Bewegung eine Parallele gibt, dann in dem ebenso unabhängigen wie ungreifbaren Wiener Kritiker und Journalisten Karl Kraus, dem es auch um moralische Fragen und die Bewahrung des Stils im Leben und in der Literatur ging.[17] Sogar Bernard Shaw, der Vitalität, Stil und napoleonische Qualitäten bewunderte, die »treibende Kraft«, hatte zu ihm eine größere Affinität als gelehrte Theoretiker wie Kautsky, Plechanow, Guesde, Max Adler, Sidney Webb und die anderen Säulen des europäischen Sozialismus. Für ihn verkörperten sie alles, was er zutiefst verachtete – trockene, zerebrale, modische Sophisten, Buchhalter und Glossatoren, die jeden vitalen Impuls in abstrakte Formeln verkehrten, in utopische Pläne, gelehrten Staub. Er goß die Schalen seines Spotts über sie, und sie zahlten es ihm mit gänzlichem Totschweigen heim.

Jaurès hat Sorel den Metaphysiker des Syndikalismus genannt, und tatsächlich glaubte Sorel, daß in jeder menschlichen Seele ein metaphysischer Funke verborgen liege, der unter der Asche glühe. Wenn man ihn zur Flamme entfachen könnte, würde er einen Feuersturm auslösen, der Mittelmäßigkeit, Routine, Feigheit, Opportunismus und korrupte Geschäfte mit dem Klassenfeind hinwegfegen würde. Die Gesellschaft kann nur durch die Befreiung der Produzenten, der Arbeiter, besonders der Handarbeiter, befreit werden. Die Begründer des Syndikalismus hatten recht: Die Arbeiter müssen vor der Beherrschung durch Experten, Ideologen und Professoren bewahrt werden – der intellektuellen Elite aus Platons

16 *Matériaux d'une théorie du prolétariat*, 2. Aufl. Paris 1921, S. 98, Anm. 1.
17 Der Marxismus sei in Gefahr, »eine in den Gebrechen der Sprache gründende Mythologie« zu werden, schrieb Sorel in einem Brief an Croce vom 27. Dezember 1897, *La critica* 25 (1927), S. 50-2.

gräßlichem Traum –, die Bakunin (im Blick auf Marx) »Pedanto-kratie« genannt hatte. »Kann man sich«, fragt Sorel, »Schreckliche-res als das Regiment der Professoren vorstellen?«[18] Heutzutage sind solche Menschen meist, beobachtet er, entwurzelte Intellek-tuelle oder Juden ohne Land – Menschen, die keine Heimat haben, keinen eigenen Herd, »keine alten Gräber zu beschützen, keine Zeugen der Vergangenheit gegen die Barbaren zu verteidigen«[19]. Das ist natürlich die grelle Rhetorik der extremen Rechten, von de Maistre, Carlyle, deutschen Nationalisten, französischen Drey-fusgegnern und antisemitischen Chauvinisten, von Maurras, Bar-rès, Drumont und Déroulède. Aber es ist auch – manchmal – die Sprache von Fourier und Cobbett, Proudhon und Bakunin, und sie sollte später von den Faschisten und Nationalsozialisten mit ihren literarischen Verbündeten in vielen Ländern gesprochen werden, ebenso von denen, die gegen kritische Intellektuelle und wurzello-se Kosmopoliten in der Sowjetunion und anderen osteuropäischen Ländern losziehen. Niemand war dieser Denkart und Ausdrucks-weise näher als der sogenannte linke Flügel der Nazis, Gregor Strasser und seine Anhänger in den frühen Tagen Hitlers und in Frankreich Leute wie Déat und Drieu de la Rochelle.

Es gibt eine – manchmal mit dem Populismus, Nationalismus oder der Wiederentdeckung des Mittelalters verbundene – antiin-tellektuelle und gegenaufklärerische Strömung in der radikalen europäischen Tradition, die auf Rousseau, Herder und Fichte zu-rückgeht und in agrarische, anarchistische, antisemitische und an-dere antiliberale Bewegungen Eingang findet und höchst unge-wöhnliche Koalitionen hervorbringt, die manchmal in offener Op-position zu und manchmal in einer unheiligen Allianz mit den ver-schiedenen Strömungen des sozialistischen und revolutionären Denkens stehen. Sorel, dessen Haß auf die Demokratie, die bür-gerliche Republik und vor allem auf das rationale Gehabe und die liberalen Werte der Intellektuellen Obsession war, nährte diesen Strom, zuerst indirekt, gegen Ende der ersten Dekade unseres Jahrhunderts aber offener und entschiedener, bis es dadurch zum Bruch zwischen ihm und seinen Verbündeten auf der Linken kam.

Ohne Frage spielten dabei seine fromme Erziehung, seine tiefen Wurzeln im traditionellen, altmodischen Provinzleben Frank-

---

18 *Le Procès de Socrate*, Paris 1889, S. 183.
19 Ebd., S. 158.

reichs und sein unausgesprochener, aber tiefsitzender Patriotismus eine Rolle. Was ihm als Demoralisierung und Auflösung der traditionellen französischen Gesellschaft erschien, nahm ihn offensichtlich sein ganzes Leben lang gefangen und verstärkte seine Xenophobie und Feindschaft gegen die, die für ihn über die Grenzen der traditionellen westlichen Kultur hinausgingen. Sein Antiintellektualismus und sein Antisemitismus entsprangen denselben Quellen wie bei Proudhon und Barrès, aber hinzu trat der entscheidende Einfluß der Philosophie Bergsons. Mit seinem Freund Péguy nahm Sorel an Bergsons Vorlesungen teil, die ihn, wie auch Péguy, tief und bleibend beeindruckten.

Von Bergson leitete er die Vorstellung her, die er ebensogut bei den frankophoben deutschen Romantikern ein Jahrhundert früher hätte finden können, daß nämlich im Vergleich zu der Macht des Irrationalen und Unbewußten der Verstand im Leben von Individuen wie von Gesellschaften ein schwaches Instrument ist. Sorel war von Bergsons Lehre des unanalysierbaren *élan vital* tief beeindruckt, der inneren Kraft, die nicht rational erfaßt oder artikuliert werden kann, die sich ihren Weg in die leere und ungewisse Zukunft bahnt und durch die sowohl biologisches Wachstum als auch menschliche Tätigkeit Gestalt gewinnen. Nicht theoretisches Wissen, sondern Handeln, und nur Handeln, führt zu einem Verständnis der Wirklichkeit. Das Handeln ist kein Mittel für vorgängige Zwecke, sondern es bestimmt selbst seine Vorgehensweise und seinen Weg. Voraussagen, selbst wenn sie möglich wären, töten das Handeln ab. Für das, worum es uns geht, haben wir einen inneren Sinn, der völlig verschieden von und unvergleichbar mit dem äußeren Sinn ist, mit der Kontemplation, die klassifiziert, trennt und klare Strukturen einrichtet. Der Intellekt läßt erstarren und entstellt. Bewegung kann man nicht durch Ruhe wiedergeben, Zeit nicht durch Raum, den schöpferischen Prozeß nicht durch Regungsloses und Totes – das ist alte romantische Lehre, die von Bergson wiederbelebt und weiterentwickelt wurde. Die Wirklichkeit muß intuitiv erfaßt werden, durch Bilder, wie es die Künstler tun, nicht durch Begriffe, Argumente oder cartesianisches Denken. Das ist der Boden, auf dem Sorels berühmte Lehre vom sozialen Mythos, durch den allein soziale Bewegungen Leben gewinnen, gewachsen ist.

Es gibt noch eine andere Quelle, aus der die Theorie des Mythos entsprungen sein kann – die Lehren des Begründers der modernen Soziologie, Emile Durkheim, der in schärfstem Gegensatz zu Bergson stand. Rational und streng positivistisch, glaubte er, wie Comte, daß nur die Wissenschaft unsere Fragen beantworten könne, und was die Wissenschaft nicht vermöge, ließe sich auch durch keine andere Methode erreichen. Bergsons tiefem Irrationalismus stand Durkheim unversöhnlich gegenüber, Durkheim, der der führende Ideologe der dritten Republik wurde und lehrte, daß keine Gesellschaft ohne ein hohes Maß sozialer Solidarität zwischen ihren Mitgliedern stabil bleiben könne, das seinerseits von allgemein verbindlichen und mit entsprechenden Ritualen und Zeremonien verbundenen sozialen Mythen abhänge. In der Vergangenheit sei die Religion die bei weitem mächtigste Form gewesen, in der dieses Gefühl des Zusammenhalts seinen natürlichen Ausdruck gefunden habe. Für Durkheim sind Mythen nicht falsche Annahmen über die Wirklichkeit, keine Annahmen *über,* sondern Glaube *an* etwas, an die Abstammung von einem gemeinsamen Urvater, an umwälzende Ereignisse in einer gemeinsamen Vergangenheit, an gemeinsame Traditionen, an die in der gemeinsamen Sprache verankerten Symbole und vor allem an Symbole, die durch Religion und Geschichte geheiligt sind. Die Funktion der Mythen besteht darin, eine Gesellschaft zu binden, einen Zusammenhang zu schaffen, der durch Regeln und Gewohnheiten geleitet wird, ohne die sich das Individuum isoliert und einsam fühlen und Angst und Verlorenheit empfinden würde, was seinerseits zu Gesetzlosigkeit und Chaos führe. Für Durkheim sind Mythen letztlich eine nützliche und, solange sie nicht geplant sind, spontane und natürliche Antwort auf quasi-biologische Bedürfnisse. Seine Funktionsbestimmung des Mythos wird von ihm im Sinne von Burke als eine empirische Entdeckung einer notwendigen Bedingung sozialer Stabilität behandelt. Sorel verabscheute den Utilitarismus und besonders das Verlangen nach sozialem Frieden und Kohäsion bei den vorsichtigen republikanischen Akademikern, weil er darin den Versuch sah, den Klassenkampf im Interesse der bürgerlichen Republik zum Schweigen zu bringen.

Für Sorel besteht die Funktion des Mythos nicht in der Stabilisierung, sondern darin, Energien zu lenken und Handlungen zu inspirieren, und zwar, weil er eine dynamische Sicht der Bewegung des Lebens verkörpert. Die Mythen sind um so mächtiger, weil sie nicht rational sind und deshalb von universitären Besserwissern nicht kritisiert oder widerlegt werden können. Ein Mythos ist ein

Gefüge aus Bildern, »von warmer Färbung«[20], die auf die Menschen nicht wie der Verstand, die Erziehung des Willens oder der Befehl eines Vorgesetzten einwirken, sondern als Ferment der Seele, das Enthusiasmus erzeugt und zum Handeln, wenn notwendig sogar zum Aufruhr anspornt. Mythen brauchen keine historische Realität zu haben, sie lenken unsere Gefühle, mobilisieren unseren Willen und geben allem, was wir sind, tun und machen, seinen Zweck. Sie sind vor allem keine Utopien, die seit Platon Beschreibungen von unmöglichen Zuständen sind, Phantasien in den Köpfen von wirklichkeitsfremden Intellektuellen, ein Ausweichen vor den konkreten Problemen und Flucht in Theorie und Abstraktion. Sorels Mythen sind Wege, um die Beziehungen zwischen den wirklichen Gegebenheiten zu verändern, indem sie den Menschen eine neue Sicht der Welt an die Hand geben, so wie zu einem anderen Glauben Bekehrte die Welt mit neuen Augen sehen. Eine Utopie ist »das Produkt intellektueller Arbeit, das Werk von Theoretikern, die nach der Beobachtung und Erörterung der Tatsachen ein Modell zu bauen versuchen, an dem sie bestehende Gesellschaften messen können ... Diese Konstruktion kann in ihre Einzelteile zerlegt werden«[21], ihre Bestandteile können auseinandergenommen und in andere Zusammenhänge eingebaut werden – die bürgerliche politische Ökonomie liefert ein gutes Beispiel für ein solches künstliches Gebilde. Mythen jedoch sind Ganzheiten, die von der Einbildungskraft sofort aufgenommen werden. Im Grunde sind sie politische Bestrebungen in der Form von Bildern, die durch ein starkes Gefühl »aufgeheizt« werden. In einer Weise, wie es Worte nicht können, bringen sie in der Vergangenheit und in der Zukunft Möglichkeiten ans Licht, die bis dahin unsichtbar waren, und treiben so die Menschen an, in gemeinsamer Anstrengung ihre Verwirklichung herbeizuführen. Die Anstrengung selbst erzeugt neue Lebenskraft, neue Bemühung und Kampfgeist in einem endlosen dynamischen Prozeß, der sich spiralförmig aufwärts bewegt und der für Sorel die Bedeutung hat, »den Hoffnungen auf unmittelbare Aktion einen Anschein von Realität zu geben«.[22]

Die christliche Vision der bevorstehenden Wiederkunft ist für Sorel ein derartiger Mythos, in dessen Licht die Menschen den Märtyrertod auf sich nehmen. Der calvinistische Glaube an die Er-

---

20 *R. V.*, S. 184.
21 Ebd., S. 38.
22 Ebd., S. 149.

neuerung der Christenheit war die Vision einer neuen Ordnung, die nicht von dieser Welt ist, aber von ihr durchdrungen widerstanden die Gläubigen erfolgreich dem weltlichen Humanismus. Die Idee der Französischen Revolution, der auf Bürgerversammlungen in den französischen Provinzstädten leidenschaftlich gehuldigt wurde, lebt als ein undeutliches, aber glühendes Bild fort, das Gefolgschaft verlangt und bestimmte Handlungen auslöst, jedoch als Mythos, der ebensowenig wie eine Hymne oder eine Flagge in ein klar eingegrenztes Programm oder in ein eindeutiges Ziel übersetzt werden kann. »Wenn Menschenmassen sich erregen, wird ein Bild geschaffen, das einen sozialen Mythos konstituiert.«[23] In dieser Weise stellte sich das italienische Risorgimento den Anhängern Mazzinis dar. Durch Mythen nämlich kann der Sozialismus in eine Art sozialer Poesie verwandelt, in Taten ausgedrückt werden, nicht aber in Prosa, nicht in Abhandlungen, die sich bloß an den Verstand wenden. Die französischen Revolutionsarmeen von 1792 waren durch einen solchen feurigen Mythos inspiriert und gewannen, während die royalistischen Kräfte keinen Mythos hatten und verloren. Die Griechen lebten und hatten ihre Blütezeit in einer Welt voller Mythen, bis diese von den Sophisten untergraben wurden und dann von den entwurzelten orientalischen Kosmopoliten, die nach Griechenland einströmten und es ruinierten. Die Analogie zur Gegenwart ist deutlich genug.

Sorels Mythos ist keine marxistische Idee. Er hat eine größere Affinität zum modernen Psychologismus von Loisy oder Tyrell, zu William James' Theorie des Willens, zu Vaihingers »Philosophie des ›Als Ob‹« als zu Marxens rationalistischer Idee der Einheit von Theorie und Praxis. Die Vorstellung »der Massen«, »des Volkes« – gut, schlicht und wahr, aber noch nicht erwacht, wie sich die radikalen und reaktionären Populisten das Volk vorstellten –, der Begriff der ewigen »eigentlichen Nation« im Gegensatz zu ihren korrupten oder ängstlichen Repräsentanten, »la terre et les morts« bei Barrès – das sind Sorels, nicht Durkheims Mythen. Teilnahmslose Kritiker könnten dasselbe von dem üblichen marxistischen Gebrauch des Begriffs der wahren, dialektisch begriffenen Interessen des Proletariats im Gegensatz zu seinen tatsächlichen, »empirischen« Bedürfnissen sagen, vielleicht sogar vom Begriff der klassenlosen Gesellschaft selbst, solange ihre Grundzüge verschwom-

---

23 Ebd., S. 36.

men bleiben. Die Funktion des Mythos ist es, einen »heroischen Geisteszustand« zu erzeugen. Sorels Betonung seiner Irrationalität war für Lenin vielleicht der Grund, ihn so schroff und verächtlich abzufertigen. Wie soll der Mythos der Arbeiter aussehen? Was soll sie zu heroischer Größe über die graue Routine ihres eintönigen Lebens hinaus erheben? Für Sorel ist es der Mythos des Generalstreiks, der, wie er glaubte, schon die Aktivisten in den französischen *syndicats* erfüllte, die in dem bewunderungswürdigen Fernand Pelloutier ihren Anführer gefunden hatten, der sie zu Recht von der Verseuchung durch demokratische Politik freihielt. Der syndikalistische Generalstreik darf nicht mit dem gewöhnlichen Streik aus wirtschaftlichen oder politischen Gründen verwechselt werden, der bloß versucht, den Herren bessere Arbeitsbedingungen oder höhere Löhne abzupressen, aber die Hinnahme der den Eigentümern und den Lohnsklaven gemeinsamen sozialen und ökonomischen Struktur voraussetzt. Das ist bloße Feilscherei und das genaue Gegenteil des eigentlichen Klassenkampfs. Der Mythos des syndikalistischen Generalstreiks ist der Ruf nach der völligen Vernichtung der ganzen abstoßenden Welt der Kalkulation, von Gewinn und Verlust, der Behandlung der Menschen und ihrer Fähigkeiten als Waren, als Material bürokratischer Manipulationen, der Welt eines illusionären Konsenses und sozialer Harmonie, der Welt ökonomischer und soziologischer Experten, die nicht danach fragen, welchen Herren sie dienen, sondern die Menschen bloß als Objekte ihrer statistischen Berechnungen behandeln, als formbares »menschliches Material« und darüber völlig vergessen, daß dahinter lebendige Menschen stehen, nicht so sehr hinsichtlich ihrer normalen menschlichen Bedürfnisse – sie scheinen für Sorel nicht viel zu zählen –, sondern als freie moralische Subjekte, die zu kollektivem Widerstand und zu kollektiver Schöpfung fähig sind und die Welt nach ihrem Willen formen können.

Der Feind ist für Sorel nicht immer derselbe: Während der Dreyfus-Affäre waren es die nationalistischen Demagogen mit ihrem paranoischen, jakobinischen Geschrei von Verrat, ihrer fanatischen Suche nach Sündenböcken und ihrer bösartigen Aufstachelung des Mobs gegen die Juden.[24] Nach ihrer Niederlage wurden die Sieger zunehmend zur Zielscheibe seiner Wut, die »Gegenkir-

---

24 Dazu bestimmt, erklärte Sorel 1901, eine schreckliche Waffe zu werden; vgl. *De l'église et de l'état,* Paris 1901, S. 54f.

che« der Intellektuellen, die intolerante, seelenlose »polit-scholastische« Partei der Republikaner, angeführt von den auf der École Normale gezüchteten akademischen Despoten. Der Generalstreik ist der Höhepunkt von wachsender Militanz und »Gewalt«, wenn die Arbeiter in einem Akt geballten, kollektiven Willens gemeinsam handeln, ihre Fabrik und ihre Werkstatt verlassen, zum Aventin ziehen und sich dann wie ein Mann erheben, um dem verfluchten System eine totale, vernichtende und dauerhafte, eine »Napoleonische« Niederlage beizubringen, dem System, von dem sie in Durkheims oder Comtes Abteilungen und Hierarchien gezwängt werden und das ihnen damit ihr menschliches Wesen raubt. Das ist die große Erhebung der Kinder des Lichts gegen die Kinder der Finsternis, der Kämpfer für ihre Freiheit gegen die Händler, Intellektuellen und Politiker, gegen den erbärmlichen Haufen der Herren der kapitalistischen Welt mit ihren Söldnern, den aufgekauften und von den Hierarchien aufgesogenen Aufsteigern, Karrieristen und Sozialplanern, Macht- und Statussüchtigen auf der Linken wie auf der Rechten, Männern, die Gesellschaften unterstützen, die auf Habgier und Konkurrenzkampf beruhen oder aber auf der erstickenden Unterdrückung, die von einer unbarmherzig perfekten Organisation ausgeht.

Glaubte Sorel oder erwartete er, die Arbeiter würden glauben, daß dieser endgültige Befreiungsakt tatsächlich als historisches Ereignis eintreten werde oder könne? Das ist schwer zu sagen. Für die allgemeinen Streiks zur Sicherung bestimmter Zugeständnisse, die 1904 (während der am stärksten syndikalistisch geprägten Phase Sorels) in Belgien ausbrachen, und vor allem für die Streiks während der fehlgeschlagenen Revolution in Rußland 1905 hatte er wenig übrig. Für ihn war das »Mystische« Péguys aufs bloß »Politische« reduziert. Würde nicht auch, wenn er, wie er es doch nahelegt, glaubte, daß mit der Schwächung des Feindes auch die Klasse der Produzenten geschwächt werde, würde dann nicht ein vollständiger Sieg zu einer Eliminierung der Spannung führen, ohne die es keine Anstrengung, keine Schöpfung gibt? Gleichwohl, ohne einen Mythos ist es unmöglich, eine tatkräftige proletarische Bewegung hervorzubringen. Empirische Argumente gegen die Möglichkeit oder Wünschbarkeit des Generalstreiks sind nicht relevant. Man hat den Verdacht, daß der Generalstreik gar nicht als Theorie einer Aktion gedacht ist, noch weniger als ein Plan, der in der wirklichen Welt ausgeführt werden soll.

Die Waffe der Arbeiter ist die Gewalt. Obwohl sie seinem berühmtestem Werk den Namen gibt (»mein Standardwerk«, wie er es ironisch nannte[25]), hat Sorel ihr Wesen niemals deutlich gemacht. Klassenkonflikte sind die normale Gegebenheit einer Gesellschaft, und ununterbrochen wird von den Ausbeutern gegen die Produzenten, die Arbeiter, Zwang angewandt. Zwang besteht nicht notwendig in offener Gewalt, sondern in der Kontrolle und Unterdrückung durch die Institutionen, die, beabsichtigt oder nicht, wie Marx und seine Schüler deutlich gemacht haben, faktisch die Macht der besitzenden Klasse festigt. Diesem Druck muß man Widerstand leisten. Zwang durch Zwang zu widerstehen, läuft, wie im Falle der Jakobinischen Revolution, leicht auf die Ersetzung eines Jochs durch ein anderes, auf die Einsetzung neuer Herren anstelle der alten hinaus. Ein blanquistischer Putsch kann zu bloßer Zwangsgewalt durch den Staat führen – zur Diktatur des Proletariats, vielleicht sogar nur seiner Repräsentanten, als Nachfolger der Diktatur der Kapitalisten. Dogmatische Revolutionäre werden leicht zu unterdrückenden Tyrannen: dieses Thema hat Sorel mit den Anarchisten gemeinsam. Camus hat es in seiner Polemik gegen Sartre wieder aufgegriffen. Zwang unterdrückt per definitionem, und Gewalt – die gegen ihn gerichtet ist – befreit. Nur indem die Arbeiter den Kapitalisten Furcht einflößen, können sie deren Macht, den Zwang, der gegen sie ausgeübt wird, brechen.

Das ist die Funktion proletarischer Gewalt: nicht Aggression, sondern Widerstand. Gewalt ist das Abstreifen der Ketten, das Vorspiel zur Erneuerung. Vielleicht ist es möglich, für die Arbeiter, die Armen und Unterdrückten eine vernünftigere Existenz, bessere materielle Bedingungen, einen höheren Lebensstandard, Sicherheit und sogar Gerechtigkeit ohne Gewalt zu schaffen. Aber die Erneuerung des Lebens, seine Verjüngung, die Befreiung der schöpferischen Kräfte, die Rückkehr zu Homerischer Schlichtheit, zur Erhabenheit des Alten Testaments, zum Geist der frühen christlichen Märtyrer, der Helden Corneilles, zum Geist der Cromwellschen Reiterei oder der französischen Revolutionsarmeen – das kann nicht durch Überredung, ohne Gewalt als Waffe der Freiheit erreicht werden.

---

25 Brief an Croce, 25. März 1921, *La critica* 28 (1930), S. 194.

Wie Gewaltanwendung in der Praxis von der Ausübung von Zwang unterschieden werden kann, hat Sorel niemals deutlich werden lassen. Sie wird lediglich als die einzige Alternative zu friedlichen Verhandlungen postuliert, die die Realität des Klassenkampfs leugnen, indem sie ein die Arbeiter und Unternehmer verbindendes Allgemeinwohl voraussetzen. Auch Marx sprach von der Notwendigkeit einer Revolution, um das Proletariat von den Schlacken der alten Welt zu reinigen und es auf die neue vorzubereiten. Herzen nannte die Revolution einen reinigenden Sturm, und Proudhon und Bakunin gebrauchten ähnlich apokalyptische Bilder. Sogar Kautsky erklärte, die Revolution führe die Menschen zu einer höheren Sicht des Lebens. Sorel ist von der Idee der Revolution besessen. Für ihn führt der Glaube an die revolutionäre Gewalt und der Haß auf den Zwang in erster Linie die strenge Selbstisolierung der Arbeiter herbei. Leidenschaftlich pflichtete er den syndikalistischen Organisatoren der *bourses de travail* bei (einer eigenartigen Verbindung aus Arbeitsamt, Handelsräten und Sozial- und Bildungszentren für kämpferische Arbeiter), daß Proletarier, die sich auch nur die geringste Zusammenarbeit mit dem Klassenfeind gestatten, für die eigene Seite verloren seien. Alles Gerede von verantwortlichen und humanen Unternehmern und vernünftigen und friedliebenden Arbeitern ekelte ihn an. Beteiligung am Profit, Fabrikräte, die beide, die Herren und die Menschen, einschließen, und die Demokratie, die alle Menschen als gleich ansieht, sind für das Ziel tödlich. Im totalen Krieg kann es keine Fraternisierung geben.

Bedeutet Gewalt mehr als dies? Bedeutet sie Besetzung von Fabriken den Griff nach der Macht, physische Zusammenstöße mit der Polizei oder anderen Agenten der besitzenden Klasse, bedeutet sie Blutvergießen? Sorel läßt dies im Unklaren. Das Verhalten der allemanistischen Arbeiter, die in einem bestimmten Moment der Dreyfus-Affäre mit Jaurès (über den er damals noch gut dachte) gemeinsam marschierten, ist einer seiner sehr wenigen Hinweise auf den angemessenen Gebrauch der proletarischen Gewalt. Er war mit allem einverstanden, was den Kampfgeist der Arbeiter steigert, ohne zwischen ihnen selbst zu Machtstrukturen zu führen. Die Unterscheidung von Zwang und Gewalt scheint gänzlich von ihrer Funktion und ihren Zielsetzungen abzuhängen. Zwang legt in Ketten, Gewalt sprengt sie. Zwang – offener oder verdeckter – versklavt, während Gewalt, die immer offen ist, frei macht. Es sind moralische und metaphysische, nicht empirische Begriffe. Sorel ist ein Moralist, und seine Werte wurzeln in einer der ältesten Traditionen der Menschen. Deshalb hörte Péguy auf ihn und deshalb gehören seine Thesen nicht bloß in seine Zeit, sondern haben ihre Frische bewahrt. Rousseau, Fichte, Proudhon und Flaubert sind seine eigentlichen modernen Vorläufer ebenso wie der Marx, der die Rationalisierungen bloßlegt und den Klassenkampf und die proletarische Revolution predigt, nicht aber der Sozialwissenschaftler, der historische Determinist und Verfasser von Programmen einer politischen Bewegung, der praktische Politiker.

IV

Die Theorie der Mythen und ihr Ergebnis, die Betonung der Macht des Irrationalen im menschlichen Denken und Handeln, ist eine Konsequenz der modernen Wissenschaft und der Anwendung wissenschaftlicher Kategorien und Methoden auf das menschliche Verhalten. Mit dem Auftreten der neuen, verwirrenden Hypothesen von Psychologen und Anthropologen über die Quellen des menschlichen Handelns wurden die relativ einfachen Modelle der menschlichen Natur, die den zentralen Ideen der politischen und Sozialphilosophen bis weit ins neunzehnte Jahrhundert zugrundegelegen hatten, nach und nach durch ein zunehmend komplizierteres und diffuseres Bild ersetzt. Die Entstehung von Lehrmeinungen, nach denen die Menschen durch nicht-rationale Faktoren bestimmt werden, von denen einige in höchst irreführender Weise im menschlichen Bewußtsein gebrochen werden, lenkte die Aufmerksamkeit auf die aktuelle soziale und politische Praxis und ihre wahren Ursachen und Bedingungen, die nur durch wissenschaftliche Untersuchung entdeckt werden konnten und die das Gebiet des freien Willens aufs äußerste eingrenzten oder sogar völlig zum Verschwinden brachten. Dieser naturalistische Ansatz hatte die Wirkung, die Rolle bewußter Gründe herunterzuspielen, durch die die Menschen sich irrtümlicherweise für motiviert hielten oder anderen motiviert schienen. Dies ist vielleicht einer der entscheidenden Gründe für den Verfall der klassischen politischen Theorie, die davon ausgeht, daß die Menschen bis zu einem gewissen Grade frei sind, zwischen verschiedenen Möglichkeiten zu wählen, sich deshalb aus ihnen selbst und anderen einsichtigen Gründen entscheiden und dabei im großen und ganzen dafür offen sind, sich durch vernünftige Argumente überzeugen zu lassen. Als man begann, die »Verschleierungen« und die im individuellen und sozialen Leben verborgenen – psychologischen, ökonomischen und anthropologischen – Faktoren zu durchschauen und ihre wirkliche Rolle zu untersuchen, veränderte sich das einfachere Modell der menschlichen Natur, mit dem die politischen Theoretiker von Hobbes bis John Stuart Mill gearbeitet hatten, und der Schwerpunkt verlagerte sich vom politischen Argument zu den mehr oder weniger deterministischen und deskriptiven Disziplinen, die mit Tocqueville, Taine und Marx begonnen hatten und von Weber und Durkheim, Le Bon und Tarde, von Pareto und Freud mit ihren heutigen Schülern fortgeführt wurden.

Sorel lehnte den Determinismus ab, aber seine Theorie der Mythen gehört in diese Entwicklung. Seine Sozialpsychologie ist ein seltsames Gemisch aus Marxismus, Bergsonschem Intuitionismus und der Psychologie von James. Wenn sich die Menschen erst einmal klarmachen, daß sie, ob sie es wollen oder nicht, vom Klassenkonflikt geformt sind (den Sorel als etwas historisch Gegebenes behandelt), können sie durch eine Willensanstrengung und inspiriert durch einen geeigneten Mythos die schöpferischen Seiten ihrer Natur frei entwickeln – vorausgesetzt, daß sie dies nicht als bloße Individuen versuchen, sondern kollektiv, als Klasse. Aber dies gilt eigentlich nicht für die genialen Individuen, besonders für die Künstler, die durch die Stärke ihres unbeugsamen Geistes auch unter ungünstigsten sozialen Bedingungen zur Schöpfung fähig sind. Für diesen dunklen Prozeß schienen ihm James, Croce und Renan ein tieferes Verständnis zu haben als die verblendeten Soziologen, die alles auf Umwelteinflüsse zurückführten. Doch Sorel ist kein konsistenter Denker. Seine verzweifelte, lebenslange Suche nach einer Klasse oder Gruppe, die die Menschheit, oder zumindest Frankreich, von Mittelmäßigkeit und Verfall befreien könnte, hat ihre Wurzeln in einer Art marxistischer Soziologie der Geschichte als eines Dramas, dessen Protagonisten Klassen sind, die von dem Anwachsen der Produktivkräfte erzeugt werden, eine Lehre, für die er objektive Gültigkeit beansprucht.

Sorels Lehre hatte auf die revolutionäre syndikalistische Bewegung kaum Einfluß. Er schrieb Aufsätze für Zeitschriften, arbeitete mit Lagardelle, Delesalle und Péguy zusammen, erwies Fernand Pelloutier seine Hochachtung und sprach und las vor Gruppen von Bewunderern in Paris. Aber als Griffuelhes, die stärkste Persönlichkeit unter den Syndikalisten seit Pelloutier, gefragt wurde, ob er Sorel lese, antwortete er:»Ich lese Dumas.«[26] Sorel war selbst, was er an anderen am meisten verachtete – zu intellektuell, zu subtil und vom wirklichen Leben der Arbeiter zu weit entfernt. Er war auf der Suche nach biblischen oder homerischen Helden, die eines heroischen Geistes fähig wären, und wurde immer wieder enttäuscht. Während der Dreyfus-Affäre verurteilte er die Dreyfus-Gegner, die für ihn der Inbegriff von Verlogenheit, Ungerechtigkeit und skrupelloser Demagogie waren. Aber nach dem Sieg der Dreyfus-Anhänger war er von ihnen ebenso enttäuscht, von ihrem unwürdigen politischen Manövrieren, dem Zynismus und der Heuchelei dieser Freunde des Volkes. Jaurès' Menschlichkeit und Beredsamkeit schien ihm bloße eigennützige Demagogie, demokratische Effekthascherei, Sand in den Augen der Arbeiter, nicht besser als Zolas Aufschneiderei, die glänzenden Satzperioden von Anatole France oder der Verrat durch falsche Freunde der Arbeiter, deren schlimmster Aristide Briand war, .der frühere leidenschaftliche Verfechter des Generalstreiks.

Sorel setzte sein ruhiges Leben in Boulogne-sur-Seine fort. Zehn Jahre lang, bis 1912, fuhr er mit der Straßenbahn zu Bergsons Vorlesungen und donnerstags beherrschte er die Versammlungen im Büro von Péguys *Cahiers de la Quinzaine,* wo er jene ausgedehnten Monologe über Politik und Ökonomie, über klassische und christliche Kultur, Kunst und Literatur hielt, von denen seine Schüler so fasziniert waren. Er bezog sich auf eine große Menge unterschiedlichster Literatur, aber was im Gedächtnis seiner Zuhörer haften blieb, waren seine scharfen Paradoxe. Péguy lauschte ergeben dem »père Sorel«, aber am Ende wurde es sogar ihm unbehaglich, als Sorel, desillusioniert über die Syndikalisten, die den Weg aller Arbeiter in den Sumpf der sozialen Demokratie gegangen waren,

---

26 Zitiert bei Michael Curtis, *Three Against the Third Republic: Sorel, Barrès, and Maurras,* Princeton 1959, S. 53.

nach neuen Mitstreitern gegen die politische Unreinheit zu suchen begann und heftig gegen die Intellektuellen, vor allem gegen die jüdischen unter ihnen zu Felde zog. Als Sorels Antisemitismus immer offener und bösartiger wurde und er sich Julien Benda zuwandte (einem grimmigen Kritiker Bergsons und jeder Form des Nationalismus, den Péguy trotzdem sehr bewunderte) und sich schließlich mit den militanten Royalisten und Chauvinisten unter der Führung von Maurras und den mystischen katholischen Nationalisten um Barrès verband, Männern, die ihm als einzige noch unabhängig schienen, kämpferisch und vom republikanischen Gift nicht infiziert, war das für Péguy zuviel und er bat Sorel, nicht wieder zu erscheinen. Sorel war tief getroffen. Er hatte das Sprechen immer dem Schreiben vorgezogen und brauchte die Zuhörerschaft begabter Schriftsteller und Intellektueller. Er begann, in der Buchhandlung eines ergebenen Anhängers zu verkehren, und sprach dort weiter wie zuvor.

Der Flirt mit den Reaktionären im sogenannten Cercle Proudhon dauerte nicht lange. 1912 pries Sorel Mussolini, der damals ein flammender militanter Sozialist war, als einen *condottiere,* der eines Tages »die italienische Fahne mit seinem Schwert grüßen wird«[27]. Aber 1914 stand er erneut allein. Als der Krieg ausbrach, fühlte er sich verlassen; Bergson, Péguy, Maurras, sogar Hervé – alle vereinigten sie sich zur Verteidigung der Republik. Während des Krieges war er bedrückt und schwieg. Er korrespondierte mit Croce, der ihm kritisch und unvoreingenommen schien. Gegenüber seinem Freund Daniel Halévy äußerte er, daß der Krieg nichts anderes sei als ein Kampf zwischen der anglo-amerikanischen Finanzwelt und dem deutschen Generalstab, und es schien ihn nicht weiter zu kümmern, welche Partei als Sieger daraus hervorgehen würde. Nach dem Krieg kritisierte er in seinen Briefen an Croce die Anfänge des Faschismus, bezeichnete Mussolini jedoch, vielleicht unter dem Einfluß der anfänglich profaschistischen Einstellung Paretos und Croces, als ein »politisches Genie«[28]. Allerdings beeindruckte ihn Lenin viel stärker. Er sah in ihm einen kühnen und realistischen Erneuerer des Sozialismus, den größten sozialistischen Denker seit Marx, der die russischen

---

27 In einer Unterhaltung mit Jean Variot, vgl. Variot in *L'Éclair*, 11. September 1922 (zitiert bei Gaetan Pirou, *Georges Sorel*, Paris 1927, S. 53).
28 J. Variot, *Propos de Georges Sorel*, Paris 1935, S. 55.

Massen zu heroischem revolutionären Gefühl erhoben hatte. Lenin war Peter der Große oder Robespierre, Trotzki Saint-Just. Ihre Idee der Räte hielt er ganz naiv für reinen Syndikalismus, so wie er 1920 Mussolinis Absage an den »Staat in allen seinen Formen und Inkarnationen, an den Staat von gestern, von heute und von morgen«[29] vermutlich völlig unhinterfragt aufnahm. Er begrüßte die bolschewistische Verachtung der Demokratie, noch mehr aber ihre feindselige Haltung gegenüber den Intellektuellen und erklärte, daß der anwachsende Terror der Bolschewiki weniger schädlich sei als die Kraft, die durch ihn niedergerungen werden sollte; in jedem Falle seien die Juden in der Partei daran schuld. Er verschloß die Augen vor der Stärkung des Parteiapparates und hätte niemals von Rußland als einem sozialistischen Staat gesprochen, da er, genau wie Marx, diesen Begriff für einen eklatanten Widerspruch in sich hielt.

Den Staat als Waffe gegen die Bourgeoisie zu benutzen, das sei, erklärte Sorel, nichts anderes als »Gribouille, der sich selbst ins Wasser stürzte, um nicht vom Regen naß zu werden.«[30] Immer noch hielt er viel von Mussolini, mehr aber noch von Lenin, dem er eine emphatische Hymne widmete. Um diese Zeit hörten nur noch wenige auf ihn. Er lebte einsam und in Armut, da er zuviel in zaristische und österreichische Wertpapiere investiert hatte. Von seinem Tod, wenige Wochen vor Mussolinis Marsch auf Rom, nahm man keine Notiz mehr. Sein letztes Wort soll »Napoleon . . .« gewesen sein.

Der eine der beiden Helden seines Lebensabends, Lenin, ignorierte ihn, während Mussolini ihn, auf der Suche nach vornehmen intellektuellen Vorläufern, als geistigen Vater in Anspruch nahm. Die faschistische Propaganda fand in Sorels Schriften nützliche Munition. Der Spott über die liberale Demokratie, der heftige Antiintellektualismus, die Berufung auf die Macht der irrationalen Kräfte, die Aufrufe zu Aktivismus, Gewalt und zum Konflikt als solchen, all dies nährte faschistische Strömungen.[31] Sorel war nicht

---

29 Zitiert bei Gaudens Megaro, *Mussolini in the Making*, London 1938, S. 319.
30 *R. V.*, S. 144.
31 Ein romantischer, entschieden antidemokratischer russischer Reaktionär des neunzehnten Jahrhunderts hat einmal gesagt, daß er sich bei dem Gedanken daran, wie die Bourgeois in ihrer scheußlichen Kleidung durch die Straßen von Paris eilen, frage, ob eigentlich dafür Alexander der Große in seinem gefiederten Helm die persischen Heere in Abela besiegt habe. Sorel hätte diese Überlegung nicht zurückgewiesen.

mehr Faschist als Proudhon, aber seine Glorifizierung der Tat, der Ehre, des Widerstands, sein tiefer Haß auf Demokratie und Gleichheit, seine Verachtung für Liberale und Juden sind, wie Proudhons Sozialismus, nicht ohne Beziehung zur Sprache und zum Denken des Faschismus und Nationalsozialismus. Auch seine engsten Schüler konnten nicht umhin, dies zu bemerken, und einige unter ihnen sollten davon durchaus beeinflußt werden. Die ideologische Nähe seiner Ansichten zu dem, was dem romantischen Bolschewismus und den linken Strömungen im Faschismus gemeinsam ist, wird schmerzhaft deutlich. »Der Ruf ›Tod den Intellektuellen!‹«, schrieb er voller Hoffnung in seiner letzten von ihm veröffentlichten Aufsatzsammlung, »der so oft den Bolschewiki zugeschrieben wird, kann durchaus zum Schlachtruf des Weltproletariats werden.«[32]

Hier könnte man versucht sein, Sorel als einen exzentrischen Visionär zu verabschieden, als einen durchdringenden und grausamen Kritiker der Auswüchse der parlamentarischen Demokratie und des bürgerlichen Humanismus, dessen, was Trotzki einmal »kantisch-quäkerisch-liberal-vegetarischen Unsinn« genannt hat, als einen Schriftsteller, der hauptsächlich in Italien in linken wie nationalistischen Zirkeln gelesen und zu Recht von Pareto, Mosca und Michels verdrängt wurde, einen Freund Croces mit unbedeutendem Einfluß auf Mussolini – Sorel als Inspirator einer Handvoll Radikaler sowohl der Rechten als auch der Linken, ein fast vergessener Extremist, sicher beigesetzt auf den Seiten der weit umfassenderen Geschichten der sozialistischen Lehrmeinungen. Gleichwohl ist sein Geist heute, ein halbes Jahrhundert nach seinem Tod, keineswegs zur Ruhe gekommen.

VI

Wie Nietzsche predigte Sorel die Notwendigkeit einer neuen Kultur der Produzenten und Tatmenschen, das, was man heute Gegenkultur oder alternative Gesellschaft nennt. Die fortschrittliche Linke des neunzehnten Jahrhunderts glaubte an die Wissenschaft und die rationale Beherrschung der Natur und des sozialen und in-

---

32 *Matériaux d'une théorie du prolétariat*, a.a.O., (siehe Anm. 16), S. 53.

dividuellen Lebens und gründete darauf ihre Angriffe gegen Tradition, Vorurteil, Ästhetizismus, Klerikalismus und konservative oder nationalistische Mystik, gegen alles, was nicht durch das rationale Argument verteidigt werden konnte: in gewisser Weise haben diese Männer gewonnen. Die technokratische, post-industrielle Gesellschaft, in der wir heute angeblich leben, wird von Leuten regiert, die sich erfahrener wissenschaftlicher Experten, rationaler Planer und Technokraten bedienen. Die schon nicht mehr aktuelle Konvergenztheorie ließ uns wissen, daß die Gesellschaften auf beiden Seiten des Eisernen Vorhangs bei all ihren Unterschieden in Art und Ausmaß der individuellen Freiheit, die ihre Mitglieder genießen, in allen wesentlichen Hinsichten von ähnlichen Kräften bestimmt sind.

Diese Ordnung, die auf dem Respekt vor Planern und Spezialisten beruht – eine Demokratie, die so wirklich wie scheinhaft ist – fürchtete und verachtete Sorel am tiefsten. Eine Gesellschaft von Konsumenten ohne authentische moralische Werte, inmitten wachsenden Überflusses in Vulgarität und Langeweile versunken, blind für Erhabenheit und moralische Größe, bürokratische Organisation des menschlichen Lebens im Lichte dessen, was er *la petite science* nannte – all das verabscheute und haßte er. Wer würde dagegen aufbegehren? Die Arbeiter hatten seine Erwartungen nicht erfüllt. Sie reagierten nicht auf seine Signale und blieben mit ihren materiellen Bedürfnissen beschäftigt, und ihre Lebensweise entsprach weiterhin der des Kleinbürgertums, der Klasse, die Sorel für die größte Quelle der moralischen Verseuchung hielt und die später der hauptsächliche Nährboden des Faschismus werden sollte. Sorel starb als ein enttäuschter Mann.

Wenn er heute noch lebte, würde die Woge radikaler Unruhe ihn sicher begeistern. Wie Fanon und die Black Panthers und einige marxistische Splittergruppen glaubte er, daß die Beleidigten und Unterdrückten in Akten revolutionärer Gewalt zu sich selbst finden und Identität und Menschenwürde erlangen können. Die ängstliche Bourgeoisie (oder im Falle Fanons die imperialistischen Herren) durch kühne Akte des Widerstands einzuschüchtern, das entsprach seinem Empfinden und seiner Rhetorik, obwohl er Terrorismus und Sabotage nicht unterstützte. Che Guevaras oder Fanons Beunruhigung durch Armut, Leid und Ungleichheit stand nicht im Zentrum der moralischen Vision Sorels, aber sie hätten ganz gewiß seinem Ideal revolutionären Stolzes, dem Ideal eines

Willens, der von absoluten moralischen Werten bewegt ist, entsprochen.

Der Begriff der repressiven Toleranz, die Überzeugung, daß die Hinnahme einer Ordnung, die eine »heroische« Geistesverfassung ausschließt, selbst eine Form der Repression ist, klingt wie ein Widerhall seiner Ansichten. Die neo-marxistische Dialektik, nach der alle Institutionen und sogar Lehrmeinungen erstarrte Formen von und deshalb Hindernisse für die ständig fließende, ständig schöpferische menschliche Praxis, eine Art permanenter Revolution, sind, wäre ihm vermutlich als eine bloße Anstiftung zur Anarchie erschienen, selbst wenn er die dunklen Worte der hegelianischen Neo-Marxisten verstanden hätte. Die Metaphysik der Frankfurter Schule oder von Lukács (der in seiner Jugend von Sorels Ansichten beeinflußt war) hätte er sicherlich rundheraus als die neuesten Utopien und teleologischen Patentrezepte akademischer Pedanten, Visionäre oder Scharlatane verurteilt.

In England waren antiliberale Kritiker, Wyndham Lewis und T. E. Hulme, an seinen Anschauungen interessiert. Hulme hat die *Réflexions* übersetzt. Sorels Betonung von Selbstdisziplin erschien ihnen kongenial. Auch sie haßten Unordnung, die Bohème und das Fehlen selbstauferlegter Schranken als Symptome von Genußsucht und Dekadenz. Aber die Revolte derer, die ein deutscher Schriftsteller vor kurzem als die Wiedertäufer der Wohlstandsgesellschaft bezeichnet hat, als Prediger einer alternativen Gesellschaft, die frei sind von den Lastern der Vergangenheit, könnten durchaus Eindruck auf ihn gemacht haben. Ihre sexuelle Permissivität hätte ihn verwirrt, denn Keuschheit war für ihn die höchste Tugend. Ihr lässiges Benehmen, ihr Exhibitionismus, ihr Hang zu Drogen, ihr formloses Leben hätte ihn aufgebracht und er hätte ihren neuen Primitivismus verurteilt, den rousseauistischen Glauben, daß Armut und Wildheit der Natur näher seien als Askese und zivilisiertes Verhalten, und deshalb authentischer und moralisch reiner. Das hielt er für falsch und dumm und attackierte es sein ganzes Leben lang. Doch der gegenwärtige Zustand der westlichen Gesellschaft wäre ihm als Bestätigung für Vicos Prophezeiung der sozialen Desintegration als des Vorspiels einer zweiten Barbarei erschienen, der eine neue, männliche Kultur folgt, ein neuer Anfang, in dem die Menschen wieder einfach, fromm und streng sein werden. Die Barbarei schreckte ihn nicht.

Sicher hätte er Gründe gefunden, die Kulturrevolution in China gutzuheißen. »Wenn der Sozialismus untergeht«, bemerkte er einmal, »wird es ganz gewiß in derselben Weise [wie beim Protestantismus] geschehen, nämlich aus Furcht vor seiner eigenen Barbarei«[33], mit dem Zusatz, daß man nicht anhalten dürfe, sondern hineinspringen müsse: Barbarei ist alles in allem ein Gegengift gegen den Verfall. Instinktiv glauben dies heute alle, die sich gegen die böse Gesellschaft entschieden haben, wie Sorel, der die frühen Christen und Puritaner wegen ihrer Verweigerung bewunderte, es so leidenschaftlich von den Arbeitern erhofft hatte. Eher Sparta als Athen. Allein dies schuf einen unüberbrückbaren Graben zwischen Sorel und dem umgänglichen, großzügigen und menschlichen Jaurès. Gerade dadurch aber wirkt Sorel auf die skrupelloseren der heutigen Bombenwerfer anziehend.

Die größte Nähe zu den heutigen revolutionären Bewegungen liegt jedoch in seiner unnachgiebigen Betonung des Willens. Er glaubte an absolute moralische Zwecke, die von jedem dialektischen oder anderen historischen Modell unabhängig sind, und an die Möglichkeit, diese Ziele unter Bedingungen, die die Menschen selbst herbeiführen können, durch die geballte Macht des freien und bewußten kollektiven Willen zu verwirklichen. Das ist die Stimmung der Mehrheit der politischen und kulturellen Rebellen der vergangenen zwei Jahrzehnte, denn sie leben keineswegs im Bewußtsein eines unabänderlichen Fahrplans des historischen Determinismus. Die, die sich revolutionären Organisationen anschließen, sind ebenso wie die, die sie verlassen, viel häufiger angetrieben von moralischer Empörung über die Scheinheiligkeit und Inhumanität des herrschenden Systems, unter dem sie leben, (oder umgekehrt über ähnliche Laster in der revolutionären Partei, die sie desillusioniert verlassen) als durch eine metaphysische Theorie der Stadien der Geschichte, des sozialen Wandels, hinter dem sie nicht zurückbleiben wollen. Sie reagieren sehr viel stärker moralisch als intellektuell, mehr mit ihrem Willen als mit ihrem Verstand. Solche Leute sind gegen das herrschende System, weil es ungerecht oder bestialisch ist, keineswegs so sehr wegen seiner Irrationalität oder historischen Überfälligkeit. Vor mehr als siebzig Jahren kam Eduard Bernstein zu der Überzeugung, daß es dem Marxismus nicht gelungen sei, eine annehmbare Theorie der Ziele des Lebens zu entwickeln, und predigte deshalb die universalen

---

33 *R. V.*, S. 19, Anm.

Werte des Neu-Kantianismus. So hielt es auch Karl Liebknecht, dem man kaum Mangel an revolutionärer Leidenschaft vorwerfen kann. Das ist Sorels Position sehr viel näher und verbindet ihn mit dem modernen revolutionären Protest.

Trotzdem widerlegt sich dieser Antirationalismus natürlich in gewisser Weise selbst. Wenn der Glaube an die Vernunft irreführend ist, dann kann man dies nur – das wußte Sorel genau – durch rationale Methoden, durch Wissenschaft und Selbsterkenntnis und durch eine vernünftige Interpretation der historischen, psychologischen und sozialen Tatsachen aufdecken und beweisen. Er wollte Erfindungsgabe und Technologie keineswegs bremsen, er war kein Luddit, sondern er wußte, daß Maschinenstürmerei Unwissenheit, Mangel und Armut perpetuiert. Er hätte vielleicht gelten lassen, daß die Heilmittel der modernen Rebellen Irrglauben sind, aber das hätte ihn nicht weiter gekümmert. Er hat keine bestimmte Ökonomie oder Sozialpolitik vorgeschlagen. Wie die Gegner Hegels im nachnapoleonischen Deutschland appellierte er an Liebe, Solidarität, Gemeinschaft, was zur gegebenen Zeit »außerparlamentarischen« Oppositionen sowohl von rechts als auch links Nahrung bot. Wenn Fanon, die Militanten der Dritten Welt oder die revolutionären Studenten nicht Rettung brachten, dann hätte er sie vielleicht als die Krankheit selbst betrachtet. Dasselbe hatte Herzen von sich und den Nihilisten seiner Generation gesagt. Seine lebenslange Anstrengung, das Reine zu identifizieren und vom Unreinen zu unterscheiden, die Ärzte von den Patienten, die heroischen Wenigen, die die Retter der Gesellschaft sein sollten, die Arbeiter, radikalen Nationalisten, die Faschisten oder Bolschewisten, stellte sich immer wieder als Fehlschlag heraus. Hätte er versucht, die Retter in den Kolonialvölkern zu finden, in den Schwarzen Amerikas oder in den Studenten, die auf geheimnisvolle Weise der Verseuchung durch die falschen Werte ihrer Gesellschaft nicht erliegen? Wir können es nicht wissen. Auf jeden Fall aber waren und sind die Gefahren, von denen er gesprochen hat, wirklich. Die gegenwärtigen Ereignisse zeigen, daß seine Diagnose alles andere als überholt ist.

Er selbst war so ziemlich alles, was er mit Vehemenz anprangerte, ein entfremdeter Intellektueller, ein einsamer Denker, der von den praktisch tätigen Männern isoliert war, der zu den Arbeitern keine Beziehung finden konnte und niemals einer tatkräftigen Kooperative von Produzenten beitrat. Der Mann, dessen Symbol für die Schöpfung der behauene Stein, der ausgemeißelte Marmor war, war selbst nur mit Worten schöpferisch. Er glaubte vorbehaltlos an das Familienleben und hatte doch fünfundzwanzig Jahre lang keines. Der Apostel der Tat fühlte sich heimisch nur in Buchhandlungen, unter Wortlieferanten, die vom Leben der Arbeiter und Künstler genauso wie er selbst für immer abgeschnitten waren. Er blieb exzentrisch, egozentrisch, ein Außenseiter unter den Außenseitern. Darin liegt eine Ironie, die – dessen kann man beinahe sicher sein – ihm nicht entgangen sein wird.

Es gibt kein Denkmal Sorels. Zehn Jahre nach seinem Tod kam, so erzählt Daniel Halévy, Rolland Marcel, der Direktor der Bibliothèque National in Paris, mit einer merkwürdigen Geschichte zu ihm. Marcel hatte vor kurzem den Botschafter des faschistischen Italien getroffen, der ihn davon in Kenntnis gesetzt hatte, daß die italienische Regierung in Erfahrung gebracht habe, daß Sorels Grab sich in einem verfallenen Zustand befinde: die faschistische Regierung habe sich erboten, diesem herausragenden Denker ein Ehrenmal zu errichten. Kurz danach trat der Botschafter der Sowjetunion mit demselben Vorschlag im Namen der sowjetischen Regierung an Halévy heran, der versprach, mit Sorels Familie Verbindung aufzunehmen. Nach langer Verzögerung erhielt er die Nachricht, daß die Familie das Grab ausschließlich als ihre eigene Angelegenheit betrachte und niemandes sonst. Halévy war entzückt. Diese Mitteilung war trocken, brüsk und unwiderruflich, sie hätte von Sorel selbst stammen können.

Der Prophet des abgestimmten kollektiven Handelns und pragmatischer Ansätze schätzte nur absolute Werte, völlige Unabhängigkeit. Er sollte der moderne Diogenes sein, darauf versessen, die heiligsten Lehren und allgemein anerkannten Überzeugungen aller Etablierten seines aufgeklärten Zeitalters über den Haufen zu werfen. Es lohnt sich noch immer, Sorel zu lesen. Die Welt, über und gegen die er schrieb, kann durchaus unsere eigene sein. Ob er, wie er selbst es wollte,»ernsthaft, gewaltig und erhaben«[34] war oder nur zu oft verstockt, dogmatisch und besessen, mit dem moralischen Zorn ewiger Jugend (und dieses leidenschaftliche Gefühl eines nie ganz Erwachsenen erklärt vielleicht wenigstens teilweise die Affinität der jungen Revolutionäre heute zu ihm), seine Ideen kommen uns aus allen Himmelsrichtungen entgegen. Sie

---

34 Ebd., S. 170.

markieren eine Revolte gegen das rationalistische Ideal der bruch-losen Zufriedenheit in einem harmonischen Sozialsystem, in dem alle letzten Fragen auf technische Probleme reduziert werden, die durch geeignete Techniken gelöst werden. Es ist diese Vision einer geschlossenen Welt, die die Jugend heute moralisch abstößt. Der erste, der das in deutlicher Sprache formuliert hat, war Sorel. Seine Worte haben noch immer eine bestürzende Macht.

DER NATIONALISMUS
Seine frühere Vernachlässigung und gegenwärtige Macht

I

Die Ideengeschichte ist ein reiches, aber zugleich auch relativ unpräzises Forschungsgebiet, dem die Fachleute der exakteren Wissenschaften mit verständlichem Argwohn begegnen, aber dafür bietet sie viel Überraschendes und Lohnendes. Dazu gehört die Entdeckung, daß manche der vertrautesten Werte unserer eigenen Kultur jünger sind, als man zunächst vielleicht annimmt. Integrität und Aufrichtigkeit etwa gehörten nicht zu den Eigenschaften, die man in der antiken und mittelalterlichen Welt bewundert hat, ja sie wurden kaum erwähnt, denn die objektive Wahrheit wurde am höchsten geschätzt und daß alles seine richtige Ordnung hatte, gleichgültig, wie man es dahin brachte. Die Auffassung, daß Vielfalt erstrebenswert, Einförmigkeit hingegen monoton sei, trostlos und fade, eine Fessel des frei schweifenden menschlichen Geistes – »so cimmerisch, so totenhaft«, wie Goethe Holbachs *Système de la nature* beschrieb – steht in scharfem Kontrast zu der traditionellen Überzeugung, daß es nur eine Wahrheit gibt und der Irrtum viele Gestalten hat, eine Ansicht, die kaum vor dem Ende des siebzehnten Jahrhunderts – keinesfalls früher – in Frage gestellt wurde. Der Begriff der Toleranz, nicht als nützliches Mittel, um zerstörerischen Streit zu vermeiden, sondern als ein Wert an sich, die Begriffe von Freiheit und Menschenrechten, wie sie heute diskutiert werden, oder das Genie als Verachtung der Regeln durch einen uneingeschränkten Willen, der auf jeder Ebene

---

Einige Thesen dieses Aufsatzes sind, in etwas anderer Form, schon in meinem Beitrag »The Bent Twig: A Note on Nationalism«, *Foreign Affairs* 51 (1972), S. 11-30, erschienen.

die Fesseln des Verstandes abstreift, alle diese Begriffe gehören zu einem großen Umbruch im abendländischen Denken und Fühlen des achtzehnten Jahrhunderts, dessen Konsequenzen heutzutage in verschiedenen Gegenrevolutionen in allen Lebensbereichen unübersehbar sind. Dies ist ein großes Thema, das ich nicht direkt behandeln, sondern nur von einer bestimmten Seite her beleuchten möchte.

II

Wie wir alle wissen, stand das neunzehnte Jahrhundert im Zeichen eines ungeheuren Aufschwungs historischer Forschung. Es gibt viele Erklärungen für dieses Phänomen: die revolutionäre Umgestaltung des Lebens wie des Denkens im Zuge der rapiden und triumphalen Entwicklung der Naturwissenschaften, besonders der technischen Erfindungen und der großen Industrie in ihrem Gefolge; der Aufstieg neuer Staaten, Klassen und Herrscher, die auf der Suche nach Ahnen waren, der Zerfall der alten Religionen und gesellschaftlichen Institutionen als Folge der Renaissance-Weltlichkeit und der Reformation, all dies lenkte die Aufmerksamkeit auf das Phänomen des Wandels und des Neuen in der Geschichte. Der Ansporn für historische und überhaupt alle genetischen Untersuchungen war erstaunlich. Es gab einen völlig neuartigen Sinn für kontinuierlichen Fortschritt oder zumindest für Bewegung und Wandel im Leben der menschlichen Gesellschaft. Deshalb ist es nicht überraschend, daß die großen Denker dieser Epoche die Gesetze des sozialen Wandels entdecken wollten. Die Erwartung schien begründet, daß die neuen Methoden der Naturwissenschaften, die sich bei der Erklärung der Natur und der Gesetze der äußeren Welt so überzeugend bewährt hatten, denselben Dienst auch für die menschliche Welt leisten könnten. Wenn sich solche Gesetze überhaupt entdecken ließen, dann müßten sie ebenso wie für die Vergangenheit auch für die Zukunft gelten. Die Voraussage der menschlichen Zukunft durfte nicht mehr den mystischen Propheten und den Interpreten der apokalyptischen Bücher der Bibel, den Astrologen und den okkultistischen Scharlatanen überlassen bleiben, sondern mußte ein wohlorganisiertes Feld wissenschaftlicher Erkenntnis werden.

Diese Hoffnung trieb die neuen Geschichtsphilosophien an und ließ ein völlig neues Gebiet sozialwissenschaftlicher Untersuchungen entstehen. Die neuen Propheten wollten für ihre Aussagen über die Vergangenheit ebenso wie über die Zukunft wissenschaftliche Gültigkeit beanspruchen. Obwohl manches von dem, was sie schrieben, einer üppigen, ungezügelten und manchmal krankhaft selbstgefälligen Phantasie entsprang oder zumindest höchst spekulativ war, ist der allgemeine Ertrag sehr viel respektabler, als man gewöhnlich annimmt. Condorcets Prophezeiung einer umfassenden und systematischen Naturwissenschaft vom Menschen und damit zugleich des Endes von Verbrechen, Torheit und Elend, an denen Trägheit, Unwissenheit und Irrationalität allein schuld seien, mag zu optimistisch gewesen sein. In der Finsternis seines Gefängnisses entwarf er 1794 ein leuchtendes Bild einer neuen, tugendhaften und glücklichen Welt, die, von geistig und moralisch frei gewordenen Menschen durch die Anwendung der wissenschaftlichen Methode auf die Organisation der Gesellschaft geschaffen, zu einer harmonischen Gemeinschaft der Nationen, zu einem ununterbrochenen Fortschritt in den Künsten und Wissenschaften und zum ewigen Frieden führen werde. Dieser Optimismus war offenkundig übertrieben, aber die Fruchtbarkeit der Anwendung der mathematischen und besonders der statistischen Verfahren auf gesellschaftliche Probleme war eine originelle und zugleich wichtige Prophezeiung.

Der geniale Saint-Simon hat, wie jeder weiß, den nicht aufzuhaltenden Siegeszug der technokratischen Ordnung vorhergesagt. Er sprach von der kommenden Vereinigung von Wissenschaft, Finanz und industrieller Organisation, und in dieser neuen Welt der von Wissenschaftlern unterstützten Produzenten würde die kirchliche Indoktrination durch einen neuen Typus von Propagandisten ersetzt werden, durch Künstler, Dichter und Priester einer neuen, weltlichen Religion, die die Gefühle der Menschen mobilisieren würde, ohne welche die neue industrielle Welt nicht funktionieren könne. Saint-Simons Schüler, Auguste Comte, forderte und prophezeite eine autoritäre Kirche, die die rationale, nicht aber demokratische oder liberale Gesellschaft und ihre wissenschaftlich geschulten Bürger erziehen und kontrollieren würde. Ich will mich bei der Frage der Richtigkeit dieser Prophezeiung nicht weiter aufhalten, denn die Verbindung von technologischem Können und absoluter Autorität einer weltlichen Priesterschaft ist in unseren

Tagen unübersehbare Wirklichkeit geworden. Wenn diejenigen, die geglaubt hatten, daß Vorurteil, Unwissenheit, Aberglaube und ihre Verkörperungen in irrationalen und repressiven Gesetzen (im ökonomischen, politischen, rassischen und sexuellen Bereich von der neuen Aufklärung hinweggeschwemmt würden, ihre Erwartungen nicht erfüllt fanden, so wird dadurch nicht das Verdienst geschmälert, die neuen Entwicklungen in Westeuropa erkannt zu haben. Eben diese von Bentham und Macaulay verkündete Vorstellung einer rationalen, von allem Ballast befreiten und alles erfassenden neuen Ordnung beunruhigte Mill und Tocqueville und wirkte auf Carlyle wie auf Disraeli, auf Ruskin und Thoreau und vor ihnen auf manche der frühen deutschen Romantiker an der Wende zum neunzehnten Jahrhundert zutiefst abstoßend. Fourier wiederum, der auch viel Unsinniges von sich gegeben hat, wetterte gegen die Übel eines Handels und einer Industrie, die in ungezügeltem ökonomischen Konkurrenzkampf standen und zu einer mutwilligen Zerstörung oder Verfälschung der Früchte menschlicher Arbeit durch diejenigen führten, die nur an ihren Profit dachten. Er erklärte, daß die zunehmende zentralisierte Kontrolle großer Menschengruppen zu Knechtschaft und Entfremdung führen würde, und plädierte dafür, der Repression ein Ende zu machen und die erforderliche rationale Kanalisierung der Leidenschaften einer sorgfältigen beruflichen Lenkung anzuvertrauen, die allen menschlichen Wünschen, Fähigkeiten und Neigungen die Möglichkeit geben werde, sich frei und schöpferisch zu entwickeln. So grotesk Fouriers Phantasien auch sein mochten, diese Gedanken waren nicht absurd, und viele seiner Voraussagen sind heute zu einer Selbstverständlichkeit geworden.

Jeder ist sich der verhängnisvollen Genauigkeit bewußt, mit der Tocquevilles sorgenvolle Voraussage der Gleichförmigkeit und Monotonie des demokratischen Egalitarismus eingetroffen ist, was immer man von den Patentrezepten halten mag, mit denen er ihre Auswirkungen mildern wollte. Auch kenne ich niemanden, der bestreiten würde, daß Karl Marx, bei allen seinen Irrtümern, eine einzigartige prognostische Kraft bewiesen hat, indem er viele wesentliche Faktoren, die zu seiner Zeit wirksam waren und seinen Zeitgenossen verborgen blieben, richtig erkannt hat: die Konzentration und Zentralisierung der Produktionsmittel in privaten Händen, den unerbittlichen Vormarsch der Industrialisierung, den Aufschwung und die Entwicklung des damals noch kaum vorhandenen Großkapitals und die damit einhergehende unvermeidliche Verschärfung der gesellschaftlichen und politischen Konflikte.

Auch hat er nicht ganz ohne Erfolg die politischen und moralischen, philosophischen und religiösen, liberalen und wissenschaftlichen Maskierungen durchschaut, mit denen einige der brutalsten Erscheinungsformen dieser Konflikte und ihre sozialen und geistigen Folgen kaschiert wurden. Diese Männer waren große Propheten, aber es gab noch andere. Der brillante und unberechenbare Bakunin hat genauer als sein großer Rivale Marx die Situationen vorausgesagt, in denen es zu großen Erhebungen der Besitzlosen kommen werde, und er hat richtig gesehen, daß sie sich wahrscheinlich nicht in den am stärksten industrialisierten Gesellschaften, unter Bedingungen ökonomischen Fortschritts, sondern in den Ländern entwickeln würden, in denen die Bevölkerung nahe am Existenzminimum lebte und bei einer Erhebung am wenigsten zu verlieren hatte – unter primitiven Bauern in rückständigen bäuerlichen Gebieten von äußerster Armut, wo der Kapitalismus äußerst schwach entwickelt war, wie in Spanien oder in Rußland. Bakunin hätte keine Schwierigkeiten, die Gründe der großen sozialen Erhebungen in Asien und Afrika heute zu verstehen. Die Reihe ließe sich fortsetzen: Heinrich Heine prophezeite in einer Botschaft an die Franzosen in den frühen Jahren der Herrschaft Louis-Philippes, daß eines schönen Tages ihre deutschen Nachbarn, aufgestachelt durch eine Verbindung von historischen Erinnerungen und Ressentiments mit metaphysischem und moralischem Fanatismus, über sie herfallen und die großen Denkmäler der abendländischen Kultur zerstören würden – »weder durch Furcht noch durch Eigennutz zu bändigen ... gleich den ersten Christen, die man ebenfalls weder durch leibliche Qualen noch durch leibliche Genüsse bezwingen konnte«. Diese ideologisch vergifteten Barbaren würden Europa in eine Wüste verwandeln. Lassalle predigte den Staatssozialismus und sah ihn vielleicht kommen – die Volksdemokratien unserer Tage, die man ebensogut als Staatskommunismus wie als Staatskapitalismus bezeichnen kann, ein Bastard, den Marx in seinen Bemerkungen zum Gothaer Programm scharf verurteilt hat.

Etwa ein Jahrzehnt später sah Jacob Burckhardt die militärisch-industriellen Machtkomplexe kommen, die unvermeidlich die dekadenten Länder des Abendlandes beherrschen würden. Max Weber hatte keinerlei Zweifel, daß die Macht der Bürokratie wachsen werde, und Durkheim warnte vor der Gefahr der Anomie. Es folgten all die Alpträume von Samjatin, Aldous Huxley und Orwell, halb Satire und halb Prophetie unserer Zeit. Einiges blieb bloße Prophezeiung, während sich anderes, zumal die Prophezeiungen der Marxisten oder die von Heine angekündigte Barbarei, die die Vorstellungswelt der Rassisten und neu-heidnischen Irrationalisten beherrschte, vielleicht in gewissem Sinne durch sich selbst erfüllte. Das neunzehnte Jahrhundert hat noch viele andere Utopien und Prognosen hervorgebracht, liberale, sozialistische, technokratische und solche, die von neumittelalterlichem Heimweh erfüllt waren und sich nach einer weitgehend imaginären »Gemeinschaft« in der Vergangenheit sehnten – Systeme, die zum größten Teil heute zu Recht vergessen sind. Dieses große Aufgebot an ausgefeilten und von Statistiken unterstützten Futurologien und Phantasien hat eine ganz bestimmte Lücke. Es gab eine Bewegung, die das europäische neunzehnte Jahrhundert so weitgehend beherrschte und die so bestimmend und vertraut war, daß es schon einer bewußten Anstrengung bedurfte, sich eine Welt vorzustellen, in der sie keine Rolle spielte. Sie hatte Anhänger und Feinde, demokratische, aristokratische und monarchistische Richtungen, sie inspirierte Tatmenschen und Künstler, geistige Eliten und die Massen, aber merkwürdigerweise hat ihr, soweit ich weiß, kein maßgeblicher Denker eine Zukunft vorhergesagt, in der sie eine noch beherrschendere Rolle spielen würde. Trotzdem kann man sie ohne Übertreibung zu den mächtigsten Bewegungen in der heutigen Welt zählen, in manchen Gebieten ist sie sicherlich sogar die mächtigste, und nicht wenige, die diese Entwicklung nicht vorhersahen, haben dafür mit ihrer Freiheit, ja sogar mit ihrem Leben bezahlt. Diese Bewegung ist der Nationalismus. Kein einflußreicher Denker hat, soviel ich weiß, seine Zukunft geahnt. Jedenfalls hat niemand sie ausdrücklich vorausgesagt. Die einzige mir bekannte Ausnahme ist der unterschätzte Moses Heß, der 1862 in seinem Buch *Rom und Jerusalem* behauptete, daß die Juden die historische Mission hätten, Kommunismus und Nationalität zu vereinen. Aber das war mehr Zuspruch als Prophezeiung, und das Buch fand so gut wie keine Leser, außer später bei den Zionisten.

Es ist offensichtlich, daß heute die große Mehrheit der in den Vereinten Nationen vertretenen souveränen Staaten in ihrem Verhalten sehr weitgehend von starken nationalistischen Leidenschaften bestimmt ist, sogar mehr noch als ihre Vorgänger im Völkerbund. Ich vermute jedoch, daß dies die meisten der Propheten des neunzehnten Jahrhunderts überrascht hätte, unabhängig von ihrer Intelligenz und ihrem politischen Weitblick. Denn die meisten gesellschaftlichen und politischen Beobachter der damaligen Zeit, ob selbst Nationalisten oder nicht, haben im allgemeinen mit dem Abflauen dieses Gefühls gerechnet. Man hielt den Nationalismus in Europa im großen und ganzen für eine vorübergehende Erscheinung. Der Wunsch der meisten Menschen, Bürger eines Staates zu sein, dessen Gebiet mit dem der Nation zusammenfiel, die sie als die ihre ansahen, erschien als etwas Selbstverständliches oder zumindest als das Ergebnis einer historisch-politischen Entwicklung, deren Ursache und zugleich Folge das Anwachsen des Nationalbewußtseins war, jedenfalls im Westen. Der Nationalismus als Gefühl und als Ideologie hingegen wurde – meines Erachtens zu Recht – nicht mit dem Nationalbewußtsein selbst gleichgesetzt.

Das Bedürfnis, zu einer leicht identifizierbaren Gruppe zu gehören, galt mindestens seit Aristoteles als ein natürliches Bedürfnis der Menschen: Familien, Sippen, Stämme, Stände, gesellschaftliche Ordnungen, Klassen, religiöse Organisationen, politische Parteien und schließlich Nationen und Staaten waren historische Formen der Erfüllung dieses Grundbedürfnisses. Zwar war keine bestimmte dieser Formen für das menschliche Leben so notwendig wie Nahrung oder Schutz, Sicherheit und Fortpflanzung, aber irgendeine dieser Formen war unerläßlich, und verschiedene Theorien waren aufgestellt worden, um den historischen Wandel dieser Formen zu erklären, von Platon und Polybios bis zu Machiavelli, Bossuet, Vico, Turgot, Herder, Saint-Simon, Hegel, Comte, Marx und ihren modernen Nachfolgern. Gemeinsame Abstammung, gemeinsame Sprache, Gebräuche, Traditionen, Erinnerungen und der ununterbrochene Besitz desselben Territoriums über lange Zeit wurden als konstituierend für die Gesellschaft angesehen. Diese Art von Homogenität unterstrich die Unterschiede zwischen einer Gruppe und ihren Nachbarn, das Vorhandensein eines stammesmäßigen, kulturellen oder nationalen Zusammengehörigkeitsgefühls und zugleich eines oft von heftiger Abneigung oder Verachtung begleiteten Gefühls für die Unterschiede gegenüber anderen Gruppen mit anderen Gebräuchen und anderen, wirklichen oder mythischen, Ursprüngen. So wurde die Nationalstaatlichkeit zugleich erklärt und gerechtfertigt. Die Briten, Franzosen,

Spanier, Portugiesen und die skandinavischen Völker hatten sie schon vor dem neunzehnten Jahrhundert erreicht, nicht hingegen die Deutschen, Italiener, Polen und die Völker des Balkans und des Baltikums. Die Schweizer hatten eine völlig eigene Lösung gefunden. Die Koinzidenz von staatlichem Territorium und Nation galt allgemein als wünschenswert, außer bei den Vertretern der dynastischen Vielvölkerstaaten Rußland, Österreich und der Türkei und bei den Imperialisten, den sozialistischen Internationalisten, Anarchisten und vielleicht einigen ultramontanen Katholiken. Die meisten politischen Denker, ob sie es guthießen oder nicht, sahen darin eine notwendige Phase der sozialen Entwicklung. Während einige hofften oder fürchteten, daß diese Phase von anderen politischen Strukturen abgelöst würde, schienen andere sie für »natürlich« und dauerhaft zu halten. Der Nationalismus hingegen, die Erhebung des Interesses der Einheit und Selbstbestimmung der Nation zum höchsten Wert, dem im Konfliktfalle alle anderen Erwägungen untergeordnet werden mußten – eine Ideologie, für die deutsche und italienische Denker offenbar besonders anfällig waren –, schien den liberaleren Beobachtern eine vorübergehende Erscheinung zu sein, eine Folge der Verletzung des Nationalbewußtseins, das von despotischen Herrschern mit Unterstützung der Kirchen niedergehalten und gewaltsam unterdrückt worden war.

Um die Mitte des neunzehnten Jahrhunderts schienen die Bemühungen um die politische Einheit und Selbstbestimmung der Deutschen und der Italiener auf dem besten Wege zu sein, ihr Ziel zu erreichen. Diese vorherrschende Tendenz würde auch zur Befreiung der unterdrückten Nationen in den Vielvölkerstaaten führen, und dann werde sich der Nationalismus als pathologische Überreizung eines verletzten Nationalbewußtseins legen: er sei durch Unterdrückung hervorgerufen und werde mit ihr verschwinden. Das schien länger zu dauern, als die Optimisten erwarteten, aber um 1919 war das Grundrecht auf nationale Selbstbestimmung allgemein anerkannt. Der Vertrag von Versailles, der das Recht auf nationale Unabhängigkeit anerkannte, mochte vielleicht sonst nicht viel erreichen, auf jeden Fall aber werde er die sogenannte nationale Frage lösen. Es gab natürlich das Problem des Rechtes verschiedener nationaler Minderheiten in den neuen Nationalstaaten, aber dieses ließ sich durch den neuen Völkerbund garantieren. Denn wenn es irgend etwas gab, was diese Staaten, schon von ihrer eigenen Geschichte her, verstehen mußten, dann war es die Notwendigkeit, dem Wunsch ethnischer oder kultureller Minderheiten nach Autonomie zu entsprechen. Es mochte andere ungelöste Probleme geben, wie die koloniale Ausbeutung, soziale und politische Ungleichheit, Unwissenheit, Armut, Ungerechtigkeit, Korruption und Privilegien, aber der Nationalismus werde, nach der Auffassung der aufgeklärtesten Liberalen und ebenso der Sozialisten, zurückgehen, da die tiefsten Wunden der Nationen allmählich zu verheilen begannen.

Die Marxisten und andere radikale Sozialisten gingen noch weiter. Für sie war das Nationalgefühl selbst eine Form von falschem Bewußtsein, eine Ideologie, die, bewußt oder nicht, durch die ökonomische Vorherrschaft einer bestimmten Klasse, der Bourgeoisie im Verein mit den Resten der alten Aristokratie, erzeugt und als Waffe zur Bewahrung und Erweiterung der Klassenherrschaft benutzt wurde, die ihrerseits auf der Ausbeutung der Arbeitskraft des Proletariats beruhte. Wenn die Zeit reif sei, dann würden die Arbeiter, durch den Produktionsprozeß selbst zu einer disziplinierten Kraft geworden, die ständig wuchs und an politischem Bewußtsein und an Macht gewann, ihre kapitalistischen Unterdrücker stürzen, und diese würden von der mörderischen Konkurrenz untereinander so geschwächt sein, daß sie kaum zu organisiertem Widerstand fähig wären. Die Expropriateure würden expropriiert werden, die Totenglocke des Kapitalismus werde ertönen und das würde zugleich das Ende der ganzen Ideologie bedeuten, von der Nationalgefühl, Religion und parlamentarische Demokratie nur bestimmte Aspekte seien. Nationale Unterschiede mochten bestehen bleiben, aber ebenso wie lokale und ethnische Eigenheiten würden sie nicht mehr ins Gewicht fallen gegenüber der Solidarität der Arbeiter der Welt, der assoziierten Produzenten, die bei der Nutzbarmachung der Kräfte der Natur im Interesse der ganzen Menschheit friedlich zusammenarbeiten würden.

Gemeinsam war diesen Ansichten die Überzeugung, daß der Nationalismus nur eine vorübergehende Folge der Unterdrückung des menschlichen Strebens nach Selbstbestimmung sei, eine Stufe des Fortschritts der Menschheit, der auf das Wirken anonymer Kräfte und die damit einhergehenden Ideologien zurückzuführen sei. Über das Wesen dieser Kräfte waren sich die Theoretiker nicht einig, aber meist nahmen sie an, daß das Phänomen des Nationalismus zusammen mit seinen Ursachen verschwinden werde, die ihrerseits durch den unwiderstehlichen Siegeszug der Aufklärung beseitigt würden, gleichgültig ob man diesen Prozeß nun moralisch oder technologisch begriff – als Sieg der Vernunft oder des materiellen Fortschritts oder auch beider zusammen – und ihn mit den Veränderungen in den Produktivkräften und Produktionsverhältnissen oder mit dem Kampf für soziale Gleichheit, ökonomische und politische Demokratie und für die gerechte Verteilung der Früchte der Erde gleichsetzte, mit der Überwindung der nationalen Schranken durch den Welthandel oder durch die Triumphe der Wissenschaft und einer auf rationale Prinzipien gegründeten Moral und also mit der eines Tages, früher oder später, allseits erreichten Verwirklichung der menschlichen Fähigkeiten.

Angesichts all dessen würden die Ansprüche und Ideale bloß nationaler Gruppen an Bedeutung verlieren und mit anderen Zeugnissen menschlicher Unreife museal werden. Was die Nationalisten bei Völkern betraf, die Unabhängigkeit und Selbstbestimmung bereits erlangt hatten, so wurden sie als Irrationalisten abgeschrieben und, wie die Anhänger Nietzsches, Sorels und die Neuromantiker, nicht weiter ernst genommen. Es war schwierig, den wachsenden Nationalismus in den Ländern zu ignorieren, die ihre nationale Einheit bereits weitgehend erreicht hatten, zum Beispiel den deutschen Chauvinismus nach 1871, den französischen Integralismus, den italienischen *sacro egoismo* oder das Aufkommen rassistischer Theorien und andere Vorboten des Faschismus. Soweit ich weiß, wurde keines dieser Phänomene, wie immer man sie auch erklären mochte, von den Futurologen des späten neunzehnten und der ersten Jahre unseres Jahrhunderts als Vorbote einer neuen Phase der menschlichen Geschichte betrachtet, und zwar weder von den Konservativen noch von den Liberalen oder von den Kommunisten. Kautsky etwa hat das Zeitalter der »Kriege, Krisen, Katastrophen« prophezeit, aber unter den Ursachen, die er dafür anführt, und den Begriffen, in denen er es beschreibt, taucht der Nationalismus, wenn überhaupt, nur als Nebenerscheinung auf, als Teil des »Überbaus«. Soweit ich weiß, hat niemand auch nur geahnt, daß der Nationalismus das letzte Drittel unseres Jahrhunderts so sehr beherrschen werde, daß eine Bewegung oder eine Revolution nur dann eine Chance auf Erfolg hat, wenn sie sich mit ihm verbündet oder zumindest nicht in Opposition zu ihm steht. Diese merkwürdige Blindheit bei ansonsten sehr scharfsinnigen Gesellschaftstheoretikern scheint mir einer Erklärung zu bedürfen oder muß zumindest eingehender diskutiert werden, als dies bisher geschehen ist. Da ich weder Historiker noch Sozialpsychologe bin, will ich mir keine Erklärung dafür erlauben, sondern nur einige Überlegungen anstellen, die vielleicht ein wenig Licht auf dieses merkwürdige Phänomen werfen.

III

Bevor ich dies aber tue, möchte ich etwas über die Ursprünge des europäischen Nationalismus als einer Geisteshaltung sagen. Ich meine damit nicht das Nationalgefühl als solches – dieses kann vermutlich bis zum Gefühl der Stammeszugehörigkeit in den frühesten Phasen der uns bekannten Geschichte zurückverfolgt werden. Ich meine vielmehr dessen Erhebung zu einer bewußten Doktrin, die zugleich Produkt, Ausdrucksform und Synthese von Bewußtseinszuständen ist und von Beobachtern der Gesellschaft als Kraft und als Waffe erkannt wird. In diesem Sinn scheint es Nationalismus weder in der Antike noch im christlichen Mittelalter gegeben zu haben. Die Römer haben die Griechen vielleicht verachtet, und Cicero äußerte sich geringschätzig über die Juden, oder Juvenal über die Orientalen im allgemeinen, aber das alles war lediglich Xenophobie. Es gibt bei Machiavelli oder Shakespeare einen leidenschaftlichen Patriotismus, der schon vor ihnen eine lange Tradition hat. Mit Nationalismus meine ich nicht den bloßen Stolz auf die Abstammung – wir alle sind Söhne des Kadmos, wir kommen alle aus Troja, wir stammen von Männern ab, die mit Gott einen Bund geschlossen haben, wir entstammen einer Rasse von Eroberern, Franken oder Wikingern und herrschen über die Nachkommenschaft der Galloromanen oder der keltischen Sklaven mit dem Recht von Eroberern.

Unter Nationalismus verstehe ich etwas Bestimmteres, etwas ideologisch Bedeutsames und Gefährliches: erstens, die Überzeugung, daß man zu einer besonderen Gruppe von Menschen gehört und daß die Lebensform dieser Gruppe sich von der anderer Gruppen unterscheidet; daß der Charakter der Individuen, aus denen diese Gruppe besteht, von der Gruppe geprägt ist und nicht unabhängig von deren Charakter verstanden werden kann, der seinerseits durch ein gemeinsames Territorium, gemeinsame Sitten, Gesetze, Erinnerungen, Überzeugungen, durch eine gemeinsame Sprache, gemeinsame künstlerische und religiöse Ausdrucksformen, gesellschaftliche Institutionen und Lebensweisen, bestimmt ist, wobei manche noch Vererbung, Blutsverwandtschaft und rassische Merkmale hinzufügen. Dies sollen die Faktoren sein, von denen die Menschen, ihre Zwecke und ihre Werte geprägt sind.

Zweitens gehört zum Nationalismus die Überzeugung, daß die Lebensform einer Gesellschaft mit der eines biologische Organismus vergleichbar ist; daß das, was dieser Organismus für seine eigentümliche Entwicklung braucht und was von den für seine Natur Empfänglichsten in Worten, Bildern oder anderen menschlichen Ausdrucksformen artikuliert wird, den Charakter allgemein verbindlicher Ziele hat; daß diese Ziele die höchsten Werte sind und im Falle des Konfliktes mit anderen – geistigen, religiösen, moralischen, persönlichen oder umfassend allgemeinen – Werten, die sich nicht aus den spezifischen Zwecken dieses bestimmten »Organismus« herleiten, den Vorrang haben sollen, da nur so der Niedergang und Zerfall der Nation abgewendet werden könne. Wenn diese Lebensformen als organische bezeichnet werden, dann soll damit gesagt sein, daß sie nicht von Einzelnen oder von Gruppen in noch so beherrschender Stellung geschaffen werden können, wenn diese nicht ihrerseits von den historisch sich entwickelnden Formen des Handelns, Denkens und Fühlens durchdrungen sind. Denn es sind diese geistigen, emotionalen und physischen Formen des Lebens und der Auseinandersetzung mit der Wirklichkeit, vor allem die verschiedenen Formen, wie die Menschen miteinander umgehen, die alles übrige bestimmen und den nationalen Organismus ausmachen – die Nation, gleichgültig, ob sie als Staat existiert oder nicht. Daraus folgt, daß die wesentliche menschliche Einheit, in der die Natur des Menschen sich ganz verwirklicht, nicht das Individuum ist oder ein freiwilliger Verband von Individuen, der willentlich aufgelöst, verändert oder verlassen werden kann, sondern die Nation. Die untergeordneten Einheiten – die Familie, der Stamm, die Sippe, die Provinz – verdanken ihre Existenz also der Schaffung und Erhaltung der Nation, denn ihre Natur und ihr Zweck, ihr Sinn, wie man auch sagt, ist aus der Natur und den Zwecken der Nation abgeleitet, und sie werden nicht durch eine rationale Analyse erkannt, sondern durch ein besonderes, nicht notwendig völlig bewußtes Empfinden für die einzigartigen Beziehungen, die das menschliche Individuum in das unauflösliche und unanalysierbare organische Ganze einbinden, das Burke mit der Gesellschaft, Rousseau mit dem Volk oder Hegel mit dem Staat gleichgesetzt hat, das aber für die Nationalisten nur die Nation, unabhängig von ihrer gesellschaftlichen Struktur oder Regierungsform, ist und sein kann.

Damit hängt, drittens, die Vorstellung zusammen, daß einer der zwingendsten Gründe, wenn nicht der zwingendste Grund dafür, eine bestimmte Überzeugung zu haben, eine bestimmte Politik zu verfolgen, einem bestimmten Zweck zu dienen oder in einer bestimmten Weise zu leben, der ist, daß diese Ziele, Überzeugungen, Handlungs- und Lebensweisen *unsere* sind. Das heißt nichts anderes, als daß diese Regeln, Doktrinen oder Prinzipien nicht deshalb befolgt werden sollen, weil sie zur Tugend führten, zum Glück, zur Gerechtigkeit oder zur Freiheit, weil sie von Gott gewollt wären oder von einer Kirche, einem Fürsten, Parlament oder irgendeiner anderen allgemein anerkannten Autorität, oder weil sie an sich gut oder richtig und deshalb aus eigenem Recht allgemein und für alle Menschen in einer gegebenen Situation gültig wären. Sie müssen vielmehr befolgt werden, weil diese Werte die Werte *meiner* Gruppe sind, für den Nationalisten die Werte *seiner* Nation. Diese Gedanken, Gefühle und Handlungsweisen sind gut und richtig, und ich werde Erfüllung oder Glück finden, wenn ich mich mit ihnen identifiziere, weil sie von der bestimmten Lebensform einer Gesellschaft verlangt werden, in die ich hineingeboren und mit der ich im Sinne Burkes durch unzählige, in die Vergangenheit und Zukunft meiner Nation reichende Bande verbunden bin; ohne sie wäre ich, um ein anderes Bild zu gebrauchen, nur ein von dem allein lebensspendenden Baum abgebrochener Zweig. Wenn ich also durch irgendwelche Umstände oder durch meine eigene Willensentscheidung davon getrennt werde, dann habe ich kein Ziel mehr und kann nur noch dahinwelken, bestenfalls mit sehnsüchtigen Erinnerungen daran, was es hieß, wirklich lebendig und tätig zu sein und meine Aufgabe im Zusammenhang des nationalen Lebens zu erfüllen, das allein allem, was ich war und tat, Sinn und Wert gab.

In überladener und gefühlsbetonter Prosa von dieser Art haben Herder, Burke, Fichte und Michelet geschrieben, und in ihrer Nachfolge mancherlei Erwecker der nationalen Seele ihrer schlafenden Völker in den slawischen Provinzen der österreichischen Monarchie und des türkischen Reichs oder bei den vom Zaren unterdrückten Nationalitäten und schließlich auf der ganzen Welt. Es ist zwar etwas anderes, ob man wie Burke sagt, daß das Individuum töricht sein könne, die Gattung aber weise sei, oder wie Fichte etwa ein Jahrzehnt später, daß das Individuum verschwinden und von der Gattung aufgesogen und geläutert werden müsse, doch die allgemeine Richtung ist dieselbe. Eine derart wertbeladene Sprache mag sich vielleicht gelegentlich als eine bloß beschreibende ausgeben, die lediglich den Begriff der Nation oder ihrer historischen Entwicklung klären möchte. Aber ihr Einfluß auf das Verhalten war nicht geringer als der der Sprache des Naturrechts, der Menschenrechte, des Klassenkampfes oder jeder anderen Idee, die unsere Welt geprägt hat, und so war es von denen, die diese Sprache sprachen, auch beabsichtigt.

Schließlich, durch eine Entwicklung, die niemanden zu überraschen braucht, behauptet der voll entwickelte Nationalismus: Wenn sich die Befriedigung der Bedürfnisse des Organismus, zu dem ich gehöre, als unvereinbar mit der Erfüllung der Ziele anderer Gruppen erweist, dann habe ich oder hat die Gesellschaft, zu der ich unauflöslich gehöre, keine andere Wahl, als diese zu zwingen, das Feld zu räumen, wenn nötig, mit Gewalt. Wenn meine Gruppe, nennen wir sie Nation, ihre wahre Natur frei verwirklichen soll, so schließt dies die Notwendigkeit ein, Hindernisse, die sich ihr in den Weg stellen, zu beseitigen. Nichts, was mein höchstes Ziel – das heißt das meiner Nation – in Frage stellt, darf mit ihm gleichrangig sein. Es gibt keinen übergeordneten Maßstab, der es erlauben würde, die verschiedenen Lebenswerte, Eigenschaften und Bestrebungen verschiedener nationaler Gruppen in ein abgestuftes Verhältnis zueinander zu bringen, denn ein solcher Maßstab wäre übernational, wäre einem bestimmten gesellschaftlichen Organismus nicht immanent, nicht ein Teil und Element von ihm, sondern leitete seine Gültigkeit aus einer Quelle außerhalb des Lebens einer bestimmten Gesellschaft her, so wie das Naturrecht oder die natürliche Gerechtigkeit von denen begriffen wurde, die daran glaubten. Da aber für diese Auffassung alle Werte und Maßstäbe notwendig einer bestimmten Gesellschaft, einem nationalen Organismus und seiner einzigartigen Geschichte angehören und der Einzelne oder die Verbände oder Gruppen, zu denen er gehört, alle Werte und Zwecke, wenn sie sich überhaupt verstehen wollen, von daher begreifen, beruhen solche Appelle an universale Werte für den Nationalisten auf einem falschen

Verständnis der Natur des Menschen und der Geschichte. Dies ist die Ideologie des Organizismus, der nationalen Treue, des »Volkes« als des wahren Trägers der nationalen Werte, die Ideologie von Integralismus, historischer Verwurzelung, »la terre et les morts« und nationalem Willen. Sie richtet sich gegen die Kräfte von Spaltung und Zerfall, die mit dem abwertenden Vokabular charakterisiert werden, womit man die Anwendung naturwissenschaftlicher Methoden auf menschliches Geschehen beschreibt – kritischer, »analytischer« Verstand, »kalter« Intellekt, destruktiver, »atomisierender« Individualismus, seelenloser Mechanismus, Fremdeinflüsse, platter Empirismus, wurzelloser Kosmopolitismus, abstrakte Begriffe der Natur, des Menschen, der Rechte, ohne Sinn für die Unterschiede von Kulturen und Traditionen. Diese ganze Typologie und Liste von Feindbegriffen beginnt bei Hamann und Burke, erreicht einen ersten Höhepunkt bei Fichte und seinen romantischen Anhängern, wird von de Maistre und Bonald systematisiert und erreicht einen neuen Höhepunkt in unserem Jahrhundert in den Propagandaschriften des Ersten und Zweiten Weltkrieges und den Verwünschungen der irrationalistischen und faschistischen Schriftsteller, die sich gegen die Aufklärung und alle ihre Werke richten.

Diese Sprache und das dahinterstehende Denken, emotional aufgeladen, wie sie es fast immer sind, besitzen selten Klarheit oder Konsistenz. Die Propheten des Nationalismus reden manchmal so, als wenn das höhere, ja sogar höchste Recht der Nation gegenüber dem Einzelnen auf der Tatsache gründe, daß allein das Leben, die Ziele und die Geschichte der Nation all dem Sinn und Bedeutung verleihen können, was das Individuum ist und tut. Das scheint aber zu implizieren, daß andere Menschen in derselben Beziehung zu ihrer eigenen Nation stehen, deren Ansprüche an sie gleichermaßen gültig und nicht weniger absolut sind, so daß sie mit der Verwirklichung der Ziele und der »Mission« einer anderen Nation in Konflikt kommen können. Das wiederum scheint theoretisch zu einem kulturellen Relativismus zu führen, der sich schlecht mit dem Absolutismus der Prämisse verträgt, selbst wenn er ihr nicht förmlich widerspricht. Außerdem wird damit dem Krieg aller gegen alle Tor und Tür geöffnet.

Es gibt Nationalisten, die dieser Folgerung durch den Beweis entgehen möchten, daß eine bestimmte Nation oder Rasse – etwa die deutsche – anderen Völkern überlegen ist und ihre Ziele die der anderen nach objektivem und übernationalem Maßstab übertreffen; daß gerade diese Kultur Menschen hervorbringt, bei denen die wahren Zwecke der Menschheit als solche einer Verwirklichung näherkommen als bei Menschen außerhalb dieser Kultur. So argumentiert Fichte in seinen späteren Schriften (und dieselbe These findet sich bei Arndt und anderen deutschen Nationalisten jener Zeit). Dies ist auch der Sinn des Hegelschen Gedankens einer höheren Mission der geschichtlichen Völker, die sich zu ihrer Zeit und an ihrem Ort erfüllt. Bei diesen nationalistischen Schriftstellern kann man nie sicher sein, ob sie ihre eigene Nation schätzen, weil sie ist, was sie ist, oder weil allein ihre Werte einem bestimmten objektiven Maßstab oder Ideal nahekommen, das voraussetzungsgemäß nur für diejenigen verständlich ist, die das Glück haben, danach zu leben, während alle anderen Gesellschaften diesem Ideal gegenüber blind sind und es vermutlich immer bleiben werden – darin zeigt sich ihre objektive Unterlegenheit. Die Grenze zwischen diesen beiden Auffassungen ist oft unscharf, aber beide führen zu einer kollektiven Selbstverherrlichung, die im europäischen, vielleicht auch amerikanischen, Nationalismus ihren folgenreichen Ausdruck gefunden hat.

Die Nation ist natürlich nicht der einzige Gegenstand solcher Verehrung. Eine ähnliche Sprache und Rhetorik ist in der Geschichte verwendet worden, um die wahren Interessen des Einzelnen mit denen seiner Kirche, seiner Kultur, seiner Kaste, Klasse oder auch Partei zu identifizieren. Manchmal haben diese Interessen sich teilweise gedeckt oder sind zu einem einheitlichen Ideal verschmolzen worden, während sie zu anderen Zeiten in Konflikt miteinander gerieten. Doch der machtvollste Aufruf zu Hingabe und Selbstidentifikation ist historisch vom Nationalstaat ausgegangen. Diese Wahrheit ist in besonders verheerender und tragischer Weise offenbar geworden, als sich 1914 die Macht des Nationalstaates über seine Bürger als unvergleichlich stärker erwies als die Klassensolidarität der internationalen Arbeiterbewegung.

Seit seiner Entstehung im achtzehnten Jahrhundert hat der Nationalismus viele Formen angenommen, besonders seit seiner Verschmelzung mit dem Etatismus, der Lehre von der Oberhoheit des Staates, vor allem des Nationalstaates, in allen Bereichen, und nach seiner Allianz mit den Kräften der Industrialisierung und Modernisierung, die einmal seine geschworenen Feinde gewesen waren. Aber in allen seinen Verkleidungen scheinen die vier Bestimmungen gegeben, die ich oben zu umreißen versuchte: der Glaube an die vorrangige Notwendigkeit, zu einer Nation zu gehören, der Glaube an organische Beziehungen zwischen allen Elementen, die eine Nation ausmachen, an den Wert der eigenen Nation einfach deshalb, weil sie die eigene ist, und schließlich an den absoluten Vorrang ihrer Forderungen gegenüber rivalisierenden Ansprüchen von Autorität und Loyalität. Diese Elemente kann man, in unterschiedlichem Ausmaß und Verhältnis, in all den rapide zunehmenden nationalistischen Ideologien finden, die gegenwärtig die Erde überwuchern.

IV

Es ist vielleicht wahr, daß der Nationalismus im Unterschied zum bloßen Nationalbewußtsein – dem Gefühl, zu einer Nation zu gehören – in erster Linie eine Antwort auf eine herablassende oder herabsetzende Haltung gegenüber den traditionellen Werten einer Gesellschaft ist, Folge von verletztem Stolz und einem Gefühl der Erniedrigung bei ihren sozial bewußtesten Mitgliedern, was schließlich zu Zorn und trotziger Selbstbehauptung führt. Jedenfalls läßt sich dies gut beobachten an der paradigmatischen Entwicklung des modernen Nationalismus, der deutschen Reaktion, von der bewußten Verteidigung der deutschen Kultur in dem relativ gemäßigten literarischen Patriotismus bei Thomasius und Lessing und ihren Vorläufern im siebzehnten Jahrhundert, über Herders Betonung kultureller Autonomie bis zum Ausbruch eines höchst aggressiven Chauvinismus bei Arndt, Jahn, Körner, Görres während und nach der Napoleonischen Besetzung. Aber die Dinge liegen offenbar nicht ganz so einfach. Schließlich hat es Kontinuität der Sprache, der Sitten und des Territoriums seit unvordenklichen Zeiten gegeben, und ebenso oft in allen Teilen der Welt Aggression von außen, nicht bloß gegen Stämme oder Völker, sondern gegen große Gesellschaften, die durch eine Religion oder den Gehorsam gegenüber einer eingesetzten Autorität geeint waren. Trotzdem hat dies weder in Europa noch in Asien, weder im Altertum noch im Mittelalter zu der spezifisch nationalistischen Reaktion geführt: die Perser haben auf ihre Niederlage durch die Griechen nicht so reagiert, ebensowenig die Griechen auf die Herrschaft der Römer, die Buddhisten auf die der Moslems oder die griechisch-römische Kultur, nachdem sie von den Hunnen oder den Türken überrannt worden war, ganz zu schweigen von den unzähligen kleineren Kriegen und der Zerstörung angestammter Institutionen durch Eroberer auf allen Kontinenten.

Selbst mir, der ich nicht behaupten kann, Historiker oder Soziologe zu sein, ist deutlich, daß die dem kollektiven Empfinden einer Gesellschaft oder zumindest ihrer geistigen Führungsschicht zugefügte Wunde zwar vielleicht eine notwendige, keinesfalls aber hinreichende Bedingung des Nationalismus ist. Die Gesellschaft muß, zumindest potentiell, in sich eine Gruppe oder Klasse von Personen enthalten, die auf der Suche nach einem Brennpunkt für Loyalität oder Selbstidentifikation oder vielleicht nach einer Machtbasis ist, ohne durch die früheren Kräfte des Zusammenhalts noch gestützt zu werden, durch stammesmäßige, religiöse, feudale, dynastische oder militärische Bindungen, wie sie etwa die zentralistische Politik der Monarchien Frankreichs oder Spaniens bereitstellte, nicht hingegen die Fürsten der deutschen Länder. In einigen Fällen werden solche Bedingungen durch das Auftreten neuer gesellschaftlicher Klassen geschaffen, die gegen die bisherigen, weltlichen oder klerikalen, Herrscher Macht über die Gesellschaft gewinnen wollen. Wenn nun noch die Wunde der Eroberung oder sogar kultureller Erniedrigung von außen hinzukommt, dann kann dadurch, jedenfalls in einer Gesellschaft, die Anfänge einer nationalen Kultur besitzt, der Boden für die Entstehung des Nationalismus bereitet sein.

Trotzdem scheint mir eine weitere Bedingung notwendig: damit sich in einer Gesellschaft Nationalismus entwickeln kann, müssen wenigstens einige ihrer feinfühligsten Mitglieder ein, vielleicht noch ganz unentwickeltes, Bild von ihr selbst als Nation haben, vermöge irgendeines oder mehrerer verbindender Faktoren – Sprache, ethnischer Ursprung, eine gemeinsame, wirkliche oder bloß vorgestellte, Geschichte – Ideen und Gefühle, die in den Köpfen der Gebildeteren und stärker sozial und historisch Orientierten relativ deutlich, in dem Bewußtsein der Mehrheit der Bevölkerung hingegen weniger klar sind oder sogar völlig fehlen. Wenn dieses nationale Bild ignoriert oder verletzt wird, werden die, die es haben, für Ressentiments empfänglich und einige von ihnen werden auch zu einer bewußten Intellektuellenschicht, besonders wenn sie mit einem gemeinsamen Feind im Staat selbst oder außerhalb – einer Kirche oder einer Regierung oder fremden Verleumdern – konfrontiert sind. Das sind dann die Männer, Dichter und Romanciers, Historiker und Kritiker, Theologen, Philosophen und so fort, die sich in Wort und Schrift an das Volk wenden und ihm bewußt machen wollen, welche Unbill es als Volk erleide. So begann der später alle Lebensbereiche erfassende Widerstand gegen die französische Vorherrschaft auf den scheinbar entlegenen Gebieten der Ästhetik und der Literaturkritik. (Auf die spezifischen Ursachen der Reaktion gegen den französischen Neoklassizismus in England und der Schweiz möchte ich hier nicht eingehen.) In den deutschen Ländern wurde dieser Widerstand zu einer gesellschaftlichen und politischen Kraft, zum Nährboden des Nationalismus. Er äußerte sich als die bewußte Bemühung der Schriftsteller, sich selbst und die anderen von dem zu befreien, was sie als erstickenden Zwang empfanden – zunächst von den despotischen Dogmen der maßgebenden französischen Ästhetiker, die die freie Entfaltung des Geistes hemmten.

Aber außer den arroganten Franzosen gab es noch einheimische Tyrannen, die die Gesellschaft und nicht nur die Ästhetik beherrschten. Der große Ausbruch individueller Empörung gegen die Regeln und die Vorschriften einer drückenden und philisterhaften Gesellschaft, der als »Sturm und Drang« bekannt ist, wollte alle Mauern und Schranken des gesellschaftlichen Lebens unmittelbar niederreißen: Unterwürfigkeit und Servilität unten, Brutalität, Willkür, Arroganz und Unterdrückung oben, Verlogenheit und »das Geplapper und Gewinsel der Scheinheiligkeit«, wie Burke es genannt hat, auf jeder Ebene. Man begann, die Gültigkeit aller Gesetze in Frage zu stellen, alle angeblich von Gott oder der Natur oder auch vom Fürsten auferlegten Regeln, die Autorität verliehen und unbedingten Gehorsam verlangten. Gefordert wurde Freiheit des Ausdrucks der eigenen Persönlichkeit, der freie Ausdruck des schöpferischen Willens, wie er am reinsten und mächtigsten bei den Künstlern sich zeige, aber durchaus allen Menschen gegeben sei.

Für Herder war diese Lebenskraft in den Schöpfungen des kollektiven Geistes der Völker verkörpert, in den Sagen, den Heldengedichten, der Poesie, den Mythen, Gesetzen, Gebräuchen, Liedern, Tänzen, der religiösen und weltlichen Symbolik, den Tempeln, Kathedralen, rituellen Handlungen – alles Formen des Ausdrucks und der Verständigung, die kein einzelner Autor und keine identifizierbare Gruppe geschaffen hatte, sondern die Einbildungskraft und der Wille der ganzen Gemeinschaft, die kollektiv und unpersönlich waren und sich auf verschiedenen Bewußtseinsebenen äußerten. So, glaubte er, würden die vertrauten und ungreifbaren Bande geschaffen, durch die eine Gesellschaft sich als ein zusammenhängendes, organisches Ganzes entwickle.

Die Vorstellung eines schöpferischen Vermögens, das in Individuen und ganzen Gesellschaften gleichermaßen wirkte, trat an die Stelle des Begriffes zeitloser, objektiver Wahrheiten, ewiger Muster, durch deren Befolgung allein die Menschen Glück, Tugend, Gerechtigkeit oder jede andere eigentliche Erfüllung ihrer Natur erlangen könnten. Hieraus entstand die neue Sicht des Menschen und der Gesellschaft, die die Lebenskraft, die Bewegung und den Wandel betonte, hinsichtlich derer sich Einzelne oder Gruppen eher unterschieden als glichen, den Reiz und den Wert von Mannigfaltigkeit, Einzigartigkeit und Individualität, eine Anschauung, für die die Welt ein Garten ist, in dem jeder Baum und jede Blume in der ihr eigenen Weise wächst und das verkörpert, was die Umstände und ihre eigene, individuelle Natur hervortreiben, weshalb keine nach den Formen und Zielen anderer Organismen beurteilt werden darf. Damit wurde die herrschende *philosophia perennis* in Frage gestellt, der Glaube an Allgemeingültigkeit, Gleichförmigkeit, Universalität und an die zeitlose Gültigkeit objektiver und ewiger Gesetze und Regeln, die überall, zu jeder Zeit und für alle Menschen und Dinge verbindlich waren, ein Glaube, dessen säkulare und naturalistische Version von den Häuptern der französischen Aufklärung unter dem Eindruck des Siegeszuges der Naturwissenschaften und der Mathematik vertreten wurde und aus dessen Perspektive sich die deutsche Kultur – religiös, literarisch, introspektiv, zum Mystizismus neigend, erdrückend provinziell oder bestenfalls eine schwache Nachahmung der Kultur des Westens – so ärmlich ausnahm.

Ich möchte damit nicht behaupten, daß dieser entscheidende Gegensatz, zumindest am Anfang, mehr gewesen wäre als eine Vision in den Köpfen einer kleinen Gruppe deutscher Dichter und Kritiker. Aber es waren diese Schriftsteller, die sich am stärksten von der gesellschaftlichen Veränderung betroffen fühlten, die Deutschland, besonders Preußen, unter den verwestlichenden Reformen Friedrichs des Großen durchmachte. Von aller wirklichen Macht abgeschnitten, unfähig, sich in die bürokratische Ordnung, die den traditionellen Lebensformen übergestülpt wurde, zu fügen, mit einem sehr ausgeprägten Bewußtsein der Unvereinbarkeit ihrer im wesentlichen protestantisch-christlichen, moralistischen Gesinnung mit der wissenschaftlichen Einstellung der französischen Aufklärung und verfolgt von dem kleinlichen Despotismus unzähliger Duodezfürsten, beantworteten die Begabtesten und Unabhängigsten unter ihnen die Untergrabung ihrer Welt seit den Erniedrigungen ihrer Großväter durch die Armeen Ludwigs XIV. mit wachsender Empörung. Dem seichten Materialismus und Nützlichkeitsdenken und dem substanzlosen, entmenschlichten Schattenspiel der Welt der französischen Philosophen stellten sie die Tiefe und Poesie der deutschen Tradition gegenüber, mit ihrem Vermögen einer schwankenden, aber authentischen Einsicht in die unausschöpfliche und unausdrückbare Vielfalt des Lebens des Geistes. Das ist die Wurzel der romantischen Bewegung, die, zumindest in Deutschland, den kollektiven Willen, der sich durch die mit rationalen Methoden zu entdeckenden Regeln nicht einschränken ließ, und das geistige Leben des Volkes verherrlichte, an dessen Tätigkeit oder überindividuellem Willen schöpferische Individuen teilhatten, den sie aber nicht beobachten oder beschreiben konnten. Der Begriff des politischen Lebens als Ausdruck dieses kollektiven Willens ist die Quintessenz der politischen Romantik, das heißt des Nationalismus.

Ich möchte noch einmal wiederholen, daß der Nationalismus mir zwar eine Antwort auf eine der Gesellschaft zugefügte Wunde zu sein scheint, daß diese Verletzung jedoch eine notwendige, aber nicht hinreichende Bedingung für den nationalistischen Geltungsdrang ist. Die Wunden, die Gesellschaften einander seit unvordenklichen Zeiten zufügen, haben keineswegs in allen Fällen eine nationalistische Antwort provoziert. Dazu bedarf es etwas mehr, nämlich einer neuen Vorstellung vom Leben, mit der sich die verletzte Gesellschaft oder die Klassen oder Gruppen, die durch den politischen oder sozialen Wandel entwurzelt wurden, identifizieren und um die sie sich sammeln können, um ihr kollektives Leben wiederherzustellen. So kann man die slawophilen und die populistischen Bewegungen in Rußland wie auch den deutschen Nationalismus nur verstehen, wenn man sich die traumatische Wirkung der gewaltsamen und raschen Modernisierung klarmacht, die Peter der Große Rußland oder, in kleinerem Maßstab, Friedrich der Große Preußen aufgezwungen hatte – die Wirkung technologischer Revolutionen, der Entwicklung neuer und des Verfalls alter Märkte, die daraus folgende Zerrüttung des Lebens ganzer Klassen, der Mangel an Möglichkeit für die gebildeten Schichten, ihre Fähigkeiten anzuwenden, da sie psychologisch nicht in der Lage waren, in die neue Bürokratie einzutreten. Im Falle Deutschlands kam noch die Besetzung oder Kolonialherrschaft durch einen mächtigen äußeren Feind hinzu, der die traditionellen Lebensformen zerstörte und die Menschen, vor allem die Empfindlichsten und Selbstbewußtesten unter ihnen, Künstler und Denker welcher Richtung auch immer, einer gefestigten Position beraubte und sie unsicher und verwirrt machte. Dann entsteht das Bedürfnis nach einer neuen Synthese, nach einer neuen Ideologie, um den Widerstand gegen die Kräfte, die sich ihren Überzeugungen und Lebensformen entgegenstellen, zu erklären und zu rechtfertigen, eine neue Richtung zu weisen und den Menschen einen neuen Orientierungspunkt für ihr Selbstverständnis zu geben.

Dieses Phänomen ist in unserer Zeit bekannt genug, wo es ja keinen Mangel an sozialen und ökonomischen Umwälzungen gibt. Wo ethnische Bande und die normale historische Erfahrung nicht stark genug sind, um ein Nationalgefühl zu schaffen, kann dieser neue Orientierungspunkt eine neue Klasse sein, eine Kirche oder, sehr häufig, das Zentrum der Macht und Autorität – der Staat selbst, ob multinational oder nicht –, die das Banner aufrichten, unter dem sich alle sammeln und reorganisieren können, deren traditionelle Lebensformen zerrüttet worden sind – landlose Bauern, ruinierte Grundbesitzer oder kleine Geschäftsleute, arbeitslose Intellektuelle oder Gescheiterte aus den verschiedensten Berufen. Keine dieser Kräfte oder Institutionen hat jedoch, als Symbol oder als Realität, empirisch eine derart einigende und dynamische Kraft entfalten können wie die Nation, und wenn die Nation mit anderen Objekten der Verehrung – Rasse, Religion oder Klasse – zusammenfällt, ist ihre Anziehungskraft geradezu unvergleichlich.

Die ersten wirklichen Nationalisten, die Deutschen, sind ein gutes Beispiel für die Verbindung von verletztem kulturellen Stolz und einer philosophisch-historischen Vision, die die Wunde schließen und einen inneren Widerstandsherd ausbilden sollte. Zuerst eine kleine Gruppe gebildeter, unzufriedener Franzosenhasser und dann unter dem Eindruck des durch die französischen Armeen und durch Napoleons »Gleichschaltung« erlittenen Debakels eine breite Volksbewegung, wurde daraus die erste große Aufwallung nationalistischer Leidenschaft, mit wildem Chauvinismus der Studenten, Bücherverbrennungen und geheimen Tribunalen gegen Verräter, ein Vorgang, der der Kontrolle entglitt und das Mißfallen von ruhigen Köpfen wie Goethe und Hegel erregt hat. Andere Nationen folgten, teils unter dem Einfluß der deutschen Rhetorik, teils weil ihre Verhältnisse den deutschen hinreichend ähnlich waren, um ein ähnliches Elend und dieselben gefährlichen Gegenmittel hervorzurufen. Nach Deutschland ergriff der Nationalismus Italien, Polen und Rußland, schließlich auch die Nationen des Balkans und des Baltikums, Irland und, nach der Katastrophe, auch die dritte französische Republik, und so bis in die heutige Zeit mit ihren Republiken und Diktaturen in Asien und Afrika, dem wilden Nationalismus regionaler Gruppen in Frankreich und England, Belgien und Korsika, Kanada, Spanien, Zypern und sonstwo.

Keiner der Propheten des neunzehnten Jahrhunderts hat, soweit ich sehe, irgend etwas von dieser Art vorausgesehen, und hätte jemand es getan, dann wäre es sicher für zu unwahrscheinlich gehalten worden, um einer Erwägung wert zu sein. Aus welchem Grunde hat man die Wahrscheinlichkeit dieser entscheidenden Bewegung unserer Tage übersehen?

V

Zu den Grundannahmen der rationalen Denker liberaler Einstellung im neunzehnten und in einigen Jahrzehnten unseres Jahrhunderts gehörte, daß die liberale Demokratie die befriedigendste – oder zumindest die am wenigsten unbefriedigende – Gesellschaftsform sei, daß der Nationalstaat schon immer die normale Einheit einer unabhängigen, sich selbst regierenden menschlichen Gesellschaft gewesen oder zumindest historisch geworden sei, und schließlich, daß mit der Auflösung der Vielvölkerstaaten (die Herder als ordnungslose politische Monstrositäten angeprangert hatte) in ihre nationalen Bestandteile der Wunsch nach der Vereinigung der Menschen mit gemeinsamer Sprache, gemeinsamen Sitten, Erinnerungen und Einstellungen endlich erfüllt wäre und eine Gemeinschaft befreiter, sich selbst bestimmender Nationalstaaten – das Junge Italien Mazzinis, das Junge Deutschland, Junge Polen und Junge Rußland – entstehen werde, die, unbehindert von den irrationalen Relikten einer knechtischen Vergangenheit, in Frieden und Harmonie im Geiste des Patriotismus leben werde, nicht mehr vergiftet von einem aggressiven Nationalismus, der selber ein Symptom eines pathologischen, durch Unterdrükkung hervorgerufenen Zustandes war. Daß zu dem Treffen der Ersten Internationalen Arbeiterassoziation eine Delegation der Bewegung Mazzinis eingeladen wurde und dort auftrat, so ungern Marx das auch gesehen haben mag, ist in dieser Hinsicht bezeichnend. Diese Überzeugung wurde von den liberalen und demokratischen Begründern der Nachfolgestaaten nach dem Ersten Weltkrieg geteilt, und sie ging in die Verfassung des Völkerbundes ein. Sogar die Marxisten forderten nicht die völlige Aufhebung der nationalen Grenzen, obwohl sie den Nationalismus für historisch reaktionär hielten; vorausgesetzt, die Klassenausbeutung sei durch die sozialistische Revolution beseitigt, so könnten freie nationale Gesellschaften Seite an Seite leben bis zum und nach dem Absterben des Staates, den sie als ein Instrument der Klassenherrschaft verstanden.

Keine dieser Ideologien sah ein wachsendes Nationalgefühl und, mehr noch, einen aggressiven Nationalismus voraus. Vielleicht hat nur Durkheim klar erkannt, was man, wie mir scheint, sonst durchgängig übersehen hat, daß nämlich die Zerstörung traditioneller Hierarchien und Ordnungen des sozialen Lebens, in denen die Menschen mit ihrer Loyalität sehr tief verankert waren, durch die Zentralisierung und die bürokratische »Rationalisierung«, die der industrielle Fortschritt erforderte und nach sich zog, eine große Anzahl von Menschen ihrer sozialen und gefühlsmäßigen Sicherheit beraubte, zu den vielerörterten Erscheinungen von Entfremdung, geistiger Heimatlosigkeit und wachsender Anomie führte und es notwendig machte, durch eine bewußte Gesellschaftspolitik psychologische Äquivalente für die verlorenen kulturellen, politischen und religiösen Werte der vergangenen Ordnung zu schaffen. Die Sozialisten glaubten, daß die Klassensolidarität, die Brüderlichkeit der Ausgebeuteten und die Aussicht auf eine durch die Revolution ermöglichte gerechte und vernünftige Gesellschaft diesen unerläßlichen Sozialkitt liefern werde, was ihr bis zu einem gewissen Grade ja auch gelang. Außerdem emigrierten einige der Armen, der Entwurzelten und Enteigneten in die

Neue Welt. Aber für die große Mehrheit wurde dieses Vakuum weder durch Berufsverbände oder politische Parteien noch durch Sorels revolutionären Mythos gefüllt, sondern durch die alten, traditionellen Bande, durch Sprache, Heimatboden, wirkliche oder imaginäre historische Erinnerungen, durch Institutionen oder Führergestalten, die eine Verkörperung der Vorstellungen der Menschen von sich selbst als einer »Gemeinschaft« darstellten – Symbole und Kräfte, die, wie sich herausstellen sollte, sehr viel mächtiger waren, als die Sozialisten oder auch die aufgeklärten Liberalen hatten glauben wollen. Die – manchmal mit geradezu mystischer oder messianischer Inbrunst besetzte – Vorstellung von der Nation als höchster Autorität, die die Kirche, den Fürsten, das Recht oder andere Quellen höchster Werte ersetzte, linderte die Schmerzen des verletzten Gruppenbewußtseins, von wem auch immer sie verursacht waren, von einem äußeren Feind, einheimischen Kapitalisten, imperialistischen Ausbeutern oder einer künstlich auferlegten, seelenlosen Bürokratie.

Ohne Zweifel wurde dieses Gefühl von Parteien und Politikern bewußt ausgebeutet, aber dazu mußte es erst einmal da sein, denn die, die es für ihre eigenen, anderweitigen Zwecke benutzten, hatten es nicht erfunden. Es war da und es besaß eine unabhängige, eigenständige Kraft, die mit anderen Kräften verbunden werden konnte, am wirksamsten mit der Macht eines zur Modernisierung entschlossenen Staates, als Verteidigung gegen andere, als fremd oder feindselig empfundene Mächte oder mit besonderen Gruppen, Klassen oder Bewegungen im Staate selbst, religiösen, politischen oder ökonomischen, mit denen sich die Mehrheit der Gesellschaft instinktiv nicht identifiziert hätte. Es entwickelte sich und konnte in die verschiedensten Richtungen gelenkt werden, als Waffe der Säkularisierung, Industrialisierung, Modernisierung und der rationalen Nutzung der Ressourcen oder für einen Appell an eine wirkliche oder imaginäre Vergangenheit, irgendein verlorenes, heidnisches oder neumittelalterliches Paradies, die Vision eines mutigeren, einfacheren und reineren Lebens, schließlich auch als die Stimme des Blutes oder eines alten Glaubens, gegen Ausländer, Kosmopoliten oder »Sophisten, Ökonomen und Rechner«, die die wahre Seele des Volkes oder dessen eigentliche Wurzeln nicht verstanden und ihm sein Erbe raubten.

Wer die explosive Macht verkennt, die aus der Verbindung von unverheilten geistigen Wunden gleich welcher Herkunft und dem

Bild der Nation als einer Gemeinschaft der Lebenden, der Toten und der noch Ungeborenen entsteht (so unheilvoll das auch sein kann, zumal wenn es bis zum pathologischen Extrem getrieben wird), scheint mir ein ungenügendes Verständnis der gesellschaftlichen Wirklichkeit an den Tag zu legen, auch wenn er im übrigen noch so klar sehen mag. Das scheint mir für die letzten beiden Jahrhunderte ebenso zu gelten wie für die Gegenwart. Der moderne Nationalismus ist in der Tat auf deutschem Boden entstanden, aber er hat sich auch überall dort entwickelt, wo die Verhältnisse dem Druck der Modernisierung auf die traditionale deutsche Gesellschaft glichen. Ich will damit nicht sagen, daß diese Ideologie unvermeidlich gewesen wäre: vielleicht hätte sie gar nicht zu entstehen brauchen. Bis heute hat jedenfalls keiner überzeugend bewiesen, daß die menschliche Vorstellungskraft nachweisbaren Gesetzen folgt, und bis heute kann niemand den Gang der Ideen vorhersagen. Wenn dieses Vorstellungsbündel nicht entstanden wäre, hätte die Geschichte vielleicht eine andere Wendung genommen. Es hätte die den Deutschen zugefügten Wunden gegeben, aber sie hätten vielleicht eine andere Linderung gefunden, etwas anderes als das, was Raymond Aron, mit Blick auf die Marxisten, das Opium für Intellektuelle genannt hat, und dann wäre vielleicht alles anders verlaufen. Aber diese Idee ist nun einmal entstanden – mit allen Folgen, die sie gehabt hat und deren Wesen und Bedeutung zu verkennen mir ein Zeichen einer gewissen ideologischen Erstarrung zu sein scheint.

Warum hat man dies nicht gesehen? Zum Teil vielleicht wegen eines Deutungsmusters, das unter den aufgeklärten liberalen (und sozialistischen) Historikern so weit verbreitet ist. Das Bild ist bekannt: auf der einen Seite die Mächte der Finsternis, Kirche, Kapitalismus, Tradition, Autorität, Hierarchie, Ausbeutung, Privilegien; auf der anderen die »Aufklärung«, der Kampf für Vernunft, Wissen und für die Aufhebung der Grenzen zwischen den Menschen, für Gleichheit und Menschenrechte (besonders der arbeitenden Massen), für individuelle und gesellschaftliche Freiheit, für die Minderung von Elend, Unterdrückung, Brutalität, die Betonung der Gemeinsamkeiten der Menschen, nicht ihrer Unterschiede. Aber, um es auf die einfachste Formel zu bringen, diese Unterschiede waren nicht weniger wirklich als die Identität der Gattung, das »Gattungswesen« von Feuerbach und Marx. Das aus diesen Unterschieden entspringende Nationalgefühl fiel auf beide Seiten dieser

Aufteilung zwischen Licht und Finsternis, Fortschritt und Reaktion, so wie es das im kommunistischen Lager noch heute tut. Unterschiede, die nicht beachtet werden, machen sich selbst geltend und erheben sich schließlich gegen alle Bemühungen, sie zugunsten einer unterstellten oder gewünschten Gleichförmigkeit zu übergehen. Wenn Immanuel Kant, dem man kaum eine Neigung zum Irrationalismus nachsagen kann, erklärte:».. . aus so krummem Holze, als woraus der Mensch gemacht ist, kann nichts ganz Gerades gezimmert werden«, dann hatte er damit nicht unrecht. Ich möchte noch etwas zu überlegen geben. Mir scheint, daß das Denken des neunzehnten und des frühen zwanzigsten Jahrhunderts erstaunlich eurozentrisch war. Selbst was die phantasievollsten und radikalsten politischen Denker über Afrika und Asien sagen, hat meistens etwas merkwürdig Abgehobenes und Abstraktes. Sie denken über die Asiaten und Afrikaner fast ausschließlich in der Weise, wie sie von den Europäern behandelt werden. Ob sie nun Imperialisten oder wohlwollende Paternalisten sind, ob Liberale oder über Eroberung und Ausbeutung empörte Sozialisten – die Völker Afrikas und Asiens tauchen nur als Mündel oder Opfer Europas auf, aber nur selten, wenn überhaupt, als sie selbst, als Völker mit einer eigenen Geschichte und Kultur, mit einer Vergangenheit, Gegenwart und Zukunft, die aus ihrem eigenen, wirklichen Charakter und ihren Lebensumständen verstanden werden muß. Und wo die Existenz solcher eigenständiger Kulturen anerkannt wird, wie etwa im Falle Indiens oder Persiens, Chinas oder Japans, da wird sie weitgehend ignoriert, sobald die Zukunft dieser Gesellschaften zur Sprache kommt. Folglich hat man mit der Möglichkeit, daß sich auf diesen Kontinenten ein wachsender Nationalismus entwickeln könnte, kaum ernsthaft gerechnet. Selbst Lenin sieht die nationalen Bewegungen auf diesen Kontinenten nur als mögliche Waffen gegen den europäischen Imperialismus und erwägt ihre Unterstützung nur unter dem Gesichtspunkt, ob sie den Weg zur Revolution in Europa beschleunigen oder verlangsamen. Das ist völlig verständlich, da er und die anderen russischen Revolutionäre Europa für das Machtzentrum der Welt hielten und glaubten, daß die proletarische Revolution in Europa automatisch die Arbeiter aller anderen Länder befreien und die asiatischen und afrikanischen kolonialen oder halbkolonialen Regime hinwegschwemmen und ihre Untertanen in die neue, gesellschaftlich emanzipierte Weltordnung integrieren würde. Deshalb war Lenin an dem Leben verschiedener Gesellschaften als solcher nicht interessiert, in dieser Hinsicht Marx folgend, dessen Ausführungen etwa über Indien oder China – und in dieser Frage auch über Irland – keine besonderen Lehren für deren Zukunft enthalten.

Dieser so gut wie allgegenwärtige Eurozentrismus vermag zumindest teilweise zu erklären, daß die ungeheure Explosion nicht nur des Antiimperialismus, sondern auch des Nationalismus auf diesen Kontinenten weitgehend nicht vorhergesehen wurde. Bis zu der ungeheuren Erschütterung durch den japanischen Sieg über Rußland im Jahre 1904 stand kein nicht-europäisches Volk im Blick eines westlichen Gesellschafts- und Politiktheoretikers als eine Nation im vollen Sinne des Wortes da, deren innerer Charakter, deren eigene Geschichte, Probleme und Zukunftsmöglichkeiten für das Studium der Gesellschaft, der Geschichte und der menschlichen Entwicklung im allgemeinen von höchster Bedeutung sind. Dies kann, neben anderem, zur Erklärung der merkwürdigen Lücke in den futurologischen Aussagen des neunzehnten Jahrhunderts beitragen. Es ist lehrreich, sich zu vergegenwärtigen, daß die russische Revolution ursprünglich von jeglichem nationalistischen Element frei war, sogar nach der Intervention der Alliierten, ja, es ist völlig gerechtfertigt, sie als eine durch und durch antinationalistische Revolution zu bezeichnen. Aber das war nicht von langer Dauer. Die Konzessionen, die Stalin dem Nationalgefühl vor und während des Einmarsches Hitlers in Rußland machen mußte, und die spätere Verherrlichung der Helden einer rein russischen Geschichte zeigen, wie notwendig die Mobilisierung dieses Gefühls war, um die Ziele des Sowjetstaates zu befördern. Dies gilt nicht weniger von der großen Mehrzahl der Staaten, die seit dem Ende des Zweiten Weltkrieges entstanden sind.

Es wäre nicht übertrieben, wenn man behaupten würde, daß heute anscheinend keine politische Bewegung, zumindest außerhalb der westlichen Welt, Aussicht auf Erfolg hat, wenn sie sich nicht mit dem Nationalgefühl verbindet. Da ich, wie ich nochmals betonen möchte, weder Historiker noch Politikwissenschaftler bin, wollte ich keine Erklärung dieses Phänomens anbieten, sondern nur eine Frage stellen und auf die Notwendigkeit hinweisen, diesem besonderen Ableger der romantischen Revolte, der unsere Welt so entscheidend beeinflußt hat, größere Aufmerksamkeit zu schenken.

Editorische Notiz*

Der vorliegende Band gehört zu einer vierbändigen Ausgabe, in der ich die meisten der bisher nicht gesammelt zugänglichen Aufsätze Isaiah Berlins neu herausgebracht habe.[1] Seine zahlreichen Aufsätze waren bisher nur verstreut und oft schwer zugänglich, größtenteils vergriffen, und nur ein halbes Dutzend von ihnen war gesammelt wieder zum Abdruck gelangt.[2] Unsere vierbändige Ausgabe, die eine Bibliographie seiner Schriften einschließt[3], wird den Zugang zu einem großen Teil seines Werkes erleichtern – was es zweifellos verdient.

Abgesehen von einigen wenigen Passagen – in erster Linie Übersetzungen –, notwendigen Korrekturen und der Ergänzung der Fundstellen von Zitaten, hat der Verfasser seine Aufsätze in ihrer ursprünglichen Form wieder vorgelegt.

Der vorliegende Band sammelt Berlins Beiträge zur Ideengeschichte. Aus verschiedenen Gründen habe ich neun Aufsätze, die an sich hierher gehört hätten, nicht aufgenommen:»Political Ideas in the Twentieth Century« und »John Stuart Mill and the Ends of Life« sind bereits in dem Sammelband *Four Essays on Liberty* enthalten; »The Philosophical Ideas of Giambattista Vico« und »Herder and Enlightenment« liegen in überarbeiteter Form als Buch – *Vico and Herder* – vor; »Socialism and Socialist Theories« wurde für eine Enzyklopädie verfaßt und ist in Absicht und Stil diesem Kon-

---

* Vom Herausgeber Henry Hardy für die deutsche Ausgabe bearbeitet.

1 *Russian Thinkers* (London und New York, 1978; dt. *Russische Denker,* Frankfurt, 1981), *Concepts and Categories: Philosophical Essays* (London, 1978; New York, 1979) und *Personal Impressions* (London, 1980; New York, 1981). In der deutschen Ausgabe tritt an die Stelle von *Concepts and Categories* die Aufsatzsammlung *Four Essays on Liberty* (London und New York, 1969), die einige der wichtigsten philosophischen Aufsätze von Isaiah Berlin enthält und bisher auf deutsch nicht vorgelegen hat.

2 *Four Essays on Liberty* und *Vico and Herder* (London und New York, 1976). Andere Aufsatzsammlungen sind nur als Übersetzungen erschienen.

3 Diese Bibliographie, die in der englischen Ausgabe des vorliegenden Bandes erschien, wird in der deutschen Übersetzung von *Four Essays on Liberty* enthalten sein, erweitert um die Einzelnachweise der deutschen Übersetzungen.

495

text verpflichtet;»European Unity and its Vicissitudes« und »L'apoteosi della volontà romantica: la rivolta contro il tipo di un mondo ideale« sollen in ein geplantes Buch des Verfassers über die intellektuellen Ursprünge der Romantik aufgehen; »The Bent Twig: A Note on Nationalism« behandelt weitgehend dieselben Fragen wie der hier abgedruckte Aufsatz über den Nationalismus; »Decline of Utopian Ideas in the West« schließlich wünschte der Autor einem anderen Zusammenhang vorzubehalten. Einzelheiten über diese Stücke sind der bereits genannten Bibliographie zu entnehmen.[4]

Die in diesem Band gesammelten Aufsätze sind an folgenden Orten zuerst veröffentlicht worden: Der Aufsatz über »Die Gegenaufklärung« erschien zuerst in *Dictionary of the History of Ideas* (New York, 1968-1973: Scribner's)[5]; »Die Originalität Machiavellis« in dem von Myron P. Gilmore herausgegebenen Sammelband *Studies on Machiavelli* (Florenz, 1972: Sansoni); »Die Trennung der Natur- und Geisteswissenschaften« war die zweite Tykociner Memorial Lecture, 1974 von der Universität von Illinois veröffentlicht; der Aufsatz über »Vicos Begriff des Wissens« erschien als »A Note on Vico's Concept of Knowledge« in dem von Giorgio Tagliacozzo und Hayden V. White herausgegebenen Sammelband *Giambattista Vico: An International Symposium* (Baltimore, 1969: Johns Hopkins Press); »Vico und das Ideal der Aufklärung« wurde zuerst veröffentlicht in *Social Research* 43 (1976)[6]; »Montesquieu« in *Proceedings of the British Academy* 41 (1955); »Hume und die Quellen des deutschen Antirationalismus« war ein Beitrag zu G. P. Morice (Hrsg.), *David Hume: Bicentennial Papers* (Edinburgh, 1977: Edinburgh University Press)[7]; »Herzen und seine Erinnerungen« war ursprünglich die Einleitung zu Alexander Herzen, *My Past and Thoughts,* in der Übersetzung von Constance Garnett (London, 1968: Chatto and Windus; New York, 1968: Knopf); »Das Leben und die Ansichten von Moses Heß« wurde zuerst vorgetragen als Lucien Wolf Memorial Lecture und im Auftrag der Jewish Historical Society of England veröffentlicht (Cambridge, 1959: Heffer); »Verdis ›Naivität‹« erschien zuerst in *Atti del I Congresso internazionale*

---

4 Die Bibliographie sollte auch für die zahlreichen kleineren Veröffentlichungen, auch Rezensionen, auf diesem Gebiet herangezogen werden.
5 Mit einer Bibliographie, die hier nicht aufgenommen wurde.
6 Der letzte Abschnitt über »Das Wirken der Vorsehung« wurde hier nicht wiederabgedruckt.
7 Die weiterführenden bibliographischen Hinweise, die diesem Aufsatz beigegeben sind, wurden hier nicht wiederabgedruckt.

di studi verdiani, 1966 (Parma, 1969: Istituto di Studi Verdiani); »Georges Sorel« war eine Creighton Lecture und wurde zuerst in *The Times Literary Supplement* vom 31. Dezember 1971 veröffentlicht, später in erweiterter Form in Chimen Abramsky (Hrsg.), *Essays in Honour of E. H. Carr;* der Aufsatz über den »Nationalismus – seine frühere Vernachlässigung und gegenwärtige Macht« erschien zuerst in *Partisan Review* 45 (1978). Mein Dank gilt den betreffenden Verlagen für ihre freundliche Erlaubnis des Wiederabdrucks dieser Aufsätze. Bei den Aufsätzen über die Gegenaufklärung, die Trennung der Natur- und Geisteswissenschaften und den Nationalismus wurden, wie in den Erstveröffentlichungen, die Zitate (mit Ausnahme von in den Anmerkungen zitierten Stellen und einer längeren Passage) nicht im einzelnen nachgewiesen.

Bei der Herausgabe dieses Bandes habe ich sehr großzügige Unterstützung durch zahlreiche Personen erhalten. Roger Hausheer hat nicht nur die Einführung verfaßt, sondern war auch bei der Überprüfung der deutschen Quellen, insbesondere bei Hamann und Heß, behilflich, ebenso wie David Robey bei Machiavelli, Edward Larissy bei Blake, Robert Shackleton bei Montesquieu, Robert Walker bei Rousseau, Barry Stroud bei Hume, Aileen Kelly bei Herzen, Lord Blake und Vernon Bogdanor bei Disraeli, Terrell Carver bei Marx und Jeremy Jennings bei Sorel. Ohne diese Unterstützung, für die ich meinen Dank sagen möchte, hätte ich mein Vorhaben nicht verwirklichen können. Isaiah Berlin hat sich mit unvermindertem Entgegenkommen bemüht, meine nicht endenwollenden Fragen, so gut er vermochte, zu beantworten, und Pat Utechin, seine Sekretärin, war wiederum in unschätzbarer Weise vielfältig behilflich.

September 1981   HENRY HARDY

REGISTER

Zusammengestellt von Douglas Matthews
Die kursiven Ziffern verweisen auf die Fußnoten

501

504

Wagner, Richard, 302, 310, 413-419, 421, 443
Wahrheit, und menschliches Handeln, 64; und die skeptische und relativistische Kritik an der Aufklärung, 64-65, 69-70, 261; Rousseau über W., 74; Vico über W., 176-178; Hamann über W., 265; *siehe auch* Wissen
Walder, E., 97
Walker, Leslie, 96
Warburton, William, 277
Warton, Thomas senior *und* Joseph, 36, 262
Waugh, Evelyn, 382
Webb, Sidney, 445
Weber, Max, über Wissen, 34; »Gehäuse der Hörigkeit«, 38; und Vico, 206; Idealtypen, 215; und Montesquieus Soziologie, 232; Determinismus, 456; über Bürokratie, 471
Weil, Simone, 402
Weill, Alexandre, 353
Weininger, Otto, 402
Weizmann, Chaim, 377
Wells, Herbert George, 160, 167
Westermarck, Edward Alexander, 58
Westphalen, Jenny von, 399
Whitehead, Alfred North, *284*
Whitfield, John Humphreys, *106*
Wiener Kreis, 19
Wihl, Ludwig, 353
Wilde, Oscar, 382, 384
Wille, 14; bei Sorel, 50-51, 436-438; bei Kant und Rousseau, 81; James' Theorie des W.ns, 450
Wilna, Samuel von, 352
Wilson, Woodrow, 221
Winckelmann, Johann Joachim, 182
Winstanley, Gerrard, 209
Wirklichkeit, Zusammenhang der W., 17, 18, 143-146, 159, 427-429; und Ideal, 144-145; Vico über Kategorisierung der W., 190; Hamann über konkrete W., 265-268; Humes Glaube an die W., 272-273; Jacobi über Wirklichkeits-sinn, 285; Sorel über W., 428-429; Croce über W., 429
Wissenschaft, Hamann als Gegner der W., 36-37, 49, 71-73, 267-268; Sorel über das Wesen der W., 49, 427, 432; Vico über W., 69-70, 176-177; romantische Kritik der W., 73; Trennung von Natur- und Geisteswissenschaften, 158-195; Rolle der Einbildungskraft, 192; Montesquieus Stellung zur W., 221, 238; Optimismus, 226; Ansehen der W., 238; vom menschlichen Verhalten, 256; im Denken der Aufklärung, 259-262; Hume über die gängigen Maximen der W., 274
Wittgenstein, Ludwig Josef Johann, 19, 21, 38
Wolf, Friedrich August, 192
Wolf, Lucien, 385
Wolin, Sheldon, 141
Wollheim, Richard, 285
Wordsworth, William, 83
Wunder, Hume über, 278
Wyschinski, Andrej Ja., *102*

Xenophon, 134
Xerxes, 172

Young, Edward, 73, 192, 267

Zeno, 196, 208
Zinzendorf, Nikolaus Ludwig, Graf von, *269*
Zionismus, Moses Heß und der Z., 45, 321, 333, 337-338, 349-361, 365-367, 400, 472; Disraelis Stellung zum Z., 390; erster zionistischer Kongreß, 377
Zivilisation, Voltaire über die Geschichte der Z., 168-173; Vico über Z., 182-195; *siehe auch* Gesellschaft
Zlocisti, Theodor, *362*
Zola, Emile, 457
Zwang, Sorel über, 453-455
Zweck und Mittel, Machiavelli über, 139-141, 144
Zwölftafelgesetz, 68, 190

515

Aus dem Inhalt:
Rußland und 1848 · Der Igel und der Fuchs · Herzen und Bakunin über die Freiheit des Einzelnen · Ein denkwürdiges Jahrzehnt: I Die Geburt der russischen Intelligenzija · II Die deutsche Romantik in Petersburg und Moskau · III Wissarion Belinski · IV Alexander Herzen · Der russische Populismus · Tolstoi und die Aufklärung · Väter und Söhne

»Wie Berlin in seinen *Four Essays on Liberty* ausführt, ist es noch keinem Philosophen gelungen, die deterministische Behauptung, daß subjektive Ideale keinen Einfluß auf historische Ereignisse hätten, endgültig zu beweisen oder zu widerlegen. Doch die in *diesem* Band gesammelten Aufsätze mit ihrer tiefen Einsicht in das moralische Wesen eines Menschen als Quelle seiner Menschlichkeit und in die Art und Weise, wie Ideale in inneren Konflikten ›durchlebt‹ werden, sprechen mehr als irgendwelche logischen Beweise für die Überzeugung, die in allen Schriften Isaiah Berlins gegenwärtig ist: daß die Menschen moralisch frei und (öfter als die Deterministen, die das Wort führen, glauben) fähig sind, durch ihre frei gewählten Ideale und Überzeugungen das Geschehen zum Guten oder Bösen zu beeinflussen.«
(AILEEN KELLY)

Europäische
Verlagsanstalt

Ernst H. Gombrich. Aby Warburg. Eine intellektuelle Biographie. Aus dem Englischen von Mathias Fienbork.
478 Seiten mit 173 Abbildungen, Leinen.
(Europäische Bibliothek 12)
ISBN 3-434-00708-3

Der Autor: Ernst H. Gombrich, geboren 1909 in Wien, ist aus der Wiener Schule der Kunstgeschichte hervorgegangen. 1936 erhielt er den Auftrag, am Nachlaß Warburgs zu arbeiten. Nach dem Kriege war Gombrich 17 Jahre lang Direktor des Warburg Instituts.

Gombrichs Buch ist eine „intellektuelle Biographie" nicht nur in dem Sinne, daß sie den geistigen Werdegang Warburgs schildert, sondern auch als biographische Spiegelung einer zentralen intellektuellen Problematik der ersten Jahrzehnte dieses Jahrhunderts, in denen der Zusammenbruch der überlieferten Deutungsschemata der europäischen Geistesgeschichte unübersehbar wurde. In der Auseinandersetzung um die irrationalistischen Gegenströmungen der europäischen Kultur- und Geistesgeschichte ist Warburgs Werk der leidenschaftlichste, von Gefährdung selbst nicht freie Aufruf zu einer Besonnenheit, die den Blick auf ihre Gegenspieler aushält.

Edith Helman, Werner Hofmann, Martin Warnke. Goya – „Alle werden fallen"
Engl. Broschur, 178 Seiten, mit 110 Abbildungen,
(Europäische Bibliothek 13)
ISBN 3-434-00714-8

Edith Helman, international angesehene Goyaforscherin schildert den Zusammenhang von Stil und Identität Goyas im Auf und Ab der politischen Konjunkturen in Spanien. Werner Hofmann untersucht die Metamorphosen, die das geschichtliche Formen- und Vorstellungsrepertoire in Goyas Werk erlebt haben; für diese Untersuchung bedient er sich des Warburgschen Begriffs der „Bedeutungsinversion" als eines analytischen Schlüssels. Martin Warnke deutet die Gesten der Figuren Goyas vor dem Hintergrund des Zusammenbruchs konventionalisierter Gebärden aus der Alten Gesellschaft. Es zeichnet sich ein Bild von Goya ab, in dessen geschichtliche Züge die Signatur der jüngsten Moderne eingetragen sind.

Europäische Verlagsanstalt